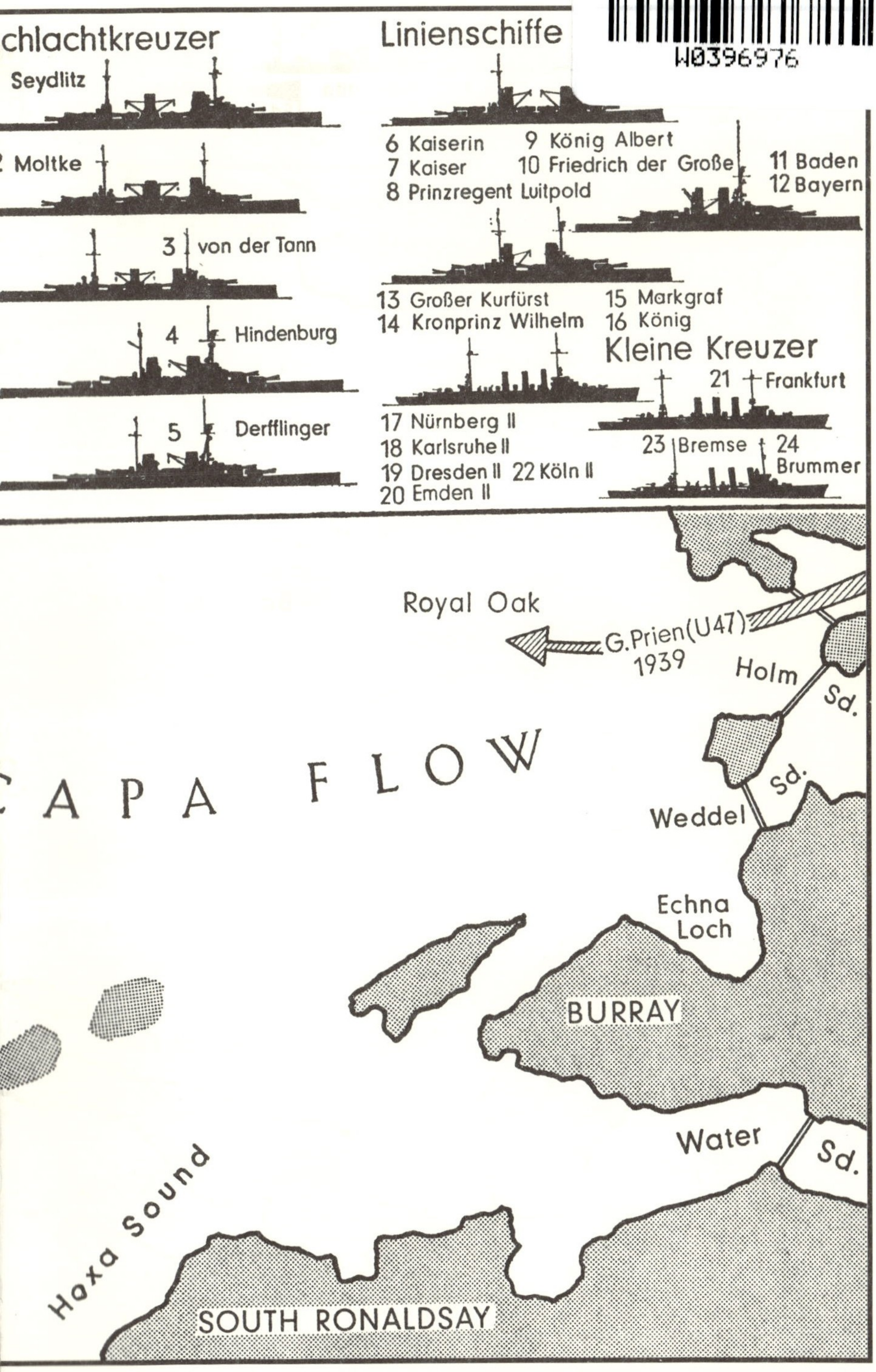
chlachtkreuzer
Seydlitz
Moltke
3 von der Tann
4 Hindenburg
5 Derfflinger
Linienschiffe
6 Kaiserin
7 Kaiser
8 Prinzregent Luitpold
9 König Albert
10 Friedrich der Große
11 Baden
12 Bayern
13 Großer Kurfürst
14 Kronprinz Wilhelm
15 Markgraf
16 König
17 Nürnberg II
18 Karlsruhe II
19 Dresden II
20 Emden II
22 Köln II
Kleine Kreuzer
21 Frankfurt
23 Bremse
24 Brummer
Royal Oak
G.Prien(U47)
1939
Holm
Sd.
CAPA FLOW
Sd.
Weddel
Echna
Loch
BURRAY
Water
Sd.
Haxa Sound
SOUTH RONALDSAY

Andreas Krause

SCAPA FLOW

Die Selbstversenkung der wilhelminischen Flotte

Ullstein

Die Deutsche Bibliothek - Cip-Einheitsaufnahme
Krause, Andreas:
Scapa Flow: Selbstversenkung der wilhelminischen Flotte/
Andreas Krause. - Berlin: Ullstein, 1999

Satz und Lithos: LVD GmbH, Berlin
Druck und Verarbeitung: Graphischer Großbetrieb Pößneck
Printed in Germany
ISBN 3 550 06979 0

Gedruckt auf alterungsbeständigem Papier
mit chlorfrei gebleichtem Zellstoff

Inhalt

Vorwort

Im Jahre 1986 habe ich als ahnungsloser Tourist erstmals die Orkneyinseln im hohen Norden Schottlands besucht und sehr verwundert zur Kenntnis genommen, daß dort im Sommer 1919 die deutsche Hochseeflotte versenkt worden war. Dabei blieb es zunächst. Die eigentliche Beschäftigung mit dieser merkwürdigen Begebenheit begann 1994, als ich in einem Berliner Antiquariat das 1921 in Leipzig erschienene Buch »Scapa Flow« von Ludwig von Reuter erstand, dem Befehlshaber der 1918/19 in der schottischen Bucht internierten Flotte. Seit dieser Lektüre kam ich von Scapa Flow nicht mehr los. Vielleicht lag das daran, daß diese bedeutende Marginalie im allgemeinen Bewußtsein seit vielen Jahrzehnten keine Rolle mehr gespielt hatte und außergewöhnlich unverstellt geblieben war. Scapa Flow kam mir bald vor wie ein historisches Biotop: Die Bucht entpuppte sich als eine Insel. Soviel Freude am Entdecken, verbunden mit einer großen Freiheit beim Schreiben, das ist ein Erlebnis, wie es die schreckensreiche deutsche Geschichte unseres zu Ende gehenden Jahrhunderts sicher nur selten ermöglicht.

Als 1995 die Festschrift für meinen akademischen Lehrer Professor Peter Furth in Angriff genommen wurde, entschloß ich mich, einen kleinen Beitrag über die Selbstversenkung der deutschen Hochseeflotte in Scapa Flow zu schreiben. Im folgenden Jahr bewilligte mir die bei der Studienstiftung des deutschen Volkes beheimatete Dr. Alexander und Rita Besser-Stiftung im Rahmen des Programms Wissenschafts- und Auslandsjournalismus ein Stipendium für das Buchprojekt »Scapa Flow«, das anders kaum zu verwirklichen gewesen wäre. Bald darauf konnte die Agentur Eggers & Landwehr den Ullstein Verlag für die Veröffentlichung gewinnen.

Je länger die Arbeit an einem solchen Buch dauert, desto länger wird auch die Liste derer, die dem Autor mit Rat und Hilfe zur Seite standen. Allen voran hat meine Mutter mir in schwierigen Phasen den Rücken gestärkt und manche Ungeduld tapfer ertragen. Professor Peter Furth vermittelte mir in den zurückliegenden neun Jahren unzählige Gedanken, die geradezu das Gerüst dieser Arbeit bilden. Professor Wilhelm Deist hat die Bewerbung um das Stipendium unterstützt sowie in den folgenden Jahren mit wertvollen Hinweisen geholfen. Bei der Studienstiftung des deutschen Volkes verfolgte Dr. Peter Antes mit großem Interesse den Fortgang der Arbeit. Dr. Gertrud Grünkorn und Matthias Landwehr von der Agentur Eggers & Landwehr haben ebenfalls zur Verwirklichung dieser zunächst eher ausgefallenen Idee wesentlich beigetragen. Das Bundesarchiv-Militärarchiv in Freiburg i. Brsg. sowie die Außenstelle des Bundesarchivs in Berlin-Lichterfelde stellten mir alle gewünschten Akten freundlichst zur Verfügung. Der Präsident des Bundesarchivs, Professor Friedrich Kahlenberg, hat geholfen, wo er konnte. Meine Aktenstudien im Londoner Public Record Office wurden von den dortigen Mitarbeitern mit ausgesprochen liebenswürdiger Strenge betreut. Fregattenkapitän a. D. Yorck von Reuter gab mir bereitwillig Auskunft über seinen Vater, Vizeadmiral Ludwig von Reuter. German Werth vom Deutschlandfunk Köln hat mir vor allem in der Endphase des Schreibens viele wichtige Unterlagen zukommen lassen und dadurch manche Lücke geschlossen. Ferner hat der Historiker Martin Kohlrausch in langen Gesprächen mit seinen genauen Kenntnissen der späten wilhelminischen Kaiserzeit die Arbeit sehr bereichert. Kapitän zur See a. D. Dr. Werner Rahn, ehemals Leiter des Militärgeschichtlichen Forschungsamtes, besorgte mit seiner unbestechlichen Sachlichkeit und seinem begeisternden Engagement das Fachlektorat. Die Mitarbeiter des Ullstein Verlags, besonders die Lektoren Holger Kuntze, Thomas Rathnow und Margret Plath waren mit ihrer fürsorglichen Betreuung dieser Arbeit eine große Stütze. Tom Tykwer hat mit unwiderstehlich guter Laune zum Gelingen das seine beigetragen. In ähnlicher Weise hat Christiane Voß viele theoretische Überlegungen angestoßen. Dr. Thomas Wohlfahrt unterbrach mit gutem Rotwein allzu lange Klausuren. Hanne Zoege von Manteuffel hat mit vielfältigen Hilfestellungen die Arbeit von Anbeginn über Höhen und Tiefen hinweg begleitet.

Ihnen allen gilt mein herzlichster Dank.

Berlin, 15. März 1999 — Andreas Krause

Einleitung

Was geschah in Scapa Flow? Eine erste Antwort ist leicht gegeben: Am 21. Juni 1919 – eine Woche vor dem Friedensschluß von Versailles – wurden in der von den Orkneyinseln gebildeten Bucht 74 Einheiten der deutschen Hochseeflotte, fast 400 000 Tonnen Schiffsmaterial, von den eigenen Besatzungen versenkt. Seit sieben Monaten hatten sie dort vor Anker gelegen, denn der Waffenstillstandsvertrag vom 11. November 1918 hatte die Internierung der modernsten Überwasserschiffe in einem neutralen oder in einem Hafen der alliierten Mächte verlangt. Als dann die Bedingungen des Friedensvertrags bekannt wurden, darunter auch, daß die internierte Flotte laut Artikel 184 an die Siegermächte fallen solle, entschloß sich der Verbandschef, Konteradmiral Ludwig von Reuter, die Versenkung der Schiffe anzuordnen. Wichtigster Beweggrund war ein kaiserlicher Befehl im Sinne des internationalen Ehrenkodex, wonach kein Schiff in feindliche Hand fallen dürfe. Selbst die wenigen Schiffe, die am Abend dieses Tages noch schwammen, waren kaum mehr zu gebrauchen. Die größte Selbstversenkung in der Geschichte der Seefahrt wurde ohne den Einsatz von Sprengstoff durchgeführt, da die deutschen Schiffe vollständig entwaffnet waren. Ertrunken ist niemand, und nur neun Angehörige des Internierungsverbands wurden an diesem und in den folgenden Tagen von den Engländern in spontanen Reaktionen erschossen.

Dieses dramatische und in der Geschichte der Seefahrt einzigartige, sich 1999 zum achtzigsten Mal jährende Ereignis ist heute beinahe vergessen, zugleich aber von einer außerordentlich hohen symbolischen Bedeutung, die schwieriger zu erfassen ist, als es einem auf den ersten Blick vorkommt. Was, könnte man meinen, drückte den Zusammenbruch des deutschen Kaiserreichs sinnfälliger aus als dieser Untergang? Hatte nicht Kaiser Wilhelm II. mit dem Gang ins holländische Exil am 9. November 1918 seinerseits das ›Staatsschiff‹ bereits verlassen? Wurde nicht das Steuerrad zum Schicksalsrad einer ganzen Nation? Gerade mit dem Bild des Rades sind in der christlichen Ikonographie Aufstieg und Fall eines Königs als Exempel für die Launenhaftigkeit des Schicksals dargestellt worden: Einer sitzt oben auf, einer fällt gerade, ein weiterer ist schon gefallen, und ein vierter steigt wieder empor. Auch Großadmiral Alfred von Tirpitz, einer der ersten modernen Technokraten und Propagandisten, der mit Hilfe des Deutschen Flottenvereins, dessen Mitgliederzahl 1908 die Millionengrenze überschritt, und anderer Organisationen die Marinebegeisterung zu einer Massenbewegung zu steigern gewußt hatte, stand 1918 vor dem Scherbenhaufen seines Lebenswerks. Bald nach dem Krieg ließ sich Tirpitz seinen mächtigen Gabelbart abnehmen, von dessen Spitzen der Politikwissenschaftler Theodor Eschenburg, einst jugendlicher Vertrauter des Reichskanzlers und Außenministers Gustav Stresemann, in seinen Kindheitserinnerungen schreibt, daß sie »die Figur des Buchstabens ›W‹ zu formen schienen«.[1]

Der Untergang von Scapa Flow ist aber in der unmittelbaren Nachkriegszeit nicht unbedingt als Symbol für einen allgemeinen Zusammenbruch wahrgenommen worden. Flottenkritik und monarchische Gesinnung schlossen sich keineswegs aus, wie auch die Kritik an *diesem* Kaiser, Wilhelm II., namentlich unter Anhängern der Monarchie weit verbreitet war. Gerade die Vorbehalte von Bismarckanhängern und ostdeutschem Landadel gegenüber dem Flottenbau schienen nachträglich bestätigt zu werden. Das Wort von der »gräßlichen Flotte« stammte von Diederich Hahn, zeitweilig Vorsitzender des Bundes der Landwirte und vermutlich das Vorbild für die Figur des Untertanen in Heinrich Manns gleichnamigem Roman. Vor allem waren es die mit dem Sturz der Monarchie in die Regierungsverantwortung eingetretenen Sozialdemokraten, von denen viele den Untergang der »Luxusflotte«, wie Churchill sie einmal genannt hatte, jener teuren Waffe also, die im Krieg sowenig ausgerichtet hatte, eher mit Genugtuung zur Kenntnis nahmen. Andererseits waren es die Anhänger der Kaiserlichen Marine, und zwar nicht nur konservative Offizierskreise, die die Selbstversenkung, soweit sie von ihnen als eine Ehrenrettung betrachtet wurde, als ein »Stirb und Werde«, optimistisch interpretierten. Und drittens waren natürlich die Angehörigen der Internierungsbesatzungen, die fast 2000 Mann zählten, vor allem erleichtert, daß die Sache ein so glimpfliches Ende genommen hatte. Allein die Ersatzforderungen der Alliierten sollten der deutschen Regierung einige Schwierigkeiten bereiten, einen Vorwurf hat man Konteradmiral von Reuter amtlicherseits daraus aber nie gemacht.

Die Deutung des Ereignisses hängt offenbar davon ab, ob man die Versenkung auf die Vergangenheit der Monarchie oder auf die Zukunft der Republik bezieht. Das Kaiserreich hatte in der Flotte seine Zukunft gesehen, und diese existentielle Dimension konnte man nach dem Zusammenbruch von 1918 schlecht *in toto* verwerfen, ob man nun Flottenfreund war oder nicht. »Unsere Zukunft liegt auf dem Wasser«, hatte Wilhelm II. im Jahr 1898 anläßlich der Einweihung des neuen Hafens von Stettin gesagt und den Flottenbau nicht nur als militärische Maßnahme propagiert, sondern auch als repräsentative Idee. Vor Marineoffizieren hatte er schon 1890, als er seit zwei Jahren Kaiser war, erklärt: »Wie Mein hochseliger Großvater einst gesagt hat, mein letzter Gedanke wird meine Armee sein – so gelobe Ich hier vor Ihnen: Mein letzter Gedanke wird meine Marine sein!«[2] Gerade auf See hatte Wilhelm II. dem deutschen Weltmachtanspruch Nachdruck verleihen wollen und sich persönlich für Rüstungsanstrengungen eingesetzt, in deren Folge das Reich – »Vom Fels zum Meer« lautete die Parole – bald die zweitstärkste Flotte der Welt besaß. Der junge, von der Flotte seiner Großmutter Königin Viktoria begeisterte Wilhelm II. wollte sich England zum Vorbild für den weiteren Aufstieg Deutschlands nehmen, und so führte er im Sommer 1914 den Offizieren eines englischen Geschwaders von Großkampfschiffen, das in hoffnungsvoll freundschaftlicher Atmosphäre erstmals die Kieler Woche besuchte, stolz seine großen Schiffe vor – trotz der 1912 gescheiterten Vermittlungsversuche in der Flottenfrage, und während in Sarajevo die verhängnisvollen Schüsse fielen.

»Wir wollen niemand in den Schatten stellen«, hatte der Staatssekretär des Äußeren und spätere Reichskanzler Bernhard von Bülow in der Reichstagssitzung vom 6. Dezember 1897 zur Besitzergreifung von Kiautschou wissen lassen, »aber wir verlangen auch unseren Platz an der Sonne.« Schutz der weltweit verkehrenden Handelsschiffe und der Kolonien, weltpolitisches Mitspracherecht, die Flotte als »politischer Machtfaktor«, das war der Begriff, den die Zeitgenossen sich von »Modernisierung« machten, von Wohlstand und Wettbewerbsfähigkeit. Die deutsche Flottenrüstung hatte in dieser Zeit prinzipiell die gleichen Wurzeln wie die der Vereinigten Staaten, Japans, Italiens, Rußlands und schließlich auch Österreich-Ungarns. Der schnellen Industrialisierung folgte ein verstärkter Bedarf an Überseehandel und Einfluß auf die internationale Machtpolitik. Zu einer Zeit, da der Krieg noch prinzipiell als ein legitimes Mittel der Politik galt, war es selbstverständlich, die zivile Expansion militärisch zu schützen. Zudem wurden beim Flottenbau die wirtschaftlichen und strategischen Erwägungen fast wie von selbst erhöht durch die mythischen Vorstellungswelten, wie sie die Seefahrt seit eh und je begleiten.

»Die Flotte ist eine alte liberale Forderung«, konstatierte etwa der Politiker Friedrich Naumann und hegte die Hoffnung, ihr Bau könne die soziale Frage lösen: »Wer das neue industrielle Deutschland will, der muß die Flotte wollen. In diesem Punkt ist unser Kaiser ganz modern ...«[3] In der grundsätzlichen Befürwortung eines von verantwortungsbewußter Außenpolitik begleiteten Flottenbaus mochte sich Naumann mit dem Historiker Hans Delbrück, dem Soziologen Max Weber, dem Reeder Albert Ballin und vielen anderen einig wissen, auch wenn es vor 1914 vielleicht kaum eine umstrittenere Frage gab, als die, ob die Flottenrüstung zu einem Krieg mit England führen müsse. In einem »Aufruf zu Flottenvorträgen« hieß es 1899: »Eine starke Flotte wird für Deutschland ebenso das Werkzeug des Weltfriedens werden, wie sein starkes Landheer jetzt seit mehr denn einem Vierteljahrhundert den Frieden Europas geschützt hat.« Zu den prominenten Unterzeichnern gehörten Geistesgrößen wie der Historiker Wilhelm Oncken, der Philologe Ulrich von Wilamowitz-Möllendorf, der Theologe Adolf Harnack oder der Maler Max Liebermann.[4] Gesellschaftlich erstreckte sich die Flottenbegeisterung bis in die Reihen der Arbeiterschaft. Gustav Noske unterhielt – allerdings im Unterschied zu den meisten anderen sozialdemokratischen Politikern – schon vor dem Krieg persönliche Kontakte zur Flotte.

Als 1898 im Reichstag das erste Flottengesetz verabschiedet wurde, konnten sich viele noch an den Dreiklang aus Kaisertum, Reichseinheit und Flottenbau erinnern, wie er einst mit der Revolution des Jahres 1848 aufgekommen war. 1845 etwa, 39 Jahre nach Auflösung des Heiligen Römischen Reiches Deutscher Nation, forderte eine Flugschrift: »Die Wiedergeburt Deutschlands muß eine Frucht des Meeres sein!«[5] Einer der ersten Beschlüsse der Frankfurter Nationalversammlung, wo in Marinefragen seltene Einmütigkeit herrschte, war am

14. Juni 1848 die Schaffung einer deutschen Flotte, eine Aufgabe, deren sich vor allem Prinz Adalbert von Preußen annahm. Am 30. Juni 1849, also fast auf den Tag 70 Jahre vor der Selbstversenkung der Hochseeflotte in Scapa Flow, fand auf der Außenweser vor Bremerhaven die erste Parade der bescheidenen »Reichsflotte« statt. Das entscheidende Motiv war damals der Schutz deutscher Handelsinteressen, da die deutschen Staaten zu dieser Zeit nach Großbritannien über die zweitgrößte Handelsflotte Europas verfügten und Preußen, größter Kleinstaat und kleinste Großmacht, nicht länger die Hauptlast der Verantwortung für ihre Sicherheit tragen sollte. Es war dies eine Zeit, in der noch Seeräuber kleinster afrikanischer Küstenstaaten die Nordsee unsicher machten. Zum Teil war der Beschluß der Nationalversammlung auch eine Reaktion auf den Krieg gegen Dänemark. Der dortige König hatte am 28. Januar 1848 seine zum Deutschen Bund gehörigen Herzogtümer Holstein und Lauenburg zusammen mit dem von Deutschen bewohnten Schleswig in den dänischen Staat eingegliedert und am 28. April eine Blockade deutscher Küsten ausgerufen sowie kurz darauf hamburgische und brandenburgische Handelsschiffe aufgebracht.

Die Flottenidee war in jenen Tagen eng mit dem Kaisergedanken verbunden, denn beiden Vorstellungen lag der Wunsch zugrunde, im Dienst von bürgerlicher Freiheit und nationaler Einheit die Autokratie der Bundesfürsten in enge Grenzen zu verweisen: durch einen Kaiser als einen *Primus inter pares* und durch die Flotte, die im Unterschied zu den einzelstaatlich organisierten Landstreitkräften eine der wenigen genuinen Reichsinstitutionen werden sollte. Während 1848 die Berliner im Tiergarten endlich ungestraft rauchen durften, schlugen badische Revolutionäre vor, auf den Tabak zu verzichten und mit dem eingesparten Geld zum Aufbau der Flotte beizutragen. Frauenvereine, Dichter, Musiker, Liederchöre, Handwerksmeister und Bauunternehmer stellten sich in den Dienst dieser nationalen Sache. Jeder Wähler für die Nationalversammlung, so die Aufforderung der »Sechserbewegung«, sollte sechs Dreier zum Flottenbau spenden. Dieser, argumentierte beispielweise der Abgeordnete von Wartensleben in Frankfurt, sei »eine allgemein deutsche Frage, wobei wir zum ersten Mal das Princip des Volkswillens, der Volkssouveränität aussprechen können«. Der Abgeordnete Tellkampf hob den »Verkehr mit anderen Völkern« und den »geistigen Fortschritt« hervor: »Die Geschichte zeigt uns, […] daß handeltreibende Völker der alten und der neuen Zeit es waren, wo neben der Civilisation das freieste politische Leben sich entwickelte und herrschte. Es leidet das Meer, dieß bewegliche Element, keine Stagnation weder im socialen Leben, noch im politischen Leben.«[6] Dieser Gedanke wurde im November 1918 durch die Flottenunruhen im Grunde bestätigt. 1848 gebar die Revolution die Flotte, 60 Jahre später gebar die Flotte die Revolution.

Von der Flotte versprachen sich die Wortführer der aufkommenden Massengesellschaft Betätigungs- und Aufstiegsmöglichkeiten. Sie erschien neben dem aristokratisch geführten Heer wie ein Hort von Volksinteressen, suchte doch aus Angst vor sozialer Nivellierung durch zusätzliche Offiziersstellen der Adel noch 1913 die volle Auswirkung des Gesetzes zur Heeresvermehrung zu verhindern. Aber mit dem Scheitern der Reichseinigung wurde die Flotte 1852 wieder verkauft und bei der Versteigerung der Fregatte *Deutschland*, »um das Publikum nicht zu reizen«, die Flagge entfernt.[7] Am 10. April ging auf dem Flaggschiff *Barbarossa* des ersten deutschen Admirals, Konteradmiral Rudolf Brommy, die schwarzrotgoldene Flagge nieder. Die Flottenidee war freilich nicht allein an innerer Uneinigkeit und chronischem Geldmangel gescheitert. England hatte zwar abwartend reagiert, trotz völkerrechtlicher Bedenken der deutschen Flotte drei Dampfschiffe verkauft und die Bestellung dreier Neubauten entgegengenommen, womit die Hälfte des Schiffsbestands aus England stammte. Aber nur kleinere europäische Staaten hatten die Reichsgewalt und die neue Flagge anerkannt. Von der feindlichen Haltung Dänemarks abgesehen, drohte Frankreich mit Invasion und der russische Zar gegenüber dem preußischen König damit, in Berlin »Ordnung« zu schaffen. Eine russische Armee rückte in Ungarn ein, und an den Ostgrenzen Preußens wurden 20 000 Soldaten marschbereit gehalten. Die für Preußen ungünstigen, unter dem diplomatischen Druck Großbritanniens, Rußlands und Schwedens nach zwei dänischen Kriegen geschlossenen Waffenstillstände trugen ebenfalls dazu bei, daß die Einigung scheiterte. Der Deutsche Bund wurde – ohne Flotte – schlecht und recht wieder hergestellt.

Nach 1848 war der sozial engagierte rheinische Industrielle Friedrich Harkort einer derjenigen, die weiterhin den Flottenbau propagierten, etwa in seiner 1861 erschienenen Schrift »Die Preußische Marine und die deutsche Flotte«,[8] so daß Tirpitz sich in den späteren Reichstagsdebatten über das Flottengesetz auf ihn beziehen und manchen Stimmungsumschwung für seine Pläne erreichen konnte – so, wie sich Hans Delbrück 1899 öffentlich auf Georg Herweghs Gedicht »Die deutsche Flotte« bezog.[9] Trotz aller Transformationen in der Vorkriegszeit wirkte diese Dimension des Flottenbaus noch nach, so daß die Abdankung von 1918 und die Selbstversenkung von 1919 in einem weit zurückreichenden Zusammenhang stehen. 1918 wurde, wie schon 1871, die in Frankfurt 1848 geprägte Bezeichnung »Reichsmarine« eingeführt, und gemessen an dieser langen Tradition, kann man die Ära Tirpitz fast als eine »Episode« betrachten.[10]

Der Untergang des Wilhelminischen Kaiserreichs ist bislang eher mit der Kriegsniederlage in Nordfrankreich und der von den Flottenunruhen ausgegangenen Revolution von 1918/19 assoziiert worden. Welche Stellung kommt dabei also »Scapa Flow« zu? Auf der einen Seite ist es ein offenbar bedeutendes Ereignis, auf der anderen nicht viel mehr als eine Marginalie, findet es doch im heutigen öffentlichen Bewußtsein der Bundesrepublik nicht annähernd jene Beachtung, welche das Gedenken an die Selbstversenkung der französischen Flotte 1942 in Toulon selbst unter französischen Schulkindern genießt. In Deutschland sind bis heute nur zwei Bücher über die Selbstversenkung von 1919 erschienen, und beide wurden noch von Beteiligten verfaßt: zum einen von Ludwig von Reuter, zum anderen von Friedrich Ruge, der nach dem Zweiten Weltkrieg erster Inspekteur der Bundesmarine wurde. Er war als junger Leutnant auf dem Torpedoboot *B 110* in Scapa Flow gewesen und schrieb 1969 seine Erinnerungen an Internierung und Selbstversenkung nieder. Ein neueres Buch hat allein der englische Journalist Dan van der Vat verfaßt, und deutsche Historiker haben sich bislang nur am Rande zur Selbstversenkung in Scapa Flow geäußert.[11]

Woher dieses geringe Interesse kommt, ist schwer zu sagen, möglicherweise wirkt hier die im Vergleich zu anderen Staaten sehr viel kürzere und weniger ausgeprägte Marinetradition nach. Theodor Eschenburg berichtet in seinen Memoiren, daß die Marine schon vor dem Krieg sehr darunter gelitten habe, sich anders als das Heer nicht auf Helden wie Seydlitz, Ziethen, Gneisenau, Blücher, Yorck von Wartenburg oder Moltke berufen zu können. Möglicherweise hat es auch

Gründe, die die Ereignisse von Scapa Flow direkt betreffen. Aber selbst wenn diese Gründe alle offen vor uns liegen, wird ein vielleicht unerklärlicher Rest bleiben, der nur daran erinnert, daß schon in der letzten Phase des Ersten Weltkrieges und mehr noch in der Nachkriegszeit die deutschen Kriegsschiffe, wie übrigens auch der Kaiser, im öffentlichen Bewußtsein nicht mehr annähernd denselben Stellenwert hatten wie bis ins Jahr 1914 oder nach erfolgreichen Gefechten des Seekriegs. Fast scheint es, als sei die Flotte schon vor ihrer Versenkung von vielen vergessen worden.

Trotzdem war auch für manch führenden Politiker der Weimarer Republik »Scapa Flow« ein bedeutendes Ereignis. Das kam zum einen in der Anerkennung zum Ausdruck, die Reuter für seine Tat 1920 durch Gustav Stresemann, Reichswehrminister Otto Geßler und Reichspräsident Friedrich Ebert zuteil wurde. Auch wer in der Versenkung den Geist der Monarchie erkennen wollte, mußte sie deshalb, zumal in der Zeit vor dem Kapp-Putsch, nicht immer schon für eine antirepublikanische Tat halten. Gustav Noske schätzte den kaisertreuen Offizier aus folgendem Grund: »Was hätten wir schon an Offizieren«, sagte er im März 1919, »die ihren Standpunkt ohne weiteres abstreifen würden; auf die könnten wir uns ja doch nicht verlassen.«[12]

Wenn man also versucht, die Bedeutung dieses Untergangs näher zu beschreiben, tauchen Fragen auf, die mit einer symbolischen oder mythischen ›Vergrößerung‹ noch nicht beantwortet sind. Denn die zur Zeit des Ersten Weltkriegs handlungsleitenden Wert- und Moralvorstellungen, insbesondere jene »Ideen von 1914« sind heute, zumindest in Deutschland, weitgehend überholt, und diese Veränderung behindert natürlich auch das historische Verständnis, da man auf Einfühlung angewiesen ist, auf Umwege und Analogien, obwohl doch zugleich noch zahlreiche Menschen unter uns leben, die vor dem Ersten Weltkrieg geboren wurden. »Scapa Flow« könnte uns heute allerdings schon deshalb leichter zugänglich als manch ein anderes Weltkriegsereignis sein, weil die schottische Bucht 1918/19 von den unmittelbar vorausgegangenen jahrelangen Schrecken des Landkriegs verschont blieb. Allerdings holen uns jene Schrecken sofort wieder ein. Wenn der Landkrieg des Ersten Weltkriegs wie ein Schrecken ohne Ende erschien – dann war dem Seekrieg ein Ende ohne Schrecken vergönnt, das er jenem in gewisser Weise zu verdanken hatte.

Der Zusammenhang von See- und Landkrieg führt keineswegs zu dem Schluß, der Erste Weltkrieg, jene »Urkatastrophe des 20. Jahrhunderts«, wie der amerikanische Diplomat George F. Kennan ihn genannt hat, sei nun insgesamt weniger schlimm gewesen, als es die alleinige Betrachtung des Landkriegs ahnen läßt. Es zeigt sich vielmehr, daß die im Landkrieg gefallene Entscheidung einerseits die Bedingung der Möglichkeit war, den Seekrieg überhaupt einigermaßen gewaltlos beenden zu können. Selbst bei aller gelegentlichen Heiterkeit der hier erzählten Geschichte müssen die Toten des Grabenkriegs uns im Gedächtnis bleiben, aber dasselbe Gedächtnis muß auch »Scapa Flow« als eine vom Schrecken abweichende Erfahrung mit einschließen.

Andererseits hat auch der Seekrieg Strategien wie die Verschiffung britischer und amerikanischer Expeditionskorps nach Nordfrankreich sowie die britische Fernblockade und den darauf reagierenden Handelskrieg mit Unterseebooten umfaßt, die zu der Härte des Landkriegs und seinen Folgen für die Zivilbevölkerung beigetragen haben. Auch hier hatte die Ablösung des duellförmigen Krieges durch den auf einen nackten Existenzkampf hinauslaufenden Massenkrieg ihre Folgen. Die genaue Auswirkung etwa der Handelsblockade auf die Sterblichkeit in Deutschland läßt sich nur schwer feststellen, die Lebensmittelengpässe haben aber dazu beigetragen, daß in allen Kriegsjahren zusammen etwa 424 000 Menschen mehr starben als zuvor, ohne die Spanische Grippe gerechnet, die allein im Deutschen Reich (ohne Elsaß-Lothringen) noch einmal 209 000 Menschenleben forderte.[13]

Und doch gibt es Unterschiede. Der Seekrieg hatte einen anderen Charakter als die endlosen verzweifelten Grabenkämpfe des Landkriegs, »dieses sinnlose, im Schlamm festgefahrene Blutbad von Flandern«,[14] wie der Historiker Paul Kennedy schreibt, in dem auf beiden Seiten jeden Tag durchschnittlich 2500 Mann fielen. Allein die Verluste im Kriegseinsatz im Verhältnis zu den Friedensstärken von Heer und Marine geben darüber einen gewissen Aufschluß. Die Kaiserliche Marine hatte 1914 eine Friedensstärke von etwa 80 000 Mann zuzüglich 3600 Offizieren. Die Verluste betrugen 1569 Offiziere, 8067 Deckoffiziere und Unteroffiziere sowie 25 197 Mannschaften, also insgesamt 34 833 Personen. Während die Friedensstärke des Heeres bei 800 000 bis 900 000 Mann lag, erreichte hier die Zahl der Gefallenen allein auf deutscher Seite 1 808 000.

Jene romantische Verklärung und jugendliche Unbedarftheit, wie sie in der Memoirenliteratur des Seekriegs zu finden sind, wären bei den Soldaten des Heeres undenkbar gewesen. Auf See wurde der Krieg über weite Strecken noch als ein Abenteuer erlebt, allenfalls als ein einziges langes, nur von kurzen Kämpfen unterbrochenes Warten. Die heitere Darstellung des Seekriegs hat Graf Luckner in seinem erfolgreichen Buch »Der Seeteufel« geradezu auf die münchhausensche Spitze getrieben. Aber nicht nur bei ihm scheint der Tod alles Bedrohliche und Existentielle abgestreift zu haben, als ob das Dasein dieser Männer ein immer schon Gerettetes wäre. Es ist freilich schwer zu sagen, was an einer solchen Perspektive der ästhetischen Distanz und was dem wirklichen Erleben zuzuschreiben ist. Die damals noch allgemein vorherrschende Citoyenromantik, die Bereitschaft, das eigene Leben dem Wohl der Nation zu opfern, hat eine große Rolle dabei gespielt, und wahrscheinlich länger als im Heer, wo die Opferbereitschaft schnell durch die Vernichtungsgewalt der Waffen selbst überholt wurde. Wo nahezu alle sterben, wird das Opfer als ein *Pars pro toto* sinnlos. Die Begeisterung, mit der die Marinen beider Seiten allen Gefahren zum Trotz der Schlacht entgegenfieberten, ist deshalb im Heer schon nach kurzer Zeit verflogen. Im Landkrieg hatten gleich mehrere Nationen allein bis zum Jahresende 1914 jeweils eine Million Mann als Ersatz für Gefallene und Verwundete in den Kampf schicken müssen. 1917 bildete sich zudem die ideologische und soziale Front zweier Weltparteien, die den alten Kampf ins Leere laufen ließ und den millionenfachen Opfern vollends den Sinn zu rauben drohten, da der nationalstaatliche Ausgangspunkt des Krieges in den Hintergrund trat.

Der Historiker Hans Herzfeld, Jahrgang 1892, der als Kriegsfreiwilliger, dann als Offizier und schließlich in den Jahren 1917/18 als Kriegsgefangener den Ersten Weltkrieg erlebt hat, schreibt in seiner 1968 erschienenen Darstellung dieses Krieges: »Nur am Rande sei gegen simplifizierende Auffassungen des heutigen Tages bemerkt, daß in einer Generation, die etwa die Schrecken der Sommeschlacht selbst erlebt hat, schon damals die Skepsis gegen eine vorschnelle – Treitschkesche – Idealisierung des Krieges als des ›Vaters aller Dinge‹ mindestens ebenso rege und unvergeßlich begründet worden ist, als dies irgendeine der ihr inzwischen folgenden Generationen für sich in Anspruch nehmen kann. Es ist die handgreiflich unzulässige Vereinfachung eines geschichtlichen Problems, wenn man annimmt, daß ›der Offizier‹ des Ersten Weltkrieges verpflichtet oder auch nur bereit gewesen sei, die Begeisterung Ernst Jüngers an den ›Stahlgewittern‹ des zum ›totalen Krieg‹ werdenden letzten Jahres dieses Krieges als für sich verbindlich anzuerkennen. Das ist sowenig der Fall gewesen, wie er bereit gewesen ist, den Thesen des Remarqueschen ›Im Westen nichts Neues‹ den Rang einer gültigen Repräsentation seiner Erlebnisse in dem Heere des Ersten Weltkrieges zuzugestehen.«[15] Noch im August 1914 war die Gefahr des Krieges eine europaweit akzeptierte Wirklichkeit und nicht bloß eine romantische Opposition zum bürgerlichen Sicherheitsstreben. Gleichwohl darf man vermuten, daß die verantwortlichen Politiker nach dem provozierenden Mord an dem österreichischen Thronfolger nicht so leicht zur Mobilmachung geschritten wären, wenn sie dieses Ausmaß an Gewalt vorherzusehen in der Lage gewesen wären.

Zum Verlauf des Seekriegs gehört auch die Tatsache, daß er die Beteiligten weniger tief in jenen Abgrund einer europäischen Selbstvernichtung blicken ließ und daß sie sich ihre Romantik bis zu einem gewissen Grad zu bewahren vermochten. Dabei wird im Seekrieg die Gefahr durch den Kampf mit der Natur zunächst sogar noch gesteigert. Man weiß, es kann böse enden, aber es ist, als werde die Freude dadurch nie getrübt. Jene »Rüstigkeit des Charakters«, die sich Schillers ästhetische Theorie von der Berührung mit dem Erhabenen versprach, hier scheint es sie wirklich gegeben zu haben. Mit den Jüngerschen Schilderungen des Grabenkriegs ist das alles nicht zu vergleichen. Bei Jünger ist der Himmel grau, die Erde von Regen und Blut durchtränkt, und der Tod liegt schwer auf jeder einzelnen Seite. In den Seekriegsmemoiren, zumal in jenen Büchern, die den kurzen, im wesentlichen auf die Jahre 1914/15 begrenzt gebliebenen Kreuzerkrieg beschreiben, ist der Himmel blau, die Aussicht großartig, das Leben leicht, und der Tod beinahe ein guter Freund. Dabei kann man sich leicht ausmalen, was passierte, wenn ein Schiff während der Schlacht in Brand geriet und bis zu 100 Meter hohe Feuersäulen aufstiegen, wenn die Munitionskammern explodierten, die Männer verbrannt oder von Splittern verstümmelt durch die Luft geschleudert wurden wie beim Untergang des Schlachtkreuzers *Invincible* im Verlauf der Skagerrakschlacht. Das Schiff brach in der Mitte auseinander, und beide Hälften ragten, auf dem Meeresboden stehend, vorübergehend aus dem Wasser. 1026 Tote waren zu beklagen, und nur fünf Männer überlebten. Wie es auf einem Schiff zuging, das stundenlang in gegnerischem Trommelfeuer lag, hat der Oberheizer Zenne, einziger Überlebender des Kleinen Kreuzers *Wiesbaden*, berichtet. Wie schließlich Männern zumute war, die aus einem untergehenden Schiff nicht mehr herauskamen, wenn infolge eines Treffers die Schotten geschlossen bleiben mußten, um den Rumpf möglichst lange über Wasser zu halten, braucht wohl nicht gesagt zu werden.

Auf der Flotte mußte die alte Welt nicht erst im Schützengraben versinken, denn wer an Bord geht, hat sich vom festen Boden bis zu einem gewissen Grad immer schon verabschiedet. Der Schrecken, wenn er denn kam, ging zu schnell vorüber, als daß er sich unauslöschlich hätte einprägen können. An den großen duellförmigen Seeschlachten des 20. Jahrhunderts sind noch deutliche Ähnlichkeiten mit dem gehegten Krieg zu erkennen, jener zwischenstaatlichen, rechtlich geformten Auseinandersetzung gleichberechtigter Souveräne, in welcher der Feind nicht als vernichtungswürdiger Verbrecher, sondern als ein Kriegsgegner auftrat, mit dem man im Falle seiner Niederlage noch einen Friedensvertrag schließen konnte. Die häufigen Bezüge zur Kavallerie, wie sie uns im folgenden immer wieder begegnen werden, kommen nicht von ungefähr. Ernst von Weizsäcker, als Korvettenkapitän ab Januar 1918 Verbindungsoffizier des Admiralstabs zur Obersten Heeresleitung und als solcher einer der wenigen, die beide Kriegsschauplätze erlebten, schrieb in seinen Erinnerungen: »Die Stärke unserer Flotte, den Kampfwert unserer Schiffe, den Grad unserer Ausbildung bewerteten wir Deutschen am Maßstab des englischen Vorbildes. *Wir bereiteten uns gewissermaßen auf ein Turnier vor*; daß wir aber einmal wirklich gegeneinander Krieg führen sollten, drang nicht in unser Bewußtsein ein.«[16] Zwar gab es nicht nur in der Skagerrakschlacht explodierende Schiffe und Tausende von Tote, aber sie dauerte keine 24 Stunden, für die Überlebenden beider Seiten blieb sie ein Spuk, den sie bei Gelegenheit jederzeit wiederholt hätten. Der Seekrieg war noch der Krieg, in dem die Schlacht und der Tod die Ausnahme waren und nicht das Überleben. Die Tatsache, daß die Flottenunruhen im Oktober und November 1918 ausgerechnet auf den deutschen Großkampfschiffen ausbrachen, die im Krieg noch am wenigsten zum Einsatz gekommen waren, deutet darauf hin, daß der Unterschied zwischen See- und Landkrieg das politische Leben der Nachkriegszeit in Deutschland auf eine geradezu paradoxe Weise bestimmt hat: Die revolutionären Kämpfe begannen dort, wo die Not weniger groß war und weniger gleichmachend als im Heer.

Der am 19. November 1918 von Wilhelmshaven ausgelaufene Überführungsverband nahm trotz einer vorübergehenden Einigung mit den Offizieren auch die Flottenunruhen mit nach Scapa Flow. Bald für sieben Monate vor Anker liegend, wurde der Internierungsverband, wie er nun hieß, 1918/19 nicht nur zu einem Schauplatz innerer Kämpfe, wie sie auch das Reich zu dieser Zeit – allerdings sehr viel heftiger – erschütterten, sondern auch zu einem Brennpunkt der Weltpolitik, weil die Siegermächte die künftige Verwendung der Schiffe klären mußten. Das gestaltete sich noch schwieriger als die Formulierung des Waffenstillstandsvertrags, denn die komplizierte Interessenlage wurde einerseits von der klassischen europäischen Hegemonialfrage, andererseits bereits von der aufkommenden Konfrontation der großen Kontinentalstaaten USA und Sowjetunion bestimmt. Schon die Waffenstillstandsverhandlungen zeigten deutlich, wie stark die auseinanderlaufenden Interessen der Siegermächte überdies von den unterschiedlichen Erfahrungen auf den jeweiligen Kriegsschauplätzen bestimmt wurden. Während beispielsweise die Londoner Admiralität auf einer Auslieferung der deutschen Flotte bestand, waren es die Franzosen, die in Sachen Marine für einen milderen Waffenstillstand plädierten, weil sie den Ruhm des Siegs eher beim französischen Heer als bei der Royal Navy sahen. Der Konflikt wurde unter anderem dadurch beigelegt, daß man offiziell nur die »Internierung« der deutschen Hochseeflotte verlangte und inoffiziell beschloß, die Schiffe niemals zurückkehren zu lassen. Auf diese Weise, mit Hilfe der trügerischen Aussicht auf Rückkehr, wurde vermieden, daß es zu einer letzten Schlacht kam, wie sie nicht nur von deutschen, sondern auch von englischen Offizieren ersehnt wurde. Auch ihre Vorstellungen, die sich noch an dem hundert Jahre zurückliegenden Sieg von Trafalgar orientierten, gehörten einer zerrinnenden Vergangenheit an.

Für beide, für die Fronten des Krieges wie auch für die des 1917 aufkeimenden Weltbürgerkriegs gilt, was Ernst Jünger über den Ersten Weltkrieg insgesamt gesagt hat: »Es war dies ein Krieg, den nicht nur Nationen, sondern auch zwei Zeitalter gegeneinander ausgetragen haben.«[17] Diese viele Zeitgenossen verunsichernde Opposition von Vergangenheit und Zukunft durchdrang das Leben in einer vielleicht noch nie dagewesenen Weise. Als Chef des Internierungsverbands spielte Konteradmiral Ludwig von Reuter, wie er selbst bemerkte, angesichts der Konflikte zwischen Soldatenräten, Offizieren verschiedener Vereinigungen, oftmals unberechenbaren Mannschaften, Heimatbehörden und Engländern ein »Spiel mit 7 Kugeln«. Eines Tages, es war nach der Abdankung des Kaisers, brüllte ein Soldatenrat einen Offizier mit den Worten an: »Ich, kaiserlicher Obermaat, befehle ihnen ...!« An solchen Stellen läßt sich der Überlegung Jüngers eine andere hinzufügen: Eine gegen die Vergangenheit antretende Zukunft muß sich auch eben der Vergangenheit bedienen, die sie bekämpft, weil der für die Zukunft Kämpfende gegen seinen Willen auf eine Autorität angewiesen ist, die er aus der gegenwärtigen Zeit des Umbruchs nicht nehmen kann. Das ist nicht in entlarvender Absicht gesagt, sondern es hat, wie wir an den Ereignissen in den langen Monaten der Internierung sehen werden, wesentlich dazu beigetragen, daß die Kämpfe an Bord der deutschen Schiffe keine Menschenleben gefordert haben. Denn umgekehrt ist auch Reuter, der nun gewiß kein Freund der Soldatenräte war, übermäßigen Demonstrationen kaisertreuer Besatzungen mit dem Argument begegnet, ihre Ansprüche paßten nicht in die Zeit hinein. Daß dieses lange Zusammenleben, während die Schiffe nicht verlassen werden durften, einigermaßen gelang, lag aber auch an äußeren Verhältnissen. Sowohl die Möglichkeit des Waffengebrauchs durch die englischen Bewacher, wie auch, radikale Besatzungsmitglieder in die Heimat zu schicken, hatten ihren Anteil daran, daß es nicht zum Äußersten kam.

Der Vergangenheit gehörte im Herbst 1918 im Grunde auch die auf beiden Seiten den Seekrieg beherrschende Vorstellung an, daß die Entscheidung über Sieg und Niederlage in einer großen Schlacht zwischen Grand Fleet und deutscher Hochseeflotte fallen müsse, obwohl doch schon vor dem Krieg klar war, daß infolge der englischen Fernblockade eine solche Schlacht, wenn sie überhaupt zustande käme, keine Entscheidung bringen würde. Es ist erstaunlich, zu sehen, wie trotzdem für die deutschen und englischen Flottenführer wider alle Vernunft »der Tag« das Inbild des Seekriegs blieb. Diese Vorstellung hat in Deutschland und in Großbritannien zu Versuchen geführt, den friedensorientierten Politikern zur Zeit des Waffenstillstands jede Menge Steine in den Weg zu legen.

Die Selbstversenkung bewegt sich also einerseits ganz und gar in der Tradition eines »ehrenvollen Untergangs«, der auch die Seeschlacht zu einer Option machte, die der friedlichen Ergebung vorzuziehen war. Das entscheidende an »Scapa Flow« ist aber nun, daß sich die Hochseeflotte, um dem Reich Schlimmeres zu ersparen, und unter der Voraussetzung, sie werde nach Friedenschluß wieder zurückkehren, dazu bewegen ließ, in entwaffnetem Zustand den Treffpunkt mit der Grand Fleet anzusteuern. Nach einigen Schwierigkeiten verließ sie am 19. November 1918 für immer die Außenreede von Wilhelmshaven, vielleicht sogar, weil die Selbstversenkung jederzeit als eine Möglichkeit zur Verfügung stand, sich dem Sieger doch noch zu entziehen, denn Reuter ahnte bereits, daß er de facto die Flotte auslieferte. Weil es den letzten friedlichen Ausweg noch gab, konnte sich die Flotte der politischen Notwendigkeit fügen und darauf verzichten, »bis zum letzten Mann« standhaft zu bleiben. Gerade jener Ehrbegriff, der die kampflose Ergebung eigentlich ausschloß, diente paradoxerweise dazu, die Bedingung des Siegers zu erfüllen. Hatte nicht die Unbeherrschbarkeit des Landkriegs die Dimension des Politischen so hoffnunglos überfordert? Insofern wäre »Scapa Flow« tatsächlich das Ende eines Krieges, weil dort das Militärische dem Politischen wieder untergeordnet und ein Mittel zum höheren Zweck wird, ein Verhältnis, das der »totale Krieg« geradezu auf den Kopf gestellt hatte.

Was hat Reuter eigentlich getan? Ohne große Übertreibung könnte man sagen, daß die Versenkung einen Akt zivilen Ungehorsams darstellte, da auf deutscher Seite keine Waffengewalt eingesetzt wurde. Man könnte aber auch sagen, hier habe sich ein anachronistisches Ehrgefühl der Marineoffiziere Ausdruck verschafft, da die Selbstversenkung auf jenen kaiserlichen Befehl zurückging, wonach kein Schiff in feindliche Hände fallen dürfe. Es waren andererseits aber auch Soldatenräte, die dazu aufgerufen hatten, die Schiffe in den Internierungshafen zu überführen: um eine Beschlagnahmung durch die Engländer zu vermeiden. In Deutschland wurde die Versenkung von vielen als heroisch begrüßt, was aber diejenigen anders sahen, die die Flotte lieber in einer letzten Schlacht hätten untergehen sehen, statt daß sie im November 1918 gemäß Waffenstillstandsvertrag gen Schottland fuhr. Zu letzteren zählten nicht nur verantwortliche Marineoffiziere, sondern offenbar auch Hitler, der 1919 in München gerade seine ersten Reden hielt.

Es ist eine Äußerung von ihm über die Selbstversenkung von Scapa Flow belegt, die erkennen läßt, daß er auch dieses Ereignis nur in der Perspektive seiner die Selbstvernichtung einkalkulierenden Gewaltbereitschaft gesehen hat. In einer Besprechung am 6. Januar 1943 in der Wolfsschanze mit dem Oberbefehlshaber der Marine, Großadmiral Erich Raeder, hielt Hitler »einen eineinhalbstündigen Vortrag über die Rolle der preußischen und deutschen Marine seit ihrem Bestehen«. Raeder protokollierte als Äußerungen Hitlers: »Die Rolle der Hochseeflotte war im Weltkriege ohne Bedeutung. Die Ausrede, der Kaiser habe sie nicht einsetzen wollen, sei nicht stichhaltig. Es fehlten die Männer, die zum Einsatz auch ohne Zustimmung des Kaisers entschlossen waren. Ein großes Kapital an Kampfkraft habe daher brach gelegen, während das Heer dauernd schwer kämpfte. Die Revolution und die Versenkung in Scapa Flow sei kein Ruhmesblatt der Marine.«[18]

Heinrich Stroebel in der *Weltbühne* war anderer Meinung. Er bezeichnete die Tat von Scapa Flow als »die Auflehnung des Militarismus gegen die Zivilgewalt der Republik«.[19] Wer hatte nun recht, Hitler oder Stroebel? War die Versenkung ein militaristischer Akt oder ein ziviler? Einzelheiten und Hintergründe zeigen, daß die Entgegensetzung als solche nicht durchzuhalten ist: Hier war eher ein militärischer Ehrbegriff am Werk, fähig, sich einen zivilen Ausdruck zu verschaffen. Zu dieser differenzierenden Beurteilung könnte man weitere gesellen. Da es die Meutereien auf der Hochseeflotte waren, die den bewaffneten Endkampf verhindert und die kampflose Überführung der Schiffe ermöglicht hatten, war den revolutionären Unruhen im November 1918 also letztlich auch die Menschenleben verschonende Form des Untergangs zu verdanken. Sie würde demnach die Interessen der Offiziere und der Mannschaften zumindest in dieser Frage miteinander versöhnt haben.

Des weiteren scheint die Versenkung auf den ersten Blick klar den britischen Interessen widersprochen zu haben, also einer feindlichen deutschen Gesinnung entsprungen zu sein. Aber schon die Arbeiten des Historikers Paul Kennedy haben gezeigt, daß der eigentliche Konkurrent Großbritanniens am Ende des Ersten Weltkriegs die zur neuen Weltmacht aufsteigenden Vereinigten Staaten von Amerika waren. Sie waren denn auch der interessierte Dritte, der in der Frage einer künftigen Verwendung der deutschen Schiffe den Engländern beträchtlichen Widerstand entgegensetzte, was dazu führte, daß auch die Londoner Admiralität in diplomatisch auswegloser Lage die Selbstversenkung als das für sie kleinste Übel begrüßte. Die Frage einer Versenkung ist im Lager der alliierten und assoziierten Mächte, also der gegnerischen Verbündeten, angesichts unlösbarer Interessenskonflikte auf Drängen Großbritanniens und der USA durchaus besprochen worden. Da aber insbesondere Frankreich dagegen war, hätte man diese Maßnahme niemals offiziell durchführen können. Aus den Quellen geht hervor, daß die Briten, obwohl sie die Versenkungsvorbereitungen auf den deutschen Schiffen bemerkten, beide Augen zugedrückt haben. Es wird sogar behauptet, sie hätten die Deutschen zur Versenkung regelrecht aufgefordert. Umfangreiche Abrüstungsmaßnahmen standen der Royal Navy ohnedies bevor. Aufgrund dieser Umstände tat der Verbandschef, was ihm auch bewußt gewesen ist, den Engländern eigentlich einen Gefallen. Den Vorteil würden demnach sie und die Amerikaner, den eigentlichen Nachteil Franzosen und Italiener gehabt haben, die noch am ehesten von einer Verteilung der Schiffe unter den Siegermächten, berechnet nach ihren jeweiligen Kriegsverlusten, profitiert hätten. Die französischen Zeitungen machten vor allem Großbritannien Vorwürfe, weil man dort nicht gut genug auf die deutschen Schiffe aufgepaßt habe, und weniger dem Deutschen Reich. Die italienische Zeitung *Popolo d'Italia* äußerte sogar den Verdacht, daß die Flotte gar nicht von den Deutschen, sondern von den Engländern versenkt worden sei, um ihre Verteilung an die Verbündeten zu vermeiden.

Solchen Vermutungen wurde in Deutschland und England zur Zeit der Tat, also während der außen- und innenpolitischen Nachkriegswirren des Jahres 1919, aus naheliegenden Gründen nicht weiter nachgegangen, und zwar nicht nur deswegen, weil viele Hintergründe, die dazu nötig gewesen wären, damals nicht allgemein bekannt waren. Zu tief waren vor allem die allseitigen ideologischen Gräben und zu groß die nationalen und internationalen Interessenskonflikte. Man stelle sich nur einmal vor, Reuter hätte seine Tat in dieser Weise dargestellt: als einen Akt der Versöhnung mit, ja des Gehorsams gegenüber dem Gegner in einem offiziell noch nicht beendeten Seekrieg, oder etwa als einen Akt des Schulterschlusses mit den teilweise bis in den Juni 1919 meuternden Mannschaften des Internierungsverbands! Reuter hätte auf beinah allen Seiten größtes Unverständnis geerntet und schärfsten Protest hervorgerufen. Er hätte sogar Großbritannien bloßgestellt, da man dort gar nicht allein über die Schiffe verfügen durfte, sondern die Interessen der Verbündeten zu achten hatte.

Die Versenkung der deutschen Flotte kam den Engländern nur soweit entgegen, wie sie nach außen eine deutsche Tat blieb und nicht in öffentlichen Erklärungen zu einer englischen Tat wurde. Ebenso wurde auf deutscher Seite notwendigerweise die Form gewahrt. Es muß Reuter bewußt gewesen sein, daß die Engländer die Versenkungsvorbereitungen bemerkten, zumal auch zu ihm vage britische Besetzungspläne durchgedrungen sind. Daraus ergibt sich: Das Interesse der Engländer und der militärische Ehrbegriff der Seeoffiziere, und zwar nicht nur der deutschen, arbeiteten Hand in Hand. Da Reuter seinen Ehrbegriff über das britische Interesse stellte, fiel es ihm nicht schwer, die darin liegende Zustimmung für seine Tat hinzunehmen. Hätte er statt dessen, wie vermutlich ein Adolf Hitler, die Feindschaft über alles gestellt, hätte er die Schiffe möglicherweise nicht versenkt, weil nach dieser Logik der Widerstand gegen die Briten Vorrang gehabt hätte. Selbst in dem unwahrscheinlichen Fall, daß Reuter vor allem den Wünschen der Gegner nachkommen wollte – so schätzten diese ihn nach sieben Monaten Internierung tatsächlich ein –, hätte ihm der kaiserliche Befehl, die Schiffe vor feindlicher Besetzung zu versenken, erlaubt, das ohne eigenen Ansehensverlust zu tun. Das hat weitreichende Konsequenzen: Eine geheime Verständigung, wie es sie in erklärter oder unerklärter Form zwischen Deutschen und Engländern gegeben haben muß, war unbedingt darauf angewiesen, daß nach außen – und zwar auf beiden Seiten! – ein jeweils gegenteiliger Schein gewahrt wurde. Die Aufklärung dieser Zusammenhänge legt nahe, daß in diesem Fall der Schleier, der die Wahrheit umgab, ein notwendiger war, ohne den die beinahe allseits befriedigende Lösung nicht möglich gewesen wäre. So ist es nicht sehr erstaunlich, daß erst heute, 80 Jahre danach, in dieser Weise über die Selbstversenkung der deutschen Flotte nachgedacht werden kann.

Die Selbstversenkung einer ganzen Flotte ist natürlich Teil der mythischen Welt der Seefahrt, des eigenartigen Amalgams aus Wirklichkeit und Fiktion, aus gelebtem und geglaubtem Leben, und dieser mythische Anteil kam dem Verbergen der Hintergründe sehr entgegen, weil fast jeder sofort eine bewegende Vorstellung von dem hatte, was in Scapa Flow passiert war. Der ästhetische Reiz eines solchen Untergangs, der schon für sich genommen Aufmerksamkeit genießt, kann den Historiker aber auch dazu verführen, sich damit schon zu begnügen. Weder zuvor noch danach sind so viele Kriegsschiffe in so kurzer Zeit versenkt worden wie am 21. Juni 1919 in Scapa Flow, was die schottische Buch zum Ort eines historischen Superlativs macht. Natürlich ist dieser Aspekt überaus reizvoll und pittoresk und soll im folgenden auch nicht zu kurz kommen. Aber er ist nur ein Teil – mehr noch, es liegt darin eine Gefahr der Verzerrung, spätestens dann, wenn er als Anlaß für eine apokalyptische Geschichtsbetrachtung genommen wird.

Es gab in England und in Deutschland auf die Selbstversenkung eine bemerkenswerte zeitgenössische Reaktion. Sowohl das politische Satiremagazin *Punch* als auch der expressionistische Dramatiker Reinhard Goering in seinem am 27. Januar 1920 uraufgeführten Drama »Scapa Flow« haben die dramatischen Stunden der Versenkung in die Nacht verlegt. Sie wollten den Untergang, obwohl sie wußten, daß er sich bei Tage ereignet hatte, als ein düsteres Todesfanal vor Augen führen. Nun ist es eine Sache, darauf hinzuweisen, daß die Selbstversenkung zwischen zwölf und siebzehn Uhr geschehen ist, denn es geht noch weiter: Scapa Flow liegt hoch oben im Norden. Wenn die Versenkung tatsächlich in der Nacht stattgefunden hätte, wäre die schwarze Nacht des Flottentods in Wahrheit die fast durchgehend helle Nacht der nördlichen Sommersonnenwende gewesen.

Auf der Suche nach Beispielen für das, was in dieser »Nacht« geschah, bieten sich so manche Flottenuntergänge des 19. und 20. Jahrhunderts an, die aber meist deshalb ausscheiden, weil sie, wie etwa beim japanischen Angriff auf Pearl Harbor am 7. Dezember 1941, die Folge von Kampfhandlungen oder selbst solche waren. Man könnte auch an den Krimkrieg denken, in dessen Verlauf sich die russische, den Westmächten mangels Schraubendampfern hoffnungslos unterlegene Schwarzmeerflotte, darunter fünf Linienschiffe, am 21. und 23. September 1854 im Hafen von Sewastopol selbst versenkte – weitere Schiffe folgten im Jahr darauf –, um Engländern und Franzosen die Zufahrt zu blockieren, sie zu mühsamen und verlustreichen Landungsoperationen zu zwingen und die freiwerdenden Geschütze und Mannschaften im Landkampf einzusetzen. Freilich war hier die Versenkung, welche die Reede von Sewastopol geradezu in einen Binnensee verwandelte, rein taktischer Natur mitten im Kriegsgeschehen und nicht die Konsequenz aus einer militärisch ausweglosen Lage.[20] Ganz anders stellt sich aber schon die Selbstversenkung der französischen Flotte im Hafen von Toulon während des Zweiten Weltkriegs dar, die von der deutschen und der französischen Presse auch das »›Scapa Flow‹ des Zweiten Weltkriegs« genannt wurde und die deutlichsten Parallelen zum 21. Juni 1919 aufweist. Weder dem Deutschen Reich noch dem verbündeten England wollte sich die französische Flotte anschließen, nachdem Großbritannien im Juli 1940 die verbündete Flotte im nordafrikanischen Mers-El-Kébir bombardiert hatte, um zu verhindern, daß sie sich den Deutschen zur Verfügung stellte. So blieb im Augenblick der Einnahme Restfrankreichs durch deutsche Truppen nur der Untergang: Binnen drei Stunden wurden am 27. November 1942, während der Einnahme Toulons, 90 Schiffe mit insgesamt 225 000 Tonnen gesprengt und versenkt. Manche Schiffe brannten noch drei Wochen später.[21]

Gegenüber der Art und Weise, in der Carl Schmitt dieses Ereignis interpretiert, scheint allerdings Skepsis angebracht zu sein: »Klassisches Beispiel eines Selbstmordes angesichts einer innerlich unmöglichen, aber durch die Situation aufgezwungenen Option und Alternative. Weder Osten noch Westen, weder Deutschland noch England war der französischen Flotte möglich. Ist das nicht die heutige Gesamtlage Deutschlands? Und müßten wir nicht Selbstmord begehen, wenn das Beispiel Toulon maßgebend wäre?« Dem französischen Schriftsteller André Gide, der in seinem Tagebuch für den Kampf der Flotte auf der Seite Englands plädiert hat, wirft Schmitt »rückwärtsgekehrte Prophezeiung, Standpunkt des Siegers« vor und ruft: »schäme Dich solcher ex post Moral, Du alter Mann!«, ohne die Frage zu bedenken, wohin denn eine Argumentation führte, die sich der rückwärtsgekehrten Prophetie aus reinem Stolz enthielte.[22] Den Kampf noch einmal aufzunehmen wird der Sinn der Geschichtsschreibung nun auch nicht sein. Was die Selbstversenkung der deutschen Hochseeflotte betrifft, kann man jedenfalls nicht behaupten, daß der militärische »Selbstmord« auch in politischer Hinsicht ein Selbstmord gewesen ist. Wenn auch das Schiff versenkt wird, so wird doch das Leben der Besatzungen gerade erhalten. Die heroische Geste ist also nicht Vorbild, sondern Ersatz für einen ansonsten sinnlosen oder aussichtslosen Kampf. Es bleibt dann die Frage, welches Beispiel »maßgebend« sein könnte, wenn »Scapa Flow« und »Toulon« es nicht sein können. Selbst aus dem düsteren Gedankenspiel Carl Schmitts klingt dieser Unterschied noch heraus: daß der Selbstmord einer Flotte höchstens in effigie sinnvoll, nicht aber Modell für das Schicksal eines ganzen Landes sein kann.

Wächter und Partisanen: Der Krieg zur See 1914–1918

Der 1840 geborene amerikanische Seeoffizier Alfred Thayer Mahan soll anläßlich des Kriegsausbruchs von 1914 das Ende der deutschen Flotte richtig vorhergesagt haben. Mahan, ein Freund Theodore Roosevelts, des sechsundzwanzigsten Präsidenten der Vereinigten Staaten, hatte in seinem außergewöhnlichen, auf Anregung Kaiser Wilhelms II. ins Deutsche übersetzten Buch »Der Einfluß der Seemacht auf die Geschichte« über das weltweite Seekriegsgeschehen zwischen 1665 und 1812 dem universalistischen Imperialismus der USA das Wort geliehen. Darin hatte er die Ansicht vertreten, daß die Vereinigten Staaten als die größere, den Dimensionen des 20. Jahrhunderts entsprechende Insel dazu berufen seien, die Weltmachtrolle Großbritanniens zu übernehmen und fortzusetzen, eine These, die im Jahre 1917, im Wendejahr des Krieges, zur Zeit der russischen Revolution, ihre erste große Bestätigung erfahren sollte. 1914, kurz nach Ausbruch des Krieges und kurz vor seinem Tod, hatte Mahan in seinem Haus auf Long Island einen Korrespondenten des Londoner *Daily Telegraph* empfangen und ihm gesagt, Deutschlands Zukunft zur See werde damit enden, daß seine Flotte eines Tages englische Häfen anlaufen werde, um sich zu ergeben. Mahan war richtig vorausschauend davon ausgegangen, daß die Blockade deutscher Häfen durch Konzentration der britischen Flotte in der Nordsee den Konflikt entscheiden werde.[1] Als die von ihm prophezeite friedliche Ergebung 1918 stattfand, war das Ziel der deutschen Flotte tatsächlich zunächst Rosyth in der Bucht vor Edinburgh, von wo aus sie ihrem endgültigen Liegeplatz in Scapa Flow, im hohen Norden Schottlands, zusteuerte.

Gerade ihre Randlage rückte die Orkneyinseln immer wieder in den Mittelpunkt des Weltgeschehens. Die englischen Vorkriegsüberlegungen, Scapa Flow im Rahmen der Fernblockade deutscher Häfen zu einem Stützpunkt der Grand Fleet zu machen, konnten an weit zurückreichende maritime Traditionen der Orkneyinseln anknüpfen, und sie brauchten nur eine strategische Funktion wiederzubeleben, welche die Inseln bereits zur Zeit der napoleonischen Kriege ausgeübt hatten. Ein regelmäßiger, bis Island und in das östliche Mittelmeer reichender Fernhandel setzte bereits mit den Wikingern ein, die im 9. Jahrhundert eine Grafschaft auf den Inseln errichteten und Osmundwall an der Südspitze der Bucht »Skalpafloi« zu ihrem Hafen und Handelszentrum machten. Als Schottland im 13. Jahrhundert die norwegische Herrschaft über die Hebriden anfocht, machte ein Flottenaufgebot König Hakons aus 120 großen Schiffen, das den Inseln zu Hilfe kam, auf den Orkneys Station. Der norwegische König, der Grönland und Island seinem Reich einverleiben konnte, unterlag in der Schlacht von Largs dem schottischen König Alexander III. Der kränkelnde Hakon und seine demoralisierte Flotte gelangten mit Müh und Not zurück nach Kirkwall auf der Insel Mainland, wo der König 1263 im Palast des Bischofs verstarb. Die Wikinger verloren die Hebriden und allmählich auch ihren Einfluß auf den Orkneyinseln . Der Machtwechsel ließ trotzdem noch auf sich warten. Erst nach der Vereinigung der skandinavischen Königreiche am Ende des 14. Jahrhunderts unter der Führung Dänemarks fielen die Orkneyinseln anläßlich der Heirat der dänischen Prinzessin Margaret mit dem schottischen König James III. im Jahre 1468 als Mitgift an Schottland, und erst im 17. Jahrhundert wurde der zähe Widerstand der örtlichen Grafen gegen den neuen König endgültig gebrochen.

Vom Fernhandel zur Fernblockade

Ein schwunghafter Fisch- und Getreidehandel setzte mit den Hansefahrern im 14. Jahrhundert ein. Davon profitierte auch die Piraterie und entwickelte sich zu einer allgegenwärtigen Bedrohung. Die Bewohner der Orkneyinseln scheuten sich ihrerseits nicht, die häufig an ihren Küsten zerschellenden Schiffe zu plündern, ein Recht, das offiziell dem Grafen vorbehalten war. Im Jahre 1588 verschlug es sogar die Spanische Armada auf ihrem Rückzug bis in den hohen Norden Schottlands, und eines ihrer Schiffe, die *El Gran Grifon*, sank im Sturm vor der Insel Fair, auf halbem Weg zwischen den Orkney- und den Shetlandinseln. Viele der Überlebenden verhungerten, weil die Herbststürme die Fahrt zur nächsten Insel verhinderten.

Die scheinbar althergebrachte Beschaulichkeit, welche die Hauptstadt Kirkwall und das kleine Städtchen Stromness – ebenfalls auf Mainland, aber auf der Scapa Flow zugewandten Seite gelegen – heute ausstrahlen, ist angesichts der vielen geschichtlichen Turbulenzen eher jüngeren Datums. Stromness hatte sein Wachstum der Tatsache zu verdanken, daß der Schiffsverkehr schon während der napoleonischen Kriege sprunghaft anstieg, weil damals die Bucht Scapa Flow zur geschützten, da von Frankreich weit entfernten Drehscheibe des britischen Fernhandels wurde sowie den Walfängern diente, die den Hafen als letzte Station vor der Atlantiküberquerung nutzten. Die strategischen Überlegungen, denen Scapa Flow im Ersten Weltkrieg seine Rolle als Hauptstützpunkt der Fernblockade verdankte, gründeten also auf Erfahrungen aus den 22 Jahren Französischer Revolution und Kaiserzeit zwischen 1793 und 1815, als England seine ein Jahrhundert lang praktisch unangefochtene maritime Vormachtstellung errang.

Wie im Ersten Weltkrieg war auch zur Zeit Napoleons die Seemacht aber nicht nur von der Beherrschung des Meeres, sondern auch des Kontinents abhängig. Die Ausschaltung der französischen Kriegsflotte bei Trafalgar, darauf weist der Historiker Ludwig Dehio hin, war ein Sieg, der erst der Niederlage Napoleons zu Lande seine Dauerhaftigkeit verdankte! Dehio schreibt: »Wohl war sie [die Schlacht von Trafalgar] tatsächlich die letzte große Seeschlacht gegen Frankreich, aber nur deswegen, weil Napoleon zu Lande vernichtet wurde – in Auswirkung freilich der Tatsache, daß er zur See England nicht bezwingen konnte: sonst hätte er den Zug nach Moskau nicht zu unternehmen brauchen. Aber wäre er zu Lande siegreich geblieben, er hätte trotz Trafalgar den Kampf zur See von neuem aufgenommen, wie er denn vielleicht nur durch den spanischen Aufstand an erneuten Landungsvorbereitungen verhindert worden ist.«[2] Diese Niederlage hatte für Frankreich den kleinen vorteiligen Effekt, daß sie Tausende von Franzosen für den Kaperkrieg freisetzte, die dem britischen Seehandel die größten Verluste seit den Spanischen Erbfolgekriegen zufügten. Zugleich scheiterte am unverzichtbaren Handel mit England aber auch das fragile französisch-russische Bündnis aus dem Frieden von Tilsit (1807), bezog doch Rußland englische Manufakturwaren gegen Holz und Agrarprodukte.

Als noch die Invasion napoleonischer Truppen gedroht hatte, waren an den Küsten Großbritanniens eigens Wehrtürme errichtet worden, sogenannte Martellotürme, zwei davon zwischen 1813 und 1815 auch auf der Orkneyinsel Hoy, nachdem sich die Admiralität geweigert hatte, ein Kriegsschiff in den hohen Norden zu entsenden. In London wurden damals pro Jahr bis zu 14 000 ein- und auslaufende Schiffe gemeldet, und sie alle waren mehr oder weniger von Freibeutern bedroht; 11 000 Schiffe wurden von 1793 bis 1815 gekapert. Es war also vollkommen ausgeschlossen, jeden Krisenherd mit Kriegsschiffen unter Kontrolle zu bringen. Die Türme waren mit einer Plattform für Geschütze versehen, das obere Stockwerk diente als Wohnraum, das untere als Magazin. Wegen des guten Ausblicks auf die Einfahrt von Longhope kamen sie noch im Ersten Weltkrieg zum Einsatz, wobei ihre Steinmauern einer Beschießung durch Schiffsgeschütze zu dieser Zeit nicht mehr standgehalten hätten. Aber bei der Ausschau nach U-Booten erfüllten sie immer noch ihren Zweck. Wegen dieser neuartigen Gefahr mußte die Flotte noch zu Beginn des Ersten Weltkriegs die Bucht gelegentlich räumen. Später wurden die Zugänge mit Balken- und Netzsperren sowie ausgedienten, eigens versenkten Handelsschiffen gesichert, deren rostige Wracks zum Teil noch heute wie gestrandete Wale aus dem Wasser ragen. Im Zweiten Weltkrieg errichteten italienische Kriegsgefangene die sogenannten Churchill-Barriers, vier Dämme, auf denen man heute bequem von Insel zu Insel fährt.

Als zur Zeit Napoleons Fahrten durch den Ärmelkanal entschieden zu gefährlich wurden, wichen die Engländer auf eine neue Route aus, die von den Häfen der Westküste um die Nordspitze Schottlands bis ins Baltikum führte. In Scapa Flow sammelten sich die Konvois, die aber auch von Piratenschiffen der Amerikaner bedroht wurden; einige von ihnen hatten bis zu 20 Geschütze und 200 Mann an Bord. Sie waren Frankreich seit der Abtretung Louisianas freundlich gesinnt und litten zudem unter dem englischen Handelskrieg, der nicht nur gegen den feindlichen Seeverkehr gerichtet war, sondern auch den Handel der Vereinigten Staaten mit den Neutralen zu verdrängen oder wenigstens zu kontrollieren suchte. Die USA, schon zu dieser Zeit der größte Konkurrent für den britischen Seehandel, wurden von der englischen Gegenblockade jedenfalls härter getroffen als von den französischen Handelsbeschränkungen. Im Jahre 1812 erklärten die USA der Mutternation den Krieg, der zwei Jahre später mit einem Friedensschluß endete, ohne daß die strittigen Fragen des Seerechts geklärt worden wären, sie hatten nur an Bedeutung verloren, da die USA inzwischen ihre eigene kontinentale Expansion vorantrieben.

Wesentliche Aspekte des Ersten Weltkriegs sind in diesen Jahren bereits zu erkennen: Der Seekrieg gegen den kontinentalen Feind wird vorrangig als Wirtschaftskrieg geführt, und dabei spielt die Royal Navy eine eher defensive Rolle. Großbritannien gewinnt durch festländische Verbündete die Oberhand, und schließlich gerät die englische Dominanz im Seehandel mit amerikanischen Interessen in einen begrenzten Konflikt. Begrenzt ist er deshalb, weil die gegensätzlichen Interessen in der Hegemonialfrage letztlich nicht durch den Krieg entschieden werden. Im Jahre 1917 sollten die Vereinigten Staaten als mit Großbritannnien assoziierte Macht einen großen Schritt auf dem Weg vorankommen, die Weltmachtrolle ihrer Mutternation nicht durch Krieg, sondern durch Kooperation zu übernehmen. Im Vergleich zu den bekannten Mustern europäischer Hegemonialkämpfe war das ein ganz erstaunlicher Vorgang.

Stellungskrieg zur See

Der vergleichsweise harmlose Verlauf des Krieges zur See ist schon vor 1914 seitens der Londoner Admiralität gewissermaßen geplant worden, und im Rahmen dieser Vorhaben spielten die Inseln um Scapa Flow von Anfang an eine wichtige Rolle. Die Pläne gingen im wesentlichen auf, tatsächlich lagen die großen Flotten Deutschlands und Englands die meiste Zeit des Krieges untätig in ihren Häfen. Wollte man den Verlauf dieses Seekriegs auf eine Formel bringen, so könnte man ihn, ähnlich wie den Landkrieg, als einen Krieg bezeichnen, für den Stillstand, nicht Bewegung das auffälligste Merkmal gewesen ist, also als einen »Stellungskrieg«, wenngleich unter sehr viel weniger Opfern als die grausamen Grabenkämpfe in Nordfrankreich. So verglich Sir Eric Geddes, Erster Lord der Admiralität, während der Waffenstillstandsverhandlungen im Herbst 1918 die Situation der englischen und der deutschen Hochseeflotte mit zwei sich in Schützengräben gegenüberliegenden Armeen.

Trotzdem wurde auch durch den Seekrieg die Bevölkerung hier wie dort, direkt oder indirekt so weit in Mitleidenschaft gezogen, daß nicht mehr der »kleinliche politische Zweck«,[3] sondern die Lebenserhaltung überhaupt und die wenn nicht physische, so doch moralische Vernichtung des Gegners das oberste Ziel wurde. Wie den Landkrieg haben auch den Seekrieg die Schlagkraft der neuen Waffen und die wirtschaftlichen Probleme des langen und »totalen« Krieges von Grund auf revolutioniert. Seit der Einführung der allgemeinen Wehrpflicht, einer durch die Französische Revolution sehr vorangetriebenen Veränderung, gerieten die Grenzen zwischen Kombattanten und Nichtkombattanten, zwischen Militär und Zivil sowie zwischen Staat und Gesellschaft ohnedies ins Wanken. Ungeahnte Feuerkräfte, die der technische Fortschritt hervorgebracht hatte, verschärften das Problem. Einige Geschosse der sogenannten »Paris-Geschütze« mit einer Reichweite von bis zu 128 Kilometern schlugen tatsächlich in der französischen Hauptstadt ein. Dafür wurde ein normales 38-cm-Marinerohr verwendet, in das ein zweites, deutlich längeres 21-cm-Rohr eingezogen wurde. Die Geschütze der neuen *Dreadnoughts*, der neuesten Großkampschiffe, übertrafen mit ihrer Reichweite zwischen 18 und 21 Kilometern bei normalen Wetterverhältnissen in der Nordsee in der Regel die Sichtweite. Während aber in Frankreich die in veralteter Nahkampftaktik eingesetzten Waffen jeden Tag zweieinhalbtausend Menschenleben forderten, wurden die gigantischen teuren Schlachtflotten durch die strategischen Neuorientierungen Deutschlands und Englands regelrecht gelähmt. Allerdings hat diese Lähmung durch die geographische Lage vor allem für die Mittelmächte und die Ernährung ihrer Bevölkerung katastrophale Folgen gehabt, da die Schiffahrtsstraßen des Seehandels mit betroffen waren. Statt in direkter Konfrontation mit dem Gegner wurde der deutsche Handel durch Schließung der Nordseeausgänge zum Atlantik völlig lahmgelegt, der Seekrieg vorrangig in der Form des Handelskriegs geführt. Auf diese Weise sicherte das Empire auch die eigenen Zufuhren, denn das Inselreich war fast völlig von Nahrungsmittelimporten abhängig. Über diese Art der britischen Handelskriegführung war schon Napoleon voll des Lobes: »Les Anglais bloquent trés bien«, zitiert ihn Lord Fisher stolz im Vorwort zu seinen 1919 erschienenen Dokumenten.

Keine der wenigen nennenswerten Seeschlachten und Seegefechte dieses Krieges hat ein strategisch bedeutendes Ergebnis hervorgebracht, einzig mit Blockade und uneingeschränktem U-Boot-Krieg haben sich die Gegner bedrohlich schwächen können. Wie anders die Seekriege früherer Zeiten, die Niederlage der Perser bei Salamis 480 v. Chr., der Türken 1571 bei Lepanto, der Franzosen 1805 bei Trafalgar oder hundert Jahre später, 1905, der Russen bei Tsushima – hatte doch jeweils eine einzige Schlacht Entscheidungen weltgeschichtlichen Ausmaßes hervorgebracht oder zumindest eingeleitet. Ganz anders der Krieg zur See von 1914 bis 1918, denn nicht einmal die bis dahin größte Seeschlacht der Geschichte, die Schlacht am Skagerrak von 1916, sollte die angestrebte Klarheit bringen. Der Verlauf dieses Seekriegs verweist zugleich auf den Übergang vom europäischen Hegemonialkampf alten Stils zu der beginnenden Konfrontation der beiden künftigen kontinentalen Supermächte USA und Sowjetunion. Durch die unmittelbare deutsche Bedrohung *und* die Flottenrüstung der anderen aufstrebenden Industrienationen hatte Großbritannien seine Weltmachtstellung schon vor dem Krieg teilweise aufgeben und die verfügbaren Kräfte in der Nordsee bündeln müssen. Der Kampf um das Erbe des Empire war damit aber noch nicht entschieden. Er sollte dem erst 1917 verschärften U-Boot-Krieg sowie dem Landkrieg und, nicht zu vergessen, den diplomatischen Nachkriegsgefechten im Lager der Sieger vorbehalten bleiben.

Im Oktober 1911, unmittelbar nach der Agadirkrise, in der die deutsch-englischen Interessengegensätze bezüglich Marokko bereits in einem kriegerischen Zusammenstoß zu gipfeln schienen, wurde der vierunddreißigjährige Sir Winston Churchill Marineminister, Erster Lord der Londoner Admiralität. Er hatte die Aufgabe, die Marine in die neue, im Oktober 1908 beschlossene Gesamtstrategie eines kommenden Krieges zu integrieren und außerdem das Vertrauen des Kabinetts in die Fähigkeiten der Royal Navy wiederherzustellen, das der Erste Seelord, Admiral Sir Arthur Wilson, mit schlecht durchdachten Kriegsplanungen verspielt hatte. Wilson hatte sich unter anderem der Schaffung eines Admiralstabs widersetzt, um seine eigene Autorität zu sichern. Nach dem langen Jahrhundert des Friedens zeigte Churchills Behörde gewisse Ermüdungserscheinungen »wohlmeinende[r] Ignoranz«, und seine »Menagerie von Wohltätigkeitsadmiralen«,[4] so Admiral Sir John Jellicoe, wurde nur durch den immensen Arbeitseifer des Ersten Lords in Schwung gehalten. Die Folge war allerdings, daß die

Seelords, die jeweiligen Abteilungsleiter, zurückgesetzt und ihre Abteilungen, so Fisher, »in Wirklichkeit von der Ministerkanzlei aus geleitet«[5] wurden.

Während der Erste Lord die politische Verantwortung trägt, ist der Erste Seelord der dem Minister verantwortliche ranghöchste Marineoffizier, der für die operativen und sonstigen Entscheidungen der Admiralität geradesteht. Allerdings hat sich besonders der neue Marineminister Churchill mit seiner Begeisterung für operative Fragen durchaus nicht immer an diese Aufgabenverteilung gehalten. Er traf im folgenden Jahr einige strategische Entscheidungen, die für den kommenden Seekrieg höchst folgenreich gewesen sind: Er verlegte die Mittelmeerflotte nach Gibraltar und die Atlantikflotte zurück in heimische Gewässer, und Churchill war es auch, der die von den Orkneyinseln gebildete Bucht Scapa Flow zum neuen Hauptstützpunkt der Grand Fleet im Falle eines Krieges bestimmte. Damit zog er die Konsequenz aus der veränderten geopolitischen Situation.

Die militärische Konzentration gegen das Deutsche Reich war zwar keine ganz neue Entwicklung, sie wurde von Churchill aber entschiedener vorangetrieben als von seinen Vorgängern: »Wenn wir die große Schlacht auf dem entscheidenden Kriegsschauplatz gewinnen«, so ein Ausspruch Churchills, der auch von Tirpitz hätte stammen können, »dann können wir alles Weitere nachher in Ordnung bringen.«[6] Mit »alles Weitere« war der dramatische Weltmachtverlust gemeint, der das Empire schon vor 1914 ereilt hat und der Tirpitz später zu der optimistischen Feststellung veranlaßte, 1912 habe sich ein neues europäisches Gleichgewicht abgezeichnet, das durch die Fehler der politischen Führung im Juli 1914 leichtfertig und im denkbar ungünstigsten Augenblick verspielt worden sei. Großbritannien hatte sich von der westlichen Hemisphäre zurückgezogen und 1902 ein Bündnis mit Japan geschlossen, ohne das Fernost nicht zu halten war. Der Verlauf des Ersten Weltkriegs verstärkte den Prozeß: Je mehr Kräfte England im europäischen Krieg einsetzte, um so schwächer wurde seine fernöstliche Position. So konnte man in der Chinakrise auf die Hilfe Berlins getrost verzichten, und Japan war es, das im Krieg die deutsche Kolonie Tsingtau liquidierte. Außerdem wurde das Mittelmeer weitgehend preisgegeben, wo sich seit dem verstärkten Flottenbau Italiens und Österreich-Ungarns ebenfalls eine britische Unterlegenheit anbahnte. Die Konzentration auf die Nordsee war ein großes, »kaltes« Rückzugsgefecht. »Es wäre höchst töricht, Ägypten zu schützen«, sagte Churchill, »und dadurch England zu verlieren.«[7]

Schon 1903 hatte die Regierung bekanntgegeben, daß man im Firth of Forth einen Marinestützpunkt einrichten werde, der den an der englischen Südküste gelegenen Hafen von Portland ablösen sollte. Während die neue Gefahr aus dem Osten kam, war der Schutz der englischen Südküste gegen die französische Bedrohung hinfällig geworden. Großbritannien hatte sich seiner altbewährten Strategie besonnen, einer Bedrohung der eigenen Hegemonie durch ein Bündnis mit der zweitstärksten Kontinentalmacht zu begegnen. Der Erfolg hing wie zur Zeit des Siebenjährigen Krieges (1756–1763) davon ab, ob es gelang, mit Hilfe eines starken Verbündeten die Ressourcen des Gegners im Landkrieg zu binden, durch die Unterstützung eines Verbündeten, der sich nicht als ›Geisel‹ nehmen ließ, während London seine Kräfte gegen die damals französische, nun deutsche See- und Kolonialmacht konzentrierte. Im Siebenjährigen Krieg hatte Preußen als Englands »Festlandsdegen« gedient, und nun, 1914, war es Frankreich, das zusammen mit England, vor allem aber *für* England gegen das Deutsche Reich kämpfen sollte, nachdem Großbritannien entgegen den deutschen Erwartungen 1904/05 in der »Entente Cordiale« mit seinem Erzfeind eine ausbaufähige Interessengemeinschaft gebildet hatte. Wenn England nicht isoliert und Frankreich kein deutscher Satellit werden sollte, mußte es, wie bescheiden auch immer, den Feind von einst im Landkrieg unterstützen, denn hier drohte die Gefahr, daß das Deutsche Reich nach einem schnellen Sieg ganz West- und Mitteleuropa beherrschte. Damit lag die wichtigste Kriegsaufgabe beim Heer und nicht bei der Marine, die hauptsächlich den Transport der Truppen über den Kanal sicherstellen sollte. Das war eine »bittere Pille« für die Royal Navy, und beleidigt verweigerte sie daraufhin bis zu Churchills Amtsantritt die Kooperation mit dem Heer.

Rückzug aus Übersee

Um die Jahrhundertwende hielt es die britische Admiralität noch für ausreichend, gegen die kombinierte russisch-französische Flotte anzubauen, und bis 1909 diktierte die Summe der deutschen und der amerikanischen Flottenstärken das Maß der englischen Rüstungsanstrengungen. Aber dieser »Zwei-Mächte-Standard« konnte angesichts der immens wachsenden Bedrohung in der Nordsee nicht aufrechterhalten werden. Zum Glück, für Großbritannien, verlor Rußland nach dem Krieg gegen Japan seine Bedeutung, auch als Bündnispartner Frankreichs, und Paris konnte mit einer geschickten Diplomatie an die Seite Englands gezogen werden. In einem weiteren Abkommen mit Frankreich gab England 1912 die maritime Vorherrschaft im mittleren und westlichen Mittelmeer auf – die meisten Kriegsschiffe wurden abgezogen –, und die Royal Navy übernahm die Verantwortung für den Schutz der französischen Nord- und Westküste. Die neue Abhängigkeit von Frankreich, das mit der Verteidigung britischer Interessen im Mittelmeer einen starken Trumpf gegen das Inselreich in der Hand hatte, stieß in England auf heftige Kritik, aber der Schutz des Mutterlands war wichtiger als der der Kolonien, auch war er wichtiger als die Rücksichten auf alte Ressentiments. Selbst der durchaus wenig bescheidene Sir John Arbuthnot Fisher, Erster Seelord von 1904 bis 1910, gab zu, daß man nicht alles auf einmal haben könne. In seiner Amtszeit straffte er mit einem ganzen Bündel von Reformen die Royal Navy. 154 weltweit verstreute und veraltete Einheiten wurden aus den Schiffslisten gestrichen. Das eingesparte Geld und das freigewordene Personal wurden in eine gewaltige Kräftekonzentration investiert. Das neue, schwer bestückte Schlachtschiff *Dreadnought*[8] und der Schlachtkreuzer *Invincible* wurden sogar während einer vorübergehenden Verringerung der Marineausgaben gebaut, und Fisher konnte von sich behaupten, »napoleonisch in Kühnheit und cromwellisch in Gründlichkeit«[9] vorgegangen zu sein.

Das Risiko einer Beherrschung Westeuropas durch Deutschland mit allen möglichen, vor allem wirtschaftlichen Konsequenzen hätte Großbritannien niemals eingehen mögen, allerdings hat keiner der wirtschaftlichen oder kolonialpolitischen Interessengegensätze trotz der scharfen beiderseitigen Propaganda in der Vorkriegszeit einen Krieg verursacht, sondern er wurde am Ende wesentlich durch die beiderseitigen Bündnisverpflichtungen ausgelöst.[10] Gleichwohl bleibt es fraglich, ob Großbritannien einen Verzicht auf die deutsche Flottenpolitik jemals mit eigener Neutralität belohnt hätte, zumal man fürchtete, Berlin damit erst recht freie Hand auf dem Kontinent zu geben. Ebenso waren die amerikanischen Staatsbürger unter den Opfern des uneingeschränkten U-Boot-Krieges bei genauerem Hinsehen der Anlaß, nicht aber die Ursache für den Eintritt der Vereinigten Staaten in den Krieg. Dem Sieg der Mittelmächte, der im Frühjahr 1917 in den Bereich des Möglichen rückte, hätten die USA ebensowenig tatenlos zusehen können wie Großbritannien einem schnellen Sieg der deutschen Truppen über Frankreich im Herbst 1914.

Die alte Kanonenbootpolitik, die noch auf die symbolische Kraft des Flaggezeigens bauen konnte, ging dem Ende zu, die Kolonialmacht Englands konnte keine ausreichende Stütze seiner Weltmacht mehr sein. Churchill folgte insofern der Politik des viel entschiedeneren Navalisten Fisher, als auch dieser schon die größte Gefahr für das Empire in den deutschen Weltmachtansprüchen gesehen hatte. Die Royal Navy sollte, trotz massiver Widerstände gegen diese Vernachlässigung der Kolonien, nicht länger Weltpolizei spielen, sondern dort ihre Manöver abhalten, wo der nächste Krieg erwartet wurde: »Das Schlachtfeld sollte auch der Exerzierplatz sein«[11] – ein Ausspruch Nelsons, den Fisher häufig zitierte. Neben Fisher dürfte deshalb Tirpitz derjenige gewesen sein, der am meisten zum Niedergang der *Pax Britannica* beigetragen hat, urteilt Paul Kennedy, denn »wie ein Magnet« zog Deutschland die weltweit verstreuten Geschwader zurück in die Nordsee, »aus der sie vor Jahrhunderten ausgezogen waren, um die Meere der Welt zu beherrschen«.[12] Die Hoffnung der Tirpitzschen Flottenrüstung hatte zwar darin gelegen, daß die schwächere deutsche Flotte niemals der gesamten britischen Flotte entgegentreten müsse, weil diese immer auch ihren weltweiten Verpflichtungen nachzukommen habe. Insofern ist es richtig, wenn die deutschen Militärhistoriker heute urteilen, mit der Konzentration der britischen Flotte auf die Nordsee sei die Tirpitzsche Kalkulation nicht aufgegangen. Aber das ist nur die eine Seite. Denn diese Konzentration, auch wenn sie unmittelbar einen Nachteil für Deutschland zur Folge hatte, war zugleich Ausdruck der erwünschten Schwächung britischer Weltmacht. Schon während der Venezuelakrise von 1895 hatte England vor dem Dilemma gestanden, daß die Wahrung überseeischer Interessen auf Kosten seiner Sicherheit in Europa ging. Damals war es nicht einmal möglich, die eigenen Verbände in den amerikanischen Gewässern zu verstärken. Es zeichnete sich ab, daß das Empire durch den Machtzuwachs auch der außereuropäischen Länder seine überseeische Macht ohne Verbündete nicht würde erhalten können. »Adieu Seeherrschaft Großbritanniens bis nach dem nächsten Krieg! Vielleicht dann für immer. Rom mußte die Fremden zur Hilfe rufen, als die Zeit seines Verfalls herannahte. Ich werde – wie Candide – meinen Garten bestellen«, ließ sich der einflußreiche Lord Reginald Esher in Anlehnung an Voltaire melancholisch vernehmen, der hartnäckigste Kritiker der britisch-französischen Marinekonvention vom August 1912.[13]

Das unweigerlich gute Verhältnis zu den USA, obwohl sie doch der wahre Konkurrent waren, hatte also schon zur Jahrhundertwende Großbritannien auch in Nordamerika seine militärisch unhaltbare Position aufgeben lassen. Die Freundschaft der beiden angelsächsischen Länder in dem Bewußtsein ihrer gemeinsamen Wurzeln war zugleich eine kühl berechnete Beschwichtigungspolitik, die dazu diente, einen für England aussichtslosen Krieg mit den USA zu vermeiden. Diese Entwicklung leitete ebenso das Ende der *splendid isolation* und der *Pax Britannica* ein wie das Bündnis mit Japan von 1902. Je mehr die außereuropäischen Mächte in dieser Zeit des »neuen Navalismus«, also gerade auch in der Flottenrüstung, an Bedeutung gewannen, desto weniger konnte Großbritannien es sich trotz des eigenen Machtverfalls leisten, abseits zu stehen, wenn es von diesem Übergewicht nicht eines Tages erdrückt werden wollte, und desto wichtiger wurden seine überseeischen Bündnisse wiederum für die Regelung europäischer Konflikte. Im Jahre 1883 entsprach die Zahl der britischen Schlachtschiffe mit 38 noch in etwa den 40 Schiffen aller anderer Mächte zusammengenommen. Aber 1897, noch vor den Tirpitzschen Flottengesetzen, standen schon 62 englische Schlachtschiffe gegen weltweit 96:

	Schlachtschiffe 1883	**Schlachtschiffe 1897**[14] (einschließlich der im Bau befindlichen)
England	38	62
Frankreich	19	36
Deutschland	11	12
Rußland	3	18
Italien	7	12
USA	-	11
Japan	-	7

Mit dem Ende der Segelschiffahrt waren der Royal Navy zwar schnelle und weitreichende Operationen auch von den britischen Inseln aus möglich, was der Marsch britischer Schlachtkreuzer im Herbst 1914 zu den Falklandinseln beweisen sollte. Trotzdem, die Entfernung zur deutschen Küste war mit 250 Seemeilen wesentlich größer als die 20 bis 60 Seemeilen, die England und Frankreich im Kanal voneinander trennten. Der alte Plan einer engen Blockade, der für die Admiralität bis zu Churchills Amtsantritt Gültigkeit gehabt hatte, war angesichts der eingeschränkten Verwendbarkeit der englischen Flotte gegen Deutschland infolge der Minen-, Torpedoboot- und Unterseebootgefahr nicht mehr aufrechtzuerhalten. »Es ist sinnlos«, schreibt auch der deutsche Vizeadmiral Paul Hoffmann am 5. Juni 1916 in einem Brief an Admiral Otto von Diederichs, wenige Tage nach der Skagerrakschlacht, »30 000-Tonnen-Schiffe zu bauen, die sich nicht gegen einen Torpedotreffer schützen können.«[15] Die Zeit der Super-Dreadnoughts war vorbei, bevor sie überhaupt richtig zum Einsatz kamen.

Die Überwindung großer Distanzen ohne Stützpunkte kostet Schiffskapazitäten, denn Dampfschiffe müssen häufig zur Kohlenübernahme abgezogen werden, und im Blockadedienst macht die Dauerbelastung der Maschinenanlagen längere Werftaufenthalte nötig. Churchill rechnete damit, daß nur noch ein Drittel der Zerstörer gleichzeitig gegen die deutsche Flotte im Einsatz sein könnte; gegen die Franzosen wäre es immerhin die Hälfte gewesen. Früheren Überlegungen, durch Einnahme Helgolands oder der einen oder anderen friesischen Insel der englischen Flotte solche Stützpunkte zu verschaffen, waren die Deutschen mit neuen Befestigungsanlagen begegnet.

Krieg ohne Schlacht?

Die aufgrund dieser Schwierigkeiten naheliegende Seekriegführung mittels einer Fernblockade entsprach aber weder dem Selbstverständnis einer stolzen Seemacht noch dem Ansehen der Marine oder ihrer Schlagkraft. Mit der neuen Strategie konnte der Seekrieg von der Royal Navy zwar kaum verloren, er konnte von ihr aber auch nicht mehr gewonnen werden, so daß der Ruhm des Siegs dem Heer würde zufallen müssen. Churchill arbeitete deshalb den überfälligen Plan für die Verschiffung britischer Expeditionsstreitkräfte nach Frankreich aus, die jenes kleine, aber entscheidende Potential stellen sollten, das den deutschen Vormarsch im Herbst 1914 zum Stehen brachte. Dieser Erfolg hatte keinesfalls durch riskante Flottenoperationen gefährdet werden dürfen. So unumgänglich sie war, barg die weniger aggressive Seestrategie für die Royal Navy doch die Gefahr des heimischen Prestigeverlusts, und darauf war offenbar Churchills Bemerkung gemünzt, als er die defensive Fernblockade, die 1918/19 sogar noch über den Krieg hinaus aufrechterhalten wurde, in seinem Buch »Weltkrisis« eine bloß vorübergehende Maßnahme nannte, die man im Kriegsfalle habe »überwinden« wollen. Möglicherweise sollten damit die Marinefreunde beruhigt werden, denn obwohl die strategische Notwendigkeit nicht gegeben war, behielt der »Gladiatorenkampf« der Nelson-Tradition seine ungebrochene Attraktivität für die britische Admiralität, eine im Grunde mythische Gedankenwelt, mit der die zwar effektive, aber doch unspektakuläre Sicherung der Seewege nicht konkurrieren konnte.

»Die britische Armee ist das Geschoß, das die Marine abschießt«,[16] pflegte dagegen Lord Fisher zu sagen, der die führende Rolle im kommenden Krieg bei der Marine sah. Er favorisierte den Ostseekrieg: Fahrt durch das Kattegatt, die »Dardanellen des Nordens«, Unterbrechung der deutschen Handelsverbindungen nach Skandinavien sowie amphibische Operationen, Truppenlandungen an der pommerschen Küste, um dann gemeinsam mit den Russen nach Berlin zu marschieren. Wir erinnern uns: Die Angst vor russischen Truppenlandungen war bereits eines der Motive für die Schaffung der 1848er Bundesflotte gewesen! Im Ersten Weltkrieg aber fehlten Großbritannien mit der Orientierung nach Nordfrankreich die notwendigen Kapazitäten für ein derartiges Abenteuer, die Heereskräfte waren anderweitig gebunden. Das »Tamtam«, das Fisher um diesen undurchführbaren Plan machte, diente eher dazu, seine Weigerung gegen eine Zusammenarbeit mit dem Heer zu verbergen. Während des Krieges erwog auch Churchill, fasziniert von fast jeder gefährlichen Unternehmung, noch einmal die Einnahme Helgolands und die Verlagerung des Krieges in die Ostsee, das aber traf auf die einhellige Ablehnung der Marinebefehlshaber. Wären diese Pläne umgesetzt worden, hätte sich, dank des Nord-Ostsee-Kanals (damals »Kaiser-Wilhelm-Kanal«) die Geographie zum Vorteil der Deutschen ausgewirkt, und England hätte vor der Schwierigkeit gestanden, in der Nordsee gleichzeitig das Mutterland schützen zu müssen.

Der Verzicht auf eine Schlacht, sofern sie nicht in der nördlichen Nordsee stattfände, war mit einem gewissen »Odium« behaftet, wie Admiral John Rushworth Jellicoe am 30. Oktober 1914 an die Admiralität schrieb. Auch er war einer derjenigen, die einst zum »neuen Nelson«, in diesem Fall von Lord Fisher, erklärt worden waren. Und trotzdem war er bereit, den schlechten Ruf der passiven Seestrategie in Kauf zu nehmen, sofern die Admiralität sie billige. Das ist geschehen, und der Ausgang des Krieges hat in diesem Fall der Mißachtung der öffentlichen Meinung, die sicher nach einer anderen Gangart gerufen hätte, recht gegeben.

Wider alle Vernunft, könnte man fast sagen, blieb die große Seeschlacht der Inbegriff des Seekriegs auch im Deutschen Reich, trotz der fast ausweglosen geographischen Gegebenheiten und entgegen der ernüchternden Erfahrungen gleich zu Beginn des Krieges. Die allgemeine Unzufriedenheit in den weitgehend untätigen Flotten ab 1917 ging zu einem nicht unwesentlichen Teil auf diese Enttäuschung zurück, was man etwa daran sieht, daß die Unruhen vor allem auf den festliegenden »Dickschiffen« und weder auf den aktiven Unterseebooten noch auf den Torpedobooten ausbrachen. Die Marine mußte sich davon abgesehen in Deutschland wie in England mit Nebenrollen im Landkrieg begnügen, und dazu gehörte auch der Bau von Churchills Panzerwagen, der als ein »auf dem Lande fahrendes Schiff« (Churchill) von einem Konstrukteur der Admiralität entwickelt wurde. Um den deutschen Geheimdienst zu täuschen, sollten die Eingeweihten das Gerücht verbreiten, sie konstruierten »Wasserfahrzeuge für Rußland« oder Transporter, mit denen Trinkwasser an die russische Front gebracht werden solle, daher der Name »tanks«.

Der »passive Sieg« der Royal Navy im Herbst 1918 war also das Ergebnis einer passiven Seestrategie. Zwar hat man auch Tirpitz' »Risikoflotte« ein »Passivum« genannt, mit dem sein Schöpfer nicht so sehr den Kampf im Auge gehabt habe, sondern die Bündnisfähigkeit des Reiches habe erhöhen wollen und politischen Druck auf den Konkurrenten England ausüben. Tirpitz' Ziel war aber nicht die Erhaltung, sondern die Ausweitung der Macht des Deutschen Reichs, wobei im Ersten Weltkrieg, wie sein Ende gezeigt hat, es auch zu Zwecken der bloßen Erhaltung eines Sieges bedurft hätte, da die Niederlage schließlich eine existenzbedrohende Schwäche zur Folge hatte.

Als klar war, daß sich die englische Flotte nach Nordschottland zurückziehen würde, mußte ebenso auf der anderen Seite der Nordsee ein möglicher Seekrieg überdacht werden. Auch die deutsche Operationsplanung wurde ab 1912 zunehmend defensiv, wenngleich man an der vagen Hoffnung auf eine Schlacht unter günstigen Bedingungen festhielt. Die öffentliche Meinung und, nicht zu unterschätzen, die Moral der Marinetruppen blieb auch hier weiterhin von dem traditionellen Bild der entscheidenden Seeschlacht beherrscht, wenngleich man sich den Ernstfall eines Krieges vielfach nicht recht vorstellen konnte, und die Flottenführer beider Länder zeit des Krieges davon überzeugt blieben, daß der andere irgendwann aus seinem Schlupfwinkel kommen und sich dem Kampf stellen würde. Als nach den ersten Mißerfolgen im Seekrieg die defensivere Haltung bestätigt zu werden schien, entsprach diese Strategie in Wilhelmshaven genausowenig den traditionellen Auffassungen von der Aufgabe einer Kriegsmarine wie in London. Während aber die Engländer allein durch das Aufrechterhalten der Fernblockade den Seekrieg als einen »Ermattungskrieg« (Falkenhayn) für sich entscheiden konnten, bestand für die Hochseeflotte die einzige Aussicht auf Erfolg nach Kriegsausbruch darin, die Grand Fleet unter für sie günstigen Bedingungen in ein Gefecht zu verwickeln. Die Folgen der englischen Neuorientierung für die deutsche Kriegsplanung waren insofern katastrophal. Das Seegebiet um Scapa Flow lag außerhalb des Aktionsradius der Hochseeflotte, denn sie mußte sich auf starke Torpedobootskräfte stützen und wollte daher die Seeschlacht in der Helgoländer Bucht austragen.

Unter Admiral Hugo von Pohl, Chef der Hochseeflotte von Februar 1915 bis Januar 1916, setzte sich vorübergehend die Auffassung durch, daß die Briten nicht auf Dauer an der Fernblockade würden festhalten können, da die öffentliche Meinung angesichts der vielen Opfer im Landkrieg eine längere Zurückhaltung der Flotte nicht tolerieren werde, und daß die Engländer »uns also kommen müßten«.[17] Mit der Skagerrakschlacht am 31. Mai und 1. Juni 1916, auf die wir noch eingehen werden, war es dann endlich soweit. Doch hat sie an dem Patt nicht viel verändert. Am Ende hatte in diesem Krieg zwar »kein feindliches Geschoß je deutsche Gestade berührt«, wie Adolf von Trotha 1936 anläßlich der Einweihung des Marine-Ehrenmahls Laboe sagte,[18] aber das war der Erfolg einer militärischen Stärke, die von den geographischen Vorteilen Englands zugleich entwertet worden war.

Im Nordseebereich standen bei Kriegsausbruch an verfügbaren Seestreitkräften 20 englische gegen 13 deutsche Großkampfschiffe, vier gegen drei Schlachtkreuzer und 36 gegen 22 ältere Linienschiffe. An neueren Zerstörern beziehungsweise Torpedobooten standen Großbritannien 78 und dem Deutschen Reich 42 zur Verfügung, allein bei den hochseefähigen Unterseebooten hatte Deutschland mit zehn zu drei Booten einen kleinen Vorsprung.[19] Sein angestrebtes Kräfteverhältnis von 2:3 bei den Schlachtschiffen hatte Tirpitz nicht ganz erreicht, und erst zehn Jahre später wären jene 60 Großkampfschiffe fertig gewesen, mit denen sich seinen Plänen gemäß das Deutsche Reich gegen Englands Seeherrschaft hätte behaupten können. Der Krieg kam danach zu früh, und in seinem Verlauf sollte sich dieses Verhältnis für Deutschland weiter verschlechtern. Um die Seeherrschaft über die Nordsee zu gewinnen und die atlantischen Seeverbindungen zu kontrollieren, hätte die deutsche Flotte statt dessen wesentlich größer als die englische sein müssen, und, ein unlösbares Problem, sie hätte über eine bessere geographische Ausgangslage verfügen müssen, denn selbst die sich aus einem Sieg ergebende Vormachtstellung wäre wohl nur mit einem übermäßigen Kraftaufwand auf Dauer zu halten gewesen.

Was allerdings die Qualität der Schiffe anging, konnten die beiden Flotten durchaus miteinander konkurrieren, und dies war einer der Gründe für das Patt, das sich zwischen beiden Ländern abzeichnete. In mancher Hinsicht waren die deutschen Überwasserstreitkräfte sogar die besten der Welt, sie waren stärker gepanzert und dank eines aufwendigen Schottensystems besser gesichert als die englischen. Vielfach publiziert wurden die Bilder vom Schlachtkreuzer *Seydlitz*, wie er, in der Skagerrakschlacht von 21 Artillerietreffern und einem Torpedotreffer schwer beschädigt und tief im Wasser liegend, binnen 20 Stunden Wilhelmshaven erreichte. Wie im Landkrieg hatte die Waffenentwicklung auch hier einen Stand erreicht, bei dem die Defensive der Offensive gegenüber einen geringen Vorteil hatte. Für den Seekrieg bedeutete das, daß die britische Grand Fleet und die deutsche Hochseeflotte einsatzbereit sein und als »fleets-in-being« allein durch ihr Vorhandensein beziehungsweise durch ihre Position die Handlungen des Gegners beeinflussen, seine Kräfte binden und bestimmte Seegebiete bedrohen oder sperren sollten. Auch der im Vergleich zu Pohl energischere Vizeadmiral Reinhard Scheer entwickelte, als er im Januar 1916 die Führung der Hochseeflotte übernahm, kein grundsätzlich neues Konzept für den Einsatz der Flotte, denn, so der Militärhistoriker Werner Rahn, »er wollte eine Schlacht mit der gesamten britischen Flotte auf jeden Fall vermeiden. Der Unterschied zu früheren Einsatzgrundsätzen bestand lediglich darin, daß Scheer jetzt wieder weiterreichende Vorstöße zur britischen Küste unternehmen wollte, um nach Möglichkeit einen Teilerfolg zu erzielen.«[20] Schon die wenigen Gefechte, die bis dahin stattgefunden hatten, waren im wesentlichen durch deutsche, nicht durch englische Vorstöße zustande gekommen. In strategischer Hinsicht hatte auch Scheer keine große Aussicht auf Erfolg: Küstenbeschießungen waren nicht mehr als Nadelstiche, und ein Angriff auf das einzig lohnende Ziel, die Nachschublinien der Alliierten im Ärmelkanal, hätte eine enge Zusammenarbeit mit dem Heer, ja, eine gemeinsame Kriegsstrategie erfordert, die es für die längste Zeit des Krieges nicht gab. Das hatte zur Folge, daß die britische Flotte während des gesamten Krieges in einer aufwendigen hohen Alarmbereitschaft bleiben mußte: Die Kessel wurden ständig unter Feuer gehalten, und die Flotte mußte sofort, das heißt innerhalb von 60 Minuten, klar zum Auslaufen sein. Währenddessen konnte sich die deutsche Hochseeflotte, meist auf der Reede vor Wilhelmshaven liegend, relativ sicher fühlen.

Kreuzerkrieg oder Geschwaderkrieg?

Der Tirpitzsche Flottenbau hatte den schweren gepanzerten Großkampfschiffen den Vorrang gegeben vor einer schnellen und weitreichenden Kreuzerflotte, wie sie der Kaiser favorisierte. »Geschwaderkrieg« und »Kreuzerkrieg«, das waren die beiden entgegengesetzten Seekriegtheorien der Zeit. Der Kreuzerkrieg, den vor allem die Franzosen entwickelt hatten, zielte darauf ab, mit möglichst vielen und schnellen Schiffen, ausgehend von Stützpunkten in Übersee, den Handelsverkehr des Feindes anzugreifen und zu schwächen. Die Gegner dieser Theorie argumentierten, es fehle an genügend deutschen Stützpunkten, um weltweit Flagge zeigen zu können, und ein Kreuzerkrieg sei daher von deutscher Seite unrealistisch. Die Kritiker waren der Meinung, in einem Handelskrieg könne niemals genügend Schiffsraum vernichtet werden, um Großbritannien zu bezwingen. Im Gegensatz zur langfristig angelegten Ermattungsstrategie des Kreuzerkriegs verlangten seine Gegner ein geschlossenes Geschwader aus Linienschiffen, mit dem man dem Feind unmittelbar nach Kriegsausbruch auf hoher See in einer einzigen entscheidenden Schlacht entgegentreten könne. Kapitän zur See Curt Freiherr von Maltzahn warnte allerdings schon 1898, in jenem Jahr, als das erste Flottengesetz verabschiedet wurde, in einem Vortrag davor, sich allein auf die Entscheidungsschlacht zur Erringung der Seeherrschaft zu verlassen, denn um einen Gegner zum Frieden zu zwingen, müsse die Seeherrschaft bewahrt und ausgenutzt werden. Solange der Schwächere diesen Überschuß an Kraft nicht aufbringen könne, müsse er auf den »eigentlichen Sieg« als Ziel des Kampfes verzichten.

Die Idee einer Kombination der beiden rivalisierenden Schulen Geschwader- und Kreuzerkrieg fand in Kaiser Wilhelms »Homunculus« eine für die gelegentliche Wirklichkeitsferne seiner Person charakteristische, gewissermaßen idealistische Antwort. Tirpitz berichtet in seinen Erinnerungen: »In den letzten Jahren vor dem Krieg war dem Kaiser beispielsweise bekanntgeworden, in wie hohem Grade die verbesserte Schießleistung auf See und die großen Schießweiten moderner Geschütze es den Torpedobooten erschwerten, in der Tagschlacht an den Feind heranzukommen. Er begeisterte sich nun für ein Idealschiff, welches schwer gepanzert, schnell und mit vielen Torpedorohren armiert wäre, um den Torpedobooten ihre Aufgabe abzunehmen. Abgesehen davon, daß Schnelligkeit und schwere Panzerung bei einem großen Schiff in starkem Wettbewerb stehen, hätte die unter Wasser anzulegende Torpedoarmierung die Maschinen- und Kesselräume großenteils weggenommen. Die Konstruktionsbedingungen fraßen sich gegenseitig auf. Wir machten uns [im Reichsmarineamt] aber dem erhaltenen Befehl gemäß an die Arbeit, und bei der Unmöglichkeit eines brauchbaren Ergebnisses entstand in der Behörde für dieses Projekt der Name Homunculus. Als ich dann in Rominten [Kaiserlicher Jagdsitz in Ostpreußen] Gelegenheit hatte, die Entwürfe vorzulegen und zu erläutern, verzichtete der Kaiser auf seinen Gedanken und nahm meine Begründung an. Ich erhielt zur Belohnung die Erlaubnis, einen

Hirsch zu schießen, sodaß ich die Klärung der Atmosphäre meinem sorgenvoll in Berlin sitzenden Chef der Zentralabteilung mit den Worten melden konnte: ›Hirsch und Homunculus tot.‹«[21]

Tirpitz hatte den systematischen Aufbau einer Flotte gefordert, die »ihre höchste Kriegsleistung zwischen Helgoland und der Themse entfalten«[22] könne: »Der Hebel unserer Weltpolitik war die Nordsee; er wirkte schon auf dem ganzen Erdball, ohne daß wir unmittelbar irgendwo anders anzusetzen brauchten.«[23] Wir haben gesehen, daß das in gewisser Weise auch zutraf. Da er die Flotte als ein vorwiegend politisches Instrument ansah, das England eher einschüchtern als besiegen sollte, glaubte Tirpitz, die verfügbaren Kräfte auf den Schlachtschiffbau konzentrieren zu müssen. Er verabschiedete sich von dem alten Konzept der bloßen Küstenverteidigung. Bei den Marinemanövern alten Stils, so Tirpitz, »griff die eine Partei die Küste an, die andere hatte sie zu verteidigen«.[24] Ihm aber ging es nicht um die Sicherung der Küste, sondern um die Beherrschung des Meeres, um die indirekte Sicherung der deutschen Handelsschiffahrt durch Bedrohung der jeweiligen Gegner. Die strategischen Dienstschriften der neunziger Jahre des vorigen Jahrhunderts gingen noch von dem Zweifrontenkrieg mit Frankreich und Rußland aus, wobei die zu schaffende Offensivflotte jeder der beiden gegnerischen Flotten um ein Drittel überlegen sein sollte. Großbritannien wurde ja erst Anfang des 20. Jahrhunderts allmählich zum Gegner des Deutschen Reichs, außerdem hatten zuvor die Seestreitkräfte Frankreichs und Rußlands Großbritannien bedroht, und deren beider Flotten waren zusammengenommen nur wenig kleiner gewesen als die britische.

Als Deutschland in Folge der Triple-Entente außenpolitisch weitgehend isoliert war, wurde gegenüber England ein anderes Konzept verfolgt. Hier galt die deutsche Flotte allenfalls als eine »Ausfallflotte«, so Tirpitz, »die gelegentlich eine Chance für eine einzige Schlacht hat, die aber außerstande ist, einen ganzen Krieg gegen einen zur See übermächtigen Gegner durchzuführen«.[25] Da es völlig ausgeschlossen war, in absehbarer Zeit eine stärkere Flotte als die englische zu bauen, entstand der bekannte »Risikogedanke«: Ein Krieg selbst des seemächtigsten Gegners (also Englands) gegen Deutschland sollte für jenen mit so großen Gefahren verbunden sein, daß dadurch seine eigene Machtstellung unsicher würde. Tirpitz' Grundannahme war, daß ein Großteil der englischen Flotte durch das weltweite koloniale Engagement des Empire gebunden wäre und also gegen Deutschland nicht zur Verfügung stünde. Für Tirpitz waren noch die Erfahrungen maßgebend, die man aus dem englisch-französischen Ringen an der Wende vom 17. zum 18. Jahrhundert gewonnen hatte; das war zu seiner Zeit der letzte große europäische Seekrieg.

Am *Glorious First of June* siegten 1794 bei Cape St. Vincent 15 englische Linienschiffe über 28 spanische, und auch Nelsons Schiffe bei Trafalgar waren im Oktober 1805 den Franzosen an Zahl unterlegen. Die englische Flotte hatte so viele weltumspannende Aufgaben zu erfüllen, daß ihre Kräfte rein numerisch betrachtet keine überwältigende Überlegenheit über die Gegner darstellten. Durch den weltweiten Einsatz während der Revolutions- und der Napoleonischen Kriege gingen außerdem die meisten englischen Schiffe durch Naturgewalten verloren, und nicht durch Seeschlachten. Die zahlenmäßige Überlegenheit allein garantiert keine siegreiche Schlacht, daher schien auch die deutsche Unterlegenheit vor 1914 kein zureichendes Argument gegen eine gewisse Aussicht auf Erfolg zu sein. In dieser Überlegung war zwar nicht die Möglichkeit enthalten, daß das Inselreich, sobald die entscheidende Bedrohung von der Nordsee ausging, auch hier seine Flotte zusammenziehen würde. Man hatte nicht damit gerechnet, daß Großbritannien gewaltige Amputationen seiner weltweiten maritimen Vormachtstellung vornehmen würde, um sich der deutschen Bedrohung zu stellen. Auch wenn das die unmittelbare Wirkung des deutschen Schlachtflottenkonzeptes neutralisiert hat, hätte Tirpitz das als einen ersten Erfolg seiner Strategie angesehen, was es ja, wenn man die gesamte Entwicklung von heute aus übersieht, tatsächlich gewesen ist. Und, warum sollte nicht auch das Deutsche Reich in der Lage sein, seinen Platz im System der modernen Weltmächte einzunehmen, so wie Friedrichs Preußen sich den Rang einer europäischen Großmacht gegen weit überlegene Gegner erkämpft hatte?

Im Kriegsfall rechnete Tirpitz, und das entsprach weitgehend dem, was man von dem Verhalten der stärkeren Seemacht und ihren Seekriegstraditionen wußte, mit einem schnellen Angriff der Engländer und dem Versuch, eine enge Blockade gegen die deutschen Häfen zu errichten. Der Seekrieg hätte diesen Plänen zufolge in der südlichen Nordsee stattgefunden, und so sollte zunächst eine Art Guerillataktik aus Minen und aus Angriffen der Torpedoboote die gegnerischen Schiffe soweit reduzieren, daß später die große entscheidende Schlacht gewagt werden konnte. Der deutsche Marineattaché in London warnte noch am 30. Juli 1914 vor einem plötzlichen britischen Überfall.

Kriegsausbruch

Es war kein Angriff der deutschen Hochseeflotte, der England veranlaßt hätte, in den Krieg einzutreten, sondern die Ankündigung des Deutschen Reiches, durch das neutrale Belgien – einst das übliche Ziel französischer Expansion – nach Frankreich zu marschieren. Großbritannien zog die Konsequenzen aus seinen neuen kontinentalen Bündnisverpflichtungen und erklärte Deutschland den Krieg. Abgeordnete, die noch gegen diesen Schritt protestierten, wurden im Unterhaus einfach niedergeschrien. Als in der Nacht vom 4. auf den 5. August 1914 der Krieg zwischen Großbritannien und dem Deutschen Reich begann, befand sich ein großer Teil der Grand Fleet, der »Kronjuwelen«, wie Churchill seine Schiffe nannte, seit ein paar Tagen wie geplant in den schottischen Stützpunkten, darunter auch in Scapa Flow. In der Sitzung des Kriegsrates am 5. August ergab sich die Marine dem Primat des Landkriegs. Sie schlug keine amphibischen Operationen gegen Deutschland vor. Pläne, unter Verletzung der holländischen Neutralität über Borkum die deutsche Nordseeküste anzugreifen, wurden nicht weiter verfolgt. Die Marine widersprach auch nicht der Entsendung des Expeditionskorps nach Frankreich.

Um die Überführung von britischen Truppen und Kriegsmaterial, vornehmlich von Southampton nach Le Havre, zu sichern, wurde eine Kanalflotte zusammengestellt, der 16 zweitklassige Schlachtschiffe aus der Zeit vor dem Dreadnought-Sprung angehörten. Die 700 000 Mann der ersten britischen Expeditionsarmee (»British Expeditionary Force«) unter Feldmarschall Sir John French blieben, wie alle späteren, von feindlichen Angriffen verschont, obwohl etwa General Erich von Falkenhayn schon im September 1914 vom Admiralstab gefordert hatte, mit Unterseebooten gegen die Transporte vorzugehen. Nach präziser Planung wurden allein bis Ende dieses Monats fast eine Viertelmillion Mann nach Frankreich gebracht, meist Berufssoldaten, weil die allgemeine Wehrpflicht in Großbritannien erst 1916, nach den blutigen Verlusten in der Sommeschlacht, eingeführt wurde. 100 000 Soldaten trugen dazu bei, einen Keil zwischen die deutschen Armeen zu treiben, ihren Vormarsch zu stoppen und Paris zu retten. Während des ganzen Krieges gelang den Deutschen kein erfolgreicher Angriff auf jene »Seebrücke«, und am Anfang, als er vielleicht noch erfolgreich hätte sein können, haben sie ihn nicht versucht, weil sie in den Expeditionskorps keine bedeutende Kraft gesehen haben. Kurz nach der Einnahme Antwerpens wurde der deutsche Vormarsch gestoppt, und dazu trug immerhin Churchills Befehl bei, die deutschen Verbände durch schwere Geschützen der vor der Küste liegenden englischen Kriegsschiffe beschießen zu lassen. Unmittelbar danach erstarrte die Front in jenem 750 Kilometer langen Grabensystem, das von der Schweizer Grenze bis zur Kanalküste unterhalb von Ostende reichte.

»Es mußte etwas geschehen mit der Flotte, doch es durfte ihr nichts passieren« – so faßt Werner Rahn die deutsche Lage im Seekrieg bis 1916 zusammen.[26] Zunächst wagte die deutsche Hochseeflotte im Bewußtsein ihrer Unterlegenheit nur einzelne kleinere Flottenvorstöße mit Beschießungen der englischen Küste, während der Kaiser in der Hochseeflotte selbst im Krieg vor allem einen »politischen Machtfaktor« sah, »der bis zum Friedensschluß intakt und kampfbereit bleiben sollte, um gegebenenfalls damit auf England einen strategischen Druck ausüben zu können«.[27] Auch auf deutscher Seite waren damit die großen Hoffnungen auf den Landkrieg gerichtet, trotz der notorisch schlechten Zusammenarbeit zwischen Heer und Marine, jedenfalls bis 1917. Der Seekrieg galt als Nebenschauplatz und die Flotte mehr oder weniger als Annex des Heeres.

Die Unsicherheit der deutschen Führung wurde dadurch noch verstärkt, daß die ersten kleineren Gefechte vor Helgoland am 28. August 1914 und an der Doggerbank am 24. Januar 1915 zu empfindlichen Niederlagen gerieten. Vor Helgoland errangen Beattys Schlachtkreuzer kurz nach Kriegsbeginn ihre ersten Erfolge. Die Deutschen verloren drei Kreuzer mit über 700 Mann, 381 Mann gerieten in Gefangenschaft. Die Briten erlitten nur leichtere Schäden und hatten 35 Tote zu beklagen. Bei dem nächsten Zusammentreffen hatten sie einen entscheidenden Vorteil, ein Geheimnis, das sie vor bösen Überraschungen schützte. Die Russen hatten bei dem am 25. August 1914 in der Ostsee auf Grund gelaufenen und gesprengten Kleinen Kreuzer *Magdeburg* das befehlsgemäß über Bord geworfene Geheimmaterial aus dem Wasser gefischt, darunter auch das Signalbuch, das noch lesbar war. Im Oktober kam es in den Besitz der britischen Admiralität, die von nun an, da die Deutschen ihren Code nie gänzlich änderten, den deutschen Funkverkehr entschlüsseln konnte und meist rechtzeitig über die Operationen der deutschen Hochseeflotte informiert war.

Dank ihrer Funkaufklärung konnten die Engländer der I. Aufklärungsgruppe des Befehlshabers der Aufklärungsstreitkräfte, Konteradmiral Franz Hipper, der von dem Flottenchef Friedrich von Ingenohl den Auftrag erhalten hatte, britische Aufklärungskräfte im Gebiet der Doggerbank abzufangen und zu vernichten, mit überlegenen Kräften, darunter vier Schlachtkreuzern unter Vizeadmiral Beatty, am 23./24. Januar 1915 entgegentreten. Sie versenkten den Schlachtkreuzer *Blücher*, was 792 Mann das Leben kostete. 260 Mann wurden von den Engländern gerettet. Der Schlachtkreuzer *Seydlitz* erhielt einen schweren Treffer im Achterschiff, bei dem zwei Geschütztürme durch das Abbrennen von Munitionskartuschen ausfielen. 165 Mann kamen allein durch diesen Treffer ums Leben. Auch dieses Gefecht war ein Sieg für die Engländer. Zwar sind auf ihren Schiffen, wie zuvor bei Helgoland, schwere Mängel aufgetreten, aber darum kümmerte man sich erst nach dem allgemeinen Jubel. Die Deutschen hingegen versäumten es bei beiden Gefechten, schwere Kräfte bereitzuhalten, um ihre unterlegenen Einheiten zu unterstützen. Nach der Schlacht an der Doggerbank und dem Verlust der *Blücher* wurde von Ingenohl durch Admiral Hugo von Pohl ersetzt, den der Kaiser ermahnte, künftig vorsichtiger zu sein. Unter ihm folgten 1915 noch sieben, nicht weiter als 120 Seemeilen über Helgoland hinausgehende Flottenvorstöße ohne Feindberührung, die nur demonstrierten, daß die Flotte als militärisches Instrument taktisch handhabbar war. Während dem Großteil der deutschen Hochseeflotte die Hände gebunden waren, warteten die Engländer den für sie günstigsten Augenblick ab. So vergingen fast zwei Jahre – Nelson hatte auf *Trafalgar* nicht weniger lang gewartet –, bis die Hauptteile beider Flotten sich am 31. Mai am Skagerrak miteinander maßen.

An diesem Tag, es war die Zeit, in der General Erich von Falkenhayn eine weitere große Offensive bei Verdun vorbereitete, lief unter Vizeadmiral Scheer die Hochseeflotte aus. Die deutschen Schlachtkreuzer stießen vor Jütland auf Beattys Schlachtkreuzer. Diese verloren in der ersten Gefechtsphase zwei Schiffe, was Beatty, der offenbar seine Aufklärungsaufgaben ziemlich vernachlässigte, während der Schlacht zu der Feststellung verleitete, daß mit seinen »bloody ships« irgend etwas nicht stimmen könne. Dieses Zusammentreffen von insgesamt 254 Schiffen, die letzte bei Tage ausgefochtene Schlacht zwischen Großkampfschiffen, kam für die deutsche Hochseeflotte überraschend, denn Scheer rechnete nicht damit, daß die gesamte Grand Fleet in See war. Aber auch Beatty und Jellicoe, die derzeitigen Befehlshaber der Grand Fleet, hatten das Zusammentreffen mit der deutschen Hochseeflotte nicht erwartet. Dem Zugriff des Gegners konnte Scheer sich zweimal durch Gefechtskehrtwendungen entziehen, und in der Nacht gelang es der deutschen Flotte, weitgehend unbehelligt in kurzer Entfernung das Kielwasser der letzten Schiffe Jellicoes zu kreuzen und glücklich in die Deutsche Bucht zurückzukehren. Die Grand Fleet verlor insgesamt 14 Einheiten, darunter drei Schlachtkreuzer und drei ältere Panzerkreuzer, und sie hatte 6094 Tote zu beklagen. Die deutschen Verluste fielen deutlich geringer aus. Es gingen elf Einheiten, darunter ein Schlachtkreuzer, ein älteres Linienschiff und vier Kleine Kreuzer mit insgesamt 2551 Mann verloren.

Taktisch, dank der geschickten Manöver Admiral Scheers, war die Schlacht ein Sieg der Deutschen, strategisch ein Sieg der Engländer, denn solange die Hochseeflotte den Überwasserkrieg nicht für sich entscheiden konnte, blieb die gegnerische Seeherrschaft in der Nordsee weitgehend unangefochten. Werner Rahn nennt die Begegnung am Skagerrak eine »nicht zuende gefochtene« Seeschlacht, bei der den Deutschen die Witterungsverhältnisse sehr zu Hilfe gekommen sind. Scheer wurde jedenfalls zu Hause begeistert empfangen, und der Kaiser sah endlich den »Zauber von Trafalgar gebrochen«.[28] Bei seinem Flottenbesuch am 5. Juni in Wilhelmshaven verteilte er Eiserne Kreuze und stellte Scheer auf eine Stufe mit dem Generalfeldmarschall und späteren Reichspräsidenten Paul von Hindenburg. Der Abschlußbericht des Geehrten gipfelte freilich in der niederschmetternden Anerkennung der Tatsache, daß die Flotte angesichts der militärgeographischen Lage in diesem Krieg nichts Entscheidendes gegen England würde ausrichten können. Mehrere weitere Flottenvorstöße haben nach der Skagerrakschlacht aufgrund der englischen Zurückhaltung zu keinen Gefechten geführt.

Wichtiger als die einzelnen Phasen der Schlacht sind für unseren Zusammenhang ihre Folgen. »Die deutsche Flotte hat ihren Kerkermeister angegriffen«, schrieb eine New Yorker Zeitung, »aber sie sitzt immer noch im Kerker.«[29] Vor allem aber hatte die Schlacht gezeigt, daß die taktischen Möglichkeiten von der technischen Entwicklung überholt worden waren. Hunderte von schnellen Schiffen, die auf 15 Kilometer Entfernung miteinander kämpften und dabei eine Gefechtslinie von mehr als 22 Kilometern hatten, konnte niemand mehr überblicken und souverän führen. Der Militärhistoriker Correlli Barnett schreibt hierzu: »Jellicoe und Scheer fuhren [...] mit einer Stundengeschwindigkeit von 40 Seemeilen [etwa 74 Stundenkilometer] aufeinander zu; sie glichen Blinden, die einen Wagen nach Weisungen anderer fahren, Blinden aber, die jeden Augenblick die Sehkraft zurückgewinnen konnten, dann die Entscheidung für die günstigste Gefechtsformation für 20 und mehr Schlachtschiffe zu fällen hatten und entsprechend klare Befehle erteilen mußten – und all das mit einer Geschwindigkeit, mit der ein Autofahrer einem Hund ausweicht.«[30] Großen Unmut erregte es in England, daß Jellicoe bei einem Angriff der deutschen Torpedoboote abgedreht hatte, um keine Torpedotreffer zu erhalten – obwohl diese Maßnahme taktisch durchaus berechtigt war, weil Jellicoe den Bestand der Grand Fleet möglichst erhalten mußte.

Schiffsbrüderschaft

Auch Handelskrieg und Blockade entfalteten, zumindest in der ersten Phase des Krieges, keine überwältigende Wirkung. Der britische Handel blieb bis zum U-Boot-Krieg relativ sicher, und die kontinentalen Mächte, obwohl im hochindustriellen Zeitalter verstärkt von Rohstofflieferungen abhängig, zeigten sich ihrerseits dank neuer Transportsysteme wie der Eisenbahn und den Möglichkeiten künstlicher Rohstoffproduktion weniger anfällig für britische Handelssperren als in früheren Zeiten. Gleichwohl führte die Blockade in Deutschland zu einer Knappheit an Nahrungsmitteln und strategischen Mineralien, nur Roheisen konnte über die Ostsee, die den ganzen Krieg hindurch von den Deutschen beherrscht wurde, ungehindert aus Schweden bezogen und gleichzeitig die alliierte Zufuhr nach Rußland verhindert werden. Dennoch scheinen die strategischen Möglichkeiten in der Ostsee nicht voll ausgeschöpft worden zu sein. Da mit den Vorstößen in der Nordsee nur schwer etwas zu erreichen war, plädierte Vizeadmiral Wilhelm von Lans, Chef des I. Geschwaders der Hochseeflotte, im Februar 1915 in einer Denkschrift für eine aktivere Ostseekriegführung. Er verglich die strategische Situation Rußlands in der Ostsee mit der deutschen in der Nordsee und plädierte dafür, den Schwerpunkt der Flotte nach Osten zu verlagern. So hätte sie die Heeresoffensive an der Ostfront im Sommer 1915 mit amphibischen Operationen unterstützen können, wie sie erst im Oktober 1917 im Rahmen der Eroberung der baltischen Inseln vorgenommen wurden. Aber wie Botschafter a. D. Jürgen von Alten sagt: »Wer glücklich das Kattegat erreicht, ist noch lange nicht auf den Weltmeeren.«[31] So blieben die verantwortlichen Admirale im allgemeinen auf den Gegner in der Nordsee konzentriert, und Tirpitz bezeichnete die Denkschrift sogar als »Gift für die Flotte«.[32]

Da für Großbritannien der Ostseeweg nach Rußland versperrt blieb, war die einzige strategische Alternative, um dem Zarenreich bei seinem Kampf gegen die Mittelmächte unter die Arme zu greifen, der Weg durch den Bosporus. Den aber hatte Churchill sich durch einen vorschnellen Handstreich selbst verbaut und sollte ihn auch durch die katastrophal verlaufene Dardanellenoffensive des Jahres 1915 nicht wieder öffnen können. Durch eine höchst überraschende und spektakuläre Aktion im Mittelmeer gelang es dem Schlachtkreuzer *Goeben* und dem Kleinen Kreuzer *Breslau* unmittelbar nach Kriegsausbruch, den englischen Verfolgern nach Konstantinopel zu entkommen und zum Kriegseintritt der Türkei an der Seite der Mittelmächte beizutragen. Das war eine unerhörte Wendung in der orientalischen Frage, wie sie seit dem Ende des 18. Jahrhunderts Europa immer wieder beschäftigt hat, mit der Herrschaft über die Dardanellen als dem zentralen Interessenskonflikt zwischen England, Österreich und Rußland. Nun hatte es auch das Deutsche Reich auf jenes »Rückenmark Britanniens« abgesehen, auf dem sich die Wege aller Kontinente schnitten und die imperialistischen Ziele einander in die Quere kamen. Die Linie Berlin–Bagdad war neben der Nordsee sozusagen der zweite »Hebel« zur Weltpolitik, und durch das Bündnis Berlin–Wien schien das Mittelmeer schon »in die Nähe Hamburgs gerückt«.[33] So versuchte Großbritannien das Gebiet von Kairo bis einschließlich Konstantinopel vor dem Zugriff einer jeden angehenden Weltmacht zu bewahren, die »das Mittelmeer in einen Privatsee verwandeln« und den Zugang zum Fernen Osten hätte verschließen können.[34]

Wenige Stunden vor Kriegsausbruch am 4. August um 23 Uhr Londoner Zeit hatte Churchill noch die Kapitäne aller britischen Handelsschiffe alarmiert und die Bewegungen der *Goeben* im Mittelmeer verfolgt. Er wollte das Schiff von zwei britischen Kriegsschiffen, die den deutschen Schlachtkreuzer gesichtet hatten, sofort angreifen lassen. »Winston in voller Kriegsbemalung«, wie der Premierminister Herbert Henry Asquith schrieb, konnte »es kaum erwarten, die *Goeben* in einer Seeschlacht zu versenken.«[35] In London wurde heftig diskutiert, ob man die *Goeben* noch vor Einbruch der Dunkelheit angreifen solle. Der Premierminister war dafür, das Kabinett aber dagegen. Churchill wollte ausnahmsweise einmal gehorchen, er ließ nicht angreifen, und die Folgen waren schlimmer als seine größten Befürchtungen. Denn die Briten unter Konteradmiral Ernest Troubridge rechneten damit, daß die beiden Schiffe versuchen würden, über Gibraltar nach Deutschland oder durch die Straße von Otranto nach Österreich-Ungarn zu entkommen. Statt dessen nahmen *Goeben* und *Breslau* Kurs auf die Dardanellen. Schon am 4. August hatte Konteradmiral Wilhelm Souchon vom deutschen Admiralstab den Befehl erhalten, nach Konstantinopel zu gehen, wenngleich es in der traditionell rußlandfeindlichen Türkei auch Sympathien für die Entente gab, die von dem Bündnis zwischen Bär und Walfisch offenbar nicht zu irritieren waren. Als der deutsche Admiralstab zwei Tage später das Einlaufen in die Dardanellen aufgrund einer anhaltenden Uneinigkeit der türkischen Regierung in der Bündnisfrage verschieben wollte, blieb Souchon dennoch bei seinem Plan, nach Osten zu gehen. Er glaubte, die Angst der Türkei vor einem Sieg Großbritanniens und Rußlands sei allemal so groß, daß die Türken die deutschen Kriegsschiffe, wenn sie erst vor der Meerenge erschienen seien, auch einlaufen lassen würden, und tatsächlich sollte sich die Annahme, daß die Türkei das Deutsche Reich zum Anwalt ihrer nationalen Erhebung bestellen würde, schließlich bestätigen. Aber erst am 10. August, nachdem *Goeben* und *Breslau* ihre britischen Verfolger abschütteln konnten, erhielt Souchon den endgültigen Befehl, in die

Dardanellen einzulaufen. Die formelle Übernahme der beiden deutschen Schiffe am 16. August 1914 durch die Türkei wurde mit dem Verlust von zwei nagelneuen türkischen Linienschiffen begründet, die, in England gekauft und dort noch im Bau, am 5. August, drei Monate vor Beginn des Krieges gegen die Türkei, von Großbritannien auf Veranlassung Churchills beschlagnahmt und in die britische Marine eingereiht worden waren. *Goeben* und *Breslau* erhielten türkische Namen, und Souchon wurde noch am selben Tag türkischer Flottenchef. Die *Goeben* fand noch bis 1950 zeitweise in NATO-Verbänden Verwendung. Deutsche Marineangehörige wurden im Rahmen der neuen »Waffenbrüderschaft« auf türkische, türkische auf die beiden deutschen Schiffe kommandiert. Mit *Yavuz Sultan Selim* und *Midilli*,[36] wie *Goeben* und *Breslau* nun hießen, fuhr die türkische Flotte im Oktober 1914 über das Schwarze Meer, um die russischen Häfen Odessa, Nikolajew und Sewastopol zu beschießen. Damit trat die Türkei offiziell in den Krieg ein, noch bevor Rußland, England und Frankreich ihn ihr erklärt hatten. Nachdem Bulgarien ebenfalls an die Seite der Mittelmächte getreten war und zusammen mit Österreich Rumänien niedergeworfen hatte, war 1916 die für den deutschen Nachschub wichtige Landbrücke nach Südosten geschlossen.

Die Alliierten zahlten für die von Churchill recht unbedacht angeordnete Beschlagnahmung der türkischen Schiffe einen hohen Preis. Die Meerenge wurde in den folgenden Jahren sowohl gegen die englischen Streitkräfte im Mittelmeer als auch gegen die russischen im Schwarzen Meer erfolgreich verteidigt. Churchills Dardanellen-Offensive, der Versuch, die Meerengen zunächst mit Seestreitkräften zu durchbrechen und – als dies nicht gelang – durch eine amphibische Operation zu erobern, scheiterte 1915 unter hohen Verlusten. Fast 214 000 britische Soldaten sind dabei gefallen, die meisten bei der Landoperation auf der Halbinsel Gallipoli.

Durch Öffnung der Dardanellen sollte die Türkei gezwungen werden, den Krieg zu beenden, und die erstarrten Fronten in Frankreich sollten gelöst werden, indem die Kräfte der Briten und Franzosen mit denen ihres russischen Verbündeten vereint worden wären. Die Hoffnung, in Südosteuropa neue Verbündete zu finden, dabei den Haß der Griechen, Bulgaren, Rumänen und Montenegrer auf die Türken ausnutzen zu können, entsprach den Träumen britischer Imperialisten von einem Balkanbund, einer Vereinigung christlicher Staaten, die sich dem Empire anschließen könnten. Aber der strategisch kluge Plan der Dardanellenoffensive scheiterte an taktischen Fehlern, kostete Churchill sein Amt und zerstörte beinahe seine ganze Karriere. Der bedeutendste britische Seekriegshistoriker Julian S. Corbett, gewissermaßen der englische Clausewitz, nennt den Durchbruch der deutschen Schiffe eine der klügsten und kühnsten Entscheidungen in der Geschichte des Seekriegs.[37] Der spätere Premierminister Richard Clement Attlee fand den anschließenden Versuch der Schadensbegrenzung ebenso genial: »Im ganzen Ersten Weltkrieg hat es nur eine einzige brillante strategische Idee gegeben – und das war die Idee von Winston: die Dardanellen.«[38] Neben der Ostsee blieb die zweite wichtige Seeverbindung nach Rußland gesperrt. Durch die Tür, die *Goeben* und *Breslau* den Engländern vor der Nase zugeschlagen hatten, wurden bis Ende 1914 mehr als 90 Prozent der russischen Getreideausfuhren und mehr als die Hälfte aller anderen Exportgüter transportiert. Andererseits wurde das Zarenreich von Zufuhren der leistungsfähigen westlichen Rüstungsindustrie weitgehend abgeschnitten, und das trug dazu bei, daß Rußland im Entscheidungsjahr 1917 als Bündnispartner für die Westmächte ausfiel. Hätte Churchill den Türken ihre Schiffe gelassen, wären sie vielleicht neutral geblieben oder hätten sich möglicherweise auf die Seite Englands gestellt.

Graf Spee

Goeben und *Breslau* hatten zweifellos eine einmalige Gelegenheit genutzt. Für die meisten anderen Auslandskreuzer sah es dagegen düster aus, ihr Schicksal war praktisch besiegelt. Mangels sicherer Häfen sind viele Kriegsschiffe des Deutschen Reichs, die irgendwo auf den Weltmeeren unterwegs waren, von den Alliierten versenkt, interniert oder in aussichtsloser Lage von den Mannschaften verlassen und gesprengt worden. Sie konnten weder ins Mutterland zurückkehren noch einen sicheren Hafen anlaufen. Zwei Hilfskreuzer hielten sich immerhin bis ins Frühjahr 1915. Aber die Übermacht der alliierten Seestreitkräfte auf den Weltmeeren war zu groß, und spätestens die englische Fernblockade deutscher Küsten wäre den Heimkehrern unüberwindlich gewesen. Daß die deutschen Auslandskreuzer nicht lange operieren konnten, wußten natürlich alle Beteiligten, vom Matrosen bis zum Admiral, und die in Übersee befindlichen Einheiten wurden bei Kriegsausbruch in aller Offenheit abgeschrieben. Man dampfte weiter und kämpfte, bis die Munition ausging oder ein stärkerer Gegner das Schiff versenkte. Selbst die Beschaffung von Kohlen und Lebensmitteln bereitete den Besatzungen große Probleme. Kessel und Maschinen konnten auf den langen Fahrten nicht ausreichend gewartet werden, und es war erst recht ausgeschlossen, die Schiffsböden im Dock reinigen zu lassen. Nach wenigen Monaten war der Schiffsrumpf unterhalb der Wasserlinie bewachsen, das minderte die Geschwindigkeit und kostete zusätzlich Kohlen. Die nötige Reinigung war innerhalb der erlaubten 24 Stunden Aufenthalt in einem neutralen Hafen nicht zu schaffen; eine längere Wartungszeit war nach dem Seekriegsrecht aber nur in ganz besonderen Ausnahmen gestattet. »Demgegenüber denke man sich die vorteilhafte Lage der Gegner«, heißt es in einem zeitgenössischen Buch über den Seekrieg, »die über sichere Häfen, Kohlenplätze, Vorräte in Hülle und Fülle und Kabelverbindung mit allen Plätzen der Erde verfügten.«[39] Wenigstens um das Schicksal der eigenen Handelsflotte brauchten sich die deutschen Auslandskreuzer nicht zu sorgen, sämtliche deutsche Kauffahrteischiffe hatten zur Sicherheit bei Kriegsbeginn sofort neutrale Häfen aufgesucht und blieben für die nächsten vier Jahre von den Ozeanen verschwunden. Nachdem die deutsche Handelsschiffahrt lahmgelegt war, ist einzig das unbewaffnete Handels-U-Boot *Deutschland* in einer weltweites Aufsehen erregenden Aktion im Jahre 1916 unter den britischen Bewachern der atlantischen Seewege hindurch in die Vereinigten Staaten gefahren und hat Nickel und Gummi transportiert. Britische Juristen haben damals die These aufgestellt, diese Handelsunterseeboote seien dem Wesen nach Kriegsschiffe,[40] und englische Patrouillenboote haben auf beiden Seiten des Atlantiks versucht, den Blockadebrecher beim Verlassen der Küstengewässer abzufangen und zu versenken, was im Falle eines anderen Handelsunterseeboots, der *Bremen*, möglicherweise gelang; das Boot ist verschollen.

Eine ins Gewicht fallende Stärke besaß unter den deutschen Auslandskreuzern allein das Ostasiengeschwader unter Vizeadmiral Maximilian Graf von Spee. Bei Kriegsausbruch befand es sich in der Südsee,

2000 Seemeilen von seinem Stützpunkt Tsingtau entfernt. Als Japan am 23. August gegen Deutschland in den Krieg eintrat, entschloß sich Graf Spee, nach Südamerika zu marschieren, um von dort den Durchbruch in die Heimat zu versuchen. Allein der Kleine Kreuzer *Emden* wurde auf Wunsch seines Kommandanten zum Handelskrieg in den Indischen Ozean entlassen. Vor der chilenischen Küste bei Coronel versenkte Spee am 1. November 1914 die beiden englischen Panzerkreuzer *Monmouth* und *Goodhope* ohne eigene Verluste. Da die Royal Navy um Südamerika herum nicht mehr über einen ähnlich starken Verband verfügte und somit die eigenen Seeverbindungen bedroht waren, entsandte Lord Fisher, zwei Tage vor dem Gefecht bei Coronel in die Admiralität zurückgekehrt, eilig die Schlachtkreuzer *Inflexible* und *Invincible* unter Vice-Admiral Sturdee nach den Falklandinseln, in der Hoffnung, Graf Spee dort abzupassen.

Am 8. Dezember waren die englischen Schiffe mit ihrer überlegenen 30,5-cm-Artillerie gerade dabei, im Hafen von Port Stanley Kohlen zu laden, als sie von dem herannahenden deutschen Geschwader überrascht wurden, das an diesem Tag den englischen Stützpunkt angreifen wollte. Doch als man die Dreibeinmasten des englischen Geschwaders im Hafen erblickte, war das Schicksal des deutschen Geschwaders besiegelt. Graf Spee mußte sich zurückziehen, wurde eingeholt, und bei dem anschließenden Gefecht wurden die Schlachtkreuzer *Gneisenau* und *Scharnhorst* sowie die Kleinen Kreuzer *Nürnberg* und *Leipzig* versenkt. Von etwa 2200 Mann konnten nur 215 gerettet werden – bekannt ist Hans Bohrdts Gemälde »Der letzte Mann«. Unter den Gefallenen waren auch der Geschwaderchef und seine beiden Söhne, die Leutnante Otto Graf von Spee auf der *Nürnberg* und Heinrich Graf von Spee auf der *Gneisenau*. Die Witwe des Vizeadmirals taufte 1917 den Schlachtkreuzer *Graf Spee*, der aber nicht mehr fertiggestellt und ab 1921 abgewrackt wurde. Lediglich der Kleine Kreuzer *Dresden* entkam und wurde erst am 15. März 1915 von britischen Kreuzern in chilenischen Hoheitsgewässern kampfunfähig geschossen und versenkte sich selbst. Daß die starken Kräfte, die die britische Admiralität nach dem Gefecht bei Coronel in den Südatlantik entsandte, eine Schwächung der Grand Fleet in der Nordsee mit sich brachten, wurde auf deutscher Seite nicht erkannt und nicht ausgenutzt. »Der Kaiser war sehr bedrückt«, schreibt von Müller, der Chef des Marine-Kabinetts.[41]

Die Fahrten Kleiner Kreuzer und schneller, auch getarnter Hilfskreuzer des ersten Kriegsjahres zu Handelskriegszwecken – wie des Kaperschiffs *Möwe* unter Korvettenkapitän Nikolaus Burggraf und Graf zu Dohna-Schlodien – konnten und sollten keine strategische Entscheidung gegen Großbritannien herbeiführen. Sie sind über eine symbolische Bedeutung kaum hinausgekommen, die aber war immens. Der deutsche Sieg in der Schlacht bei Coronel war zugleich die erste Niederlage Großbritanniens zur See seit Trafalgar und bewies die Verwundbarkeit des Empire, politisch bedeutete dies eine große Enttäuschung. Hierher gehört auch das Aufsehen, das der Kleine Kreuzer *Emden* erregte, der ebenfalls zum Geschwader unter dem Oberbefehl Graf Spees gehörte und im Herbst 1914 im Verlauf einer zweimonatigen Auslandsfahrt 23 zivile und zwei Kriegsschiffe kaperte oder vernichtete und die Mannschaften in den jeweils nächstgelegenen Hafen schickte. Die *Emden*, »Schiff ohne Hafen, Schiff ohne Ruh'«,[42] der man einen vierten Schornstein aufgesetzt hatte, um ihr die Konturen des englischen Kreuzers *Yarmouth* zu geben, wurde ungemein populär, aufgrund der kriegerischen Erfolge, aber auch wegen des ritterlichen Verhaltens ihres Kommandanten. Die Verfolgung des »Fliegenden Holländers«, wie das Schiff bald nur noch genannt wurde, hielt mehrere alliierte Kriegsschiffe in Atem und hinderte sie an der Erfüllung anderer wichtiger Aufgaben. Schließlich strandete das Schiff bei einem Gefecht mit dem weit überlegenen australischen Kreuzer *Sydney* am 9. November in der Nähe der Cocos-Inseln. 135 Mann fielen. Das Wrack war noch bis 1956, als es von einem Wirbelsturm vollends zerstört wurde, zu sehen. Auf Befehl des »Matrosenkönigs« George V. wurde Kapitän Karl von Müller in der britischen Kriegsgefangenschaft auf Malta für seine ritterliche Kriegführung der Degen belassen. Das fügt sich zu dem, was der Erste Offizier der *Emden*, Hellmuth von Mücke, von dem Ruf seines Schiffes berichtet hat: »Ich gehe wohl nicht zu weit, wenn ich sage, daß die *Emden* Ende 1914 das beliebteste Schiff in Ostindien war. Die Engländer hatten im allgemeinen überhaupt kein Verständnis für den Krieg. Er ist bei ihnen nicht das, was er bei uns ist, ein Volkskrieg, sondern sie stehen ihm meistenteils ganz gleichgültig gegenüber und schätzten die Errungenschaften von Freund und auch von Feind lediglich vom Gesichtspunkte des sportlichen Interesses. So konnte es geschehen, daß unser Kommandant und sein Schiff mit Sang und Klang von den englischen Zeitungen Indiens gefeiert wurden. Der *Gentleman-captain* hieß unser Kommandant, und die Zeitungen schrieben: ›He played the game und was playing it well.‹ (›Er meisterte sein Spiel vorzüglich.‹)«[43] Die preußische Regierung beschloß 1920, den noch lebenden preußischen Besatzungsangehörigen der *Emden* und deren direkten Nachkommen auf Antrag zu gestatten, den Namen des Kleinen Kreuzers als Zusatz zum Familiennamen zu führen, ein in der deutschen Marine einmaliger Vorgang. Insgesamt wurden im Kreuzerkrieg von deutschen Schiffen 149 Handelsschiffe mit einer Gesamttonnage von knapp 600 000 BRT und zwei Kleine Kreuzer versenkt.

Durch die überraschende Dauer des Krieges gerieten auch die deutschen überseeischen Besitzungen in eine aussichtslose Lage. Zur Ausschaltung des deutschen Überseeverkehrs trug die Einnahme deutscher Kolonien durch die Alliierten bei, die zugleich ebendiesem Zweck diente, den Kreuzern und Handelsschiffen ihre Stützpunkte zu nehmen: »Eines Morgens im August«, schreibt Churchill, »hatte man den seltsamen Anblick, daß das britische Kabinett, das sich aus achtbaren liberalen Politikern zusammensetzte, sich bedächtig zu einer Sitzung zusammenfand, um mit arger List darüber zu beraten, wie man den deutschen Kolonialbesitz in allen Teilen der Welt rauben könne. Die meisten der Anwesenden hätten einen Monat früher ein solches Ansinnen mit Schrecken und Entrüstung zurückgewiesen!«[44] Alle Kriegszielerörterungen von deutscher Seite, in Zentralafrika ein Kolonialreich vom Atlantik bis zum Indischen Ozean sowie ein weltumspannendes Netz von Marinestützpunkten und Kohlestationen zu errichten, blieben durch die Niederlage auf dem europäischen Kontinent, wo allein die entsprechende Verhandlungsstärke hätte begründet werden können, ein »melancholische[s] Gegenbild«[45] der tatsächlichen Entwicklung. Der Entente ließen die schnellen deutschen Anfangserfolge in Frankreich keine andere Wahl, als auch die eigenen Kolonien in den Krieg mit einzubeziehen und die dort vorhandenen Kräfte zu mobilisieren, wenngleich dies um den Preis geschah, daß die kriegführenden Mächte die von ihnen beherrschten Völker und Erdteile in den eigenen Niedergang der europäischen Vorherrschaft in der Welt mit hineinzogen.

»Der Krieg in den Weiten des Ozeans« jedenfalls, schreibt der Historiker Michael Stürmer, »lief wie die Endphase einer Schachpartie ab, wo der überlegene Gegner alle Felder bestreicht.«[46] Dem Deutschen Reich schienen, nachdem die Schlacht am Skagerrak die Grenzen möglicher Nordseeoperationen vor Augen geführt hatte, endgültig die Hände gebunden. Es zeichnete sich bald ab, daß allein mit der Aufrechterhaltung der Fernblockade der See- und Handelskrieg früher oder später die Mittelmächte und das Deutsche Reich als die stärkste von ihnen in die Knie zwingen würde. Darüber hinaus hatte Anfang 1915 die britische Flotte, das mächtigste militärische Instrument der Welt, nichts zu tun. Auch sie mußte um ihre Existenzberechtigung fürchten.

Die währenddessen in Nordfrankreich sich mörderisch auswirkende Erstarrung dieses Krieges wurde endlich, im Jahre 1917, im wesentlichen durch zwei Ereignisse in eine das Kriegsende herbeiführende Bewegung verwandelt: durch den Sieg Deutschlands über Rußland und Rumänien sowie durch die Wiederaufnahme des uneingeschränkten U-Boot-Krieges, der den deutschen Verantwortlichen als die letzte Möglichkeit erschien, eine schnelle Entscheidung herbeizuführen. Auch hier ergab sich, wie so oft, eine Wirkung *contre coeur*; die Entscheidung kam tatsächlich, aber sie fiel anders aus als erhofft.

Das Unterseeboot

Sehr bald, schon in den ersten Kriegsmonaten, verfolgte die deutsche Marineleitung angesichts der Ausweglosigkeit der strategischen Lage die Idee einer Gegenblockade: den Handelskrieg mit Unterseebooten. Ursprünglich sollten sie nur zur Aufklärung verwendet werden und Unterwasserangriffe gegen feindliche Kriegsschiffe vor der eigenen Küste durchführen. Erst mit der Indienststellung hochseefähiger Boote unmittelbar vor dem Krieg wurde diese Waffe ein ernstzunehmender Faktor für die offensive Kriegführung. So ist der deutschen Hochseeflotte bis zur Ablösung Pohls durch Admiral Scheer im Januar 1916 für mehr als ein Jahr die sie lähmende, rein defensive Aufgabe zugefallen, dem U-Boot-Krieg die nötige Rückendeckung zu geben. Das hat das Vorkriegsverhältnis von Schlachtschiff und Unterseeboot ins glatte Gegenteil verkehrt. Diese Wendung hat zweifellos weniger Opfer gefordert als eine offensive Überwasserstrategie, aber das hat die Schiffsbesatzungen andererseits nicht davon abgehalten, die erzwungene Tatenlosigkeit als zermürbend und sinnlos zu empfinden.

Am 5. Februar 1915 erklärte der Kaiser die britischen Küstengewässer mit Wirkung vom 18. Februar zum Kriegsgebiet, und noch im selben Monat begannen die deutschen Unterseeboote gegen die alliierte Schiffahrt zu operieren. Die sogleich von den Vereinigten Staaten angemeldeten völkerrechtlichen Bedenken gegen den »uneingeschränkten« U-Boot-Krieg, das heißt, gegen die warnungslose Versenkung von Handelsschiffen, hoffte die militärische Führung des Deutschen Reichs durch einen schnellen Erfolg dieser Kriegführung hinfällig zu machen. Von den 22 bei Beginn der Offensive vorhandenen Booten wurden 14 mit Dieselmotoren angetrieben und konnten nicht nur im Kanal, sondern sogar westlich der britischen Inseln operieren und dort ansetzen, wo die Schiffahrtslinien und besonders die Transatlantikrouten der Alliierten zusammenliefen, an der »Achillesferse« des Empire. Allerdings konnte immer nur ein Drittel der Boote im Einsatz sein, die übrigen waren je zur Hälfte gerade auf dem Hin- oder Rückweg oder lagen zwecks Wartungs- und Reparaturarbeiten in ihren Stützpunkten.

Das eigentlich Neue an dieser Waffe war, daß sie dem traditionellen Raum des Seekriegs einen weiteren hinzufügte, den Raum unterhalb der Wasseroberfläche. Der tauchende »Partisan der Meere« erweiterte den »regulären« Seekrieg um den »irregulären« Angriff aus dem Untergrund. Dabei sind die Unterseeboote nicht zu verwechseln mit der Piraterie, von der sie durch den eminent politischen, nicht die persönliche Bereicherung bezweckenden Charakter ihres Kampfes unterschieden sind. Der reguläre Soldat einer Truppe stellt sich mit Waffe und Uniform offen und erkennbar dem Gegner, zumindest ist er Teil einer mehr oder weniger lokalisierbaren Front, so wie die Schlachtschiffe sich stolz und durch die Rauchfahnen noch hinter dem Horizont sichtbar in ihrem Verband präsentieren und die jeweils befohlene Gefechtsformation bilden. Anders das Unterseeboot: Es tastet sich unauffällig heran und versteckt sich bis zum Zeitpunkt des Angriffs. Meist schlägt es einzeln zu und aus dem Hinterhalt. Operationen in »Rudeln«, wie sie gelegentlich von der englischen Aufklärung gemeldet wurden, kamen nicht vor, man wollte statt dessen mit einzeln fahrenden Booten möglichst große Seegebiete abdecken. Klein und verwundbar, wie das Unterseeboot ist, liegt seine Stärke im Überraschungseffekt. Den Torpedo, mit dem es seine Unterwasserangriffe durchführt und dessen Entwicklung Tirpitz schon ab 1866, lange vor den Flottengesetzen, so sehr forciert hatte, nannte Graf Leo von Caprivi, von 1883 bis 1888 Chef der Admiralität und von 1890 bis 1894 Reichskanzler, vorausschauend die »Waffe des Schwächeren«.[47] Allerdings waren im Ersten Weltkrieg Operationen und Angriffe im getauchten Zustand noch die Ausnahme, alle Boote waren in diesen Jahren immer nur für wenige Stunden unter Wasser, und die meisten Handelsschiffe wurden nicht durch Torpedos, sondern durch Artilleriefeuer versenkt. Und doch sehen die ihrerseits konfliktträchtigen kriegs- und völkerrechtlichen Fragen, die der U-Boot-Krieg aufgeworfen hat, denen des Partisanenkampfes im Landkrieg auffallend ähnlich.[48]

Der »Verzweiflungsschritt«, wie der Historiker Klaus Schwabe die Erklärung des uneingeschränkten U-Boot-Krieges nennt, war der Versuch, aus der zum »Kerker« gewordenen Nordsee doch noch auszubrechen. Die Entwicklung bestätigte eine frühe Prognose des damaligen Chefs des Admiralstabs Vizeadmiral August von Heeringen aus dem Jahre 1912: »Wenn der Engländer sich wirklich auf [die] Fernblockade mit konsequenter Zurückhaltung seiner Schlachtflotte verlegt, kann die Rolle unserer schönen Hochseeflotte im Kriege eine sehr traurige werden. Dann werden die U-Boote es schaffen müssen.«[49] Das Unterseeboot war der Versuch der Landmacht, einen Ausgleich zu schaffen für die geographischen Vorteile des Inselreichs, und es lag in seinem Wesen, daß vor allem die zur See schwächere Macht nach ihm greifen würde, als die offensiven Grenzen des ohnedies kostspieligen Schlachtschiffbaus erkennbar wurden.

Neben der Tendenz der englischen Seestrategie, die Mittelmächte von der Versorgung durch die neutrale Handelsschiffahrt abzuschneiden und zugleich neutrale Länder auf ihre Seite hinüberzuziehen – was, auf anderen Wegen, natürlich auch die Mittelmächte versuchten –, ist durch das U-Boot der »totale Krieg« auf das Wasser hinausgetragen worden. Die Zivilbevölkerung geriet auf diese Weise noch mehr in Mitleidenschaft, sei es hinsichtlich der Nahrungsmittelknappheit als Folge der Gegenblockade oder der Todesopfer bei U-Boot-Angriffen auf Passagier- und Handelsschiffe.

»Hinterhältig, unanständig und verdammt unenglisch«

In Großbritannien hat das Unterseeboot zu Beginn des Krieges eine rein defensive, noch untergeordnetere Rolle gespielt als in Deutschland; bei Kriegsausbruch besaß das Empire sogar weniger U-Boote als im Jahre 1907, und die meisten davon waren nur für Küstengewässer geeignet. Dabei hatte Lord Fisher die offensiven Möglichkeiten dieser Waffe früh erkannt und den Onkel Wilhelms II., Edward VII., seit 1901 König, in einem Gespräch an Bord der *Dreadnought* schon 1907 darauf hingewiesen, daß die U-Boote die »Schlachtschiffe der Zukunft« seien.[50] In diesem Jahr dachte auch Erich von Falkenhayn bereits darüber nach, in einem künftigen Krieg Unterseeboote gegen die britische Handelsschiffahrt einzusetzen. Vielleicht haftete den U-Booten aus der Sicht einer Nation stolzer Seefahrer etwas allzu Heimtückisches an, vielleicht wurden sie schon aus diesem Grunde in England als Waffe nicht ernsthaft in Betracht gezogen, von der geringeren strategischen Notwendigkeit einmal abgesehen. Admiral Wilson beispielsweise hat die U-Boote als »hinterhältig, unanständig und verdammt unenglisch« bezeichnet.[51] Um so bemerkenswerter ist im nachhinein eine Denkschrift Fishers vom Sommer 1914, in der er auf die »schreckliche Gefahr für den britischen Handel« hinweist und die U-Boot-Waffe als eine »insgesamt barbarische Methode der Kriegsführung« bezeichnet, aber hinzufügt: »Das Wesen des Krieges ist Gewalt, und Mäßigung im Krieg ist idiotisch.«[52] Mehr noch, im Rahmen ihrer geheimen Korrespondenz hatte Lord Fisher zu einer Zeit, als Plakate mit dem Slogan »Rächt die Lusitania!« Rekruten warben, an Tirpitz geschrieben: »Ich mache Ihnen keinen Vorwurf wegen der U-Boot-Sache, an Ihrer Stelle hätte ich genauso gehandelt.«[53] Daß Großbritannien als führende Seemacht das neue Kampfmittel zugleich als piratenhaft und verbrecherisch zu diskreditieren versuchte, ist nachvollziehbar und bewegt sich auf derselben Ebene wie die Entrüstung des Heerführers über den Guerillero, vielleicht wie die Entrüstung einer jeden Epoche über die jeweils neuen, immer unmenschlicheren Waffen.

Mit der Versenkung von drei englischen Kriegsschiffen, den alten Panzerkreuzern der *Bacchante*-Klasse *Aboukir*, *Cressy* und *Hogue* durch *U 9* unter Kommandant Otto Weddigen am 22. September 1914 im Ärmelkanal mit einem Verlust von 1500 Mann geriet die überraschende

Schlagkraft der Unterseeboote in den Mittelpunkt erregter öffentlicher Debatten. Nachdem Weddigen als erstem Seeoffizier der »Pour le Mérite« verliehen worden war, wurde er ein halbes Jahr später, am 15. März 1915, mit seinem Boot *U 29*, das er zu dieser Zeit kommandierte, in der Nähe von Scapa Flow, ausgerechnet durch einen Rammstoß des Großkampfschiffs *Dreadnought*, versenkt. Obwohl Churchill noch am Tag vor Weddigens Angriff im September 1914 die drei versenkten Schiffe wegen ihrer unsicheren Längsschottenkonstruktion als »Lebendköder« (»live-baits«) bezeichnet hatte, zeigte sich, daß man die offensiven Möglichkeiten und die Reichweite des Unterseebootes in England insgesamt unterschätzt hatte. Entsprechend schwach fiel zunächst die Abwehr aus. Minen und Patrouillendienste brachten nicht die gewünschten Ergebnisse. Sir Frederick Inglefield, ein verdienter einundsechzigjähriger Admiral, der einen kaum bewaffneten Patrouillenverband kommandierte, versuchte es mit Schwimmern, die die Aufgabe hatten, schwarze Taschen über die Periskope zu stülpen und das Glas mit einem Hammer zu zerschlagen. Er hatte auch die Idee, Möwen so abzurichten, daß sie ihren Kot auf Periskope fallen ließen, und für eine Weile war ein Teil des Hafens von Pool in Dorset von Periskopattrappen und ausscheidungsfreudigen Seemöwen bevölkert. Auf jeden Fall mußte nach Weddigens Angriff jeder Flottenvorstoß von zahlreichen Zerstörern begleitet werden. Trotz umfangreicher Schutzvorkehrungen, Tausende von Schiffe waren im Einsatz, Flugzeuge und 22 000 Minen, stiegen die Zahlen versenkter Handelsschiffe. Die Schwierigkeiten der U-Boot-Abwehr demonstriert ein Beispiel vom September 1916: Zu dieser Zeit operierten in einem kleinen Abschnitt des Ärmelkanals drei deutsche Unterseeboote. 572 bewaffnete Fahrzeuge wurden zu ihrer Bekämpfung aufgeboten, darunter 49 Zerstörer und 48 Torpedoboote. Dennoch entkamen die Deutschen unbehelligt nach einer Woche und hatten 30 Schiffe versenkt. Man mußte sich etwas anderes einfallen lassen.

Während die militärische Antwort auf die neue Waffe auf sich warten ließ, gelang es den Alliierten, das moralische Entsetzen geschickt in ihre eigene politische Strategie einzubauen, denn der offensive Einsatz der Unterseeboote geriet in Konflikt mit dem Völkerrecht: Nur begrenzt waren sie in der Lage, das für die Versenkung unbewaffneter Handelsschiffe geltende Prisenrecht einzuhalten. Dieses Prisenrecht besagt, daß Kriegsschiffe im Falle eines Krieges Handelsschiffe gegnerischer Mächte anhalten, durchsuchen, samt Ladung beschlagnahmen und die Besatzungen internieren dürfen. Schiffe neutraler Mächte sind dann mit betroffen, wenn sie Konterbande, also kriegswichtige Güter, an Bord haben oder die feindliche Macht anderweitig unterstützen. Ein Unterseeboot kann kaum Besatzungen übernehmen, und mit der Prise kann es schon gar nichts anfangen. Vor allem kann es nur unter großer eigener Gefährdung nach dem Prisenrecht vorgehen, da das angehaltene friedliche Handelsschiff bewaffnet, ein getarntes feindliches Kriegsschiff oder gleich eine U-Boot-Falle, ein sogenanntes Q-Schiff, sein konnte, eines jener vermeintlichen Handelsschiffe mit versteckten Geschützen, die sich von U-Booten anhalten ließen, um dann das Feuer auf sie zu eröffnen. Ihr Erfolg war allerdings mäßig, von insgesamt 178 im Ersten Weltkrieg verlorenen deutschen Unterseebooten sind nur elf durch U-Boot-Fallen, dagegen 54 Boote durch Minen, 30 durch Wasserbomben und eines schon durch Flugzeugbomben versenkt worden.[54] In einer Notiz vom 3. Februar 1915, in der sich Churchill über die hohe Bedeutung ausspricht, die er den Q-Schiffen zumaß, spricht er allerdings nicht nur davon, daß die gegnerischen Unterseeboote zu versenken und die Besatzungen gefangenzunehmen seien, sondern auch, daß nach Belieben auf sie geschossen werden könne (»firing on them as convenient«).[55] Den Besatzungen der gegnerischen Handelsschiffe blieb allerdings bis zum Untergang ihres Schiffs in der Regel genug Zeit, in die Boote zu gehen. Die Opfer an Menschenleben, die zu beklagen waren, wie bei der Versenkung der *Lusitania*, wurden von den Deutschen mit vielfachem Hungertod unter der Zivilbevölkerung gerechtfertigt, der unter anderem der alliierten Fernblockade anzulasten war. Die Ernährungslage in Mitteleuropa hatte nach einer schlechten Getreide- und Kartoffelernte im »Steckrübenwinter« 1916/17 ohnedies einen vorläufigen Tiefstand erreicht.

Nicht nur das Prisenrecht, auch die Unterscheidung zwischen Konterbande und anderen Waren wurde vom Wesen dieses Krieges erschüttert. Der auf Leben und Tod geführte Wirtschaftskrieg, die »Entwicklung des Krieges zum Daseinskampf«, wie der Historiker Hans Herzfeld schreibt, hatte seine Ursache eben auch darin, daß die weltweite Mobilisierung von Menschenmassen und Kriegsmaterial eine sinnvolle Unterscheidung zwischen kriegswichtigen und zivilen Gütern kaum noch zuließ und daß die bloße Dauer der Auseinandersetzung früher oder später alle kriegführenden Mächte an den Rand des Abgrunds bringen mußte. So gesehen schien jedes Mittel recht, wenn es denn ein schnelles Ende des Dauerpatts versprach. Der totale Krieg, den zu verhindern ja gerade der Sinn des modernen Kriegsvölkerrechts war, hinterließ auf englischer Seite auch bei Sir Edward Grey seine Spuren, der in den entscheidenden Jahren von 1905 bis 1916 die britische Außenpolitik geleitet hatte, wenn er die Blockade des Handels neutraler Mächte mit dem Deutschen Reich mit den Worten rechtfertigte: »Wir werden niemals einen kontinentalen Feind dadurch auf die Knie bringen, daß wir uns allein mit der Konterbande beschäftigen.«[56]

Die immer strengere englische Kontrolle des gesamten Überseehandels ging zunehmend in eine Regulierung über. In Reaktion auf den U-Boot-Krieg haben England und Frankreich schon ab März 1915 versucht, auch den Handel neutraler Mächte mit Deutschland zu unterbinden, was zu zahlreichen Konflikten mit den USA geführt und ihren Kriegseintritt verzögert hat, da eine solche Blockade nicht mit der von den Vereinigten Staaten geforderten Freiheit des Handels zu vereinbaren war. Da für die britischen Schiffe eine Kontrolle auf See wegen der Unterseeboote zu gefährlich war, wurden die Handelsschiffe im Rahmen der nach der Hauptstadt der Orkneyinseln benannten »Kirkwall-Praxis«[57] in britische Häfen geschickt, wo dann oft Monate vergingen, bis die Ladung gesichtet war. Schließlich wurde von den Engländern sogar noch die auf neutralen Schiffen transportierte Post beschlagnahmt. Ganze Schiffsladungen wurden von Großbritannien, wo das Prisenrecht nicht griff, immer wieder unter ansteigenden finanziellen Belastungen aufgekauft, bis hin zum gesamten Export aus Landwirtschaft und Fischerei neutraler Staaten, um die Produkte von Deutschland fernzuhalten. Fast der gesamte Handel der USA mit den Mittelmächten ist im Laufe des Krieges abgeschnitten worden, so daß das deutsche Unterseeboot mit der Popularität einer »Wunderwaffe« als das einzige Mittel erschien, mit dem in kurzer Zeit ein kriegsentscheidender Erfolg zu erzielen sei. Vor allem hegte die Oberste Heeresleitung unter Hindenburg und dem Ersten Generalquartiermeister Erich Ludendorff nach den verlustreichen Materialschlachten in Frankreich die Hoffnung, im uneingeschränkten U-Boot-Krieg doch noch ein Siegesrezept gefunden zu haben.

Der Kriegseintritt der USA

Nachdem die Versenkung der *Lusitania* am 7. Mai 1915 vor der irischen Küste mit 1198 Todesopfern, darunter 139 Amerikanern, die diplomatischen Beziehungen zwischen den Vereinigten Staaten und dem Deutschen Reich schwer belastet hatte und im Sommer 1915 weitere Zwischenfälle gefolgt waren, befahl die Reichsregierung, den Handelskrieg mit Unterseebooten westlich der britischen Inseln einzustellen. Wenige Monate später, im Februar 1916, kam es jedoch auf Drängen des Generalstabschefs zur Wiederaufnahme des U-Boot-Krieges in »verschärfter Form«, und damit war gemeint, daß vor allem bewaffnete britische Handelsschiffe versenkt, Passagierdampfer allerdings geschont werden sollten. Dann führte die Torpedierung des französischen Kanaldampfers *Sussex* am 24. März erneut zu einer schweren Krise in den deutsch-amerikanischen Beziehungen, denn bei diesem Zwischenfall kamen etwa 80 Passagiere, darunter drei Amerikaner, ums Leben, während das schwer havarierte Schiff eingeschleppt werden konnte. Washington drohte am 20. April 1916 in einer scharfen Note mit dem Abbruch der diplomatischen Beziehungen, falls die Regierung des Deutschen Reiches nicht unverzüglich »ein Aufgeben ihrer gegenwärtigen Methoden des Unterseebootkriegs gegen Passagier- und Frachtschiffe erklären und bewirken sollte«.[58] Anfang Mai 1916 lenkte die Regierung ein und gab in einer »Unglücksnote«, so der Generaloberst Hans von Plessen, am 4. Mai 1916 die Zusicherung, künftig Handelsschiffe »nicht ohne Warnung und Rettung der Menschenleben zu versenken, es sei denn, daß sie fliehen oder Widerstand leisten«.[59] Zwei Monate zuvor hatten sich auch Tirpitz und der Kaiser in der U-Boot-Frage überworfen, und Wilhelm II. hatte schließlich einem der wiederholten Abschiedsgesuche des Großadmirals – damals ein übliches Druckmittel hoher Politiker und Militärs – stattgegeben.

Die Marineführung reagierte auf die Zusage der Reichsregierung gegenüber den Vereinigten Staaten mit dem Rückzug der Unterseeboote aus dem Handelskrieg in der Nordsee westlich der britischen Inseln, weil ihr der Einsatz der Boote nach Prisenordnung als zu gefährlich erschien, obwohl bis Juli 1916 kein einziges Boot durch bewaffnete Handelsschiffe versenkt worden war. Im Sommer wurde der Handelskrieg nach Prisenordnung wieder verstärkt geführt, und so sind bis zum Januar 1917 im Monatsdurchschnitt Handelsschiffe in einem Umfang von knapp 325 000 BRT versenkt worden, ohne daß es zu weiteren Zwischenfällen und Krisen in den deutsch-amerikanischen Beziehungen kam.

Am 22. Januar 1917 hielt Präsident Thomas Woodrow Wilson, kurz zuvor wiedergewählt, eine Rede vor dem Senat, in der er das von den Vereinigten Staaten angestrebte Ziel der Bildung eines Völkerbunds, der Freiheit der Meere und der weltweiten Demokratisierung im Rahmen eines »Friedens ohne Sieg«, also sein späteres Vierzehn-Punkte-Programm, verkündete. Diese Darlegung wurde von geheimen Friedenssondierungen sowohl bei der Entente als auch bei den liberalen Kräften im Deutschen Reich flankiert. Der enttäuschende Verlauf des Seekriegs aber hatte die Fraktion der »Falken« innerhalb der deutschen Marineleitung gestärkt, und Admiral Henning von Holtzendorff, Chef des Admiralstabs seit September 1915, hatte in einem berühmten Memorandum vom 22. Dezember 1916 die günstigsten Aussichten für die Wiederaufnahme des U-Boot-Krieges formuliert: Wenn im Laufe eines halben Jahres eine Versenkungsrate von 600 000 Tonnen pro Monat durchgehalten werde, bedeute dies einen unersetzbaren Verlust für Großbritannien, der sich auf 40 Prozent seiner Handelsflotte belaufen und das Land in die Niederlage treiben werde. Die USA erschienen Holtzendorff als ein zu vernachlässigender militärischer Faktor. Und während der neue Staatssekretär des Reichsmarineamts und Nachfolger des im März 1916 verabschiedeten Großadmirals von Tirpitz, Admiral Eduard von Capelle, davon ausging, daß die Amerikaner gar nicht genügend Schiffskapazitäten zur Verfügung hätten, um eigene Expeditionskorps nach Frankreich zu entsenden, meinte Holtzendorff, daß die Unterseeboote im Falle eines Kriegseintritts der USA auch etwaige Militärtransporte angreifen könnten. Hindenburg und Ludendorff, Reichskanzler Theobald von Bethmann Hollweg und der Kaiser entschieden sich am 9. Januar 1917, nach dem Sieg über Rumänien und langem innerdeutschem Streit, für den uneingeschränkten U-Boot-Krieg, der im Februar, nun mit sehr viel größerer Vehemenz, wieder aufgenommen wurde. Nach einer kurzen Phase »bewaffneter Neutralität« und nachdem die Versenkung weiterer amerikanischer Schiffe bekanntgeworden war sowie die Zimmermann-Depesche, das geheime deutsche Bündnisangebot an Mexiko, erfolgte Anfang April der zu erwartende Kriegseintritt der USA. Diesen erachtete die Reichsleitung, nach den Worten Holtzendorffs, sogar als »irrelevant«, oder sie hielt ihn zumindest, wie General Falkenhayn, für ein kalkulierbares Risiko. Daß die Gefahr auf deutscher Seite unterschätzt wurde, kam nicht ganz von ungefähr, denn die inneramerikanischen Auseinandersetzungen über den richtigen außenpolitischen Kurs, Isolation versus Intervention, haben erheblich dazu beigetragen, daß die Entscheidung so lange hinausgeschoben wurde. Die außerdem beim Kaiser, beim Reichskanzler Bethmann Hollweg und anderen durchaus vorhandenen Skrupel – die Verantwortlichen waren ja bei aller Fehlerhaftigkeit keine Unmenschen – gegen diese Art Einsatz der U-Boote, sei es wegen der Gefahren für die Besatzungen angegriffener Schiffe, sei es wegen der damit verbundenen außenpolitischen Probleme, hat der steigende Druck auf die Mittelmächte am Ende zunichte gemacht, bis dahin, daß schließlich der von Hindenburg und Ludendorff erzwungene Rücktritt des prinzipiell verhandlungsbereiten Bethmann Hollweg am 31. Juli 1917 die Wiederaufnahme des uneingeschränkten U-Boot-Krieges, wenn auch mit Verspätung, politisch besiegelte. Ohne diesen Entscheidungsprozeß im einzelnen hier darstellen zu können, läßt sich sagen, daß die Briten vor prinzipiell ähnlichen Problemen standen, indem sie den Druck der Blockade zu steigern versuchten, ohne die Neutralen, vor allem die USA, gänzlich zu verprellen. Zum Entsetzen des amerikanischen Unterhändlers in Europa, Oberst Edward Mandell House, hielt der Präsident zeitweise auch einen Krieg gegen die Alliierten für möglich.

Da die Entscheidung für den uneingeschränkten U-Boot-Krieg schließlich den Anlaß gab für den Kriegseintritt der USA, dem 1918 die deutsche Niederlage an der Westfront folgte, hat man den Verantwortlichen im Deutschen Reich eine fahrlässige Unterschätzung der militärischen Kapazitäten der USA vorgeworfen, während sich die politische und wirtschaftliche Macht der Vereinigten Staaten im Rahmen der »ungeschriebenen Entente« mit Großbritannien schon vor dem offiziellen Kriegseintritt ganz und gar zum Nachteil der Mittelmächte auswirkte. Im übrigen konnte die deutsche Seekriegsleitung auch nicht weiter voraussehen als die britische Admiralität, die das einzig wirksame und eher zufällig entdeckte Mittel gegen die U-Boot-Gefahr, die Einführung des Konvoisystems, zunächst nur widerwillig akzeptierte, nämlich erst, als dem Empire das Wasser schon bis zum Hals stand. Auf englischer Seite hatten Churchill und Fisher nicht nur ein großes Verständnis für den Einsatz der U-Boot-Waffe, sie wußten sie auch geschickt in ihre eigene Strategie einzubinden. Die Handelsflotte Großbritanniens wurde ausdrücklich angewiesen, deutsche Unterseeboote durch Rammen anzugreifen – dadurch sind vier auch versenkt worden –, vor allem aber die eigenen Handelsschiffe mit Flaggen neutraler Mächte, vorzugsweise der Vereinigten Staaten, zu versehen. Ein vollständiges Exemplar von Churchills Anweisungen fiel im Januar 1915 dem deutschen Boot *U 21* in die Hände. Churchills wirkungsvolle Antwort auf die Probleme der U-Boot-Abwehr war die von ihm favorisierte Synthese aus Politik und militärischer Strategie: Durch Verwischen des Unterschieds zwischen neutralen und feindlichen Kriegsschiffen sollten die deutschen Unterseeboote geradezu genötigt werden, auf neutrale Flaggen keine Rücksicht zu nehmen und so ihren eigenen Beitrag dazu zu leisten, die neutralen Mächte an der Seite der Entente in den Krieg zu führen. »Amerikaner als Schutzschild vor englischer Konterbande«, höhnte denn auch, möglicherweise nicht ganz zu Unrecht, die *Vossische Zeitung* nach dem Untergang der *Lusitania.*[60] Wahrscheinlich hat der deutsche Torpedo im Bauch des Passagierdampfers eine zweite, sehr viel größere Explosion regelwidrig mitgeführter Munition zur Folge gehabt, auf die das überraschend schnelle Sinken zurückzuführen war. Binnen zehn Sekunden hatte die *Lusitania* 15 Grad Schlagseite, während die Torpedos des U-Boot-Kommandanten, Kapitänleutnant Walther Schwieger – am 6. September 1917 mit *U 88* in der Nordsee verschollen –, ohne Zuhilfenahme von Granatfeuer in den Tagen zuvor kein einziges Schiff zum Sinken gebracht hatten. Nach nur 18 Minuten war die *Lusitania* untergegangen. Der »Windhund der Meere«, wie das damals größte und mit fast 26 Knoten schnellste Passagierschiff auch genannt wurde, war beim Bau von der britischen Admiralität subventioniert worden. Von vornherein sollte das Schiff im Kriegsfalle sowohl zivile als auch militärische Dienste leisten und als bewaffneter Hilfskreuzer Verwendung finden. Das hatte viele Kompromisse an Konstruktion und Sicherheit zur Folge.

Nachdem auf der *Lusitania* schon im Sommer 1913 Granatengestelle und Geschützsockel eingebaut sowie Stahlplatten zur Verstärkung der Bordwand montiert worden waren, konnte Churchill im März 1914 dem Unterhaus weiter mitteilen, daß man bereits über 40 britische Handelsschiffe mit »defensiver Bewaffnung« ausgerüstet habe. Von den schließlich über 1300 bekanntermaßen bewaffneten Schiffen der Handelsmarine, die von September 1914 bis zum Kriegseintritt der Vereinigten Staaten deren Häfen anliefen, wurden nur 17 als solche dem State Department gemeldet; ein Zeichen dafür, wie wenig ernst die Briten amerikanische Vorbehalte gegen die Vermischung von ziviler und kriegswichtiger Schiffahrt nahmen.

Ein Ereignis, das auch die in Scapa Flow internierten Besatzungen teilweise noch sehr gegen die Briten eingenommen hat, war der Baralong-Fall. Während *U 27* unter Kapitänleutnant Wegener am 19. August 1915 den britischen Dampfer Nicosian aufbrachte – am selben Tag war der britische Dampfer *Arabic* versenkt worden, wobei acht Personen, darunter vier US-Bürger, ertrunken waren – näherte sich ein weiteres, unter amerikanischer Flagge fahrendes Schiff, die *Baralong*, in Wahrheit eine britische U-Boot-Falle, und gab zu erkennen, daß sie sich um die Schiffbrüchigen kümmern wolle. Auf die *U 27* wurde dann überraschend das Feuer eröffnet, das Boot versenkt, vor allem aber wurden die überlebenden elf Mann der Besatzung, darunter auch der Kommandant, noch im Wasser oder an Bord der *Nicosian* erschossen. Der Fall ist über amerikanische Augenzeugen publik geworden, die sich an Bord der *Nicosian* befanden und den deutschen Konsul in New Orleans über den Ablauf unterrichteten. Nachdem die deutsche Regierung auf diplomatischem Wege keine Bestrafung der Schuldigen erreicht hatte, informierte sie den Hauptausschuß des Reichstags. In einer lebhaften Reichstagsdebatte stellte sich am 15. Januar 1916 der SPD-Abgeordnete Gustav Noske unter »stürmischem Bravo« auf die Seite deutscher U-Boot-Leute, »die wir bewundern und die wir lieben«.[61]

Die Schwierigkeiten des britisch-amerikanischen Verhältnisses vor dem Kriegseintritt haben sich am deutlichsten anläßlich der *Lusitania*-Katastrophe gezeigt. Zwar blieb für Großbritannien die von Amerika geforderte »Freiheit der Meere« eine im Grunde indiskutable Forderung, wenn aber Präsident Wilson und Robert Lansing, Außenminister der Vereinigten Staaten von 1915 bis 1920, unrealistischerweise darauf bestanden, daß ein amerikanischer Staatsbürger das Recht habe, mit jedem beliebigen Schiff zu reisen, kam das den Briten politisch möglicherweise entgegen. Dabei war die Ansicht der Amerikaner, das Leben eines ihrer Staatsbürger sei unantastbar, ganz gleich, welcher Art das Schiff der kriegführenden Macht sei, an dessen Bord er sich befindet, mit dem internationalen Recht nicht zu begründen. England hatte seine Bürger im russisch-japanischen Krieg ausdrücklich davor gewarnt, mit Schiffen kriegführender Mächte zu reisen. Darauf wurde Lansing sogar von der Rechtsabteilung der eigenen Regierung hingewiesen. Im Rahmen des britischen Interesses, die USA zum Kriegseintritt zu bewegen, wurde deren Neutralität in eine Waffe gegen das Deutsche Reich verwandelt, denn die Amerikaner hatten den eigenen Handel dem Schutz britischer Seeherrschaft unterstellen müssen und ihn also nur gegen die Interessen der Mittelmächte aufrechterhalten können.

Die Wende im U-Boot-Krieg

Die Rechnung Großbritanniens ist schließlich aufgegangen, zumal sich dem Kriegseintritt der USA viele andere bis dahin neutrale Länder anschlossen und nun auch die Handelsflotten Griechenlands, Hollands und Norwegens gegen die Unterseeboote eingesetzt wurden. Hinzu kam, daß aufgrund der starken weltwirtschaftlichen Verflechtungen Großbritanniens, vor allem auch seiner Verbindlichkeiten gegenüber den USA, diese es sich im Grunde gar nicht leisten konnten, die Entente einer Niederlage auszusetzen. England hatte am Kriegsende bei den USA fünf Milliarden Dollar Kriegsschulden, die europäischen Verbündeten bei England allerdings noch viel mehr.

Auf deutscher Seite sind die Ergebnisse des uneingeschränkten U-Boot-Krieges sicher überschätzt worden, was unter anderem daran lag, daß die sich gegenüber der Obersten Heeresleitung unterlegen fühlende Seekriegsleitung jene hinsichtlich der Leistungsfähigkeit der Unterseeboote mit überhöhten Zahlen versorgte, um angesichts der erzwungenen Untätigkeit der Hochseeflotte die eigene Daseinsberechtigung nicht völlig zu verlieren. Der etwas künstliche Optimismus, mit dem die Admirale für den U-Boot-Krieg warben, fiel bei Ludendorff auf fruchtbaren Boden, weil er hoffte, den Krieg entscheiden zu können, bevor die Amerikaner in Europa eintrafen. Eile war angesichts des täglichen Massensterbens ohnedies geboten, solange keine diplomatischen Durchbrüche erzielt wurden.

Ohne die rechtzeitige Hilfe aus den USA wäre das Empire tatsächlich bald in die Knie gezwungen worden, denn im Sommer 1917 wurden die Schiffe schneller versenkt, als die Werften sie ersetzen konnten. Am Ende des Krieges waren 38 Prozent der britischen Handelsflotte von 1914 versenkt worden, 6394 feindliche und neutrale Schiffe mit fast 12 Millionen BRT. Gleich in den ersten vier Monaten nach Wiederaufnahme des uneingeschränkten U-Boot-Krieges stiegen die Verluste auf 1175 Schiffe mit insgesamt über 2 Millionen BRT an. Die Zahl der von und nach Übersee gehenden Schiffe betrug 140 pro Woche, und davon wurden zeitweise etwa 20 Prozent vernichtet. Im Handelsverkehr mit Norwegen lag die Verlustrate im Frühjahr 1917 sogar bei 25 Prozent. Die deutsche Prognose, die Alliierten auf diese Weise binnen sechs Monaten in die Knie zu zwingen, schien sich zu bestätigen. Beatty sagte: »Die Marine verliert den Krieg ebenso schnell, wie die Armee ihn gewinnt«,[62] und die Royal Navy kündigte die Möglichkeit einer Niederlage ganz offen für den kommenden November an, wenn die Gefahr bis dahin nicht gebannt sei. Die erfolgreiche Fortsetzung des Krieges erschien durchaus fraglich und führte zu einer neuerlichen schweren Krise im Lager der Alliierten.

Um deren prophetische Gaben war es in diesem, bisher nicht dagewesenen Fall nicht viel besser bestellt als um die der Deutschen. Der am Ende kriegsentscheidende Schutz durch das Konvoisystem, das auch den amerikanischen Truppentransporten zugute kam, ist nicht einmal von denen, die es schließlich einsetzten, vorhergesehen worden. Die Engländer selbst waren vom Erfolg der Konvoifahrten wahrscheinlich am meisten überrascht. Bei genaueren Untersuchungen der Schiffsverluste hatte die Admiralität eher nebenbei festgestellt, daß im Ärmelkanal Kohlenschiffkonvois, die auf Verlangen Frankreichs eingerichtet worden waren, meist unbehelligt durchkamen. Im norwegischen Handelsverkehr hatte der verantwortliche Offizier eigenmächtig Konvoifahrten eingeführt, und hier fiel die Versenkungsrate binnen eines Monats auf 0,24 Prozent. Die englischen Seelords wie auch der amerikanische Marineminister reagierten skeptisch, willigten aber schließlich, nach einem persönlichen Besuch von Lloyd George bei der britischen Admiralität am 25. April 1917, ein. Trotzdem bleibt es erstaunlich, daß die Erfahrungen des Geleitzugsystems, das schon im englisch-französischen Handelskrieg hundert Jahre zuvor große Erfolge gebracht hatte, 1917 so lange ignoriert wurde, bis es fast zur Katastrophe kam. Endlich wurden für den transatlantischen Verkehr 20 bis 30 Schiffe in fünf oder sechs Kolonnen zusammengefaßt, an deren Flanken der Geleitschutz patrouillierte. Die Unterseeboote jagten von da an nur noch allein fahrende Schiffe, und das wurden immer weniger. Auf die Verschiffung der schließlich fast zwei Millionen amerikanischer Soldaten, der bis dahin größten Truppenbewegung überhaupt, ist nicht ein einziger erfolgreicher U-Boot-Angriff durchgeführt worden. Im Herbst 1917 begann zwar ein neues großes Bauprogramm, und die Produktion stieg erheblich, aber einen entscheidenden Einfluß auf den Kriegsverlauf hatte dies nicht mehr.

Die Haltung der USA wurde ab 1917, dem eigentlichen Entscheidungsjahr des Krieges, ebenso wichtig für das weitere Schicksal der deutschen Flotte wie die Politik Großbritanniens und Frankreichs. Die beiden globalen Missionsideen, Sozialrevolution leninscher Provenienz einerseits und Demokratisierung nach amerikanischem Muster andererseits, die als Vorboten des neuen Weltstaatensystems mit dem russischen Oktober und dem Kriegseintritt der USA die europäische Bühne betraten, waren im Begriff, den ganzen Krieg auf den Kopf zu stellen. Als einen Anfang, »der gleichwohl die Summe langer Entwicklung zog«, bezeichnet Ludwig Dehio die Ereignisse des Jahres 1917, »als der Kriegseintritt der Vereinigten Staaten zum ersten Male die Welt in eine einzige Aktion einspannte und in zwei Lager schied«.[63] Die nationalen Fronten wurden abgelöst von den neuen Fronten des Weltbürgerkriegs, so daß es heute so aussieht, als sei nicht mehr ein europäischer Kampf um die Vorherrschaft über den Rest der Welt geführt worden, sondern als hätte die Welt, vertreten von den beiden künftigen Kontinentalmächten, ihren Kampf in Europa ausgetragen. Das hat die innereuropäischen Gegensätze für die USA stark relativiert und möglicherweise zu Wilsons gelegentlich gemäßigterer Haltung gegenüber dem Deutschen Reich beigetragen – leider erst, als es schon zu spät war, um die eigenen Vorstellungen in Versailles durchzusetzen und die große Enttäuschung noch aufzufangen, die im Deutschen Reich mittlerweile angesichts der halbherzigen amerikanischen Friedenspolitik entstanden war. Die Forderung der dritten Wilson-Note, die Abschaffung der Monarchie, war ja im November 1918 verwirklicht worden, ohne daß auch die versprochene Gegenleistung, nämlich die Friedensbedingungen für Deutschland in maßvollen Grenzen zu halten, erfüllt worden wäre. Es sind zwar viele Faktoren, die zu der schwachen Verhandlungsführung der Amerikaner in Versailles beigetragen haben, unter anderem auch innere Zwistigkeiten, Mißverständnisse in der Nachrichtenübermittlung, Naivität in europäischen Angelegenheiten, aber das haben die verschiedenen deutschen Regierungen der Jahre 1918 und 1919 nur begrenzt durchschauen können, weil sie entgegen einer ebenfalls amerikanischen Forderung – Abschaffung der Geheimdiplomatie – zu den Verhandlungen der Siegermächte nicht zugelassen wurden und auf die jeweils vollendeten Tatsachen nur noch mit förmlichem Protest antworten konnten. In dieser Hinsicht ist zwischen den Waffenstillstandsverhandlungen und den eigentlichen Friedensverhandlungen kein wesentlicher Unterschied zu erkennen. Auf der Geburt der deutschen Demokratie von 1919 lastete fortan die Hypothek von Versailles: die tiefe Enttäuschung an den sich moralisch so vorbildlich gebenden Demokratien des Westens.

Dabei war etwa die Haltung der USA alles andere als einmütig, man könnte sogar fast meinen, sie hätten bis 1917 den Krieg innenpolitisch geführt. Das lag nicht nur an Rücksichten auf deutsche und englische Bevölkerungsgruppen in Nordamerika oder an wirtschaftlichen Erfordernissen, sondern an den inneren Widersprüchen eines Kriegszielprogramms, das zugleich die universale Demokratisierung verfolgte und das Selbstbestimmungsrecht der Völker konstatierte. Die gleichzeitig vertretene »legalistische« Neutralität war Ausdruck des traditionellen Isolationismus der westlichen Hemisphäre, und sie geriet in Konflikt mit Wilsons eigenem Lebenswerk, seinem Ideal einer weltumspannenden, übernationalen Friedensordnung. Dieses Dilemma von Isolation und Intervention verkörperte sich gewissermaßen in den beiden Kontrahenten der amerikanischen Außenpolitik, in dem streng neutralen Außenminister William Jennings Bryan und seinem Nachfolger, dem probritischen Verfechter der Intervention, Robert Lansing. Lansing war es aber auch, der von dem Selbstbestimmungsrecht, dem Kerngedanken der »Vierzehn Punkte«, der Kongreßbotschaft des amerikanischen Präsidenten Wilson vom 8. Januar 1918, gesagt hat, es sei

»mit Dynamit« geladen, und mit guten Gründen sträubten sich die Siegermächte gegen den universalen Anspruch jeder Nation auf einen eigenen Staat. Der jüdische Historiker Hans Rothfels, der einst dringend davor warnte, dem Nationalstaatsgedanken im völkisch durchmischten Osten Europas zur Konjunktur zu verhelfen,[64] schrieb: »Es war eine offenbare Paradoxie, dem nationalen Souveränitätsgedanken einen so entscheidenden Impuls, eine solche Bluttransfusion gleichsam zu geben, während es gleichzeitig um die Bildung eines Völkerbundes ging.«[65]

Vor ihrem Kriegseintritt drohte den Vereinigten Staaten durch ihre lange Zurückhaltung bei den europäischen Freunden bereits ein großer Ansehensverlust. Der Präsident wurde in England schon als feige geschmäht, und in Flandern nannte man einen Blindgänger einen »Wilson«. Dabei wurden die Friedensinitiativen der USA von deutlichen Rüstungsanstrengungen flankiert. Die amerikanische Marinevorlage vom 29. August 1916, diktiert von der Furcht vor einem künftigen Zwei-Ozeane-Krieg und beeinflußt durch den deutschen Erfolg am Skagerrak, sah eine gewaltige Verstärkung der amerikanischen Flotte vor. Das Vorkriegskonzept einer »navy second only to one«, der nur die britische überlegen sein sollte, wurde nun zugunsten einer »navy second to none«, einer Marine, die keiner anderen nachsteht, verabschiedet.[66] Die Ressourcen der USA und die Ohnmacht Großbritanniens ihnen gegenüber erlaubten diesen Ehrgeiz, der dem eines Tirpitz nicht nachstand. Den deutsch-englischen Rüstungswettlauf überboten die Amerikaner als noch nicht lachender, aber längst ernsthaft interessierter Dritter. Innerhalb von drei Jahren sollten unter anderem zehn Schlachtschiffe, sechs Schlachtkreuzer, zehn Aufklärungskreuzer, 50 Zerstörer und neun hochseefähige Unterseeboote gebaut werden. Die Stärke der amerikanischen Flotte, mit 16 *Dreadnoughts* am Ende des Krieges, entsprach der französischen, italienischen und japanischen Marine zusammengenommen. Dies waren moderne Schiffe, während die meisten britischen Großkampfschiffe noch aus der Vorkriegszeit stammten. Auf den Seekrieg in Europa hat dieses Bauprogramm aber offenbar noch nicht den von den Briten erhofften Effekt gehabt. In europäischen Gewässern waren nach dem amerikanischen Kriegseintritt 5360 Fahrzeuge der Royal Navy und nur 223 der U. S. Navy im Einsatz. In den ersten fünf Monaten des Jahres 1918 stellten die Amerikaner noch elf, die Briten dagegen 203 neue Kriegsschiffe fertig.

Die mit dem Kriegseintritt der USA sich intensivierenden angloamerikanischen Marinebeziehungen gestalteten sich freundlich und erstaunlich reibungslos bis hin zur vollständigen Integration eines amerikanischen Geschwaders und seiner Unterordnung unter britischen Oberbefehl. Die Vereinigten Staaten besaßen zu dieser Zeit fünf starke *Dreadnoughts* mit Öl- und zehn mit Kohlefeuerung, von denen sich im Frühjahr 1917 vier – ein weiteres Schiff folgte – zur Royal Navy gesellten. Diese, von Konteradmiral Hugh Rodman befehligte IX. Schlachtschiffdivision, bestehend aus den Schiffen *New York*, *Wyoming*, *Florida*, *Delaware* und *Texas*, wurde als VI. Schlachtgeschwader in die Royal Navy eingegliedert, operierte nach britischer Taktik und übernahm britische Signalmethoden.

Daneben waren aus höchsten amerikanischen Regierungskreisen, von Präsident Wilson, Marineminister Josephus Daniels und dem amerikanischen Marinevertreter in Europa, Admiral William S. Benson, regelmäßige Nörgeleien gegenüber den Briten zu vernehmen, weil die bedeutende Überlegenheit der Alliierten zur See nicht aggressiver genutzt werde und die Briten ständig in der Defensive seien. Die Briten wiederum kritisierten in den letzten Kriegsmonaten den aus ihrer Sicht enttäuschenden Beitrag der Amerikaner zum Seekrieg. Bei einem Arbeitsessen in Washington beklagte Marineminister Sir Eric Geddes sich ganz offen darüber, daß die Briten die Hauptverantwortung für die Bekämpfung der U-Boot-Gefahr trügen: »Der von den Briten für die alliierten Seewege zur Verfügung gestellte Geleitschutz beläuft sich auf eine Monatsleistung von ungefähr eineinhalb Millionen Meilen für alle Geleitfahrzeuge. Die entsprechende amerikanische Leistung dürfte nach meiner Schätzung 150 000 Meilen pro Monat nicht übersteigen. Die anderen Alliierten tragen vielleicht 200 000 bis 250 000 Meilen bei.«[67] Er schloß seine Rede mit einem energischen Appell an die Amerikaner, ihre maritimen Anstrengungen zu erhöhen.

Die Seeherrschaft war die Voraussetzung für jenen gewaltigen Nachschub, mit dem die in Nordfrankreich kämpfenden Armeen der Entente und ihres amerikanischen Verbündeten schließlich die Entscheidung erzwungen haben. Ein, wie Paul Kennedy schreibt, »harter, blutiger Abnutzungskrieg der Massenheere«[68] ging hier zu Ende, in dem die britische Seemacht eher als Hilfswaffe zum Einsatz gekommen war. Immerhin hat sie die Verschiffung der amerikanischen Truppen gesichert, die ohne jeden Zwischenfall blieb, und sie hat mit den Konvoifahrten die U-Boot-Gefahr abgewendet. Dagegen hat die Kaiserliche Marine in den letzten Monaten des Krieges keine wichtige Rolle mehr gespielt, und auch an dem Waffenstillstandsangebot, das das Deutsche Reich den Vereinigten Staaten am 3. Oktober 1918 unterbreitete, hat sie keinen Anteil gehabt. In einem von Ludendorff gebilligten Memorandum des Majors Alfred Niemann vom 20. Juli 1918, kurz nach der Niederlage bei Reims, wurde schon die maritime Grundlage deutscher Weltmachtpolitik insgesamt zugunsten einer Orientierung auf den europäischen Kontinent und Kleinasien, einer offensiven Ostpolitik sowie einer wirtschaftlichen Zusammenarbeit mit Japan verworfen. Im Rahmen einer diplomatischen Offensive, die den aussichtslos werdenden militärischen Kampf begleiten sollte, war man offenbar bereit, den Gegnern einen Verzicht auf die Flottenrüstung anzubieten. Kurz darauf wurde Niemann Vertreter der Obersten Heeresleitung beim Kaiser. Oberst Max Bauer, wie Niemann der Ansicht, daß die Lage allein militärisch nicht zu retten sei, kam in seinem Kommentar ebenfalls zu dem Schluß, daß der deutsche Flottenbau »Menschenleben und Geld gekostet und nichts bewirkt« habe.[69]

Über einen Waffenstillstand zur See hat sich allerdings weder die deutsche Seekriegsleitung noch die britische Admiralität offenbar ernsthaft Gedanken gemacht. »Die Marine braucht keinen Waffenstillstand«, konstatierte Niemann,[70] und die Seekriegsleitung plante ungerührt einen letzten Flottenvorstoß. Die eilig anberaumten Verhandlungen trafen beide Seiten eher unvorbereitet, auch wenn man wie Korvettenkapitän Ernst von Weizsäcker – in der Schlußphase des Krieges Verbindungsoffizier des Admiralstabs zur Obersten Heeresleitung – geneigt war, »ein schnelles Ende herbeizuwünschen, um uns weitere Substanzverluste zu ersparen«.[71]

Das Heer hatte aufgrund seiner eigenen Erfahrungen ein anderes Verhältnis zum Waffenstillstand als die Marine. Mit dem letzten Anlauf, der am 21. März begonnenen Frühjahrsoffensive, dem »Unternehmen Michael«, gelang es zwar, die alliierte Front aufzubrechen und den Stellungskrieg im Ansatz wieder in einen Bewegungskrieg zu verwandeln. Aber es fehlte an Reserven, nach kurzfristigen Geländegewinnen wurden die Deutschen zurückgeworfen, und damit war die Hoffnung enttäuscht, mit Hilfe der an der Ostfront freigewordenen Kräfte eine Entscheidung zu erzwingen, bevor sich der Kriegsbeitrag der Amerikaner bemerkbar machen würde. Außerdem hatte man wieder die Möglichkeit ungenutzt gelassen, unter Beteiligung der Marine eine möglicherweise erfolgreichere Gesamtstrategie zu entwerfen. Auf dem Höhepunkt der Kämpfe, unter dem Eindruck der Krise, als die Ludendorff-Offensiven die Nahtstelle zwischen der englischen und französischen Front zu trennen drohten, bildeten die Alliierten allmählich und eher widerwillig auf Veranlassung der englischen und französischen Regierungen ein gemeinsames Oberkommando unter Marschall Ferdinand Foch. Jetzt war erreicht, was Lloyd George seit der Konferenz von Rapallo im Oktober 1917 mit der Einrichtung des Obersten Kriegsrats der Entente in Paris angestrebt hatte. Dann, ab April 1918, stießen auch noch monatlich 170 000 bis 250 000 Amerikaner zu den Alliierten. Einheiten der US-Marineinfanterie waren an einigen der schwersten Kämpfe bei Château Thierry, an der Aisne und an der Marne, bei St. Mihiel und im Maas-Argonnen-Gebiet beteiligt, denn die Alliierten hatten den Amerikanern, die einen eigenen Frontabschnitt haben wollten, einen der schlimmsten – bei Verdun am linken Maas-Ufer – zugewiesen.

Mitte Juli kam die Gegenoffensive. Großkalibrige Schiffsgeschütze wurden unter hohem Montageaufwand als Eisenbahngeschütze eingesetzt und beschossen mit großer Treffgenauigkeit Munitionslager, Brücken und Bahnanlagen, die sich in deutschen Händen befanden. Im Nordwesten drängten die Briten und Belgier, in der Mitte die Franzosen und im Südosten die Amerikaner die Deutschen zurück. Der Wendepunkt war das Scheitern der deutschen Offensive bei Reims, als durch den berühmt gewordenen Flankenstoß des Marschall Foch mit mehreren französischen Armeen und Hunderten der neuen leichten Renault-Kampfwagen gegen die deutsche 9. Armee die Initiative auf die westlichen Verbündeten überging. Nicht nur die wachsende numerische, auch die materielle Überlegenheit der Gegner an Artillerie und Flugzeugen, an Kraftfahrzeugen, Panzerwagen und Benzin, machte sich jetzt bemerkbar.

Die für einen Verständigungsfrieden nötige relative Stärke der Deutschen schwand unaufhaltsam dahin; nun merkte Ludendorff, daß er an einem »Siegfrieden« allzulange festgehalten hatte. Allerdings ist es fraglich, welche Aussichten ein von deutscher Seite initiierter Verhandlungsfriede bis zum Frühjahr 1918 eigentlich gehabt hätte. Die im Winter 1917/18 unternommenen Sondierungen, seien es die Verhandlungen des österreichischen Diplomaten Graf Mensdorff mit dem späteren südafrikanischen Premierminister General Jan Christiaan Smuts oder die Versuche des Staatssekretärs des Auswärtigen Amts in Berlin Richard von Kühlmann, mit London, aber auch mit Paris und Washington in ein Gespräch zu kommen, sind nicht zuletzt an den hohen Mindestbedingungen der Verbündeten für einen Frieden im Westen gescheitert. Zu groß war die Kluft in vielen wichtigen Fragen wie der Zukunft Belgiens, Elsaß-Lothringens, Polens oder der deutschen Kolonien, von dem Gewicht des Deutschen Reichs im Nachkriegseuropa einmal abgesehen. Schon hier zeigte sich ein Problem, das den gesamten Ausgang des Krieges geprägt hat: Um die Unterstützung der breiteren Bevölkerung zu gewinnen, hatten die an diesem Krieg beteiligten Länder in einem zuvor nicht gekannten Ausmaß die Politik einem moralisierenden Denken unterworfen, das den Gegner als einen unmenschlichen Feind verteufelte. Entsprechend radikal und bitter fielen die späteren Schuldzuweisungen aus, entsprechend groß war aber auch der Erfolgsdruck der jeweiligen Führungseliten. Wo man höchsten Einsatz gebracht und größte Verluste in Kauf genommen hatte, da mußten nun auch die angemessenen, zumindest materiellen Erfolge erzielt werden. Dieser Zwang hat den verantwortlichen Politikern der Gegner Deutschlands bei der Festsetzung der Friedensbedingungen vielleicht engere Fesseln angelegt, als sie selbst gespürt haben mochten.

Der ehemalige Burengeneral Smuts ließ keinen Zweifel daran, daß England entschlossen war, die deutsche Gefahr ebenso konsequent zu bekämpfen wie einst die napoleonische. »No Peace with the Hohenzollern«, schrieb ähnlich die *New York Times* am 7. Oktober,[72] vier Tage nach dem deutschen Waffenstillstandsangebot, und Stimmen im US-Senat forderten die bedingungslose Kapitulation. Ähnlich fiel die Haltung gegenüber dem Verbündeten des Deutschen Reichs aus: Das Recht könne nicht mit dem Verbrechen verhandeln, kommentierte Ministerpräsident Georges Clemenceau die österreichische Friedensnote.[73] Gerade weil dieser Krieg schon so viele Opfer gefordert hatte, drohte der Verzicht auf Sieg für jede der kämpfenden Parteien einen innen- wie außenpolitischen Prestigeverlust zu bewirken. Zusätzlich haben die Differenzen im Lager der westlichen Verbündeten den diplomatischen Bemühungen der Mittelmächte enge Grenzen gezogen. Etwa die von Lloyd George geforderte Volksabstimmung in der elsaß-lothringischen Frage war für Frankreich völlig indiskutabel. Das Gezerre um das Schicksal der deutschen Flotte während der Waffenstillstands- und Friedensverhandlungen war, wie wir noch sehen werden, ein weiteres, vielleicht das deutlichste Zeichen für die komplizierten Interessengegensätze im Lager der Sieger.

Mit der dramatischen Verschlechterung der militärischen Lage im Jahre 1918 befand sich Ludendorff in einem Dilemma, aus dem er bis Kriegsende nicht mehr herauskommen sollte. Auch wenn er wußte, daß der Krieg verloren war, konnte er das nicht öffentlich zugeben, ohne zu riskieren, daß die Gegner die bedingunglose Kapitulation forderten. Weil der Krieg nicht mit einer totalen Niederlage beendet werden sollte, wurden wahrheitsgemäße Lagebeurteilungen zurückgehalten, um die Moral an der Front und in der Heimat aufrechtzuerhalten. Ludendorffs Dilemma überlebte sogar seine Entlassung am 26. Oktober 1918 und stellte noch die neue Regierung unter Prinz Maximilian von Baden im Oktober und November des gleichen Jahres vor fast unlösbare Probleme, zumal es niemanden gab, der das innenpolitisch zutiefst zerrissene Reich auf eine der zumindest denkbaren Alternativen, sei es Verhandlung, Kapitulation, Zermürbungskrieg oder *levèe en masse*, hätte einschwören können.

Die im engsten Führungskreis aus Oberster Heeresleitung, Reichskanzler, Staatssekretär des Äußeren, Kriegsminister und Kaiser ab Sommer 1918 diskutierten Friedensstrategien sollten unbedingt geheim bleiben. Als Staatssekretär von Kühlmann am 24. Juni vor dem Reichstag erklärte, daß bei der Größe dieses Koalitionskriegs eine rein militärische Entscheidung, also ohne diplomatische Verhandlungen, in absehbarer Zeit nicht zu erwarten sei, setzte Hindenburg beim Kaiser seine Ablösung durch, und Nachfolger wurde am 8. Juli Paul von Hintze, der als charakterisierter Konteradmiral a. D. 1911 in den diplomatischen Dienst übergetreten war. Noch auf dessen Mitte Juli gestellte Frage, ob die gegenwärtige Offensive bei Reims den eindeutigen Sieg bringen werde, antwortete Ludendorff mit einem »entschiedenen Ja«. Während Tirpitz bereits begann, seine Memoiren zu schreiben, blieben Kaiser und Oberkommando bis zum 8. August, dem »schwarzen Tag« dieses Krieges, zumindest offiziell, mehr oder weniger optimistisch. Da zwang der alliierte Überraschungsangriff mit Artillerie und Hunderten von Tanks östlich von Amiens die Deutschen zu einem viertägigen Rückzug bis auf das alte Schlachtfeld an der Somme. Am 15. September wurde die Note bekannt, in der Österreich-Ungarn um einen Separatfrieden ersuchte, nachdem Mitte August zwischen dem letzten Kaiser Österreich-Ungarns, Karl I., seinem Außenminister Stephan Graf Burián von Rajecz und der deutschen Führung keine Einigung über die Bedingungen eines gemeinsam anzustrebenden Waffenstillstands erzielt worden war. Ende September standen Bulgarien und die Türkei kurz vor dem Zusammenbruch. Mühsam bremsten die deutschen Stellungen im Westen noch die starken Offensiven der Gegner. Die demoralisierten und hungernden deutschen Truppen befanden sich kurz vor der Auflösung, ganze Truppenteile ergaben sich einzelnen Tanks, Deserteure und Simulanten füllten im Rahmen eines »verdeckten Militärstreiks« (Wilhelm Deist) schon seit dem Frühsommer die Etappe. Einen planmäßigen Rückzug aber lehnte die Oberste Heeresleitung nach wie vor ab. Sie fürchtete, daß im Falle eines Nachgebens das Reich in einen Abgrund aus Revolution und Verzweiflung gerissen werde.

Hoffnung auf Wilson

Am 28. September erklärte Ludendorff plötzlich vor dem Kaiser und dem Grafen Georg von Hertling, Reichskanzler von November 1917 bis Oktober 1918, daß der Krieg verloren sei. Der erschöpfte Hertling reichte noch am selben Abend sein Rücktrittsgesuch ein. Ludendorff forderte ein Waffenstillstandsersuchen an die Entente und zugleich »eine Umbildung der Regierung oder einen Ausbau auf breiterer Grundlage«.[74] So gelang es ihm, die Heeresleitung aus den »unglückseligen Verhandlungen« über den Waffenstillstand – so der württembergische General und spätere Reichswehrminister Wilhelm Groener – herauszuhalten. Diese von den obersten Repräsentanten des alten Reiches in seinen letzten Wochen mitgetragene »Revolution von oben«, die mit Zustimmung von Kanzler und Kaiser eingeleitete Parlamentarisierung des Reichs und Beendigung des Krieges, sollte der Demokratisierungsforderung der Amerikaner und dem Drängen der eigenen linken und liberalen Kräfte in Deutschland entgegenkommen. Dieser Versuch, durch Zugeständnisse an die innere und äußere Opposition sowohl die Monarchie zu erhalten als auch einen glimpflichen Frieden zu erwirken, hatte inmitten der allgemeinen Unsicherheit und Ratlosigkeit den »Vorzug relativer Schlüssigkeit«, urteilt der Historiker Klaus Schwabe: »Das Auswärtige Amt sorgte durch eine letzte Korrektur dafür, daß die kaiserliche Ordre, welche die ›Revolution von oben‹ ankündigte, nicht den Eindruck entstehen ließ, als ob der neuen Regierung die ›Verantwortung in schlimmer Lage‹ aufgebürdet werden sollte.«[75]

Gleichwohl war Ludendorffs Verhalten in den letzten drei Monaten dieses Krieges nach der entscheidenden Wende Anfang August von Panik geprägt; mit seinen sprunghaft wechselnden Forderungen zeigte er wenig Sinn für die Erfordernisse der Außenpolitik. Menschlich mag dies verständlich gewesen sein, die heraufziehende Katastrophe erzeugte bei vielen die absonderlichsten Phantasien. Die letzte Hoffnung meldet sich eben vor allem dann, wenn es keine mehr gibt. Den Generalquartiermeister mit seinen unbestrittenen militärischen Fähigkeiten nannte Generaloberst Hans von Beseler allerdings einen »Politiker von Beelzebubs Gnaden«. Die neue Regierung wurde so spät mit der wahren Lage konfrontiert, daß Ludendorff im gleichen Zuge jeden Handlungsspielraum zunichte machte. Die von ihm initiierte Dolchstoßlegende, das Gerücht, daß die Frontsoldaten den Krieg verloren hätten, weil sie von der Heimat im Stich gelassen worden seien, hat, insofern es den extremen Gegnern der Weimarer Republik ein starkes Argument lieferte, sehr viel Schaden angerichtet. Die Abwehr dieser Legende sollte allerdings nicht dazu führen, das Körnchen Wahrheit zu übergehen, das auch in ihr enthalten war. Denn natürlich haben die nach all dem Leid mehr als verständlichen Auflösungen der Etappe, der Disziplinverfall und die revolutionären Unruhen in der Heimat ihren Anteil an der Niederlage gehabt, wie andererseits die Oberste Heeresleitung mit ihrer starren Siegeszuversicht politische Auswege verbaut hat.

Das Waffenstillstandsersuchen wurde nicht von der Obersten Heeresleitung, sondern am 5. Oktober von der neuen, nunmehr liberal geprägten Regierung gestellt. In Resten war in diesem Waffenstillstandsersuchen jedenfalls noch die von Ludendorff im Sommer begrüßte Idee des Leiters der militärischen Abteilung des Auswärtigen Amtes, Oberst Hans von Haeften, wiederzuerkennen, mit einer von der Regierung inszenierten, volksfrontartigen Friedensbewegung die Gegner, vor allem Frankreich und Großbritannien, bis an den Rand des Bürgerkriegs zu demoralisieren und gleichzeitig den militärischen Kampf mit aller Härte fortzusetzen. Nun hatten viele den Eindruck, man habe sich ohne Not dem Willen der Sieger unterworfen, denn auch die neue Regierung konnte die verzweifelte militärische Lage noch nicht öffentlich zugeben, ohne die nicht eben starke Position bei den bevorstehenden Verhandlungen mit den Siegern noch mehr zu schwächen. Übermenschliche Aufgaben waren zu bewältigen: Millionen von Soldaten waren verwundet oder am Ende ihrer Kräfte, das Volk hungerte, Provinzen, wenn nicht das Reichsgebiet waren von Invasion und Bürgerkrieg bedroht, im Osten durch die bolschewistische Revolution und im Westen durch die herannahende alliierte Front. Zugleich mußten schnellstens innere Reformen auf den Weg gebracht und sollte mit den Siegern ein erträglicher Frieden, wenn nicht eine zukunftsweisende Nachkriegsordnung ausgehandelt werden. Da man zu dieser Zeit noch nicht wissen konnte, daß der Waffenstillstand auf eine Kapitulation hinauslaufen würde, schien es der Regierung geboten, den nötigen Handlungsspielraum mit einer militärischen Hinhaltetaktik zu sichern. Das aber, wie inzwischen sogar Ludendorff zugab, kostete weiterhin jeden Tag Tausende von Soldaten das Leben.

Der eilig herbeigerufene, politisch erfahrene Prinz Max, ein Vetter des Kaisers, hatte sich zunächst geweigert, sofort, nämlich gleich am ersten seiner nur 37 Regierungstage vom 3. Oktober bis zum 9. November, das Waffenstillstandsersuchen an die amerikanische Regierung zu richten, ein Schritt, der auf den Vorschlag des Hamburger Reeders und Freundes Wilhelms II. Albert Ballin zurückging, der am 9. November 1918 in Hamburg aus Verzweiflung über den Zusammenbruch des Reiches Selbstmord begehen sollte. Der neue Reichskanzler sah in jenem Schritt aber ein allzu durchschaubares und ob seiner Eile allzuviel Schwäche offenbarendes Manöver. Prinz Max, als Anhänger eines Verständigungsfriedens und Gegner der Annexionsbestrebungen der Obersten Heeresleitung bekannt, hatte sich erst an den Reichstag wenden und mit dem Angebot noch einige Tage warten wollen, um es dann nicht nur an die Amerikaner, sondern auch an die Entente zu richten – ein Vorhaben, das mit Sicherheit andere Friedensverhandlungen bewirkt hätte, wenn man bedenkt, wie die Entente auf die Überschätzung des amerikanischen Einflusses durch die deutsche Diplomatie in der Folgezeit reagiert hat. Der Vorschlag des Prinzen Max stieß aber auf die Ablehnung Hintzes, während jener eine Stärkung des gegnerischen Chauvinismus fürchtete, gegen die Präsident Wilson machtlos sein würde.

Außerdem zweifelte Wilson an dem ehrlichen Friedenswillen der deutschen Militärführung. Was war, fragte er, wenn diese seine Verhandlungen mit den Gegnern dazu nutzte, nach Art der Napoleonischen Kriege während der Waffenruhe neue Kräfte zu sammeln, um im Frühjahr die Kämpfe wieder aufzunehmen? Trotz der allgemeinen Not gab es immer noch viele Fürsprecher eines »letzten Aufgebots«, zu denen der Hamburger Bankier Max Warburg ebenso gehörte wie der spätere Reichsaußenminister Walther Rathenau, der die Note voreilig fand. Ludendorff bestätigte die Befürchtungen Wilsons: Als deutlich wurde, daß der Waffenstillstand auf eine Kapitulation hinauslaufen würde, erwog er wie die Flottenleitung eine Fortsetzung der Kämpfe, plötzlich hatte er wieder den Eindruck, auf die Katastrophe im August überreagiert zu haben, und hätte den Notenwechsel mit den Vereinigten Staaten am liebsten abgebrochen. Das war politisch völlig unvertretbar, und so gab Ludendorff dem Kanzler mit diesem Ansinnen das entscheidende Argument in die Hand, beim Kaiser am 26. Oktober die Entlassung des Generalquartiermeisters durchzusetzen.

Die Waffenstillstandspläne hatten sich schon zu weit herumgesprochen. In seiner Rede vor dem Reichstag kündigte Prinz Max am 5. Oktober umfangreiche Verfassungsreformen an, die noch im selben Monat per Reichsgesetz beschlossen wurden. So war der Reichskanzler fortan vom Vertrauen des Parlaments abhängig, und das preußische Dreiklassenwahlrecht wurde reformiert. Vor allem aber unterrichtete der Kanzler an diesem Tag den Reichstag offiziell über die Note an Wilson, die dem deutschen Volk »einen baldigen und ehrenhaften Frieden der Gerechtigkeit und Versöhnung« bringen sollte.[76] Die Bitte an den amerikanischen Präsidenten, »die Herstellung des Friedens in die Hand zu nehmen«,[77] wie es in der Note hieß, und Bevollmächtigte der kriegführenden Staaten zu Verhandlungen einzuladen, fand im Reichstag und bei den meisten Deutschen große Zustimmung – »Max reimt sich auf Pax!« –, von den notorischen Protesten der Alldeutschen einmal abgesehen. Der SPD-Vorsitzende und spätere Reichspräsident Friedrich Ebert sprach im Reichstag von einem »Wendepunkt der deutschen Geschichte«.[78] Wilson wurde im allgemeinen nicht als Feind angesehen, obwohl etwa der SPD-Politiker und Reichstagsabgeordnete Philipp Scheidemann es als besonders schmachvoll empfand, daß sich die Demokratisierung Deutschlands unter den »Peitschenhieben« eines seiner Gegner vollzog, den Ebert einen Imperialisten nannte. Zumindest wirkte es sich nachteilig für die Stabilität der Weimarer Republik aus, daß die inneren Reformen, auch jene, die das Reich ohne äußeren Druck eingeleitet hatte, in den Geruch der Nachgiebigkeit gegenüber den Siegern gerieten.

Wie Friedrich Ruge, von 1956 bis 1961 als Vizeadmiral der erste Inspekteur der Bundesmarine, der als junger Leutnant zur See mit seinem Torpedoboot in Scapa Flow interniert war, dürften sich dennoch viele von den Vierzehn Punkten angesprochen gefühlt haben. »Diese übten starken Einfluß auf die Stimmung bei uns aus«, schreibt Ruge, »denn sie schienen einen Frieden zu versprechen, der das Selbstbestimmungsrecht der Völker achtete.«[79] Ideell fanden sich aber nicht nur die Deutschen von den universalen Zielsetzungen der Amerikaner, von ihrer Erhabenheit über die europäischen Verwerfungen angezogen – den Engländern ging es ähnlich. Admiral Jellicoe schrieb im November 1917 an Beatty: »Sie [die U.S. Navy] ist mit Herz und Seele bei der Sache, unbeeinflußt von den nationalen Eifersüchteleien, ohne die die europäischen Nationen offenbar nicht leben können.«[80]

Die deutsche Note machte einen Umweg über die Schweiz, wurde am 5. Oktober von den Franzosen mitgelesen und entschlüsselt und der Regierung in Washington offiziell am 7. Oktober überreicht. Deutsche Kriegsanleihen konnte man nun zu jedem beliebigen Preis auf der

Straße kaufen, und die knappen Lebensmittelrationen wurden noch weiter reduziert. Die europäischen Siegermächte waren brüskiert von dem Junktim der deutschen Regierung zwischen Waffenstillstand und Friedensverhandlungen auf der Grundlage der Vierzehn Punkte. Aus ihrer Sicht erfuhren die militärischen Leistungen der USA plötzlich eine unerwartete und in diesem Ausmaß unverdiente symbolische Anerkennung und wurde die propagandistische Erklärung Wilsons allzusehr beim Wort genommen, nachdem sie doch ursprünglich vor allem für die Linke in der Welt als Kontrastprogramm zu Lenins Dekret für den Frieden gedacht war. Was für die Deutschen einen diplomatischen Erfolg bedeutete, drohte für die Verbündeten der USA zu einer Niederlage zu werden. Die Entente sah sich schon um ihren Sieg betrogen. Der britische Feldmarschall Sir Henry Wilson nannte das deutsche Ersuchen an die USA eine »ganz schöne Unverschämtheit«[81] und teilte seinen Ärger mit David Lloyd George, Premierminister von 1916 bis 1922, sowie weiteren führenden britischen Politikern und Militärs. Wie Marschall Foch waren sie der Meinung, man sollte mit den »Boches« nicht verhandeln, bevor sie hinter dem Rhein waren. Sidney Baron Sonnino, italienischer Außenminister von 1914 bis 1919, ließ den amerikanischen Botschafter wissen, daß er nichts dagegen habe, wenn Wilson das deutsche Ersuchen zurückweise. England und Frankreich fanden, die Autorität, die sich Wilson anmaße, um über das Ende dieses Krieges zu bestimmen, stünde nicht im Verhältnis zu den Kriegsanstrengungen der Amerikaner. Außerdem hatte die Entente das amerikanische Friedensprogramm gar nicht anerkannt, auch wenn Lloyd George gelegentlich die weitreichendsten Zugeständnisse in dieser Richtung verlauten ließ. Schlimmer noch, die Vierzehn Punkte widersprachen jenen geheimen Verträgen, in denen die Alliierten ihre eigene Kriegszielpolitik geregelt hatten.

Nachdem die russische Revolution von der deutschen Kriegführung als Waffe gegen das Zarenreich eingesetzt worden war, schien für kurze Zeit der Expansionsdrang der Bolschewiki der Trumpf bei den deutschen Friedensbemühungen zu werden. Denn mit seinem Waffenstillstandsangebot, das im Grunde ein Vorgriff auf die weltpolitische Konstellation in der Zeit des Kalten Krieges gewesen ist, baute das Deutsche Reich auf die Furcht der Amerikaner vor der Gefahr aus dem Osten und meldete sein Interesse an der Stabilität der künftigen Weltordnung an.

Wilson wiederum mußte die an Berlin gerichtete Demokratisierungsforderung immer wieder gegen die Revolutionsgefahr abwägen, denn sowjetische Verhältnisse in Deutschland waren das letzte, was die Amerikaner anstrebten. Ein europäischer Kräfteausgleich wie zu Metternichs Zeiten – wenn die westlichen Verbündeten sich darauf einließen, konnte damit die Vernichtung deutscher Großmacht vielleicht doch noch abgewendet werden. Aber die Vereinigten Staaten, nicht willens, sich über die Interessen ihrer europäischen Verbündeten konsequent hinwegzusetzen, machten auf dem halben Weg kehrt. Die Entente setzte ihre eigenen Waffenstillstandsbedingungen nahezu ungehindert durch und wurde dabei paradoxerweise durch den ethischen Rigorismus aus Übersee noch ermutigt.

Die landmilitärische Entlastung, die die Engländer durch die Amerikaner erfahren hatten, sollte nach dem Krieg ihren Einfluß bei den Friedensverhandlungen dennoch begrenzen. Die unumgänglichen Rücksichten, die beispielsweise statt der Auslieferung der deutschen Flotte offiziell nur ihre Internierung gestatteten, sind Ausdruck der außenpolitischen Schwäche Großbritanniens. Die vollständige und bedingungslose Auslieferung der deutschen U-Boot-Flotte hat Großbritannien wegen der Gefährlichkeit dieser Waffe bei seinen Verbündeten durchsetzen können, nicht aber die der Überwasserschiffe. Wäre das Empire im uneingeschränkten Besitz seiner Kräfte gewesen, wäre es der deutschen Hochseeflotte aber nicht anders ergangen. Ob sich die Hochseeflotte dazu bereit gefunden und welche Folgen eine Weigerung oder vorzeitige Selbstversenkung gehabt hätte, ist allerdings eine andere Frage.

Eine der ersten Reaktionen der Alliierten bestand darin, auf ein baldiges Ende des U-Boot-Krieges gegen die Handelsschiffahrt zu drängen. Nachdem die deutsche Seekriegsleitung der von Hintze angestoßenen deutschen Friedenspolitik von Anfang an völlig ablehnend gegenübergestanden hatte, forderte sie nun, das Ende des U-Boot-Krieges mit dem Recht auf Lebensmittelimporte zu koppeln. Bei den Waffenstillstandsverhandlungen in Compiègne brachten die Deutschen denn auch mehrfach die Lebensmittelfrage vor, und Marschall Foch stellte ganz zum Schluß der Verhandlungen, am 10. November 1918, ein Ende der Blockade in Aussicht. Die Lebensmittelfrage war für das Deutsche Reich am Ende des Ersten Weltkriegs wichtiger als die Flottenfrage.

Waffenstillstand

Die Hoffnung der Deutschen auf einen milden, durch die Vereinigten Staaten vermittelten Frieden wich bald einer großen Enttäuschung. Diese erwies sich als eines der Hindernisse für die allgemeine Anerkennung der jungen Weimarer Republik – war es doch die amerikanische Forderung nach der Abdankung des Kaisers gewesen, welche zu ihrer Geburt wesentlich beigetragen hatte. Den Grund für die enttäuschende Politik der Amerikaner konnte man damals in Deutschland nur ahnen, da über die Vorbereitung des Waffenstillstands kaum etwas bekannt wurde. Nachdem die gegnerischen Mächte in den vergangenen vier Jahren einander möglichst hohe Leistungen abverlangt hatten, wollte bei den Waffenstillstandsverhandlungen jeder seinen eigenen Kriegsbeitrag ins beste Licht rücken. In diesem verständlichen Bestreben, zumal nach den hohen Opfern, die jede Nation gebracht hatte, machten auch die Vereinigten Staaten, trotz ihrer gegenteiligen Propaganda, eine unabhängige Vermittlerposition einnehmen zu wollen, keine Ausnahme. Auch wenn dies nicht ihr Vorsatz gewesen ist, erleichterten die Vertreter eines Friedens »der Gerechtigkeit und Versöhnung« – wie man in Deutschland sagte – Maßnahmen, die sie doch gerade bekämpften: das künftige Friedensdiktat und den Ausschluß des Deutschen Reiches von den Pariser Gesprächen.

Zu der komplizierten Vorgeschichte dieses Waffenstillstands gehört auf der einen Seite der deutsch-amerikanische Notenwechsel im Oktober und November 1918, der sich an das deutsche Ersuchen um Waffenstillstand vom 5. Oktober 1918 anschloß. Auf der anderen Seite fanden in Paris Gespräche im Kreis der Siegermächte statt, die von jenen deutsch-amerikanischen Kontakten so gut wie unbeeinflußt blieben. Während die Regierung in Berlin darauf wartete, daß der amerikanische Präsident die eigentlichen Waffenstillstandsgespräche einleitete, wurde in Paris längst der den deutschen Unterhändlern im Wald bei Compiègne später zur Unterzeichnung vorgelegte Waffenstillstandsvertrag entworfen. Die Härten dieses Abkommens, das viele Bestimmungen des Friedensvertrags bereits vorwegnahm, stehen in einem auffallenden Kontrast zum Ende dieses Krieges. Von einem Sieg nach der herkömmlichen Vorstellung, daß dazu die Eroberung gegnerischen Territoriums, zumindest der entscheidenden strategischen, politischen und wirtschaftlichen Zentren gehöre, konnte im Herbst 1918 nicht die Rede sein. Das Hoheitsgebiet des Deutschen Reiches war, sehr im Gegensatz zur Situation im Mai 1945, von militärischen Kämpfen fast unberührt geblieben. Die deutsche Flotte, noch immer die zweitgrößte der Welt, war voll einsatzfähig. Die allseitige Erschöpfung, mit Ausnahme der unverbrauchten Amerikaner, hatte dazu geführt, daß schließlich der Schwächste unter den Geschwächten zurückwich und den Krieg verlor. Das deutsche Heer war sicher nicht »im Felde unbesiegt«, wie viele glaubten. Aber eine Entscheidung über Sieg oder Niederlage, die eher dem Ausgang eines duellartig geführten Krieges glich als dem, was manche sich unter dem Ende eines »totalen Krieges« vorstellten, hinterließ offenbar nicht nur auf deutscher Seite, wie wir noch sehen werden, ein Gefühl des Ungenügens.

Der deutsche Rückzug allerdings, angesichts gegnerischer Siege an allen Fronten, war unaufhaltsam und hätte ohne den Waffenstillstand nach kurzer Zeit die Besetzung deutscher Gebiete, vermutlich noch im Herbst 1918, zur Folge gehabt. Nicht das Patt in der Nordsee, sondern die am Ende aussichtslose Lage im Landkrieg war die materielle Basis für die weitreichenden Forderungen der Siegermächte. Wie vieles andere blieb auch das endgültige Schicksal der deutschen Hochseeflotte zwar offiziell den Friedensverhandlungen vorbehalten, war aber bereits entschieden, als am 11. November 1918 der Waffenstillstandsvertrag mit dem Deutschen Reich unterschrieben wurde.

»Die Marine braucht keinen Waffenstillstand«

An der Vorgeschichte dieses Dokuments, besonders am Zustandekommen der Bedingungen für die Marine, zeigt sich, wie die Alliierten das deutsche Junktim aus Waffenstillstand und amerikanischem Friedensprogramm umgangen haben. Ihr Ziel war es, Deutschland eine klare militärische Niederlage beizubringen und die verbliebenen Reste deutscher Kampfkraft mit dem Beginn des Waffenstillstands aus dem Weg zu räumen. Zu diesem Zweck mußten bei den Pariser Vorgesprächen, die ohne deutsche Vertreter stattfanden, »nur« die Interessen der Siegermächte aufeinander abgestimmt werden, was im Vergleich zu den späteren Friedensverhandlungen recht schnell ging. Trotzdem war es ein schwieriger Kampf: Nicht nur die Kriegsziele der jeweiligen Länder waren miteinander in Einklang zu bringen. Forderungen der Militärs stießen auf Rücksichten der Politiker, denn die Regierungschefs behielten sich die Endredaktion der den Deutschen vorzulegenden Waffenstillstandsbedingungen vor. Außerdem stand der Stolz der siegreichen Heerführer gegen die Enttäuschungen der Admirale. Und selbst da, wo man sich über das wichtigste Ziel einig war: die Kriegshandlungen zu beenden, mußte vorab die Frage beantwortet werden, wie das zu erreichen sei. Sollte man etwa dem Deutschen Reich, wie Admiral Beatty forderte, seine Flotte nehmen, um eine dauerhafte Bedrohung zu beseitigen, oder riskierte man gerade mit einer solchen Maßnahme nur einen sinnlosen Fortgang des Krieges? Einen fünften Kriegswinter wollte kaum jemand mehr auf sich nehmen. Von den zu erwartenden Opfern einmal abgesehen, waren neuerliche Unruhen im französischen Heer und auf der Grand Fleet zu erwarten, für die es bereits wieder deutliche Anzeichen gab.

Die Gespräche waren ein Wettlauf mit der Zeit. England und Frankreich fürchteten, der politische Einfluß der Vereinigten Staaten würde immer weiter zunehmen, je länger ihr Kriegsengagement in Europa dauerte. Schon jetzt konnten sie die Amerikaner nicht mehr vor den Kopf stoßen und mußten, trotz aller Vorbehalte gegen die Vierzehn Punkte, die Vermittlung durch Wilson hinnehmen. Und das, obwohl dieser nach dem deutschen Angebot nicht einmal seine Verbündeten konsultierte. Umgekehrt befürchtete der Präsident, daß eine Fortdauer des Krieges die Macht der Entente, nicht aber die der USA stärken würde. Je länger der Krieg ging, desto bedingungsloser wurde die Niederlage der Mittelmächte und desto entbehrlicher, so schien es ihm, würde die Waffenhilfe aus Übersee werden. Andererseits beunruhigte ihn der Gedanke, das überraschend vorbehaltlose Angebot aus Berlin könne eine Finte sein und den Deutschen sei es mit ihrem Friedenswillen nicht ernst. Schon die seit Februar 1918 unternommenen inoffiziellen Friedenssondierungen deutscher Mittelsmänner bei der amerikanischen Regierung hatten deshalb keinen Erfolg gehabt, weil Wilson einem militärisch nicht eindeutig unterlegenen Deutschland mißtraute und sich darin durch den deutschen Diktatfrieden über Sowjetrußland von Brest-Litowsk vom 3. März 1918 bestätigt sah. Aus diesem Grund verlangte der Präsident Maßnahmen, die die Deutschen daran hinderten, die Kämpfe wieder aufzunehmen.

Das kam seinen Verbündeten entgegen. Ihre Ziele beschrieb die Londoner *Times* am 6. Oktober 1918 mit Worten, die geradezu die spätere dritte Note des amerikanischen Präsidenten paraphrasierten: Man habe beschlossen, »daß es keinen Frieden geben soll, bevor Deutschland sich vollständig ergeben und Bedingungen unterworfen hat, die ihm nicht nur den Willen, sondern auch die Kraft nehmen, sie zu brechen«.[1] Das ist der Grundgedanke, der auch über das weitere Schicksal der deutschen Flotte entscheidet. Ein Waffenstillstand ist aber keine Kapitulation, noch weniger ein Waffenstillstand, der auf der Grundlage von Friedensverhandlungen im Sinne der Vierzehn Punkte angeboten wird. Die Einstellung der Kampfhandlungen ermöglicht normalerweise die Anbahnung von Friedensverhandlungen, um zu klären, unter welchen Bedingungen der Krieg beendet werden soll. Unter einer Kapitulation dagegen versteht man die *bedingungslose* Übergabe von Territorien oder Ergebung von Truppenteilen. In Sachen deutsche Hochseeflotte wurde das Problem bei den Pariser Vorgesprächen im Oktober und November 1918 dadurch gelöst, daß die Siegermächte einschließlich der Vereinigten Staaten sich darauf einigten, Bedingungen festzulegen, die Deutschland an der Wiederaufnahme der Kampfhandlungen hindern würden, ohne formell auf eine Kapitulation hinauszulaufen.

Nachdem die Regierung Max von Baden die Note am 5. Oktober an den amerikanischen Präsidenten abgeschickt hatte, wartete man in Berlin fieberhaft, ja beinahe ängstlich auf die Antwort. Die *Vossische Zeitung* berichtete am 7. Oktober, daß in England und Frankreich die Ehrlichkeit des deutschen Friedenswillens bezweifelt werde, und Befürchtungen wurden laut, Wilsons Antwort könne so ehrenrührig sein, daß man gezwungen werde, bis zum bitteren Ende weiterzukämpfen. Auch die Alliierten waren verunsichert, weil sie nicht wußten, ob der amerikanische Präsident beabsichtigte, sie überhaupt in die Friedensverhandlungen mit einzubeziehen, nachdem schon die Deutschen sich nicht an sie gewandt hatten: Mißtrauisch gegenüber Wilson, beauftragte

Clemenceau am 5. Oktober Marschall Foch mit dem Entwurf von eigenen Waffenstillstandsbedingungen. Sie bezogen sich ausschließlich auf den Landkrieg; Räumungen und Reparationen dienten vornehmlich französischen Interessen, Bedingungen für die Marine waren darin nicht enthalten. Im übrigen kündigte Foch vorsichtshalber Clemenceau seinen Rücktritt an, für den Fall, daß die Regierung sich auf das Wilsonsche Friedensprogramm einlassen sollte. Am 5. und 6. Oktober trafen sich die drei Regierungschefs Frankreichs, Großbritanniens und Italiens in Paris zu Beratungen über die Lage auf dem Balkan und beschlossen bei dieser Gelegenheit ebenfalls eigene Richtlinien für den Waffenstillstand, ohne den amerikanischen Vertreter beim Obersten Kriegsrat, General Tusker H. Bliss, hinzuzuziehen. Dieser Katalog sah Räumungen aller besetzten Gebiete in Ost und West vor, Rückzug der Deutschen bis hinter den Rhein, sofortige Einstellung des U-Boot-Kriegs und Aufrechterhaltung der Blockade.

Am nächsten Tag trat erstmals die von Ludendorff ernannte Waffenstillstandskommission zusammen. Den Mitgliedern war klar, daß die Alliierten gewisse Garantien verlangen würden, und beschlossen, die Räumung besetzter Gebiete anzubieten, allerdings nur im Westen und in bescheidenerem Umfang, als es der Entwurf der Alliierten vorsah. Ferner gingen sie davon aus, daß der U-Boot-Krieg beendet werden müsse, wollten aber dafür Handelserleichterungen fordern, und schließlich planten sie Vorkehrungen, um sowohl den U-Boot-Krieg als auch die Kämpfe zu Lande jederzeit wiederaufnehmen zu können. Führende Seeoffiziere waren bei Ludendorffs Erklärung zur aussichtslosen Kriegslage vom 29. September nicht zugegen gewesen; wie die meisten Deutschen waren sie von den unerwarteten Enthüllungen überrascht und schockiert, und einige fanden die Stimmung bei der Obersten Heeresleitung sogar ausgesprochen überängstlich. Ludendorff und der Kaiser wiederum sahen in den Unterseebooten eine Trumpfkarte für die bevorstehenden Verhandlungen, die man noch brauchen würde, falls es zu keinem Ergebnis käme. Hintze hatte Scheer am 1. Oktober bei einem Gespräch in Berlin mit der Notwendigkeit konfrontiert, den U-Boot-Krieg für die Dauer der Waffenstillstandsverhandlungen einzustellen. Gleichzeitig erreichte Scheer die ernste Lagebeurteilung des Chefs der Operationsabteilung der Obersten Heeresleitung, Oberst Wilhelm Heye. Diese Meldung läßt die Meinungsverschiedenheiten innerhalb der OHL erahnen. Die Nachricht, daß der Krieg verloren war, kommentierte Heye so: »Es handelt sich nicht um eine Panik, sondern um eine Erkenntnis, zu deren Ausspruch man sich nicht rechtzeitig entschließen konnte.«[2] Scheer war mit der Einstellung des U-Boot-Krieges prinzipiell einverstanden, wollte dafür aber eine teilweise Aufhebung der Blockade einhandeln, namentlich die Erlaubnis, Nahrungsmittel und Rohstoffe einführen zu dürfen. Gegenüber dem Kaiser, Ludendorff und dem neuen Reichskanzler Prinz Max sagte er allerdings auch, daß mit dem Ende des U-Boot-Krieges die Hochseeflotte ihre volle operative Freiheit zurückerlange. Nur so ist überhaupt zu erklären, daß sich Scheer in einer Zeit, da die erst am 11. August 1918 geschaffene Seekriegsleitung, die oberste Kommandobehörde, gerade begann, das Ansehen der Marine wieder zu heben, ernsthaft auf den Gedanken einer Einstellung des U-Boot-Krieges bei allem Hin und Her in dieser Frage einließ. Gerade er wollte sich die Schlagkraft dieser Waffe eigentlich durch keine politischen oder taktischen Einschränkungen verwässern lassen. Die Marineführung wollte weiterkämpfen. Kapitän zur See William Michaelis, der neue Direktor des Allgemeinen Marinedepartements, fand das Hasardspiel einer entscheidenden Offensive unbedeutend, verglichen mit der allgemeinen Katastrophe, die dem Vaterland bevorstand.[3] Scheer und Ludendorff konnten sich am 6. Oktober darauf verständigen, daß vielmehr eine Waffenruhe als ein Waffenstillstand anzustreben sei, und wie man aus einer Aufzeichnung des Korvettenkapitäns Ernst Freiherr von Weizsäcker – Verbindungsoffizier der Seekriegsleitung bei der Obersten Heeresleitung – weiß, hat die Seekriegsleitung bis zu den Verhandlungen um die Beantwortung der zweiten Wilson-Note vom 14. Oktober an ihrer optimistischen Sicht festgehalten.[4]

Der »passive Sieg« der Royal Navy

Während die deutsche Marineführung sich sträubte, die Konsequenzen aus einer Niederlage zu tragen, für die sie sich nicht verantwortlich fühlte, fiel auf die Royal Navy der Abglanz eines Sieges, der nicht der ihre war. Die britischen Admirale waren genötigt, ihr Licht unter den Scheffel der Heereserfolge zu stellen und zugleich die Eigenständigkeit ihrer Kriegsleistungen zu betonen. Zudem konnte die Empörung über den U-Boot-Krieg nicht darüber hinwegtäuschen, daß die Royal Navy sich nicht aus eigener Kraft gegen diese für das Empire existentielle Bedrohung hatte wehren können. Die Aussicht, die Enttäuschungen und Zweideutigkeiten des Seekriegs doch noch in einen eindeutigen Sieg zu verwandeln, schienen den kosmetischen Versuch wert zu sein, mit harten Waffenstillstandsbedingungen für die deutsche Marine nachträglich Überlegenheit zu demonstrieren.

Admiral Beatty war das zuwenig. Er wollte wie viele seiner Kameraden nicht verhandeln, sondern siegen. Als er sich damit bei den Politikern aber nicht durchsetzen konnte, mußten die »Früchte« anders geerntet werden, wenn es denn nach diesem Krieg keine europäische »fleet in being« mehr geben sollte, die die britische Seeherrschaft würde bedrohen können. Als Beatty sich schließlich damit abfand, daß kein Weg am Waffenstillstand vorbeiführte, drohte auch schon eine neue Gefahr: Berechtigterweise, wie sich später zeigen sollte, fürchtete Beatty, daß die künftigen Friedensverhandlungen von Reibungen zwischen den Verbündeten belastet werden könnten, in deren Folge die Engländer gezwungen wären, Abstriche bei ihren eigenen Forderungen zu machen. Dagegen stand das Bedürfnis der Admiralität, durch den Waffenstillstandsvertrag die nationalen Bedürfnisse zu befriedigen, indem die Kriegsleistungen der Royal Navy besonders hervorgehoben wurden. Wenn man sich schon auf einen Waffenstillstand einlassen mußte, dann sollten die Deutschen wenigstens ihre Flotte ausliefern – oder sich weigern und kämpfen.

Aber die Regierung unter Lloyd George hatte andere Sorgen. Es gab kaum noch Ersatz für die Armee, Kohlen wurden immer knapper, die fortwährende irische Frage sowie die Spanische Grippe schufen zusätzliche Probleme. Die Epidemie hatten junge amerikanische Soldaten nach Europa gebracht. Sie forderte auf der ganzen Welt zwischen 20 und 40 Millionen Opfer, bis sie im Lauf des Jahres 1919 ebenso plötzlich verschwand, wie sie 1917 in den USA aufgetaucht war. An einem einzigen Tag, dem 15. Oktober, zählte man allein in Berlin 1700 Opfer, und in Großbritannien hat es zwischen Mitte Oktober und Anfang November 1918 wöchentlich 7000 Tote gegeben. Außerdem griffen Streiks um sich, und so war der Premierminister nicht bereit, eine Verzögerung des Waffenstillstands durch allzu harte Bedingungen zu riskieren.

Zwar hatten sich Lloyd George und Beatty darauf geeinigt, daß die Waffenstillstandsbedingungen, die die Kaiserliche Marine betrafen, »so weit wie möglich« den voraussichtlich moderateren Friedensbedingungen entsprechen sollten, aber die Verhandlungsbereitschaft des Premierministers gegenüber den Verbündeten sollte selbst diese von der Admiralität zähneknirschend akzeptierte Maßgabe gefährden. Admiral Wemyss nahm sich vor, zwischen beiden Parteien zu vermitteln, als er am 6. Oktober um drei Uhr morgens von Admiral Hope telefonisch gebeten wurde, seine Vorstellungen eines Waffenstillstands zu entwerfen. Bis zum Oktober 1918 hatte sich die britische Admiralität keine Gedanken über einen Waffenstillstand gemacht, weil er für sie in der Erwartung eines eindeutigen Siegs ja nicht in Frage kam. In einem Memorandum an das Foreign Office erklärte sie im April 1918, der Nutzen überlegener Seemacht bestehe gerade darin, auf den Gegner unermüdlich Druck auszuüben. Selbst ein kurzfristiges Nachgeben würde allein den Mittelmächten zugute kommen, so das Argument, um so mehr ein Waffenstillstand. Wenn dieser aufgrund der öffentlichen Meinung eines Tages nicht zu vermeiden sei, solle wenigstens der Seekrieg ausgenommen bleiben. Wie ähnlich die Haltung der deutschen Marineführung! Nun, ein halbes Jahr später, hatte sich daran nicht viel geändert. In der Royal Navy, bei den Mannschaften wie bei den Offizieren, herrschte eine Verbitterung, die der Erste Seelord als ein »Gefühl der Unvollkommenheit«[5] beschrieb, denn ihrem Sieg, der für größer gehalten wurde als der bei Trafalgar errungene, fehlte der sichtbare Beweis der entscheidenden Seeschlacht. Dieses Defizit war dann doch mehr als eine Frage der persönlichen Eitelkeit Admiral Beattys, denn es erwies sich, wie der geplante Flottenvorstoß auf der anderen Seite der Nordsee, als eine »Ehren- und Existenzfrage« für die ganze britische Marine. Dabei beruhte dieses Denken auf einer grandiosen Überschätzung von Nelsons Sieg, der erst ein vollständiger geworden war, als Napoleon den Kampf zur See ein viertes Mal nicht wieder hatte aufnehmen können. Sollten die englischen Admirale im Jahre 1918 daran nicht gedacht haben? Vielleicht lag die Sache ja ganz anders: Angenommen, die Lords der Admiralität haben sehr wohl daran gedacht, und das Kriegsende hat sie nur allzu deutlich an diese Tatsache erinnert, daß sie schon zu Beginn des 19. Jahrhunderts die Wende nicht allein herbeigeführt hatten. Dann könnte sie das Kriegsende von 1918 vielleicht unbewußt dazu veranlaßt haben, den Mythos der Royal Navy um so energischer wiederzubeleben – und sei es nur aus Gründen der Selbsterhaltung.

Wenn also schon der Waffenstillstand nicht zu vermeiden war, dann sollte dieser selbst den Triumph herbeiführen, der aller Welt die Überlegenheit der britischen Flotte beweisen und es ihr erlauben würde, aus dem Schatten des Landkriegs herauszutreten. Vielleicht ahnten die Verantwortlichen zugleich den grundsätzlich anderen Charakter dieses Kriegsendes, verglichen mit den Auswirkungen der Napoleonischen Kriege. Denn wie der Generalfeldmarschall Graf Neidhardt von Gneisenau einst so treffend sagte, hatte Großbritannien »keinem Sterblichen gegenüber mehr Verpflichtungen als gerade diesem Bösewicht [d. h. Napoleon] gegenüber, denn durch die Begebenheiten, die er herbeigeführt, ist Englands Größe, Wohlstand und Reichtum so hoch gesteigert worden«.[6] Hundert Jahre später hat die Seemacht Großbritannien dagegen einen Pyrrhussieg errungen, der ihren Niedergang beschleunigt. Ob dem Empire dieser Niedergang erspart geblieben wäre, wenn es sich dem Krieg enthalten hätte, ist jedoch angesichts der umfassenden weltgeschichtlichen Umwälzungen seit der Mitte des 19. Jahrhunderts, wie wir sie zu Beginn des Seekriegskapitels angesprochen haben, mehr als fraglich.

Die Vorbehalte gegen einen Waffenstillstand wurden im Oktober 1918 von der Royal Navy nicht aufgegeben, sondern lediglich modifiziert. Sie drängte darauf, den Waffenstillstand ganz im Stil einer Kapitulation auf den Weg zu bringen. Admiral Sir Sidney Fremantle forderte die *Auslieferung* aller deutschen Kriegsschiffe, weil sich der Gegner mit Ausnahme der Skagerrakschlacht dem Kampf nicht gestellt habe. Flottenadmiral Lord Keyes, wie Fremantle später einer der Chefs des Wachgeschwaders in Scapa Flow, plädierte am 13. Oktober für Waffenstillstandsbedingungen, die den Feind provozieren würden, zu Wasser und zu Land gegen sie anzukämpfen. Andere Mitglieder des Board der Admiralität dachten ernsthaft darüber nach, Kiel und den Kaiser-Wilhelm-Kanal zu besetzen sowie die Auslieferung der *gesamten* deutschen Flotte zu fordern.

Nur Admiral Wemyss, in diesem Kreis offenbar die einzige Stimme für einen moderaten Waffenstillstand, fand wie viele andere in Europa die Aussicht auf einen fünften Kriegswinter wenig verlockend und versuchte, die Kampflust seiner Kameraden im Zaum zu halten. Ihn beunruhigten Berichte über die tiefgreifenden, explosiven Unzufriedenheiten der Mannschaften und der Offiziere, die sich seit 1917 an der miserablen Bezahlung und an restriktiven Urlaubsregelungen entzündeten und kurz davor waren, in einen offenen Streik zu münden. Die Bekanntschaft mit den hochbezahlten amerikanischen und australischen Seeleuten hatte die Stimmung zusätzlich angeheizt, denn der Sold der Engländer, kaum höher als in der Mitte des 19. Jahrhunderts, war hinter den zivilen Arbeitslöhnen weit zurückgeblieben, deren regelmäßige Erhöhung zu entsprechenden Preissteigerungen geführt hatte. Dieses Problem sollte erst 1919 in Angriff genommen werden; unter anderem war es ganz offensichtlich der überspringende Revolutionseifer des deutschen Internierungsverbands in Scapa Flow, der die Admiralität veranlaßte, den Sold der eigenen Mannschaften kurzerhand zu verdoppeln.

Die Alliierten wappnen sich

Am 8. Oktober kamen die in Versailles weilenden Heeres- und Marinerepräsentanten der Alliierten zusammen. Sie sahen die Aufgabe des Waffenstillstands in der »Entwaffnung des Feindes unter der Kontrolle der Alliierten«,[7] griffen die Beschlüsse ihrer Regierungschefs vom 6. Oktober auf und empfahlen, 60 deutsche U-Boote sofort für die Dauer des Waffenstillstands in alliierten Häfen zu internieren sowie die feindlichen Überwasserschiffe in deutschen Häfen unter Arrest zu stellen, die die Alliierten auswählen und beaufsichtigen würden. Helgoland sollte an Großbritannien abgetreten werden. Von einer Internierung der Überwasserschiffe oder endgültigen Auslieferung der Flotte war zu diesem Zeitpunkt noch nicht die Rede. Daß Admiral Hope, Unterhändler der britischen Admiralität in Frankreich, diese noch recht gemäßigten Vorschläge mittrug, lag allein daran, daß seine eigenen Kollegen in London sich zu dieser Frage offiziell noch nicht geäußert hatten. Der amerikanische General Bliss übermittelte das Dokument sofort nach Washington. Obwohl ihn die Alliierten darum baten und er mit den gefaßten Beschlüssen prinzipiell einverstanden war, unterschrieb er es aber nicht, weil er keine Instruktionen seiner Regierung besaß. Die Alliierten konnten trotzdem zufrieden sein: Sie hatten auf diese Weise Washington demonstriert, daß sie sich ihre eigenen Gedanken in dieser Frage machten, und waren andererseits für den Fall gewappnet, daß die Deutschen auch ihnen ein Waffenstillstandsersuchen zukommen ließen. Wie sich doch Oberst House in diesen Tagen irrte, als er seinen Präsidenten bat, ihn möglichst schnell nach Paris zu schikken, um die Alliierten in die Pflicht zu nehmen – damit sie nicht in die Versuchung kämen, die ganze Last der Friedenspolitik auf den Schultern des amerikanischen Präsidenten abzuladen.

Eher war das Gegenteil der Fall, und dazu trug Wilsons erste Antwortnote an das Deutsche Reich vom 8. Oktober bei, welche die Sache zunächst in die Länge zog. Zwar nannte Außenminister Robert Lansing darin die Räumung besetzter Gebiete als Vorbedingung eines Waffenstillstands und bezweifelte darüber hinaus die demokratische Legitimation der neuen deutschen Regierung. Die Alliierten aber nahmen diese Note zum Anlaß, sich nun ihrerseits offiziell an Wilson zu wenden, so demütigend das auch sein mochte. Zu groß wurde die Gefahr, daß das Deutsche Reich und die Vereinigten Staaten ein Abkommen trafen, in dem die Forderungen der Alliierten zu kurz kamen. Die Regierungschefs Frankreichs, Englands und Italiens bezeichneten die Räumung besetzter Gebiete als völlig ungenügende Garantie, verlangten die Beteiligung ihrer Militärs an den Vorbereitungen des Waffenstillstands und zu diesem Zweck die Entsendung eines amerikanischen Vertreters nach Paris. Am schärfsten formulierten die Briten ihre Vorbehalte gegen einen deutsch-amerikanischen Alleingang am 13. Oktober. An diesem Tag einigte man sich darauf, dem amerikanischen Präsidenten mitzuteilen, daß die Vierzehn Punkte keine Basis für einen Waffenstillstand mit dem Deutschen Reich seien, und die Presse ließen sie wissen, »daß Wilson eigenmächtig handelt, daß der Krieg *nicht* vorbei ist, daß die 14 Punkte *keinen* Waffenstillstand bedeuten und daß ein Waffenstillstand *kein* Frieden ist«. – »Es war ein sehr interessanter Nachmittag«, urteilte der britische Feldmarschall Sir Henry Wilson über die betreffende Sitzung, an der außer ihm Lloyd George, Arthur James Balfour, Bonar Law, Milner, Churchill, Lord Reading und Admiral Wemyss teilgenommen hatten.[8] Gegen Wilsons Politik regten sich zum wiederholten Male auch inneramerikanische Proteste. Der frühere Präsident Theodore Roosevelt verwarf die »sogenannten 14 Punkte« als reine Rhetorik und forderte die bedingungslose Kapitulation Deutschlands. Der republikanische Senator Poindexter sah in dem vom Präsidenten angestrebten Waffenstillstand gar einen »deutschen Sieg«.[9]

In Berlin einigten sich Prinz Max und General Ludendorff darauf, Wilsons erste Note in positivem Sinne zu beantworten. Sie beschlossen den Rückzug bis auf die deutschen Grenzen, verständigten sich in ihrer Beratung am 9. Oktober aber auch darauf, alle Forderungen abzulehnen, die eine Wiederaufnahme der Kampfhandlungen unmöglich machten. Das war das gerade Gegenteil des kleinsten gemeinsamen Nenners der Alliierten und ihres amerikanischen Verbündeten, die genau solche Forderungen planten! Während die SPD-Zeitung *Vorwärts* die Ansicht äußerte, nach vier Jahren Krieg könne man keinen schnellen Frieden erwarten,[10] forderten andere den Abbruch der Verhandlungen. Walther Rathenau sah schon allein durch die Räumung besetzter Gebiete den Kapitulationsforderungen der Alliierten Tür und Tor geöffnet. Auch führende Reichstagsabgeordnete – wie Kuno Graf von Westarp von den Konservativen und Gustav Stresemann von den Nationalliberalen – verlangten den Abbruch der Friedenspolitik. Hindenburg, immerhin, drängte darauf, die USA ihrerseits auf die Vierzehn Punkte zu verpflichten, um weiterreichende Forderungen der Alliierten zu verhindern.

Über die prinzipiell entgegenkommende deutsche Antwort legte sich allerdings der Schatten eines neuen U-Boot-Angriffs, jener Offensivwaffe, die längst zum roten Tuch der öffentlichen Meinung in England und in den USA geworden war. Ein siebenundzwanzigjähriger U-Boot-Kommandant versenkte mit seinem Boot *UB 123*, das kurz darauf in der Nähe der Orkneyinseln der britischen Minensperre zum Opfer fiel, am 10. Oktober 1918 ohne Vorwarnung den bewaffneten britischen Dampfer *Leinster*. Das Schiff sank 15 Minuten nach dem Torpedotreffer und riß 450 Menschen, darunter 135 Frauen und Kinder sowie einige Amerikaner, mit in die Tiefe. Nicht nur dies, auch der innen- und außenpolitische Druck auf den amerikanischen Präsidenten schlug sich vier Tage später, am 14. Oktober, in seiner zweiten Note deutlich nieder. Wilson wollte es nicht über die Waffenstillstandsfragen zum Bruch mit den europäischen Verbündeten kommen lassen, der auch sein moralisch hochstehendes, wenngleich von den europäischen Problemen weit entferntes Vierzehn-Punkte-Programm zum

Scheitern verurteilt hätte. In Deutschland löste sein plötzlicher Kurswechsel einen Schock aus, denn nun zeigte sich die moralische Erhabenheit dieses Programms von ihrer Schattenseite, indem das Deutsche Reich als ihr eigentlicher Feind identifiziert wurde: als Feind des Weltfriedens, als ein Land, dessen militärische Macht es zu vernichten oder zumindest »bis zur tatsächlichen Ohnmacht« herabzumindern gelte.[11] Fast unverhüllt forderte die Note – auch im Namen der Alliierten – die bedingungslose Kapitulation.

Das Reich war schockiert. Nicht nur das konservative und liberale Deutschland protestierten stürmisch, auch die Sozialdemokraten, unterstützt von Professoren der Berliner Universität, prangerten laut *Vossischer Zeitung* die »Eroberungslust englischer und französischer Chauvinisten und Imperialisten« an,[12] zugleich hielt man an der Friedenspolitik der Regierung fest. Während einige Gruppen bereits ein letztes Aufgebot forderten, demonstrierten am 16. Oktober mehrere tausend Arbeiter nahe dem Reichstag für den Frieden. Die Fronten wurden härter, und in einer dramatischen Sitzung des Kriegskabinetts gerieten am 17. Oktober wieder die Auffassungen von Regierung und Oberster Heeresleitung aneinander. Prinz Max wollte den von den Militärs einst so dringlich geforderten Verhandlungsweg fortsetzen, mit Wilson durch Zugeständnisse im Gespräch bleiben und ihn als Verbündeten gewinnen gegen die französische Forderung nach einer Kapitulation der Armee. Dazu, meinte er, sei die Einstellung des U-Boot-Krieges erforderlich, für den das Volk keine Opfer mehr zu bringen bereit sei. Erst wenn dennoch unehrenhafte Waffenstillstandsbedingungen gestellt würden, sah der Reichskanzler einen Grund für den »Verzweiflungskampf« gegeben. Armee- und Marinebefehlshaber dagegen wollten sofort die Verhandlungen abbrechen. Der größte Widerstand gegen die Linie des Reichskanzlers kam dabei von der Marine. Scheer und der Staatssekretär des Reichsmarineamtes, Vizeadmiral Ritter von Mann, unterstützt von Erzberger und Ludendorff, waren gegen jegliche Konzessionen in der U-Boot-Frage. Scheer forderte, noch mehr Unterseeboote zu bauen, die an der flandrischen Küste und im Mittelmeer freiwerdenden Kräfte gegen die britischen Inseln zu konzentrieren und weiterzukämpfen, solange auch die Armee dies noch könne. Tirpitz, seit 1916 nicht mehr in der Verantwortung stehend, war ebenfalls der Ansicht, daß die Einstellung des U-Boot-Krieges das Reich zu völliger

Wehrlosigkeit verurteilen würde, und so forderte er in einem Brief an den Reichskanzler den Endkampf der ganzen Nation, zu dessen Zweck man eine Diktatur errichten müsse. Auch einige Demokraten argumentierten vorübergehend in diesem Sinne, und man muß berücksichtigen, daß das Wort »Diktatur« hier vor allem die aus der römischen Geschichte geprägte transitorische Bedeutung hat, der Diktator also als eine vorübergehende, den Übergang von der Monarchie zur Republik erleichternde Institution gedacht wurde, allein mit der Aufgabe versehen, akute innere und äußere Probleme zu bewältigen.

Die deutsche Antwort vom 20. Oktober drückte dennoch Verhandlungsbereitschaft aus. Sie enthielt einen Appell an Wilson, keine Forderung gutzuheißen, »die mit der Ehre des deutschen Volkes und mit der Anbahnung eines Friedens der Gerechtigkeit unvereinbar sein würde«.[13] Völkerrechtsverstöße von deutscher Seite sollten durch neutrale Kommissionen aufgeklärt werden. Sämtliche U-Boot-Kommandanten seien angewiesen worden, fortan keine Passagierschiffe mehr zu torpedieren. Ferner wurde darauf hingewiesen, daß die gegenwärtige Regierung und damit ihre Friedens- und Waffenstillstandspolitik von der »überwältigenden Mehrheit des deutschen Volkes« getragen werde.[14]

Theodore Roosevelt für Diktatfrieden

Nach dieser Note aus Berlin wurden die Töne der Verbündeten nochmals deutlich schärfer. In den Vereinigten Staaten drohte Senator Poindexter Präsident Wilson mit einem Impeachment-Verfahren, falls er sich auf die deutschen Angebote einlasse. »Teddy« Roosevelt schlug ganz nach Art seiner »big stick«-Theorie vor: »Diktieren wir den Frieden mit dem Hämmern der Gewehre, statt unser Gerede mit Schreibmaschinengeklapper zu begleiten.«[15] Damit gefährdete Roosevelt allerdings den moralischen Führungsanspruch der USA, den General Bliss, durchaus ein Fürsprecher der Kapitulation, zu retten versuchte, indem er die Auswüchse französischer Befriedungswünsche brandmarkte. Zum Zweck der Bloßstellung veröffentlichte er den zukunftsweisenden Vorschlag eines französischen Militärs, mit einer interalliierten Luftbomberflotte »den Krieg durch Angriffe auf Industrie, Handel und Bevölkerung nach Deutschland hineinzutragen«.[16] Das Klima hatte sich offenbar so sehr verschärft, daß diejenigen plötzlich als gemäßigt erschienen, die sich, wie Bliss, damit begnügen wollten, Deutschland an der Fortsetzung der Kämpfe zu hindern. Darin waren sich die Amerikaner auch mit den britischen Admiralen einig, und die amerikanische Regierung wiederholte in der dritten Wilson-Note vom 23. Oktober ihre Vorbedingung, daß nur ein Waffenstillstand zugestanden werden könne, der Deutschland die Möglichkeit nehme, sich den Bedingungen des zu schließenden Friedens militärisch zu widersetzen.[17] Freiwilligkeit im Hinblick auf das Zustandekommen und gegenseitiges Vertrauen im Hinblick auf die Erfüllung des Vertrags, zwei unverzichtbare Voraussetzungen, waren damit ausgeschlossen. Der Nachteil dieser Vorkehrung war also, daß man nun auch keinen Vertrag mehr schließen, sondern nur noch ein Diktat verhängen konnte.

Wie dehnbar jene Formel überdies war, zeigten die Wünsche der Royal Navy. Am 21. Oktober, dem Jahrestag der Schlacht von Trafalgar, nannte Lord Fisher in einem Brief an Sir Maurice Hankey, Sekretär des Kriegskabinetts, folgende »points of peace«: Auslieferung der intakten deutschen Hochseeflotte sowie sämtlicher Unterseeboote, Abtretung von Helgoland, Sylt und Borkum und Verbot jeglichen deutschen Kolonialbesitzes (»no spot of German Territory in the wide world«), um neue deutsche U-Boot-Basen zu verhindern.[18] Wie Fisher zog auch Beatty, der bei den Verhandlungen der »talking gentlemen at Versailles« – wie er die Politiker verächtlich nannte – nicht zugegen war, im Hintergrund die Fäden. Als die Marine am 19. und 21. Oktober dem Kriegskabinett offiziell mitteilte, wie sie sich die Waffenstillstandsbedingungen vorstellte, sprach aus ihrem Memorandum deutlich nicht mehr der Geist der Beschlüsse der Alliierten vom 8. Oktober, sondern der Admiral Beattys, welcher sich in dieser Frage inzwischen auch der Unterstützung der dienstältesten Flaggoffiziere der Grand Fleet versichert hatte. Dieser neue Entwurf sah vor, daß zwei der drei deutschen Schlachtgeschwader, das III. und IV. Geschwader, an die Alliierten *ausgeliefert* würden – darunter befanden sich zehn der modernsten Linienschiffe, das Flottenflaggschiff *Baden* sowie alle sechs Schlachtkreuzer. Auf dieser Liste fand sich auch schon der noch gar nicht fertiggestellte Schlachtkreuzer *Mackensen*. Des weiteren sollte gefordert werden, acht namentlich benannte Kleine Kreuzer, 50 modernste Torpedoboote und *alle* fahrbereiten Unterseeboote auszuliefern.

Wemyss' Begründung für die Auslieferung aller Unterseeboote war ebenso simpel wie deutlich: »Der U-Boot-Krieg wurde vom Feind unter Mißachtung der Bestimmungen des internationalen Rechts und der Maßgaben der Menschlichkeit geführt. Deshalb sollte im Interesse der internationalen Moral (»international morality«) entschlossen die erstbeste Gelegenheit ergriffen werden, ihm jene Waffe vollständig aus der Hand zu nehmen, die er so ausgiebig mißbraucht hat.«[19] Des weiteren forderte die Admiralität die Abtretung Helgolands. Zwar schrieb Geddes noch am 2. November an Beatty, daß man sich überlege, die Bedingungen für die Überwasserschiffe in Grenzen zu halten, weil sonst ein weiteres Jahr sinnlosen Blutvergießens die Folge sein könne.[20] Insgesamt trat aber die Befürchtung, das Deutsche Reich würde sich militärisch gegen allzu harte Waffenstillstandsbedingungen wehren, offensichtlich zunehmend in den Hintergrund.

Mit der Auslieferung der Unterseeboote wollte Beatty sich nicht zufriedengeben. Diese konnte man schnell ersetzen, so daß, mit der Schlachtflotte im Hintergrund, die deutsche Bedrohung bestehenbliebe. Um das zu verhindern, dachte er sich eine eigenartige Rechnung aus, um die Zahl der auszuliefernden Großkampfschiffe zu bestimmen: Im Falle eines Zusammenstoßes, so seine Kalkulation, wäre die deutsche Hochseeflotte vernichtend geschlagen worden, aber auch die Grand Fleet würde dabei schwere Verluste von acht oder neun großen Schiffen erlitten haben. Beatty schlug nun vor, dem Feind so viele Schiffe zu belassen, wie England im Falle einer Schlacht verloren hätte, und ihm den Rest abzunehmen.[21]

Premierminister Lloyd George protestierte bei den Sitzungen des Kriegskabinetts am 19. und 21. Oktober gegen die harte Linie der Admiralität, die nur von Feldmarschall Sir Henry Wilson unterstützt wurde. Lloyd George sah in den geplanten Bedingungen eine »erbärmliche Niederlage«, die nur eine restlos geschlagene (»beaten to the dust«) Nation akzeptieren würde. Feldmarschall Douglas Haig fand, daß die Armeen der Entente für eine Fortdauer des Krieges zu erschöpft und die der Amerikaner noch nicht gut genug organisiert seien. Das Argument, die Marine habe keinen Grund, ebenso harte Waffenstillstandsbedingungen zu stellen wie das Heer, ließ aber Beatty nicht gelten. Mögliche innere und äußere Widerstände hielten nun auch Wemyss nicht mehr davon ab, gemeinsam mit Beatty auf Waffenstillstandsbedingungen zu bestehen, die vor allem demonstrieren sollten, daß die Marine einen dem Heer ebenbürtigen Sieg davongetragen habe. Dieser Sieg bestand für Wemyss darin, daß es der Admiralität gelungen war, dem Feind mit der effektiven Fernblockade, der Bändigung der U-Boot-Gefahr und der Lähmung der deutschen Hochseeflotte den eigenen Willen aufzuzwingen. Beatty sekundierte: »Ein passiv errungener Sieg war noch lange kein Grund, das Ziel, mit dem die Nation in den Krieg eingetreten ist, aufzugeben, namentlich die Zerstörung des deutschen Militarismus.« Oder: »Ein passiv errungener Sieg ist kein Grund für das Empire, nicht auch die Früchte dieses Sieges zu ernten.«[22]

Auch die Engländer, wie aus einem Brief Admiral Beattys vom 31. Oktober 1918 hervorgeht, bräuchten ihre »augenfällige Demonstration« (»ocular demonstration«) maritimer Stärke, um die Zukunft ihrer Flotte zu sichern.[23] Es ging um die verdiente Belohnung dafür, »die Seeherrschaft der Hunnen für immer gebrochen zu haben«. Und Marineminister Geddes sagt am 9. November 1918 in einer Rede, daß man die Chance eines zweiten Trafalgar, die sich mit Bekanntwerden der Rebellion auf der deutschen Hochseeflotte bot, leider verpaßt habe.[24] Die Beschwörung dieser Gefahr, daß die Politiker in Versailles im Verein mit der eigenen, für schwächlich gehaltenen Regierung der auf dem Meere unbesiegten britischen Flotte in den Rücken fallen könnten, rückte schon in die Nähe jener Legende, die man in Deutschland unter dem Namen »Dolchstoß« kennt, ein Wort, das ursprünglich eine Übersetzung des englischen »stab in the back« war. Im Zusammenhang mit den Flottenmeutereien wird dieser Aspekt noch einmal zu betrachten sein.

Das Kriegskabinett gab schließlich dem Druck der Admiralität nach und beschloß: »Die Waffenstillstandsbedingungen für die Marine sollten in demselben Maß das Eingeständnis der deutschen Niederlage zur See zum Ausdruck bringen wie die militärischen Bedingungen die deutsche Niederlage zu Lande.«[25] Als Lloyd George das Wort »alle« in bezug auf die Anzahl der auszuliefernden Unterseeboote ablehnte, ersetzte es Wemyss durch die Zahl 160, die nach seiner Schätzung das gleiche besagte. Die Royal Navy war endlich auf dem Weg, sich vom Odium ihres passiven Sieges zu befreien.

In seiner dritten Note vom 23. Oktober verknüpfte Wilson die Kapitulations- mit der Abdankungsforderung. »Die Note ist doch gar nicht so schlimm«, meinte Gustav Noske, »wenn der Kaiser geht, kriegen wir einen guten Frieden.«[26] So eindeutig war das Dokument nun auch wieder nicht, und die Regierung wurde weiterhin von den Rechtsparteien und der Obersten Heeresleitung aufgefordert, die Verhandlungen abzubrechen, aber um welchen Preis. Eine bereits von der OHL verfaßte Aufforderung an die Truppe, weiterzukämpfen und die von Wilson geforderte Kapitulation abzulehnen, wurde zwar nicht herausgegeben, brach Ludendorff aber schließlich das Genick – der Machtkampf wurde mit seiner sang- und klanglosen Entlassung am 26. Oktober, an jenem Tag, an dem Oberst House in Paris eintraf, im Schloß Bellevue vom Kaiser beendet. Erzberger hegte inzwischen die Hoffnung, ein schlechter Waffenstillstand müsse nicht unbedingt einen schlechten Frieden zur Folge haben. Die *Frankfurter Zeitung* allerdings sprach schon am 25. Oktober von der größten Erniedrigung Deutschlands seit den Tagen Napoleons.[27] Prinz Max blieb bei seiner Mittellinie: weiterverhandeln und das letzte Aufgebot als *Ultima ratio* nicht ausschließen.

Clemenceau war mit Wilsons Schlußantwort sehr zufrieden. Jetzt, am 23. Oktober, fragte der amerikanische Präsident endlich auch offiziell bei den Verbündeten an, ob sie bereit seien, in einen Waffenstillstand nach Maßgabe des bisherigen deutsch-amerikanischen Notenwechsels einzuwilligen. Die Europäer hatten keinen Grund, das nicht zu tun, schienen doch die Vierzehn Punkte *nach* diesen Noten keine Gefahr für ihre eigene Friedenspolitik mehr darzustellen. In Erwartung der deutschen Anfrage forderte Clemenceau die Marschälle Foch und Pétain zur Vorlage der Waffenstillstandsbedingungen auf. Zu diesem Zweck trafen sich am 25. Oktober die Oberkommandierenden der amerikanischen, französischen und englischen Armee in Senlis, dem neuen Hauptquartier Fochs. Neben Pétain, Haig sowie dem Oberkommandierenden der amerikanischen Expeditionsstreitkräfte, General John Joseph Pershing, war auch der Chef des französischen Marinestabs, Vizeadmiral de Bon, zugegen. Auf dieser Konferenz sprach sich der amerikanische Armeechef Pershing im Gegensatz zu seinem britischen Kollegen Haig für die auch von Pétain geforderten drastischen Waffenstillstandsbedingungen aus. Neben militärischen Bedingungen, welche die Räumungen, Evakuierungen und Entschädigungen regelten, wurde nun die Auslieferung von 150 Unterseebooten beschlossen, der Rückzug der deutschen Überwasserschiffe in Ostseehäfen sowie die Besetzung Cuxhavens und Helgolands mit Hilfe alliierter Flotten.

Vom 28. Oktober bis zum 4. November wurden in sechs neuerlichen Sitzungen des Alliierten Marinerats in Paris und in Versailles die Vorschläge der Londoner Admiralität zusammen mit Ergänzungen und Änderungen der anderen Marineministerien diskutiert. Schon am 29. Oktober wurden die englischen Vorschläge im Prinzip angenommen, und das bedeutete: Auslieferung von nun wieder 160 Unterseebooten sowie der von Beatty errechneten Zahl an Überwasserschiffen, Aufrechterhaltung der Blockade und Fortsetzung des Handelskriegs; deutsche Handelsschiffe konnten auf See weiterhin aufgebracht werden. Allein die Auslieferung des Flottenflaggschiffs *Baden* wurde als »übertriebene Demütigung Deutschlands« abgelehnt.[28] In einer Zusatzerklärung hieß es, die entworfenen Waffenstillstandsbedingungen basierten auf der Voraussetzung, daß die Alliierten es mit einem geschlagenen Feind zu tun hätten.

Die vormittags von den Marinevertretern gefaßten Beschlüsse wurden nachmittags im Obersten Kriegsrat diskutiert, der seine Arbeit am 29. Oktober aufnahm, an dem Tag, an dem der Kaiser überraschend nach Spa ins Hauptquartier reiste und an dem die Matrosen in Wilhelmshaven den Dienst verweigerten. Im Obersten Kriegsrat sollten nun vor allem die übrigen Verbündeten wie Japan und Italien Gelegenheit bekommen, ihre Vorstellungen und Forderungen geltend zu machen. Bei diesen ebenfalls bis zum 4. November andauernden Sitzungen fanden die eigentlichen Waffenstillstandsverhandlungen statt, bei denen jetzt die Regierungschefs der Alliierten, der amerikanische Vertreter Oberst House und der französische Marschall Foch zugegen waren. House war erst am 26. Oktober, als die Vorgespräche also schon weitgehend abgeschlossen waren, als persönlicher Vertreter Präsident Wilsons in Paris eingetroffen. Am Abend hatte ihm Clemenceau ein Exemplar der soeben entworfenen Waffenstillstandsbedingungen überreicht, die House am nächsten Tag telegraphisch an Wilson weitergeleitet hatte.

Das Heer blutet nicht für die Marine

Am Morgen des 1. November präsentierte Marineminister Geddes den Entwurf des Alliierten Marinerats zusammen mit den eigenwilligen Berechnungen Admiral Beattys. Geddes trug die bekannten Begründungen der britischen Admiralität vor: Das Deutsche Reich müsse außerstande gesetzt werden, die Feindseligkeiten wiederaufzunehmen, und ohne die Auslieferung der deutschen Schlachtkreuzer seien Nachrüstungen der Alliierten nicht zu vermeiden. Aber zusammengenommen kamen die vorgeschlagenen Waffenstillstandsbedingungen den Mitgliedern des Obersten Kriegsrats zu hart vor. Die Politiker reagierten höchst besorgt, zumal sie über die aktuelle Lage in den deutschen Häfen kaum informiert waren. Sie befürchteten einen Wiederausbruch des Krieges nicht für den Fall, daß die Deutschen ihre Schlachtschiffe behielten, sondern daß sie sie hergeben mußten. Ausgerechnet Marschall Foch, sonst wenig nachgiebig, entpuppte sich als schärfster Kritiker der Bedingungen für die Marine. Er verlangte einen insgesamt milderen Waffenstillstand, um ihn für die Deutschen annehmbarer zu machen, und tat so, als ob er Angst hätte, sie könnten nicht alles mit sich machen lassen. Foch war aber fest entschlossen, diesen Nachlaß allein auf Kosten der Marine durchzusetzen, damit nicht am Ende französische Soldaten für die Befriedigung des englischen Nationalstolzes würden bluten müssen. Balfour analysierte dieses Ansinnen so: Foch sei einzig an einem glanzvollen Sieg zu Lande interessiert, schrieb er an Bonar Law, weil von einem erfolgreichen Ende des Seekriegs allein Großbritannien profitiere.

Die nationalen Eifersüchteleien kamen sich in Gestalt von Heer und Marine in die Quere. Gegen die Auslieferung der Unterseeboote hatte Foch nichts einzuwenden, schließlich hatten sie den Allierten schweren Schaden zugefügt. Aber was hatte die deutsche Hochseeflotte schon angerichtet? Reichte es nicht, wie auch der amerikanische Präsident fand, sie in der Ostsee zusammenzuziehen, während die Alliierten als Pfand Helgoland und Cuxhaven besetzten? Das fand nun sogar Lloyd George zu großzügig, der die Marinebedingungen seinerseits als »ziemlich übertrieben«[29] kritisierte. Der englische Premierminister schlug vor, die Unterseeboote, die überlegenen deutschen Schlachtkreuzer und ein paar Kleine Kreuzer zu kassieren, die Linienschiffe aber in einem oder mehreren neutralen Häfen zu internieren. Dieser Vorschlag wurde als Kompromiß angenommen und im Alliierten Marinerat besprochen. Alle Admirale, mit einer Ausnahme, waren entschieden dagegen, die Änderungen hinzunehmen. Wemyss wandte ein, die Deutschen könnten versuchen, ihre internierten Schiffe bei den Friedensverhandlungen wiederzubekommen. Geddes, der die deutschen Rüstungsanstrengungen für die Hauptursache des Krieges hielt, befürchtete wie Beatty im Falle einer Rückgabe die Wiederherstellung des Kräfteverhältnisses von 1914, und für Vizeadmiral de Bon war im Unterschied zu Marschall Foch die Furcht ausschlaggebend, das Deutsche Reich könnte eine erstrangige Seemacht bleiben. Allein der amerikanische Admiral Benson schlug sich auf die Seite der Politiker. Seine die Probleme der Friedensverhandlungen vorwegnehmende Sorge war, daß Großbritannien der größte Nutznießer sein könnte, wenn es dereinst an die Verteilung der ausgelieferten Schiffe ging. Über internierte Schiffe dagegen konnte man sich immer noch streiten, hoffte Benson – so kam es auch –, und auf diese Weise verhindern, daß die Alliierten irgendwelche geheimen Verteilungsschlüssel aushandelten.

Aber hätten die Amerikaner ihren mäßigenden Einfluß nicht auch im Obersten Kriegsrat geltend machen können? Schließlich lag es in ihrem Interesse, ein nicht völlig geschwächtes Deutschland als Gegengewicht zu England zu erhalten. Darauf hatte Ludendorff die Hoffnung gegründet, einen verlängerten Krieg nur noch gegen England und Frankreich führen zu müssen. Ein »geschlagener« Feind war für die Amerikaner ein schwaches Unterpfand, nicht was die Verhandlungen mit dem Deutschen Reich betraf, sondern weil es nun schwieriger wurde, die Alliierten dazu zu bewegen, den Friedensplan Wilsons anzunehmen. Aber die amerikanische Konzeption einer universalen Befriedungspolitik mittels des Völkerbunds, ihr Eintreten für das kollektive Selbstbestimmungsrecht, für die »Freiheit der Meere« und gegen die traditionelle Geheimdiplomatie drohte allzusehr den Einfluß der europäischen Siegermächte zu begrenzen, als daß sie sich vorbehaltlos auf dieses Programm hätten einlassen können.

Andererseits haben diese Ideen in der Endphase unübersehbar zu einer ideologischen Radikalisierung des Krieges beigetragen. Ursprünglich sollten sie das Scheitern der humanitären Werte des Westens in dem totalen Krieg kompensieren. Zugleich haben sie aber die gegnerischen

Fronten noch verschärft, denn nun wurde nicht bloß ein machtpolitischer Kampf ausgetragen, nun gab es Feinde und Freunde der Menschheit, die sich gegenüberstanden, Anhänger und Gegner einer neuen, gerechteren und friedlicheren Weltordnung. Die partikularen Interessen der europäischen Siegermächte haben zwar das amerikanische Friedensprogramm weitgehend scheitern lassen, seine ideologische Spitze aber, die vor allem gegen das Deutsche Reich gerichtet war, hat auch den Forderungen Frankreichs und Großbritanniens eine starke Legitimation verschafft.

Die Demokratisierungsforderung des amerikanischen Präsidenten war vor allem an das Deutsche Reich gerichtet, auf dessen Boden sie inzwischen – »Fluch der Mitte«, schreibt Ernst Jünger – gegen die Gefahr eines Überspringens der bolschewistischen Revolution aus dem Osten abgewogen werden mußte. Eine andere wichtige Forderung der Vierzehn Punkte aber, nämlich die nach einer »Freiheit der Meere«, lief auf eine Begrenzung der englischen Seeherrschaft hinaus. Und das Friedensprogramm war dem amerikanischen Präsidenten und seinem Unterhändler Oberst House wichtiger als einzelne Waffenstillstandsbedingungen.

So stand House bei den Pariser Verhandlungen vor der Schwierigkeit, die erhabenen Prinzipien der Vierzehn Punkte in konkrete Stellungnahmen zu politischen Detailfragen verwandeln zu müssen. Wie aber war im Einzelfall die Demokratisierungsforderung mit dem Selbstbestimmungsrecht der Völker zu vereinbaren? Wie die Stärkung des Nationalstaatsgedankens mit der Bildung eines Völkerbunds, oder mit der Forderung, Polen einen freien Zugang zum Meer zu verschaffen, der nur auf Kosten deutsch bewohnter Gebiete gehen konnte? Als Geddes Anfang Oktober in Washington Präsident Wilson um eine Interpretation der »Freiheit der Meere« gebeten hatte, hatte er keine Antwort bekommen. Angesichts des notorischen, wohl nicht zufälligen Mangels an genauen Instruktionen des Präsidenten für die Verhandlungen in Europa bat Oberst House zwei politische Freunde in Paris um einen Kommentar, den der Präsident ihm direkt zu geben für überflüssig erachtet hatte: Frank Cobb, Herausgeber der liberalen *New York World*, und Walter Lippmann, Mitglied der »Inquiry«, einer im Herbst 1917 aus Akademikern gebildeten Expertenkommission zur Vorbereitung des Friedensprogramms. Ihre Ergebnisse bestätigten im wesentlichen die Vorstellungen, die Präsident Wilson am 16. Oktober in einem – ebenfalls von House arrangierten – Interview gegenüber Sir William Wiseman ausgeführt hatte. Von diesem Gespräch erhoffte sich House zudem eine leichtere Verständigung mit der britischen Regierung, denn Wiseman war Vertreter des Secret Service in den Vereinigten Staaten und wurde später Mitglied der britischen Friedensdelegation. In diesem Fall hielt Wilson an seinen im Januar verkündeten Forderungen nach öffentlichen Friedensschlüssen – und einer aktiven Teilnahme Deutschlands an den Friedensverhandlungen! – fest, sowie an einer vertraglichen Absicherung der »Freiheit der Meere«, wobei er die Seeherrschaft Großbritanniens nicht beseitigen, sondern, so der Historiker Klaus Schwabe, »nur rechtlich abgrenzen«[30] wollte.

Im Zentrum der neuen Friedensordnung stand der Völkerbund mit Deutschland als einem gleichberechtigten Mitglied. Erstmals sprach sich Wilson für eine bedingungslose Rückgabe der »Reichslande« Elsaß-Lothringen an Frankreich aus und gegen eine Rückkehr deutscher Kolonien unter die Verwaltung des Mutterlandes. Den britischen Forderungen nach Annexion der Kolonien durch die Siegermächte gab er damit nicht nach. Zumindest solange Deutschland sein derzeitiges Regierungssystem beibehielt, sollten die Kolonien im Auftrag des Völkerbundes treuhänderisch verwaltet werden. Das ähnelte den Plänen, die Wilson mit der deutschen Hochseeflotte hatte, die er ebenfalls nur vorübergehend der deutschen Verfügungsgewalt entziehen wollte. Der Cobb-Lippmann-Kommentar, der sofort in deutsche Hände fiel und in Berlin fälschlicherweise für eine regierungsamtliche Interpretation der Vierzehn Punkte gehalten wurde, kam prinzipiell zu den gleichen Ergebnissen. Ansprüche auf Reparationen wurden nur Belgien zugestanden, Frankreich allein für zivile Schäden und England gar nicht. Elsaß-Lothringen sollte an Frankreich zurückfallen, nicht aber das Saargebiet. Cobb und Lippmann definierten die »Freiheit der Meere« als rechtliche und faktische Unverletzlichkeit neutralen Eigentums auf See für den Fall, daß zwei Völkerbundsmitglieder allein in einen Konflikt gerieten. Der noch in Washington weilende Präsident Wilson, von House um eine Stellungnahme zu dem Kommentar gebeten, stimmte ihm am 30. Oktober zwar generell zu, wollte die Einzelfragen aber erst bei den Friedensverhandlungen regeln.

Wie die Sitzungsprotokolle zeigen, hat sich House schon am 29. Oktober, also ohne Wilsons wenig hilfreiche Antwort abzuwarten, in seinen Erklärungen am Cobb-Lippmann-Kommentar orientiert. In der Frage der »Freiheit der Meere« kam es denn auch gleich auf dieser ersten Sitzung des Obersten Kriegsrats zu heftigen Auseinandersetzungen zwischen House und Lloyd George, der sich strikt weigerte, irgendwelche Abstriche an dem britischen Recht auf unbeschränkte Blockaden im Kriegsfall hinzunehmen. Der Streit zog sich über die gesamte Dauer der Verhandlungen hin und wurde völlig abgelöst von der Frage der Waffenstillstandsbedingungen. Gleichwohl hing der amerikanische Einfluß, wo es um den eigentlichen Gegenstand der Verhandlungen ging, unter anderem vom Ausgang des Gezerres um die »Freiheit der Meere« ab.

Von den Drohungen des Obersten House, die Verhandlungen abzubrechen, damit das Bündnis aufzukündigen und einen Separatfrieden mit dem Deutschen Reich zu schließen, ließ sich Lloyd George nicht beeindrucken. Er stimmte den Vierzehn Punkten nur mit zwei wesentlichen Vorbehalten zu: England reservierte sich das Recht, die »Freiheit der Meere« nach eigenem Gutdünken auszulegen, und forderte Schadenersatz für alle nichtmilitärischen Schäden der Alliierten, die das Deutsche Reich im Land-, Luft- und Seekrieg verursacht hatte, ebenfalls ein Novum im internationalen Recht. Das bedeutete für England: Ersatz für die im U-Boot-Krieg versenkten Handelsschiffe. Als Wilson das erfuhr, fürchtete er, ein britischer Militarismus würde an die Stelle des deutschen treten, und drohte damit, die bisherigen Verhandlungen vor dem Kongreß bekanntzumachen, der, so der Präsident in einem Telegramm an House, »nicht die geringste Lust hat, das Leben von Amerikanern zur Erhaltung der britischen Seeherrschaft zu opfern«.[31]

Am Sonntag, dem 3. November, fand ein Gespräch zwischen den Premierministern und ihren militärischen Beratern statt. Ein Beschluß sollte noch nicht gefaßt, sondern erst die Reaktion Österreich-Ungarns auf die gestellten Waffenstillstandsbedingungen abgewartet werden. Davon erhoffte man sich einen Hinweis, wie hart die Forderungen an das Deutsche Reich sein könnten, ohne eine Fortsetzung des Krieges zu riskieren. Lloyd George strebte einen Kompromiß an, der die Forderungen nach Auslieferung von Schlachtkreuzern und Linienschiffen der Hochseeflotte befriedigen würde, und sprach sich für ihre Internierung aus, um ihr weiteres Schicksal erst bei den Friedensverhandlungen zu klären. Damit war auch House einverstanden, und Clemenceau fügte hinzu: »In der *society of nations* ist kein Platz für ein Land mit 32 Großkampfschiffen.« Auch Admiral Benson, der das Vertrauen von Oberst House genoß, befürwortete den Kompromiß. In einem späteren Gespräch über die Ereignisse dieser Tage sagte er: »Ich war dafür, alle deutschen Kriegsschiffe zu versenken. Die Mehrheit des für die Marinebedingungen zuständigen Komitees wollte sie aufteilen. Ich hatte nicht das Gefühl, daß nach dem Friedensschluß irgendeine Flotte vergrößert werden sollte.« Am 2. November hatte Benson auch mit Marineminister Geddes über dieses Thema gesprochen: »Er versicherte mir in aller Offenheit und Ehrlichkeit«, schrieb Benson an House, »daß diese Schiffe nach dem Krieg keinem europäischen Rüstungszuwachs dienen sollten und daß seiner Meinung nach auch keine europäische Macht davon ausgehe. Er vertrat ganz unverhohlen die Ansicht, daß die Schiffe zerstört werden sollten, sobald man sie sich endgültig angeeignet habe.«[32] Das Interesse Bensons lag auf der Hand: Da nur die Europäer von den Schiffen profitieren würden, sollte lieber keiner welche bekommen. Ein Memorandum der »American Naval Planning Section«, das Benson in diesen Tagen erhielt, umriß kurz und bündig das amerikanische Interesse:

»Wir halten es für äußerst wichtig, daß folgendes Prinzip von allen Beteiligten anerkannt wird:

›Kein von Deutschland ausgeliefertes Schiff soll dazu dienen, das Waffenpotential welcher Macht auch immer zu vergrößern.‹

KOMMENTAR

Die Verteilung der von Deutschland ausgelieferten Schiffe wird das Waffenpotential der von der Verteilung profitierenden Mächte vergößern. Es ist höchst unwahrscheinlich, daß die Vereinigten Staaten an solch einer Verteilung partizipieren; im Grunde halten wir es nicht einmal für erstrebenswert, daß sie daran partizipieren. Daraus folgt, daß wir am Ende dieses Kriegs, sofern diese Verteilung stattfindet, in der Flottenrüstung weit unterlegen sein werden, was nicht unseren Interessen auf See und in Übersee entspricht.

Wenn Deutschland entwaffnet ist, hat Großbritannien keinen Grund, eine größere Flotte als seine jetzige zu besitzen, es sei denn, die Schlagkraft jener Flotte ist dazu gedacht, uns zu beherrschen.«[33]

Aber warum ist Geddes für die Zerstörung, wo doch Großbritannien der größte Nutznießer der deutschen Flotte wäre? Sollte er bereits gewußt haben, daß Großbritannien in Zukunft nicht einmal in der Lage sein würde, seine jetzige Flottenstärke aufrechtzuerhalten, ganz zu schweigen von einem Zuwachs deutscher Schiffe? Sollte er das vorhergesehen und sich den Amerikanern rechtzeitig als selbstloser Fürsprecher allgemeiner Rüstungsbegrenzungen empfohlen haben?

Japaner an die Westfront

Wer damals auf deutscher Seite um die britisch-amerikanischen Konflikte wußte, mochte zwei, wenn auch im nachhinein allzu optimistische Schlüsse daraus ziehen. Noch bevor Oberst House in Paris mit einem deutsch-amerikanischen Separatfrieden drohte, spekulierte die Oberste Heeresleitung unter Hindenburg und Ludendorff darauf, daß es nicht im amerikanischen Interesse sein würde, die Zukunft Deutschlands und damit das europäische Gleichgewicht zu zerstören, woraus sich die Hoffnung ergab, einen sich weiter hinziehenden Krieg nur noch gegen England und Frankreich bestehen zu müssen. Die andere theoretische Möglichkeit war eine deutsch-britische Verständigung unter Ausschluß der Amerikaner. Auch sie war nicht ganz unrealistisch, wenn man bedenkt, daß sich Lloyd George neben Wilson als einziger Regierungschef unter den Siegern für direkte Waffenstillstandsverhandlungen mit dem Deutschen Reich ausgesprochen hat, um den amerikanischen Einfluß zu begrenzen. Deutsch-britische Separatverhandlungen im Frühjahr 1919 sollten ebenfalls in diese Richtung deuten.

Den Kaiser jedenfalls haben die britisch-amerikanischen Konflikte schon vor Beginn der Waffenstillstandsverhandlungen zu dem Entwurf eines kühnen außenpolitischen Kurswechsels inspiriert. Als am 29. Oktober der Chef des Marinekabinetts, Georg Alexander von Müller, zum Vortrag im Neuen Palais zu Potsdam erschien, empfing ihn der übernächtigt wirkende Wilhelm II. mit der Nachricht, in England hätten die Befürworter eines für Deutschland annehmbaren Friedens aus Sorge vor dem amerikanischen Übergewicht großen Zulauf. Er las Müller das Memorandum eines holländischen Vertrauensmannes vor, der der Meinung war, Deutschland hätte besser daran getan, den Frieden nicht den Amerikanern, sondern den Engländern anzubieten, die sich in einer schwierigen Lage befänden – namentlich die schottische Arbeiterschaft mache ihnen derzeit große Sorgen. Der richtigen Einschätzung der Schwierigkeiten im Lager der Siegermächte schloß der Kaiser ein recht originelles Szenario an: Verständigung mit England und dadurch auch mit Japan, japanische Divisionen eilen über Sibirien an die deutsche Westfront, um vereint mit deutschen Kräften die Amerikaner aus Europa hinauszuwerfen! So könne man noch einen ganz guten Frieden bekommen, sagte Wilhelm, denn dafür würden die Engländer sogar eine starke deutsche Flotte samt Unterseebooten begrüßen. Man könne sich sogar auf die Forderung der Sieger einlassen, die gesamte Rüstungsproduktion bei Krupp einzustellen, wenn nur die Flotte bliebe.[34] Wie so oft bei Kaiser Wilhelm II. gingen auch hier realistische und unrealistische Gedanken durcheinander, schoß die originelle Idee gleich wieder über das Mögliche oder auch nur Wünschenswerte weit hinaus.

Die gegnerischen Verbündeten näherten sich derweil einer Einigung, und die in Paris aufgekommene Diskussion um die »Freiheit der Meere« wurde schließlich auf unbestimmte Zeit vertagt. House mußte nachgeben, um nicht das Ende des Krieges mit britisch-amerikanischen Streitigkeiten über die Vierzehn Punkte zu gefährden, und verfiel in tagelanges Schweigen. Präsident Wilson blieb nichts anderes übrig, als das Pariser »fait accompli« zu akzeptieren.[35] Die Niederlage, die die Amerikaner in diesem Punkt einstecken mußten, erleichterte es den britischen Admiralen, ihre harten Waffenstillstandsforderungen weitgehend durchzusetzen. Während die Amerikaner mit anderen Zielen beschäftigt waren, als die deutsche Flotte unschädlich zu machen, versuchte Beatty zusammen mit Wemyss, dem er noch am 5. November einen eindringlichen Brief schrieb, zu verhindern, daß der Alliierte Marinerat klein beigab.[36]

Kaiser ohne Kleider

Aber die Würfel waren gefallen, der Oberste Kriegsrat hatte sich am 4. November entschieden. Österreich-Ungarn hatte tags zuvor die alliierten Bedingungen akzeptiert, der Probelauf auf den Waffenstillstand mit dem Deutschen Reich war also geglückt. Die österreichische Marine mußte sechs Linienschiffe, vier Kreuzer, neun Zerstörer und alle seit 1910 gebauten U-Boote ausliefern. Wir haben den Kaiser bis auf die Hosen ausgezogen, kommentierte Clemenceau: »We have left the breeches of the Emperor, and nothing else.«[37] Nun planten die Alliierten für den Notfall neben der Offensive durch Lothringen eine zweite gegen das Deutsche Reich über Österreich.

Auch die Türkei hatte sich am 3. November den alliierten Waffenstillstandsbedingungen gefügt. Endlich standen England und Frankreich die Dardanellen und der Bosporus offen. Sie begannen, den Handel und das Nachrichtenwesen zu kontrollieren, und besetzten alle strategisch wichtigen Punkte im Land. Das Deutsche Reich war isoliert, aber was all das für die Zukunft der deutschen Flotte bedeutete, wußte man in Berlin immer noch nicht, obwohl aus Bern und Amsterdam deutsche Agenten über die Pariser Waffenstillstandsverhandlungen berichteten. Sie hatten von den Differenzen im Lager der Sieger erfahren, aber von den Forderungen der englischen Admiralität waren nur die Auslieferung der U-Boote und die Besetzung Helgolands bis zu ihnen gedrungen. Nähere Informationen über den Gang dieser Gespräche hat es seinerzeit offenbar nicht gegeben. Zwar hatten Hindenburg und Ludendorff am 24. Oktober, nach dem schroffen Ton der dritten Wilson-Note, mit Recht davor gewarnt, daß die Alliierten die bedingungslose Kapitulation zu fordern beabsichtigten, aber die Flotte galt als unbesiegt und damit unantastbar. Und selbst wenn man in Deutschland gewußt hätte, daß sie mit dem Waffenstillstand verloren sein würde, hätte das wohl nicht viel geändert. Es gab in diesen Tagen größere Sorgen als die Zukunft der Kriegsschiffe.

Den Ausschlag für die Entscheidung der Verbündeten am 4. November hatte neben der Einwilligung Österreich-Ungarns ein Memorandum Admiral Bensons gegeben, wonach die Entwaffnung und *Internierung* von zehn Linienschiffen und sechs Schlachtkreuzern unter alliierter Aufsicht die Annahme der Waffenstillstandsbedingungen sehr viel wahrscheinlicher machen würde. Oberst House und Balfour akzeptierten diesen Kompromiß, der im wesentlichen auf Lloyd George zurückging. Marschall Foch fand ihn noch zu hart, stimmte aber zu, da die Besetzung Helgolands jetzt nur noch für den Fall vorgesehen wurde, daß das Reich sich weigern sollte, die Forderungen zu erfüllen. Ferner wurde den Franzosen versichert, daß die Bedingungen geändert würden, falls sie bei den Deutschen auf starken Widerstand stießen. Die Flottenunruhen in den deutschen Häfen, die bereits voll im Gange waren und einen Kampf der Marine gegen den Waffenstillstand höchst unwahrscheinlich machten, hatten auf den Verlauf der Pariser Verhandlungen erstaunlicherweise keinen Einfluß. Zwar waren die Entwicklungen in Kiel und Wilhelmshaven der britischen Admiralität frühzeitig zu Ohren gekommen, welches Ausmaß der Protest bereits erreicht hatte, wußte sie aber nicht. Wemyss schrieb noch am 5. November, als die Flotte nun ganz gewiß nicht mehr einsatzfähig war: »Es ist kaum bekannt, welche Zustände auf der Hochseeflotte herrschen.«[38] Aus einem Bericht geht hervor, daß der britische Nachrichtendienst nicht wußte, was man sich unter Soldatenräten vorzustellen habe. Noch weniger konnte man abschätzen, wohin die Meutereien führen würden, ob nun erst recht eine Verzweiflungsschlacht zu erwarten sei oder ob die allgemeine Auflösung sie verhindern würde. Der damals bei vielen entstandene Eindruck, der Waffenstillstand wäre ohne die Revolution »nicht so entsetzlich« ausgefallen, wie Ernst Troeltsch schrieb,[39] traf also nur sehr bedingt zu. Sicher ist, daß der Oberste Kriegsrat sich bei den entscheidenden Gesprächen am 4. November nicht veranlaßt sah, die Bedingungen herabzusetzen, und dazu dürften mehr als die politischen Wirren im Deutschen Reich die Niederlage seiner Verbündeten sowie die militärischen Fortschritte seiner Gegner beigetragen haben.

Der Alliierte Marinerat fand den Kompromiß erwartungsgemäß zu milde. Trotzdem ergaben sich die Admirale am Nachmittag dieses Tages dem starken politischen Druck. Wemyss wurde von Lloyd George in Gegenwart des Kriegskabinetts versichert, der Oberste Kriegsrat sei entschlossen, kein einziges der internierten Schiffe an Deutschland zurückzugeben. Auf dieser Basis, daß »Internierung« in Wahrheit »Auslieferung« bedeutete – der Oberste Kriegsrat hat die Existenz einer solchen Zusicherung jedenfalls nicht dementiert –, akzeptierte auch der Alliierte Marinerat den Kompromiß. Doch damit nicht genug. Aus der Internierung »in neutralen Häfen« wurde in letzter Sekunde eine Internierung »in neutralen Häfen *oder in deren Ermangelung in Häfen der alliierten Mächte*«. Mit einer Internierung in neutralen Häfen, sosehr die Politiker dies auch wollten, sah die Admiralität unüberwindliche Schwierigkeiten auf sich zukommen. Die Maßnahmen der

Siegermächte, die erforderlich sein würden, um Sabotageakte auf den deutschen Schiffen oder gar Ausbruchsversuche zu verhindern, würden die Souveränität des Gastgeberstaates verletzen, und was sollte geschehen, wenn sich kein Land bereit erklärte, die Schiffe aufzunehmen? Während diese Überlegungen durchaus ihre Berechtigung hatten, wurde die in letzter Minute hinzugefügte Alternative, die Schiffe auch in eigene Häfen zu sperren, zur zweiten Hintertür, durch die die politisch abgeschlagenen Wünsche der englischen Admiralität doch noch befriedigt werden sollten. Der Commodore in Paris unterrichtete am 7. November telegraphisch die Londoner Admiralität von der wichtigen Änderung und kündigte bereits an, sich »konsequenterweise« um eine Internierung in Scapa Flow zu bemühen. In Paris ist an diesem Tag der Eindruck entstanden, die deutschen Meutereien hätten inzwischen auch auf alle Unterseeboote übergegriffen und die Flotte sei überhaupt kurz davor, sich den Engländern auszuliefern. In diesem Fall, vermutete der Commodore, würde man die Schiffe ohnedies nach Scapa Flow bringen.[40]

Was besagen nun im einzelnen die Bedingungen für die Marine? In Artikel 22 ist die unter den Siegern unumstrittene Auslieferung von 160 U-Booten festgelegt. Artikel 23, der wichtigste, lautet wörtlich:

»Die Kriegsschiffe der deutschen Hochseeflotte, welche die Alliierten und die Vereinigten Staaten bezeichnen, werden sofort abgerüstet und alsdann in neutralen Häfen oder in deren Ermangelung in Häfen der alliierten Mächte interniert. Die Häfen werden von den Alliierten und den Vereinigten Staaten bezeichnet werden. Sie [die Schiffe] bleiben dort unter der Überwachung der Alliierten und der Vereinigten Staaten. Es werden nur Wachkommandos an Bord belassen.

Die Bezeichnung der Alliierten erstreckt sich auf:
6 Panzerkreuzer,
10 Linienschiffe,
8 Kleine Kreuzer (davon 2 Minenleger),
50 Zerstörer der neuesten Typen.

Alle zur Internierung bezeichneten Schiffe müssen bereit sein, die deutschen Häfen sieben Tage nach Unterzeichnung des Waffenstillstandsvertrages zu verlassen. Die Reiseroute wird ihnen durch Funkspruch vorgeschrieben.«[41]

Artikel 26 nennt den Beschluß des Alliierten Marinerates, die Blokkade andauern zu lassen. Artikel 29 sieht die Rückkehr der von den Deutschen beschlagnahmten russischen Kriegsschiffe ins Schwarze Meer vor. Artikel 31 verbietet die Zerstörung von Schiffen und Schiffsmaterial vor der Ausfahrt, der Übergabe oder Rückgabe; den Überführungsverband betrifft genaugenommen aber nur das Zerstörungsverbot »vor Ausfahrt«.[42] Ursprünglich wurde der Waffenstillstand auf einen Zeitraum von 36 Tagen festgelegt, mit der Möglichkeit, am 13. Dezember und 16. Januar jeweils um einen Monat, am 12. Februar auf unbestimmte Zeit verlängert zu werden. Verlängert wurde er schließlich bis zum 28. Juni 1919 – in immer kürzeren Abständen.

Nun mußte noch die deutsche Regierung, die von den bisherigen Verhandlungen ausgeschlossen war, dem Entwurf zustimmen. Lloyd George hatte ja schon vorher direkte Verhandlungen mit dem Deutschen Reich befürwortet, um den amerikanischen Einfluß zu begrenzen. Clemenceau aber verwahrte sich gegen dieses Ansinnen mit der dramatisierenden Begründung, er werde es niemals zulassen, daß Marschall Foch mit einer weißen Fahne zu den deutschen Linien gehe, um einen Waffenstillstand zu erbitten. So einigte man sich darauf, daß Präsident Wilson – dessen diesbezügliche Rolle die Alliierten zuvor abgelehnt hatten – die Deutschen zur Entsendung eines Unterhändlers auffordern solle.

Abschluß in Compiègne

Nachdem dies geschehen war, traf am Morgen des 7. November 1918 die deutsche Waffenstillstandsdelegation unter der Leitung von Staatssekretär Matthias Erzberger mit einem Sonderzug im deutschen Hauptquartier in Spa ein. Von dort fuhr man mit Autos weiter und passierte am Abend die Front zwischen Trélon und La Capelle. Drei Offiziere waren mit weißen Fahnen vorausgegangen, hatten die Abordnung angekündigt und für diesen Frontabschnitt mit der 1. Armee unter General Debeney eine mehrstündige Feuerpause bis Mitternacht verabredet. Ein Minenräumkommando hatte die Straßen abgesucht. Begleitet wurde der Zentrums-Vorsitzende Erzberger vom Abgesandten Alfred Graf Oberndorff, Generalmajor Detlof von Winterfeldt und Kapitän zur See Ernst Vanselow, sowie von Rittmeister von Helldorf als Übersetzer und einem Dr. Blauert als Stenograf. In dieser Gegend, etwa 100 Kilometer südwestlich von Lüttich, war in den vergangenen sechs Wochen ununterbrochen gekämpft worden; von einer der deutschen Divisionen, deren Kriegsstärke in dieser Zeit schätzungsweise 9000 bis 11 000 Mann betrug, waren nur noch 349 Mann, von einer anderen noch 437 Mann übrig. Der deutsche General bei Trélon, wo kurz angehalten wurde, lobte die Tapferkeit seiner Truppe in den höchsten Tönen. Von der revolutionären Entwicklung in Kiel und Berlin wußte er kaum etwas, und er bat Erzberger, mit den Offizieren auch nicht darüber zu sprechen. Die Delegation fuhr weiter, durch Nebel und Nieselregen, mit einer großen weißen Fahne auf dem vordersten Wagen und einem Trompeter auf dem Trittbrett, der ununterbrochen kurze Töne ausstieß. 150 Meter nach Überqueren der deutschen Linien wurde die Kolonne von einem jungen französischen Offizier angehalten, der dazustieg und freundlich den Weg nach La Capelle wies, wo die Deutschen von den Majoren de Bourbon-Busset und Ducorne empfangen wurden. »Finie la guerre?«, ist der Krieg zu Ende, fragten einige Soldaten, die auf Erzbergers Wagen zukamen. Die Männer freuten sich, applaudierten, riefen »Vive la France!« und baten um Zigaretten. Sie hatten die Stadt erst am Nachmittag erobert, und nun wehte die Trikolore über einem großen Gebäude mit der Aufschrift »Kaiserliche Kreiskommandantur«. Der Regen nahm zu, und während die Wagen gewechselt wurden, suchten die Herren Schutz in der Villa Francport.

Hier, in dem vorübergehenden Hauptquartier von de Bourbon-Busset, traf Erzberger die drei vorausgeschickten Offiziere wieder, und unter einem Portrait, das Napoleon III. in Generalsuniform zeigte, stellte von Winterfeldt sich und seine Kollegen vor. Danach wurde die Fahrt mit französischen Autos fortgesetzt, mit je einem Wagen für einen deutschen Unterhändler in Begleitung eines französischen Offiziers. De Bourbon-Busset, der neben Erzberger saß, verriet zwar nicht, wohin man fuhr, brachte seinem Nachbarn aber bei, den Namen Marschall Fochs richtig auszusprechen. Man kam durch das zerschossene Städtchen Guise, und um Mitternacht wurde im Presbyterium von Homblières ein karges Mahl gereicht, das der Verpflegung der französischen Truppen entsprach. Weiter ging es durch das völlig zerstörte Chauny, eine Geisterstadt im trüben Mondschein, und um drei Uhr morgens erreichte die gespenstische Kolonne Tergnier, einen Ort, dem man nicht mehr ansah, daß sich hier einst eine Stadt befunden hatte. Am Bahnhof stand ein Sonderzug bereit: Speisewagen, Schlafwagen und – wieder grüßte der dritte Napoleon – ein Waggon aus seinem Hofzug mit dem gekrönten »N«. Neben dem Gleis hatte eine Granate, die drei Wochen nach dem Abzug der Deutschen explodiert war, ein großes Loch gerissen. Es wurde französischer Weinbrand gereicht, die Fenster mußten geschlossen bleiben, und das Ziel der Reise erfuhren die Deutschen immer noch nicht. Um sieben Uhr morgens, am 8. November, hielt der Zug mitten in einem Wald, auf Schienen, die für schwere Eisenbahnartillerie gelegt worden waren, die man hier gut verstecken konnte. 100 Meter entfernt sah Erzberger einen ähnlichen Zug auf einem zweiten Gleis. Marschall Foch ließ mitteilen, er sei bereit, ihn um neun Uhr zu empfangen.

Die Zivilisten trugen noch ihre Reisegarderobe, die Offiziere Felduniform. Auf einem schmalen Lattenrost gingen sie hintereinander zum Konferenzwagen. Sie stellten sich hinter ihren Namensschildern an der Längsseite eines großen Tisches auf, und ein paar Minuten später erschien Marschall Foch in Begleitung von General Maxime Weygand, Admiral Sir Rosslyn Wemyss und zwei weiteren britischen Marineoffizieren. Die britische Delegation, unter dem Ersten Seelord Wemyss als ältestem Seeoffizier, bestand ausschließlich aus Männern der Marine, die französische, unter Marschall Foch, aus Heeresangehörigen. Erzberger war ohne Weisungen gekommen, dafür aber mit einer Art Blankovollmacht. Er war überrascht, weder einen Amerikaner noch einen Italiener oder Belgier vorzufinden. Offenbar war allein das Alliierte Oberkommando für die Verhandlungen zuständig. Nach einer kurzen militärischen Begrüßung überreichte Erzberger die vom Reichskanzler ausgestellten Vollmachten, dann stellten er und Foch die Mitglieder ihrer Delegationen vor.

Der nun einsetzende Wortwechsel ist unterschiedlich überliefert; sicher scheint allerdings zu sein, daß Foch die deutsche Delegation fragte, was sie hierhergeführt habe, und Erzberger darum gebeten hat, Vorschläge für einen Waffenstillstand »zu Lande, auf See, in der Luft und an allen Fronten« zu erfahren. Das Wort »Vorschläge« lehnte Foch entschieden ab, um klarzustellen, daß er die Deutschen als Bittsteller betrachtete. In der frostigen Atmosphäre verlas Graf Oberndorff sodann die jüngste Wilson-Note und bat darum, den Vertragsentwurf für einen Waffenstillstand mitgeteilt zu bekommen. Nun ließ Marschall Foch General Weygand die Waffenstillstandsbedingungen verlesen, die paragraphenweise übersetzt wurden. Der Marschall zeigte keine Regung, und Vanselow kamen die Tränen, als er von der Besetzung des Rheinlands hörte. Erzbergers und von Winterfeldts Bitte nach sofortiger Einstellung der Kampfhandlungen wies Foch zurück; erst sollte der Waffenstillstand unterschrieben werden. Auch Ministerpräsident Clemenceau – die Alliierten standen ununterbrochen mit Paris in Verbindung – lehnte die Bitte ab. Vor allem aber weigerte sich Foch, über die vorgelegten Bedingungen zu verhandeln: Die deutsche Delegation sollte sie nur annehmen oder ablehnen, indem sie bis Montag, den 11. November, elf Uhr, antwortete. Rittmeister von Helldorf wurde mit den Bedingungen zurück nach Deutschland geschickt, zusammen mit einer Liste verschiedener Erleichterungen, die hauptsächlich die Ausführung des Waffenstillstands betrafen und von denen die deutsche Kommission annahm, sie noch aushandeln zu können. Als Helldorf die Front überschreiten wollte, feuerten die Deutschen wie die Teufel, und erst nach fünf Stunden erreichte er trotz aller Signale, weißer Flaggen und leichtsinniger Mißachtung der Gefahr die eigenen Linien. In Paris herrschte derweil äußerste Nervosität. Als Fochs Nachricht eintraf, die Deutschen hätten die Bedingungen »im Prinzip« angenommen, verlor Clemenceau die Beherrschung. Nach dem Deutsch-Französischen Krieg hatte er als junger Mann zu jener Minderheit französischer Politiker gehört, die gegen die Friedensbedingungen des Deutschen Reiches gestimmt hatte: »Ich sah wieder 1870«, rief der inzwischen siebenundsiebzigjährige Regierungschef, »die Niederlage, die Schande, den Verlust von Elsaß-Lothringen, und nun ist das alles ausgelöscht. Träume ich?«[43]

Während von Helldorf mit dem Katalog der Alliierten unterwegs war, schickte Erzberger einen Funkspruch ab, in dem er die grundsätzliche Entscheidung über die Waffenstillstandsforderungen der Heeresleitung überließ, unabhängig davon, ob noch Erleichterungen bei der Ausführung der Bestimmungen ausgehandelt werden könnten. Außerdem bat er darum, dem Protokoll eine Erklärung hinzufügen zu dürfen, wonach man für die Erfüllung innerhalb der gesetzten Fristen aufgrund der unsicheren Lage in Deutschland und der Härte der Bedingungen nicht garantieren könne. Obwohl die Alliierten bei den weiteren Ge-

Wilhelm II. (1859–1941), deutscher Kaiser und König von Preußen von 1888 bis 1918, in der Uniform eines Großadmirals (um 1910).

Großadmiral Alfred von Tirpitz (1849–1930), Portraitaufnahme um 1910.

Erster Weltkrieg, Blick auf den Kieler Hafen. Im Vordergrund rechts ein Linienschiff der *Helgoland*-Klasse daneben ein Linienschiff der *Nassau*-Klasse. Im Hintergrund Kleine Kreuzer.

Der Krieg zur See 1914–1918. Einschiffung nach Landurlaub.

Kaiser Wilhelm II. 1918 bei seinem letzten Besuch in Kiel im Gespräch mit einem Werftarbeiter.

Untergang des Schlachtkreuzers *Blücher* nach dem Gefecht an der Doggerbank am 24. Januar 1915. 792 Mann Besatzung sind dabei gefallen, 260 wurden von den Engländern gerettet.

Nach der spektakulären Atlantiküberquerung des Handels-U-Bootes *Deutschland* 1916: »Die neue U-Linie Bremen–Baltimore – Der Handelsgott Merkur läßt sich Flossen wachsen und schwimmt unter der britischen Papierblockade hindurch.« (Kriegscartoon von A. M. Cay)

Korvettenkapitän Hermann Ehrhardt (1881–1971) am 13. März 1920, in den Tagen des Kapp-Lüttwitz-Putsches. Ehrhardt hatte an der Überführung der Hochseeflotte nach Scapa Flow teilgenommen.

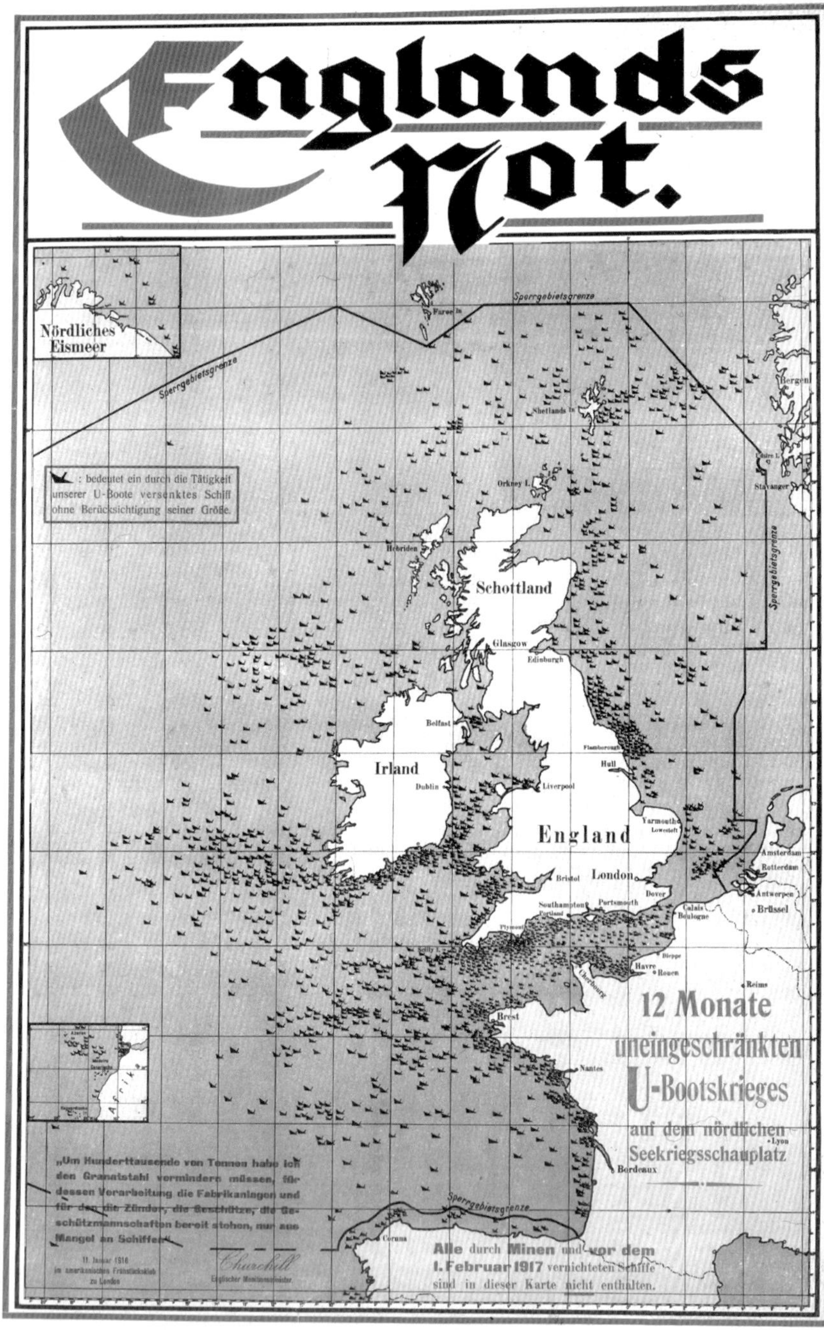

Deutsches Propagandaplakat zum uneingeschränkten U-Boot-Krieg vom Frühjahr 1918 mit den Versenkungsorten der zwischen dem 1. Februar 1917 und dem 1. Februar 1918 untergegangenen alliierten Schiffe.

Vizeadmiral Ludwig von Reuter (1869–1943) gab am 21. Juni 1919 den Befehl, die in Scapa Flow internierte deutsche Hochseeflotte zu versenken. Zwischen Januar und August 1920 aufgenommenes Portrait.

16. November 1918: Konteradmiral Hugo Meurer nimmt an Bord des britischen Flaggschiffs *Queen Elizabeth* die Ausführungsbestimmungen zum Waffenstillstand für die Marine entgegen. Dritter von links Admiral Madden (mit Bart), rechts daneben Admiral Beatty, gegenüber (im Profil) Hugo Meurer. Auf dem Tisch ein bronzener Löwe. (Nach einem Gemälde von Sir John Lavery)

Entwaffnung der Hochseeflotte vor dem Marsch in die Internierung. Linienschiffe bei der Munitionsabgabe in Wilhelmshaven, Mitte November 1918.

19. November1918: deutsche Großkampfschiffe der *Nassau*- und der *Helgoland*-Klasse auf dem Weg in die Internierung.

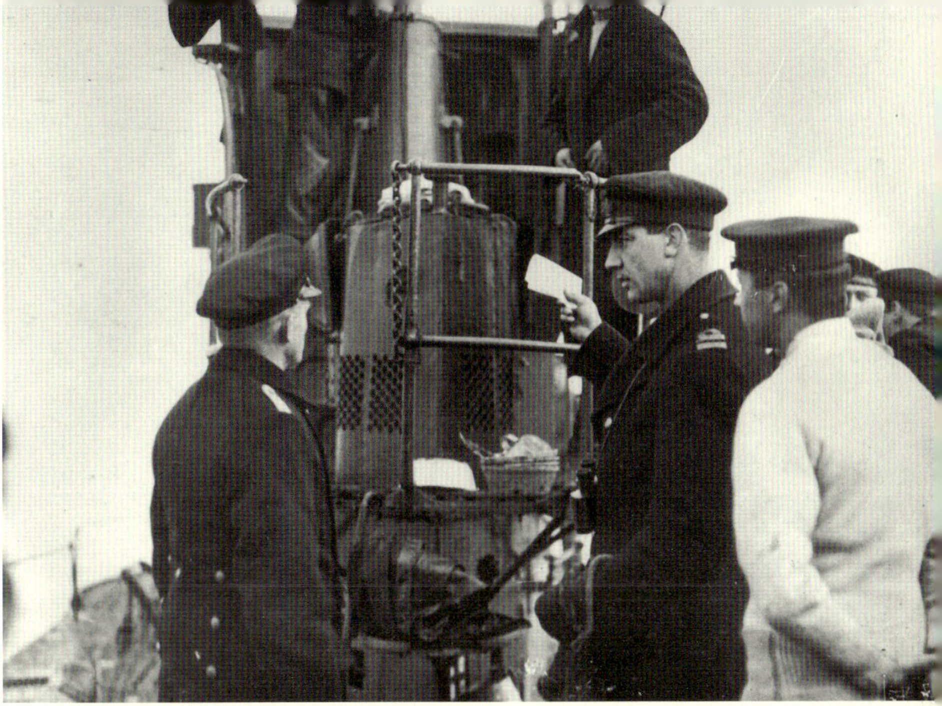

Übergabe eines der auszuliefernden deutschen U-Boote in Harwich (England), November 1918. Ein britischer Offizier kontrolliert die Papiere.

21. November 1918: Mannschaften der *Barham* erwarten die Übergabe der deutschen Hochseeflotte im Firth of Forth, der Bucht vor Edinburgh.

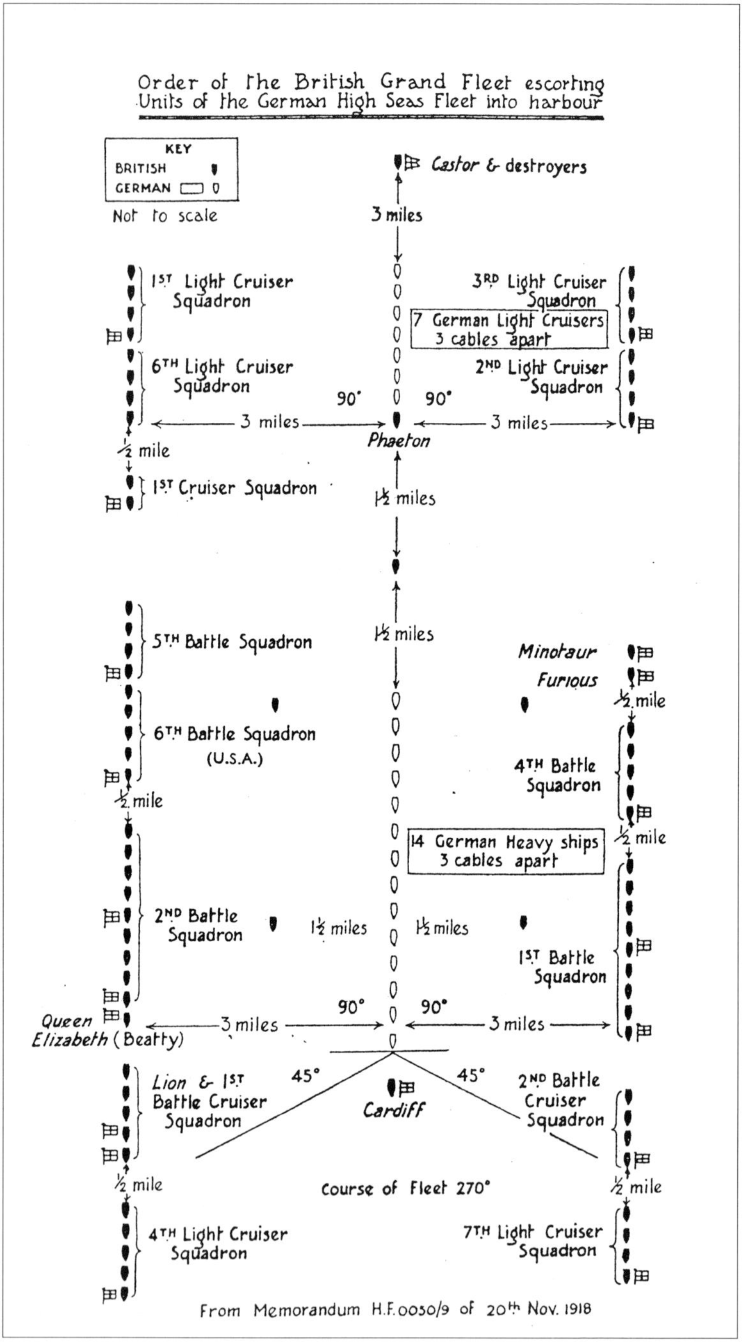

Der Plan Admiral Beattys, nach dem die Grand Fleet die überführte deutsche Hochseeflotte am 21. November zu ihren Ankerplätzen geleitete. In der Mitte die deutsche Linie mit *Cardiff* an der Spitze.

Admiral Sir David Beatty (1871–1936), Oberkommandierender der britischen Grand Fleet, während der Übernahme der deutschen Hochseeflotte.

Firth of Forth: die *Queen Elizabeth* mit der Flagge Admiral Beattys. Davor *King George V.*, *Ajax* und *Centurion*.

Die Orkneyinseln im Norden Schottlands mit der Bucht Scapa Flow, dem Internierungshafen der deutschen Hochseeflotte von Ende November 1918 bis 21. Juni 1919.

Der Schlachtkreuzer *Seydlitz* auf dem Weg zu seinem endgültigen Ankerplatz in Scapa Flow, kurz nach der Überführung.

Die deutsche Hochseeflotte nach ihrer Ankunft in Scapa Flow am 28. November 1918. Rechts eine Reihe britischer Bewachungsfahrzeuge.

Internierungsverband vor Anker. Im Vordergrund der Bug des Linienschiffs *Baden*, dahinter *König Albert* und *Kaiserin*. Ganz hinten links der Schlachtkreuzer *Derfflinger*.

Die Besatzung eines in Harwich ausgelieferten Unterseebootes steigt zur Heimreise in ein Motorboot um, November 1918.

Angelnde Mannschaften an Bord eines deutschen Torpedobootes während der Internierung. (Aufnahme aus einer Filmsequenz)

Eines der britischen Postboote in Scapa Flow, die auch die Versenkungsbefehle verteilten. Im Hintergrund deutlich zu erkennen zwei Kleine Kreuzer: rechts *Brummer*, links *Bremse*.

An Deck eines deutschen Torpedobootes während der Internierung.

Deutsche Torpedoboote, »in Päckchen« vor Anker liegend, in Scapa Flow.

sprächen auf ganzer Linie hart blieben, formulierten die deutschen Delegierten einige Gegenvorschläge. Diese bezogen sich auf die Fristen für die Evakuierungen, die Brückenköpfe, die neutrale Zone, die Menge der auszuliefernden Fahrzeuge, den Rückzug aus Ostafrika und die Aufhebung der Blockade. Die Bedingungen für die Marine kamen darin nicht vor.

Die Verhandlungsversuche des Marinevertreters der deutschen Delegation, Kapitän zur See Vanselow, brachten keine Erleichterungen. Vanselow erlaubte sich die Bemerkung, daß es unzulässig sei, eine unbesiegte Flotte zu internieren. Wemyss' Antwort lag nahe und bereitete ihm großes Vergnügen: Die Deutschen bräuchten ja nur herauszukommen und sich dem Kampf zu stellen.[44] Auf Vanselows Bitte, die Flotte in einem neutralen Hafen zu internieren, antwortete Wemyss erst gar nicht. Schließlich der deutsche Hinweis betreffend Artikel 22, man besäße gar keine 160 Unterseeboote, versetzte Wemyss in die Lage, eine Forderung zu erneuern, die er von Anfang an befürwortet hatte: die Auslieferung »aller« Unterseeboote.

Die Lage des Deutschen Reiches war in diesen Tagen in jeder Hinsicht verworren: Die Fronten waren auf dem Rückzug, und die Revolution war im Vormarsch. Am Sonnabend, dem 9. November, gab Prinz Max von Baden vorzeitig die Abdankung des Kaisers bekannt und übertrug Friedrich Ebert das Amt des Reichskanzlers. Am Morgen dieses Tages begab sich Marschall Foch für ein paar Stunden in das Hauptquartier in Senlis, wo er mit Clemenceau und Mordacq zusammentraf. Der Regierungschef fragte sich, ob die deutsche Delegation überhaupt das Vertrauen einer künftigen Revolutionsregierung besitzen werde, und fürchtete den Abbruch der Verhandlungen. Mordacq war da ganz unbesorgt; sollte es dazu kommen, könne man doch sofort, so seine Hoffnung, mit der Offensive durch Lothringen beginnen. Foch war wie immer gefaßt. Er berichtete, wie ruhig die Deutschen so drastische Bedingungen wie Flottenübergabe, Rückzug bis 30 Kilometer östlich des Rheins, Besetzungen und die Errichtung von Brückenköpfen hingenommen hätten; allein bei der Forderung, Artillerie, Maschinengewehre und Lokomotiven auszuliefern, habe Erzberger aufgeschrien: Dann sei man verloren. Wenn man Deutschland wehrlos mache und dem Bolschewismus ans Messer liefere, werde am Ende auch Frankreich zerstört werden.[45]

Clemenceau wies Foch trotz der unsicheren Lage an, den Vertrag zum Abschluß zu bringen, und Foch verlangte von der deutschen Delegation eine Vollmacht seitens der neuen Regierung und eine Garantie für die Ausführung der Waffenstillstandsbedingungen. Britische Marineoffiziere wollten von Vanselow wissen, ob die neue Regierung dazu überhaupt in der Lage sein werde, eine Frage, die der Deutsche nicht beantworten konnte. Daraufhin behielten sich die Briten vor, ihre Forderungen mit Waffengewalt durchzusetzen und, falls nötig, Helgoland zu besetzen.

In Berlin fand am 10. November, einem Sonntag, die große Versammlung im Zirkus Busch statt. Trotz der ungeklärten Regierungsfrage bekam Erzberger am Abend per Funkspruch grünes Licht vom amtierenden neuen Reichskanzler. In einem zweiten Funkspruch autorisierte ihn die Oberste Heeresleitung, den Waffenstillstand zu unterzeichnen. Selbst Hindenburg, in einem dritten Funkspruch, riet zur Unterzeichnung, auch dann, wenn die Modifikationen, die er gern ausgehandelt gesehen hätte, abgelehnt werden sollten. Dann bleibe nur noch der förmliche Protest. Die abschließende Sitzung in Compiègne begann am 11. November um 2.15 Uhr in der Nacht. Der heftigste Streit drehte sich noch einmal um die Blockade, aber die Deutschen mußten sich mit unverbindlichen Absichtserklärungen begnügen. Auch die Besetzung des linken Rheinufers konnten sie nicht verhindern. Die Rückkehr der deutschen Kriegsgefangenen sollte erst nach Abschluß des Präliminarfriedens geklärt werden, und die Bedingungen für die Marine sind gänzlich unverändert geblieben. Die Erleichterungen, die die deutsche Delegation erwirken konnte, waren gradueller Art. So haben die Warnungen vor dem Bolschewismus, dem man Deutschland nicht wehrlos ausliefern dürfe, Marschall Foch dazu bewegt, nur 5000 Maschinengewehre weniger, also 25 000 statt der vorgesehenen 30 000 zu fordern. Nach Wemyss' Eindruck war die deutsche Delegation von den zivilen Bedingungen (»the civil and financial ones«) allerdings weitaus stärker getroffen als von den militärischen Bedingungen und jenen für die Marine.[46] Mehrfach brachte sie die Lebensmittelfrage vor, die ihr deutlich wichtiger war als das Schicksal der Flotte, aber Marschall Foch stellte nur mündlich ein Ende der Blockade in Aussicht. Um 5.20 Uhr wurde schließlich unterzeichnet, Winterfeldt und Vanselow hatten dabei Tränen in den Augen. Um 11 Uhr trat der Waffenstillstand in Kraft. Es wurde eigens eine Alliierte Waffenstillstandskommission für die Marine unter Vizeadmiral Sir Montague Browning eingerichtet, die künftig die Ausführung der Bestimmungen sicherstellte.

Als Beatty von den Bedingungen erfuhr, war er dreifach enttäuscht: keine Seeschlacht, keine Auslieferung der deutschen Flotte – wie es schien – und keine Abtretung Helgolands, die Fisher und Beatty gefordert hatten und die auch in den Forderungen des Alliierten Marinerats vom 8. Oktober sowie der Admiralität vom 19. Oktober enthalten gewesen war: »Es wäre sehr schlecht für unser Land«, so Beatty am 31. Oktober, »wenn unsere großartige Flotte ihre Stärke nicht deutlicher zur Schau stellen könnte, als es bisher der Fall ist. Die Öffentlichkeit ist sehr kurzsichtig und würde mit Murren auf die Notwendigkeit hoher Ausgaben für die Erhaltung der Seemacht reagieren, wenn sie keinen *augenfälligen* Beweis für die Herrschaft über die Meere bekäme.«[47]

Insbesondere die Abtretung des Vorpostens Helgoland hätte Beatty als einen strategischen Befreiungsschlag angesehen, welcher der britischen Flotte endlich auch Operationen in der Nähe der deutschen Stützpunkte und eine bessere Überwachung der deutschen Schiffsbewegungen gestattet hätte. Hier gaben wieder politische Erwägungen den Ausschlag. Der Erste Lord Geddes fürchtete im Fall einer solchen Forderung die Kritik der Weltöffentlichkeit und vertröstete Beatty auf einen um so härteren Friedensvertrag. Vor allem war Beatty enttäuscht, daß man ihn während des Gezerres um die Waffenstillstandsbedingungen sowenig konsultiert hatte, insbesondere das Verhältnis zum Ersten Seelord Wemyss wurde dadurch nachhaltig erschüttert. »Die Geschichte«, so Beatty in dem bereits erwähnten Schreiben an Wemyss vom 5. November, »wird es uns niemals verzeihen, wenn wir diese Gelegenheit, die Gefahr für unsere Seemacht [durch Inbesitznahme der deutschen Flotte] nachhaltig zu bannen, ungenutzt verstreichen lassen.«[48] Als Beatty noch fürchten mußte, daß die Forderungen des Marinerats gekippt werden, und Wemyss ihm schrieb, in einem solchen Fall könne man nichts anderes tun, als Protest einzulegen, hatte er am 5. November mit dem Rücktritt des gesamten Board der Admiralität gedroht und auf die möglichen Folgen eines solchen Schrittes mit dem dunklen Satz verwiesen: »Ich glaube nicht, daß wir das angesichts einer für unsere Zukunft so lebenswichtigen Frage verkraften würden.«[49]

Jack im Freudentaumel

Ganz allein war Beatty mit seinen Forderungen allerdings auch nicht. In den Reihen der Entente war die Meinung recht weit verbreitet, das Ende des Krieges sei zu früh gekommen, Deutschland hätte vernichtend geschlagen und der Waffenstillstand in Berlin unterzeichnet werden müssen. Marschall Foch, der beklagt hatte, daß die Deutschen sich im Grunde nicht als Besiegte ansahen, mußte sich bis zu seinem Tod im Jahre 1929 gegen die Kritik wehren, er habe sich zu früh auf den Waffenstillstand eingelassen. Er argumentierte, es sei sinnlos gewesen, mehrere hunderttausend Soldaten für Ziele zu opfern, die man auch so erreichen konnte. Außer General Pershing, der während der Waffenstillstandsverhandlungen plötzlich ausgeschert war, hatten sich auch Haig und Pétain dieser Haltung angeschlossen, und den Amerikanern hatten sie unterstellt, daß jene mit ihren vergleichsweise geringen Verlusten keine rechte Vorstellung davon hätten, was es heißen würde, diesen Krieg fortzusetzen; Pershings Nein zum Waffenstillstand fanden sie einfach nur theatralisch und naiv.

Clemenceau und Lloyd George waren übereingekommen, das englische und französische Parlament zur selben Stunde, um vier Uhr nachmittags, über die Einzelheiten des Waffenstillstandsvertrags zu informieren. Clemenceau trug die Waffenstillstandsbedingungen dem Abgeordnetenhaus und dem Senat vor. Beide Häuser waren begeistert. »Von Versailles nach Versailles«, heißt ein Buch des zeitgenössischen Publizisten Maximilian Harden: Die eigentliche Bedeutung, die dieser Sieg für Frankreich hatte, wird daran erkennbar, daß der Protest der französischen Nationalversammlung von 1871 gegen die Einverleibung Elsaß-Lothringens durch das Deutsche Reich verlesen wurde, den Clemenceau einst mit unterschrieben hatte.

Oberst House, als er von der Unterzeichnung erfuhr, nannte das Ereignis die größte Freude seines Lebens und kommentierte es mit den Worten: »In der Geschichte der Menschheit war dies ein weiterer Triumph der Zivilisation über die Barbarei«,[50] und: »Endlich sind unsere

Toten auf der *Lusitania* gerächt.«[51] Landwirtschaftsminister David F. House eröffnete eine ähnlich Perspektive: »Dieser Waffenstillstand kennzeichnet einen epochalen Wendepunkt. Man könnte ihn mit dem Rückzug der Perser, dem Untergang Roms, dem Ende der Feudalherrschaft und der Französischen Revolution vergleichen.«[52] Präsident Wilson, in seiner Ansprache vor dem Kongreß, sah das Ende des bewaffneten Imperialismus gekommen, der selbstsüchtigen Interessenpolitik mächtiger Staaten. Die unverbindliche Absichtserklärung des Obersten Kriegsrates, Nahrungsmittellieferungen an die Mittelmächte zu gestatten, führte Wilson als Beweis für den »erklärten gemeinsamen Willen der Sieger« an, die Schwachen zu unterstützen, für ihre Rechte einzutreten und die Welt allein durch die Macht des guten Beispiels und der freundlichen Hilfsbereitschaft zu erobern: Eroberungen durch Waffengewalt seien immer befristet, dagegen könne von Dauer die Eroberung der Welt nur dann sein, wenn man ihre Wertschätzung gewinnt.[53] Man könnte meinen, Kaiser Wilhelms Rede über die friedlich zu erringende Hohenzollernweltherrschaft zu hören. Aber nicht nur die Alliierten hatten Wilsons Friedensprogramm im wesentlichen abgewiesen, auch bei den Kongreßwahlen am 5. November, bei denen die amerikanischen Wähler hauptsächlich über die Vierzehn Punkte abstimmten, erlitt der Präsident eine Niederlage zugunsten der Republikaner.

Als Lloyd George zur verabredeten Zeit dem Unterhaus die Waffenstillstandsbedingungen vortrug, war die Reaktion deutlich kühler als im Pariser Abgeordnetenhaus. Einen vergleichbaren Triumph wie Frankreich konnte Großbritannien am Ende dieses Krieges nicht feiern. In seiner Morgensitzung äußerte das Kabinett Befürchtungen, daß der Bolschewismus in Deutschland die Macht übernehmen könnte. Was blieb, war nur die Erleichterung, daß »der grausamste und schrecklichste Krieg, der je die Menschheit heimgesucht hat«, wie Lloyd George am Schluß seiner Rede sagte, endlich vorüber war: »Ich hoffe, daß wir an diesem schicksalhaften Morgen das Ende aller Kriege erlebt haben.«[54]

Zur Feier des Tages läuteten die Glocken von Big Ben, und beide Kammern des Parlaments besuchten einen Dankgottesdienst. Die Heerführer wurden im Buckinghampalast empfangen. David Beattty und die Admiralität beglückwünschten Offiziere und Mannschaften der

Grand Fleet zu diesem unvergleichlichen Sieg (»without parallel in history«), der durch die lange Untätigkeit und das Ausbleiben der entscheidenden Schlacht, wie sie erklärten, keineswegs geschmälert worden sei.[55] Der Churchill-Biograph William Manchester berichtet: »Auf den Londoner Straßen feierte die Menge noch den ganzen Nachmittag, tanzte ausgelassen über die Mall, bewarf sich mit Konfetti und zündete Feuerwerkskörper an. Doch plötzlich schlug das Wetter um. Der Himmel verdunkelte sich. Es begann heftig zu regnen. Einige Londoner suchten Zuflucht auf der Statue der Königin Viktoria, kletterten aber schon nach wenigen Minuten herunter. Die kalten Arme der Königin hatten sie nicht vor dem Regen schützen können.« Als Feldmarschall Wilson vom Abendessen beim Premierminister nach Hause ging, entdeckte er inmitten der jubelnden und feiernden Menschenmengen eine fürchterlich weinende ältere Dame. Auf die Frage, ob er etwas für sie tun könne, antwortete sie: »Nein danke. Ich weine, aber ich bin glücklich. Jetzt weiß ich, daß meine drei gefallenen Söhne nicht umsonst gestorben sind.«[56]

Auch vor der Admiralität drängte sich eine große jubelnde Menschenmenge. Lautstark forderte sie den Ersten Lord auf, eine Rede zu halten, und rief die Mitglieder des Board der Admiralität heraus. Sir Eric Geddes folgte der Aufforderung und ließ ein dreifaches Hoch auf David Beatty ausrufen, sodann auf die britischen Blaujacken. Als die Nachricht vom Waffenstillstand die Schlachtflotte erreichte, erteilte Beatty die Erlaubnis, den Offizieren und Mannschaften eine Sonderration Rum auszugeben. Das hatte es zuletzt bei den Krönungen von Edward VII. im Jahre 1901 und von George V. im Jahre 1910 gegeben. *The Scotsman* schrieb am 13. November über die Feiern auf der Grand Fleet:

»Um Punkt 19 Uhr gab es eine Sonderration Rum unter stürmischem Jubel und gegenseitigen Glückwünschen. Danach folgte der reinste Höllenlärm. Die großen Schiffe mit ihren dunklen Nebelhörnern machten den Anfang. Sofort antwortete jedes Schiff, groß und klein, mit dem Läuten der Glocken. Ein ohrenbetäubendes Getöse erhob sich über dem mondhellen Wasser. Dampfpfeifen kreischten, Sirenen zerrissen die Luft mit schrillen Tönen, und Nebelhörner unterlegten das wilde, stürmische Konzert mit ihrem tiefen Dröhnen. Drei ganze ununterbrochene Stunden, wechselweise ab- und anschwellend zu donnernden Crescendi, hallten die disharmonischen, aber glücklichen Siegeshymnen weit über das Wasser zu den angrenzenden Küsten, um gegen Mitternacht noch einmal von vorn zu beginnen. Jack tanzte und sang an Deck, jubelte und schrie, bis er heiser war und erschöpft ...«[57]

Während die Mannschaften feierten, machte sich bei den Offizieren Niedergeschlagenheit breit. Daß sie bald die Blüte der Hochseeflotte in Empfang nehmen sollten, war ihnen nur ein schwacher Trost für das vergebliche Warten auf ihr Trafalgar. Beatty sprach von »grenzenloser Depression«, Wemyss von einem Gefühl der Unvollkommenheit. Lloyd George wollte den Kaiser erschießen, Churchill wollte das nicht. Mit seinem Vorschlag aber, ein Dutzend Schiffe mit Lebensmitteln nach Hamburg zu schicken, konnte er sich nicht durchsetzen, sondern erntete nur verständnislose Blicke von seiten seiner Kollegen.

Die alliierte Blockade wurde, damit die Deutschen die Waffenstillstandsbedingungen auch wirklich einhielten, erst im April 1919 aufgehoben. Noch fünf Monate nach Unterzeichnung des Abkommens wurde in Deutschland gehungert. Als Erzberger von Compiègne nach Spa zurückgekehrt war, gratulierte ihm dennoch das Auswärtige Amt zu seinem Erfolg. Es hieß, man sei überrascht gewesen, daß er in den Verhandlungen noch soviel erreicht habe. Am Morgen des 12. November traf in Spa ein Sonderzug mit Delegierten des Hannoverschen Arbeiter- und Soldatenrats ein, die in Brüssel die Weltrevolution ausrufen wollten. Erzberger überredete sie zur Umkehr und fuhr mit ihnen zurück nach Berlin.

Flottenunruhen und letzte Fahrt

Admiral Reinhard Scheer, im Herbst 1918 Chef des Admiralstabs und der am 11. August gebildeten Seekriegsleitung, wollte die mit der Einstellung des U-Boot-Krieges wiedergewonnene operative Freiheit der Überwasserschiffe aktiv nutzen. Der Plan eines letzten offensiven Einsatzes war für die Marineführung eng mit dem Gedanken an eine heroische Selbstversenkung verbunden, mit der im Zuge dieses Vorstoßes gerechnet wurde. Daß es dazu nicht kam, war das Verdienst der in Wilhelmshaven und Kiel meuternden Matrosen. Die spätere, im wesentlichen friedlich verlaufene Selbstversenkung in Scapa Flow geht also letztlich auf die Weigerung der Mannschaften zurück, am 30. Oktober 1918 auszulaufen. Die Idee, die Flotte im Zuge einer letzten Schlacht zu versenken, war nicht nur eine Frage von konkreten taktischen Möglichkeiten und Gefahren und nicht nur ein Verstoß gegen die damals gültige außenpolitische Richtlinie, sondern hängt auch mit der Mythenbildung um einen Flottentod zusammen, der damals mit dem Königstod in Verbindung gebracht wurde.

Konteradmiral Adolf von Trotha, Chef des Stabes des Kommandos der Hochseestreitkräfte und jahrelang einer von Tirpitz' engsten Vertrauten, hielt den Flotteneinsatz auch im Falle einer Fortsetzung des U-Boot-Krieges für möglich. Er formulierte in seinen »Überlegungen in ernster Stunde« das Motiv der Marineführung am 6. Oktober 1918 so: »Aus einem ehrenvollen Kampf der Flotte, auch wenn er ein Todeskampf wird in diesem Kriege, wird – wenn unser Volk nicht überhaupt national versagt – eine neue deutsche Zukunfts-Flotte hervorwachsen; einer durch schmachvollen Frieden gefesselten Flotte ist die Zukunft gebrochen.«[1] Er halte es, schrieb Trotha, »aus moralischen Gesichtspunkten [für eine] Ehren- und Existenzfrage der Marine, im letzten Kampf ihr Äußerstes getan zu haben«.[2] Diese »Überlegungen« wurden am folgenden Tag vom Flottenchef gebilligt und am 8. Oktober der Seekriegsleitung übersandt. In einem Brief vom 8. Oktober an Kapitän zur See Magnus von Levetzow, Chef des Stabes der Seekriegsleitung, schrieb Trotha: »Es liegt auf der Hand, daß uns ein Schrecken der Scham erfaßt, bei dem Gedanken, die Flotte könne, ohne zum Schlagen gekommen zu sein, der inneren Vernichtung überliefert werden. [...] Lassen Sie die Kraft unserer Flotte nicht verschachern oder elend verkommen.«[3] Ähnlich formulierte Scheer unter dem Eindruck der zweiten Wilson-Note, die fast unverhüllt die bedingungslose Kapitulation gefordert hatte, seine vehement vertretene Haltung:

»1. Eine Beschränkung der U-Bootsverwendung auf den Kreuzerkrieg oder Ausnehmen von Passagierschiffen bedeutet technisch gleichviel wie völlige Einstellung. Gründe liegen auf der Hand.

2. Mit der Einstellung des U-Bootkriegs begeben wir uns des letzten Offensivmittels, das uns bei Fortgang der Waffenhandlungen noch zu Gebote steht.

3. Trotzdem ist die Marine bereit, schweren Herzens dieses Opfer zu bringen, wenn dafür ein Waffenstillstand erreicht wird, wie ihn die Armee nötig hat. Die Marine hat keinen Waffenstillstand nötig.

4. Die Wahrscheinlichkeit, daß bei Fortgang oder Wiederaufnahme der Kampfhandlungen das Einverständnis der Regierung zum uneingeschränkten U-Bootkrieg wieder zu erlangen ist, ist äußerst gering.

5. Die Bindung der Hochseestreitkräfte durch den U-Bootkrieg, dessen Rückgrat sie bilden, entfällt damit. Die Flotte erhält ihre operative Freiheit wieder.

6. Es ist unmöglich, daß die Flotte alsdann in dem Endkampf, der einem baldigen oder späteren Waffenstillstand vorausgeht, untätig bleibt. Sie muß eingesetzt werden. Wenn auch nicht zu erwarten ist, daß hierdurch der Lauf der Dinge eine entscheidende Wendung erfährt, so ist es doch aus moralischen Gesichtspunkten Ehren- und Existenzfrage der Marine, im letzten Kampf ihr Äußerstes getan zu haben.«[4]

Am 29. Oktober, dem Tag, an dem der Kaiser Berlin verließ und nach Spa ins Hauptquartier reiste, sollte sich die Hochseeflotte zunächst auf ihrem Ankerplatz Schillig Reede sammeln, sogar in etwas größerer Zahl, als sie am Skagerrak aufmarschiert war: fünf Schlachtkreuzer, 17 Linienschiffe, 14 Kleine Kreuzer, 60 Torpedoboote und 25 Unterseeboote. Die Ausfahrt war für den nächsten Tag geplant; sodann sollten die Kleinen Kreuzer und die Torpedoboote eine Serie von Angriffen gegen die Flandern-Küste und die Themse-Mündung starten, um die Grand

Fleet aus ihrer schottischen Höhle zu locken. Deren Kurs hätte sie durch neue Minenfelder in der Nordsee führen und deutsche U-Boote hätten ihr auflauern sollen. Unter Mobilisierung aller verfügbaren Kräfte hoffte man, die dann bereits reduzierte englische Flotte an einem Ort und zu einem Zeitpunkt deutscher Wahl angreifen zu können.

Mit dem Vorstoß gegen die Nachschublinien im Ärmelkanal sollten zumindest die Waffenstillstandsverhandlungen zugunsten des Deutschen Reiches beeinflußt werden. Anders als die Oberste Heeresleitung sah sich die Seekriegsleitung im Besitz einer immer noch starken Waffe, die zwar frustiert, aber nicht geschlagen war. Die Flotte als Druckmittel – rückte hier nicht ein später und spektakulärer Beweis der Theorie in greifbare Nähe, daß die Flotte unbeschadet aller strategischen Probleme als »politischer Machtfaktor« durchaus zu gebrauchen sei? Auf Sieg oder Niederlage kam es nicht an, solange es der Hochseeflotte gelang, der Grand Fleet einen maßgeblichen Schaden zuzufügen. Da der Vorstoß zu einer Zeit geplant wurde, als bereits die Waffenstillstandsverhandlungen angebahnt worden waren und die Flottenbefehlshaber also auf unverantwortliche Weise im Alleingang handeln wollten, könnte man wie Hans Kutscher den Plan als »Admiralsrebellion«[5] bezeichnen. Der Historiker Wilhelm Deist hat bemerkt, daß der in dem geplanten Flotteneinsatz enthaltene Gegensatz zur politischen Führung des Reiches als Folge einer seit Beginn des Krieges zu beobachtenden Politisierung des Seeoffizierkorps angesehen werden muß. So mag sich durch die Tatsache, daß die Seekriegsleitung im Oktober 1918 in Opposition zur Regierung geht, ausgerechnet der Kaiser bestätigt gefühlt haben, der die Politik immer wieder als Gift für die Flotte bezeichnet hatte.

Der Reichskanzler Prinz Max von Baden beschwor dem Kriegstagebuch der Seekriegsleitung zufolge Admiral Scheer am 20. Oktober »auf das eindringlichste«, sich in das Unabänderliche zu fügen und die Friedensaktionen nicht zu stören.[6] Daß der Flotteneinsatz gegen den Willen der verhandlungsbereiten Reichsregierung stattgefunden hätte und die Seekriegsleitung sich dessen auch bewußt gewesen ist, war aber nur die eine Seite. Daß die Marineführung bereits von der Schaffung einer zukünftigen Flotte sprach, zeigt zugleich, daß auf anderer Ebene durchaus über den Augenblick hinausgedacht wurde und man subjektiv möglicherweise nicht den Eindruck hatte, gegen das Gemeinwohl zu handeln. Dieser Hinweis ist natürlich kein Argument, das ganze Vorhaben nun sinnvoller erscheinen zu lassen, als es tatsächlich gewesen ist. Die Sache kam mit Sicherheit zu spät und hätte, wie schon die Skagerrakschlacht, vermutlich nicht viel genützt; sie hätte andererseits aber wohl auch weniger Opfer gefordert, als manche Offiziere es sich von dieser »Götterdämmerung« scheinbar geradezu erhofft haben – aus dem einfachen Grunde, daß es für die Engländer beim besten Willen nicht möglich gewesen wäre, die *gesamte* deutsche Hochseeflotte in einer Nordseeschlacht zu versenken. Scheer gab sich in einem vertraulichen Gespräch mit Ludendorff sogar überzeugt, auch nach einer schweren Schlacht genügend Großkampfschiffe übrig zu haben, um einem möglicherweise wiederaufzunehmenden U-Boot-Krieg den nötigen Rückhalt zu geben. Kapitän zur See William Michaelis sah den Vorstoß der im Verhältnis zum gesamten militärischen Potential kleinen Flotte als eine Möglichkeit an, einen Unterwerfungsfrieden unter geringeren Opfern abzuwenden, als ein Einsatz des Heeres sie fordern würde. Solche gesamtstrategischen Überlegungen traten aber hinter den Versuch zurück, im Sinne Trothas vorrangig einen traditionellen Ehrenkodex zu verteidigen, über den gerade der Erste Weltkrieg als »der erste demokratische Krieg in der Geschichte«, wie ihn der französische Historiker François Furet bezeichnet,[7] hinweggegangen war. Die Führungsprobleme in der Marine waren Trotha Anfang Oktober zwar bewußt. Intensiv um sie gekümmert hat er sich trotz der Erfahrungen des Vorjahres aber nicht, sondern versucht, sie unter den Bedingungen des Massenkriegs in einer militärisch aussichtslosen Lage mit aristokratischer Heldenromantik zu beantworten.

Den Offizieren menschenverachtendes Denken vorzuwerfen würde aber wiederum zu kurz greifen. Zwar haben sie sich im Angesicht des nahen Endes, des Scherbenhaufens ihrer jahrzehntelangen Arbeit offenbar in unverständliche Todesphantasien hineingesteigert. Aber warum war das möglich? Warum konnte eine Entscheidung über das Schicksal der Hochseeflotte fallen, ohne daß die Gesamtlage ausreichend berücksichtigt wurde? Bis zum Kriegsende hat offenbar das egoistische Interesse der Teilstreitkräfte Regie geführt, und dieser Egoismus war es dann auch, der zu so einem merkwürdig sinnlosen Entschluß verleiten konnte, als nun wirklich alles zu spät war und die zu erwartenden Verluste eines Flottenvorstoßes in keinem vertretbaren Verhältnis zum möglichen Erfolg mehr gestanden hätten. Damit ist einmal mehr das weit zurückreichende Problem der mangelnden Zusammenarbeit zwischen Heeres- und Marineleitung angesprochen, das Fehlen einer Gesamtstrategie, wie sie Tirpitz in seinen strategischen Überlegungen zur Zeit des ersten Flottengesetzes noch ganz selbstverständlich fand und wie sie die Allierten im Zweiten, teilweise auch im Ersten Weltkrieg, so vorbildlich praktiziert haben. Zu diesem Mangel hat auch das Heer seinen Teil beigetragen, das sich im Herbst 1918 ebensowenig um eine operativ sinnvolle Zusammenarbeit bemüht hat wie wenige Monate zuvor bei der großen Frühjahrsoffensive.

Die Idee, zur letzten Schlacht gegen England auszulaufen, um einen Waffenstillstand zu beeinflussen, war keineswegs neu. Die Holländer hatten gegen Ende des zweiten holländisch-englischen Seekriegs (1665–1667) ihre Verhandlungsposition bei den Friedensgesprächen von Breda mit einem kühnen Schlag gegen die englische Flotte zu stärken versucht, nachdem sich gegen Ende des Jahres 1666 auf beiden Seiten eine gewisse Kriegsmüdigkeit eingestellt hatte. Karl II., von 1660 bis 1685 englischer König, vernachlässigte aus Geldmangel seine Flotte und ließ die Schiffe in großer Zahl abtakeln und außer Dienst stellen. Auch er baute schon darauf, den kontinentalen Gegner mit einer Behinderung der Handelsschiffahrt an seinem schwächsten Punkt zu treffen, und meinte, dafür würde allein eine kleine Kreuzerflotte genügen. Die Folge dieser Einsparung großer Schiffe war, daß die Niederländer unter dem legendären Admiral Michiel de Ruyter eine Flotte von 60 bis 70 Linienschiffen gegen England schickten, am 14. Juni 1667 die an der Themsemündung liegenden Kastelle eroberten, die Absperrung des Medway, eines Nebenflusses der Themse, durchbrachen, einige englische Schiffe im Kriegshafen von Chatham vernichteten und mitsamt dem königlichen Flaggschiff *Royal Charles* entkamen. Der Feuerschein war noch in London zu sehen, und bis zum Ende des Monats blieben die Holländer im Besitz der Flußmündung. Im Angesicht der französischen Bedrohung konnte Holland diesen Erfolg aber diplomatisch nicht recht ausnutzen. Zwar schloß unter dem Eindruck dieses Schlages, der unmittelbar auf eine fürchterliche Pestzeit und einen großen Brand in London folgte und die alte Angst Englands vor einer Invasion wieder aufleben ließ, Karl am 31. Juli 1667 mit den Holländern den Frieden von Breda. Dieser bereitete die 1668 zwecks Abwehr der

Expansionsgelüste Ludwigs XIV. zwischen Großbritannien, den protestantischen Niederlanden und Schweden geschlossene Tripleallianz vor. »Der bleibende Erfolg dieses Kriegs«, wie aber Mahan schreibt, »war die Abtretung von New-York und New-Jersey an England, wodurch die Verbindung zwischen seinen nördlichen und südlichen Kolonien in Nordamerika hergestellt wurde.«[8]

Stirb und Werde

Von einer Vernachlässigung der britischen Flotte wie unter Karl II. konnte im Oktober 1918 keine Rede sein. Bei den englischen Offizieren herrschte höchste Alarmbereitschaft – nicht etwa aus Furcht, die Deutschen könnten sich in eine Verzweiflungsschlacht stürzen, sondern aufgrund ihrer ausdrücklichen Hoffnung, daß eineinhalb Jahre untätiges Warten auf eine zweite Seeschlacht nun endlich mit dem Triumph der Royal Navy belohnt würden. Aber Beatty mußte sich bei Kriegsende damit begnügen, »vielversprechende« taktische Neuerungen zu entwickeln, ohne sie noch in einer Begegnung mit der Hochseeflotte erproben zu können. Während in den deutschen Häfen die Mannschaften zu einem großen Teil dazu neigten, die Niederlage in einem universalen Pazifismus aufgehen zu lassen, der dem geringen eigenen Anteil am Krieg eine nachträgliche Sinnstiftung versprach, hoffte die Marineführung, den Ansehensverlust der Flotte abzuwenden, der ihr drohte, wenn ihr Kriegsbeitrag mit dem des Heeres verglichen würde. Nach Trothas Ansicht galt es, Bruch und Kontinuität so zu vermitteln, daß der Bruch die Kontinuität verhieß und die Kontinuität dem Bruch einen Sinn gab. Sein Argument ließe sich in der Formel zusammenfassen: Nur eine vernichtete Flotte ist eine notwendige Flotte. Insofern war der Opfergedanke nicht nur in die Zukunft gerichtet, sondern auch in die Vergangenheit gewaltiger Aufbauleistungen, die jeden Sinn zu verlieren drohten, wenn man ohne das Gefühl eines wesentlichen Verlustes über sie hinwegging.

Dieses »Stirb und Werde«, wie der Historiker Jost Dülffer formuliert,[9] war die äußerste Konsequenz des Flottengedankens und mit Hinweisen auf die Aussichtslosigkeit jener geplanten Unternehmung eigentlich nicht zu treffen, da sie für die Befehlshaber offenbar eine mythische

Dimension besaß. Admiral Scheer hat vor der Flucht des Kaisers aus dem Hauptquartier in Spa sogar den Vorschlag gemacht, Wilhelm II. bei einem solchen Flottenvorstoß auf der *König* einzuschiffen, in der Hoffnung, der Kaiser und König würde bei dieser Gelegenheit fallen und man könne auf diese Weise die Krone über die schwere Krise des Reiches hinwegretten. Kapitän zur See Alexander Freiherr von Senarclens-Grancy, Flügeladjutant Wilhelms II., hat im Sommer 1932 den umgekehrten Plan ins Auge gefaßt, der den Kreis dieses Gedankens schließt. Er reiht sich ein in die vielfältigen und zahlreichen, zu keiner Zeit mehrheitsfähigen Bemühungen in den Jahren der Weimarer Republik, den Kaiser wieder auf den Thron zu bringen – Bemühungen, die sogar bei einigen Monarchisten auf Widerstand stießen: aufgrund der großen Unbeliebtheit des Kronprinzen, den man sich als einen »Kaiser Wilhelm III.« nun wahrlich nicht mehr vorstellen konnte.[10] Grancy vertrat jedenfalls die Ansicht, das Vaterland brauche die starke, über die Parteipolitik erhabene Hand des Monarchen und erklärte die Rückkehr der Hohenzollern auf den Thron zur Existenzfrage des deutschen Volkes. Sein provisorischer Plan war auf die Mitarbeit monarchisch gesinnter Marineangehöriger gebaut, die den exilierten Kaiser in der Nordsee an Bord nehmen und nach Wilhelmshaven zurückbringen sollten. Reichskanzler Franz von Papen würde sodann zurücktreten, Hindenburg seine Macht auf Wilhelm II. übertragen und dieser unter Umständen auf den Thron zurückkehren können. Sogar Hitler soll unter der Voraussetzung, daß die Reichswehr mitziehe und er selbst unter dem Kaiser Kanzler werde, seine Unterstützung zugesagt haben, der Plan dann aber vor allem an Reichswehrminister Kurt von Schleicher gescheitert sein.[11]

Spätestens hier fühlt man sich an den bekannten, auf den ersten Blick ähnlich widersprüchlichen Ausruf »Der König ist tot. Es lebe der König!« erinnert, um so mehr, als es sich ja um das Schicksal des »Flottenkaisers« handelte. Der Ausruf spielt auf die zwei Körper an, den leiblich-vergänglichen auf der einen und den mythisch-sakralen, den ewigen Körper auf der anderen Seite. Diese beiden Körper stehen in einer komplizierten und oft sehr widersprüchlichen Beziehung zueinander,[12] und in besonderen historischen Situationen wird vom König das Opfer seines irdischen Lebens geradezu erwartet, um die Dynastie und damit das Wohl seines Volkes zu retten. Der Soziologe Nicolaus Sombart hat erst vor wenigen Jahren versucht, die sakrale Dimension des monarchischen Herrschertums am Beispiel Wilhelms II. wieder ins Gespräch zu bringen.[13] Die Diskussionen um das Für und Wider der Flottenoffensive erinnern jedenfalls sehr an jene Debatten, die sich um die Flucht Kaiser Wilhelms II. nach Holland ranken, denn diese Flucht, so der vielfach erhobene Vorwurf, habe die Monarchie in Deutschland »getötet«, wie der sozialdemokratische Historiker Johannes Ziekursch 1930 befand.[14]

Wilhelm Groener, nach Ludendorffs Entlassung Ende Oktober 1918 Generalquartiermeister der Obersten Heeresleitung, gehörte zu jenen, die die Vorgänge am 9. November im Großen Hauptquartier in Spa aus nächster Nähe miterlebten, und er hat sich noch während der Revolutionsmonate, am 2. Februar 1919, in einer Zuschrift an die Berliner *Kreuzzeitung*, das damals führende konservative Organ, zur Frage des Königstodes geäußert. Es war dieser in der Umgebung des Kaisers eher als Demokrat verdächtige württembergische General, der sich vom Soldatentod oder einer Verwundung des Kaisers einen Umschwung in der öffentlichen Meinung erhofft und dementsprechend »mehrfach versucht [haben will], den Kaiser dahin zu bringen, wohin er m. E. nach gehörte, in den Kampf auf das Schlachtfeld, wie sein großer Ahn in solchen Lagen zu tun pflegte. Seine Umgebung war jedoch der Ansicht, man dürfe den Kaiser nicht ›in Gefahr bringen‹, während ich die Auffassung vertrat: fiel der Kaiser, so war es ein heroisches Ende, wurde er verwundet, so war die Möglichkeit eines Umschwunges in der öffentlichen Meinung zu seinen Gunsten vorhanden.«[15] Ähnlich hat sich Groener als Zeuge im Dolchstoßprozeß von 1925 geäußert. Er hatte wohl die Hoffnung, mit dem Königsopfer Forderungen nach einer Abdankung des Kaisers, wie sie von den Linksparteien vorgebracht wurden, ausweichen und den Fortbestand von Monarchie und Hohenzollerndynastie durch den Tod des Kaisers auf dem Schlachtfeld sichern zu können.

Über die Ereignisse im Hauptquartier am 9. November ist manches nicht immer Zuverlässiges publiziert worden, vor allem, weil viele der Beteiligten aus naheliegenden Gründen später versuchten, ihr Verhalten anders darzustellen, als es tatsächlich gewesen ist. Es geht denn hier auch weniger um den tatsächlichen Ablauf der Ereignisse, und auch nicht um die Frage, welche Folgen der Königstod oder die Abdankung

Wilhelms II. als Kaiser, nicht aber als König von Preußen, tatsächlich gehabt hätten, sondern nur um die mythische Vorstellungswelt des Stirb und Werde, um die Analogie von Königstod und Flottentod. Bekanntlich kam es nach langem Hin und Her auf Hindenburgs Anraten zur Flucht des Kaisers nach Holland, was eher ein Entscheidungsverzicht als eine echte Entscheidung gewesen ist. Unter anderem fürchtete man, der Kaiser könne in Gefangenschaft geraten und womöglich eine Demütigung wie Napoleon III. erleben müssen. Aber in dieser einen Frage, wie später mehrfach, so auch von Wilhelm Groener, bemerkt wurde,[16] hätte es für den Kaiser keine Berater geben dürfen.

Aus den Vorgängen ist nicht bloß ein formeller Verzicht auf den Thron seitens des Kaisers herauszulesen: Wenn nämlich Wilhelm II. später aus dem holländischen Exil in trotziger Besserwisserei Hindenburg wegen seines Rates mit schweren Vorwürfen bedachte, so war seine Abdankung, indem er Hindenburg nach wie vor die entscheidende Rolle zubilligte, durchaus mehr als eine Formalität. Dadurch, daß er den Rat des Generalfeldmarschalls auch offiziell in dieser entscheidenden Frage über seinen eigenen Willen stellte, machte er sich jenem zum Untertan. *Diese* Abdankung des Kaisers – ohne daß ihm die Konsequenz offenbar bewußt gewesen ist – zeigt, wie weit er selbst schon unter dem Eindruck der durch den Krieg vorangetriebenen Entzauberung gestanden hat, die ihre tieferen Wurzeln in den schweren innenpolitischen Vorkriegskrisen des Kaiserreichs gehabt haben dürfte. Dazu zählen etwa das gescheiterte Bündnisangebot an Nikolaus II. bei Björkö im Sommer 1905, die Eulenburg-Affäre, die *Daily-Telegraph*-Affäre und weitere Ereignisse, welche die Stellung des Monarchen bereits substantiell angegriffen haben. Das Ende der Monarchie ging demnach auch auf den Sommer 1916 zurück, als mit Rücksicht auf die Volksstimmung in Berlin dem Kaiser die Ernennung Hindenburgs zum Oberbefehlshaber Ost nahegelegt wurde. Wilhelm II. soll sehr ungehalten darüber gewesen sein und darin, daß Hindenburg schon zu dieser Zeit nicht nur als Heerführer, sondern als Volkstribun, als »Ersatzkaiser« an seine Stelle trat, frühzeitig seine eigene Abdankung erkannt haben.[17] Jedenfalls war dies der Beginn einer nicht mehr endenden Eifersucht auf den »Sieger von Tannenberg«.[18] Wilhelm II. fühlte sich im Juli 1917 erneut entsprechend gedemütigt, als die Oberste Heeresleitung, der nun auch Hindenburg angehörte, ihn zur Entlassung des

Reichskanzlers Bethmann-Hollweg zwang. Der 9. November sollte diese Entwicklung vollenden, »so kläglich, so nebensächlich, nicht einmal Mittelpunkt der Ereignisse« – das waren die Worte, die der liberale Diplomat Harry Graf Kessler für die von Prinz Max bekanntgegebene Abdankung fand.[19]

Mit der Schaffung der Seekriegsleitung, einer obersten Kommandobehörde, war in der Marine ebenfalls eine Entwicklung zum Abschluß gekommen, die der Tatsache Rechnung trug, daß auch hier beim Offizierkorps das Bild des Kaisers als des aktiven Oberbefehlshabers im Laufe des Krieges »verblaßt« war. Hatte der Kaiser sein Schicksal einmal an den Flottengedanken gebunden, so mußte es ihm im Zuge des strategischen Scheiterns der Flotte wohl ähnlich ergehen wie seinem Großadmiral von Tirpitz, dessen Stellung »vor Kriegsausbruch jedem Vergleich mit Repräsentanten der Armee gewachsen war«.[20] Selbst die relativ erfolgreiche Skagerrakschlacht ist bald von der Übernahme der Obersten Heeresleitung durch Hindenburg und Ludendorff überschattet worden, und Ludendorffs prinzipielle Zurückhaltung gegenüber der Marine blieb auch Scheer nicht verborgen. Anfang Oktober 1918 ließ Ludendorff sogar durchblicken, daß, wie der Seekriegsleitung durch den am 4. Oktober nach Spa entsandten Korvettenkapitän von Jorck bekannt wurde, »einer event. Forderung Englands um Auslieferung der deutschen Flotte wohl auch nachgekommen werden müßte, daß überhaupt die Marine wohl in der Hauptsache die Zeche bezahlen müßte«.[21] Unter dem Eindruck dieser Nachricht hat Trotha seine »Überlegungen in ernster Stunde« verfaßt. Vielleicht ist also der transzendente Gehalt dieses Plans als eine Folge der Entzauberung der Monarchie anzusehen, denn die mit dem Gottesgnadentum des Kaisers verbundenen heilsgeschichtlichen Hoffnungen gehen mit dessen Entmachtung ja nicht einfach verloren, sondern suchen sich neue Gegenstände, an denen sie festgemacht werden können.

Hatte die Flotte in ähnlicher Weise wie der Kaiser sich selbst überlebt? Die soziale Frage, wie manche gehofft hatten, war durch sie jedenfalls nicht beantwortet worden. Während der »totale Krieg« die alten Standes- und Klassenunterschiede nicht nur an der Landfront, sondern auch in der Heimat in der gemeinsam ertragenen Not weitgehend eingeebnet hatte, war die Flotte von dieser Wirkung großenteils unberührt geblieben. Auch eine mythische Vorstellungswelt braucht ihre Anker in der Wirklichkeit, und so wie die Monarchie ihren Sinn weitgehend verloren hatte, spätestens, als der Kaiser während des vierjährigen Krieges zunehmend aus dem öffentlichen Bewußtsein verschwand, hatte auch die Flotte ihren Sinn verloren: Nachdem sie sich in strategischer Hinsicht als nutzlos erwiesen hatte, kam sie auch als eine Weise der romantischen, zukunftsfrohen und sei es »luxuriösen« Selbstvergewisserung nicht mehr in Betracht. Die Opferbereitschaft der Heizer und Matrosen war jedenfalls erschöpft, als sich am 29. Oktober der Auslaufbefehl bei den Mannschaften – bei den Offizieren ein paar Tage früher – herumsprach. Immer wieder auftauchende Gerüchte über ein letztes Aufgebot hatten auch schon den deutsch-amerikanischen Notenwechsel zur Anbahnung des Waffenstillstands belastet.[22]

Meuterei und Revolution

Verpflegungsmängel und vergleichsweise geringfügige dienstliche Schwierigkeiten hatten den Anlaß für die ersten Marineunruhen im Sommer 1917 auf mehreren Großkampfschiffen gegeben, die vom Kommando der Hochseestreitkräfte unter anderem mit zwei Todesstrafen, darunter gegen den Matrosen Max Reichpietsch, beantwortet worden waren. Bei einem Flottenbesuch hatten die Matrosen den Kaiser gar mit »Hunger«- statt mit »Hurra«-Rufen begrüßt.[23] Die Todesstrafen hatten wiederum eine Empörung und Verbitterung erzeugt, die sich fortan nicht mehr aus der Welt schaffen ließ. Es war diese Kluft zwischen Mannschaften und Offizieren, die die Flottenunruhen im Herbst 1918 offen ausbrechen ließ.

Die Aufforderung zur heroischen Tat kam zu spät. Und doch waren in diesen Tagen Reste der ehemaligen Kriegsbegeisterung spürbar – hier wie dort fand man alles, was die Tatkraft der Massen mobilisiert: klare Feindbilder und flammende Reden, erhabene Gefühle und große Hoffnungen, aber auch schlichte Abenteuerlust. Die Untätigkeit im Krieg hatte eine Umkehrung der motivischen Kräfte bewirkt, aber parteipolitische Agitationen dürften als Ursache der Flottenunruhen dennoch zweitrangig gewesen sein. Zur gleichen Zeit, als Scheer erklärte, die Marine habe keinen Waffenstillstand nötig, faßte der Matrose Stumpf die Stimmung der Mannschaften in der Formel »Friede in Sicht«

zusammen. Damit waren die neuen Feinde die alten Herren in der Offiziersmesse. Dafür gab es gerade an Bord der Großkampfschiffe auch ohne den Flottenvorstoß nur allzu verständliche Gründe, aber zuvor wurde großmütig und opferbereit ertragen, was nun die Empörung weckte. Ein junger Fähnrich beobachtete etwa, daß der Kommandant von *Derfflinger*, Kapitän zur See Hans-Carl von Schlick, am Tag vor dem Auslaufen sein gesamtes Hab und Gut sicherheitshalber von Bord bringen ließ. Diese Nachricht ging wie ein Lauffeuer durchs ganze Schiff. Der Kommandant der *Thüringen*, der »lieber alles kurz und klein schießen lassen« wollte, als die Flotte auszuliefern, sagte: »Wir verfeuern unsere letzten 2000 Schuß und wollen mit wehender Fahne untergehen.«[24] In Zeiten des Zusammenbruchs gibt es viele Vorfälle dieser Art, die vielleicht nicht neu sind, plötzlich aber unerträglich werden. Zar Nikolaus II. soll, als ihn die Nachricht vom Fall Port Arthurs erreichte, sein Tennisspiel nicht unterbrochen haben. Kronprinz Wilhelm, der älteste Sohn des Kaisers, war seit langem dafür bekannt, daß er sich an der Front mit französischen Geliebten vergnügte, Besprechungen verließ, wann es ihm paßte, den Soldaten mit seinem Tennisschläger zuwinkte und ihnen aus dem fahrenden Auto Zigaretten hinwarf, die eines Tages niemand mehr aufhob.

Das eigentlich Empörende an dem geplanten Flottenvorstoß dürfte aber, wie das Beispiel von Schlicks zeigt, das Ansinnen gewesen sein, das Schicksal in eine eigene Tat zu verwandeln. Das Hab und Gut des Kommandanten war den Mannschaften ja schon vorher bekannt; entscheidend war vielmehr, daß er dem jungen Fähnrich nicht nur das *geplante* Schicksal – nämlich den Untergang des Schiffes – demonstrierte, sondern zugleich seine persönliche Möglichkeit, sich den Konsequenzen zumindest teilweise zu entziehen, statt, wie es sich für einen Seemann gehört, die Gleichheit in der Not, und zwar aller, die an Bord sind, auch symbolisch zu achten. Damit hat jener Kommandant das demokratische Element der Seefahrt verletzt, wie es Shakespeare in dem Drama »Der Sturm« (I, 1) zum Ausdruck bringt: Matrose, Bootsmann, Gonzalo, Prinz und König befinden sich, als ihr Schiff untergeht, »in gleichem Fall«.

Auch der geplante Königstod warf das Problem auf, daß das Schicksal sich dem politischen Kalkül entzieht, wie Schillers Gedicht »Der Ring des Polykrates« lehrt. Der Soldat, und sei er der König, geht in den

Kampf, um zu kämpfen und nicht um zu sterben – denn dann wäre der Krieg ein Mittel des egoistischen Selbstmordversuchs –, auch wenn der Heldentod immer schon als Möglichkeit und im modernen Krieg zunehmend als eine Ausweglosigkeit mit anwesend ist. Der Kaiser, der nach Holland flieht, zieht im Grunde nur die Konsequenz aus seiner Nebenrolle in vier Jahren Krieg, während die Rebellion der Matrosen die Reaktion auf die Rebellion der Admirale darstellt, die sich nicht wie der Kaiser ins Unvermeidliche fügen und den Traum von jenem Ring nicht aufgeben wollen, der den gnädigen Ratschluß der Götter in ein menschliches Werk verwandelt.

Wäre die Marineführung mit den gruppenpsychologischen Problemen eines langen Seekriegs vertraut gewesen, hätte sie vielleicht bei Zeiten für Abhilfe gesorgt und manches getan, das öde Leben an Bord und in den Häfen angenehmer zu gestalten und die Motivation der Mannschaften zu erhalten. Dann wären die sozialen Verhältnisse an Bord der Großkampfschiffe vielleicht nicht zu jenen kastenartigen Strukturen erstarrt, die jeden zwischenmenschlichen Kontakt zwischen Mannschaften und Offizieren weitgehend einfrieren ließen. Ob das den enttäuschenden Kriegsverlauf ausgeglichen hätte, darf allerdings bezweifelt werden. Die englischen Mannschaften wurden immerhin mit Sieg belohnt, wenn auch mit einem leicht gewonnenen. Die Lebensverhältnisse an Bord der deutschen Schiffe können es allein jedenfalls nicht gewesen sein, denn, wie Walter Rathenau nach Kriegsende schrieb, leiden die Menschen materiell nicht darunter, daß sie ausgebeutet werden, »sondern daß sie zuwenig schaffen«,[25] daß sie zur Untätigkeit verurteilt sind und dann erst die Not als sinnlos erscheint. Vielleicht brach entgegen allem Anschein die Revolution in der Marine aus, nicht weil man vom Krieg genug hatte, sondern vom Ausbleiben des Krieges. Gustav Noske schreibt zum Beispiel, um die Matrosen gegen Angriffe von rechts in Schutz zu nehmen: »Je nachdem, in welche Hände sie kamen, sind die Matrosen im Lande der Schrecken der Bevölkerung oder ihr sicherster Schutz geworden. [...] Nur weniger verbraucht als die Landsoldaten und deshalb unternehmungslustiger waren in der Regel die Blaujacken.«[26] Für diese Beobachtung spräche die Tatsache, daß die Mannschaften der aktiveren Untersee- und Torpedoboote, die auch enger zusammenlebten, sich der Meutereien weitgehend enthielten.

Man kann sich leicht vorstellen, daß eine U-Boot-Besatzung, die in der Regel aus einem Kommandanten, drei Offizieren und etwa 35 Mann bestand, sehr bald eine eingeschworene Gemeinschaft bildete, wie sie bei den anonymeren Verhältnissen an Bord eines großen Schiffes nicht möglich war. Infolge des U-Boot-Krieges hatten jüngere Offiziere für die großen Schiffe kaum noch zur Verfügung gestanden. Eine große Führungsschwäche war auch dadurch entstanden, daß in der Zeit von August bis Oktober 1918 innerhalb der drei Linienschiffgeschwader und der drei Aufklärungsgruppen als eine Folge der Schaffung der Seekriegsleitung fast die Hälfte aller Kommandanten und Ersten Offiziere ausgewechselt worden war, auf manchen Schiffen, wie *Bayern*, *Von der Tann*, *Königsberg* und *Brummer*, sogar der Kommandant *und* der Erste Offizier.[27]

Die Mannschaften der »Dickschiffe« waren es vor allem, die den Dienst verweigerten; die Heizer löschten die Feuer, und da das meiste Personal für die Maschinenanlagen gebraucht wurde, war ohne die Mannschaften mit der Flotte nichts anzufangen. Nicht umsonst hatte Tirpitz Mensch und Schiff unter dem Begriff des »Schlachtkörpers« zusammengefaßt, die Männer gar zu »Rädern der Schlachtmaschine« ausbilden wollen. Die Unruhen trafen das Offizierkorps bereits in einem Augenblick, da es sich der Unterstützung durch die Regierung nicht mehr sicher sein konnte. Die den Schiffsnamen vorangehenden Buchstaben »S. M.« (»Seiner Majestät«) wurden von den Mützen entfernt, so daß nur noch das »S.« für »Schiff« und der Name selbst übrigblieben. Die schwarzweißroten Kokarden wurden rot übermalt. Von Wilhelmshaven in ihren Heimathafen entlassene Geschwader brachten die Unruhen am 1. November nach Kiel, wo der Aufstand zunächst als solidarische Befreiungsaktion für verhaftete Kameraden begann, die der spontan gebildete Arbeiter- und Soldatenrat unterstützen wollte, indem er die Behebung der gröbsten Mißstände forderte. Am 4. November beherrschten die Aufständischen praktisch die Stadt, und am 6. November hatten die Soldatenräte schon in fünf weiteren Städten, Lübeck, Brunsbüttel, Hamburg, Bremen und Cuxhaven, die Macht übernommen. Von da ging es weiter durch das ganze Land. Graf Kessler notierte am 7. November, als Braunschweig erreicht war: »Umgekehrt wie in Frankreich revolutioniert die Provinz die Hauptstadt, die See das Land: Wikingerstrategie. Vielleicht kommen wir so gegen unseren Willen an die Spitze des Sklavenaufstands gegen England und das amerikanische Kapital. Liebknecht als Kriegsherr in diesem Endkampf; die Flotte hat die Führung.«[28] Am 8. November bildeten 200 in Köln eingetroffene Matrosen einen Arbeiter- und Soldatenrat dem der »betont kooperative« Oberbürgermeister Konrad Adenauer im Rathaus Büroräume zur Verfügung stellte.[29] Das entsprach der vielerorts zu beobachtenden Bereitschaft der Räte, wie etwa in Hamburg, die Verantwortung für öffentliche Sicherheit und Ordnung zu übernehmen.

Am 5. November floh Prinz Heinrich, Bruder des Kaisers und Oberbefehlshaber der Streitkräfte in der Ostsee, in einem Lastwagen mit roter Fahne aus Kiel, am Arm eine rote Binde tragend. Vier Tage später wehte auf *Friedrich der Große*, dem Flaggschiff des IV. Geschwaders, die rote Fahne. Die meisten Offiziere reagierten unschlüssig, abwartend, ziellos. Zu Scheer sagte Wilhelm II. am 9. November nur: »Herr Admiral, die Marine hat mich fein im Stich gelassen.«[30] Kapitän zur See von Restorff, der die Geschäfte des Marine-Kabinettchefs wahrnahm, schlug vor, die meuternden Schiffe zu torpedieren. Er war bereit, ein »größeres Blutvergießen« in Kauf zu nehmen, denn »eine Flotte, die von Meuterern gezwungen wird, eine beabsichtigte Operation aufzugeben«, schien ihm »schwimmend wertloser als auf dem Grunde des Meeres liegend«.[31] Eine Empfehlung, die rebellierenden Schiffe durch zuverlässige Unterseeboote beschießen zu lassen, hatte auch der Staatssekretär der Reichsmarineamtes, Vizeadmiral Ritter von Mann, am 2. November ausgesprochen. Er wollte die Besatzungen rotbeflaggter Schiffe zu Piraten erklären lassen. Diese Pläne wurden in Ermangelung militärischer Gewalt nicht umgesetzt. Lediglich den Linienschiffen *Thüringen* und *Helgoland*, mit jeweils mehr als 1100 Mann Besatzung, wurde die Versenkung angedroht, und große Teile der Mannschaften, insgesamt 600 Mann, wurden verhaftet. Als einziger Offizier schoß der Kommandant der *König* einen Mann nieder, der die Kriegsflagge durch die rote Fahne ersetzen wollte, woraufhin er seinerseits niedergeschossen und zwei seiner Offiziere getötet wurden. Am folgenden Tag erschossen meuternde Matrosen den Stadtkommandanten von Kiel in seiner Wohnung, als dieser sich dem Versuch des Soldatenrates widersetzte, ihn zu verhaften.

Die im ganzen Reich spontan gebildeten »Räte« waren nicht überall unmittelbar am sowjetischen Vorbild orientiert. Was sie aber mit jenen gemeinsam hatten, war das Streben nach einer möglichst unmittelbaren und unbeschränkten Teilnahme des einzelnen am öffentlichen Leben. Die Begeisterung für das Rätesystem rührte daher, wie der österreichische Sozialist Max Adler schrieb, daß »jeder Einzelne sich hier mithandelnd findet und seinen Beitrag in den Ergebnissen des Tages gleichsam vor Augen sieht«.[32] Jedes Mitglied eines Rates ist jedem anderen gleichgestellt, der Rat ist ein politisches Organ, in dem die Parteizugehörigkeiten und Standesunterschiede eigentlich keine Rolle spielen. Um sich Klarheit über die tatsächliche Lage zu verschaffen und die Unruhen einzudämmen, entsandte die Reichsleitung Staatssekretär Conrad Haußmann von der Fortschrittlichen Volkspartei und den Marinereferenten und Reichstagsabgeordneten der SPD Gustav Noske, der noch aus der Vorkriegszeit zur Flotte gute Kontakte hatte, am 4. November nach Kiel zu Verhandlungen mit dem Arbeiter- und Soldatenrat. Der Rat wurde nicht nur als quasi legale Gegenmacht anerkannt; Noske wurde sogar am 7. November zum Gouverneur von Kiel gewählt und übernahm damit als Zivilist das Kommando über etwa 80 000 Soldaten. Auch von Hindenburg erging noch am 9. November ein Befehl, dort, wo sich Arbeiter- und Soldatenräte bildeten, mit ihnen zu verhandeln, um die Ruhe aufrechtzuerhalten, um Plünderungen und ähnliches zu vermeiden. Es gelang Noske, da er von den Aufständischen geschätzt wurde, die tagelangen Schießereien zumindest in Grenzen zu halten und die Lage zu stabilisieren. Das sich schließlich bis nach München ausbreitende Lauffeuer der Revolution konnte er nicht verhindern. Seine Wahl ist aus nachträglicher Sicht überraschend, kann aber allein mit der später etwa von Sebastian Haffner aufgestellten These, die SPD habe die Revolution dadurch verraten, daß sie sie schon hier unter ihre Fittiche genommen habe, nicht erklärt werden. Wer will schon sagen, ob die Mannschaften zu dieser Zeit eine Revolution machen wollten – mit allen weitgehend unabsehbaren, im Zweifelsfall bürgerkriegsähnlichen Konsequenzen? Woher will man wissen, daß eine solche Absicht gar repräsentativ für die Mehrheit der Bevölkerung gewesen wäre? Für die meisten Matrosen waren – anders als ein paar Tage später in Berlin – bis zu diesem Zeitpunkt offenbar noch dienstliche Belange das wichtigste Motiv ihres Aufbegehrens und insofern die Wahl Noskes ganz plausibel. Die heute sich unwillkürlich regende Irritation gegenüber der Tatsache, daß die Mannschaften hier einen Regierungsvertreter anerkannten, beruht vermutlich auf der Neigung, die Flottenunruhen schon von Anfang an als ein bürgerkriegsähnliches Ereignis zu betrachten. Das aber zeigt nur, wie stark die spätere Entwicklung auf die frühen Ereignisse in den Häfen zurückstrahlt, daß die »rote Flut« (Tirpitz),[33] die sich von den Häfen in das Landesinnere ergoß, in der historischen Betrachtung auch wieder zurückrollt. Dabei kann sich die demokratische Legitimität eines revolutionären Avantgardismus nur dadurch erweisen, daß die Mehrheit der Bevölkerung ihm zu folgen bereit ist. Eine weitverbreitete Stimmung aussprechend, erklärte aber ein namentlich nicht genannter führender Abgeordneter der Fortschrittlichen Volkspartei gegenüber der *B. Z. am Mittag*: »In diesen Zeiten kann in Deutschland ohne Sozialdemokratie nicht regiert werden, sie ist zur Mehrheitsbildung unbedingt notwendig, sonst geht die Revolution nicht auf geordnetem und friedlichem Wege, sondern auf bolschewistischem Wege mit allen Schrecken des Bürgerkriegs vor sich.«[34]

Die Sozialdemokraten hatten zunächst sogar an der Unterscheidung zwischen Monarch und Monarchie festgehalten, um die Monarchie und damit den Staat über die schwierige Lage hinwegzuretten. Das entsprach der weit über die Linke hinaus schon seit langem verbreiteten Meinung, daß die Person *dieses* Kaisers dem Thron eher schade und seine Abdankung dazu angetan sein könnte, nicht die Revolution zu machen, sondern sie zu vermeiden. Friedrich Ebert, der eine konstituierende Nationalversammlung mit entsprechender Volksabstimmung anstrebte, sagte am 7. November über die Revolution die bekannten Worte: »Ich aber will sie nicht, ich hasse sie wie die Sünde.«[35] Der Religionsphilosoph Ernst Troeltsch sah auch außenpolitische Gefahren: »Die Entente wird ein sozialistisches Deutschland auf's engste einschnüren und kontrollieren.«[36]

Mehrheit gegen Bürgerkrieg

Die Soldatenräte verlangten zunächst die Änderung der Wehrverfassung, besonders die Beteiligung an Militärgerichtsbarkeit und Kommandogewalt. Die Forderungen vom 9. November 1918 nannten:

Mitsprache bei Dienstregelungen, Rapport und Kriegsgericht, Abschaffung von dienstlichen Kirchgängen, Grußzwang (»Anlegung der rechten Hand an die Kopfbedeckung«) und Seitepfeifen – ein in allen Marinen der Welt bis heute übliches Begrüßungszeremoniell für an Bord kommende Offiziere –, Einsicht in den Schriftwechsel und Verwaltung der Schiffsgelder, gleiche Verpflegung für Offiziere und Mannschaften. Der »Soldatenrat *Moltke*« beglaubigte den Katalog mit einem selbstgeschnitzten roten Stempel.[37] Die Forderungen wurden anerkannt. Nach der Koalitionsvereinbarung zwischen SPD und USPD vom 10. November 1918 lag die oberste politische Gewalt in der Hand der Arbeiter- und Soldatenräte und deren Vollzugsorgan, dem »Rat der Volksbeauftragten«. In seinem am 15. November in *Der Kunstwart und Kulturwart* veröffentlichten Beitrag schrieb Troeltsch über das historische Wochenende in Berlin:

»... nach banger Nacht ward das Bild aus den Morgenzeitungen klar: der Kaiser in Holland, die Revolution in den meisten Zentren siegreich, die Bundesfürsten im Abdanken begriffen. Kein Mann tot für Kaiser und Reich! Die Beamtenschaft in den Dienst der neuen Regierung getreten! Die Fortdauer aller Verpflichtungen gesichert und kein Sturm auf die Banken!

Sonntag, den 10. November, war ein wundervoller Herbsttag. Die Bürger gingen in Massen wie gewöhnlich im Grunewald spazieren. Keine eleganten Toiletten, lauter Bürger, manche wohl absichtlich einfach angezogen. Alles etwas gedämpft wie Leute, deren Schicksal irgendwo weit in der Ferne entschieden wird, aber doch beruhigt und behaglich, daß es so gut abgegangen war. Trambahnen und Untergrundbahnen gingen wie sonst, das Unterpfand dafür, daß für den unmittelbaren Lebensbedarf alles in Ordnung war. Auf den Gesichtern stand geschrieben: Die Gehälter werden weiterbezahlt.«[38]

Über die tatsächlichen Motive der Matrosen geben freilich auch ihre Verlautbarungen nur begrenzt Auskunft. Wem ihre damaligen Nöte und Bedürfnisse am Herzen liegen, der kann sich nicht nur mit der Tatsache beschäftigen, daß es viele gab, die gemeutert haben, sondern muß auch zur Kenntnis nehmen, daß es viele gab, die es nicht taten, oder wenn, dann möglicherweise aus ganz anderen Motiven als ihre Kameraden. Erst recht wissen wir wenig über ihre tiefergehenden Hoffnungen und Ängste, über ihre Sorgen, Zweifel und Freuden, die manch einer im Zuge der Unruhen erlebt haben mag. Der Waffenstillstand vom 11. November 1918, der im Grunde eine Kapitulation war, hat für viele die Freude über den kommenden Frieden insofern getrübt, als die Opfer, die der Krieg auf deutscher Seite gefordert hatte, mehr oder weniger vergeblich gewesen zu sein schienen. Über den Zusammenbruch des Reiches half im Herbst 1918 aber die Hoffnung hinweg, daß nun bald eine bessere Zukunft anbrechen könne, eine Hoffnung, die nicht zuletzt auf das Friedensprogramm des amerikanischen Präsidenten gegründet war. Selbst wenn die einen nun die Beteiligung des Deutschen Reiches an dem »Großen Krieg« als verbrecherisch ansahen, mochten andere mit guten Gründen zu dem Schluß kommen, daß auch ein Verbrecher im Kreis der Völkergemeinschaft eine menschenwürdige Behandlung beanspruchen könne. Als Beispiel dieser Hoffnung sei ein Kommentar aus der bereits erwähnten *Frankfurter Zeitung* angeführt, die in ihrer Morgenausgabe vom 11. November 1918 über den wenige Stunden zuvor unterzeichneten Waffenstillstandsvertrag unterrichtete: »Es bleibt ein Gefühl tiefsten Schmerzes und tiefster Bitterkeit. So endet also der heldenmütige Kampf und so wird die deutsche Kapitulation aussehen, so die Erbschaft, mit der der zertrümmerte Militarismus das deutsche Volk belastet hat. Aber dies alles, so hoffen wir, wird uns eine unendlich schmerzliche Vergangenheit sein. Was wir hier sehen, sind die furchtbarsten Bedingungen des Waffenstillstandes, die unsere Feinde – so sagte Wilson – Wilhelm II. auferlegen. Mit der deutschen Demokratie der Zukunft aber wird der *Friede* geschlossen werden. Wagen wir es, für diese Zukunft Erträgliches zu hoffen.«[39]

Not allein macht also noch keine Revolution. Die entscheidende Frage ist vielmehr, ob die Not im Hinblick auf ein lohnendes Ziel noch als sinnvolles Opfer erduldet werden soll und kann. Zu der einen Frage, warum es im Herbst 1918 zu den Unruhen auf der Hochseeflotte gekommen ist, würde dann auch die andere Frage gehören, warum es über vier Jahre lang *nicht* zu einer Meuterei diesen Ausmaßes gekommen ist, ebensowenig beim Heer, dessen Leid das der Marine um ein vielfaches übertraf und das ebenfalls erst in der Schlußphase des Krieges sich aufzulösen begann. Anfang Oktober 1918 sind auf den letzten Ersatztransporten zur Westfront teilweise 20 bis 30 Prozent der Soldaten »verlorengegangen«, und obwohl der Wille zum militärischen

Widerstand erlahmte, das Gefühl der Sinnlosigkeit im Heer viel verbreiteter war als in der Marine, hat es sich dort weniger laut artikuliert als in den Häfen der Hochseeflotte. Gleichwohl hatte General Wilhelm Groener in seinem Vortrag vom 9. November in Spa behauptet, das Heer stehe nicht mehr hinter Seiner Majestät, und um diese Behauptung zu überprüfen, wurden 39 Stabsoffiziere der nächstliegenden Kampfabschnitte im Hauptquartier versammelt und gefragt: »Wie steht die Truppe zum Kaiser? Wird es möglich sein, daß der Kaiser an der Spitze der Truppen die Heimat wiedererobert?« 23 verneinten die Frage, 15 waren unsicher, nur einer antwortete mit Ja. In der Niederschrift hieß es dazu: »Allgemein kam zum Ausdruck, daß die Truppe nichts gegen den Kaiser habe, *daß er ihr eigentlich ganz gleichgiltig sei*, daß sie nur noch den Wunsch habe, sobald wie möglich nach hause zu kommen … Die Truppe ist total müde und abgekämpft.«[40] Hauptmann Freiherr von Treuenfeld meldete am 9. November dem letzten Flügeladjutanten des Kaisers, Sigurd von Ilsemann, »daß die Truppe physisch völlig fertig sei. Seine Division z. B. läge seit Monaten, mit Ausnahme von vier bis fünf Tagen, in vorderster Linie im Großkampf, mit sehr schwachen Gefechtsstärken, schlecht verpflegt, ohne Unterkunft unter freiem Himmel, in Sturm, Regen und Kälte, die Kleider zerrissen und so voller Läuse, daß die Leute nicht zum Schlaf kämen, auch wenn die Gefechtspausen in der Nacht mal etwas Ruhe gäben.«[41]

Zwei Tage später ließ Trotha den Vorsitzenden des Arbeiter- und Soldatenrates in Wilhelmshaven, den Marine-Oberheizer und späteren Reichstagsabgeordneten der SPD Bernhard Kuhnt, zu sich kommen. Zusammen mit Admiral von Hipper – der sein Flaggschiff am 9. November, als auch dort die rote Fahne wehte, verlassen hatte – bat er Kuhnt um seine Mithilfe, die Flotte wieder gefechtsbereit zu machen. Der Historiker Holger Herwig schreibt: »Trotha behauptete kühn, daß die britische Grand Fleet sich den deutschen Küsten nähere; es sei nun vaterländische Pflicht aller deutschen Seeleute, sich wieder zur Verteidigung des Landes zusammenschließen. Als Kuhnt dieses Ansinnen ablehnte, begriff auch Trotha endlich, daß der Krieg zu Ende war.«[42] Wenig später, als es darum ging, die Hochseeflotte nach Schottland zu überführen, sollte sich allerdings zeigen, daß das von Trotha angesprochene Pflichtgefühl trotz aller Wirren dieser Wochen bei vielen noch vorhanden war.

Das Treffen im Firth of Forth

Am 13. November 1918, einem Mittwoch, verläßt der Kleine Kreuzer *Königsberg* gegen zwei Uhr Mittag Wilhelmshaven. An Bord des Schiffes, das zum Firth of Forth, der Bucht vor Edinburgh, unterwegs ist, befindet sich der deutsche Konteradmiral Hugo Meurer. Per Funkspruch hat der Oberkommandierende der Grand Fleet, Admiral Sir David Beatty, in der Nacht zuvor vom Kommando der deutschen Hochseeflotte die Entsendung eines offiziellen Vertreters verlangt, um diesem die Ausführungsbestimmungen jener Passagen des Waffenstillstandsvertrags vom 11. November mitzuteilen, die das weitere Schicksal der deutschen Schiffe regeln.

Am Nachmittag dieses 13. November findet in der Londoner Admiralität eine Krisensitzung unter Vorsitz des Ersten Seelords Admiral Sir Wester Wemyss statt, an der neben Vertretern der Entente auch Admirale und Offiziere Italiens, Japans und der USA teilnehmen. Es soll geklärt werden, auf welchem Wege man sich mit dem Deutschen Reich über die Durchführung der Marinebedingungen verständigt. Wemyss teilt unter Berufung auf Marschall Foch mit, daß die deutschen Delegierten bereits in der Erwartung nach Spa gereist seien, dort die Durchführung der Bestimmungen für die Marine mit den verbündeten Marinen zu besprechen. Die britische Admiralität, so Wemyss, halte es aber für völlig falsch (»entirely wrong«), diese Fragen in Spa oder gar in Deutschland zu verhandeln. Deshalb habe Admiral Beatty bereits einen deutschen Admiral zu einem Treffen auf dem Firth of Forth bestellt. Es bleibt den Anwesenden nichts anderes übrig, als das eigenmächtige Vorgehen abzusegnen. Sie beschließen die notwendigen Vorbereitungen für die Übernahme und Internierung der deutschen Schiffe und beauftragen Beatty nun auch formell mit der Organisation. Außerdem beschließen sie, daß die Ausführung der Waffenstillstandsbedingungen von einer Kommission aus Vertretern der Vereinigten Staaten, Großbritanniens und Frankreichs überwacht werden soll, die tatsächlich im Winter 1918/19 die deutschen Häfen bereist.

Das dritte nennenswerte Ereignis an diesem Tag ist eine Dringlichkeitssitzung des Alliierten Marinerats, auf der dem britischen Wunsch stattgegeben wird, die deutsche Hochseeflotte in Scapa Flow zu internieren. Admiral Wemyss hat seit dem 7. November darauf gedrängt, galt doch die Bucht als »the most suitable place«.[43] Als wünschenswert wurde auf dieser Sitzung weiterhin festgehalten, einige der Schiffe, sobald sie überführt worden sind, auf verschiedene Häfen der assoziierten Mächte zu verteilen: als ein sichtbares Zeichen der deutschen Niederlage. Auch U-Boote sollen für Propagandazwecke an die Alliierten und die Vereinigten Staaten verteilt, die übrigen aber zerstört werden.[44]

In Wilhelmshaven würde der Soldatenrat die Gespräche mit dem englischen Admiral am liebsten selbst führen, nur hat dieser ausdrücklich die Entsendung eines Flaggoffiziers verlangt. In der politisch unsicheren Lage wollte Beatty sich weder an die deutsche Regierung wenden noch an die Revolutionsräte. So bleibt ihnen nur die Möglichkeit, drei Mitglieder des 21er Ausschusses – ein am 7. November in Wilhelmshaven gebildeter Soldatenrat mit zunächst 21 Mitgliedern, der in der Garnison die politische und militärische Gewalt übernommen hatte – zu bestimmen, die Konteradmiral Meurer begleiten sollen. Es zeigt die augenblicklich unklaren Machtverhältnisse, daß dieser Beschluß von Hipper eigens »genehmigt« wird.[45] Der Admiral befürchtet, die Mannschaften würden andernfalls das Auslaufen des Kreuzers verhindern. Daß die drei Soldatenräte bei den bevorstehenden Gesprächen stören könnten, befürchtet er nicht: »Der englische Admiral wird sie unbedingt, statt anzuhören, einsperren«, schreibt Hipper in seinem Kriegstagebuch.[46] Außerdem beklagt er, daß in der Wilhelmshavener Zeitung die Mission Admiral Meurers mit keinem Wort erwähnt, sondern der Eindruck erweckt werde, der Soldatenrat sei mit der englischen Flotte in Verbindung getreten, um die Waffenstillstandsbedingungen zu mildern: »Welch gräuliche Täuschung unseres Volkes, gegen die man machtlos ist!« schreibt er.

Die *Königsberg*, erst seit zwei Jahren in Dienst, hat von Oktober 1916 bis Januar 1918 die Flagge Ludwig von Reuters geführt, als dieser Chef der II. Aufklärungsgruppe war, und sie hat ein Jahr zuvor, am 17. November 1917, an einem deutsch-englischen Seegefecht in der Deutschen Bucht teilgenommen, die letzte unter den in strategischer Hinsicht folgenlosen Begegnungen großer Kampfschiffe in diesem Krieg. Auf dem Weg zum Firth of Forth, dem vereinbarten Treffpunkt 50 Meilen östlich der Insel May, muß die *Königsberg* auf großen Umwegen die Minenfelder umfahren. Als vor Jütland ein neutraler dänischer Kreuzer Salut feuert, kann das entwaffnete deutsche Schiff nicht antworten – man bedankt und entschuldigt sich mit Hilfe der Signalflaggen. Am 14. November trifft die *Königsberg* auf das deutsche Unterseeboot *UB 67*, dessen Mannschaft Einzelheiten über die Lage in der Heimat erfahren möchte. *UB 67* hat bei dem letzten erfolgreichen Angriff des U-Boot-Krieges am 10. November den britischen Minensucher *Ascot* (810 t) versenkt. Bei den Briten läuft derweil die »Operation Z 1« für den Empfang der *Königsberg*. Fünf Kleine Kreuzer, eskortiert von zehn Zerstörern und angeführt von dem Kleinen Kreuzer *Cardiff*, geleiten das deutsche Schiff am 15. November in den Firth of Forth. Noch am selben Abend wird Meurer von Beatty an Bord seines 12 Meilen entfernten Flaggschiffs *Queen Elizabeth* gebeten.

Im April 1918 hatte der Firth of Forth Scapa Flow als Stützpunkt der Royal Navy abgelöst. Der größte Teil der britischen Flotte wurde nach Rosyth gleich neben der großen Forth-Brücke verlegt. Dieser Hafen hatte bislang nur den Schlachtkreuzern gedient. Nun waren Rosyth und der Firth of Forth der ständige Liegeplatz der vereinten Grand Fleet. Für die Mannschaften war der Abschied von dem abgelegenen und trostlosen Scapa Flow eine Erlösung. Von Rosyth aus konnte man zu kurzen Besuchen nach Edinburgh fahren, es gab vielfältige Angebote für Sport und Unterhaltung. Ein wichtiger Veranstaltungsort war das Vorratsschiff *Gourko*. Für Theateraufführungen stellten die Torpedoeinheiten Beleuchtungstechnik zur Verfügung, und Frauenrollen wurden, ähnlich wie in anderen Marinen, von jungen Fähnrichen übernommen, kostümiert mit Kleidern und Perücken, die man aus London kommen ließ. Das Flaggschiff *Queen Elizabeth*, das natürlich auch in Sachen Unterhaltung vorangehen mußte, führte sogar ein russisches Ballett zur Musik von Liszt auf. Beatty hielt nach den Theatervorstellungen, Konzerten und Boxkämpfen Ansprachen vor den oft mehr als 2000 Zuschauern, um den Kampfgeist wachzuhalten. Die deutsche Hochseeflotte, so der Oberkommandierende bei solchen Gelegenheiten, werde bald ihre Häfen verlassen, und dann gebe es nur noch eines zu tun: sie zu vernichten.

Die gute Verfassung der englischen Mannschaften bemerkt auch Meurer, als er am Abend des 15. November gegen halb acht in Begleitung von vier Offizieren: Korvettenkapitän Ernst Hintzmann, Kapitänleutnant Alfred Saalwächter, Kapitänleutnant Michael von Freudenreich und Leutnant zur See Brauneck die *Queen Elizabeth* betritt. Die Szene muß gespenstisch gewesen sein, sogar Beatty fand sie »in hohem Maße tragisch und dramatisch«. In der stillen tiefschwarzen Nacht, es ist kalt und feucht, dichter Nebel liegt über dem Wasser, merkt Meurer nicht, daß er von der größten Flotte der Welt umgeben ist. Beatty hat für einen »äußerst hübschen Rahmen« gesorgt: starke elektrische Scheinwerfer tauchen das Fallreep in grelles Licht, und halb im Schatten, im Abstand von zwei Schritten, sind die Wachen aufgestellt worden. Meurer kann hinsehen, wo er will, überall blitzt ein Bajonett.

Er wird von Konteradmiral Hubert Brand und Kapitän Alfred Ernle Chatfield begrüßt, beide die Kühle in Person. Gleichwohl kann man ein gewisses Mitgefühl unter den englischen Offizieren für den durch Revolution und Waffenstillstandsvertrag gedemütigten deutschen Admiral vermuten. »Der arme Teufel«, so Beatty, »wäre auf dem Achterdeck beinahe zusammengebrochen.«[47] John Lavery, offizieller Marinemaler, entwirft im Hintergrund eine schnelle Skizze des historischen Augenblicks. Brand führt die Delegation hinunter in die Messe Admiral Beattys. Sir David sitzt bereits am Verhandlungstisch, mit Stabschef Admiral Sir Osmond de Brock zur Linken und seinem Stellvertreter Admiral Sir Charles Madden zur Rechten, dessen Vollbart nach Beattys Meinung den beabsichtigten Eindruck empfindlich gestört habe. Hinter ihm, in Meurers Blickfeld, hängt ein Nelson-Portrait an der Wand, und auf dem Tisch, zwischen Beatty und seinem deutschen Besucher, steht ein Löwe aus Bronze – gemeint als eine deutliche Mahnung an die Deutschen, daß Großbritannien seine Marinetradition mit Zähnen und Klauen zu verteidigen gedenkt.

David Beatty

Seinen Hang zum demonstrativen Arrangement kann Beatty sich leisten, denn er hat eine glänzende Laufbahn hinter sich. Nur das zweite Trafalgar bleibt dem »auferstandenen Nelson«, wie Admiral Pakenham ihn 1915 nannte,[48] leider versagt. Darüber kann auch die wirkungsvolle Inszenierung dieses passiven Sieges, der den von Trafalgar im Grunde überragt, nicht hinwegtäuschen. Daß die entscheidende Schlacht nicht geschlagen wurde und Beatty sich nicht bewähren konnte, vor allem dies, wie seine Briefe an Frau und Freunde zeigen, kann er den Deutschen nicht verzeihen. Das ihn ermüdende »Peace business« würde er sofort gegen eine Wiederaufnahme des Krieges eintauschen.

Der jüngste britische Admiral seit Nelson, schneidig und gutaussehend, reizbar und intelligent, hat viele Neider in den eigenen Reihen, die der Meinung sind, Beatty sei zu schnell avanciert, habe zu reich geheiratet und sei wegen »zu vieler Interessen an Land«, wie Churchill die bei der Admiralität kursierenden Ansichten wiedergab, »mit seinem Herzen nicht ganz voll beim Dienst«.[49] Seine dunklen Haare sowie seine Neigung, die Daumen flott in die Taschen seines Bordjacketts zu stecken, das nur sechs, statt – wie vorgeschrieben – acht Knöpfe hatte, soll ihm eher das Aussehen eine »Theaterprinzipals« (Correlli Barnett) als das eines Seemanns verliehen haben. Beattys Physiognomie – namentlich das eckige, vorgeschobene Kinn – kommentierte einer seiner Kapitäne gar mit den Worten, er sei »mit so einem großen Silberlöffel im Mund geboren [worden], daß es mich sehr überrascht hat, ihn nicht daran ersticken zu sehen«.[50]

Beatty war allerdings ein Sprößling des Landadels; geboren wurde er 1871 in Irland. Sein Vater hatte in Churchills Regiment, den 4. Husaren, gedient. Der Sohn verfügte bald nicht nur über seemännische, sondern auch über militärische Erfahrungen. 1898 hatten Churchill und Beatty, dieser als Kommandant eines Kanonenbootes, an der Eroberung Omdurmans unter Lord Kitchener teilgenommen, und Beatty hatte später bei der Niederschlagung des Boxeraufstands mitgekämpft. Mit 27 Jahren wurde er Fregattenkapitän, mit 29 Kapitän zur See und mit 38 Flaggoffizier. Dann riskierte er es, ein ihm angebotenes und seinem Rang entsprechendes Kommando in der Atlantikflotte als »zu uninteressant« auszuschlagen. Nach einer solchen Absage war es nicht üblich, einem Offizier eine weitere Stelle anzutragen. Als Beatty sich 1911 dem neuen Marineminister Winston Churchill vorstellte, war er bereits 18 Monate ohne Beschäftigung, und nach weiteren eineinhalb Jahren hätte er seinen Abschied nehmen müssen. Finanziell war Beatty unabhängig. Seine aus Chicago stammende Gemahlin, die sich nach der Heirat als eine labile Neurotikerin entpuppt haben soll, war die Tochter des Kaufhausmoguls Marshall Field und hatte die märchenhafte Mitgift von acht Millionen Pfund in die Ehe gebracht. Während die meisten Admirale und Kapitäne mit ihrem knappen Sold zurechtkommen mußten, kaufte Lady Beatty ihrem Gemahl eine Dampfyacht, ein Haus in der Jagdregion von Leicestershire und ein Jagdgebiet für Schneehühner im schottischen Moorland.

Beattys Ehrgeiz und Kompetenz sowie seine Arroganz und Unerschrockenheit gefielen Churchill, der sich von den wenig vorteilhaften Ansichten über ihn nicht beeindrucken ließ und ihm im Herbst 1911 die Schlüsselposition seines privaten Marinesekretärs anvertraute. Daß Beatty seemännische, strategische und taktische Fragen meist anders beurteilte als der Durchschnitt der Offiziere, dürfte Churchill zusätzlich für ihn eingenommen haben, da er ja seinerseits für überraschende und unkonventionelle Einfälle und Entscheidungen bekannt war. Als im April 1913 das Kommando des Schlachtkreuzergeschwaders frei wurde, zögerte Churchill keinen Augenblick, Beatty »über die Köpfe seiner Vordermänner hinweg«[51] zu ernennen. Das Schlachtkreuzergeschwader war der berühmte Kern der Kreuzerflotte, jene »Vereinigung von Geschwindigkeit und Kraft in höchster Vollendung«, wie Churchill sagte, die in der Skagerrakschlacht wegen der schwachen Panzerung schwere Verluste erleiden sollte. Beatty und seine Offiziere galten als mutige »Husaren der See«, deren »Kavallerie«, schnelle und stark bewaffnete Schiffe, die Aufgabe hatten, im richtigen Augenblick hinter den Reihen der schweren Schlachtschiffe, der »Infanterie«, zum tödlichen Angriff hervorzupreschen. Das Bild des angriffslustigen Kavalleristen paßte gut zu Beattys Vorliebe für Parforcejagden. Tatsächlich war er ein hervorragender Reiter und Polospieler; er hatte, wie man so sagt, einen »Blick für das Gelände.«[52] Privatim äußerte er in den Monaten der Untätigkeit 1914/15 den Wunsch, als Kavallerist bei scharfen Attacken an der Westfront zu kämpfen; was im Grunde ein Selbstmordkommando gewesen wäre. Von 1916 bis 1919 war Beatty Chef der Grand Fleet, und 1919 wurde er seinerseits, was er bis 1927 blieb: Erster Lord der Admiralität. In goldenen Lettern steht auf seiner mächtigen Grabplatte in der Krypta der Londoner St. Paul's Cathedral nur dieses eine Wort: »Beatty«.

Obwohl der Oberkommandierende der Grand Fleet in der Begegnung mit dem deutschen Konteradmiral auf der novemberkalten Nordsee der Stärkere ist, fühlt er sich zugleich schwach. Die Interessen der Admiralität, findet er, sind aus Rücksicht auf Nationen zu kurz kommen, die »nicht ein Hundertstel« der ungeheuren Anstrengungen Großbritanniens zum Ausgang des Krieges beigetragen hätten. Beatty fühlt sich um die Früchte, auch die persönlichen, aus vier anstrengenden Kriegsjahren betrogen. Ähnliche Klagen, als habe England den Krieg nicht gewonnen, sondern verloren, erhob Lord Fisher 1919 gegen die britische Diplomatie, die durch ihre Wankelmütigkeit gegenüber Bulgarien, Frankreich, Deutschland und Rußland den schnellen Sieg mit Hilfe einer wirksamen Blockade verhindert habe.[53] Großbritannien habe die Chance verpaßt, so die Botschaft dieses Vorwurfs, sich das alleinige Verdienst um den Sieg zu sichern. Das unwiderrufliche Ende der *splendid isolation* und der unaufhaltsame Niedergang des Empire gingen als bittere Konsequenz aus der Tatsache hervor, daß man es nicht geschafft hatte, sich aus eigener Kraft zu retten.

Beatty mag das Ergebnis auch deshalb als unbefriedigend empfinden, weil die Zukunft des Deutschen Reiches so überaus ungewiß ist. Das sei noch nicht das Ende dieses Kriegs, resümiert er prophetisch: »Was machen wir, wenn wir die verfluchten Hunnen besiegt haben, sie aber die Obrigkeit, unter der dies geschehen ist, stürzen, und eine andere hervorbringen, die die Niederlage nicht hinnehmen will? Dann können wir nur noch mit unseren Schiffen in ihr vergiftetes Land einfallen, es plündern, dem Erdboden gleichmachen und ihnen die Ehrfurcht des britischen Tommy vor Gott, vor der Wahrheit und der Gerechtigkeit beibringen.«[54] Meurer beschreibt die Atmosphäre des Treffens denn auch als ausgesprochen frostig.

Beatty legt Meurer nach Begrüßung und Übergabe der Referenzen ein Dokument mit zwei Spalten vor: links die Maßgaben des Waffenstillstandsvertrags, rechts die geplante Ausführung, der Meurer zustimmen soll. Während Beatty einen Bevollmächtigten der gesamten Kaiserlichen Marine erwartet hat, ist Meurer lediglich als Vertreter des Hochseekommandos geschickt worden, mit der Aufgabe, Verständnis für die schwierige Lage Deutschlands zu wecken und die Wünsche Beattys zur Kenntnis zu nehmen, der als Bevollmächtigter aller verbündeter Seestreitkräfte spricht und froh ist, wenigstens jetzt unabhängig disponieren zu können.

Meurer versucht den englischen Admiral, der ihm direkt gegenübersitzt, mit Nachrichten aus Deutschland milde zu stimmen. Er schildert die allgemeine Unsicherheit und die zu erwartenden Schwierigkeiten bei der Erfüllung der Waffenstillstandsbedingungen. Er berichtet vom Lauffeuer der Revolution, das, von Kiel ausgehend, das ganze Reich erfaßt, von den neuen Arbeiter- und Soldatenräten, vom hungernden Volk, von Frauen und Kindern, die auf offener Straße zusammenbrechen und sterben. Meurer habe, schreibt Beatty, ein aschfahles Gesicht und eine Stimme wie Blei, fast jammernd zeichne er das düstere Bild von der tiefgehenden Zerrüttung des Deutschen Reiches. Der Oberkommandierende läßt sich davon nicht beeindrucken und dankt Gott für die »wundervolle Schöpfung« der britischen Marine,[55] die den Sieg zu Lande erst ermöglicht habe. Meurer sagt, die Männer arbeiteten nur, wenn sie Lust dazu hätten, und wie man unter solchen Bedingungen die Schiffe entwaffnen und Minen räumen solle. Hinzu komme die Schwierigkeit, daß vermutlich nicht alle benannten Schiffe zum vorgegebenen Zeitpunkt auf dem Firth of Forth eintreffen könnten: Das Linienschiff *König* liege in der Werft und werde sich um drei Wochen verspäten, der Große Kreuzer *Hindenburg* erst am 19. November zum Auslaufen bereit sein, und wann der Kleine Kreuzer *Dresden* wieder einsatzfähig sei, könne man noch gar nicht sagen.

Die neue *Wiesbaden*, Ersatzbau des gleichnamigen, in der Skagerrakschlacht gesunkenen Kleinen Kreuzers, war noch nicht einmal in Dienst gestellt. Die Arbeiten an dem Schiff hätten noch fünf Monate gedauert. Der Bau wurde im Dezember 1918 eingestellt und die *Wiesbaden* 1920 abgewrackt. Als sechster Schlachtkreuzer steht auch *Mackensen* auf der Liste der zu internierenden Schiffe, eine Forderung, die ebenfalls nicht erfüllt werden kann, weil ja auch dieses Schiff noch im Bau ist. Wenn die britische Admiralität aber schon vor Kriegsende die Fertigstellung der *Mackensen* behauptet hat, so liegt die Vermutung nahe, daß damit eine vermeintliche deutsche Überlegenheit an modernen Schlachtkreuzern begründet werden sollte, denn es ist ausgeschlossen, daß die Engländer nicht über den genauen Stand der deutschen Rüstungsanstrengungen informiert gewesen sein könnten. Im Fall der *Mackensen* mochten die Briten ihren »Irrtum« jedenfalls nicht eingestehen und ließen ihn erst von der deutschen Waffenstillstandskommission richtigstellen.[56] Mit der *Wiesbaden* scheint es sich ähnlich zu verhalten, auch hier darf man annehmen, daß die Engländer von ihrer offiziellen, der Kriegspropaganda geschuldeten Einschätzung der Lage nicht ohne Gesichtsverlust abrücken können. Beatty erklärt, er werde als Ersatz andere Schiffe der jeweils gleichen Klasse benennen.

Als der deutsche Konteradmiral die drei Delegierten der Arbeiter- und Soldatenräte erwähnt, die bei den Verhandlungen zugegen sein wollen, antwortet Beatty, er habe kein Bedürfnis, sie kennenzulernen, er empfange nur Flaggoffiziere und nicht die Abgesandten einer Regierung, die Großbritannien gar nicht anerkannt habe. Die Vertreter des Soldatenrats ermächtigen daraufhin Meurer, in ihrem Namen zu verhandeln und zu unterzeichnen. Beatty will bemerkt haben, daß die deutsche Delegation erleichtert war ob seiner Antwort, und Meurer soll sich ausdrücklich bei Beatty bedankt haben, da sein Rang schon seit Wochen eine solche Anerkennung nicht mehr erfahren habe. Am 17. November, nach Abschluß der Gespräche, teilt Beatty der Admiralität mit, er habe die Vertreter der Hochseeflotte bereit gefunden, jede beliebige Forderung zu akzeptieren, da sie ihre Flotte lieber an einem sicheren Ort außerhalb Deutschlands sehen würden als in den Händen der Soldatenräte. Damit dürften ein erstes Mal jene Konflikte Gestalt angenommen haben, in die Konteradmiral Ludwig von Reuter als Chef des Internierungsverbands in dem kommenden Dreivierteljahr immer wieder geraten wird. Denn es sind nicht zwei, sondern im wesentlichen drei Parteien, von denen eine jede versuchen wird, die beiden anderen gegeneinander auszuspielen: Briten, deutsche Offiziere und die rebellierenden Gruppen unter den deutschen Mannschaften.

Aufgrund seiner begrenzten Vollmachten wird Meurer von Beatty gebeten, sich telegraphisch als Bevollmächtigter für alle Marineangelegenheiten von der deutschen Waffenstillstandskommission bestätigen zu lassen. Meurer und sein Stab ziehen sich zurück, um die entsprechenden Telegramme aufzusetzen, und damit endet das erste Treffen gegen 20.30 Uhr. So braucht Meurer erst am nächsten Tag auf die detaillierten Bestimmungen zu antworten, die den Transfer der zu internierenden Schiffe regeln. Im Verlauf der drei folgenden Gespräche, die bis in die frühen Morgenstunden des 17. November andauern – über dem Firth of Forth liegt die ganze Zeit dichter Nebel –, stellt sich bald heraus, daß die vorbereiteten Regelungen nicht als Diskussionsgrundlage dienen, sondern eher den Charakter von Befehlen haben. Die einzige nennenswerte Konzession an die Deutschen betrifft die Entwaffnung der großen Schiffe. Die Briten wünschen die Entfernung der Geschützverschlüsse, aber als Meurer erklärt, daß dies das Öffnen der Geschütztürme erfordere, ist Beatty damit einverstanden, statt dessen die Abfeuereinrichtungen zu entfernen. Obwohl Meurer darauf hinweist, daß der Zustand der Schiffe dem Überführungsverband nur eine Geschwindigkeit von zehn Knoten erlaube, besteht Beatty auf zwölf Knoten. Meurers Sorge, daß die Besatzungen, die die komplett auszuliefernde U-Boot-Flotte nach Harwich überführen werden, unwürdigen Racheakten durch britische Marineangehörige ausgesetzt werden könnten, begegnet Beatty mit der Zusicherung, daß ihre persönliche Sicherheit garantiert werde und dies ihrer Ehre hoffentlich Genüge täte. Jegliche Anliegen und Bedenken der Deutschen weist er in aller Schärfe zurück, schreibt aber auch, schon fast verächtlich: »Sie würden allem zustimmen.« Auch aus Meurers offiziellem Bericht gehen die knappen Formen der Höflichkeit hervor sowie die formelle und kompromißlose Art, in der Beatty jedes Zugeständnis ablehnt. Nicht ohne Neid beschreibt Meurer die hervorragende Verfassung der Royal Navy, sind doch für ihn nicht die geringsten Anzeichen einer revolutionären Bewegung zu erkennen. Damit ist freilich auch die Enttäuschung der deutschen Soldatenräte abzusehen, die zu dieser Zeit noch auf eine Verbrüderung mit den englischen Mannschaften hoffen.

Nach der dritten Sitzung trifft ein Telegramm von der deutschen Waffenstillstandskommission ein, das Meurer ermächtigt, für die gesamte Marine zu sprechen und zu unterzeichnen. In der vierten und abschließenden Sitzung am späten Abend des 16. November verliest Beatty die endgültigen Einzelheiten über die Abgabe der auszuliefernden U-Boote und die Internierung der Überwasserschiffe. Es ist eines der wenigen Male, daß er ein Papier in der Hand hält. Während der englische und der deutsche Stab ununterbrochen Einzelheiten nachgelesen haben, hat Beatty bis dahin die Besprechungen geführt, ohne Einblick in seine Unterlagen nehmen zu müssen. Obwohl es bereits beschlossene Sache ist, die deutschen Schiffe in Scapa Flow zu internieren, verliert Beatty darüber kein Wort. Er teilt Meurer lediglich mit, daß der Internierungsverband, geführt von einem deutschen Flaggoffizier, am 21. November, um acht Uhr MEZ in Kiellinie 40 Seemeilen östlich der Insel May, also vor dem Firth of Forth, zu stehen und von dort in die Bucht einzulaufen habe, wo man auch den Internierungshafen bekanntgeben werde. Die Schlachtkreuzer sollen die Führung übernehmen, gefolgt von den Linienschiffen, den Kleinen Kreuzern und am Schluß den Torpedobooten. Um die Entwaffnung überprüfen zu können – von dieser Maßnahme war im Waffenstillstandsvertrag nicht die Rede –, werde der deutsche Verband, geleitet von englischen Schiffen, auf der Außenreede vor Anker gehen. Ferner erhält Meurer genaue Angaben über den Kurs, die Stellung der Geschütze (»vor- und achteraus gezurrt«), die Proviant- und Brennstoffvorräte sowie einen Ankerplan für den Firth of Forth. Die Ausführungsbestimmungen, deren wichtigste Meurer noch auf der Rückreise per Funk nach Wilhelmshaven übermittelt, hat der Stab Admiral Beattys, wie es scheint, sehr schnell und sehr gründlich erarbeitet. Es gibt nichts, was die Engländer dem Zufall überlassen. Vielleicht, daß die von Meurer beklagte Härte auch Ausdruck nicht der Stärke des Siegers, sondern gerade seiner mangelnden Souveränität ist. Zwar bleibt die Vormachtstellung der Royal Navy zunächst erhalten, und das ist durchaus ein strategischer Erfolg, der Beatty zugute kommt, der aber nicht als glanzvoll oder gar »Nelsonian« bezeichnet werden könnte. Eine gewisse Tragik ist Beatty auch darin eigen, daß er das nicht ganz unberechtigte Gefühl hat, der deutschen Marineführung mit der Internierung sogar einen Gefallen zu tun, wenn er meint, daß die sichere ›Verwahrung‹ der Schiffe sie zugleich der Kontrolle durch die Arbeiter- und Soldatenräte entziehe. Daß im Gegenteil die Revolution mit dem Internierungsverband in die schottische Einsamkeit exportiert werden und dort in einen Dauerzustand übergehen sollte, der bis zur letzten Reduzierung der Mannschaften am 17. Juni 1919 anhielt, hätte er wohl kaum für möglich gehalten. Meurer unterschreibt schließlich, nachdem er zweimal den Federhalter wieder hingelegt hat. Mit »grimmigem Schweigen«[57] verschwindet er im dunklen Nebel und ist um 3.30 Uhr am Morgen des 17. November wieder an Bord der *Königsberg*. Eine Stunde später verläßt das Schiff seinen Liegeplatz und verschwindet, wiederum eskortiert, in der dunklen Nacht, um nach Wilhelmshaven zurückzukehren.

Ehre und Gemeinwohl

Während die Deutschen die entwaffneten Schiffe lediglich als Garantie für ihr Wohlverhalten bis zum Abschluß des Friedensvertrags ansehen, ist ihre Überführung für die Engländer inoffiziell der erste Schritt zur völligen Enteignung, auch wenn sie sich mit den Verbündeten noch über die Verteilung einigen müssen. Kaum ist ihre wenig erfolgreiche Rolle im Krieg beendet, geht die Kaiserliche Marine ihrer nächsten Enttäuschung entgegen. Man glaubt, es sei nur eine sechs- bis achtwöchige Internierung geplant, als »vorübergehendes Pfand«, »bis der schnell erwartete Präliminarfriede geschlossen ist!«[58] Als der Waffenstillstand bekannt wird, geben die Mannschaften in Wilhelmshaven ihrer Freude mit Schiffssirenen und einem Feuerwerk aus bunten Leuchtkugeln Ausdruck. Es gehen Gerüchte um, die Schiffe würden in Dänemark interniert werden, Marschall Foch und zahlreiche andere Generäle seien ermordet worden, auch die Franzosen wollten nicht mehr kämpfen, und französische wie englische Kriegsschiffe lägen bereits mit roter Flagge im Topp vor Borkum und Helgoland.

Nachdem die Alliierten ohne Rücksicht auf die Meutereien erklärt haben, sie wollten Helgoland einnehmen, falls der Termin des Auslaufens nicht eingehalten werde, nachdem sich in Wilhelmshaven das Gerücht verbreitet hat, die Engländer wollten auch die Flußmündungen besetzen oder gar beschießen sowie die Schiffe, wenn sie in den Häfen bleiben, beschlagnahmen, gibt der Arbeiter- und Soldatenrat als Kriegstagesbefehl der Flotte einen Aufruf heraus, in dem die Feindschaft gegen die Offiziere dem Gemeinwohl untergeordnet wird: »Es gilt, der neuen deutschen Republik ihre Wehrkraft zu erhalten. Erfüllen wir die Bedingungen, so kehren die Schiffe bei Friedensschluß zurück, erfüllen wir sie nicht, so kommt der Engländer, nimmt unsere ganze Flotte fort und beschießt Wilhelmshaven. – Kameraden! Den Kummer und die Schmach der Internierung unserer Flotte trägt das ganze deutsche Volk. Niemand entehrt sich, der jetzt seine Pflicht tut, dem Vaterlande die Schiffe zu erhalten. Im Gegenteil, einst wird das Vaterland den Männern danken, die ihm auch in dieser schweren Prüfung Treue hielten und auf ihren Posten blieben.«[59] Friedrich Ruge, der als junger Leutnant mit nach Scapa Flow ging und 1956 als Vizeadmiral erster Inspekteur der Bundesmarine wurde, machte es mißtrauisch, »so vaterländische Worte« vom Soldatenrat zu hören. Aber er setzte ebenfalls auf Erfüllung, wie er 40 Jahre später schrieb: »Wie begründet die Zusage war, daß die Schiffe mit Friedensschluß wieder zurückkehren würden, konnten wir nicht nachprüfen. Daß sie völlig aus der Luft gegriffen war, wie sich später herausstellte, war damals nicht anzunehmen.«[60] Die neue Volksregierung versucht die Macht der Soldatenräte zu begrenzen, um die Ausführung der Waffenstillstandsbedingungen sicherzustellen. In einem von SPD und USPD gemeinsam unterzeichneten Fernschreiben an den Staatssekretär des Reichsmarineamtes vom 13. November wird um strikten Gehorsam gegenüber den militärischen Vorgesetzten gebeten. Die Offiziere sollen ihre Waffen und Rangabzeichen behalten, und die Soldatenräte werden aufgefordert, die Vorgesetzten »in ihrer Tätigkeit zur Aufrechterhaltung von Zucht und Ordnung rückhaltlos zu unterstützen«.[61]

Als Treffpunkt haben Meurer und Beatty den 21. November, 8 Uhr vormittags nach Greenwich-Zeit »May Insel in rechtweisend West 40 Sm.« vereinbart. Dementsprechend wird die Abfahrt auf den 19. November, mittags 12 Uhr, festgesetzt. Am Abend des 17. November bittet Flottenchef Admiral von Hipper Konteradmiral Ludwig von Reuter an Bord des Flaggschiffs. Meurer ist von seiner Unterredung mit Beatty noch nicht zurückgekehrt, Hipper aber bereits über die wichtigsten Punkte informiert. Er teilt Reuter die englische Forderung mit, daß ein Admiral die deutschen Seestreitkräfte zum Firth of Forth überführen solle, eine Aufgabe, für die Hipper eigentlich Kapitän zur See Magnus von Levetzow vorgesehen hatte. Es muß aber ein Flaggoffizier bestimmt werden, und Staatssekretär Mann hat es abgelehnt, Levetzow zum Admiral zu befördern.[62] Außer von Reuter, sagt Hipper, komme noch Konteradmiral Meurer dafür in Frage, allerdings sei es nicht sicher, ob er bei dem herrschenden Nebelwetter rechtzeitig in Wilhelmshaven einlaufen wird. Einem höherrangigen Offizier scheint Hipper die Zusammenarbeit mit dem Soldatenrat und die ehrenrührige Aufgabe der Überführung nicht zumutbar zu sein. Außerdem sorgt er sich, daß die *Königsberg* auf eine Mine laufen könnte. Er ist fest davon überzeugt, daß in einem solchen Fall »wir übermorgen die zu internierenden Schiffe nicht hinausbekommen, denn sie« – gemeint sind die durch die Räte vertretenen Mannschaften – »werden sofort sagen, die Offiziere hätten ihnen ein gleiches Schicksal zugedacht«.[63]

Hipper hat Reuter keinen Befehl erteilt, eher handelt es sich um eine Bitte. Reuter ist unschlüssig, wie er reagieren soll. Er nennt dem Flottenchef die Gründe, die ihn zögern lassen, den Verband zu übernehmen. »Die Forderung, die unbesiegte deutsche Flotte nach einem Hafen des Feindes zu überführen«, schreibt Reuter in seinem Buch »Scapa Flow«, »stellte das Offizierkorps dieses Verbandes vor eine neue, eigenartige

Aufgabe. Es wurde eine Dienstleistung von ihm verlangt, die außerhalb der durch Beruf und Stand übernommenen Pflichten lag. Sie stellte die Offiziere vor eine Gewissensfrage von außerordentlicher Bedeutung und Schwere! Die Lösung dieser Frage mußte jedem Offizier selbst überlassen bleiben. Gewiß kann der höchste Vorgesetzte in dem Sinne, wie er persönlich die Frage gelöst hat, Gehorsam von seinen untergebenen Offizieren fordern, doch kann in solchem Falle dem Offizier das Recht, ihn zu verweigern, nicht abgesprochen werden. Die Beantwortung der Frage war davon abhängig, wie der einzelne Offizier den Begriff ›Ehre‹ verstand: ist die Ehre des Offiziers ein Ding an sich oder ist sie mit dem Staatswohl verbunden, diesem untertan? Beiden Auffassungen muß gleiche Berechtigung zuerkannt werden. Für beide sind Vorgänge in der Geschichte des preußischen Offizierkorps vorhanden. Für die letztere sei angeführt: das Verhalten des von der Marwitz, der im Siebenjährigen Krieg den Befehl Friedrichs des Großen, das Schloß Hubertusburg zu plündern, als gegen seine Ehre verstoßend ablehnt; er quittierte den Dienst. Für letztere: der Vertrag von Tauroggen, den Yorck mit dem Feind, dem Russen abschließt; das preußische Offizierkorps forderte vom König, Yorck vor ein Ehrengericht zu stellen; der König lehnte das ab. Ich persönlich entschied mich [...] dafür, daß die Ehre in diesem Falle dem Staatswohl zu dienen habe.«[64] Mit beiden Beispielen spricht Reuter eine Tradition des preußischen Offiziers an, nach der sich nicht der blinde Gehorsam, sondern das Dissidententum als die »allergetreueste Opposition des Königs« erweist.[65] Dem Nein des Offiziers geht das grundsätzliche Ja voraus, das im nachhinein auch die Möglichkeit der Strafverschonung eröffnet.

Reuter versucht sich unter den Bedingungen von Niederlage und Meuterei ein Höchstmaß an Handlungsfreiheit zu bewahren. Er bildet den Überführungsverband, als er zu dem Schluß kommt, daß die Ehre hinter dem Staatswohl zurücktreten müsse. Aber er ist ebenso entschlossen, diesen Verband zu versenken, als er merkt, daß die Regierung dabei ist, seinen ins Wanken geratenen Ehrbegriff im Interesse des Staatswohls mit Füßen zu treten. Am Anfang handelt er wie Yorck, am Ende wie von der Marwitz – ein Held der alten Schule. Am wenigsten hätten ihm wohl die Engländer, die ihn sieben Monate lang als »idealen Gefangenen«[66] erlebt haben, die Kühnheit der Selbstversenkung noch zugetraut, dabei vorausgesetzt, daß sie von seinem Vorhaben wirklich nichts gewußt haben. In seinem internen Bericht an die Admiralität begründete Reuter noch nach der Tat seine Entscheidung, die Flotte zu überführen, damit, daß das Militär einer derart zerrissenen Nation nur durch Erfüllung der Waffenstillstandsbedingungen Schlimmeres verhüten konnte.[67] »Nie und nimmer« sollte es die Marine sein, die die Nichterfüllung der Waffenstillstandsbedingungen herbeiführte. Wie sich doch die Lage in dem kommenden halben Jahr wandeln sollte: Am Ende war es praktisch *nur* die Marine, die unter Reuter demonstrativ gegen die angekündigten Friedensbedingungen verstieß. Aber zunächst erhoffte auch er sich vom Friedensvertrag noch eine Erleichterung der Waffenstillstandsbedingungen. Später, als jeder die Aussichtslosigkeit überblicken konnte, mußte sich Reuter gegen Vorwürfe wehren, er habe die Schiffe allzu bereitwillig an den Feind ausgeliefert. Dabei wären die Schiffe ohne die noch so vage Aussicht auf Rückkehr höchstwahrscheinlich weder von den Offizieren noch von den Mannschaften freiwillig überführt worden.

Ludwig von Reuter

Der baldige Chef des Überführungsverbands hatte in der Marine »einen guten Namen«.[68] Hans Hermann Ludwig von Reuter wurde 1869 in Guben als fünftes Kind eines Obersten der preußischen Armee geboren. Sein Vater Eduard von Reuter fiel 1870 als Regimentskommandeur bei den Eröffnungskämpfen des Deutsch-Französischen Krieges auf den Spicherer Höhen. Beide älteren Brüder wurden als Generalleutnants im Krieg auf dem Balkan eingesetzt. Seine drei Söhne wurden Offiziere, zwei beim Heer, einer bei der Marine. Ludwig wuchs in Coburg auf und trat 1885 auf den Wunsch seiner Mutter als Kadett in die Marine ein. Wechselweise an Bord, auf der Werft und im Reichsmarineamt tätig, bildete er sich zu einem Fachmann für Artilleriefragen heran. Vor dem Tirpitzschen Flottenausbau brauchte der berufliche Aufstieg seine Zeit, erst 1894 wurde Reuter Oberleutnant zur See und 1898 Kapitänleutnant. Gemäß Rangliste der Kaiserlichen Marine von 1902 rangierte er auf Platz 14 seiner 23 noch im Dienst befindlichen Crewkameraden. 1908 wurde Reuter Stabsoffizier im Reichsmarineamt mit dem Rang eines Fregattenkapitäns. 1910 wurde er Kapitän zur

See und für die folgenden zwei Jahre Kommandant auf dem Panzerkreuzer *Yorck*, benannt nach dem erfolgreichen preußischen Feldmarschall der Befreiungskriege, Yorck von Wartenburg. Nach diesem Schiff benannte Reuter wiederum seinen heute in Hamburg lebenden Sohn Yorck von Reuter, der Marineattaché in der Türkei werden sollte und mit den wenigen nach dem Zweiten Weltkrieg verbliebenen Erinnerungsstücken das Andenken des Vaters bewahrt. 1913 wurde Reuter Chef der Zentralabteilung der Werft von Wilhelmshaven. Dies war nun im Hinblick auf die Karriere nicht gerade ein Sprungbrett, und inzwischen rangierte Reuter auf Platz acht von zehn Crewkameraden.

Im ersten Kriegsjahr war Reuter Kommandant des neuesten Schlachtkreuzers *Derfflinger*. Zu dieser Zeit war der zwei Jahre jüngere Beatty, dem Reuter persönlich nie begegnete, bereits Chef des Schlachtkreuzergeschwaders der Grand Fleet. *Derfflinger* nahm im Dezember 1914 an der Beschießung von Befestigungs- und Industrieanlagen in Scarborough und der Küstenwachstation Whitby an der englischen Küste teil. Im Monat darauf kämpften an der Doggerbank die deutschen Schlachtkreuzer unter Konteradmiral Ritter von Hipper gegen die englischen Schlachtkreuzer unter Beatty, wobei *Derfflinger* der *Lion* schwere, fast zum Untergang führende Schäden beibrachte, aber auch selbst einen Treffer erlitt, bei dem nur mühsam das Explodieren der Kartuschen vermieden werden konnte. Danach wurde Reuter mit dem Eisernen Kreuz erster Klasse ausgezeichnet. Im September 1915 wurde er, wiederum für ein Jahr, Führer der IV. Aufklärungsgruppe, mit der er sich in der Skagerrakschlacht während der Nacht auf kürzeste Entfernungen mit einem weit überlegenen englischen Kreuzergeschwader schlug. Dabei wurde die *Southampton*, das englische Flaggschiff, schwer beschädigt, und von Reuters Schiffen die *Frauenlob*, das kleinste und älteste Schiff, durch einen Torpedotreffer versenkt. 324 Mann verloren ihr Leben, neun wurden von einem niederländischen Dampfer gerettet und bis Kriegsende interniert.

Als Führer der II. Aufklärungsgruppe von September 1916 bis Januar 1918 und inzwischen zum Konteradmiral befördert, nahm Reuter mit den neuen Kleinen Kreuzern *Königsberg*, *Pillau*, *Frankfurt* und *Nürnberg* am 17. November 1917 an einer sogenannten Stichfahrt durch den äußeren Minengürtel um die Deutsche Bucht teil, bei der mehrere Minensuchverbände von Torpedobooten, Kleinen Kreuzern und weiter rückwärts stehenden schweren Einheiten gedeckt wurden. Dank ihrer guten Funküberwachung konnten die Engländer mit weit überlegenen Kräften anrücken: eine für Reuter nach menschlichem Ermessen hoffnungslose Lage, zumal die britischen Verbände nach Zahl, Bewaffnung und Geschwindigkeit weit überlegen waren. Die deutschen Kreuzer besaßen nur 15-cm-Geschütze und liefen maximal 27 Knoten, während die beiden britischen, im Zweiten Weltkrieg von deutschen Einheiten versenkten Schlachtkreuzer *Courageous* und *Glorious* über 38-cm-Geschütze verfügten und eine Geschwindigkeit von etwa 30 Knoten (55,6 Stundenkilometer) erreichten. Jedoch nutzten die Briten ihre Vorteile nicht voll aus. Es gelang den deutschen Verbänden, vor allem durch den geschickten Einsatz von künstlichem Nebel, die langsamen Minensucher weitgehend in Sicherheit zu bringen. Nur ein Fischdampfer ging verloren. Ein großer Nachteil war für Reuter allerdings, daß die zur Fernsicherung eingesetzten Linienschiffe *Kaiser* und *Kaiserin* zu weit im Süden standen und erst zwei Stunden nach Beginn des Gefechts zur Unterstützung eintrafen. Eigentlich wollte Reuter dem Gegner mit diesen beiden Großkampfschiffen entgegentreten, um noch einen Erfolg zu erzielen, aber es gelang ihm nicht, seine taktischen Absichten rechtzeitig und unmißverständlich zu übermitteln. In dieser entscheidenden Phase des Gefechts erhielt die *Königsberg*> einen schweren Treffer, der alle drei Schornsteine durchschlug, einen Bunkerbrand auslöste und das Schiff vollständig in Rauch einhüllte. Nachdem auch die Geschwindigkeit auf 17 Knoten abgesackt war, sah Reuter sich gezwungen, auf den Kleinen Kreuzer *Pillau* umzusteigen. Die beiden Linienschiffe drehten unter dem Eindruck gegnerischer Überlegenheit ab. Mit 21 Toten – davon acht auf der *Königsberg* – und 43 Verwundeten war das Gefecht aus deutscher Sicht zwar glimpflich verlaufen, doch auch hier blieb »Enttäuschung über eine vermeintlich verpaßte Gelegenheit« haften.[69] Im Sommer 1918, als Admiral von Hipper zum Chef der Hochseeflotte ernannt wurde, übernahm Reuter dessen Stellung als Befehlshaber der Aufklärungsstreitkräfte, »die schönste [Aufgabe] für einen Offizier seines Dienstalters«.[70] Jetzt führte er die Schlachtkreuzer, die Kleinen Kreuzer und die Torpedoboote.

Für die unerwartete Aufgabe, die er im November 1918 übernimmt, bringt Reuter die besten Voraussetzungen mit. Er besitzt genug Pragmatismus, um sich nicht gegen die Zeitläufte zu stemmen, und genug

Wertbewußtsein, um nicht den Launen des Tages nachzugeben. In zwei sehr verschiedenen Fällen begegnet er in Scapa Flow den Mannschaften mit dem Argument, ihr Verhalten passe nicht in die gegenwärtige Zeit: Im einen Fall sind es die Revolutionäre, die über die Stränge schlagen, in dem anderen die Kaisertreuen, die noch im Januar 1919 sehr vernehmlich und weithin sichtbar den Geburtstag des ehemaligen Herrschers feiern. Über Wilhelm II. äußert sich Reuter gelegentlich kritisch, während jener ihm noch 1939 zum siebzigsten Geburtstag mit einem Telegramm aus dem holländischen Exil gratulierte. Wie so oft in dieser Zeit spricht aus der Kritik an der Person *dieses* Kaisers vor allem die Sorge um den Fortbestand der Monarchie. Reuter ist erklärter Monarchist, aber seine persönliche Wertschätzung gilt eher dem nicht gerade gebildeten, dafür sparsamen, strengen und willensstarken »Soldatenkönig« Friedrich Wilhelm I., dem Vater Friedrichs des Großen. Von denen abgesehen, die sich gegen die Offiziere *als Offiziere* stellen, ist Reuter bei den Mannschaften beliebt und geachtet, er kümmert sich um das Wohlergehen seiner Untergebenen. In Scapa Flow sollten freilich die Internierungsbedingungen seine Möglichkeiten sehr einschränken, das Los der kranken und schlecht ernährten Besatzungen zu verbessern.

Der Überführungsverband

Während viele Offiziere sich freiwillig für den Überführungsverband melden, um die Schiffe, statt sie auszuliefern, zu versenken, argumentiert der Leutnant zur See Friedrich Grattenauer ähnlich pragmatisch wie Reuter. Er schreibt am 29. November auf der Überführung der Unterseeboote nach Harwich an seinen Bruder, der in einem englischen Lazarett liegt: »Daß ich so die U-Bootslaufbahn beenden würde, hätte ich nie gedacht. Ehrenvoller wäre es, ich versenkte den Kahn mit Mann und Maus. Aber das Vaterland verlangt, daß wir ihn abliefern. Wenn wir's nicht tun, werden die so schon unerträglichen Bedingungen noch verschärft.«[71] Auf den Torpedobooten war die Stimmung ähnlich unaufgeregt. Obwohl gerade die jüngeren Offiziere möglichst bald entlassen werden wollten, um zu studieren oder gleich einen Beruf zu ergreifen, fühlten sie sich Boot und Mannschaft so stark verbunden, daß die meisten sich schweren Herzens entschlossen, in die Internierung zu gehen. Den Mannschaften ging es genauso. Die Besatzung der Halbflottille, auf der Friedrich Ruge diente, wollte sogar einen Offizier für die obligatorische Wahl des Soldatenrats aufstellen, aber das war nicht erlaubt. Ein redegewandter Obermaat aus Köln, der schließlich bei geringer Wahlbeteiligung das Rennen machte, unterschrieb sich selbst als erstem die Entlassungspapiere, wurde ausgelacht und verschwand. Eine Neuwahl fand nicht statt. Man wartete auf die Abfahrt, diskutierte und spielte Doppelkopf.

Meurer kehrt am Morgen des 18. November zwar gerade noch rechtzeitig vom Firth of Forth zurück, wird aber als Mitglied der Waffenstillstandskommission in Wilhelmshaven gebraucht. Gegen Mittag übernimmt daher Ludwig von Reuter die zu überführenden Schiffe, die noch zerstreut in verschiedenen Häfen liegen. Sie erhalten die Bezeichnung »Überführungsverband« und werden als ein von der Hochseeflotte detachierter, das heißt für besondere Aufgaben abgestellter Verband angesehen. Seine Kommandoübernahme gibt Reuter mit Worten bekannt, die an den Kriegstagesbefehl des Obersten Arbeiter- und Soldatenrats erinnern: »Ich habe mit dem heutigen Tage den Überführungsverband übernommen. Ich weiß mich mit den Besatzungen eins, daß jeder bei der Überführungsfahrt seine Pflichten so erfüllen wird, daß das Vaterland den baldigen Frieden erlangt.«[72]

In einem Gespräch mit Reuter erläutert Meurer die mit Beatty getroffenen Verabredungen und schildert seine persönlichen Eindrücke, die, so Reuters Schlußfolgerung, »zu äußerster Vorsicht und Zurückhaltung im Verkehr mit der englischen Flottenleitung veranlaßten«.[73] Meurer befürchtet, daß die Engländer nicht daran denken, die Schiffe in einem neutralen Hafen zu internieren, hat aber nichts Genaues erfahren. Daß Beatty gar nicht ernsthaft damit rechnet, die Schiffe unversehrt vor dem Firth of Forth empfangen zu können, erfährt Reuter erst viele Monate später. Er schreibt: »Von Nutzen wäre uns Offizieren diese Kenntnis bei unserer damaligen Machtlosigkeit an Bord nicht gewesen, sie hätte uns nur den harten Weg nach dem Firth of Forth noch schwerer gemacht.«[74] Von Hipper erhält Reuter einen schriftlichen Befehl, aus dem zwei für das weitere Geschehen wichtige Verfügungen hervorgehen. Zum einen, daß im Internierungshafen nur Wachkommandos an Bord bleiben und der Rest des Überführungskommandos mit Transportschiffen zurückkehren soll. Zum anderen, daß nach dem Empfang des Verbands durch die englische Kreuzereskorte am vereinbarten Treffpunkt jeder Funkverkehr zu unterbleiben hat, es sei denn, er wird durch den Führer der englischen Eskorte oder später vom Chef der englischen Hochseeflotte gestattet.

Wie jeder Vertrag basierte auch der Waffenstillstandsvertrag auf einer Voraussetzung, die in ihm selbst nicht enthalten war. In der Formulierung des Artikels 23, der die Internierung »in neutralen Häfen oder, in deren Ermangelung, in Häfen der Alliierten« vorsah, wurde indirekt die Suche eines neutralen Hafens versprochen, also ein guter Wille demonstriert, der natürlich nicht Bestandteil des Vertrags und damit auch nicht einklagbar war. Während die deutsche Marineführung offiziell noch davon ausging, daß die Schiffe in einem neutralen Hafen interniert würden, bemühten sich die Alliierten gar nicht erst, einen solchen zu finden. Dänemark, Schweden, Norwegen und Holland wurden jedenfalls nicht gefragt. Nur die Bucht von Vigo an der spanischen Westküste wurde für geeignet gehalten, allerdings auch hier die Bewachung als zu schwierig angesehen. Wie spätere Recherchen der deutschen Regierung ergeben haben, hatte denn auch einzig Spanien eine offizielle Anfrage bekommen. Diese war allerdings so gehalten, daß man die gewünschte Antwort deutlich herauslesen konnte. In einem Gespräch mit Graf Romanones brachte der britische Botschafter Sir Charles Hardinge von vornherein sein volles Verständnis für eine mögliche Ablehnung seitens der spanischen Regierung zum Ausdruck. Von den übrigen neutralen Staaten dürfte Holland, als es Wilhelm II. Exil bot, nicht mehr in Frage gekommen sein – bedauerlicherweise, möchte man fast meinen, denn die Wiedervereinigung von Monarch und Marine hätte zweifellos Anlaß zu allerlei hübschen Betrachtungen gegeben. Eine Internierung in norwegischen Fjorden wiederum, also dort, wo den Kaiser seine alljährlichen Nordlandreisen hingeführt hatten, ist immerhin erwogen, von Norwegen sogar angeboten, dann aber verworfen worden, weil dort das Wasser zu tief sei, um die Schiffe verankern zu können. Das norwegische Marineministerium hatte sich schon auf eine Aufnahme deutscher Schiffe vorbereitet und sich dann gewundert, daß keine Anfrage kam.

Vor allem aber hätte die Internierung, in welchem neutralen Hafen auch immer, Maßnahmen erfordert, die nichts Geringeres in Frage gestellt hätten als die Souveränität und damit die Neutralität des jeweiligen Staates, hätten doch die Siegermächte darauf bestehen wollen, die umfangreichen Vorkehrungen gegen Sabotage und Ausbruchsversuche zumindest zu überwachen. Das internationale Recht ließ aber nicht zu, alliierte Mannschaften an Bord internierter Schiffe zu stationieren. Internierte Schiffe bleiben sozusagen ein auf das Wasser hinausgetragenes Stück Land, in staats- und völkerrechtlicher Hinsicht Inland, und in diesem Fall hieß das: Hoheitsgebiet des Deutschen Reiches.

Dennoch hat die Gefahr einer Selbstversenkung bei der Auswahl des Internierungshafens eine untergeordnete Rolle gespielt, auch wenn Admiral Wemyss bis zuletzt davon ausgegangen ist, daß die Deutschen ihre Schiffe eher versenken als überführen würden.[75] Andernfalls hätte sich etwa das gezeitenfreie Mittelmeer angeboten, das die Alliierten zu großen Teilen kontrollierten. Dort hätten die Schiffe in seichtem Wasser vor Anker gehen können, und daß diese Möglichkeit nicht genutzt wurde, ist vor dem Hintergrund eines internen Berichts der Londoner Admiralität noch erstaunlicher, in dem es heißt, daß nicht einmal an Bord stationierte Bewacher gegen eine einmal eingeleitete Selbstversenkung etwas ausrichten könnten, denn die Größe eines Schiffes und die Komplexität seiner Technik würde es ein paar gut informierten Männern vergleichsweise leichtmachen, die für eine Versenkung nötigen Maßnahmen unbemerkt durchzuführen.[76] Dieser Bericht wurde zwar erst am 23. Juni 1919, also zwei Tage nach der Selbstversenkung der deutschen Schiffe, abgefaßt und sollte demnach vor allem die verantwortlichen Admirale entlasten, er traf aber dennoch den Kern des Problems. Entweder hat die Londoner Admiralität die vertraglichen Vorkehrungen, die drohenden Ersatzforderungen und also die Schwäche des Deutschen Reiches für eine ausreichende Sicherheit gehalten, oder sie war nicht allzu interessiert daran, eine Selbstversenkung zu verhindern.

Die deutschen Angaben nach der Selbstversenkung waren also sachlich durchaus berechtigt, wenn behauptet wurde, es sei deshalb zu einer Internierung in britischen Gewässern gekommen, weil die Siegermächte sich gar nicht ernsthaft bemüht hätten, einen neutralen Hafen zu finden. Das hat man in Deutschland zur Zeit der Überführung freilich nicht mit Sicherheit wissen, sondern allenfalls vermuten können. Von der bloßen Ahnung eines bevorstehenden Unrechts wollte Reuter sich nicht beirren lassen: »Der Beweis, daß wir betrogen werden sollten, mußte erst tatsächlich erbracht werden. Der Betrug konnte uns die Freiheit des Handelns zurückgeben: wir konnten dann mit unseren Schiffen machen, was wir wollten, wir konnten sie auch versenken.«[77] In seinen Überlegungen zeigt sich Reuter als ein leidenschaftsloser, korrekt, ja geradezu legalistisch argumentierender Offizier, und das bis in die Stunden der Versenkung.

Reuter stellt seinen Stab zusammen: Als Chef des Stabes wird Fregattenkapitän Iwan Oldekop – als Vizeadmiral von 1927 bis 1931 Flottenchef in der Reichsmarine – gewonnen, der, in Reuters Worten, später als engster Mitarbeiter des Verbandschefs den »Tageskampf mit den radikalen Elementen in der ›Drecklinie‹«[78] auszufechten hatte. Führer der Torpedoboote wird der von Reuter hochgelobte Korvettenkapitän Hermann Cordes. Als Admiralstabsoffiziere gehen Korvettenkapitän Edgar Angermann und Kapitänleutnant Michael von Freudenreich mit, Freudenreich fungiert zugleich als Dolmetscher. Flaggleutnants sind der Oberleutnant zur See Karl Wehrmann und der Leutnant zur See Hans-Joachim Tapolski. Dazu kommen Schreiber und Ordonnanzen.

Fast die alte Zusammenarbeit

Ursprünglich hat niemand ernsthaft damit gerechnet, daß die Schiffe rechtzeitig für die Überführung bereit sein würden. Nun aber wird emsig, fast mit einer gewissen Zerstörungslust, an der Entwaffnung gearbeitet. Die mächtigen Geschosse werden aus den Munitionskammern an Land gehievt und auf Pferdefuhrwerke verladen oder auf die Mole gelegt, wo sie auf den Abtransport warten; auch Handfeuerwaffen müssen von Bord: »Auf den Kais lag alles durcheinander«, berichtet Reuter, »Munition aller Kaliber und aller Art, Torpedos, Geschützteile, Feuerleitungs- und E-Apparate [Entfernungsmeßgeräte und technische Geräte zur Weitergabe an die Artillerieleitzentralen], und was sonst aus den Schiffen herauskam. [...] Erfreulicherweise wurden auf der Mehrzahl der Schiffe auch die losnehmbaren wichtigen artilleristischen Apparate und andere geheime Einrichtungen noch entfernt und an Land gebracht.«[79]

Auf den kleinen Einheiten wie den Torpedobooten wird konzentriert gearbeitet, um die Vorbereitungen zeitig abzuschließen, aber auf den großen Schiffen geht es seit Ausbruch der Meutereien meist drunter und drüber. Fast scheint es, als würde sich die in den langen Kriegsjahren verlorengegangene Seefahrtsromantik wieder einfinden. Wie Reuter in seinem Bericht festhält, sehen die Männer die Vorbereitungen »zum großen Teil als ein Fest an, mit Musik, Gesang, revolutionären und bisweilen alten Soldatenliedern wurden die Schiffe ausgeräumt, von den Leuten die Lust hatten [sich] daran zu beteiligen, Arbeitszwang gab es nicht. Dazu rote Flaggen, rote Kokarden, rote Takelbändsel, an den Hemden befindlich. Es gehörte unbedingt zum guten Tone, daß jeder beim Ausräumen eine Zigarette brannte. Während dieser Zeit verschwanden immer mehr und mehr die Offiziere, auf einigen Schiffen fehlten sie schließlich ganz.«[80]

Viele Offiziere waren von Bord gegangen, als die Mannschaften sich gegen sie aussprachen oder die rote Fahne hißten. Deprimiert von Meuterei und Waffenstillstand, wollten viele von ihnen ihre Schiffe lieber versenken als nach Schottland bringen, und dann traten sie doch, um Schlimmeres zu verhüten, für die Entwaffnung und Überführung wieder ihren Dienst an, mit einem von den Soldatenräten zugesicherten Minimum an Autorität. Die Flottenleitung traf zwecks Überführung mit dem 21er Ausschuß in Wilhelmshaven die Abmachung, daß die Offiziere die seemännische Führung der Schiffe behalten, während die Soldatenräte an der Regelung des inneren Dienstes beteiligt werden. Und, das wichtigste: »Den Mannschaften wurde das Recht, Offiziere selbständig abzulehnen, entzogen.«[81] Auf einer Sitzung mit den Unterführern und Kommandanten der Schiffe wurden des weiteren Anordnungen über Anzug (Paradeuniform), das Verhalten der Besatzungen beim Einlaufen in den Firth of Forth und über den dienstlichen Verkehr zwischen Deutschen und Engländern erlassen. Da letztere die Soldatenräte nicht anerkennen wollten, blieb der offizielle Kontakt mit der Royal Navy Aufgabe der Offiziere. Ihnen wurde empfohlen, Bekehrungsversuche bei den Mannschaften zu unterlassen; weil das die Mannschaftsvertreter nur wieder anstachele, gegen die Offiziere zu agitieren. Da kaum ein Offizier unter der roten Flagge in See gestochen wäre, wurde beschlossen, die Kriegsflagge zu setzen und gegebenenfalls im Vortopp einen roten Wimpel zu hissen.

Die Offiziere können aufatmen. Was hätten sie auch machen sollen, wenn die Mannschaften die Mitarbeit verweigert hätten. Eine sofortige Versenkung der Schiffe verbot sich, solange noch eine Hoffnung auf ihre Rückkehr bestand. Die andere Möglichkeit, die Schiffe sich selbst zu überlassen, hätte England den billigen Triumph geliefert, sie vor meuternden Matrosen in Sicherheit bringen zu ›müssen‹: Ausgerechnet die Überführung scheint also jenes Mittel zu sein, mit dem eine Übernahme der Schiffe durch die Engländer vermieden werden kann! Immerhin, in einer Zeit, in der die außenpolitische Lage dazu beiträgt, die inneren Fronten auseinanderzutreiben und ideologisch zu verhärten, finden Mannschaften und Offiziere zu einer pragmatischen Übereinkunft, ihr Zusammenhalt ist nur geschwächt. Die meisten schrekken dann doch davor zurück, die Waffenstillstandsbedingungen nicht zu erfüllen, die revolutionären Bestrebungen werden in gemeinsamer Übereinkunft zurückgestellt. Als in Kiel das Gerücht umgeht, im Sund sei ein englisches Geschwader gesichtet worden, reagieren die dortigen Mannschaftsvertreter offenbar ähnlich: »Ohne Ausnahme wurde der Wille zur Gegenwehr vom Soldatenrat bekundet«, berichtet Gustav Noske. Die Meuterer sind immer noch die tapfersten Krieger. Im übrigen hängt alles von den jeweiligen Verhältnissen an Bord ab, die von Schiff zu Schiff sehr unterschiedlich sind. Noske schreibt: »An Bord eines Schiffes beklagte sich ein Mann bei mir, er habe kein Mittagessen erhalten. Der Soldatenrat dieses Kreuzers setzte durch, daß es nichts zu essen gab, wenn jemand nicht pünktlich zu der geringfügigen Arbeit erschien. Andere Schiffsleiter mußten sich allerdings gefallen lassen, daß gewalttätige Kerle drohten, ihnen den Schädel einzuschlagen, wenn ihnen Befehle gegeben wurden.«[82] Auf *König* wiederum, deren Kommandant am 5. November erschossen worden war, hat ein »Obermatrose O.« die Führung übernommen, der mit Noske »nur im Tone strengster militärischer Unterordnung« spricht. Er lädt den Gouverneur zu einer Abschiedsfeier an Bord ein, bei der plötzlich alles wie früher ist. Die Sitzordnung folgt streng der Rangordnung, die Schiffskapelle spielt Tafelmusik zu Broten und Bier, und die Mannschaften dürfen von draußen zusehen. Am Ende seiner phrasenreichen Rede zitiert besagter Obermatrose ausgerechnet aus Bismarcks Reichstagsrede vom 6. Februar 1888 das berühmte, damals gegen Rußland gerichtete Wort: »Wir Deutsche fürchten Gott, aber sonst nichts auf der Welt.« Bismarcks Nachsatz allerdings, »... und die Gottesfurcht ist es schon, die uns den Frieden lieben und pflegen läßt«,[83] läßt er offenbar weg, und Noske macht, daß er nach Hause kommt.[84]

Während die Abrüstung begeistert vollzogen wird, geht die Ausrüstung für die Überführung nur schleppend voran. Auch fehlt es oft an besonderer Sorgfalt im Umgang mit den gefährlichen Geschossen. Es ist wohl eher ein Zufall, Reuter schreibt es der »Güte unserer Marinemunition« zu,[85] daß kein Unglück passiert. Die Männer lauschen revolutionären Ansprachen oder tragen ihre neuen Abzeichen auf Spaziergängen durch die Stadt. Viele nehmen auch ihre Sachen und fahren mit der Bahn nach Hause, sei es »mit oder ohne Entlassungspapiere«.[86] Die Zuständigkeiten sind zwischen dem Arbeiter- und Soldatenrat, den verschiedenen Ausschüssen und der Regierung der »Republik Oldenburg« unter dem Oberheizer Bernhard Kuhnt nicht klar geregelt. Die Abmachung von Hochseekommando und 21er-Ausschuß, keine Offiziere mehr abzusetzen, gilt nur für die in Wilhelmshaven liegenden Schiffe der »Republik Oldenburg«, in anderen Häfen wie Kiel kümmert man sich nicht darum. Während der Arbeiter- und Soldatenrat dazu aufruft, die Vorbereitungen der Überführung zu unterstützen, weigern sich andere Revolutionäre, das besetzte Verpflegungsamt zu öffnen, was sie nicht davon abhält, ihrerseits üppige »Tafelorgien« im Offizierskasino zu veranstalten.

Reuter schifft sich am Abend auf *Friedrich der Große* ein, da das Flottenflaggschiff *Baden* noch nicht für die Internierung vorgesehen ist und erst im Januar anstelle der im Bau befindlichen *Mackensen* nachkommt. Um 20 Uhr gibt er die Auslaufbefehle aus. Reuter findet sich und seinen Stab in einem »Wespennest« wieder,[87] und es ist ihm schleierhaft, wie in dem völligen Chaos schließlich doch noch alles erledigt wird. In der Nacht geht es nach Schillig Reede, wo sich in den vergangenen zwei Tagen schon einige Schiffe versammelt haben. Große Sorgfalt ist von den Mannschaften darauf verwendet worden, Tannenzweige als Friedenssymbole an die Masten zu binden, durchsetzt mit roten, flatternden Bändern. »Riesigen eisernen Festungen gleich«, so Noske, »schoben sich die modernsten Ungetüme, von denen nur ganz wenige in der Schlacht gewesen waren, in die Kammern.«[88] Sie werden mit Musik, Gesang und unendlichen Hurrarufen gefeiert, »weshalb und auf wen, wird nicht verständlich«, kommentiert Cordes, der Führer der Torpedoboote.[89] Bis zur Abfahrt am folgenden Mittag müssen

Brennstoff, Wasser und Lebensmittel übernommen werden, und auch die Entwaffnung ist noch nicht abgeschlossen. Die Versorgungsfahrzeuge irren ziellos durch den Hafen, von allen Seiten wird nach Öl und Kohle, nach Wasser und Proviant gefunkt. Der Brennstoff soll für 1500 Seemeilen reichen, bei einer Geschwindigkeit von 12 Seemeilen pro Stunde, der Proviant für die Überführungskommandos für zehn Tage, für die Wachkommandos im Internierungshafen bis zum 17. Dezember. Die hektischen Vorbereitungen dauern die ganze Nacht an. Reuter kann nur hoffen, daß die restlichen Schiffe pünktlich, vollzählig und in vorschriftsmäßigem Zustand am vereinbarten Treffpunkt erscheinen. Aber das Unerwartete tritt ein. Daß auch die Schiffe aus Kiel rechtzeitig da sind, ist im wesentlichen der Überredungskunst des dortigen Gouverneurs Gustav Noske zuzuschreiben.[90]

Nur die 17. Halbflottille der Torpedoboote bleibt noch zurück, um Post vom Kommando der Hochseeflotte mitzunehmen, und holt den Verband am nächsten Morgen gegen sechs Uhr ein. Sie bringt auch Vorschläge des Hochseekommandos für die Stärke der vorgesehenen Wachkommandos mit, Zahlen, die je nach Schiff und nicht nur nach Schiffsklasse schwanken. Reuter ahnt schon, daß die Engländer diese Uneinheitlichkeit nicht akzeptieren werden. Die Schiffe, die jetzt noch fehlen, sind sozusagen entschuldigt. Von den Linienschiffen ist *König*, Flaggschiff des III. Geschwaders, noch nicht fahrbereit und folgt im Dezember zusammen mit dem Kleinen Kreuzer *Dresden*, dessen Turbine noch repariert werden muß. Statt *Mackensen*, die als sechster Schlachtkreuzer vorgesehen war, läuft am 7. Januar 1919 *Baden* nach Scapa Flow aus. *Mackensen* war nach dem Stapellauf am 21. April 1917 und Taufe durch die Gemahlin des Namensgebers, des an der Front unabkömmlichen Generalfeldmarschalls, noch gar nicht fertiggestellt. Als bekannt wurde, daß *Mackensen* noch mindestens zehn Monate bis zur Fertigstellung brauchen würde und der Stand der Bauarbeiten es auch nicht erlaubte, das Schiff in Schlepp zu nehmen, blieb es zunächst bei einer Internierung von fünf Schlachtkreuzern. Bei der ersten Verlängerung des Waffenstillstands am 12. Dezember forderten die Alliierten als Ersatz die Überführung der *Baden* nach Scapa Flow. Die Deutschen stimmten zu, und so bekam die Admiralität schließlich doch noch das Flaggschiff, auf das man mit Rücksicht auf das Ehrgefühl der Deutschen zunächst verzichtet hatte. *Baden* lief zwei Tage nach Abfahrt, am 9. Januar 1919 in Scapa Flow ein, begleitet von dem Kleinen Kreuzer *Regensburg*, der den überflüssig gewordenen Teil der Besatzung nach Wilhelmshaven zurückbrachte.

Auslieferung der Unterseeboote

Die »Partisanen der Nordsee« müssen sich den Streitkräften von Konteradmiral Sir Reginald Tyrwhitt in Harwich ergeben, dem 100 Kilometer nördlich von London in der Grafschaft Essex gelegenen Marinedepot. Das geschieht in mehreren Etappen. Zwischen dem 20. November und dem 1. Dezember 1918 sind 114 Unterseeboote von den deutschen Besatzungen übergeben worden, während für die Überführung nach Frankreich und in die Vereinigten Staaten die deutsche Seite nicht zuständig ist. Nach dem 1. Dezember folgen noch 62 teilweise geschleppte Boote, so daß insgesamt also 176 Unterseeboote ausgeliefert wurden. Vier Boote stellen in Sewastopol außer Dienst. Sieben Boote gehen insgesamt unterwegs verloren. Zu einem Unfall kommt es Ende November, als außerhalb des Hafens von Harwich ein deutscher Seemann von einem Begleitschiff ins Wasser fällt und ertrinkt. Die deutschen Mannschaften werden durch englische ersetzt und die Boote später unter den Siegern aufgeteilt. In dem deutsch-amerikanischen Standardwerk »Seemacht« heißt es dazu: »Jedes deutsche im Dienst oder im Bau befindliche U-Boot wurde zerstört oder an die alliierten Mächte ausgeliefert. Viele Marinen waren an den in Deutschland in der zweiten Hälfte des Krieges gebauten U-Boot-Typen interessiert: An den großen U-Kreuzern insbesondere Frankreich, wo das ausgelieferte Typ-Boot *U 139* noch bis 1935 als *Halbronn* Dienst tat, die Vereinigten Staaten, wo nach dem Vorbild von *U 140* die Boote der V-Klasse gebaut wurden, und Japan, wo die Entwurfszeichnungen das Vorbild für die japanischen U-Kreuzer vom Typ I-1 abgaben. Auch die großen Flotten-U-Boote und die U-Boote vom MS-Typ sowie die großen Minenleger fanden in der französischen Marine, wo sie noch bis in die 30er Jahre verwendet wurden, und in Japan Beachtung, wo die großen Flotten-U-Boote der I-21 Klasse praktisch Nachbauten der deutschen Typen waren.«[91]

Auf Schillig Reede treffen sich am 19. November um acht Uhr morgens die Mannschaftsvertreter auf dem Flaggschiff, um den Verbandssoldatenrat mit einem Obmann und zwei Mitgliedern zu wählen, der sich später »Oberster Soldatenrat« nennt. Obmann wird ein Signalgast namens Keller, der bis dahin nur auf der Signalstation der III. Einfahrt in Wilhelmshaven seinen Dienst versehen hatte und noch nie auf einem Schiff gewesen war. Er ist mit Hilfe eines gefälschten Befehls des Hochseekommandos an Bord des Flaggschiffs geschmuggelt worden. Wie viele in diesen Tagen signalisiert er seine Verachtung jeglicher Autorität mit der lässig aus dem Mundwinkel hängenden Zigarette, um sich nach seiner Wahl dem Chef des Stabes mit den Worten vorzustellen: »Also ich habe jetzt den Verband übernommen, und Sie sind mein technischer Berater.«[92] Oldekop weist den Soldatenrat darauf hin, daß die rote Flagge auf See als Piratenflagge angesehen werde und feindliche Schiffe ohne Vorwarnung das Feuer auf den wehrlosen Verband eröffnen könnten. Das bleibt nicht ohne Endruck.

Zwischen acht und 13.20 Uhr wird der Verband gesammelt. Bis Mittag zwölf Uhr sollen die Schiffe Dampf für eine Geschwindigkeit von zwölf Knoten aufgemacht haben. Aber der Schlachtkreuzer *Von der Tann* hat zu spät damit begonnen. Das liegt daran, daß der »Seeklar-Befehl« am Abend zuvor zwar noch angenommen, aber nicht mehr ausgetragen worden ist, »weil das Signalpersonal den Dienst einzustellen für gut befunden hatte«, wie Reuter in seinem Bericht festhält.[93] So verschiebt sich die Abfahrt noch einmal um zwei Stunden. Endlich, gegen 14.30 Uhr, läuft die deutsche Hochseeflotte bei »unverständlich herrlichem Wetter« (Reuter) und unter der Kaiserlichen Kriegsflagge in einer 30 Seemeilen langen Kiellinie von Wilhelmshaven zu ihrer letzten Fahrt aus. Um 14.45 Uhr passiert der Verband die Außenjade. Der Wert dieser Flotte einschließlich der Unterseeboote beträgt schätzungsweise 1,5 Milliarden Goldmark; allein die Baukosten des Schlachtkreuzers *Derfflinger* betrugen einst 56 Millionen.

Die navigatorische Führung hat Kommodore Wilhelm Tägert, Kommandant der *Seydlitz*. Ihr folgen die vier weiteren Schlachtkreuzer *Moltke*, *Hindenburg*, *Derfflinger* und *Von der Tann*. Danach kommen die Linienschiffe, das IV. und das III. Geschwader: *König Albert*, *Kaiser*, *Kronprinz Wilhelm*, *Kaiserin*, *Bayern*, *Markgraf*, *Prinzregent Luitpold* und *Großer Kurfürst*, angeführt von *Friedrich der Große*. Die großen Schiffe halten einen Abstand von drei Kabellängen (555 Meter). 3 Seemeilen hinter dem letzten Linienschiff folgen mit gleichen Abständen die Kleinen Kreuzer *Karlsruhe*, *Frankfurt*, *Emden*, *Nürnberg*, *Bremse*, *Brummer* und *Cöln*. Wiederum 3 Seemeilen dahinter marschieren die Torpedoboote, jeweils zehn Boote in fünf Kiellinien nebeneinander. Etwa zweieinhalb Stunden hätte es gedauert, den Verband in seiner vollen Länge mit der ihm eigenen Geschwindigkeit einmal abzufahren.

»Mir zerreißt's das Herz«, schreibt Hipper über die Abfahrt, »damit hat meine Tätigkeit als Flottenchef ein ruhmloses Ende gefunden.«[94] Der Oberheizer Alex Schiffer vom Obersten Soldatenrat klagt später, während des Aufenthalts in Scapa Flow: »Gewissenlose Leute erfreuen sich in Schilderungen nie gesehener Ausfahrten der deutschen Schiffe zur Internierung, sprechen von tannengeschmückten Kreuzern und Linienschiffen und mehr andere Bosheiten. Alles Lug und Trug, eine traurigere Fahrt haben wir nie erlebt, es war uns voll bewußt, daß diese Fahrt vielleicht unsere letzte war.«[95] Die Empfindungen, die dieser Trauerzug auslöst, sind offenbar sehr unterschiedlich; wie der Schatten des englischen Luftschiffs begleiten die künftigen Konflikte die Flotte auf ihrer Fahrt nach Schottland. Der Abschluß des Friedensvertrags wird für Weihnachten erwartet, und Reuter, als er losfährt, geht entgegen allen Vermutungen offiziell davon aus, daß die Schiffe auf verschiedene neutrale Häfen verteilt werden und er selbst die Linienschiffe in den für sie bestimmten Hafen bringt.

Um 17.51 Uhr, notiert der Chef des Überführungsverbands, »beleuchtet von den Strahlen der sinkenden Herbstsonne wurde Helgoland passiert – es glühte in allen Farben. Helgoland galt diese Fahrt!«[96] Zu dieser Zeit verläßt den Obmann des Soldatenrats der Mut, und er bittet den Verbandschef, das »Freiheitsbanner«, den roten Wimpel im Vortopp, schon jetzt und nicht erst bei der Begegnung mit den Engländern niederholen zu lassen. Weiter geht es nach Nordwesten über das Kampfgebiet vom 17. November 1917, wo Reuter sein letztes Gefecht erlebt hat. Der von den Engländern vorgeschriebene Weg führt mitten durch die Minengebiete. Aus diesem Grund sollte sich der Verband ursprünglich in Kiel sammeln und um Skagen herumfahren, aber das haben die Engländer nicht gestattet. Den Minenfeldern darf auch nicht entlang der dänischen Nordseeküste ausgewichen werden. Minensucher haben zwar den Weg abgefahren, aber das ist keine Garantie, daß nichts passiert. Minen werden oft losgerissen, und dann treiben sie irgendwo umher, und ob zuverlässig gearbeitet worden ist, kann man unter den derzeitigen Umständen auch nicht wissen. Daher werden die üblichen Vorsichtsmaßregeln getroffen: die Schotten geschlossen und Schwimmwesten angelegt; die Mannschaften halten sich an Oberdeck auf. In der Nacht weisen Feuerschiffe den »Weg 400«.

Dann kommt es doch zu einem Unfall. Das Torpedoboot *V 30* stößt am 20. November um ein Uhr morgens bei klarem Himmel und Mondschein auf eine Mine. Zwei Tote und drei Verwundete sind zu beklagen. Zwei andere Torpedoboote der 3. Halbflottille gehen längsseits, obwohl sie dadurch ihrerseits in Gefahr geraten, übernehmen die übrigen 48 Mann Besatzung und geben sie an einen Schlachtkreuzer ab. Um 3.15 Uhr wird das beschädigte Boot in sinkendem Zustand verlassen. Reuter schickt ein paar Stunden später einen Funkspruch an Beatty ab, in dem er den Verlust des Bootes mitteilt, und Beatty fordert zwei Tag danach in Wilhelmshaven Ersatz an, der von der Waffenstillstandskommmission gestellt wird. Zusammen mit *König* und *Dresden* fährt das Boot *V 129* nach Scapa Flow, wo es am 6. Dezember eintrifft.

An diesem 20. November ist das Wetter diesig, und der Tag verläuft ohne größere Vorkommnisse. Das Depeschenboot des Flottenkommandos von der 17. Halbflottille bringt gegen sechs Uhr morgens die Briefe für Admiral Beatty. Am Abend meldet der Kleine Kreuzer *Cöln*, daß alle Kondensatoren leck sind, und bleibt zunächst zurück, in der Hoffnung, die Fahrt bald fortsetzen zu können. Ein anderer Kleiner Kreuzer bleibt in der Nähe, um das Schiff notfalls in Schlepp zu nehmen.

Entgegen Reuters Angaben in seinem Buch »Scapa Flow« enthält das Kriegstagebuch schon unter dem 20. November, 7.10 Uhr, folgenden wichtigen Eintrag: »F. T. [›Funkentelegramm‹] an C. i. C. [Chief in Command] Grand Fleet vom Hochseechef, wonach Internierung in Scapa Flow stattfindet und Abholung der zurückzuschickenden Besatzungsteile am 25. XI. erfolgen soll.«[97] Während die deutschen Schiffe mit der mäßigen Geschwindigkeit von 11 Knoten weiter Richtung Nordwesten fahren, werden sie von Beatty seit zwei Uhr morgens in zahlreichen Funksprüchen nach Position, Kurs und Geschwindigkeit gefragt. Die Funksprüche verraten, daß die Deutschen von einem beträchtlichen Flottenaufgebot erwartet werden. Die Engländer sind offensichtlich sehr nervös, weil sie nicht wissen, wie sich die Ankömmlinge verhalten werden.

Spießrutenlauf für Kriegsschiffe

Am 21. November 1918, zehn Tage nach Beginn des Waffenstillstands, verläßt der Leichte Kreuzer *Cardiff* mit einer großen britischen Nationalflagge im Morgengrauen die schottischen Gewässer, um 20 Meilen vor der Küste die deutsche Hochseeflotte zu empfangen. »ZZ« heißt passenderweise die Operation, die den Seekrieg zwischen Großbritannien und dem Deutschen Reich kampflos beschließt. Während *Cardiff* der Hochseeflotte entgegenfährt, um sie in den Firth of Forth zu führen, formieren sich in der Bucht die verbündeten Seestreitkräfte. Nie zuvor hat es ein solches Flottenaufgebot gegeben. Der Anblick bestätigt die Behauptung vieler britischer Offiziere des Ersten Weltkriegs, schöner als die Grand Fleet im Hafen sei nur die Grand Fleet auf See. Die 13 Geschwader kommen von überall her, aus Dover, Harwich und Scapa Flow. 370 Kriegsschiffe mit 90 000 Männern an Bord sammeln sich zum großen Finale, und über ihnen schwirren Luftschiffe und Flugzeuge umher. Die französische Marine ist mit einem Panzerkreuzer und zwei Zerstörern vertreten, die amerikanische mit dem aus fünf Schiffen bestehenden VI. Schlachtschiffgeschwader. Selbst bei der legendären Flottenparade in Spithead zur Feier des Diamantenen Jubiläums von Königin Viktoria am 26. Juni 1897 sind es nicht halb so viele Schiffe gewesen. Auch die japanische Regierung wollte sich vertreten lassen, aber das Schiff *Idzumo* in Begleitung der Zerstörer *Hinoki* und *Yagani* hat es nach der Abreise von Malta am 17. November nicht mehr geschafft, rechtzeitig im Firth of Forth einzutreffen.

Auf den deutschen Schiffen werden um acht Uhr morgens die Uhren um eine Stunde zurückgestellt und »Anzug blau« angelegt. Es wird befohlen, »etwaige Höflichkeiten der Engländer«, wie es im Kriegstagebuch heißt, »in gleicher Weise zu erwidern«.[98] Um 7.30 Uhr Greenwich-Zeit, die Sonne ist noch nicht aufgegangen, beträgt die Sichtweite bei leichtem Dunst zwischen 2 und 4 Seemeilen. Da bemerken die Schlachtkreuzer den Signalscheinwerfer eines britischen Zerstörers. Der erste Kontakt ist hergestellt. Steuerbord und backbord tauchen bald weitere Schiffe auf, schließlich sind es auf jeder Seite etwa 80 Zerstörer verschiedener Typen, angeführt von schnellen Führerschiffen, die mit 1700 bis 1800 BRT deutlich größer sind als die üblichen Zerstörer. Sie passieren zehn Minuten vor acht auf beiden Seiten den Überführungsverband. Die Kleinen Kreuzer *King Orry* und *Faethon* setzen sich an die Spitze der Kleinen Kreuzer der Hochseeflotte, *Cardiff*, mit ausgebrachtem Fesselballon, übernimmt die Führung der *Seydlitz* und *Castor*, ebenfalls ein Kleiner Kreuzer, die der Torpedoboote.

Die großen Schiffe der Royal Navy fahren in der klassischen Spithead-Formation, in zwei langen, bis zum Horizont reichenden Linien Richtung Osten. Um acht Uhr, als *Cardiff* auf die deutschen Schiffe trifft, passiert die *Queen Elizabeth*, das Flaggschiff mit Admiral Beatty und 19 ihm unterstellten Admiralen, gerade die Insel May. Ein wichtiger Gast fehlt allerdings: Lord Fisher. Die Verantwortlichen haben ihn nicht eingeladen, ein Affront, über den der alte Herr zutiefst verärgert ist. Ebenso wie der Architekt dieses Sieges ist die traurige Rolle der *Queen Elizabeth* in der Dardanellen-Offensive an diesem Tag vergessen. Zum ersten Mal seit der Skagerrakschlacht führt jedes Schiff vom Unterseeboot bis zum Dreadnought so viele Kriegsflaggen wie möglich. Jede der beiden Linien, die 6 Meilen Abstand halten, besteht aus 30 Linienschiffen sowie Großen und Kleinen Kreuzern. Um 8.30 Uhr kommen sie am vereinbarten Treffpunkt an. *Cardiff*, begleitet von den Zerstörerflottillen, führt die deutsche Linie um 9.20 Uhr zwischen die beiden englischen. Die Choreographie dieses Empfangs haben die Briten sorgfältig vorbereitet: ein Spießrutenlauf für Kriegsschiffe. Als sich das englische Flaggschiff querab von *Friedrich der Große* befindet, drehen alle Geschwader der Verbündeten auf Gegenkurs. Auf Beattys Signal schwenken die Linien um 180 Grad, so daß sie nun parallel zur deutschen Linie Richtung Westen fahren. Steuerbord querab *Friedrich der Große* fährt die *Queen Elizabeth*, und steuerbord von *Queen Elizabeth* fährt der französische Kreuzer *Admiral Aube*, begleitet von den beiden Zerstörern. Reuter hatte gehofft, daß Wolken und Nebel die Erniedrigung verbergen würden, und einige deutsche Quellen berichten tatsächlich, daß dichter Nebel auf dem Firth of Forth gelegen habe. Die Fotos aber zeigen das Gegenteil, der 21. November 1918 war ein sonniger, wenn auch etwas diesiger Tag. Erst am Nachmittag nimmt der Dunst in der Bucht so sehr zu, daß er die Sicht stark beeinträchtigt.

Mit dem englischen Leichten Kreuzer an der Spitze erscheinen die Deutschen einem Beobachter »wie Lehrlinge Leviathans, die von einer Elritze angeführt werden«.[99] Der amerikanische Admiral Hugh Rodman bedient sich eines ländlichen Bildes. Er fühlt sich an eine Farm in Kentucky erinnert, wo er oft ein kleines Kind gesehen hat, das ängstliche Ochsen mit einem Ring an der Nase herumführte.[100] Der Kommandant des Dreadnought *Monarch*, S.R. Drury-Lowe, murmelt: »Was für ein Ziel!«[101] und bedauert, daß die 33 englischen Großkampfschiffe die neun deutschen bei dieser günstigen Gelegenheit nicht einfach zusammenschießen dürfen. Admiral Lord Charles Beresford sieht in der unblutigen Übergabe (»bloodless surrender«) »the greatest sea victory of history«.[102] Die englischen Geschütze, wie der britische Operationsbefehl angibt, sind zwar nach vorn und achtern gerichtet, aber nicht festgezurrt. Sie sind nicht geladen, aber in kürzester Zeit gefechtsbereit: »Türme und Geschütze sind in Sicherheitsstellung zu halten, aber klar zum Richten. Die Geschütze sind nicht geladen, die Förderkörbe für die Munition befinden sich in oberster Position, klar zum Laden. Feuerleitanlagen und Leitstände sind besetzt.«[103]

Die beiden Flotten fahren in drei parallelen Linien weiter gen Westen. Den deutschen Mannschaften fällt auf, daß die feindlichen Schiffe auf der Steuerbordseite, also im Norden der deutschen Linie, rote Banner in den Masten führen. Aber dabei handelt es sich nicht um Zeichen der erhofften Verbrüderung; die Begleiter im Süden führen blaue Banner. Die Farben haben nur als Hilfsmittel gedient, um die Formation zu bilden. Gelegentlich muß eines der deutschen Schiffe ausscheren, um eine Kollision zu vermeiden, weil es zuviel Dampf aufgemacht hat. Die von Cardiff erbetene Geschwindigkeit von 12 Knoten kann trotzdem nicht gehalten werden, denn insgesamt wird die Linie immer länger. Mit 10 Knoten läuft der Verband schließlich in den Firth of Forth ein.

»Im Triumphzug werden wir eingeholt«, berichtet Hermann Cordes, »gefesselt und gefangen, entwaffnet und geschmäht, ziehen wir im Beisein des englischen Königs am Flaggschiff eines hochmütigen Seelords vorüber, wie einst die Germanen als Sklaven am Throne Neros.«[104] »Wehrlos, ehrlos«, so der knappe Kommentar Reuters,[105] und Ruge schreibt: »Sie umgaben uns von allen Seiten, Geschwader um Geschwader, Flottille um Flottille, an die vierzig englische Großkampfschiffe, fast ebensoviele Kreuzer, einhundertundsechzig Zerstörer, ein amerikanisches Geschwader, ein Franzose, darüber Flugzeuge und kleine unstarre Luftschiffe. Überall standen die Bedienungen an den Geschützen klar zum Gefecht mit Gasmaske und Flammenschutzhelm aus Asbest. So niederdrückend die Lage aber auch für uns war, so schien doch in dem Aufmarsch einer derartigen Übermacht eine ungewollte Anerkennung für das zu liegen, was die Hochseeflotte gewesen war.«[106] Ruge behauptet sogar, Beatty habe Komplexe abreagieren wollen, die noch vom Skagerrak herrührten, als er in der ersten Phase der Schlacht trotz doppelter Überlegenheit eine Niederlage gegen Hippers Schlachtkreuzer erlitten hatte, eine Niederlage, an der Beatty durch die Art seiner Taktik und Signalgebung nicht ganz unschuldig gewesen sei.[107]

Drei Hurras auf Admiral Beatty

Vor der Insel May schwenkt die südliche, auf der Backbordseite fahrende Linie ein zweites Mal, fährt um das Ende des deutschen Verbands herum und schließt sich der Steuerbordlinie an. Die Deutschen passieren die Insel im Süden, die Schiffe der Gegner im Norden. Danach, gegen 13 Uhr, fährt Beatty mit der *Queen Elizabeth* zwischen die beiden Linien und stoppt, während im Topp die große Admiralsflagge weht, mit der das Schiff an der Skagerrakschlacht teilgenommen hat. Im Vorbeifahren bringen die an Deck aufgereihten Mannschaften der verbündeten Schiffe drei Hurras auf den britischen Flottenchef aus. Reuter schreibt: »Immer wieder trug der Wind die englischen Hurras zu uns herüber. Wir hatten das Empfinden, als ob dieses ekstatische Rufen ein Gefühl der Scham übertönen sollte, die Flotte sieglos in die Hand zu bekommen, die Englands historische Übermacht zur See am Tage von Skagerrak gebrochen hatte.«[108] Die englischen Mannschaften jedenfalls werden sich über das glimpfliche und glückliche Kriegsende gefreut haben. Nachdem das letzte Schiff die *Queen Elizabeth* passiert hat, hält Beatty eine kurze Ansprache an die Besatzung, in der er einmal mehr die Vollwertigkeit dieses kampflosen Sieges betont. Unübertroffen pointiert faßt Feldmarschall Henry Wilson das chiliastische Verhältnis der Waffengattungen Heer und Marine in diesem Krieg zusammen. Da einerseits die Verdienste der Royal Navy in der Handelsblockade liegen, die zu den erdrückenden Nachschubsorgen der Mittelmächte geführt und ihre Armeen geschwächt hat, andererseits der eigentliche Sieg, der auch den Seekrieg entschied, in Nordfrankreich errungen wurde, gratuliert Wilson Admiral Beatty zur Ergebung der deutschen Flotte mit den Worten: »You have given us their army and we have given you their fleet.«[109] Als Beatty schon auf dem Weg zu seiner Kajüte ist, dreht er sich noch einmal um und sagt lächelnd: »Didn't I tell you, they would have to come out?«[110]

Alles, was schwimmt, ist in der Bucht unterwegs: Schwärme von Dampfern, Ruderbooten und Yachten fahren kreuz und quer, beladen mit Zuschauern, die die Siegesparade miterleben wollen. Die Menschen zu Wasser und an Land müssen eigentlich damit rechnen, jeden Augenblick Augenzeugen einer Verzweiflungsschlacht zu werden. Ein englisches Flugzeug, mit Luftaufnahmen beschäftigt, rutscht ab und stürzt ins Wasser. Pilot und Fotograf retten sich und ihre Kamera, und der *Seymour* gelingt es, das Flugzeug zu bergen. Die englischen Vergnügungsdampfer lassen ihre Dampfpfeifen heulen. Die Besatzungen schlagen auf Blecheimer und machen einen Höllenlärm. Lady Beatty fährt mit ihrer kleinen Yacht ganz dicht an die *Seydlitz* heran, was die Mannschaft – vermutlich ahnungslos, wen sie da vor sich hat – zu ihrem großen Ärger mit höhnischem Gelächter quittiert. »Ansonsten«, so Korvettenkapitän Ralph Seymour, »ging die ganze Sache eher still und traurig über die Bühne.«[111] Englische Zeitungen äußern sich später »ungünstig«[112] über die Haltung der deutschen Besatzungen und den Zustand ihrer Schiffe. Reuter, der selbst unter den verwahrlosten Zuständen leidet, macht »englische Anmaßung«[113] dafür verantwortlich, daß man offenbar eine Paradeaufstellung der Mannschaften erwartet habe oder frisch gestrichene Schiffe; zugleich bedauert auch er, daß es während der Paradefahrt zu Stauchungen der deutschen Linie gekommen ist.

Zwischen 13.35 Uhr und 14.15 Uhr gehen die großen Schiffe der Hochseeflotte bei der Insel Inchkeith vor Anker. Der Aufmarsch zur Ankerformation geschieht nicht, wie üblich, durch »geschwaderweise Wendungen«, sondern durch »Schwenken«.[114] Komplizierte Manöver kann Reuter der Flotte nicht mehr abverlangen. Ein paar detachierte englische Schiffe, darunter auch die *Cardiff*, bleiben zur Bewachung in der Nähe, während das Gros der verbündeten Flotten tiefer in den Firth hineinfährt. Die deutschen Torpedoboote gehen in geschützterem Wasser nahe der Küste vor Anker.

Es gibt englische Admirale, wenngleich sie in der Minderzahl sind, die diesen Tag als beschämend empfinden. »Die Überführung der deutschen Flotte«, schreibt etwa Lord Chatfield in seinem in den vierziger Jahren erschienenen Werk »The Navy and defence«, »war für viele von uns ein höchst schmerzliches und dramatisches Ereignis. Als die großen Schlachtschiffe in Sicht kamen, die Geschütze vor- und achteraus gezurrt, als die Schlachtkreuzer, mit denen wir zweimal unter ganz verschiedenen Umständen in Berührung gekommen sind, uns entgegenschlichen, als hätten sie den Schwanz zwischen die Beine geklemmt, da muß allen einstigen Seeleuten angesichts dieser Tragödie, dieser Blamage für alle Seekriegstraditionen ein kalter Schauer über den Rücken gelaufen sein.«[115] Ähnlich läßt sich Admiral Sir Edward Seymour vernehmen: »Ich muß gestehen, es war ein makabres und mitleiderregendes Bild, fast ein wenig geschmacklos. Ich habe mich wie ein Mitglied jener Trauergemeinden gefühlt, die man vor dem Krieg aufgeboten hat, wenn eine absolut erbärmliche Person ermordet worden ist.«[116] Aber noch einmal wird Nelson bemüht – für den Abschluß dieses Tages. An seine Worte nach der Schlacht von Abukir, die um den Preis von 900 Toten Napoleons ägyptisches Abenteuer und damit seinen Griff nach Indien zum Scheitern verurteilt hatte, lehnt Beatty sich an, als er der Flotte mitteilt: »Ich habe die Absicht, den Sieg, den der Allmächtige Gott den Waffen Seiner Majestät gewährt hat, heute Abend um sechs Uhr mit einem Dankgottesdienst zu feiern, und jedem Schiff wird empfohlen, das gleiche zu tun.«[117]

Kontrollen an Bord

Am Nachmittag werden die ersten Schiffe auf die Entwaffnung untersucht. Bei einigen wird nur flüchtig nachgesehen, und die Hauptuntersuchung bleibt den nächsten Tagen vorbehalten. Auf Ruges Torpedoboot erscheint eine Gruppe von Offizieren und Unteroffizieren eines in der Nähe liegenden Zerstörers. Die Kommission kommt in einem altmodischen Motorboot mit einer riesigen Flagge längsseits und sieht überall nach, bis hin zu den Privatspinden der Mannschaft. Kurz vor 15 Uhr trifft ein Funkspruch von Beatty ein, daß die deutsche Flagge niederzuholen sei und ohne Erlaubnis nicht wieder gehißt werden dürfe: »The German Flag is to be hauled down at 15.57 (3.57) today, Thursday, and will not be hoisted again without permission.«[118] Auf den in Harwich übergebenen Unterseebooten wurden die niedergeholten deutschen Flaggen gleich durch englische ersetzt.

Bis dahin, beispielsweise im japanisch-russischen Krieg, war es nicht üblich, internierten Schiffen die Flagge zu nehmen. Reuter legt, wie er es in den folgenden Monaten noch oft tun wird, schriftlich und mündlich Protest ein: »Wir beriefen uns in ihm auch auf das Ritterlichkeitsgefühl, daß zwischen sich achtenden Gegnern eine derartige Zumutung nicht üblich sei.«[119] Aber vergebens. Beatty hält sich nicht lange mit juristischen Feinheiten auf. Da man sich immer noch im Krieg befindet, ist es für ihn indiskutabel, wie er die Deutschen wissen läßt, daß die Flagge des Feindes in einem britischen Hafen weht. Auch Reuters Argument, nach Artikel 23 des Waffenstillstandsvertrags seien neutrale und alliierte Häfen gleichgestellt, lassen die Engländer nicht gelten. Admiralsflagge und Kommandantenwimpel beziehen sie allerdings nicht in das Verbot ein. Damit bleibt formell die Souveränität Reuters über seinen Verband erhalten, auch wenn er nicht viel damit anfangen kann. Bei der juristischen Bewertung der späteren Selbstversenkung bekommt dieses Detail allerdings eine große Bedeutung.

Punkt 16 Uhr, als der Himmel über den schottischen Bergen sich rötet – bei Sonnenuntergang gibt die Royal Navy das Signal für die Flaggenparade –, gehen die deutschen Kriegsflaggen nieder, um nur noch ein einziges Mal, am 21. Juni 1919, wieder gesetzt zu werden. Allein auf dem Torpedoboot *G 91* wird der Befehl nicht bemerkt, weil die Besatzung gerade mit den englischen Inspekteuren beschäftigt ist. Als einer von ihnen, ein Fähnrich, hinaufklettert und die Fahne herunterreißt, lachen die Deutschen ihn einfach aus. Reuter erwägt, die Flagge am nächsten Morgen wieder zu setzen, läßt den Gedanken aber fallen, weil er die Soldatenräte bereits ermahnt hat, die Anweisungen der Engländer strikt zu befolgen; auch ist ihm klargeworden, daß er bis zu einem gewissen Grade auf die Autorität der Engländer angewiesen sein wird, um der Unruhen an Bord Herr zu werden. Das Fehlen der Kriegsflaggen am Heck sollte allerdings das deutlichste Merkmal werden, an dem die deutschen Schiffe in der Bucht von Scapa Flow für den Laien von den englischen zu unterscheiden waren.

Mit den Einzelheiten der Internierung betraut Beatty Admiral Madden und will Reuter mitteilen lassen, daß er ihn nicht zu empfangen wünsche. Damit ist für den Oberkommandierenden die Sache erledigt, alles Weitere betrachtet er als eine reine Verwaltungsangelegenheit. Madden entsendet seinen Chef des Stabes, Commodore Hodges, an Bord des deutschen Flaggschiffs, wo dieser um 15 Uhr in »großem Anzug«, mit Hut und Epauletten erscheint, begleitet von zwei Stabsoffizieren und einem Reserveoffizier als Übersetzer. Reuter empfängt die Delegation an Deck und führt sie hinunter in seine Kabine, wo er die Gäste bittet, an der Längsseite des Konferenztisches Platz zu nehmen. Wieder einmal herrscht eine äußerst kühle Atmosphäre. Als Reuter fragt, ob er von Beatty empfangen werden könne, antwortet Hodges diplomatisch, man wolle ihm keine Umstände machen, Beatty sei einige Meilen entfernt vor Anker gegangen. Hodges erklärt sich bereit, alle Fragen an Admiral Madden weiterzuleiten, da dieser für die Einzelheiten zuständig sei. Hodges bingt eine Fülle von Anweisungen für den Aufenthalt auf dem Firth of Forth mit, über die Bereitschaft der Maschinen, die Länge der Ankerketten, die Lichterführung bei Nacht, den Signalverkehr mit den englischen Schiffen bis hin zum Postverkehr.

Am härtesten trifft, daß Funk- und Bootsverkehr zwischen den deutschen Schiffen wie angekündigt verboten werden und daß damit gedroht wird, auf Boote, die trotzdem zu Wasser gehen, das Feuer zu eröffnen. Reuter bittet um die Erlaubnis, wenigstens private Telegramme an Ehefrauen und Verwandte abschicken zu dürfen, kann aber Hodges nur das Versprechen abringen, die Sache Admiral Madden vorzutragen. Obwohl das Verbot des Bootsverkehrs sofort an alle Schiffe weitergegeben wird, verstößt ein Torpedoboot dagegen, aber der Fall wird gütlich beigelegt. Auf die wichtigste Frage, wohin die Reise gehen wird, gibt es angeblich noch immer keine Antwort, nur Ahnungen und Spekulationen. Hodges soll der deutschen Seite den Internierungshafen zwar genannt haben, aber Reuter behauptet, er habe auf seine Frage, wohin die Schiffe gehen würden, keine Antwort erhalten. Mit Sicherheit wird sich dieser Punkt nicht mehr klären lassen, weil das deutsche Protokoll nicht aufzufinden ist, es dürfte bei der Versenkung verlorengegangen sein. Aber Reuter hätte wohl sofort die übrigen Schiffe informiert, wenn ihm der Hafen genannt worden wäre. Dem Überführungsverband geht es in dieser Hinsicht nicht viel besser als der deutschen Delegation bei den Friedensverhandlungen in Versailles, die an den Besprechungen der Siegermächte nicht teilnehmen darf, im wesentlichen auf Pressemeldungen angewiesen ist und erst am 7. Mai 1919 eine schriftliche Stellungnahme zu den Verhandlungsergebnissen abgeben kann. Bissig kommentiert Reuter diese Geheimniskrämerei: »England weiß aus langer Erfahrung, daß es den Völkern sympathischer als den Hunden ist, sich den Schwanz stückweise, statt auf einmal, kürzen zu lassen.«[120] Cordes zeigt etwas mehr Verständnis: »Die sich steigernden Verschärfungen in unserer Behandlung waren nicht so sehr Maßnahmen der Rache, der Schikane, als vielmehr solche der Sorge und Furcht vor Verschwörung und dem folgender Ansteckung ihres Personals, einer Sorge, die bei den Umtrieben und bei der radikalen Gesinnung eines wesentlichen Teils der Besatzungen der deutschen ›Schiffe‹ nicht unberechtigt war!«[121]

Reuter protestiert auch zum wiederholten Male energisch gegen das Niederholen der Flagge, das ihm und seinen Männern das Herz zerreiße, aber Hodges erklärt, dies sei eine Entscheidung des Oberkommandierenden, zu der er sich nicht äußern dürfe; er könne den Protest allenfalls weiterleiten. In seinem Bericht an Admiral Madden geht Hodges auch auf die Verhandlungen über die Zahlen der an Bord zu belassenden Mannschaften ein. Reuter hat sich danach gegen eine Reduzierung um mehr als 5000 Mann ausgesprochen und dies mit den aktuellen Engpässen begründet, die es nicht erlaubten, für Überfahrt, Unterkunft und Ernährung der Heimkehrer zu sorgen. Vor allem sei es unsinnig, sie bei der Rückkehr des Verbands wieder aus Wilhelmshaven herbeizuholen. Hodges berichtet, dieses Argument, das Reuter mehrfach vorbringt, habe er einfach ignoriert.[122]

Als Hodges und seine Männer wieder an Deck kommen, umlagern Heizer und Matrosen das Fallreep und die Reelingsketten, grüßen lautstark die Engländer und fragen nach Zigaretten. Die Besucher, denen Reuter einen Weg durch die Menge bahnt, zeigen sich angewidert von diesem Benehmen, das sie als pure Selbsterniederung empfinden. Reuter schreibt, der Anblick habe ihn zutiefst verletzt, und er werde ihn nie vergessen. Der Vorfall kommt nur in dem internen Bericht vor, in seinem Buch hat er ihn mit keinem Wort erwähnt.[123]

Am 24. November hält Beatty eine Ansprache vor Mannschaften und Offizieren der *Lion* und des I. Schlachtkreuzergeschwaders, kurz bevor sie auslaufen, um einen Teil der deutschen Flotte nach Scapa Flow zu bringen. Der Oberkommandierende läßt seinem Hohn freien Lauf: »Ich habe in der Vergangenheit immer gesagt, daß die Hochseeflotte herauskommen und sich der Grand Fleet stellen muß. Ich war kein falscher Prophet; sie sind draußen (Lachen), und jetzt sind sie drin. Wir haben sie in der Tasche, und das erste Schlachtkreuzergeschwader wird auf sie aufpassen. [...] Wir hätten niemals gedacht, daß diese große Streitkraft sich bei ihrem letzten Anblick wie eine von der Grand Fleet gehütete Schafsherde darbieten würde. [...] Wir haben erwartet, daß sie etwas für die Ehre ihres Landes tun. [...] Aber ich möchte meinen, daß ihr demütigendes Ende das angemessene und richtige Ende eines Feindes war, der es so sehr an Ritterlichkeit hat fehlen lassen, an dem, was wir von einem ehrenwerten Feind erwarten. [...] Sie werden jetzt fortgebracht und den Wachschiffen der Grand Fleet in Scapa übergeben, wo sie die Annehmlichkeiten von Scapa genießen werden (Lachen) wie auch wir sie genossen haben. (Lachen) Aber im Unterschied zu uns haben sie nichts, worauf sie sich freuen können. Nichts von dem, was unseren Geist und unsere Kampfkraft erhalten hat. Wenn sie sich auf etwas freuen können, dann nur auf ihre Erniedrigung.«[124]

Der Fähnrich zur See Andrew Yates auf der Malaya schreibt an seine Mutter: »Man hätte gedacht, daß der Tod der Lage vorzuziehen sei, in der die feindlichen Seeleute sich jetzt wiederfinden.«[125] Wieder andere ärgern sich darüber, daß die Deutschen so ungeschoren davonkommen. Die britische Presse triumphiert, wobei ihre besondere Aufmerksamkeit der Tatsache galt, daß sich noch nie zuvor in der Geschichte des Seekriegs eine ganze Flotte so friedlich dem Feind ergeben hat. Aber auch bei der schreibenden Zunft ist damit keine Achtung zu erringen. Der *Globe* konstatiert, die deutsche Flotte sei nicht nur besiegt, sondern ob ihrer Feigheit für alle Zeiten entehrt. Das *Navy and Military Record* ist gar »schockiert«, denn: »Keine wahrhaft große Nation hätte eine solche Erniedrigung ihrer Flagge geduldet.«[126]

Als der amerikanische Marineminister Josephus Daniels Ende April 1919 Scapa Flow besuchte, sprach er ebenfalls die Enttäuschung in beiden Marinen an, daß es nicht zu einer entscheidenden Seeschlacht gekommen war. Er vertrat die Meinung, daß sie doch für den Sieger wie auch für den Verlierer eine große Ehre gewesen wäre. Statt dessen habe sich die Kaiserliche Flotte kampflos ergeben. Nun dürften die Marinesoldaten, wenn sie diese Ergebung bedauerten, sogar sagen, sie hätten einen größeren Sieg errungen, als es in der Schlacht möglich gewesen wäre: »Die deutsche Nation wird niemals eine große Flotte besitzen, weil es ihr an Tapferkeit fehlt.« Als in Scapa Flow ein englischer Spaßvogel die Mannschaft des Linienschiffs *Kaiser* bittet, »Gott strafe England« zu spielen, lehnen die Männer das Ansinnen mit der Begründung ab, sie seien ihrerseits von beiden, von Gott und von England, schon genug bestraft worden.

Die ehemals Kaiserliche Marine ist am 21. November eine doppelt tragische Gestalt: Sie wird von Mannschaften übergeben, denen ihr Schicksal vielfach gleichgültig ist, und sie wird in Empfang genommen von einem Feind, der für diese Flotte nach ihrer friedlichen Überfahrt und ihrer kampflosen Ergebung entweder Mitleid oder Verachtung empfindet. Aus der Sicht der englischen Admirale hat die Revolution das letzte Aufgebot der deutschen Hochseeflotte verhindert und ist damit auch der klare Sieg der Royal Navy vereitelt worden. Fast könnte man meinen, aus diesem Bedauern Anklänge einer britischen Variation auf die Dolchstoßlegende zu vernehmen.

An den beiden nächsten Tagen wird die Entwaffnung gründlich kontrolliert. Die Kommissionen sind aus Offizieren, Unteroffizieren, Deckoffizieren und Mannschaften zusammengesetzt, und sie besuchen jeweils die Schiffsklassen, denen auch ihr eigenes Schiff angehört: Linienschiff untersucht Linienschiff, Kleiner Kreuzer untersucht Kleinen Kreuzer. Die englischen Geschütze sind weiterhin klar zum Gefecht. Laut englischer Anordnung sollen die deutschen Mannschaften an Deck antreten und die Geschütze freihalten; alle Räume und Spinde sollen geöffnet sein. Die Kommissionen machen überall Licht an und sehen gründlich nach, schaufeln in den Bunkern die Kohlen um und öffnen Kisten und Kästen, die zufällig in den Munitionskammern herumstehen. Sie kommen zu dem Schluß, daß die Schiffe gründlich entwaffnet worden sind, und äußern teilweise Unmut darüber, daß auch Geschützverschlüsse sowie Artillerie- und Torpedokommandoelemente fehlen.

Die Besucher verhalten sich sehr unterschiedlich, die Skala reicht von Abweisung bis Mitgefühl, aber keine der Untersuchungskommissionen verliert ein Wort über Scapa Flow. Manche der deutschen Kommandanten finden, daß sich die Inspekteure gar nicht wie Sieger benehmen, sondern eher wie Leute, denen plötzlich ein großes Glück widerfahren ist, ein Glück, das sie noch nicht recht glauben können. Anders als das Schiffsmaterial, für das »eine gewisse Bewunderung« geäußert wird, werden die Soldatenräte, die sich teilweise mit weißen Armbinden an den Fallreeps aufgestellt haben, völlig ignoriert. Die Nachlässigkeit, mit der manche die Befehle ihrer Vorgesetzten ausführen, kommt bei den Besuchern nicht gut an. Das stärkt die Position Reuters. Als ein britischer Offizier einen deutschen Kommandanten darum bittet, den Soldatenräten zu befehlen, sie mögen ihre Armbinden außerhalb seiner Kabine zur Schau tragen, vergräbt dieser schluchzend den Kopf in seinen Händen: »›Befehlen‹? Sie würden sich ja doch nicht rühren.«[127] Den Kommissionen entgeht aber auch nicht, daß es zugleich disziplinierte und gepflegte Mannschaften gibt, die sich gegenüber ihren Vorgesetzten weiterhin loyal verhalten. Den deutschen Offizieren ist es verboten, Vergünstigungen oder Geschenke anzunehmen, wenn sie aber sogar die von den Besuchern angebotenen Zigaretten ausschlagen, fördert das auch nicht gerade die Stimmung, oder wenn sie, was ebenfalls vorkommt, erst einmal die Toilette aufsuchen, um die Inspekteure demonstrativ warten zu lassen.

Während der Tage im Firth of Forth liegt die deutsche Flotte ungeschützt vor Anker, aber die gefürchteten Oststürme bleiben glücklicherweise aus. Die Bevölkerung hält sich zurück; vielleicht hat man einstweilen genug Aufregung hinter sich, denn kurz zuvor hatte König George V. die Gegend besucht. Der mehr oder weniger starke Nebel tut sein übriges. Am Sonntag, den 23. November, besuchen noch einmal Vergnügungsdampfer die deutschen Schiffe; und »eine ›Lady‹«, so Reuter, »die an uns vorüberfuhr, erhob drohend die Faust«.[128] Ein Ingenieursanwärter, der mit schwerer Grippe auf *Markgraf* darniederliegt, wird vor der Weiterfahrt auf ein englisches Lazarettschiff gebracht. Wie der älteste Seebefehlshaber der Engländer später in Scapa Flow mitteilt, ist er gestorben und mit militärischen Ehren in England beigesetzt worden.

Letzte Fahrt

Die Kluft zwischen den alten Ehrbegriffen und der kriegsmüden Bewegung an Bord der deutschen Schiffe ist in den Tagen im Firth of Forth mehr als deutlich geworden, und doch gibt es immer wieder

Details, die in das dualistische Bild dieser Ereignisse: hier die alte, da die neue Zeit, nicht recht passen wollen. Ein namentlich nicht genannter Korvettenkapitän berichtete nach der Selbstversenkung in einer deutschen Zeitung: »Am Sonnabend traf ich einen Heizer von *Seydlitz*. Er hatte im Knopfloch das Band des Eisernen Kreuzes, jedoch der mittlere schwarze Streifen nicht ganz in seiner vollen Breite rot gefärbt. An der Stelle, wo bei Kriegsteilnehmern das U-Boots-, Verwundeten- oder Fliegerabzeichen getragen wird, trug dieser Mann eine Plakette in der Art eines liegenden Fliegerabzeichens, auf der in schlechter Ausführung ein Panzerkreuzer zu sehen war. Ich war in Zivil und nahm Gelegenheit, den Mann zu fragen, was er denn für Auszeichnungen trüge. Er antwortete stolz, ›das ist der Überführungsorden; er wurde dafür, daß wir die Schiffe rübergebracht haben, in Scapa Flow vom Kommando (sprich: Soldatenrat) verliehen.‹ Ich sah später noch zwei Leute mit demselben Band.«[129] Der Korvettenkapitän, der sich zum »national denkenden Teil der Bevölkerung« zählte, war natürlich entsetzt und peinlich berührt, weil er fand, daß der alte Ehrbegriff entwertet werde, wenn man eine so fragwürdige Leistung wie die Überführung der deutschen Flotte auszeichnet. Auch über die Kehrseite dieser Ansicht wären die Soldatenräte wohl nicht glücklich gewesen: daß ihre Anleihe die Zukunft in einer Weise an die Vergangenheit bindet, die sie doch gerade vermeiden wollen. Aber vielleicht spielen sie auf das Eiserne Kreuz ganz bewußt an, denn auch an anderen kleinen Vorfällen kann man ablesen, daß ein totaler Bruch mit der Vergangenheit gar nicht von allen angestrebt wurde.

Spätestens am 22. November, als Reuter erfährt, daß der englische Hochseechef deutsche Dampfer nach Scapa Flow bestellt hat, um überzählige Besatzungsmannschaften abzuholen, bestätigt sich, was die meisten allmählich geahnt haben: daß die Flotte in jenem Versteck des Feindes interniert werden soll, von dem man bislang eigentlich nur weiß, daß es ein einsamer und ungemütlicher Ort ist. Reuter findet, die Deutschen seien von den Engländern durch diese eigenwillige Auslegung des Waffenstillstandsvertrags vorsätzlich »betrogen« worden, und Ruge schreibt: »Dadurch, daß der Gegner uns die sehr harten Bedingungen des Waffenstillstandes auferlegte und die wenigen Verpflichtungen, die er selbst übernommen hatte, nicht einmal ehrlich durchführte, bereitete er selbst den Weg zur Versenkung vor.«[130]

Am Tag nach der Ankunft im Firth of Forth beginnt mit den Torpedobooten die Weiterfahrt nach Scapa Flow in insgesamt acht Schüben. Am 24. November sticht mittags zwölf Uhr die I. Aufklärungsgruppe mit den Schlachtkreuzern in See. Am 25. November treten die ersten Linienschiffe und Kleinen Kreuzer ihre letzte Fahrt an. Alle werden sie von englischen Schiffen der jeweils selben Klasse begleitet. An die Spitze des IV. Geschwaders mit *Friedrich der Große* setzt sich die *Emperor of India*, und je zwei weitere Linienschiffe fahren an der Back- und Steuerbordseite. Zwei Stunden später folgen mit *Karlsruhe*, *Nürnberg* und *Emden* drei der Kleinen Kreuzer, begleitet von englischen Leichten Kreuzern. Am nächsten Morgen, nachdem sie die Pentland Skerries passiert haben, laufen sie durch eine dreifache Trossen- und Balkensperre in Scapa Flow ein und gehen im nordwestlichen Teil der Bucht vor Anker. Die letzten Schiffe verlassen am 26. November den Firth of Forth. Als siebzigstes und vorläufig letztes Schiff hinkt die *Cöln* mit ihren immer noch defekten Kondensatoren hinterher. Der *Orkney Herald*, eine von zwei Zeitungen, die auf den Inseln erscheinen, erinnert anläßlich der Ankunft der deutschen Schiffe daran, daß im August 1914 die britische Flotte in Scapa Flow konzentriert wurde. Insofern findet es die örtliche Zeitung sehr passend – ohne zu wissen, was sie damit sagt –, »daß hier auch der letzte Akt dieses Weltdramas aufgeführt werden soll«.[131]

Scapa Flow: Das Leben vor Anker

Am Liegeplatz der deutschen Flotte angekommen, bietet die Bucht Scapa Flow mit ihren kargen Inseln unter dem regenschweren Novemberhimmel den Besatzungen einen melancholischen Anblick. Man sieht kaum Menschen auf den felsigen und spärlich bewachsenen Hügeln, dafür Schafe, Möwen- und Kormoranschwärme, einzelne Bäume, Sträucher, etwas Heidekraut. Die Hauptstadt Kirkwall liegt auf der nördlichen Seite der Insel Mainland und ist vom Liegeplatz der deutschen Flotte aus nicht zu sehen; allenfalls sind in der Ferne ein paar Häuser des kleinen Städtchens Stromness auszumachen. Von der dünnen Besiedlung zeugen ein paar Baracken, Gehöfte, Fischerdörfer und eine Wetterwarte. Die wenigen Kräne und Schwimmdocks lassen nicht vermuten, daß sich hier bis vor kurzem der Stützpunkt der Grand Fleet befand. Den Blick zieht nur die Insel Hoy an, deren Berge sich bis zu einer Höhe von fast 500 Metern über die Bucht erheben. Das Klima ist rauh, aber gesund, die Strömung gering, das Wetter oft stürmisch. Die Menschen leben seit jeher von Fischfang, Bootsbau und Landwirtschaft, nur Fährverkehr und Tourismus sind in der zweiten Hälfte unseres Jahrhunderts dazugekommen. Die Orkneyinseln , deren südliche die Bucht Scapa Flow umschließen, liegen auf 59 Grad nördlicher Breite, zwischen Nordsee und Atlantik, in 475 Seemeilen Entfernung von Helgoland.

Die rauhe Schönheit der Bucht war bis ins 20. Jahrhundert die Kulisse eines harten und gefährlichen Lebens. Immer wieder brachen Hungerperioden über die Inseln herein. Und es gibt wohl nur wenige Orte, an denen Seefahrt und Seekrieg so viele Menschenleben gefordert haben wie hier. Was Waffengewalt nicht bedroht, erledigen furchtbare Stürme und felsige Küsten, denen zu allen Zeiten Fischerboote, Kauffahrer und Kriegsschiffe zum Opfer gefallen sind. Im Ersten Weltkrieg ist auch die berüchtigte Spanische Grippe bis auf die Inseln vorgedrungen und hat in vielen Familien gleich mehrere Opfer gefordert. Als die deutschen Schiffe in der Bucht eintreffen, sind die Schulen noch immer wegen der Epidemie geschlossen. Aber der natürliche Hafen bietet ausgesprochen günstige Bedingungen für die Internierung, freilich eher aus militärischer Sicht. Mit einem Durchmesser von 15 bis 20 Kilometern kann die Bucht bequem eine große Flotte beherbergen, deren Bewachung die Einsamkeit ungemein erleichtert. Damit kann die Stadt Liverpool nicht konkurrieren, die ein paar der Schiffe gerne in ihrem Hafen gesehen hätte.

Als die deutsche Flotte hier in die Internierung geht, ist Scapa Flow in der Heimat, wenn überhaupt, durch den U-Boot-Krieg ein Begriff. Am 23. November 1914 drang *U 18* unter Kapitänleutnant von Hennig in die leere Bucht ein, kam wegen eines Schadens an der Tiefenrudermaschine aber nicht wieder hinaus, lief auf einen Felsen und blieb manövrierunfähig. Nach der Selbstversenkung wurde die gesamte Besatzung bis auf einen Mann gerettet. Kapitänleutnant Otto Weddigen, der im Herbst 1914 mit *U 9* einen britischen Kreuzer und die drei Panzerkreuzer *Aboukir*, *Cressy* und *Hogue* versenkt hatte, wurde am 18. März 1915 bei einem Angriff auf das Schlachtschiff *Dreadnought* in der Nähe der Bucht gerammt. *U 29*, das Weddigen zu dieser Zeit kommandierte, sank mit 32 Mann an Bord, und seither galt Scapa Flow in Deutschland als »das Grab Otto Weddigens«.[1] Den nächsten Versuch unternahm *UB 116* unter Oberleutnant zur See Emsmann noch am 28. Oktober 1918 im Zusammenhang mit dem geplanten Flottenvorstoß. Das Boot wurde von der Horchabwehr erfaßt und mit einer Sperre aus Beobachtungsminen zerstört. Es gab keine Überlebenden.

Während die Orkneyinseln im 19. Jahrhundert Treffpunkt gefährdeter Handelsschiffe wurden, dienten sie von 1914 bis 1918 als Stützpunkt weit ausgreifender militärischer Operationen. Von hier aus wurde die Nordsee bis Norwegen kontrolliert, und Admiral Geddes lobte bei Kriegsende besonders die Leistungen des X. Kreuzergeschwaders, welches den Atlantik bis Island überwacht und 15 000 feindlichen Handelsschiffen den Weg abgeschnitten habe.[2] Auch zur Skagerrakschlacht lief die Grand Fleet am späten Abend des 30. Mai 1916 von Scapa Flow aus. Zu trauriger Berühmtheit kamen die Orkneyinseln nicht zuletzt durch den Tod des Kriegsministers Lord Kitchener, dessen besondere Rücksichtslosigkeit als Feldherr beim Sieg über die ägyptischen Derwische in der Schlacht von Omdurman im Jahre 1898 sogar den Unwillen Königin Viktorias erregt hatte.

Wenige Tage nach »Skagerrak« – der Minister hatte sich auf der *Iron Duke* von Admiral Jellicoe über die Schlacht berichten lassen – brach Kitchener in geheimer Mission zum russischen Zaren auf. Er bestieg den Kreuzer *Hampshire*, der am Abend des 5. Juni vor der Insel Mainland, eineinhalb Meilen von Marwick Head, auf eine deutsche Mine lief und binnen 15 Minuten sank. Kitchener wollte nach Archangelsk reisen, um mit den Russen über die weiteren Kriegsanstrengungen zu verhandeln, da die britischen Waffenlieferungen in einem Faß ohne Boden zu verschwinden schienen. Von 665 Mann Besatzung überlebten in der stürmischen und eiskalten See nur zwölf; viele ertranken, als ihre Rettungsflöße gegen die zerklüfteten Felsen vor der Küste geschleudert wurden. Kitcheners Leiche wurde nie gefunden, und die hohe Belohnung, die die britische Regierung auf sie aussetzte, veranlaßte italienische Zeitungen zu der Vermutung, Kitchener habe wohl wichtige Dokumente bei sich gehabt, die nicht in deutsche Hände fallen sollten.[3]

Nachdem die überführten Schiffe in Scapa Flow angekommen sind, werden sie mit Hilfe von Lotsen an die Ankerplätze im westlichen und nordwestlichen Teil der Bucht gebracht, die sie bis zu ihrem Untergang nicht mehr verlassen. Kreuzer und Linienschiffe liegen rund um die Insel Cava. Die Torpedoboote liegen paarweise, »in Päckchen« an ihren Bojen und bilden zwei lange Reihen in dem geschützteren Wasser zwischen Fara und Hoy südlich der großen Schiffe. Die Lotsen raten eindringlich, die Torpedoboote für die Winterstürme mit zusätzlichen Ketten und Stahlleinen zu sichern. Von einem schweren Sturm in der Weihnachtszeit abgesehen, bleiben die deutschen Schiffe von den Unbilden des örtlichen Wetters weitgehend verschont, aber die Sicherungen reichen auch nur gerade eben aus. Anfang April brechen die Ankerketten von *Bayern*, *Markgraf* und *Kronprinz Wilhelm*, aber zum Glück greifen die Ersatzanker. Die Herbst- und Frühjahrsstürme sind heftig genug, um die Besatzungen der laut zusammenstoßenden Torpedoboote mit Schlaflosigkeit zu zermürben, und die Boote tragen so große Schäden davon, daß sie zur Zeit der Versenkung fast nicht mehr zu gebrauchen sind. Ruge schreibt: »Die Außenhaut war vom Aneinanderschlagen im Seegang und dem harten Längsseitkommen der Drifter so verbeult, daß die Spanten herausstanden wie die Rippen eines mageren Gauls.«[4] Schlingerleisten und Geländer waren, wie Cordes berichtet, »kurz und klein geschlagen«.[5] Manchmal werden die Boote von den unregelmäßigen Strömungen aber auch so gedreht, daß sich zwei Pärchen an den Hecks berühren und dann die Besatzungen ausnahmsweise miteinander sprechen können. Im Frühsommer 1919 wird zwischen zwei Booten sogar eine 50 Meter lange Schwebebahn aus Drahtseil und Laufkatze eingerichtet, die sich großer Beliebtheit erfreut.

Weil die Sicht zwischen dem Flaggschiff *Friedrich der Große* und den Engländern durch die Insel Cava versperrt ist, wird der Signalverkehr zunächst von dem südlichsten der großen Schiffe übernommen: *Seydlitz* und das englische Flaggschiff verständigen sich mit Scheinwerfern. Die Engländer signalisieren in ihrer Sprache; auf deutscher Seite wird zumindest ab dem Flaggschiffwechsel im Mai 1919 in Englisch signalisiert. Den Torpedebooten ist ebenfalls die Sicht auf das 2 bis 3 Seemeilen entfernte Flaggschiff versperrt; auch sie bekommen alle Befehle nur auf dem Umweg über die anderen Schiffe. Zur Bewachung liegt ständig ein englisches Wachgeschwader 3 Seemeilen entfernt im Osten der Bucht und eine Zerstörerflottille zwischen Torpedobooten und großen Schiffen. Sie folgen den Anweisungen des Stellvertreters des Oberbefehlshabers, Admiral Madden, dem Beatty am 21. November die Verantwortung für den Internierungsverband und alle organisatorischen Fragen übertragen hat. Außerdem stehen acht bewaffnete Drifter oder Fischdampfer zur Verfügung, von denen jeweils zwei Tag und Nacht die Flotte umkreisen, um auffällige Ereignisse zu melden, und sei es nur, daß wegen der schlechten Kohle plötzlich ein Schornstein stärker qualmt als sonst. Manchmal gehen die Engländer auch an Bord der deutschen Schiffe, um nachzusehen, was los ist. Da nachts die Bordwachen auf den deutschen Schiffen recht locker gehandhabt werden, kommt es vor, daß die Engländer die Schiffe ein paarmal rammen, damit jemand aufwacht. Die Torpedoboote werden von einem eigenen Zerstörerverband und einem Kontrolldrifter bewacht. Ein weiteres Boot übernimmt den Verkehr zwischen dem britischen und dem deutschen Flaggschiff. Die von Admiral Madden erlassenen Vorschriften für das britische Wachpersonal sind streng. In erster Linie hat es von Anfang an auf Anzeichen einer Selbstversenkung zu achten und sofort Meldung zu erstatten, wenn ein Schiff zu sinken scheint.

Die kleinen Wachboote werden von Zivilisten geführt, haben aber bewaffnete Angehörige der Royal Navy samt einem Marineoffizier an Bord und hätten auf dessen Befehl auch vor dem 21. Juni 1919 jederzeit das Feuer eröffnen können. Auf jedem Schiff des Wachgeschwaders ist ständig ein Besetzungskommando bereitzuhalten, eine Art Eingreiftruppe für den Fall gewalttätiger Auseinandersetzungen. Diese Kommandos bestehen aus bis zu drei Offizieren und 45 Mann, Heizern und Marineinfanteristen, ausgerüstet mit Gewehren, Bajonetten, Revolvern und Entermessern. Zum Einsatz sind sie nie gekommen, aber in mehreren kritischen Situationen hat dazu nicht viel gefehlt. Die Zerstörer, die das Wachkommando unterstützen, haben Anweisung, ihrerseits im Notfall das Feuer auf das jeweilige Schiff zu eröffnen. Auch die gegen einen Ausbruchsversuch zu ergreifenden Maßnahmen sind klar geregelt. Falls die deutschen Schiffe die offene See erreichen – viel weiter würden sie mit den geringen Brennstoffvorräten ohnehin nicht kommen – und die Aufforderung zur Rückkehr nicht befolgen, würden sie mit einem Schuß vor den Bug gewarnt und, falls das nichts nützt, mit Torpedo- und Geschützfeuer versenkt werden.

Erste große Reduzierung

Gleich nach der Ankunft drängen die Briten darauf, jene Bestimmung des Waffenstillstandsvertrags umzusetzen, die nur Wachkommandos an Bord der deutschen Schiffe vorsieht. Die hohen Kontingente, deren Verbleib in Scapa Flow das Hochseekommando fordert, werden von den Briten abgelehnt. Reuter will aber mit der personellen Fahrtbereitschaft der Schiffe die Hoffnung nicht aufgeben, sie eines Tages wieder nach Hause zu bringen. Er kann schließlich immerhin so viele Männer zurückbehalten, daß Wartungsarbeiten möglich bleiben und die Schiffe sogar mit einer mäßigen Geschwindigkeit von 10 Knoten gefahren werden könnten. Dabei geht es nicht allein um die erhoffte Heimfahrt – die Schiffe müssen manövrierfähig bleiben, etwa für den Fall, daß die Ankerketten reißen. Die »materielle« Fahrtbereitschaft kann tatsächlich bis zum Tag der Versenkung erhalten werden, nur das Personal hätte nach der zweiten großen Reduzierung der Mannschaften am 17. Juni 1919, wenige Tage vor der Selbstversenkung, schließlich nicht mehr ausgereicht.

Zunächst muß aber der Stab des Verbandskommandos ergänzt werden. Als Verbandszahlmeister wird Marine-Stabszahlmeister Herrmann

Habicht vom Linienschiff *Kaiser* ausgewählt. Der dienstälteste Schiffsarzt, Marine-Stabsarzt Dr. Walter Lange von *Prinzregent Luitpold*, wird Verbandsarzt, und ein gewisser Marine-Kriegsgerichtsrat Loesch von *Friedrich der Große* steht dem Verbandskommando als Jurist zur Verfügung. Als Stab scheinen der Chef des Stabes, ein Admiralstabsoffizier, und ein Flaggleutnant zu genügen: »Es wurde angenommen«, so Reuter in seinem Bericht, »daß nach Reduzierung die ganze Flotte in einen Schlafzustand versinken und es demzufolge nur ein Minimum von Arbeit für den Stab geben würde, aber das war ein ganz gründlicher Irrtum.«[6]

Etwa 20 000 Mann sind mit den Schiffen in Scapa Flow angekommen, und nun sollen die Schlachtkreuzer jeweils nur noch 200 Mann an Bord behalten, die Linienschiffe 175, die Kleinen Kreuzer 80 und die Torpedoboote 20. Das ergibt insgesamt 4565 Mann zuzüglich der Offiziere und Deckoffiziere. Für Linienschiffe und Schlachtkreuzer sind nur noch zwei Seeoffiziere, ein Ingenieur und ein Verwaltungsbeamter sowie ein jüngerer Stabsoffizier oder ein älterer Kapitänleutnant als Kommandant vorgesehen. Auf den Kleinen Kreuzern soll es nur noch einen Kapitänleutnant geben. Reuter nutzt die günstige Gelegenheit, unbrauchbare oder unbeliebte Offiziere ebenfalls loszuwerden, ohne dabei dem Druck der Soldatenräte nachgeben zu müssen. Allerdings sind die den Mannschaften genehmen Offiziere nicht immer die, die auch durch besondere Fähigkeiten hervorstechen. 15 000 Mann müssen jedenfalls wieder nach Kiel und Wilhelmshaven gebracht werden. In Erwartung der baldigen Heimreise verlaufen schon die ersten Tage in der neuen Umgebung sehr unruhig, und bei der Zusammenstellung der verbleibenden Besatzungen kommt es natürlich zu gewissen Reibungen. Nur auf den Torpedobooten melden sich genügend Freiwillige. Von den Unteroffizieren werden die unverheirateten ausgewählt und unter den Mannschaften die jüngsten, weil man davon ausgeht, daß sie die beschwerlichen Lebensbedingungen in der Internierung noch am leichtesten verkraften werden. Manche wollen auch dableiben, sei es um zu warten, bis sich die Lage in der Heimat stabilisiert hat, sei es, daß sie Racheaktionen für ihre Beteiligung an den Meutereien fürchten.

Die Heimkehrer werden am 27. November auf den großen Schiffen versammelt, müssen dort aber noch einige Tage warten, weil die Räte im Bezirk Niederelbe das Auslaufen der Transportdampfer verhindern.

Das ist auch der Grund, weshalb die ersten Lebensmittel ein paar Tage auf sich warten lassen. Am 3. Dezember treffen die *Sierra Ventana* und die *Graf Waldersee* mit den ersten Lieferungen aus Deutschland in Scapa Flow ein. Der Proviant wird von den Briten kurzerhand auf einen anderen Dampfer umgeladen und von dort auf *Friedrich der Große*. Die Beförderung endet in einem totalen Chaos, der Proviant wird vom Regen aufgeweicht, massenweise gestohlen, geht zu Bruch oder fällt ins Wasser. Das Deck von *Friedrich der Große* quillt förmlich über von durcheinandergeworfenen und aufgetürmten Lebensmitteln. Von den Schäden zeugt die Tatsache, daß es für lange Zeit auf *Friedrich der Große* Brotsuppe gibt, weil mit den Resten nichts Besseres anzufangen ist. Die weitere Verteilung übernehmen die Briten nach einem vom Internierungskommando ausgearbeiteten Plan.

Scharen von umgesetzten Leuten tummeln sich an Bord der angekommenen Schiffe. Statt der angeordneten sechs Stunden dauert die ganze Aktion bis zum nächsten Morgen, und schließlich reisen bei diesem ersten Schub 4000 Mann in die Heimat, das sind 600 mehr als geplant. Die Schiffe sind für ihre Aufgabe nicht ausgerüstet, weder für den Lebensmittel- noch für den Truppentransport, und den Heimkehrern wird befohlen, Kojenzeug, Eßgeschirr und Hängematten mitzunehmen. Kriegsflaggen, Werkzeuge, Chronometer, Ferngläser, auch alles, was aus Kupfer ist, packen sie von sich aus ein oder auf Anregung einzelner Soldatenräte. Werkzeuge sind besonders beliebt, und so leert sich manches Regal im Hellegatt. Schließlich bittet sogar der Verbandssoldatenrat Reuter, gegen die Diebstähle einzuschreiten, aber der Befehlshaber kann unmöglich 15 000 Gepäckstücke durchsuchen lassen. So bleibt es bei einem Appell »in hochtönenden Worten«. Den zu unterschreiben sträubt sich der Verbandssoldatenrat allerdings, offenbar aus Angst, sich unbeliebt zu machen. Auch die Briten kontrollieren kein Gepäck, und so ziehen die Leute mit ihren vollgestopften Säcken unbehelligt ab – »Hurras und Singen hüben und drüben.« Wer bleibt, hat das Nachsehen. Die nächsten Transporte, am 7. Dezember mit *Pretoria* und *Bürgermeister*, sowie am 13. Dezember mit *Bremen* und *Batavia*, laufen etwas geordneter ab, auch sind die Schiffe, die diesmal kommen, für den Zweck besser geeignet. Während der Überfahrt der *Bremen* jedoch kommt es zu den fast schon gewohnten Auseinandersetzungen. »Auf den Transportschiffen befanden sich natürlich von der

Heimat mitgesandte Soldatenräte, die den als Transportführer kommandierten Offizieren ihr Leben schwer machten, außerdem wählten die ablösenden Mannschaften auch gleich wieder einen Transportsoldatenrat. Es ist dann auch vorgekommen, daß man auf den Dampfern Verkehrte Welt machen und die Offiziere aus ihren Quartieren heraus auf das Zwischendeck legen wollte, um selbst in die Kammern einzuziehen.«[7] Zu allem Überfluß läuft die *Bremen* bei Wangeroog für einige Stunden auf Grund, bevor sie am 14. Dezember in Wilhelmshaven eintrifft.

Auf einem dieser Rücktransporte beginnt die politische Karriere des späteren Freikorpsführers, Korvettenkapitän Hermann Ehrhardt, Chef der IX. Torpedobootsflottille. Erst ein längeres Telefongespräch mit Gustav Noske hatte ihn von der Notwendigkeit der Überführung überzeugen können, und aus der Zeit seiner Untersuchungshaft in Leipzig im Winter 1922/23 ist die schriftliche Aussage überliefert: »Ich war damals derart entwurzelt, daß ich wirklich so dumm war und glaubte, es sei vaterländische Pflicht, die Boote auszuliefern.«[8] In seiner von vornherein revolutionsfeindlichen Haltung – die Novemberereignisse betrachtete er als eine einzige große Meuterei – ist Ehrhardt durch die Erlebnisse mit den Mannschaften wie auch mit den britischen Bewachern in Scapa Flow offenbar sehr bestärkt worden. Zugleich erfuhr er aber auch, wie leicht es sein konnte, die Führung einer orientierungslosen Menschenmenge zu übernehmen. Die Historikerin Gabriele Krüger berichtet: »Als die ›rote‹ Mannschaft des alten Transporters [...] angesichts des gefährlichen Minensperrgürtels meuterte, riß Ehrhardt die Kommandogewalt an sich und steuerte mit Hilfe seiner in diesen Gewässern erfahrenen Flottillenbesatzung das Schiff sicher nach Wilhelmshaven.«[9] Nun hatte er den Eindruck, seine durch den Sturz des Kaisers verlorene politische Orientierung wiedergefunden zu haben. Die von ihm nach einem entsprechenden Auftrag des Kommandos der Marinestation der Nordsee vom 17. Februar 1919 gebildete II. Marinebrigade Wilhelmshaven, besser bekannt als »Brigade Ehrhardt«, gehörte Anfang 1920, als der Versailler Vertrag in Kraft trat, zu den disziplíniertesten und schlagkräftigsten militärischen Einheiten der vorläufigen Reichswehr und hatte sich unter anderem Anfang Mai 1919 an der Niederschlagung der Münchener Räterepublik beteiligt. Ehrhardt stand zusammen mit General Walther Freiherr von Lüttwitz »an der Spitze des militärischen Flügels der rechten Fronde«,[10] deren regierungsfeindliche Aktivitäten schließlich am 13. März 1920 im Kapp-Lüttwitz-Putsch gipfelten und zwei Jahre später, am 24. Juni 1922, zur Emordung des Außenministers Walther Rathenau führen sollten. An der Vorbereitung dieses Attentats waren auch Angehörige der »Organisation Consul« beteiligt, die aus einer kleinen Gruppe der II. Marinebrigade hervorgegangen war. Sie hatte bei der Auflösung der Brigade eine Übernahme in die Reichswehr abgelehnt; zum Teil war sie auch von der Marineleitung wegen ihrer rechtsextremen Haltung nicht akzeptiert worden. Diese Zusammenhänge zeigen, daß nicht nur die revolutionären, sondern auch die gegenrevolutionären republikfeindlichen Bewegungen auf entscheidende Impulse aus Marinekreisen zurückgingen.

Wie hoch die Zahl der Besatzungen war, die schließlich in Scapa Flow geblieben sind, läßt sich nicht mehr mit Sicherheit feststellen, die Angaben schwanken zwischen 4700 Mann bei Friedrich Ruge und 5900 Mann in dem internen Bericht Reuters. Legt man allerdings die zweite große Reduzierung vom 17. Juni 1919 zugrunde, die monatlichen Abgänge, die sich auf etwa 600 summieren und die im Januar 1920 repatriierten Mannschaften, dann müssen es in Scapa Flow um die Jahreswende 1918/19 mehr als 5000 Mann gewesen sein.[11] Auf eine genaue Kontrolle haben die Engländer offenbar mit Rücksicht auf den Status der Schiffe verzichtet. Bei den Abgängen während der Internierung handelt es sich meist um Beurlaubungen aus gesundheitlichen oder familiären Gründen. In der Regel kehren die Männer aber nicht zurück. Wegen Disziplinlosigkeiten wird allein die Mannschaft von *Friedrich der Große* um 30 Mann reduziert. Ersatz für die Abgänge fordert Reuter nicht an, aus Furcht, daß neuankommende Freiwillige noch mehr Unruhe in den Verband bringen könnten.

Nachdem die letzten Transporte die Orkneyinseln verlassen haben, gibt es auf den Schiffen nur noch wenig zu tun. Die Dienstzeit für die nötigen Reinigungs- und Instandhaltungsarbeiten wird auf täglich fünf Stunden festgesetzt, unterbrochen von einer Mittagspause. Manchmal gibt es nur zwei Stunden Arbeit, oft auch gar keine. In der reichlich bemessenen Freizeit wird musiziert und getanzt, gelesen und geschrieben, gebastelt und genäht und, natürlich, getrunken. Wer Englisch versteht, kann die täglich sieben Zeitungen lesen, die dem Verband zur

Verfügung gestellt werden. Im übrigen sind die langen Monate mit Vorträgen, dem Übersetzen der Zeitungen, Schachspielen und im Frühjahr einige Wochen lang mit Außenbordmalen der vor sich hin rostenden Schiffe einigermaßen ausgefüllt. Mittagsschlaf machen heißt »einen kleinen Take nehmen«, empört sich Friedrich Ruge noch 40 Jahre später über diesen »törichten Modeausdruck«.[12] An Deck mancher Schiffe bringen am 9. Februar die Kapellen Ludwig von Reuter zu seinem fünfzigsten Geburtstag ein Ständchen dar. Ansonsten bleiben Weihnachten, Ostern und die »Skagerrakfeier« die wenigen Höhepunkte. Die theoretisch verfügbaren Kinofilme lassen leider lange auf sich warten, erst gegen Ende der Internierung treffen welche ein und werden reihum vorgeführt, allerdings nur auf den großen Schiffen. Auch hier haben die Torpedoboote das Nachsehen, weil die Mannschaften ihre Schiffe nicht verlassen dürfen. Ruge schreibt: »An so etwas wie eine Kinovorstellung auf einem der englischen Versorgungsschiffe wagte man bei uns gar nicht zu denken, obgleich das ohne besondere Schwierigkeiten zu organisieren gewesen wäre.«[13]

Nachmittags und abends gibt es Unterricht in Englisch, Erdkunde, Rechnen und Chemie. Viel Zeit wird in den Kampf mit Petroleumlampen investiert, die keinen Zylinder haben und entweder zuwenig Licht geben oder furchtbar rußen. Die Beschäftigung mit Öfen, die das eine Mal schlecht brennen und das andere Mal fast explodieren, ist ebenfalls eine willkommene Abwechslung, wie auch die Rattenjagd, die naturgemäß wenig nützt: »Vor der Messe und in den Kammern machten sie einen Lärm, als ob ihnen das Boot allein gehörte.«[14] Dann gibt es auch noch die Kakerlaken, die sich bis in die Tausende vermehren. Am besten hilft eine elektrische Falle, die die Tierchen zu Fischködern verarbeitet. Ein paar von ihnen kommen bei Wettrennen zum Einsatz und müssen die mit Kreide auf den Tischen aufgezeichneten Bahnen ablaufen, mit Nachhilfe oder ohne. Dabei sollen beträchtliche Umsätze erzielt worden sein. Eines der Tierchen hat Friedrich Ruge in seinem Buch aus der namenlosen Masse herausgehoben und ihm ein kleines Denkmal gesetzt:

»Die Kakerlaken waren in der Marine als Bordbewohner von jeher geduldet. Die unseren waren nicht so militärisch wie auf den dicken Schiffen, wo sie, wie ein sonst ganz glaubwürdiger Herr behauptete, bei der Abendronde mit ›Augen rechts‹ vor den Kammern antraten. Bei uns lernten wir einige ganz gut kennen, besonders ›Fiffi‹, die in der Messe hinter Hindenburgs Bild wohnte. Bei den Mahlzeiten kam sie regelmäßig heraus, um uns zuzusehen. Gelegentlich brachte sie auch jüngere Verwandete mit, denen sie gönnerhaft den Glanz zeigte, in dem sie lebte. Ganz traute sie uns nicht, wohl mit Recht. Jedenfalls war sie immer schnell dabei, sich hinter das schützende Bild zurückzuziehen.«[15]

Auf dem Kleinen Kreuzer *Bremse* findet einmal wöchentlich Hängemattenlüften statt, zweimal wöchentlich Baden und Wäschewechseln der ganzen Besatzung. Die allgemeine Routine verläuft so: Wecken um 7.30 Uhr, Frühstück 8.30 Uhr, Dienst von neun bis elf, 11.30 Uhr »Backen und Banken« – so der Ausdruck für die Einnahme einer Mahlzeit an Bord –, zwölf Uhr Mittag, Arbeitsdienst von 14 bis 17.30 Uhr. 17.45 Uhr Abendbrot, 19.30 Uhr Deck fegen, 19.45 Uhr Ronde. Nach der Ronde »klar bei Hängematten«. Sonntags wird um acht Uhr geweckt, und um elf Uhr mustert der Kommandant die im Sonntagsanzug angetretene Besatzung. »Dieser Dienstplan«, heißt es im Bericht des Kleinen Kreuzers *Bremse*, »ist ohne Änderung bis zum 21. 6. 1919 beibehalten und strikte durchgeführt worden.«[16]

»Scapafimmel«

Das Leben auf den umliegenden Inseln lernen die deutschen Besatzungen nicht kennen, sie dürfen während der gesamten Internierung ihre Schiffe nicht verlassen. Sogar die kleinen unbewohnten Inseln in der Nähe der Liegeplätze sind in das Verbot mit einbezogen worden. Die Klagen der Deutschen über die trostlose Einöde quittieren die Engländer mit einigem Spott, haben sie doch ihrerseits jede Menge Zeit in dieser Bucht totschlagen müssen. Der Artikel eines anonymen britischen Marineoffiziers in der *Times* vom 14. Januar 1919 läßt sogar eine gewisse Genugtuung erkennen, daß die Deutschen nun gezwungen sind, für längere Zeit ausschließlich an Bord ihrer Schiffe zu leben. Auf die Klagen der Mannschaften über die widrigen Lebensumstände antwortet die *Times* mit einem höhnischen Kommentar. Die Zeitung erinnert daran, daß einer der Offiziere auf dem Firth of Forth bemerkt hatte, die Schiffe seien nicht zum Wohnen, sondern zum Kämpfen gebaut worden, und erkennt eine »bittere Ironie« darin, daß die Deutschen jetzt, nachdem sie mit den Schiffen nicht gekämpft hätten, wohl oder übel auf ihnen wohnen müßten: »Eines der vollendetsten Beispiele für poetische Gerechtigkeit im ganzen Kriege.«[17] Die örtlichen Befehlshaber würden Reuters unermüdlich wiederholte Anträge auf Landgang sogar genehmigen, sie sind aber an Weisungen der Londoner Admiralität gebunden, die nicht nachgibt. Inselbesuche durch Offiziere, die größere Aussicht auf Genehmigung hätten, lehnt Reuter mit Rücksicht auf die gereizte Stimmung als ungerechte Bevorzugung ab.

Daß der Verkehr der Beiboote zwischen einzelnen Schiffen und Flottillen untersagt wird, empfindet die Verbandsführung als »nicht gerade drückend, diente es doch zur Aufrechterhaltung einer, wenn auch bescheidenen, Zucht und Ordnung«.[18] Nur Reuter ist es erlaubt, täglich zwischen neun und fünfzehn Uhr unter der internationalen Flagge »F« Schiffe zu besuchen, die er den Engländern vorher namentlich gemeldet hat. Im Laufe der Internierung dürfen auch die Offiziere seines Stabes und die Ärzte hin- und herfahren, und die Kommandanten und Offiziere anderer Schiffe dürfen an Bord des Flaggschiffs kommen. Eine Dauererlaubnis für die Dampferbenutzung erhalten immerhin die beiden Geistlichen. Den Torpedobooten nehmen die Briten alle Beiboote bis auf eines weg, weil sie sich die Überwachung erleichtern wollen. Als der Oberste Soldatenrat immer wieder seine Leute als Besatzung an Bord von Reuters »Chefboot« schmuggelt, um die Kontakte zu seinen Kollegen zu pflegen, läßt sich Reuter eines Tages nur noch von den Engländern übersetzen.

Zum Kochen nehmen einzelne Schiffe, um Kohlen zu sparen, statt der großen Maschinenanlagen die Kessel ihrer Dampfbeiboote in Betrieb. Die Torpedoboote haben keinen kleinen Kessel für Heizung oder Licht und müssen daher einen der vier großen Kessel in Betrieb halten. Weil das sehr unwirtschaftlich ist und sie mehr Öl verbrauchen, als sie zur Verfügung haben, ziehen die Besatzungen einiger Boote zusammen. Als auf einer unbewohnten Gruppe die Besatzung eines britischen Wachdampfers plötzlich anfängt, die Boote auszuschlachten, stationieren die Kommandanten der Torpedoboote Wachen mit selbstgebastelten Allesbrennern an Bord, damit die Boote »nicht eines nachts still versanken«.[19] Die Besatzungen der Torpedoboote hat es ohnedies besonders hart getroffen. Die Decks der 100 Meter langen und 9 Meter breiten Boote werden von Waffen und allen möglichen Aufbauten beansprucht, so daß eine Bewegungsfreiheit von 40 Schritten auf eineinhalb Meter Breite übrigbleibt. Cordes erinnert sich an ganze zwei Tage im März 1919, an denen das Wetter bescheidene Spaziergänge erlaubt hat. Immer dieselben Kameraden, dieselben Schiffe, derselbe Ausblick. Die Folgen sind bekannt aus Kriegsgefangenenlagern und Gefängnissen. Die Langeweile, die in Aggressionen ausschlägt oder in Depressionen, tötet auf Dauer jede Initiative. Die nervliche Anspannung unter den eng zusammengepferchten Leuten, auch »Scapafimmel« oder »Panzerplattenkrankheit« genannt, bringt Teile der Torpedebootsbesatzungen soweit, auf die kalten und unbewohnten Nachbarschiffe auszuweichen. Den Leuten geht es wie vor der Schlacht: Das Warten ist das schlimmste.

Der Internierungsverband muß aus Deutschland versorgt werden, nur Kohlen, Wasser und Öl stellen die Engländer gegen Bezahlung durch die Reichsregierung und halten im übrigen die Blockade aufrecht. Bis die ersten Lieferungen eintreffen, wird die einseitige Ernährung aus Kartoffeln, Graupen, Brot und Rübenmarmelade mit den Notvorräten ergänzt, die die Schiffe im Krieg mitgeführt haben: Butter, Büchsenfleisch und Hartbrot, aber die Männer sind das Fett nicht gewohnt, und manche erkranken an Gelbsucht. Einmal trifft auf den Torpedobooten ein unversehrtes Paket Eier aus Mecklenburg ein, es sind die einzigen während der ganzen Internierung.

Die Bestellisten, die Reuter den nach Deutschland zurückfahrenden Transportschiffen mitgibt, sind lang. Es fehlt fast alles: Kleidung, Zahnbürsten, Zahnpasta, Feuerzeuge, Schreibwaren, Schnürsenkel, Schuhwichse, Stiefel und Sohlen, Stopfwolle und Zwirn, und wie immer Seife. Diese bleibt ab Februar, als immer mehr Liefermängel auftreten, ganz aus. Schließlich überstellt ein englischer Captain eine halbe Tonne Seife auf Quittung und gegen die Bestimmungen. Pro Tag verbraucht der Verband 1000 Brote, dazu kommen die entsprechenden Mengen Fleisch, Kartoffeln und Gemüse. Die fortdauernde Blokkade und die Nachkriegswirren im Reich machen eine ausreichende Versorgung aber fast unmöglich, und das Frischfleisch muß bei Ankunft oft vernichtet werden, da es schon verdorben ist. Es entwickelt sich ein reger Tauschhandel auch unter den deutschen Schiffen. Die einen haben zuviel Klopapier, die anderen zu viele Zigaretten, und den dritten fehlt es an Rattengift.

Außer den materiellen Bedürfnissen müssen natürlich auch die sozialen zurückgestellt werden. Auf den Postschiffen, die aus Deutschland nach Scapa Flow kommen, auf den Kleinen Kreuzern *Regensburg* und *Königsberg* oder den Torpedobooten *B 97* und *B 98* fahren oft Männer mit, die gute Bekannte oder Freunde unter den Internierten haben. Aber auch hier gilt das Verkehrsverbot, und so müssen sie sich auf Wink- und Morsezeichen beschränken. Ebenso sind Besuche zwischen Engländern und Deutschen, sogar das Händeschütteln, im Hinblick auf den andauernden Kriegszustand verboten, lassen sich im Laufe der Zeit aber nicht vermeiden. Die entscheidende, wahrscheinlich nur von Briten auszumachende Grenze verläuft offiziell zwischen »Höflichkeit« und »distanzierter Freundlichkeit«.[20]

Anfangs fahren die englischen Postdampfer sogar an den deutschen Schiffen vorbei, um den Kontakt zu vermeiden, und werfen die Postbeutel, die sie auf *Friedrich der Große* abgeholt haben, hinüber, wobei der eine oder andere gelegentlich im Wasser landet. Nur neben dem deutschen Flaggschiff liegt vormittags immer ein englisches Boot, mit dem sich ein reger Tauschhandel entwickelt, der sich später ausdehnt, als die englischen Boote anfangen, in der Nacht auch an anderen Schiffen längsseits zu gehen. Ruge ersteht im Frühjahr sogar einen kleinen Hund, der fortan »Tommy« heißt. Ein britischer Offizier läßt sich ein paar alte Zeitungen mit einer Flasche Schnaps bezahlen; sogar Fotoapparate und Ferngläser werden für Nahrungsmittel und Gegenstände des alltäglichen Bedarfs eingetauscht. Souvenire wie Schiffspostkarten, Uniformknöpfe und Kriegsseife sind bei den Briten sehr beliebt, auch nautische Instrumente und Borduhren; sogar ein Eisernes Kreuz wechselt zum Entsetzen deutscher Offiziere für zwei Tafeln Schokolade den Besitzer. Der Soldatenrat in Wilhelmshaven sorgt für große Lieferungen an Cognak, dafür fehlen viele andere Dinge, die durch Tausch besorgt werden müssen. Ab Februar kommt aus Deutschland keine Seife mehr – die englische ist sowieso besser –, und ab April bleiben auch die Zigaretten aus. Den englischen Mannschaften wird wiederholt verboten, Zigaretten an die Deutschen zu verkaufen, und so werden sie eben getauscht. Auf diese Weise können die übermäßigen Alkoholvorräte wenigstens teilweise abgebaut werden, denn auf der Royal Navy gilt noch das Alkoholverbot, das im Krieg bis auf die wenigen feierlichen Ausnahmen verhängt worden war.

Bei den heimlichen Kontakten entwickeln sich sogar Freundschaften, die bei gegenseitigen Besuchen, sogenannten »Aufklärungen«, gepflegt werden. Das betrifft vor allem die Versorgungsdampfer, die keine Wachmannschaften an Bord haben. Manchmal finden stundenlange Unterhaltungen auf deutschen oder englischen Schiffen statt, die von den Wachfahrzeugen scheinbar nie bemerkt worden sind, und regelrechte Verbrüderungen, bei denen getrunken und getanzt wird. Von dem Kapitän eines solchen Versorgungsdampfers, der in einen anderen Hafen verlegt werden soll, wird Friedrich Ruge im Frühjahr sogar zu einem feinen Abschiedstee mit Tischdecke und Porzellangeschirr eingeladen.

Aus dem »Überführungsverband nach dem Firth of Forth« ist im Handumdrehen der »Internierungsverband Scapa Flow« geworden. Die umfangreichen, immer wieder ergänzten Vorschriften der Briten, deren Einhaltung streng überwacht wird, verbieten auch weiterhin das Führen der Kriegsflagge. Wenn es dunkel wird, muß jedes Schiff drei Lampen am Bug führen und zwei am Heck. Der direkte Funkverkehr mit der Heimat ist den deutschen Schiffen untersagt. Ankommende Funksprüche werden über die Station Rosyth am Firth of Forth dem englischen Flaggschiff übermittelt und von dort meist optisch zum deutschen Flaggschiff weitergeleitet. Abgehende Funksprüche müssen zur Beförderung dem britischen Flaggschiff in Briefform zugestellt werden. Es ist allerdings kein einziger Fall bekanntgeworden, in dem einer der britischen Admirale die Beförderung verweigert hätte; selbst dann nicht, wenn das Telegramm einen Protest gegen bestimmte Internierungsbedingungen zum Inhalt hatte. Am 16. Februar 1919 werden die Funkgeräte ganz verboten und müssen abgegeben werden. Begründet wird die Entscheidung damit, daß sie für revolutionäre Propaganda in der englischen Marine mißbraucht worden seien. Die neu gebildete deutsche Admiralität gibt nach der Versenkung an, die Maßnahme habe dem Zweck gedient, den aus Deutschland kommenden »funkentelegraphischen Zeitungsdienst« zu sperren.[21] Auf Ruges Torpedoboot erscheint ein Oberleutnant mit einer Gruppe von Technikern und bewaffneten Soldaten, um die Funkanlagen abzuholen. Weil es sich um Staatseigentum handelt, läßt Ruge sich eine Quittung geben.

Die deutsche Waffenstillstandskommission protestiert bei der Ständigen Alliierten Waffenstillstandskommission (»Permanent Allied Naval

Armistice Commission«, kurz PANAC) gegen die Beschlagnahmung. In der Antwort vom 6. März 1919 heißt es: »Die Sperrung des Funkempfanges der deutschen Schiffe wurde angeordnet infolge der Entdeckung, daß von *Nauen* [einer deutschen Großfunkstation westlich von Berlin] Propagandasignale, vermutlich um Unruhe zu stiften, aufgefangen waren.«[22] Die deutsche Kommission beantragt daraufhin am 14. März die Freigabe der Funkgeräte mit dem Hinweis, man werde ihren Mißbrauch für revolutionäre Propaganda künftig verhindern, aber dieser Antrag ist offenbar nie beantwortet worden. Auf den Torpedobooten kursiert das Gerücht, auf dem einen oder anderen Schiff sei aus Reserveteilen ein neuer Empfänger zusammengebaut worden. Reuter läßt sich ähnlich vernehmen, denn er schreibt: »In dieser Zeit [im Februar] wurde uns englischerseits der Empfang von Funkentelegrammen untersagt und durch Wegnahme der betreffenden Apparatteile auch unmöglich *zu machen gesucht.*« Sollte der Empfang mit Hilfe von Ersatzteilen weiterhin möglich gewesen sein, so hat Reuter dies jedenfalls verheimlicht, um ab sofort »die erregenden Tagesberichte« von den Besatzungen fernzuhalten.[23] Diese Frage spielt für die Umstände der Versenkung eine nicht unbedeutende Rolle.

So streng die Briten den Post- und Funkverkehr mit der Heimat behandeln, so großzügig gehen sie mit dem Nachrichtenverkehr innerhalb des Verbands um. Sie erlauben den Schiffen untereinander den Signalverkehr nach dem Internationalen Signalbuch und richten einen regelmäßigen Postdienst ein. Nur die Post, die den Internierungsverband verläßt, muß offen den Engländern übergeben werden, die sie dann weiterleiten. Freilich weiß Reuter Mittel und Wege, einzelne Briefe an der Zensur vorbei in die Heimat gelangen zu lassen. Um die Kontrolle zu erleichtern, müssen alle Briefe in lateinischer Schrift abgefaßt werden, aber die meisten Deutschen benutzen noch die gotische Schrift, zumal im Krieg darauf besonders Wert gelegt worden war. Nach einer Verfügung vom 30. Dezember 1918 wird die Zensur im neuen Jahr auch auf die eingehende Post einschließlich deutscher Zeitungen ausgedehnt. Anfangs findet die Zensur noch in Scapa Flow statt, ab 21. Februar in London, was die Laufzeiten noch einmal um zehn Tage auf durchschnittlich vier Wochen verlängert. Die Dienstpost darf ab 5. April wieder direkt zugestellt werden, allerdings erklärt die britische Admiralität Anfang Mai plötzlich, Dienstpost mit den Unterschriften von

Soldatenräten könne nicht als solche anerkannt werden. Nachdem Mitte Mai zweimal ganze Postbeutel verlorengegangen sind, verlangen die Deutschen bei der Übergabe Quittungen und gehen sogar dazu über, die englischen Drifter von der Brücke des Flaggschiffs aus im Auge zu behalten.

Am 9. Dezember protestiert das Hochseekommando in Wilhelmshaven in einem Funkspruch an Admiral Beatty erstmals gegen die Internierung in Scapa Flow, die Zensurvorschriften und die Behandlung der Mannschaften als Kriegsgefangene. Die Internierung in einem gegnerischen Hafen wird auch im Januar des folgenden Jahres in Trier im Rahmen der Verhandlungen über die Verlängerung des Waffenstillstands von der deutschen Seite zur Sprache gebracht. Die Briten, ohne auf den Ort der Internierung einzugehen, antworten lakonisch, die Zensur sei Teil der Überwachungsmaßnahmen, und im übrigen sei den Mannschaften und Offizieren die Heimreise im Rahmen der von Deutschland gestellten Transportmöglichkeiten doch gestattet. Widerstand aus der Heimat ist, wie schon beim Abschluß des Waffenstillstandsabkommens, nicht zu erwarten, und Reuter liegt mit seiner Vermutung wohl richtig, daß selbst eine Besetzung der Schiffe durch die Engländer allenfalls einen förmlichen Protest der deutschen Regierung bewirken würde. Er ist also, was das »Hüten des Besitzrechtes«[24] angeht, praktisch auf sich gestellt. Das Schicksal des Internierungsverbands hat für das Deutsche Reich keine existentielle Bedeutung.

Fischfang, Zahnschmerzen und Beerdigungen

Die Nahrungsmittelversorgung aus Deutschland wirft ungeheure logistische Probleme auf. Um die Wartezeiten zu überbrücken, werden vorerst heringsähnliche Fische geangelt, die sich in Essig eingelegt als einigermaßen schmackhaft erweisen. Am 21. Dezember kommt nach den Truppentransportern die erste reguläre Lieferung, aber auch der Kleine Kreuzer *Königsberg*, der Ende November die abzuliefernden deutschen Unterseeboote von Helgoland nach Harwich begleitet hat, ist dafür denkbar ungeeignet. Es dauert zwei Tage, bis das Schiff entladen ist, und weitere acht Tage, bis die wieder einmal durcheinandergeratenen Waren von den Briten an die Flotte ausgegeben worden sind.

Im Januar hat sich aber auch das eingespielt, dann übernehmen das Marineversorgungsschiff *Dollart* und der Frachtdampfer *Reiher* die Verteilung. Zwischen der Warenausgabe in den heimatlichen Werften und dem Empfang auf den Schiffen kommt es allerdings zu großem Schwund, und Ende Mai muß Reuter gegenüber dem Chef der Admiralität, Konteradmiral Adolf von Trotha, seit dem 27. März im Amt, trotz äußerster Sparsamkeit zu dem hohen Materialverbrauch Stellung nehmen.

Größere Probleme bereitet das Kohlen, das vor Anker ohnedies schwierig ist. Die Soldatenräte beschweren sich Anfang Februar beim Reichsmarineamt und der Waffenstillstandskommission, daß die Briten auch Kohlen berechneten, die wegen befristeter Ladezeiten, technischer Probleme oder schlechten Wetters gar nicht an Bord gelangt seien. Die Verbandsführung dagegen will die Ursache in den nachlässig arbeitenden Mannschaften sehen, die an verlängerten Liegezeiten der Lieferschiffe schuld seien und die Kosten in die Höhe trieben. Das ist aber höchstens die halbe Wahrheit. Gekohlt wird von acht Uhr morgens bis sechs Uhr abends, bei einer Mittagspause von eineinhalb Stunden. Einschränkungen gibt es eigentlich nur bei früher Dunkelheit und schlechtem Wetter. Die Engländer, von denen viele im U-Boot-Krieg unangenehme Erfahrungen gemacht haben, haben es tatsächlich nicht besonders eilig, sie verhalten sich »ganz passiv« oder stellen keine Säcke zur Verfügung. Sie setzen aber als Antwort auf die Beschwerden schließlich Kontingente fest, die innerhalb bestimmter Fristen geladen werden müssen. Auf den Kleinen Kreuzern schafft man etwa 20 Tonnen, auf der *Seydlitz* bis zu 70 Tonnen pro Stunde, und berechnet werden nur noch die tatsächlich gelieferten Kohlen, das sind insgesamt in Scapa Flow etwa 80 000 Tonnen gewesen. Mit der Zeit sinkt der Bedarf, und im Juni haben fast alle Schiffe so viele Kohlen, daß sie damit die Heimreise antreten oder in den Süden Englands hätten überführt werden können.

Im Winter behelfen sich die Besatzungen mit Wintermänteln und Wolldecken. Trinkwasser können die Schiffe nicht in ausreichenden Mengen selbst produzieren, auch sind manche Entsalzungsanlagen defekt. Anfangs steht ein kleines Wasserfahrzeug mit 50 Tonnen Fassungsvermögen zur Verfügung, das ein bis zwei Tage braucht, um ein einziges Schiff zu versorgen. Ab Februar beliefert ein größerer Wasserprahm mit 300 Tonnen Fassungsvermögen den Verband, der das Wasser einem Bach auf der Insel Hoy entnimmt und 400 Tonnen pro Tag pumpen kann. Acht Tage braucht er, um einmal die Runde zu machen. Die Mannschaften sind zunächst sehr skeptisch, weil das Wasser eine gelbgrüne Farbe hat. Chemische Untersuchungen ergeben aber, daß es »einwandfrei« ist.[25]

Zu den Dingen, die aus Deutschland herbeigeschafft werden müssen, gehören auch große Mengen Bargeld, damit sich die Männer in den Kantinen Dinge des täglichen Bedarfs kaufen können: Holzpfeifen (1,50 Mark), Tinte (die Flasche für 25 Pfennig), Haarkämme (48 Pfennige) und so weiter.[26] Als sich im Februar die politischen Verhältnisse etwas stabilisieren, »kehrte auch das Zutrauen der Besatzungen zu den öffentlichen Kassen zurück«.[27] Marine-Zahlmeister Horn warnt davor, daß der Verband durch die sich ansammelnden Millionenbeträge »in größtmöglicher Weise an der Zerrüttung der Zahlungsmittel« arbeiten könnte, und er plädiert dafür, Löhne bargeldlos auszuzahlen beziehungsweise das Geld wieder in die Heimat zu schicken.

Vorübergehend bessert sich die Versorgungslage, soweit man das nach heutigen Maßstäben sagen kann, nachdem am 10. Januar in Wilhelmshaven ein spezielles Büro eingerichtet wurde, das sich um die Versorgung des Internierungsverbands kümmert. Die tägliche Ration besteht theoretisch aus: 140 Gramm Frischfleisch, 30 Gramm Speck oder Wurst, 30 Gramm Fett oder Butter, 30 Gramm Hülsenfrüchte, 20 Gramm Zucker, 600 Gramm Brot, 50 Gramm »Mühlenfabrikate und Teigwaren«. Im Februar teilt die Nordseestation mit, als Kantinenartikel könnten Suppenwürze, Salz- und Senfgurken, Mixed Pickles, Obstkonserven und Himbeersaft geliefert werden, sowie Wein, Zigarren und Zigaretten. Aber die Lieferungen sind nicht immer vollständig, mal fehlen Fleisch, mal ein paar tausend Brote oder tonnenweise Kartoffeln. Nur Rübenmarmelade und Graupen gibt es immer, und Dörrgemüse, das als Tee aufgebrüht oder zur Verlängerung des Pfeifentabaks benutzt wird. Schließlich »wächst die Not so groß, daß auf einzelnen Gruppen der Bordhund in den Kochtopf wandert«, wie der Führer der Torpedoboote schreibt,[28] und sogar ein Seehund, der lange Zeit in einer Badewanne gehalten wurde, muß dran glauben. Er ist eines Tages einem Torpedoboot in den Kasten gestiegen, in dem die Fische gehalten werden. Irgendwo treibt eine große Zwiebel vorbei, die mühsam eingefangen und genüßlich verzehrt wird, ein anderes Mal ein von den Engländern geschossener Kormoran, den die Männer in Essigwasser einlegen und braten.

Auf den Torpedobooten wird eines Tages mit einigem Erfolg eine neue Methode des Fischfangs eingeführt: Dort hat man einen 1 mal 2 Meter großen Holzrahmen mit einem Drahtnetz bespannt, der zwischen den Booten 1 bis 2 Meter tief versenkt wird. Darüber wird eine Sternlampe gehängt, die im Dunkeln viele Fische anzieht: »Sie starrten aus möglichster Nähe und mit großer Ausdauer hinein«,[29] bis das Gitter plötzlich hochgezogen wird. Am Geburtstag des Flottillenchefs gibt es zum Frühstück 120 mit abgespartem Fett gebratene Fische, mittags weißes Tischtuch, Wasser aus Weingläsern, am Nachmittag einen Kuchen und abends einen Grog aus etwas Rotwein, den Freunde von einem anderen Boot mit dem Nachmittagsdrifter geschickt haben. Die Torpedobootsbesatzungen können sich eines Tages sogar über eine Schreibmaschine freuen, aber sie wird bald wieder nutzlos, weil keine Farbbänder nachkommen.

Als ab Ende April auch die Fische ausbleiben, beginnt die Möwenjagd. Auf *B 110* versucht man es mit Signalpistolen, aber die sind nicht zum Treffen geeignet und wecken nur die Neugierde der Engländer. Daraufhin werden die Leuchtsterne durch gehacktes Blei ersetzt, aber die Schüsse gehen immer noch daneben, und bei der dreifachen Ladung fliegt der Verschluß auseinander. Nun macht sich »die Maschine« an die Lösung des Problems. Nach einer Woche ist eine gewehrähnliche Armbrust mit eigens gegossenen 1-cm-Bleikugeln entstanden, die Kolben »schön geschnitzt und poliert«.[30] Die Möwen werden angefüttert, und als Ingenieur Schmidt, der Dienstälteste, unter atemberaubender Spannung abdrückt, rollt die Kugel langsam aus der Mündung und fällt in einem müden Bogen ins Wasser. Die Möwe stürzt eilig hinterher, um sich den Brocken nicht entgehen zu lassen. Da geben die Männer endgültig auf.

Die schlechte Ernährungslage führt nicht nur zu Fällen von Skorbut; fast 700 Mann haben monatelang Zahnschmerzen. Auch schadhafte Ersatzzähne können nicht repariert werden. Zwar werden in Notfällen chirurgische Eingriffe auf einem englischen Lazarettschiff vorgenommen, aber im allgemeinen lehnen die Engländer die Zahnbehandlung bis auf diese wenigen Ausnahmen ab. Die ärgsten Fälle werden in die Heimat geschickt. Obwohl das Problem seit Anfang Januar immer wieder angeschnitten wird, gelingt es dem Reichsmarineamt erst kurz vor der Selbstversenkung, einen Zahnarzt namens Grothe vertraglich zu verpflichten, der am 23. Juni 1919 nach Scapa Flow hätte abreisen sollen. »Da die Umstände nicht bekannt waren, die eine Kommandierung eines Zahnarztes [so lange] verhinderten, entstand eine gewisse Mißstimmung gegen die Admiralität, da in der Nichterfüllung gerade dieses dringenden Wunsches eine Vernachlässigung erblickt wurde«, heißt es in einem anonymen Bericht.[31] Das war noch freundlich formuliert, denn diese Frage ist auf dem Verband irgendwann nur noch mit reinem Hohn behandelt worden. Der Funkspruch vom Chef der Nordseestation, der den Zahnarzt Grothe ankündigt, ist nach Lage der Akten sogar der vorletzte, der an die internierte Flotte abgeht – just als *Friedrich der Große* sinkt: am 21. Juni, mittags um 12.15 Uhr.

Abgesehen von den Zahnschmerzen erklärt Verbandsarzt Dr. Lange in seinem Bericht die gesundheitlichen Verhältnisse, gemessen an den Lebensbedingungen, noch für relativ gut. Bettlägerige Kranke werden im Schiffslazarett von *Seydlitz* behandelt. Das englische Lazarettschiff, dessen Ärzte nicht sehr angesehen sind, steht nur für Blinddarm- und Lungenentzündungen, für schweres Rheuma und Infektionskrankheiten zur Verfügung. Kurz vor der Versenkung häufen sich die Anzeichen leichter Magen-Darm-Katarrhs, was auf das Fehlen von frischem Gemüse zurückgeführt wird. Ein Mann ist seit Beginn der Internierung wegen »Filzbienen« in Behandlung. Bis zur Selbstversenkung kommt es allerdings zu fünf Todesfällen – laut Friedrich Ruge waren es nur drei –, teilweise aus geradezu ärgerlichen Gründen: Ein Maschinistenmaat von *Kaiser* wird infolge einer Alkoholvergiftung tot in seiner Kammer aufgefunden. Ein anderer fällt betrunken über Bord, seine Leiche wird nie gefunden.

Welch weitreichende Folgen das Verbot des Landgangs hat, zeigt die folgende Begebenheit: Der evangelische Geistliche, Marinepfarrer Friedrich August Ronneberger, und sein katholischer Kollege, Pater Stanislaus Estevand,[32] zählen zu den wenigen, die sich innerhalb des Verbands frei bewegen dürfen. Beide machen davon auch reichlich Gebrauch und erfreuen sich großer Beliebtheit bei den Mannschaften. Im Winter, bevor Ronneberger sein Amt beim Internierungsverband Scapa

Flow antritt, sind schon zwei Kameraden »mutterseelanallein« in Lyness auf der Insel Hoy beerdigt worden. Den dritten darf der Geistliche begleiten. Als er zurückkommt und von dem ungepflegten Zustand der Gräber berichtet, sammeln die Mannschaften in kurzer Zeit genug Geld für die Grabpflege sowie 1500 Mark für ein Grabmal, das aus der Heimat beschafft wird, schließlich aber, da es nicht an Land gebracht werden kann, bei der Versenkung der Flotte mit untergeht.

Besondere Gedanken macht sich der Stabsarzt über die moralischen Verhältnisse im Internierungsverband: »Hatte doch schon die allzu lange Dauer des Krieges die allgemeine Moral sinken lassen, so trat diese Schwächung in der Revolution umso deutlicher hervor. Es kamen also nach Scapa Leute, die in ihrer geistigen Widerstandskraft arg geschwächt und sich dort selbst überlassen waren, da eine ernstere Beeinflussung und Führung von oben im allgemeinen aus politischen Gründen so gut wie unmöglich war. Die Arbeitslust war auf ein Minimum gesunken«, und dieses Nichtstun wirkte »weiter demoralisierend. [...] Vielen fehlte ja auch die Einsicht und Verständnis für die Lage, in der sich die internierten Schiffe befanden; alles wurde auf die leichte Schulter genommen; im Vordergrund des Interesses stand nur die Sorge um eigene pekuniäre und politische Vorteile. Spiel und Tanz füllten die Zeit. Die unverhältnismäßig hohe Löhnung sowie der Mangel an Gelegenheit, das Geld nützlich zu verwerten, verführte dazu, um hohe Summen zu spielen. Vorhalte, das Geld zu sparen und nach der Heimkehr nutzbringend zu verwenden, hatten nur bei wenigen Erfolg. Die Achtung vor fremdem Eigentum sank immer mehr. Diebstähle kamen verhältnismäßig oft zur Anzeige, von den nicht bekannt gewordenen nicht zu reden. Hellegat und Lasten wurden erbrochen und bestohlen, auch vor dem Eigentum der eigenen Kameraden hatten manche keine Scheu.« Nun nimmt der Stabsarzt plötzlich die Distanz eines völkerkundlichen Betrachters ein: »Auf vielen Schiffen brach eine förmliche Tanzwut aus, eine Erscheinung, die auch in Deutschland beobachtet wurde. Sie ist wohl als eine Art Reaktion auf die Anstrengungen und Entbehrungen der Kriegszeit aufzufassen. Für Scapa gilt wohl das Gleiche, möglicherweise haben dort auch sexuelle Momente eine Rolle gespielt.«[33] Der Arzt kommt zu dem Schluß, daß »alle diese geschilderten Bilder entschieden als pathologische Erscheinungen« anzusehen seien und daß sich auch die Charakterfesten den psychischen Wirkungen von Krieg, Revolution und Internierung auf Dauer nicht entziehen könnten.

Ungewisse Zukunft

Die Besatzungen müssen sich für unbestimmte Zeit auf ihren Schiffen einrichten; nach der jahrelangen Untätigkeit der Flotte im Krieg folgt die Einöde einer siebenmonatigen »Quasi-Gefangenschaft«. Während in der Heimat die Konflikte zwischen Offizieren und Soldatenräten entweder beigelegt werden oder in bürgerkriegsähnliche Zustände übergehen, drehen sich hier in der Abgeschiedenheit des Nordens die Ereignisse eher im Kreis. In dem vielfach berechtigten Gefühl, von der deutschen Regierung vergessen, wenn nicht aufgegeben worden zu sein, wird die Sorge um die Zukunft besonders drückend – denn in der Heimat wird an allen Ecken und Enden fieberhaft gearbeitet, und preiswerte Umschulungskurse für bald überflüssige Soldaten in Kiel, Wilhelmshaven und anderen Garnisonen werden zu Ende sein, wenn die Internierten zurückkehren. Ein Brief aus der Heimat zeigt, wie schnell die Zwänge aus den Tagen des Waffenstillstands vergessen sind. Die internierten Offiziere werden verhöhnt und verspottet: »Warum waren sie so dumm, in die Internierung zu gehen, so sagen die jungen Offiziere in den Kneipen und Tanzlokalen!«[34] Wie so oft am Ende eines Krieges gilt es, möglichst schnell repatriiert zu werden, da durch die allgemeine Demobilisierung die begehrtesten Stellen beim Militär, aber auch im zivilen Leben schnell vergeben sind. Diese Entwicklung trägt dazu bei, daß Meuterei und kriminelle Vergehen als probate Mittel erscheinen, um die Repatriierung zu beschleunigen.

Materielle Forderungen, obwohl sie mit dem Abschied von den alten Idealen eine gewisse Konjunktur erleben, sind andererseits begründeter, als Noskes Verurteilung der »Prämienjagd« es vermuten ließe. In einer Liste mit Forderungen bitten die Offiziere und Beamten des Verbands darum, die im Reich vom 1. bis 31. März 1919 gezahlten Demobilmachungsgelder nach ihrer Rückkehr zu bekommen, ferner einen zusätzlichen bezahlten Urlaub von drei Monaten, da die, die die Marine verlassen, durch ihre lange Abwesenheit eine besonders schwierige Stellensuche vor sich haben. Wer bleiben will, dem soll ein Platz freigehalten werden, und wer ausscheidet, soll seine »Gebührnisse« ein halbes Jahr weiterbekommen. Der Chef der Admiralität schickt daraufhin eigens einen Offizier nach Scapa Flow, um sich über die Wünsche und Vorstellungen des Internierungsverbands zu informieren; viel mehr kann in der ungewissen Lage nicht getan werden – man weiß schließlich nicht einmal, wie lange die Internierung noch dauern wird. Ende April bietet mehr als die Hälfte der neunhundertköpfigen Torpedobootsbesatzungen dem Reichsmarineamt an, nach ihrer Rückkehr einem freiwilligen Verband beizutreten, am liebsten in einem »geschlossenen, fahrenden Verband« wie einer Torpedobootshalbflottille: »Alle legen erhöhten Wert darauf«, heißt es dazu in einem Schreiben Cordes', »als ehemalige Internierte zusammen verwandt zu werden, zumal die gemeinsam verlebte Zeit der Abgeschlossenheit sie einander noch näher gebracht hat, als es bereits vordem der Fall war.«[35] Sie würden sich auch für die disziplinierte und regierungstreue »eiserne Flottille« in der Ostsee zur Verfügung stellen, für die Minensuche oder auch für einen geschlossenen Landtruppenverband. Reuter befürwortet in einem Postscriptum den Antrag »warm«, aufgrund der vorzüglichen Haltung der Torpedobootsbesatzungen in der Internierung: »Es würde auf die Torpedobootsbesatzungen wie auf den ganzen Internierungsverband ganz besonderen Eindruck machen, wenn möglichst sofort eine funkentelegraphische Antwort in günstigem Sinne erfolgen würde.«[36]

Die Vertretung der Mannschaftsinteressen fällt im übrigen wesentlich komplizierter aus. Der Ausbruch aus der alten Hierarchie bringt auch die negativen Seiten der Freiheit an den Tag, denn nun ist es schwierig, die Verbandsführung offiziell auf eine Verantwortung zu verpflichten, die zu wesentlichen Teilen die Soldatenräte übernommen haben. Selbst einem gutwilligen Offizier dürfte es schwerfallen, das Gesamtwohl der Besatzungen im Auge zu behalten, wenn der »Oberste« oder »Verbandssoldatenrat«, der von den Mannschaften aller Schiffe gewählt wird, grundsätzlich das Recht hat, sein Veto gegen Reuters – zum Teil nur von den Engländern übernommene Befehle – einzulegen. Selbst Madden schreibt am 29. November an Jellicoe: »Alle geplanten Befehle werden von den Mannschaftsvertretern geprüft und gegengezeichnet. Dann werden sie ausgeführt, wie es gerade paßt.«[37] Als der Obmann des Obersten Soldatenrats wenige Tage nach der Ankunft Reuter berichtet, »daß die ersten Schritte zur Annäherung an ihn von englischen

Unteroffizieren und Mannschaften getan seien«, und fragt, ob man sie nun durch revolutionäre Propaganda aufwiegeln solle, verbietet Reuter die Aktion. Es liegt für ihn auf der Hand, daß dergleichen aussichtslos ist, den Ausschlag gibt aber Reuters Bedürfnis, sich klar von den »radikalen Elementen« abzugrenzen, die, so der Konteradmiral, völlig ungehemmt in Fragen der Moral »unser Land in unabsehbares Unglück und in tiefste Schande gestürzt hatten«.[38]

Ganz unrealistisch ist das Bestreben des Soldatenrats nicht. Auch auf der englischen Flotte drohen Unruhen, die durch deutsche Propaganda zusätzlich angefacht werden könnten. Einzelne Aufrührer sollen, wie englische Zeitungen melden und die Drifterbesatzungen den Deutschen erzählen, bereits erschossen worden sein, und die niederen Dienstgrade hegen ein auffälliges Interesse für die von den deutschen Mannschaften erreichten materiellen und sonstigen revolutionären Verbesserungen. Da wird der Sold der englischen Mannschaften und Offiziere kurzerhand verdoppelt, um Schlimmeres zu verhüten. Auch wenn Reuter in seinem Urteil über die Flottenrebellion die Ignoranz der Marineführung gegenüber den Sorgen der Mannschaften in der Zeit vor Ausbruch der Meutereien unterschlägt – es werden nicht alle Offiziere dafür unansprechbar gewesen sein –, das Beklagen von Versäumnissen hilft in dieser neuen Situation auch nicht weiter. Solange es noch ein überwiegendes Interesse daran gibt, das deutsche Besitzrecht an den Schiffen zu wahren, und um mehr geht es ja gar nicht, ist Scapa Flow ein denkbar ungeeignetes Experimentierfeld für widerstreitende Formen des politischen Lebens. Diejenigen, die den Internierungsverband dennoch als ein solches nutzen wollen, können, indem sie den Gesamtzustand gefährden, das nur gegen den Willen der Mehrheit der Besatzungen tun.

Es kommen zwei Dinge zusammen, die jeweils für sich genommen schon belastend genug sind: die unsicheren, zwischen Meuterei, Rätediktatur und Gehorsam gegenüber den Offizieren schwankenden Machtverhältnisse innerhalb des Internierungsverbands auf der einen und der Kriegszustand auf der anderen Seite, in dem Deutschland sich weiter mit Großbritannien befindet. Die Unzufriedenheit der Mannschaften wird durch die Enge an Bord und die Einöde der Internierung noch gesteigert, gleichzeitig macht man aber in Scapa Flow eine Beobachtung, die bereits auf den Ausbruch der Flottenunruhen zutraf. Es sind gerade die kleinen Einheiten mit den härtesten Lebensbedingungen, auf denen es am ruhigsten zugeht und die zuweilen gar Kaisertreue demonstrieren. Trotzdem, von Marineführung und Admiralität in der Heimat weitgehend im Stich gelassen, stützt Reuter sich, wenn seine eigene Autorität nicht greift und er die der Engländer nicht bemühen kann, auch auf die labile Macht der Soldatenräte. Bis zur zweiten großen Reduzierung am 17. Juni 1919 muß er damit rechnen, daß die wechselnden Mehrheiten gelegentlich zu ihren Gunsten ausfallen, andererseits verfolgt jeder Schiffssoldatenrat seine eigene, nicht immer offiziersfeindliche Politik. Die Räte nehmen je nach Schiff und personeller Besetzung die unterschiedlichsten Haltungen ein. Sie insgesamt auf der Seite basisdemokratischer Repräsentation zu verbuchen, würde nicht der Wirklichkeit entsprechen, die auch hier eine wesentlich gemischte ist. Die Räte stehen in Scapa Flow wie auch im Deutschen Reich für fast alles, was in dieser Zeit vorkommt: für Basisdemokratie, aber auch für diktatorische Bevormundung; für soziale Gerechtigkeit, aber auch für Vetternwirtschaft; für Patriotismus, aber auch für Radau und Verrat. Jener Alex Schiffer, Mitglied des Obersten Soldatenrats, der auch schon den Tannenschmuck an den ausfahrenden Schiffen geleugnet hatte, wehrt sich in demselben Brief gegen den in der Heimat entstandenen negativen Eindruck von den Männern des Internierungsverbands. Sein Versuch, auch dieses Bild zu korrigieren, darf wohl als ebenso einseitig wie verständlich bezeichnet werden: Die Wahrheit sei, so Schiffer, »daß sämtliche Wachkommandos aus Freiwilligen bestehen, die sich dem Opfer unterzogen, für ihre Mitbürger in geisttötender Einsamkeit zu leben. Ihr ›Bolschewismus‹ besteht in harter Arbeit, denn unablässig sind sie bemüht, die Schiffe in ordentlichem Zustande zu erhalten; denn in allen lebt noch die Hoffnung, daß wir sie einst wieder zurückbringen.«[39]

Auf den großen Schiffen des III. und IV. Geschwaders geht es aus der Sicht der Offiziere regelrecht drunter und drüber; auf *Derfflinger*, *Friedrich der Große* und *Von der Tann* benehmen sich die Soldatenräte offenbar mehr oder weniger diktatorisch. Namentlich auf *Von der Tann* sollen »bisweilen haarsträubende Zustände« herrschen; der *Große Kurfürst* »blieb bis zuletzt ›verlaust‹«, ein Wort, das heute schlimmer klingt, als es damals gemeint war.[40] Besonders unbeliebt sind neben den Offizieren die Maschinisten, vermutlich, weil die von ihnen angeordneten Wartungsarbeiten den Männern nun völlig sinnlos erschienen. Obermaschinist Müller auf *Friedrich der Große* wird vom Soldatenrat erst akzeptiert, nachdem Reuter in einem schriftlichen Vertrag seine Befugnisse beschnitten hat.[41] Ausnahmen bilden nach diesen Einschätzungen nur *Baden* und *Kaiser* – »ordentlich bis zuletzt« –, die Kleinen Kreuzer und die Torpedoboote. Die dortigen Vorgesetzten finden die Briten denn auch »still quite aggressive and very Prussian«.[42] *Bayern* unter Kapitänleutnant Meissner hält sich »erträglich«. Die kleinen Einheiten hatten im Krieg meist junge, flexible und abenteuerlustige Kommandanten, die den Kameradschaftsgeist in den beengten Verhältnissen besser zu pflegen wußten, während für die großen Schiffe nur die älteren Offiziere blieben, die für die strenge Aufrechterhaltung der herkömmlichen Hierarchie sorgten – unten die Mannschaften und oben der Offizier. Viele von ihnen sahen zu dieser Zeit noch im Duell einen Ausdruck ihres gesellschaftlichen Ranges. Auf den großen Schiffen entstand ein klassisches Proletariat, das gegen die materielle und rechtliche Benachteiligung aufbegehrte. Das allein hätten die Männer vielleicht noch ertragen, solange sie eine Aufgabe gehabt hätten. Aber das erzwungene Stillhalten hatte in der Flotte schon vor den ersten Unruhen und der Erschießung des Matrosen Max Reichpietsch und des Heizers Albin Köbis im Jahre 1917 eine große Unruhe erzeugt. Admiral Rojéstwenski, 1904/05 auf dem Weg nach Tsushima, hat die ärgsten Meuterer bei sich behalten, weil er meinte, daß sie im Kampf den größten Einsatz wagen würden. Je näher das Geschwader dem Eingang zum Japanischen Meer kam, desto einmütiger wurde die Stimmung, und auch in Scapa Flow gab es einen Tag, von dem kein einziger Protest überliefert ist, und das war der 21. Juni 1919. Reuter schreibt: »Ein endgültiger Erfolg, den Einfluß der Radikalen auszuschalten, ist uns nicht beschieden gewesen. Erst der Versenkung blieb es vorbehalten, einen allgemeinen Umschwung in der Stimmung für Staat, Vaterland und Offizier herbeizuführen.«[43]

Ein britischer Offizier, der in den ersten Tagen auf den deutschen Schiffen etwas zu erledigen hat, kehrt ganz deprimiert zurück: »Disziplin und Tüchtigkeit sind auf den Hund gekommen. Die Wohndecks sind entsetzlich verdreckt, und den Offizieren hat es vor Scham die Sprache verschlagen, als unsere Männer an Bord kamen.«[44] Der *Große Kurfürst* war offenbar das am meisten vernachlässigte Schiff. Sein Flaggschiff *Friedrich der Große* bezeichnet Reuter als ein »Tollhaus«. Besonders beliebt, um die Offiziere in ihren Kammern zu ärgern, ist wegen der Hellhörigkeit Rollschuhfahren auf dem Achterdeck. Das wird mit einer richtigen »Wachablösung« betrieben, da es nur ein einziges Paar Rollschuhe gibt, und wird sogar fortgesetzt, als nur noch einer der beiden Schuhe funktioniert. Als wegen Ölmangels einige Mannschaften der Torpedoboote vorübergehend auf großen Schiffen untergebracht werden, sehen sie sich durch die Zustände, die sie dort vorfinden, in ihrer Haltung bestätigt.[45] Am ruhigsten geht es offenbar auf den Kleinen Kreuzern wie *Bremse* und *Emden* zu, wo die Soldatenräte ebenfalls mit den Offizieren kooperieren und wo man einfach besser schläft als auf den ewig schaukelnden Torpedobooten.

Eine besondere Schwierigkeit unter den Bedingungen fehlender Souveränität und gewaltloser Autorität ist die Rechtsprechung. Nachdem das Verbandskommando zunächst nicht mehr tun darf, als Vernehmungen durchzuführen und Beweise zu sichern, spricht das Hochseekommando Reuter am 12. Dezember auf seinen Antrag die höhere Gerichtsbarkeit zu. Völkerrechtliche Bedenken von der Art, daß der Verband unter der Oberhoheit des internierenden Staates eigentlich keine eigenen Gerichtsverhandlungen durchführen dürfe, sind damit offenbar hinfällig gewesen. Ein ordentliches Kriegsgerichtsverfahren hat in Scapa Flow an Bord der deutschen Schiffe trotzdem nie stattgefunden. Viel anfangen kann Reuter mit der Gerichtsbarkeit schon deshalb nicht, weil das Verkehrsverbot es praktisch unmöglich macht, alle Beteiligten eines Kriegsgerichts zusammenzubringen. Zwar ist Reuter Kriegsgerichtsrat Loesch »zugeordnet«, für eine Hauptverhandlung wäre aber ein zweiter Kriegsgerichtsrat nötig gewesen und ein Schreiber. Gelegentlich werden Arreststrafen verhängt. Da man aber ohnehin schon in Gefangenschaft lebt und es keinen Landgang gibt, sind sie nicht gerade wirkungsvoll, erregen nur weiteren Unmut und treffen hauptsächlich jene Kameraden, die den Sträfling bewachen müssen. Wen Reuter nach Hause schickt, belohnt er, wen er den Engländern übergibt, ebenso. Der Übeltäter macht eine hübsche Bahnreise durch die schottischen Hochlande, um in dem Marinegefängnis von Perth festgesetzt zu werden. Die nicht sehr unangenehme Abwechslung wird im April 1919 fünf Männern zuteil, die nachts lärmende Umzüge auf ihrem Schiff veranstaltet und eine rote Flagge gehißt haben.

Kriegsgerichtsrat Loesch berichtet nach der Ankunft in Scapa Flow: »Nun allmählich stellte sich meine Kundschaft ein, und zwar apportiert vom S. R. [Soldatenrat] Nur hatte die Sache zwei empfindliche Haken; einmal maßten sich die S.-Räte so gewissermaßen die Durchführung des Ermittlungsverfahrens an und nahmen ruhig fest, setzten allein freihändig in Arrest; andererseits beabsichtigten die S.-Räte mir ihre ›wohlbegründete Ansicht‹ aufzuhalsen. Ich war also in ihren Augen lediglich der §§ -Stemmer, der ihren Unfug in die gesetzliche Zwangsjacke einzuengen hatte.«[46] Loesch läßt daraufhin die Soldatenräte am 27. Dezember von gerichtlichen Angelegenheiten ausschließen. Festnahmen sollen nur noch dem Kommandanten erlaubt sein, es sei denn, es wird jemand auf frischer Tat ertappt. Die Offiziere werden unter der Hand angewiesen, so weit wie möglich ein Auge zuzudrücken, um unnötige Eskalationen zu vermeiden. Den entsprechenden Befehl hat der Verbandssoldatenrat, wie sich das gehört, mit unterschrieben, aber nun kommt es zur Machtprobe mit den Schiffssoldatenräten: »Ein gewaltiger Sturm auf dem Teich in Scapa Flow erhob sich, und speziell Herr Triebel in Firma *Seydlitz* sah alle Errungenschaften der Revolution wieder einmal in Gefahr, da ja nun der Kommandant den Soldatenrat verhaften könnte.«[47] Loesch bleibt hart und argumentiert, der Befehl schütze ja auch die Soldatenräte vor sich selbst. Schließlich wird am 2. Januar 1919 ein Nachtrag vereinbart: »Vor jeder Festnahme ist Rücksprache mit dem S. R. zu nehmen.«[48]

Als Gustav Noske und der 21er-Rat in Wilhelmshaven eine neue Disziplinarstrafordnung vorlegen, dazu ein Notstandsrecht des 21er-Rates, verweigert Kriegsgerichtsrat Loesch seine Anerkennung: »Ich wehrte mich, erklärte es für ungesetzlich und hier undurchführbar, was die Herren O. S. R. schließlich einsahen.« Daraufhin führt Reuter im Januar die durch die Revolution ausgesetzte alte Disziplinarstrafordnung wieder ein. Die Mannschaften nehmen sie »in Gnaden« wieder an, mit Zusätzen, die die besonderen örtlichen Verhältnisse würdigen und auf einen neuerlichen Kompromiß zwischen Kommando, Gericht und O. S. R. hinauslaufen. So ersetzt Reuter den Arrest durch Geldstrafen, die sich als recht wirkungsvoll erweisen. Nachdem im Februar 1919 die neue Regierung angetreten ist, wird auch in der Heimat wieder die alte Diszplinarstrafordnung aus der vorrevolutionären Zeit eingeführt, die keine Geld-, sondern Arreststrafen vorsieht. Das

Verbandskommando versucht, von den heimatlichen Zentralbehörden die Erlaubnis zu bekommen, die abweichenden Regelungen im Verband beibehalten zu dürfen, aber vergeblich. Es gelingt Reuter allerdings, die höhere Gerichtsbarkeit zurückzuerlangen, nur bleiben die bekannten Schwierigkeiten bei der Vollstreckung der Arreststrafen bestehen.

Mikrokosmos britischer Hegemonialpolitik

Admiral Madden hat Reuter die Verantwortung für die seemännische Sicherheit der Schiffe belassen, die zwar wehrlos sind, aber bis auf weiteres keinen Briten an Bord haben. Daß es so bleibt, wie es ist, scheint auf den ersten Blick wesentlich vom Wohlverhalten der deutschen Besatzungen abzuhängen, die ihren Bewachern keinen Anlaß bieten dürfen, die Schiffe zu besetzen. Jede Eskalation würde vermutlich ein Eingreifen der Engländer zur Folge haben, mit unabsehbaren Konsequenzen für das Schicksal des Verbands. Einerseits sieht Reuter in der anerkannten Autorität der Offiziere die notwendige Voraussetzung dafür, daß die Anordnungen, die die Engländer grundsätzlich nur den Offizieren mitteilen, auch befolgt werden. Andererseits weiß er, daß jeder Versuch, die Offiziere wieder in ihre alten Rechte zu setzen, den erbitterten Widerstand der Mannschaftsvertreter herausfordern wird. Um unnötige Reibungen zu umgehen, sind die für die Bordkommandos zuständigen Offiziere gleich zu Beginn auf ein Minimum reduziert worden. Reuter muß Konflikte nach Möglichkeit vermeiden oder in Grenzen halten, wo sie nicht zu vermeiden sind. Daher verzichtet die Verbandsleitung fast vollständig auf dienstlichen Schriftverkehr, weil die zwischen den Schiffen hin- und hergehende und von den Engländern nicht zensierte Post von den Räten kontrolliert wird.

Natürlich stehen sich hier in Deutschen und Engländern Feinde unmittelbar gegenüber, vor allem aber Sieger und Verlierer. Das läßt die äußeren Verhältnisse des Verbands nicht unberührt von den inneren – und umgekehrt. Wie Reuter sich auch verhält, ob er autoritär durchgreift, die Mannschaften gewähren läßt, den Ausgleich sucht oder sich den Engländern widersetzt – es ändert nichts an seiner Lage. Wie prekär sie ist, zeigt sich auch daran, daß er sogar, statt Zusammenhalt zu demonstrieren, dem englischen Admiral in aller Offenheit die Zerrissenheit des Internierungsverbands darlegt und sich von den Briten mehrfach bestätigen läßt, daß sie die Soldatenräte nicht als Verhandlungspartner akzeptieren. Für einen noch ungebrochen national gesinnten Mann wie Reuter war das sicher kein leichter Schritt. Mit Madden spricht Reuter am 27. November persönlich, dabei hilft ihm der englische Dolmetscher, der eine Hamburgerin zur Frau hat und Reuters Argumente besonders zu betonen versteht. Bei diesem Gespräch nutzt Reuter die Gelegenheit, um einem Gerücht zu begegnen, das bei der Durchsuchung im Firth of Forth aufgekommen war. Englische Offiziere hatten behauptet, auch die deutschen Offiziere seien mehr oder weniger revolutionär: »Ich brachte zu Beginn der Besprechung unzweideutig zum Ausdruck«, schreibt Reuter, »daß wir Offiziere mit den revolutionären Mannschaften nichts gemein hätten, auch jegliche Gemeinschaft mit ihnen ablehnten.«[49] Er habe die Schiffe nicht aus Solidarität mit den Revolutionären überführt, sagt er, sondern um dem Deutschen Reich Schlimmeres zu ersparen. Den Verkehr mit Madden, der als Wachgeschwader das I. Schlachtgeschwader von seinem Flaggschiff *Revenge* aus kommandiert, beschreibt Reuter als »ruhig und sachlich«.[50] Madden äußert Verständnis für Reuters Lage – er scheint den Gerüchten tatsächlich geglaubt zu haben – und begleitet ihn nach dem Gespräch persönlich zum Fallreep, wie überhaupt der kühle Verkehr »eine gewisse Ritterlichkeit«[51] nicht vermissen läßt. Anders verhält es sich mit Maddens Nachfolger in Scapa Flow, Admiral de Robeck an Bord von *King George V.*, dem Flaggschiff des II. Schlachtgeschwaders, in dessen Dienstzeit Reuter das Gefühl hatte, »daß man uns mied wie Aussätzige«. Dafür arbeitete der Schriftverkehr gut, und de Robeck lehnte »in verständnisvoller Erfassung der Lage« (Reuter) zwei Anträge auf Versammlungen der Soldatenräte ab.[52]

Daneben muß Reuter der Verschärfung der Internierungsbedingungen trotz zahlreicher Proteste ohnmächtig zusehen. Denn während er einerseits zwischen der Skylla deutscher Meuterei und der Charybdis englischen Eingreifens manövriert, ist Reuter andererseits auf Autorität und Waffengewalt der englischen Bewacher angewiesen, wenn es darum geht, Konflikte auf den vollständig entwaffneten Schiffen beizulegen, Strafen zu verhängen oder einzelne Marineangehörige in die Heimat zu schicken. Meist genügt es schon, wenn er sich zu einem Treffen mit dem englischen Admiral von einem armierten Dampfer abholen oder englische Offiziere an Bord kommen läßt, um Verhaftungen anzudrohen. Er ist daher bemüht, sich dem örtlichen Seebefehlshaber und seinem Stab gegenüber »in jeder Hinsicht loyal und aufrichtig« zu zeigen, auch um »weitere Verschärfung im Verkehr der Schiffe untereinander, z. B. Beschränkung des Drifterverkehrs, der Post und der Versorgung, hintenanzuhalten«.[53] Das hat den Preis, daß er gegenüber seinen eigenen Mannschaften einen zusätzlichen Vertrauensverlust hinnehmen muß. Spätestens als einzelne Unruhestifter den Briten übergeben werden, haben die Soldatenräte den Eindruck, daß Reuter die Engländer gar nicht als Feinde betrachte. Die Offiziere werden nun der Mitwirkung an der englischen Bewachung und damit des Verrats an den eigenen Landsleuten beschuldigt. Die Engländer wiederum sind zwar entsetzt über die Zustände auf den deutschen Schiffen, können mit den Zerrüttungen im Interesse ihrer eigenen Autorität aber ganz zufrieden sein, solange keine offene Gewalt ausbricht. Reuter hegt daher die Hoffnung, den loyalen Mannschaften – er nennt sie die »Marinetreuen« – im Laufe der Zeit mehr Einfluß verschaffen zu können, bis dahin, daß sie vielleicht sogar eines Tages von sich aus auf die Vertretung durch Soldatenräte verzichten.

Reuter beschreibt die Lage in Scapa Flow als einen Mikrokosmos britischer Hegemonialpolitik. Die Spannungen sind den Bewachern ja nicht verborgen geblieben, und bissig vermutet er, daß sie daran interessiert sein müßten, das Kräfteverhältnis – wie in den vergangenen Jahrhunderten auf dem europäischen Festland – in der Waage zu halten. Demnach würde also letztlich weder für die Rebellen noch für die Offiziere eine entscheidende Unterstützung zu erwarten sein. Aber auch diese Überlegung vermag die Überlegenheit des Gegners nicht berechenbarer zu machen, als sie ist. Denn andererseits ist es fraglich, ob die Briten es eigentlich nötig hatten, die Deutschen gegeneinander auszuspielen. Selbst ein offener Kampf an Bord der deutschen Schiffe – immerhin eine mögliche Folge der englischen Zurückhaltung – hätte den Bewachern sehr ungelegen sein können, nämlich dann, wenn die aktuelle öffentliche Meinung im Lande oder die politische Großwetterlage ein hartes Durchgreifen nicht erlaubt hätten. Jedenfalls ist nicht zu erkennen, daß die Briten jemals ernsthafte Absichten hegten, die Schiffe zu besetzen. Auch die Gelegenheiten, bei denen sie durchaus an

Bord waren, haben sie nicht dazu genutzt. Auf der einen Seite vermutet Reuter in der Londoner Admiralität größere Sympathien für die zum Pazifismus neigenden Soldatenräte als für die Offiziere, da jene eher bereit seien, den Interessen der Entente zuzuarbeiten. Auf der anderen Seite weiß er, daß die britischen Offiziere eine tiefe Abneigung gegen die deutsche Revolution hegen und sich im Zweifelsfall immer mit den Offizieren arrangieren würden. Und über allem steht das nationale Interesse Großbritanniens, das sich am Ende über jede Taktiererei erheben könnte, aber vielleicht in ganz anderer Weise, als Reuter sich das vorstellt. Er glaubt, es liege im Interesse des Gegners, »die Bewachung des Internierungsverbands mit geringstem Aufwand sicherzustellen, die Wege vorzubereiten und zu ebnen, auf denen der Verband entweder bei besonderen Vorkommnissen oder bei Friedensschluß ohne viel Aufsehen in englischen oder Ententebesitz hinübergleiten konnte, und schließlich, bei Wiederausbruch des Krieges, die Besetzung der deutschen Schiffe, um diese für die Entente unschädlich zu machen«.[54] Daher ist Reuter ein »klares feindliches Verhältnis« zur Londoner Admiralität lieber als »ein unsicheres freundschaftliches«.[55] Immerhin hat Reuters weitgehende Loyalität gegenüber den britischen Befehlshabern auf Dauer dazu geführt, daß die Engländer vor dem Ende der Friedensverhandlungen eine Selbstversenkung angeblich nicht ernsthaft befürchtet haben. Admiral Fremantle, ab dem 18. Mai 1919 der letzte Kommandeur des Wachgeschwaders in Scapa Flow, findet für den Chef des Internierungsverbands durchaus freundliche Worte: »Man kam nicht umhin, für von Reuter eine große Sympathie zu empfinden, der sich in der sehr unangenehmen Lage befand, nominell Schiffe zu kommandieren, die in der Hand meuternder Mannschaften waren. [...] Er war ein vernünftiger Mann, mit dem man gut zurechtkam, ein Mann, der sein Wort gehalten hat und die Waffenstillstandsbedingungen, außer in dem einen bedeutenden Fall, niemals bewußt verletzt hat.«[56] Das klingt, als sei diese Verletzung gar nicht so schlimm gewesen. Eine Frage gibt es denn auch, die in Reuters Überlegungen überhaupt nicht auftaucht, welche rückblickend für die Betrachtung dieser Zusammenhänge aber von grundlegender Bedeutung ist: Wie werden sich die Engländer verhalten, wenn sie die Schiffe womöglich nicht übernehmen, schon gar nicht mit ihren Verbündeten teilen, sondern nur unschädlich machen wollen?

Flaggschiffwechsel und Versenkungsgedanken

Ursprünglich hatte Reuter seine Aufgabe allein in der Überführung der Schiffe gesehen und den Internierungshafen nach Einrichtung der Wachkommandos wieder verlassen wollen. Tatsächlich fuhr er am 13. Dezember 1918, überraschenderweise angesichts der Probleme vor Ort, mit den entlassenen Mannschaften an Bord der *Bremen* vorübergehend nach Wilhelmshaven. Der englische Admiral hatte die Reise, die Reuter offiziell aus gesundheitlichen Gründen unternahm, noch am Tag der Abfahrt eigens genehmigt. Er habe den Internierungsverband in der Annahme allein gelassen, schreibt Reuter, daß die große Reduzierung der Mannschaften die inneren Spannungen beseitigen würde. Zugleich argumentiert er, angesichts der schwierigen Lage des Verbands sei ihm klargeworden, daß dieser von einem Admiral geführt werden müsse, und dazu sei es notwendig gewesen, den Verband unmittelbar dem Reichsmarineamt zu unterstellen. Diese Bitte habe er dem Staatssekretär des Reichsmarineamtes, Vizeadmiral Ritter von Mann, persönlich vorbringen müssen, da mit schriftlichen Anträgen in dieser Zeit nicht viel zu erreichen gewesen sei. Aber solange Reuter fort war, konnte viel passieren, in Scapa Flow, in Wilhelmshaven, in Versailles. Außerdem war sein Anliegen eher eine Formalität, vielleicht wichtig, wenn er seinen Vorgesetzten Rechenschaft über die Führung des Internierungsverbands geben mußte, aber ohne große Auswirkung auf die tägliche Arbeit in der schottischen Bucht. Es war nicht zu erwarten, daß die Mannschaften und Soldatenräte in dieser Zeit eher einem Befehlshaber gehorchen würden, der sich seine Autorität durch das Reichsmarineamt stärken ließ.

Höchstwahrscheinlich ging es denn bei diesem Besuch auch gar nicht um den formalen Status, sondern um das endgültige Schicksal der Flotte. Das war die wichtige Frage, die Reuter nur persönlich klären konnte. Was beim Auslaufen des Überführungsverbands noch weitgehend im Dunkeln gelegen hatte: Ort und nähere Umstände der Internierung, all das war nun bekannt. Zwar blieben die Absichten der Entente weiterhin unklar, aber es war genug geschehen, um die Frage einer Selbstversenkung mit der heimatlichen Marineführung zu beraten. Reuter war zwar bereit, die Versenkung in eigener Regie durchzuführen, er hätte diesen Schritt aber sicher nicht getan, ohne sich der Zustimmung seiner Vorgesetzten zu versichern. Der allgemeine Befehl des Kaisers, kein Schiff in feindliche Hand fallen zu lassen, half in dieser besonderen Situation nur bedingt weiter, zumal Wilhelm II. am 28. November 1918 im Zuge seiner formellen Abdankung alle Militärpersonen von ihrem Eid entbunden hatte. So haben später vor allem die Briten, als sie einen Beweis dafür suchten, daß Reuter die Schiffe auf Befehl versenkt habe, viel darüber spekuliert, was bei seinem Besuch in Deutschland besprochen worden sein könnte. Aufzeichnungen darüber gibt es nicht, und die Verantwortung für die Selbstversenkung hat Reuter später persönlich übernommen, um die Reichsregierung zu entlasten. Erst am 25. Januar 1919 kehrt er an Bord eines Versorgungsschiffs nach Scapa Flow zurück.

»Sonderrepublik Internierungsverband«

Während Reuter in Wilhelmshaven mit seiner Familie Weihnachten feierte, wurde der Internierungsverband von Kapitän zur See Hugo Dominik geführt, nächst ältester Offizier und Kommandant der *Bayern.* Auf dem Flaggschiff *Friedrich der Große* kam es in dieser Zeit zu regelrechten Meutereien. Nachdem am 16. Januar die Nachricht von der Erschießung Rosa Luxemburgs und Karl Liebknechts den Verband erreicht hatte, wurden in der Nacht heftige Saufgelage veranstaltet, die bis zum nächsten Morgen andauerten, und Fregattenkapitän Iwan Oldekop, Chef des Stabes, mußte von gemäßigteren Leute versteckt werden, damit er nicht gelyncht wurde. Vier Tage später setzte ein Oberbootsmaat, der zwar Mitglied des Soldatenrats war, nach einer Stellungnahme der Besatzung aber nicht der »radikalen Partei« angehörte, Reuters Stellvertreter ab. Während der Internierung hat es insgesamt 15 bis 20 Fälle solcher ›Entlassungen‹ gegeben.[1]

Der Oberbootsmaat behauptete, im Namen der Besatzung zu sprechen, was offenbar nicht der Fall war, und er wurde daraufhin seinerseits abgesetzt. Nun sollte ein Deckoffizier das Kommando übernehmen, aber unter dem Motto »Alle Macht den Soldatenräten« wurde eine »Rote Garde« gebildet, angeführt von einem spartakistischen Oberheizer, deren erklärtes Ziel es war, »eine Sonderrepublik Internierungsverband« unter der Souveränität des Obersten Soldatenrats zu errichten und durch eine paramilitärische Organisation seinen Machtverfall abzuwenden. Die übrigen Schiffe nahmen die Aufwiegelungen durch das Flaggschiff, wo die gemäßigteren Mannschaften unter Druck gesetzt wurden, zum Teil mit Erbitterung zur Kenntnis. Ein Offizier, der einen guten Bekannten zur Rede stellte, bekam zur Antwort: »Wir müssen, sonst werden wir verhauen.«[2]

Dann kommt es zu einer erstaunlichen Wende. Der abgesetzte stellvertretende Verbandschef sieht keinen Grund mehr, auf dem Flaggschiff zu bleiben, und will auf sein eigenes Schiff, die *Bayern*, zurückkehren. Es sind bereits Vorbereitungen getroffen worden, um dem englischen Postdrifter ein entsprechendes »Umschiffungsgesuch« des Verbandskommandos an den Chef des Wachgeschwaders unter Umgehung des Soldatenrats durch ein Seitenfenster zu übergeben. Bevor das geschieht, wird der Brief dem Obersten Soldatenrat vorgelesen. Nun könnte man meinen, den Mannschaftsvertretern müsse der Rückzug Dominiks ganz recht sein, aber statt dessen legen sie wütenden Protest ein, mit dem Argument, das mache alles nur noch schlimmer, und man werde für die Sicherheit der zurückbleibenden Schiffsoffiziere keine Garantie übernehmen können. Das Gremium befürchtet offenbar, seinerseits die Kontrolle über *Friedrich der Große* zu verlieren, aber mehr noch über das Verbandskommando, mit dem der Oberste Soldatenrat nach einem Umzug auf *Bayern* nur noch brieflich verkehren könnte. Dominik bleibt bei seiner Entscheidung; erst als der Soldatenrat seine Befehlsgewalt in einem bescheidenen Maß wiederherstellt, erklärt er sich bereit, bis zu Reuters Rückkehr an Bord zu bleiben.

Viele der Männer betrachten sich nicht mehr als »dienstpflichtige Soldaten«[3] und sehen ihren Beitrag zur Überführung und Internierung als eine freiwillig erbrachte Leistung an, die das Vaterland, so meinen sie, ihnen kaum danken werde. Da man die öffentliche Anerkennung den Internierten, so die Befürchtung, versagen wird und die beruflichen Aussichten nach der Rückkehr ausgesprochen schlecht sind, rückt die materielle Versorgung in den Mittelpunkt des Interesses und wird die »Entwickelung des Gebührniswesens in der Heimat« von den Mannschaften »mit großer Spannung« verfolgt.[4] Empört nehmen sie zur Kenntnis, daß dort inzwischen bedeutend höhere Zulagen gezahlt werden als im Internierungsverband, der immer noch kaum mehr als »Kriegslöhnung« erhält. Die Besatzungen verschiedener Schiffe verlangen »gleiche Löhnung oder sofortige Ablösung«. Schon am 11. Dezember kommt es auf *Derfflinger* zu Unruhen über die Frage, ob die dem heimkehrenden Überführungskommando zugesprochenen Vergünstigungen später auch für die Heimkehrer des Wachkommandos gelten werden.

Trotz der Forderungen wird die Kriegslöhnung beibehalten, aber es werden in Form von Zulagen verschiedene Erhöhungen bewilligt, wie etwa »Soldatenratsgebührnisse« für die Mannschaftsvertreter. Nachdem das Reichsmarineamt für den Arbeitsdienst der Mannschaften eine Zulage von 4 Mark pro Tag festgelegt hat, wird die Zulage Anfang Februar auch dem Internierungsverband auf Antrag des Obersten Soldatenrats vom Kommando der Hochseestreitkräfte bewilligt, allerdings nicht bei Urlaub, Arrest oder Aufnahme ins Lazarett. Dagegen protestieren am 13. März *Von der Tann*, *König Albert* und *Seydlitz*, weil die Krankheiten meistens durch den Dienst verursacht würden. Mit der Zahlung einer Zulage nur für tatsächlich geleistete Arbeit habe zwar »jede Drückerei bei uns im Lazarett aufgehört«, aber das sei doch auch anders zu erreichen, läßt die Mannschaft des Schlachtkreuzers *Von der Tann* das Reichsmarineamt wissen. Der Protest bleibt unbeantwortet.[5]

Im neuen Jahr wird zusätzlich zur Arbeitszulage eine »Internierungszulage« von täglich 2 Mark gewährt, und damit kommen beispielsweise die Matrosen ab 1. Januar 1919 monatlich auf 280 beziehungsweise 287 Mark, das ist immerhin das Siebenfache von 42 Mark Kriegslohn und mehr als den Mannschaften und Deckoffizieren in der Heimat zusteht. Darüber hinaus erhalten die Mannschaften eine einmalige »Überführungsprämie« von 225 Mark, die sich aus 100 Mark und 25 Tagessätzen à 5 Mark zusammensetzt. In der späteren Gefangenschaft werden Arbeits- und Internierungszulage durch einen täglichen Zuschuß von 5 Mark ersetzt, und auch Offiziere und Beamte holen gegenüber ihren Kameraden in der Heimat etwas auf. Sowohl die Überführungs- als auch die Internierungszulage sind das Ergebnis von Verhandlungen, die einige Vertreter des Obersten Soldatenrats des Internierungsverbands im Januar in Wilhelmshaven geführt haben. Ihr Ziel war eine Internierungszulage von 5 Mark täglich, auch für die Offiziere, die davon aber gar nichts wußten und die Annahme später geschlossen ablehnten. Bei den Deckoffizieren von *Friedrich der Große* fand beispielsweise die Grundprämie von 100 Mark für die Überführung keinen Beifall, weil man der Ansicht war, sich die Pflichterfüllung nicht bezahlen lassen zu können, etwa so, wie ein Offizier für seine Leistung nicht den Dank seines Königs einforderte.

Auch die Mannschaftsvertreter wollen sich in Wilhelmshaven von den Heimatbehörden ihre Stellung stärken lassen. Der Sprecher des Soldatenrats, der mit einem der Versorgungsschiffe von Scapa Flow nach Wilhelmshaven gekommen ist, hat eine Liste mit Forderungen mitgebracht, denen nach Verhandlungen mit dem Reichsmarineamt, die der 25er Ausschuß im Reichsmarineamt unterstützt, am 24. Januar größtenteils stattgegeben wird. Einen Tag vorher hat sich Reuter, der an diesen Verhandlungen nicht beteiligt ist, zur Rückfahrt nach Scapa Flow eingeschifft. Der Oberste Soldatenrat der internierten Flotte wird ausdrücklich anerkannt, weil er entsprechend der im Deutschen Reich gültigen Bestimmungen gebildet worden sei. Er erhält ein Mitspracherecht bei der Ablösung von Mannschaften. Die Leitung der am 9. Januar vom 21er Ausschuß in Wilhelmshaven eingerichteten Interniertenabteilung soll durch einen Vertreter des Internierungsverbands ergänzt werden, der die besonderen Bedürfnisse aus eigener Erfahrung beurteilen kann.

Die Vereinbarung zwischen Reichsmarineamt und Vertretern des Internierungsverbands verträgt sich nicht in allen Punkten mit der »vorläufigen Regelung der Kommandogewalt und Stellung der Soldatenräte im Friedensheer« vom 19. Januar 1919, einem von beiden Seiten attackierten Kompromiß zwischen den Interessen der Offiziere und der Soldatenräte, der die Stellung der Offiziere wieder stärkt. Diese Neuordnung, ein gemeinsamer Erlaß der Reichsregierung, des Zentralrats der Arbeiter- und Soldatenräte und des neuen preußischen Kriegsministers Walther Reinhardt, wurde von einem Aufruf Reinhardts begleitet, der sich in diplomatischer Weise gegen die Dolchstoßlegende wandte und das Ziel hatte, das widerstrebende Offizierkorps an die neuen Gewalten heranzuführen. Die Macht der Soldatenräte wurde am

19. Januar durch jene erste von insgesamt drei Verordnungen auf das militärische Leben beschränkt. Im Gegenzug erhielten die Soldatenräte ein Recht auf Überwachung und Gegenzeichnung aller Anordnungen, die sich auf die Fürsorge der Truppe, auf soziale und wirtschaftliche Fragen sowie auf Urlaub und Disziplinarsachen bezogen.[6] Diese Neuregelung führte in den folgenden Monaten zu schwerwiegenden Auseinandersetzungen, da die Soldatenräte ihre im November 1918 eroberte Stellung letztlich einbüßten. Diese Auseinandersetzungen sind um so bedauerlicher, als am 19. Januar 1919 auch die Wahlen zur Verfassunggebenden Deutschen Nationalversammlung bei der hohen Wahlbeteiligung von 82,7 Prozent eine überwältigende Mehrheit für die Parteien der parlamentarischen Demokratie, nämlich für Mehrheitssozialisten, Zentrum und linksliberale DDP hervorbringen. Das Ergebnis segnet natürlich nicht alle Maßnahmen der Regierung ab, verschafft ihrem grundsätzlich gegenrevolutionären Kurs aber eine ausgesprochen breite Legitimationsbasis.

In Scapa Flow wird die Verordnung erst am 17. Februar bekannt, und sie tritt für den Internierungsverband mit einem Schreiben vom 22. Februar offiziell in Kraft. Einmal mehr geben die Verhältnisse vor Ort den Ausschlag. Reuter entschließt sich, den Regierungserlaß »wenigstens sinngemäß durchzuführen«.[7] In einer Besprechung, die am 21. Februar zwischen Oberstem Soldatenrat und dem Kommando des Internierungsverbands stattfindet, äußert der Soldatenrat keine Einwände gegen die Verordnung, weist allerdings darauf hin, daß sehr viele Leute sich nicht mehr als Soldaten betrachten und daher die alte, wieder gestärkte Kommandogewalt nicht immer anerkennen würden. Daraufhin versichert Reuter dem Obersten Soldatenrat, »daß im Wesentlichen an der Zusammenarbeit der Soldatenräte mit den Kommandos nichts geändert würde, und es den einzelnen Kommandos und Soldatenräten überlassen bleibe, wie sie sich einig würden«.[8] Die Forderung der Soldatenräte, die Kommandogewalt im Verband auf der Grundlage der vorübergehend gültigen Notverordnung der »Republik Oldenburg« zu regeln, hat Reuter damit abgewehrt.[9]

Zwar schicken die Mannschaften anläßlich der Einsetzung der verfassungsmäßigen Regierung im Februar 1919 ein Huldigungstelegramm an den neuen Ministerpräsidenten Philipp Scheidemann, das nur einige radikale Besatzungen und der Oberste Soldatenrat nicht unterschreiben. Der Streit dauert aber an, kein Tag vergeht ohne heftige Auseinandersetzungen zwischen Räten und Offizieren. Da es aber niemals zu schwerer körperlicher Gewalt kommt, bleiben die inneren Kämpfe in Scapa Flow während der gesamten Internierung vergleichsweise harmlos – wenn man andererseits etwa an die blutigen Berliner Straßenkämpfe in der ersten Januarhälfte denkt. Unter den revolutionsfeindlichen Schiffen widersetzt sich besonders die Mannschaft des Kleinen Kreuzers *Bremse* dem allgemeinen Vertrauensschwund. Eine Abstimmung über den Verbleib des Kommandanten »fiel restlos zu seinen Gunsten aus«.[10] Kein einziges Mal soll den Offizieren der Gruß verweigert worden sein, Besatzung und Kommando halten an dem alten militärischen Zeremoniell fest, und zu des Kaisers sechzigstem Geburtstag am 27. Januar 1919 tritt die Besatzung in Paradeuniform »Anzug blau« an. Reuter sieht sich sogar veranlaßt, die Besatzung vor Übertreibungen zu warnen, damit die Soldatenräte auf den anderen Schiffen nicht noch mehr rebellieren. Deren Unmut richtet sich wiederum gegen Reuter, dem man vorwirft, gegen das Verhalten der *Bremse*-Besatzung nichts zu unternehmen. Den wenigen »Radikalen«, die es auch auf dem Kleinen Kreuzer gibt, ist angeblich sogar nahegelegt worden, den Kommandanten zu beseitigen. Reuter jedenfalls bittet den Oberleutnant zur See Fritz Schacke, seine kaisertreuen Ambitionen, die, so der Verbandschef, »in die damalige Zeit nun einmal nicht hineinpaßten«, zurückzuschrauben.[11] Nach der zweiten großen Mannschaftsreduzierung am 17. Juni wird auf *Bremse* der Soldatenrat, den der Schiffsbericht als ein »totgeborenes Kind« bezeichnet, auch formell abgeschafft.[12]

Am 10. Februar hat sich ein Obermaschinistenmaat, der mit dem Torpedoboot *B 98* aus Wilhelmshaven nach Scapa Flow gekommen ist, an Bord von *Friedrich der Große* geschmuggelt. Nachdem er vor der Mannschaft spartakistische Reden gehalten hat, ist der Siedepunkt offenbar erreicht. Der ausgegebene Schnaps tut sein übriges. »Eine kleine Gruppe von Leuten terrorisierte das ganze Flaggschiff«, meldet Reuter nach Berlin:[13] »Eines Tages wurden sämtliche Offiziere des Schiffes von einem Mitglied des Soldatenrats im Namen der Besatzung – wie sich später ergab ohne deren Zustimmung – für abgesetzt erklärt; der Steuermann sollte zum Kommandanten ernannt werden. Vom Soldatenrat *Friedrich der Große* gingen auch Verhetzungen der übrigen Schiffe aus, sodaß stellenweise eine große Erbitterung gegen das Flaggschiff herrschte«.[14] Ein Soldatenrat auf der *Cöln*, Obermaat Junge, verliert eines Tages die Nerven und brüllt einen Offizier mit den Worten an: »Ich, kaiserlicher Obermaat, befehle Ihnen ...!« Später wird er seinerseits von der Mannschaft bedroht, soll über Bord geworfen werden und sucht daraufhin Schutz beim Kommandanten, Kapitänleutnant Johann Heinemann, der ihn mit einem gerade eingelaufenen Dampfer nach Wilhelmshaven zurückschickt. Und als die Heizer der *Cöln* eine befohlene Musterung verweigern, droht Heinemann erfolgreich mit dem Einschreiten der Engländer, die schon *Friedrich der Große* belagert hätten.[15]

Am 11. Februar läßt sich Reuter unter Begleitung eines armierten Dampfers an Bord der *Barham* zum englischen Vizeadmiral Sir Arthur Leveson bringen, dem Chef des V. Schlachtgeschwaders der inzwischen aus der Grand Fleet ausgegliederten Atklantikflotte, und tatsächlich verfehlt das nicht seine Wirkung auf die Mannschaften. Zu Leveson hat Reuter ein »unausgesprochenes Vertrauensverhältnis« entwickelt.[16] Britische Stabsoffiziere kommen öfters an Bord der *Emden*, um dieses oder jenes zu besprechen. Einmal versucht Leveson sogar, einen bereits ausgelaufenen Postdampfer mit Signalflaggen und Funk zurückzuholen, um ihm noch einen Brief Reuters mitzugeben. Reuter schlägt Leveson vor, die Rote Garde an Land zu internieren, aber der Admiral sagt, er habe für diesen Zweck keine Unterkünfte zur Verfügung. Statt dessen will er die Leute sofort auf seinen eigenen Schiffen einsperren, aber Reuter bittet ihn, davon zunächst abzusehen. Auch das Angebot, Wachen an Bord seines Flaggschiffs aufzustellen, lehnt Reuter ab. Man einigt sich darauf, die Rote Garde notfalls mit Hilfe englischer Waffengewalt auf dem nächsten Postdampfer in die Heimat zu schicken. »Ich bemerke noch«, schreibt Reuter in einem Brief an das Reichsmarineamt, »daß ich dem englischen Admiral gegenüber ausdrücklich betont habe, daß es sich hierbei keinesfalls um den Schutz der Offiziere handelte, sondern lediglich um die Aufrechterhaltung der Ordnung auf dem Schiff und des Verbandes.«[17] Bei Reuters Rückkehr hat sich die Lage schon deutlich beruhigt, und die Männer erklären sich am nächsten Tag in einer Vollversammlung an Bord von *Friedrich der Große* zur Abreise bereit. Obwohl sie keinen Widerstand leisten, geht am Tag ihrer Umschiffung ein gefechtsklarer englischer Zerstörer längsseits des Flaggschiffs.

Schließlich versucht der Schiffssoldatenrat von *Friedrich der Große*, genannt »Fu«, mit einer »Stellungnahme der Besatzung« zu Reuters Bericht den Ruf des Schiffes wiederherzustellen, indem er am 17. März in einem von Soldatenratsmitglied Grahlmann gezeichneten Brief an den Staatssekretär des Reichsmarineamtes erklärt, es habe außer dem Verstoß gegen das Verkehrsverbot, von dem sich die Besatzung distanziere, keine Ausschreitungen an Bord gegeben. Alkohol sei auf Verlangen der Mannschaft und nur in Maßen, vor allem aber zu Tauschzwecken ausgegeben worden. Die unerlaubte Benutzung des Chefboots sei nötig geworden, nachdem die Mannschaften erfahren hatten, daß in der Heimat bedeutend höhere Zulagen gezahlt würden als auf dem Internierungsverband. Nachdem aus der Heimat zunächst keine Verfügungen gekommen seien, habe sich der Verbandssoldatenrat mit den Obleuten der Schiffssoldatenräte zusammensetzen müssen, weil es auf verschiedenen Schiffen zu Schwierigkeiten zwischen den Besatzungen und ihren Vertretern gekommen sei. Die Soldatenräte seien sich der Tragweite ihres Vorgehens bewußt gewesen, »doch war ihrer Ansicht nach Ruhe und Ordnung auf den Schiffen wichtiger als der Befehl eines englischen Admirals«.[18]

Auf der Sitzung sollte vor allem über die Frage entschieden werden, ob man die vom Verbandskommando und Obersten Soldatenrat neuerlich beantragte und noch nicht genehmigte Arbeitszulage von 4 Mark auf eigene Verantwortung auszahlen solle. »Die Mannschaft«, heißt es, »verurteilt das Vorgehen des Admirals aufs Schärfste. Ein Grund zum Einschreiten des Admirals lag absolut nicht vor, was auch durch das Verhalten der Besatzung und zwar beider Parteien voll und ganz erwiesen ist. Denn sie hat gezeigt, daß sie ihre Angelegenheiten selber ordnen kann. Wenn der Admiral etwas hätte unternehmen wollen, so hätte er die Besatzung zur Einigung oder falls dies nicht möglich gewesen wäre, die kleinere Partei zum Vonbordgehen auffordern können. Auf alle Fälle war es falsch, solange die Ruhe und Ordnung vollkommen gewährleistet war, an den Engländer heranzutreten. Dadurch, daß der Admiral seine eigenen Volksgenossen den Engländern hatte ausliefern wollen, hat sich das ihm von der Mannschaft entgegengebrachte Vertrauen, geradezu in Mißtrauen verwandelt. Die Mannschaft erhebt hiermit den schärfsten Protest gegen ein derartiges Vorgehen, der von ihr nicht gewählten Führer.«[19]

Klassenkampf statt Völkerkampf

Die Meuterer waren einst angetreten, Mannschaften und Offiziere ohne diskriminierende Rangunterschiede in einem neuen Gemeinschaftsethos zusammenzuschmelzen. Der Vertrauensverlust erzeugte den Wunsch nach unverstellten menschlichen Beziehungen im dienstlichen Verkehr. Ein solcher Wunsch, einmal in der Welt, muß wohl bewirken, daß nun dem Widerstand, der seiner Verwirklichung im Weg steht, mit höchstem Mißtrauen begegnet wird. Von diesem tragischen Zirkel der Revolution, in Scapa Flow aufgrund der besonderen Bedingungen ebenso dauerhaft wie unblutig, bleiben beide Seiten, Offiziere und Mannschaften, nicht verschont. Die Mannschaften werfen den Offizieren vor, sie würden sie an den Feind verraten, und die Offiziere beschuldigen die Mannschaften, »auf Schritt und Tritt verdächtigt und in schamloser Weise von nichtswürdigen Elementen bezichtigt« zu werden.[20] Wenn man bedenkt, wie vergleichsweise gut sich währenddessen englische und deutsche Mannschaften sowie die Offiziere beider Seiten verstehen, könnte man tatsächlich den Eindruck haben, hier sei, wie es in diesen Jahren die Parole Max Adlers ist, der Völkerkampf dabei, durch den Klassenkampf abgelöst zu werden.[21] Vielleicht ist in einer solchen Lage die Zurückhaltung der Heimatbehörden, sosehr sie auch beide Seiten erzürnt haben mag, noch das klügste gewesen. Der Reichswehrminister und der Chef der Admiralität finden Reuters Bericht durch die Stellungnahme der Mannschaften erstaunlicherweise weitgehend bestätigt. Für die Maßnahmen des Verbandschefs sei es unerheblich, so das salomonische Schreiben vom 7. April, ob die Verstöße von den Mannschaften oder den von ihnen gewählten Räten ausgingen: »Es ist Sache der Besatzungen des Internierungsverbandes, sich ihre Soldatenräte so zu wählen, daß Verstöße und Vertrauensbrüche ausgeschlossen erscheinen.«[22]

Am 22. Februar sperrt der englische Admiral wegen der Winterunruhen in Deutschland und den schlechten Erfahrungen mit den wenigen »Abgesandten« den Verband ganz für den Zuzug von Personal aus der Heimat. Reuter hat nichts dagegen. Ebenfalls im Februar, während der Versorgungsdampfer *Reiher* mit Proviant, Post und sogenannten »Liebesgaben«, Geschenken aus der Heimat, in Scapa Flow liegt, kommt es zu weiteren Auseinandersetzungen. Das Rote Kreuz in Bremen und in Kiel, die Kriegsfürsorge in Frankfurt am Main sowie der Nationalbund deutscher Frauen haben zu Weihnachten 1918 und im Februar 1919 größere Mengen Musikinstrumente, Unterhaltungsspiele und Bücher nach Scapa Flow geschickt. Der Oberste Soldatenrat hat noch vor der Ankunft des Schiffes darum gebeten, die Entladung diesmal von einem seiner vier Mitglieder beaufsichtigen lassen zu dürfen, weil »die meisten Leute auf einen Offizier schließlich doch nicht so hören würden«.[23] Die »Liebesgabenkisten« sind unterwegs geöffnet und revolutionäre Organe wie die *Freiheit, Die Tat* und die *Rote Fahne* hineingelegt worden, was ein zusätzliches Motiv für die Soldatenräte gewesen sein dürfte, die Entladung zu überwachen. Den Briten ist dieser Schmuggel jedenfalls nicht entgangen, und sie haben mit Kontrollen bis hin zu Leibesvisitationen darauf reagiert.

Der Chef des Stabes und der Verbandszahlmeister versprechen, ihr möglichstes zu tun, damit die Mannschaftsvertreter bei der Entladung dabeisein können. Nach Einschätzung des Obersten Soldatenrats haben sie aber das Anliegen beim englischen Admiral nicht einmal zur Sprache gebracht. Einen Tag nachdem Reuter dem Obersten Soldatenrat versichert hat, daß sich an der Kommandogewalt im wesentlichen nichts ändern würde, fühlt dieser sich übergangen, als ihm die Verbandsleitung ein wichtiges Schriftstück, das die Einteilung der Helfer beim Umladen des Proviants betrifft, erst nach Abgang an die anderen Schiffe vorlegt. Als weitere Befehle für das Signalpersonal ohne das Wissen des Obersten Soldatenrats hinausgehen, werden die Männer am 24. Februar bei Reuter vorstellig. Die Unruhe auf einigen Schiffen entzündet sich an der Überführungsprämie, der Kommandogewalt, dem weiteren Schicksal der internierten Flotte und nicht zuletzt wieder einmal an der Aufsicht über die Proviantverteilung. Der Oberste Soldatenrat bittet Reuter, sämtliche Obmänner und Kommandanten auf *Friedrich der Große* zu versammeln, um die Angelegenheiten besprechen zu können. Reuter lehnt ab. Man könne nicht jeden Augenblick mit einem Gesuch an den englischen Admiral herantreten, sagt er, zumal dieser die Soldatenräte nicht anerkannt habe. Außerdem sei es »untunlich«, daß die Offiziere den Mannschaften dadurch entfremdet werden, daß die Soldatenräte die Aufsicht übernehmen. Dieses Argument sieht der Oberste Soldatenrat durch nichts bewiesen und weist es entschieden zurück. Er findet umgekehrt, Ruhe und Ordnung auf den Schiffen würden gerade dadurch gefährdet, daß die Offiziere die Kommandogewalt wiederzuerlangen versuchten und die neuen Regelungen der Regierung einseitig umsetzen wollten. Wie verfahren die Situation schließlich ist, zeigt ein Brief des Soldatenrats Grahlmann von *Friedrich der Große* an die Soldatenräte auf den Schiffen des IV. Geschwaders: »Wenn die Kommandogewalt absolut eingeführt werden soll, dann verlangt die Besatzung hier an Bord, daß alle diejenigen, die nach der Verfügung der Regierung entlassen werden können, auch entlassen werden. Da der Engländer eine Heimbeförderung nicht zugibt, und es absolut nicht unsere Absicht ist, dadurch die Waffenstillstandsbedingungen über den Haufen zu werfen, bleiben wir hier, betrachten uns aber nicht mehr als Soldaten.«[24]

Der Oberste Soldatenrat handelt schließlich auf eigene Faust. Als am 25. Februar der Dampfer, der mit dem Arbeitskommando zu *Reiher* fährt, unterwegs an »Fu« festmacht, um einen Offizier und einen Zahlmeister abzuholen, schmuggelt sich Maschinistenmaat Willershausen, der Vertreter der Panzerkreuzer, an Bord, mit Einverständnis eines Soldatenrats namens Müller, der die Kleinen Kreuzer vertritt. Willershausen will die Gelegenheit nutzen, mit Vertretern anderer Schiffe zusammenzukommen, die auch bei der Entladung helfen. Damit verstößt Willershausen nicht nur gegen die britischen Anordnungen, sondern ignoriert er auch die Appelle an die Soldatenräte, alles zu tun, um das Besitzrecht an den Schiffen zu wahren. Freilich ist das nicht der erste Verstoß dieser Art. Das Chefboot ist immer wieder von Soldatenratsmitgliedern, auch von Müller, benutzt worden, in einem früheren Fall, um die Obleute der Soldatenräte von der Hälfte der internierten Schiffe zu einer Versammlung auf dem Flaggschiff abzuholen. Die Engländer scheinen das nicht bemerkt zu haben, vielleicht haben sie auch den Überblick verloren oder die Vorfälle nicht für wert befunden, darauf zu reagieren.

Die Überfahrt Willershausens verläuft auch an diesem 25. Februar zunächst ohne Zwischenfall. Aber am nächsten Tag wird er von dem aufsichtshabenden Oberleutnant erkannt, der auch zur Besatzung des Flaggschiffs gehört, »in sehr schroffem Ton zur Rede gestellt und sein Vorhaben als Schweinerei bezeichnet«.[25] Er schickt Willershausen am Abend auf *Friedrich der Große* zurück. Reuter bestellt am Vormittag des 27. Februar alle vier Mitglieder des Obersten Soldatenrats zu sich und erhebt in Gegenwart des Stabes schwere Vorwürfe, weil mit dieser Aktion der gesamte Drifterverkehr gefährdet worden sei, Vorwürfe auch gegen Müller, weil er von der Sache gewußt und sie nicht gemeldet habe. Die Männer bestätigen den Vorgang, weisen aber den Vorwurf des Vertrauensbruchs zurück. Reuter befiehlt den beiden, »die weder dem Interesse des Verbandes dienten, noch in die Zeit hineinpaßten«,[26] ihre Sachen zu packen und sich noch am gleichen Tag auf *Reiher* nach Deutschland einzuschiffen. Reuters Begründung ist fast identisch mit der Zurückweisung der auf dem Kleinen Kreuzer *Bremse* demonstrierten Kaisertreue. Die Soldatenräte protestieren; sie seien schließlich von den Mannschaften gewählt worden, und daher könne der Admiral sie gar nicht absetzen. Reuter bleibt bei seiner Entscheidung, und so informieren Müller und Willershausen per Winkspruch den ganzen Verband über den Vorfall. Zu diesem Zweck setzt sich das Signalpersonal über das inzwischen von Reuter verhängte Verbot hinweg, Winksprüche des Obersten Soldatenrats abzugeben. Reuter hat auch schon die Engländer gebeten, ein Boot zur Verfügung zu stellen, das Müller und Willershausen auf *Reiher* bringen soll. Um zwölf Uhr mittags befiehlt der Flaggleutnant durch einen Läufer, die beiden sollten ihren Kleidersack nehmen und abreisen. Zu dieser Zeit warten sie noch auf die Antwort der anderen Schiffe und weigern sich, den Befehl ohne deren mehrheitliche Zustimmung zu befolgen.

Der Oberste Soldatenrat hat berechtigterweise den Eindruck, »daß man erst das Haupt und dann allmählig die Glieder beseitigen wollte«.[27] Am Abend treffen die Antworten ein: 17 Schiffe sprechen sich teilweise sehr scharf gegen Reuters Entscheidung aus, und manche warnen, daß man für das Verhalten der Besatzungen keine Garantie übernehmen könne, falls die Abkommandierung mit Gewalt durchgesetzt werden sollte. Reuter hätte, schreibt der Oberste Soldatenrat, entsprechend der Verordnung vom 19. Januar Neuwahlen beantragen müssen, wenn eine Zusammenarbeit nicht mehr möglich ist. Die Besatzung des Flaggschiffs streikt und fordert Reuters Ablösung. Dieser setzt auf Zeit. Er bietet an, den Reichswehrminister die Sache entscheiden zu lassen. Das wird akzeptiert, allerdings übersehen die Männer, daß das entsprechende Schreiben durch die englische Zensur geht und auf diese Weise die Bewacher genauestens über den Vorfall unterrichtet werden. Während alle auf die Entscheidung aus der Heimat warten, gewinnt Reuters Position wieder an Zustimmung, da die Torpedoboote und ein paar andere Schiffe sich auf seine Seite stellen. Bald darauf greift Admiral Leveson aus eigenen Stücken ein, indem er eines Nachts zwei Offiziere mit der Forderung an Bord von *Friedrich der Große* schickt, Müller und Willershausen auszuliefern. Reuter lehnt ab, kann die beiden Männer aber unter diesem Druck zum Nachgeben bewegen: Entweder sie beendeten ihre Agitation und führen nach Hause, oder er würde sie an die Engländer ausliefern. Am 24. März, als sie mit *B 98* abreisen sollen, weigern sie sich dann aber doch, von Bord zu gehen – mit dem Argument, sie hätten ihre Nachfolge noch nicht geregelt. Das teilt Reuter den Engländern mit, und so legen sich wieder einmal ein gefechtsklarer britischer Zerstörer und ein armierter Dampfer neben *Friedrich der Große*. Fregattenkapitän Mac Mahon, Admiralstabsoffizier des neuen Wachgeschwaderchefs Lord Keyes, geht an Bord des deutschen Flaggschiffs und teilt Reuter mit, daß er vom dienstältesten anwesenden Seeoffizier ermächtigt worden sei, den Männern die Heimreise zu befehlen. Er stellt den beiden ein Ultimatum von zwei Stunden. Damit ist der letzte Widerstand gebrochen, Müller und Willershausen gehen von Bord, und die Briten ziehen sich wieder zurück. Über den weiteren Lebensweg der beiden »Eintagsfiguren« ist nichts bekannt.

Reuter erhält erst kurz vor der Versenkung aus der Heimat den Bescheid über seinen Antrag, die Soldatenräte absetzen zu dürfen. Sein Verhalten wird zwar in diesem besonderen Fall vom Reichsmarineamt bestätigt, ein generelles Recht zur Absetzung wird ihm aber nicht gewährt. Reuter schreibt: »Diese Entscheidung hat mich in Erstaunen versetzt.«[28] Von Bedeutung ist sie nicht mehr. Nach der Abreise treten auch die beiden verbliebenen Mitglieder des Obersten Soldatenrats zurück. Bis die neuen Vertreter gewählt sind, übernimmt ein Unteroffizier des Schiffssoldatenrats die Aufgaben. Die Nachfolger von Müller und Willershausen sind deutlich gemäßigter, aber auch von ihnen kehren zwei Männer vorzeitig nach Deutschland zurück, und in den letzten Tagen vor der Versenkung kümmert sich wieder der Unteroffizier des Schiffssoldatenrats um ihre Angelegenheiten. Aber auch die gemäßigte Linie hat ihre Probleme, wie Reuter feststellt: »Der neugewählte Oberste Soldatenrat fiel erheblich besser aus als sein Vorgänger. Die Mehrzahl seiner Mitglieder war marinetreu und vom besten Willen beseelt, Gutes zu wirken. Da der Oberste Soldatenrat aber eigentlich eine gegen die Verbandsleitung geschaffene Einrichtung war, so mußte er, sobald er sich auf unsere Seite stellte, das Vertrauen der Radikalen verlieren, während er für die Wohlgesinnten, die von sich aus zu ihren Offizieren hielten, überflüssig war. Diesen inneren Widerspruch hat auch der neue Oberste Soldatenrat nicht überwinden können.«[29] Tatsächlich wird er ab jetzt weder von den Extremisten noch von den übrigen Mannschaften getragen und verliert kontinuierlich an Bedeutung.

Wie unverständlich die allgemeinere Bedeutung der Soldatenräte für Reuter im Grunde noch ein halbes Jahr nach Ausbruch der Flottenrebellion gewesen ist, geht aus einem am 18. April 1919 mit dem Abgesandten der Admiralität, Korvettenkapitän Günther Stapenhorst, geführten Gespräch hervor. Dabei wird auch deutlich, daß der neue Oberste Soldatenrat eine den Mehrheitsverhältnissen im Deutschen Reich entsprechende Haltung eingenommen hat. Stapenhorst, der in Scapa Flow mit Reuter, dessen Stab und dem Obersten Soldatenrat zusammentrifft, berichtet: »Zum Schluß wurde ich noch [von Ludwig von Reuter] nach dem Rätekongreß gefragt, da seien Soldatenräte aufgetreten, teils als Unabhängige, teils als Mehrheitssozialisten, das verstünden sie nicht. Die Aufgabe der Soldatenräte habe doch mit Politik nichts zu tun, was denn die Schaffung eines Reichssoldatenrates zu bedeuten habe. Ich betonte in meiner Antwort, daß der Reichswehrminister keinen Reichssoldatenrat neben sich dulden würde. Der Oberste Soldatenrat bat mich hierauf, dem Reichswehrminister zum Ausdruck zu bringen, daß er rückhaltlos hinter der Regierung stände und jede Handlung des Reichswehrministers, die dieser für richtig hielt, ohne Einschränkung gut hiesse.«[30] Einer der wenigen konkreten Gewinne dieses Besuchs besteht für den Verband darin, daß Ende Mai neue Filmprogramme zur Verfügung gestellt werden.

Das Kommando zieht um

Wegen der Zustände auf dem Flaggschiff *Friedrich der Große* wechselt Reuter am 25. März auf die kleinere, aber loyale *Emden* über, die neuerdings Kapitänleutnant Gustav Ehlers untersteht. Schon sein Vorgänger, der von Reuter besonders geschätzte Kapitänleutnant Karl Eltze, hatte während Reuters Abwesenheit versucht, den Zusammenhalt der

»loyalen« Schiffe zu festigen. Der Chef des Verbands, heißt es in einem nach dem Flaggschiffwechsel verfaßten Brief eines Unteroffiziers, »war mit seinem Stabe seines Lebens gar nicht mehr sicher. Die Leute auf dem Flaggschiff sind Kommunisten schlimmster Sorte, haben ihren Unrat durch die Fenster in die Offizierskammern geworfen, haben nachts unter beleidigenden Schimpfworten an die Türen der Offiziere getrommelt mit Fäusten und Eisenstangen, wollten den Ersten Admiralstabsoffizier bei seinem Spaziergang an Deck über Bord werfen und gaben nicht eher Ruhe, bis englisches Machtwort sie dazu zwang. Ein englischer Zerstörer lag mit eingerichteten Torpedorohren und Geschützen 200 m daneben und wurde noch mit Radau, Gejohle und herausgestreckter Zunge verhöhnt. Ich habe es nicht für möglich gehalten, daß sich Deutsche unter den Augen ihres Erzfeindes so benehmen können. Nun sind wir, die *Emden*, das Flaggschiff der deutschen Flotte.«[31] Andernorts geht es weiterhin hoch her: Wie aus einem Bericht des Kommandos hervorgeht, läßt sich auf einem Schiff »die Mannschaft ›ihr Recht nicht nehmen‹, während der Mahlzeiten der Offiziere sich in der Messe ans Klavier zu setzen und zu tanzen!« Reuter berichtet – nur intern: »Ich habe am eigenen Leibe erfahren, daß mit Vorbedacht und System Tags über und allnächtlich über meinen Räumen mit Holzpantoffeln getrampelt, ja getanzt wurde. Meinem Chef des Stabes wurde in tierischer Schweinerei zugesetzt dadurch, daß bei Nacht sogar auch bei Tage oberhalb seines Seitenfensters von Leuten der Besatzung kleine und große Notdurft verrichtet wurde, damit es in die Kammern eindränge.«[32]

Schon kurz nach seiner Rückkehr aus Wilhelmshaven hat Reuter im Schutz der Dunkelheit das britische Flaggschiff aufgesucht, um das Thema eines Flaggschiffwechsels anzusprechen. Zunächst will er auf den Schlachtkreuzer *Hindenburg* umziehen, aber nicht nur dort ist die Besatzung keineswegs erbaut von der Vorstellung, daß »das Schiff dann in seiner Ruhe und Beschaulichkeit gestört würde«.[33] Die nächsten Überlegungen gelten dem früheren Flottenflaggschiff *Baden*. Aber der Kommandant gibt an, die hygienischen Verhältnisse seien nicht gerade die besten. Seit den Tagen der Revolution, als »die Matrosen mit ihren Frauenzimmern im ganzen Schiff gehaust« hätten, gebe es Wanzen in den Stabskammern. Später erfährt Reuter, daß es wohl doch nicht ganz so schlimm gewesen ist; auch auf der *Baden* will man sich bloß den Stab möglichst vom Leib halten. Das Linienschiff *Kaiser* läßt sich ähnlich vernehmen. »Es war überall dasselbe«, schreibt Reuter, »Deckoffiziere, Unteroffiziere und Mannschaften hatten sich im Achterschiff, in den Messen und Kammern häuslich eingerichtet und festgenietet. Durch das Anbordkommen des Admirals mit seinem Stabe, dem Büro und dem ganzen Unterpersonal wäre die ganze Besatzung des betreffenden Schiffes aufgescheucht und um ihre Behaglichkeit gebracht worden. Deshalb legte niemand Wert auf die Ehre, Flaggschiff zu werden.«[34] Die Schiffskommandanten stehen in dieser Frage offenbar auf der Seite ihrer Mannschaften, weil sie sich die zu erwartenden Konflikte mit den jeweiligen Aufrührern ersparen wollen. Am zuverlässigsten wäre ein Torpedoboot, wenn es nicht für den Kommandanten und seinen Stab entschieden zu klein wäre und das ewige Schlingern die Verwaltungsarbeit nicht so behinderte.

Die Pläne ruhen bis Mitte März, denn das größte Problem ist, den Umzug vor den Soldatenräten und den Briten nicht als einen Ausweis der Schwäche, als einen »Rückzug« erscheinen zu lassen. Bis zur Abschiebung von Müller und Willershausen hält es Reuter außerdem für geboten, in der Nähe des Gefahrenherdes zu bleiben. Aber die Torpedobootsbesatzungen drängen zum Umzug, und Mitte März hilft die Mannschaft der *Emden* Reuter aus seiner Verlegenheit: Sie bietet ihr Schiff auf freiwilligen und einstimmigen Entschluß dem Kommando als neues Domizil an. Der Kleine Kreuzer liegt ebenfalls zentral, was für Bootsverkehr und Signalgebung günstig ist. Der Nachrichtenverkehr mit dem englischen Flaggschiff kann nun direkt erfolgen und muß nicht mehr über *Seydlitz* umgeleitet werden. Dem Admiral des Wachgeschwaders, der sich unter der Hand erkundigt, warum Reuter sich nicht für ein Linienschiff entschieden habe, wie es sich für einen Flottenbefehlshaber gehöre, teilt Reuter mit, daß er sich als ehemaliger Führer der Aufklärungsschiffe auf einem Kleinen Kreuzer besonders wohl fühle. Da die Briten sich vorbehalten, den Umzug zu genehmigen, würde diese Auskunft kaum reichen. Aus den englischen Akten geht hervor, daß Reuter Admiral Madden durchaus über die wahren Gründe des Wechsels informiert hat. Madden berichtet, daß Reuter den neugewählten Mitgliedern des Obersten Soldatenrats nicht vertraut und damit gerechnet habe, daß auch sie über kurz oder lang von den Mannschaften negativ beeinflußt werden würden.[35] Für seinen Wechsel auf die

Emden habe die wesentlich kleinere und besonders diszplinierte Besatzung gesprochen.

Das Vorhaben wird am Morgen des 24. März bekanntgegeben und schlägt überall ein »wie eine Bombe«. Besonders die Spartakisten sollen getobt haben, weil der Stab nun nicht mehr in ihrer Nähe sein würde. Die neuen Mitglieder des Obersten Soldatenrats, Bootsmannsmaat Timm und Obermaat Petersen, beschließen nach längerer Beratung, nicht mit dem Kommando umzuziehen und ihre Ämter niederzulegen. Wenigstens Timm, »ein ordentlicher Mensch«, soll nach der Vorstellung des Stabes mit übersteigen und die Geschäfte des Obersten Soldatenrats mitnehmen. Er bleibt aber bei seiner Weigerung.[36] Für den Umzug stellen die Briten drei Dampfboote mit Wachmannschaften zur Verfügung und postieren vorübergehend bewaffnete Marinesoldaten auf *Friedrich der Große*, obwohl Reuter den englischen Admiral gebeten hat, von bewaffneten Wachen abzusehen.

Seit drei Tagen ist der bereits erwähnte Vizeadmiral Lord Keyes Chef des Wachgeschwaders. Reuter wird ihn nie zu Gesicht bekommen. Keyes' Admiralstabsoffizier, Fregattenkapitän Mac Mahon, ein untersetzter Herr mit einem runden und zufriedenen Gesicht, kommt oft zu Reuter an Bord und geht auf alle Wünsche so weit wie möglich ein. Zwischen Keyes und Reuter entwickelt sich ein lebhafter schriftlicher Verkehr, indem sie sich gegenseitig Auskunft über Kriegsgefallene geben: »Beide hatten wir das Bestreben«, so Reuter, »in diesem Punkt uns ritterlich zu zeigen und unser Bestes zu tun, um die gewünschte Aufklärung herbeizuschaffen.«[37] Reuter fragt nach verschollenen U-Boot-Offizieren, Keyes nach eigenen Landsleuten, die beim Angriff auf Zeebrügge gefallen waren. Eines Tages bekommt Reuter wieder einmal Besuch von Mac Mahon, der ihm Auskunft über den Verbleib eines U-Boot-Kommandanten geben will. Der Admiralstabsoffizier erscheint in »besonderem Anzug« an Bord, läßt sich vom Chef des Stabes bei Reuter melden und teilt mit: »Admiral Keyes läßt ihnen sagen, daß der (Name des Offiziers) bei einem besonders schneidigen (most gallant) Versuch, die Einfahrt von Scapa Flow mit seinem Uboot zu erzwingen, den Heldentod gefunden hat.« Genauere Angaben enthält die Quelle nicht, aber möglicherweise handelte es sich hier um Oberleutnant Emsmann an Bord von *UB 116*, das am 28. Oktober 1918 versenkt wurde. Keyes erlaubt auch die Einschiffung des neugewählten Soldatenrats auf *Emden*: »Leveson würde das nicht getan haben«, schreibt Reuter.[38]

Auf dem ersten der drei Umzugsboote werden das Gepäck und das Büro zur *Emden* hinübergebracht, auf dem zweiten die Offiziere des Stabes und das »Unterpersonal«, und auf dem dritten Reuter mit Oldekop, dem Chef des Stabes. *Friedrich der Große* verabschiedet den Admiral gewaltlos, aber »despektierlich«. »Selbstverständlich«, so Reuter, wurden der *Emden* alle möglichen Vorteile hinsichtlich Proviant, Tabak und Filmvorführungen verschafft, soweit das möglich war, ohne die übrigen Schiffe zu sehr zu verärgern. In einem Rundschreiben vom 29. März an alle Besatzungen widerspricht Reuter dem Gerücht, er habe das Flaggschiff gewechselt, um von der *Emden* aus »in veränderter Form« die Geschäfte zu führen, und beschreibt die Mannschaft von *Friedrich der Große* als »bewußt ungezogen«.[39] Er erklärt, er stehe voll und ganz auf dem Boden der Reichsverordnung vom 19. Januar und verlange gleiches auch von einem Obersten Soldatenrat.

Als weiterer Schritt, um den Einfluß der »schädlichen Elemente«[40] abzuwehren, werden die älteren, »radikal gut vorgeschulten« Jahrgänge (Reuter) in die Heimat geschickt. 150 Mann können noch gehen, ohne daß die Fahrtbereitschaft der Schiffe beeinträchtigt wird, und zufällig sind das gerade die Jahrgänge von 1910 bis 1913. Ihre Dienstpflicht endet in der Heimat am 31. März, und auf Wunsch des Internierungsverbands tritt diese Regelung auch in Scapa Flow in Kraft, nicht zuletzt, um den Hauptunruhestifter auf *Friedrich der Große*, den Obermatrosen Grahlmann, abschieben zu können.[41] In den folgenden sechs Wochen kehrt relative Ruhe auf dem Verband ein: »Ein Barograph der Stimmung hätte eine Kurve ergeben«, schreibt Ruge, »die anfangs mehrere starke Depressionen aufwies und sich dann langsam einpendelte.«[42]

Der Frühling naht

Im Winter liegt Schnee auf den Bergen der Insel Hoy, aber meistens regnet es. Im Februar kommt ein schwerer Sturm über die Bucht, der besonders die Torpedoboote bedroht. Immer wieder brechen die Leinen und müssen durch neue ersetzt werden, denn wenn sie sich losreißen, fahren die Boote »regelrechte Angriffe« gegeneinander. Dann kann die nahe Insel Risa zu einer tödlichen Gefahr werden. Deshalb wird auf den bewohnten Schiffen Dampf aufgemacht, um notfalls von den Felsen freilaufen zu können. Die auf den übrigen Booten postierten Wachen, jeweils vier Mann, müssen ziemlich hilflos ausharren, bis nach zweieinhalb Tagen der Sturm abflaut und sie ausgehungert und salzüberkrustet auf die Wohnschiffe zurückkehren können.

Mitte Februar kommt das Gerücht auf, der Verband würde in einen anderen Hafen verlegt werden. Aber es bleibt beim Hörensagen. Als ein Schiff mit Außenbordmalen beginnt, werden weitere Schiffe angesteckt. Die Torpedoboote ziehen im Mai nach, als sie aus Wilhelmshaven Farbe bekommen. Reuter, ebenfalls beschwingt, ordnet ein allgemeines Großreinemachen an. Sogar der renitente *Friedrich der Große* trägt bald ein frisches Grau. Bootsmaat Störmer hat dafür gesorgt, daß das Schiff mit besonderem Eifer instand gesetzt wurde. Andere Schiffe sind nur schwer zum Malen zu bewegen, »je nachdem man sich irgendwelche geheimnisvollen Gründe für diesen Befehl zusammenreimte. Alle möglichen Gerüchte durchliefen den Verband, und auch beim Engländer wurde dieses und jenes kolportiert.«[43] Nicht einmal für die Malerarbeiten dürfen die Männer Boote benutzen. Reuter denkt schon an die Versenkung und hätte die Boote gern ausgesetzt, damit sie fahrtüchtig bleiben und nicht austrocknen. Die Briten haben aber soviel Angst vor Mißbrauch, daß sogar kleine Boote auf den Inseln an Land gezogen werden mußten. Dieser Befehl hat wohl auch das mit großer Sicherheit frei erfundene Gerücht ausgelöst – das als Meldung sogar in der *Daily Mail* zu lesen war –, einige Internierte hätten sich an Land begeben und Schafe gestohlen, um ihre Rationen aufzubessern.

Nachdem es im Januar zeitweise schon recht warm gewesen ist, wird es Ende März noch einmal winterlich kalt. Trotzdem fallen zum kalendarischen Frühlingsanfang auf Ruges Torpedoboot die Bärte: Ausnahmsweise gibt es Rasierseife. Die Tage werden jetzt länger, und für Ostern wird die Messe frisch gestrichen. Auf *B 110* wird Walter Molos Fridericus vorgelesen – Gesprächsthemen sind längst erschöpft und die Temperamente auch zu verschieden, um sich immerfort zu unterhalten. Der Ostersonntag wird bei sonnigem Wetter auf *B 112* gefeiert, Ruge liest den Osterspaziergang aus dem Faust und Balladen von Münchhausen vor, am Nachmittag wird an Deck gesungen und abends eine Polonaise über die Boote getanzt. Anfang April wollen plötzlich alle Bayern des Verbands abgelöst werden und stellen über den »Bayernausschuß« der internierten Flotte einen Antrag an das Reichsmarineamt, der allerdings abgelehnt wird.

Im März drängen die Engländer auf eine zweite große Reduzierung um mehr als die Hälfte der Mannschaften. Die von ihnen vorgesehenen Zahlen entsprechen den Besatzungen, die in der Royal Navy an Bord von Reserveschiffen üblich sind. Für die deutschen Schiffe bedeuten sie die Preisgabe der Fahrtbereitschaft. Reuter wird hellhörig; er weiß nicht, ob sich das Drängen der Briten auf die Unruhen bezieht oder ob sie allmählich eine Besetzung der Schiffe vorbereiten wollen. Versorgung und Sicherheit wären nicht mehr zu gewährleisten, denn schließlich liegen die Schiffe nicht in einem Hafen, der ihnen bestimmte Sorgen hätte abnehmen können. Reuter schlägt je nach Schiffsgröße eine Reduzierung von fünf bis 20 Mann vor. Die Engländer antworten nicht, und so ruht die Sache, bis am 7. Mai in Versailles der deutschen Delegation die Friedensbedingungen übergeben werden. Die »Stunde der Abrechnung«, wie sich Clemenceau vernehmen ließ, war gekommen.

Die »Seeschlacht von Paris«

Erst vom 29. April an hatte das Deutsche Reich eine Delegation nach Versailles entsenden dürfen. Von der Friedenskonferenz, die vom 18. Januar bis zur Unterzeichnung des Vertrags am 28. Juni 1919 in Versailles weitgehend hinter verschlossenen Türen stattfand, wurde von deutscher Seite auch die maßgebliche Entscheidung über die Zukunft der internierten Flotte erwartet. Die Konferenz wurde im Vordergrund allerdings nicht von Marinefragen, sondern von anderen Themen wie der Kriegsschuldfrage, den Reparationen, der Bildung eines Völkerbunds und der territorialen Neuordnung Europas bestimmt. Über die weitere Verwendung der deutschen Flotte brachte die »Seeschlacht von Paris«, wie Paul Kennedy die parallel zur Friedenskonferenz stattfindenden Geheimgespräche über die Flottenfrage genannt hat, keine Klarheit. Das Deutsche Reich hatte seine Rolle als konkurrierende Weltmacht durch die Auslieferung der Flotte und seiner Kolonien *de facto* bereits mit dem Waffenstillstand verloren, und dieser Zustand mußte im Rahmen der Friedenskonferenz eigentlich nur noch völkerrechtlich legalisiert werden.

Allerdings wurden in den Versailler Vertrag Marinebestimmungen aufgenommen, die über die im Waffenstillstandsvertrag enthaltenen Forderungen weit hinausgingen. Sie sind schon in einem frühen Stadium der Konferenz ohne größere Meinungsverschiedenheiten unter den Siegermächten festgelegt worden. Strittig waren im Unterschied zum Waffenstillstandsvertrag nicht mehr Art und Umfang der dem Deutschen Reich zumutbaren Forderungen, sondern ebenso wie bei der internierten Flotte allein die weitere Verwendung der den Siegern zufallenden Kriegsschiffe: Sollten sie versenkt, verschrottet oder unter den Verbündeten verteilt werden? Hinter den offiziell vorläufigen Maßgaben des Waffenstillstands stand ein endgültiger Entschluß – die internierte Flotte niemals zurückzugeben –; hinter dem endgültigen Entschluß des Friedensvertrags aber stand eine offene Frage, die allein an die Machtverhältnisse im Lager der Sieger gerichtet war. Nachdem das Deutsche Reich geschlagen war, standen dem Empire als neuer Konkurrent die Vereinigten Staaten gegenüber, deren Forderung nach einer »Freiheit der Meere« für Großbritannien indiskutabel blieb. Die Nachteile dieser hegemonialen Umwälzung allerdings wollten die europäischen Politiker noch nicht recht wahrhaben. Dafür spricht auch, daß in bezug auf Deutschland den Briten nicht die Hochseeflotte am wichtigsten gewesen ist, sondern der Verzicht des Reichs auf die Kontrolle über weite Teile Rußlands, wie der Historiker Klaus Schwabe bemerkt.[44] Die innereuropäischen Probleme hatten mit dem Aufstieg der großen Kontinentalmächte an Bedeutung verloren. Sicher war für den Internierungsverband angesichts dieser Entwicklung jedenfalls eines, wie Friedrich Ruge schrieb: »Von einer Rückgabe [der internierten Schiffe] sprach niemand.«[45]

Im Februar 1919 berichtete der Vizeadmiral z. D. Paul Behncke, deutscher Vertreter der militärischen Kontrollkommission für die Entwaffnung der Aalandinseln und von 1920 bis 1924 Chef der Marineleitung der Reichsmarine, in einem Zeitungsbeitrag zutreffend über den aktuellen Stand der Verhandlungen: »Gegen den Vorschlag des amerikanischen Marineschriftstellers Archibald Hurd, die deutschen Schiffe nach Maßgabe der Kriegsschiffverluste der verschiedenen Seemächte zu verteilen, erheben die Amerikaner Einspruch. In der Tat würden die Vereinigten Staaten hierbei recht schlecht wegkommen.« Auch die Verteilung nach bestehenden Kräften würde Europa zu sehr stärken, so Behncke, »während die Vereinigten Staaten doch im Völkerbunde ein Recht auf gleiche Seegeltung beanspruchen. [...] Eine Umwandlung in Handelsschiffe wird als unwirtschaftlich abgelehnt und die Überweisung der Schiffe an den Völkerbund für Polizeizwecke als ernsthaft nicht in Frage kommend bezeichnet, solange der Völkerbund ein Zukunftsgebilde bleibt, das erst noch verwirklicht werden soll. Die Schiffe würden allerdings wohl veraltet sein, bevor sie Verwendung finden. Gegenüber diesen vielen Vorschlägen für eine weitere Verwendung erheben sich starke Stimmen für die Versenkung der deutschen Flotte, wofür die amerikanischen Bevollmächtigten in Paris und auch Admiral Rodman, der Befehlshaber der amerikanischen Seestreitkräfte in der Nordsee, sich ausgesprochen haben sollen. Dieser Weg würde die auseinandergehenden Interessenfragen am einfachsten lösen, gegen ihn spricht allerdings die unverzeihliche Materialvergeudung.«[46]

Die Frage, wenn sie auch eher am Rande behandelt wurde, war eine der schwierigsten der Versailler Konferenz. Gegenstand eines Streits zwischen Siegern und Besiegten war sie weniger, weil letztere ja zu der Konferenz erst gegen Ende zugelassen wurden. Vielmehr teilte sie das Lager der Alliierten selbst »vertikal und horizontal«.[47] Engländer und Franzosen stritten sich mit den Amerikanern, und der Alliierte Marinerat stritt sich, wie schon während der Waffenstillstandsverhandlungen, wieder einmal mit dem vor allem aus Politikern zusammengesetzten Obersten Kriegsrat. Behncke schrieb weiter: »Auffallend ist, daß die englische Presse sich [...] bisher völlige Zurückhaltung auferlegt hat. Es könnte darauf hindeuten, daß die englische Regierung entschlossen ist als augenblicklicher glücklicher Besitzer der deutschen Schiffe die Frage in einfacher Weise praktisch dadurch zu lösen, daß sie stillschweigend behält, was sie als selbstverständlich der größten Seemacht zufallend bei Festsetzung der Waffenstillstandsbedingungen für sich beanspruchte.«[48]

Das kam der Wahrheit wohl ziemlich nahe. Die auf den Orkneyinseln erscheinende Zeitung *The Orcadian* meldete am 27. Februar 1919, die deutsche Hochseeflotte werde vermutlich eines Tages untergehen. Sie berichtete von einem Vorschlag der britischen Admiralität, der voraussichtlich in den nächsten Tagen angenommen werde, die Flotte hinaus auf den Atlantik zu bringen und in tiefem Wasser feierlich zu versenken, da das Abwracken die gleichen Verteilungsprobleme mit sich bringen würde wie der Erhalt der Schiffe. Man wolle nur die wertvollsten Einrichtungen ausbauen, um den Schaden möglichst klein zu halten. Die Flotte würde von den Alliierten auf die offene See eskortiert werden, wo die Wracks später die Schiffahrt nicht behinderten. Dann würden die Mannschaften von Bord geholt und die Schiffe durch Öffnen der Ventile oder Anbringen von Sprengladungen versenkt werden.

Diese Vorschläge müssen auch im Internierungsverband bekannt geworden sein, wo die englischen Zeitungen genau gelesen wurden. Auf jeden Fall sprechen die internen Dokumente dafür, daß diese Pläne tatsächlich sehr ernsthaft verfolgt wurden. Der Erste Seelord Admiral Wemyss konkretisierte in einem Memorandum vom 28. Februar 1919 die aus den geplanten Friedensbedingungen für die Marine folgenden Maßnahmen. Da zu dieser Zeit bereits klar war, daß man dem Deutschen Reich über die internierten Schiffe hinaus die Auslieferung zusätzlicher moderner Einheiten abverlangen würde, stellte sich Wemyss die Frage, was mit dieser stattlichen Zahl von Schiffen geschehen sollte. Grundlage seiner Überlegungen waren die Anteile der einzelnen Verbündeten an den Gesamtverlusten von Kriegsschiffen im Ersten Weltkrieg. Wemyss schätzte, daß davon auf Großbritannien 74 Prozent, auf Frankreich 13 Prozent, auf Italien 7,5 Prozent, auf Japan 4 Prozent und auf die Vereinigten Staaten nur 1,5 Prozent entfielen. So erklärt sich sehr leicht, weshalb die Amerikaner von einer Verteilung nach Kriegsverlusten nicht gerade begeistert waren. Anders der französische Marineminister, der auf eine Verteilung der Schiffe drängte, was Wemyss aber ablehnte, weil dies dem allgemeinen Streben nach Abrüstung widerspreche. Um Streitigkeiten zu vermeiden, drängte Wemyss darauf, die internierte Flotte zu zerstören oder abzuwracken, und die verbleibenden modernen Kriegsschiffe, nach Wemyss' Angaben drei Linienschiffe, acht Kleine Kreuzer, 42 moderne Zerstörer und 50 moderne Torpedoboote, zu versenken. Alle im Bau befindlichen deutschen Kriegsschiffe sollten abgewrackt werden.[49] Großbritannien, das ein Flottenwachstum anderer Mächte prinzipiell vermeiden wollte, und die Vereinigten Staaten, die keine Aussicht auf einen nennenswerten Anteil an den deutschen Schiffe hatten – darüber hinaus im Rahmen ihres eigenen Bauprogramms in wenigen Jahren eine sehr viel modernere Flotte besitzen würden –, zögen nach Wemyss' Meinung als »bei weitem befriedigendste Lösung« die Versenkung der deutschen Flotte dem Abwracken vor, zumal der sich daraus ergebende »moralische Effekt« auf Deutschland und die ganze Welt zu begrüßen sei. Wemyss schrieb: »British and American Naval opinion is in favour of sinking as being by far the most satisfactory solution; the moral effect on Germany and the whole world would be good, and all possibility of disagreement among the Allies would be avoided.«[50] Ein Abwracken lehnte der Admiral als »unökonomisch« und die britischen Häfen blockierend ab; anders sei die Situation in Frankreich und Italien, wo es einen größeren Mangel an Stahl gebe und jede Menge billiger Arbeitskräfte zur Verfügung stünden. Italien, wo sich zu dieser Zeit sechs Millionen wegen des Krieges aus den Vereinigten Staaten zurückgekehrte Emigranten aufhielten, hatte sogar schon einen Plan erarbeitet, wie die zu übernehmenden Schiffe auf staatliche Arsenale und private Werften verteilt werden sollten.

Wieder einmal kamen aus der Politik andere Weisungen. Sir Maurice Hankey, Sekretär des Obersten Kriegsrats und der britischen Friedensdelegation, berichtete in einem Schreiben an Admiral Wemyss, daß sich Lloyd George, Clemenceau und Oberst House am Morgen des 7. März darauf verständigt hätten, Frankreich einen gewissen Anteil der deutschen Flotte als Entschädigung für eigene Verluste sowie für kriegsbedingte Rüstungsausfälle zuzugestehen. Frankreich hatte in dieser Frage kurz zuvor eine regelrechte Pressekampagne gestartet. Nur die britischen und amerikanischen Anteile hingegen sollten nach diesem Beschluß als Ausdruck der anglo-amerikanischen Verständigung in Fragen der Flottenrüstung »auf irgendeine Weise gleichzeitig« im mittleren Atlantik versenkt werden. Wemyss wurde gebeten, mit dem französischen Admiral de Bon die Einzelheiten – den Umfang des französischen Bedarfs, die Schiffstypen und so weiter – festzulegen.[51]

Gleichgewicht oder Hegemonie?

Die Franzosen waren nicht die einzigen, die sich ihren Anteil am Kuchen sichern wollten. Belgien strebte die Übernahme von zwölf deutschen Unterseebooten an. Portugal wünschte sich drei Kleine Kreuzer, zwölf Zerstörer und vier große Unterseeboote. Polen wollte für die Sicherung seines neuen Zugangs zur Ostsee aus den deutschen Beständen den Kern seiner künftigen, auf die Küstenverteidigung ausgerichteten Flotte bilden. China wollte ebenfalls bei der Verteilung berücksichtigt werden, mit folgender Begründung: Chinesische Arbeiter seien auf ihrem Weg nach England bei U-Boot-Angriffen ums Leben gekommen, und so könne man mit deutschen Unterseebooten, die in den Heimatgewässern unter chinesischer Flagge führen, dem eigenen Volk einen sichtbaren Beweis der deutschen Niederlage geben. Der brasilianische Marineattaché in Paris bedauerte am 20. März gegenüber Admiral Hope, daß ein Geschwader seines Landes die europäischen Gewässer erst gegen Ende des Krieges, in letzter Minute erreicht habe, bat aber darum, zwecks Kontrolle des Südatlantiks auch ohne eigenen Kriegsbeitrag einen kleinen Teil der deutschen Flotte zugesprochen zu bekommen. Brasilien hatte offenbar von den Forderungen anderer nachrangiger Mächte erfahren und wollte nun seinerseits nicht zurückstehen. Der Marineattaché dachte an ein paar Kleine Kreuzer und Zerstörer, sowie an ein oder zwei Unterseeboote. Das gesparte Geld beabsichtige man in den Ausbau von Häfen und Werften zu investieren, wodurch nicht nur britische Firmen Aufträge erhalten, sondern auch der Royal Navy verbesserte Stützpunkte im Südatlantik bereitstehen würden. Admiral Hope versicherte dem Bittsteller, seinen Wunsch der Admiralität zu übermitteln, machte ihm aber durchaus wenig Hoffnung, weil Großbritannien im Gegenteil eine allgemeine Abrüstung anstrebe. Jugoslawien, so wurde vermerkt, hatte keine Wünsche geäußert.[52]

Hintergrund der Versenkungsidee war auf britischer Seite der Versuch, den Amerikanern die Notwendigkeit »zu ersparen«, ihr großes zusätzliches Flottenbauprogramm von 1918 umzusetzen, nachdem man schon die Preisgabe des »second to none«-Plans von 1916 nicht hatte erreichen können. Die Amerikaner wollten dagegen vermeiden, noch größere finanzielle Aufwendungen leisten zu müssen, als sie nötig wären, wenn Großbritannien einen Großteil der deutschen Schiffe zugesprochen bekäme, weil sie zur See mindestens ein Rüstungsgleichgewicht mit Großbritannien anstrebten. Die Abgabe einer begrenzten Anzahl deutscher Schiffe an Frankreich und Italien wurde dagegen nicht als störend empfunden, weil davon nur das Deutsche Reich und Österreich-Ungarn Nachteile zu erwarten hätten.[53]

Am 24. März berichtete die *Times* über ein Memorandum, das unter der Federführung des amerikanischen Admirals Benson in Paris erarbeitet worden war. Darin wurde als Voraussetzung des Völkerbunds ein neuer Zweimächtestatus favorisiert, der im Falle einer Verteilung der deutschen Schiffe nicht zu realisieren sein werde, weil die Amerikaner viele Jahre brauchen würden, um gegenüber Großbritannien nachzuziehen. Das nationale Interesse der Vereinigten Staaten wurde mit einer universalen, ja sogar pazifistischen Zielsetzung geschickt verknüpft. Vorbote einer »besseren Welt«, wie es hieß, einer Welt, die nicht mehr von kriegerischen Maßnahmen bestimmt werde, könne allein eine Gemeinschaft der Völker sein, die in der Lage sei, ihrem stärksten Mitglied im Notfall zu widerstehen. Das wiederum könne aber nur eine nationale und keine notgedrungen uneinheitlich organisierte internationale Flotte leisten. Deshalb sollten die Vereinigten Staaten nicht das zweitstärkste, sondern neben Großbritannien gewissermaßen das zweite stärkste Mitglied der Liga werden, um gegen jede beliebige Macht die Position des Völkerbunds durchsetzen zu können. Umgekehrt würde die andere ausbalancierende Macht, also Großbritannien, einspringen können, falls die Vereinigten Staaten einmal nicht in der Lage seien, ihren Verpflichtungen nachzukommen. Die Nationen der Welt, so wurde gesagt, vertrauten darauf, daß die Vereinigten Staaten ihrer Verantwortung nachkämen. Die Bildung einer internationalen Flotte wurde wegen der Unterschiede in der Technik, der Ausbildung, der Verständigung und der Befehlsgebung verworfen. Zudem wurden die deutschen Schiffe wegen ihres geringen Aktionsradius' als für diese Zwecke ungeeignet abgelehnt, ebenso wurde die Abhängigkeit von deutschen Munitions- und Ersatzteillieferungen als hinderlich angesehen. Im Unterschied zu seiner Haltung während der Waffenstillstandsverhandlungen äußerte Präsident Wilson nun seine volle Sympathie für das Memorandum, das die Versenkung der internierten Flotte empfahl. Er nannte es logisch und vernünftig, so daß seine Bedeutung allgemein sehr hoch veranschlagt wurde.[54]

Admiral Madden reagierte prompt. Die deutschen Schiffe, schrieb er wenige Tage später an den Sekretär der Admiralität, insbesondere *Baden* und *Kaiser*, seien den britischen deutlich überlegen, ihr Aktionsradius übertreffe den der *Royal-Souvereign*-Klasse sogar um 1500 Seemeilen: »Das amerikanische Memorandum«, konstatierte Madden in bezug auf die offensichtlichen Widersprüche der amerikanischen Gedankenführung, »ist weder logisch noch vernünftig.«[55] Zwar gestehe Amerika zu, daß die Existenz des Britischen Empire von der Stärke seiner Flotte abhänge, tatsächlich aber – und Madden zitierte einen Bericht von Josephus Daniels aus dem Vorjahr – strebten die Amerikaner und ihr Präsident erklärtermaßen an, binnen drei Jahren »die stärkste Flotte der Welt« zu besitzen. Das habe für England und Frankreich die gleiche Interessenlage zur Folge, so daß auf einer Verteilung der Schiffe nach Kriegsverlusten bestanden werden müsse. Einen Alleingang konnte Frankreich ohnedies nicht wagen, weil das Bündnis mit den angelsächsischen Mächten für Clemenceau die Grundlage seiner Außenpolitik bildete. Madden schloß mit den Worten: »Es mag kleinlich erscheinen, den guten Absichten der Amerikaner in dieser Angelegenheit skeptisch zu begegnen, aber es muß daran erinnert werden, daß Präsident Wilsons wichtigstes Ziel einmal die Abrüstung war und die Friedenssicherung durch eine bewaffnete Liga, deren einzelne Streitkräfte so klein wie möglich sein sollten. Jetzt verlangt er, stärker sein zu dürfen als alle Mitglieder der Liga, als ob er danach strebte, ihnen bei jeder Gelegenheit seinen Willen aufzuzwingen.«[56]

Am 4. April kommentierte auch Beatty das amerikanische Memorandum in der Absicht, die britische Seeherrschaft für die Zukunft zu erhalten. Das war aus seiner Sicht geradezu die Geschäftsgrundlage der verbündeten Kriegführung. Beatty sah ebenfalls die Verteilung der deutschen Flotte als einzige Chance, mit den Amerikanern noch konkurrieren zu können, denn die deutschen Schiffe eröffneten die Möglichkeit, die Phase der völligen wirtschaftlichen und finanziellen Erschöpfung zu überbrücken, um erst in ein paar Jahren wieder eigene Rüstungsprogramme auflegen zu müssen. So könne man sich zunächst auf die Ausbildung und die Entwicklug neuer Schiffstypen konzentrieren. Die materielle Überlegenheit gelte es »um jeden Preis« aufrechtzuerhalten, »sogar gegenüber einer zugegebenermaßen freundlich gesonnenen Macht wie Amerika«.[57]

Am 16. Mai, als die Friedensbedingungen schon veröffentlicht waren, teilte Konteradmiral Hope von der britischen Delegation in Paris Sir Maurice Hankey mit, die Vereinigten Staaten und die britischen Marinevertreter hätten sich auf das Abwracken der Schiffe geeinigt, sowie darauf, die Erlöse entweder aufzuteilen oder auf die Reparationszahlungen anzurechnen. Italien und Japan hätten unter der Voraussetzung zugestimmt, daß man mit allen auszuliefernden Schiffen so verfahre. Damit sei nun Frankreich nicht einverstanden, weil es seine Flotte beträchtlich ergänzen wolle und deshalb weiterhin für die Verteilung der Schiffe plädiere. Hope stellte noch einmal fest, daß Großbritannien dem Abwracken hätte zustimmen können, wenn da nicht das amerikanische Bauprogramm gewesen wäre. Für den Fall, daß die Amerikaner daran festhielten, plädierte Hope nicht mehr für eine Versenkung, sondern ebenfalls für die Verteilung der Schiffe.[58]

Die Differenzen blieben unüberwindlich, und es kam bis zum Schluß keine Einigung zustande. Lloyd George versuchte auf eine geradezu hoffnungslose Weise, sich der Schaffung des Völkerbunds zu widersetzen und den größten Teil der internierten Flotte zu beanspruchen, so die Amerikaner nicht den Umfang ihrer Flottenrüstung reduzierten. Die wirtschaftlichen Ressourcen Großbritanniens erlaubten es aber weder, die amerikanische Herausforderung abzuwenden, noch sich ihr zu stellen, und das hieß, daß im Jahre 1919 der Dreizack friedlich von Großbritannien an die Vereinigten Staaten überging.[59] Im Hinblick auf diese unaufhaltsame Entwicklung war es im Grunde ganz gleichgültig, welche Politik die britische Regierung und die Admiralität verfolgten. Ihre Verfügungsgewalt über die internierte Flotte vermochte daran nichts zu ändern. Ebensowenig die im letzten Augenblick vorgebrachte Idee, zusätzlich zu den ausgelieferten Schiffen die Übergabe der im Grunde viel wichtigeren Baupläne zu verlangen, wie es dann in Artikel 209 des Friedensvertrags auch geschah. Bemerkenswerter ist es da schon, daß Controller Moers, für Schiffbau und Werften verantwortliches Mitglied des Board der Admiralität, in jenem Memorandum, in dem er auf dieses Versäumnis aufmerksam machte, ganz selbstverständlich davon sprach, daß es »absurd« sei, »diese Schiffe zu versenken, ohne alle verfügbaren Informationen bekommen zu haben«.[60] Falls es das erklärte Ziel der Londoner Admiralität gewesen sein sollte, die Schiffe auf diese Weise loszuwerden, so muß ihr zugleich klar gewesen sein, daß dies im Rahmen einer offiziellen Zeremonie mangels Zustimmung aller Verbündeter nicht möglich sein würde.

Am 1. Mai hat Admiral Leveson zum zweiten Mal in Scapa Flow die Bewachung übernommen. Im Jahre 1919 ist dieser Tag erstmals gesetzlicher Feiertag im Deutschen Reich, aber am Internierungsverband geht er spurlos vorüber. Am 30. April hat Reuter in einem Rundschreiben mitgeteilt, daß er in Anbetracht der bald zu erwartenden Friedensbedingungen jegliche Feiern unpassend fände. Die Beziehungen zu Levesons Wachgeschwader sind diesmal aufgrund des baldigen Endes des Waffenstillstands ohnedies deutlich schlechter als bei seinem ersten Einsatz. Fast jeden Tag schickt er einen kleinlichen und pedantischen Stabsoffizier zu Reuter, an manchen Tagen sogar zweimal, als sei er mißtrauisch geworden und wolle die Arbeit des deutschen Kommandos kontrollieren. Bei einer vorübergehenden Heimreise des Pfarrers Friedrich August Ronneberger bezeichnet Leveson ihn als einen Emissär und will ihn nicht fahren lassen. Leveson wird am 18. Mai von dem pflichtbewußten aber einfallslosen Vizeadmiral Sir Sidney Fremantle abgelöst, Kommandeur des I. Schlachtgeschwaders der Atlantikflotte, der auch noch einen »langweiligen und ungewandten« Stabsoffizier mitbringt, der nur nach Aufforderung auf die *Emden* kommt. Die Besprechungen führt in aller Regel Reuters Chef des Stabes, er selbst nur in Ausnahmen. Zu privaten Unterhaltungen kommt es dabei so gut wie gar nicht, allenfalls wird gelegentlich über das Wetter gesprochen. Allen »Anzapfungen auf politischem Gebiet«, etwa um Näheres über den Friedensvertrag zu erfahren, gehen die englischen Offiziere strikt aus dem Weg.[61]

Die Friedensbedingungen werden auf der internierten Flotte vier Tage nach ihrer Veröffentlichung, also am 11. Mai 1919, durch die englischen Zeitungen bekannt. In der warmen Sonne sitzen die Männer an Deck und lesen die Auszüge aus den insgesamt 440 Artikeln über Kriegsschuld, Entschädigungen, Abrüstungsverpflichtungen und umfangreiche Gebietsabtretungen. Das Vertragswerk, schreibt Ruge, »fing sehr schön mit dem Völkerbund an, aber von dessen Geist war im übrigen Teil wenig zu spüren. [...] Das war nicht der Frieden, für den man in die Internierung gegangen war.«[62] Für ein, zwei Tage liegen die Nachrichten »wie Blei auf den Gemütern der Mannschaften«.[63] Die Seemacht des Deutschen Reiches wird in Artikel 181 begrenzt auf 15 000

Mann und 1500 Offiziere, sechs Panzerschiffe der veralteten *Deutschland-* oder *Lothringen*-Klasse, sechs Kleine Kreuzer, zwölf Zerstörer und zwölf noch kleinere Torpedoboote. Unterseeboote und Flugzeuge werden ganz verboten. Alle anderen Kriegsschiffe müssen in die Reserve überführt oder zu Handelsschiffen umgerüstet werden. Ersatzbauten, außer bei Verlust, sind für Panzerschiffe und Kreuzer gerechnet ab Stapellauf erst nach 20 Jahren, für Zerstörer und Torpedoboote nach 15 Jahren gestattet.

Zusätzlich zu den in britischer Hand befindlichen Schiffen muß Deutschland laut Artikel 185 noch die verbliebenen acht Großkampfschiffe: *Oldenburg*, *Thüringen*, *Ostfriesland*, *Helgoland*, *Posen*, *Westfalen*, *Rheinland* und *Nassau* sowie weitere acht Kleine Kreuzer: *Stettin*, *Danzig*, *München*, *Lübeck*, *Stralsund*, *Augsburg*, *Kolberg* und *Stuttgart* und 42 Zerstörer ausliefern. Admiral Madden sieht schon seit April auch von diesen Schiffen ein paar für Scapa Flow vor – um sie als Blockaden in unbenutzten Zufahrten zu versenken.[64] Das Schicksal des Internierungsverbands ist geklärt. Die Möglichkeit der Versenkung begleitet wie selbstverständlich alle Überlegungen. Es gibt keine Hoffnung, auch nur ein einziges Boot nach Hause zu bringen.[65] Reuter spielt in Gedanken die drei möglichen Reaktionen der deutschen Regierung durch: Ablehnung, Annahme und Verhandlung.

Erster Fall: Die deutsche Regierung lehnt die Friedensbedingungen ab. Die Wahrscheinlichkeit hält Reuter anfangs für sehr gering. Sollte die Regierung sich wider Erwarten dazu entschließen, würde das den Wiederausbruch des Krieges bedeuten, und in diesem Fall würden die entwaffneten Schiffe von den Briten besetzt werden. Aufgrund der Möglichkeit, daß sie diese nicht nur beschlagnahmen, sondern im Rahmen neuer Kriegshandlungen auch gegen das Deutsche Reich zum Einsatz bringen würden, hält Reuter eine Übergabe schlicht für Verrat: »Für uns Offiziere war es ausgeschlossen, kampfunfähige Schiffe dem Gegner zu überlassen. Wenn das auch durch eine ›allerhöchste Willensmeinung‹ bei Kriegsbeginn noch einmal besonders unterstrichen worden war, so war das wohl hauptsächlich deshalb geschehen, um den Offizieren für ihr Handeln auch einen rechtlichen Rückhalt zu geben.«[66]

Zwei Schwierigkeiten stehen aber einer Versenkung im Wege: die Unberechenbarkeit der Mannschaften und die Verschärfung der Postzensur. Seit Bekanntgabe der Friedensbedingungen, seit so oder so das

Ende des Waffenstillstands naht, geht auch die Post *aus* Deutschland, bis dahin unzensiert, über die Zensurstelle in London, was die Laufzeiten auf etwa vier Wochen verlängert. Hinzu kommt der generelle Wissensvorsprung der Briten von mindestens vier Tagen, da dies die Verspätung ist, mit der sie den Deutschen die englischen Zeitungen zustellen. Und das in einer Zeit, da der Waffenstillstand alle paar Tage abläuft und erneuert wird. Reuter protestiert gegen die Verschärfung der Zensur, bekommt aber keine Antwort. Unter einer solchen Nachrichtensperre sind die möglichen Maßnahmen der Briten noch schwerer zu kalkulieren. Reuter nimmt die Entwicklung zum Anlaß, »England gegenüber auf der äußersten Hut zu sein«.[67]

Für die Versenkung, die also notfalls spontan durchgeführt werden muß, wird man die Besatzungen nicht ausnahmslos gewinnen können. Die notwendigen Vorbereitungen könnten verraten werden, die Mannschaften könnten während der Versenkung den Gehorsam verweigern oder sie gar zu verhindern versuchen. Aus einer zweiten Mannschaftsreduzierung könnte die Entente aber den Schluß ziehen, daß die deutsche Regierung die Schiffe aufgegeben habe, und insofern fürchtet Reuter, den Verhandlungsführern der deutschen Delegation in Versailles mit voreiligen Maßnahmen in den Rücken zu fallen. Verfrühtes Handeln würde die Versenkungsabsicht also in mehrfacher Weise gefährden. Das spricht dafür, erst einmal abzuwarten.

Zweiter Fall: Die deutsche Regierung bietet im Lauf der Verhandlungen in Versailles die Flotte als Tauschobjekt an, etwa um freie Hand im Baltikum zu bekommen oder die Freigabe des Saargebiets zu erreichen. Dann müßten sich die Offiziere nach Reuters Ansicht dem Wohl des Staates fügen. Aber auch hier macht er zugleich die Nachrichtensituation geltend: Dies »war für mich die einzige und wichtigste Frage, die mich bis zum Versenkungstage nicht hat zur Ruhe kommen lassen. Alle meine mündlich gestellten Ersuchen um Auskunft blieben unbeantwortet.«[68] Sollte es bei den Friedensverhandlungen zu einer Konkurrenz zwischen Marine- und Heeresinteressen kommen, erwartet Reuter, daß die Marine das Nachsehen haben würde. Auch hier heißt es für ihn zunächst: Abwarten.

Dritter Fall: Die deutsche Regierung nimmt die Friedensbedingungen an. Das ist nach den vorliegenden Presseberichten nicht zu erwarten und scheint angesichts der Schwere der Bedingungen ohnedies ausgeschlossen zu sein. Sollte es doch dazu kommen, würde Reuter die Schiffe nur auf ausdrücklichen Befehl der deutschen Regierung ausliefern, mit dessen rechtzeitigem Eintreffen aber nicht zu rechnen ist. Reuter will damit einen Täuschungsversuch der Engländer, gemeint sind offenbar gefälschte Zeitungen, ausschließen. Jeden Versuch einer Besetzung will er mit sofortiger Versenkung beantworten. Sein Argument, daß ein Auslieferungsbefehl ihn nicht rechtzeitig erreichen würde, kann allerdings auch ein Vorwand sein, um Herr der Lage zu bleiben.

»Allerhöchste Willensmeinung«

Vordergründig scheint es, als würde Reuter die möglichen Antworten der deutschen Regierung in ihren Auswirkungen auf den Internierungsverband betrachten. Eigentlich versucht er aber, Argumente und Strategien zu finden, die es erlauben, die Versenkung in jedem denkbaren Fall durchzuführen und zu legitimieren. Die möglichen Antworten der deutschen Regierung auf die Friedensbedingungen hinsichtlich ihrer Auswirkungen auf den Internierungsverband hat er durchgespielt. Umgekehrte Überlegungen, wie sich die Versenkung auf die ohnehin schwache Position der deutschen Regierung gegenüber den Siegermächten auswirken würde, hält er bezeichnenderweise nicht für besonders maßgeblich. Anders als in den Tagen des Waffenstillstands fühlt sich Reuter nach dieser Seite nicht mehr gebunden. Bei der Überführung der Flotte zum Firth of Forth hatte er das Staatswohl über die Ehre des Offiziers gestellt, nun fällt die Priorität anders aus. Reuter hat nur ein Ziel: Da die Schiffe nicht nach Deutschland zurückkehren werden, dürfen sie auf keinen Fall dem Gegner in die Hände fallen. Als die deutsche Regierung auch nach Bekanntgabe der Friedensbedingungen keine Anstalten macht, sich für die Flotte besonders einzusetzen, ist für ihn die Sache entschieden.

Aber schon auf die Erfüllung des Waffenstillstandsvertrags hatte sich Reuter ja nur unter der Voraussetzung eingelassen, daß die Schiffe nach dem Friedensvertrag wieder zurückkehren. Er vertrat die Ansicht, daß der Waffenstillstandsvertrag nur die Überführung der Schiffe in gutem Zustand bestimmt habe, und nicht, was danach und besonders am Ende des Waffenstillstands mit ihnen geschehen solle.[69] Einem Journalisten der Zeitung *Daily Mail*, der von Reuter später wissen wollte, ob er schon beim Auslaufen aus Deutschland davon überzeugt gewesen sei, daß es seine Pflicht sein werde, die Flotte zu versenken, antwortete Reuter in einem am 24. Februar 1920 veröffentlichten Interview: »Ich muß es ablehnen, die Frage zu beantworten.«[70] Bestimmt hat Reuter die Versenkung während seines Aufenthalts in Wilhelmshaven mit der Marineführung diskutiert, nach seiner Rückkehr mit Oldekop, seinem Chef des Stabes, und noch einmal im März, nach den Meutereien und dem Flaggschiffwechsel. Am 18. April, was Reuter in seinem Buch nicht erwähnt, war ja Korvettenkapitän Stapenhorst als Vertreter der Admiralität in Scapa Flow und konferierte acht Stunden lang, nämlich von 11 bis 19 Uhr, mit Reuter, seinen Stabsoffizieren und dem Obersten Soldatenrat. Stapenhorst brachte die Nachricht, »daß die deutsche Regierung bei den Friedensverhandlungen auf der Rückgabe der internierten Schiffe und Torpedoboote bestehen wolle«.[71] Reuter hat vor allem die schlechte Nachrichtenlage über die politische Entwicklung zur Sprache gebracht. Infolge dieses Gesprächs hat sich Konteradmiral Trotha, seit dem 26. März 1919 neuer Chef der Admiralität, brieflich an Reuter gewandt.

Dieses Schreiben ist vielleicht das einzige Dokument, das Reuter zwischen Bekanntgabe der Friedensbedingungen und Versenkung aus Wilhelmshaven bekommen hat. Er hat es im Safe der *Emden* verwahrt, das Schiff wurde in sinkendem Zustand an Land geschleppt, und so liegt das Dokument heute im Londoner Public Record Office. Der wichtigste Abschnitt lautet: »E. H. [Euer Hochwohlgeboren] mögen überzeugt sein, daß es die selbstverständliche Pflicht unserer Marineunterhändler in Versailles sein wird, das Schicksal des Internierungsverbandes mit allen Mitteln zu verteidigen und eine unseren Traditionen und dem unzweideutigen deutschen Recht entsprechende Lösung herbeizuführen. *Hierbei wird an erster Stelle die Bedingung stehen, daß der Verband deutsch bleiben soll, daß sein Schicksal, wie auch immer es sich unter dem Druck der politischen Lage gestalten möge, nicht ohne unsere Mitwirkung bestimmt und von uns selbst vollzogen wird, und daß eine Auslieferung an den Feind ausgeschlossen bleibt.* Wir müssen hoffen, daß diese gerechten Forderungen sich im Rahmen unserer gesamtpolitischen Stellung zur Friedensfrage erfolgreich behaupten lassen.«[72]

Anhand der hervorgehobenen Passagen haben die Briten später die deutsche Regierung für die Versenkung verantwortlich gemacht, ohne allerdings die hohe Wahrscheinlichkeit zu berücksichtigen, daß ein Mann wie Trotha, der nicht dazu neigte, seine Sache politischen Rücksichten unterzuordnen, diesen Brief auf eigene Initiative geschrieben hat. Allerdings übertreibt auch Friedrich Ruge, wenn er es als »grotesk« bezeichnet, aus diesem Brief einen Befehl herauslesen zu wollen. Skizziert Trotha zwei Tage nach Veröffentlichung der Friedensbedingungen tatsächlich nur den guten Ausgang der Verhandlungen, wie er persönlich ihn sich wünschen würde? Hat er keinen Hinweis darauf gegeben, was geschehen soll, wenn sich die »gerechten Forderungen« der deutschen Regierung nicht behaupten lassen? Nein, dafür ist der Brief dann doch zu deutlich. Die politische Entwicklung ordnet Trotha, ganz gleich, welche Konsequenz sie für den internierten Verband hat, den Forderungen der Admiralität unter, mit dem Ergebnis, daß eine Auslieferung der Flotte in jedem Fall »ausgeschlossen bleibt«. Man kann den Brief also als eine Vollmacht für die Versenkung lesen. Deutlicher mußte man Reuter gegenüber nicht werden, von der Notwendigkeit eines Befehls ganz zu schweigen.

Erich Raeder, damals als Fregattenkapitän Chef der Zentralabteilung der Admiralität und von 1928 bis 1934 Chef der Marineleitung beziehungsweise Oberbefehlshaber der Kriegsmarine, berichtet 1956 in seinen Erinnerungen – allerdings ohne ein Datum anzugeben –, daß das Kommando des Internierungsverbands eine zweite konkrete Anweisung bekommen habe. Fregattenkapitän Hans Quaet-Faslem, Kommandant des Depeschenboots, das regelmäßig nach Scapa Flow fuhr, habe als Bote gedient und Fregattenkapitän Oldekop »die Notwendigkeit der Versenkung unter allen Umständen dringend ans Herz gelegt«.[73] Weitere konkrete Anweisungen könnten auch die am 15. und am 17. Juni eingelaufenen Transportdampfer mitgebracht haben sowie das Torpedoboot *B 98*, das am 22. Juni, am Tag nach der Versenkung, zum letzten Mal in Scapa Flow einraf. Darüber ist allerdings nichts bekannt; *B 98* unter Kapitänleutnant Theodor Hengstenberg haben die Briten einbehalten und auf die weiteren auszuliefernden Zerstörer angerechnet mit der Begründung, in Scapa Flow herrsche infolge der Selbstversenkung wieder Kriegszustand. Die Besatzung haben sie eine Woche nach der Selbstversenkung der Flotte nach Hause geschickt. Allerdings wären Dokumente, die die deutsche Regierung belastet hätten, mit großer Wahrscheinlichkeit veröffentlicht worden.

Die erstmals von den Briten aufgeworfene Frage, ob Ludwig von Reuter einen Befehl zur Versenkung bekommen oder ob er aus eigenem Entschluß gehandelt habe, hat ihre juristische Berechtigung, lenkt aber vom Motiv des Konteradmirals ab. Angesichts des allgemeinen Ehrenkodex, wie er für Reuter noch gegolten hat, kehrt sich das Problem geradezu um: Die Admiralität hätte Reuter eher einen Befehl geben müssen, wenn sie die Versenkung hätte verhindern wollen, das heißt, wenn sie unter den besonderen Bedingungen der Lage irgendwelche Bedenken gegen sein beinahe selbstverständliches Vorgehen gehabt hätte. Tatsächlich schreibt Reuter in seinem internen Bericht, daß er in der Versenkung »lediglich« eine Handlung gesehen habe, zu der er durch eine nicht aufgehobene Bestimmung der Regierung »verpflichtet war als Offizier«.[74] Reuters Grundlage für seine Entscheidung ist die im August 1914 nochmals besonders unterstrichene »allerhöchste Willensmeinung« Kaiser Wilhelms II.: »Ich hoffe, daß selbst im Unglück ein ehrenvoller Untergang Meine Schiffe davor bewahren wird, die Flagge streichen zu müssen.«[75] Reuter rechtfertigt die Tat später denn auch mit der neuerlichen Anweisung des Kaisers. Einige Offiziere hatten sich ja schon vor dem Auslaufen aus Wilhelmshaven dafür ausgesprochen, die Schiffe in der Nordsee zu versenken, und insofern ist für sie der 21. Juni 1919 nur die verspätete Reaktion auf den 21. November 1918, als auf Beattys Befehl die Reichskriegsflaggen eingeholt werden mußten.

Wenn Reuter seinen späteren Bericht über die Versenkung ganz auf die alleinige Verantwortung abstellte, die er für die Tat übernahm, widersprach das offenkundig vielen seiner sonstigen Überlegungen und auch seiner Praxis als Chef des Internierungsverbands in Scapa Flow: »Daß ich ganz auf mich gestellt sein würde, war mir klar und recht. Befehle und Anweisungen hätte ich abgelehnt, da nur ich allein und niemand in der Heimat die Verhältnisse im Internierungsverband übersehen und beurteilen konnte.«[76] Dieser Satz zielte allein darauf ab, die Regierung zu entlasten, in der Hoffnung, bei den zu erwartenden Ersatzforderungen der Entente den Schaden für das Reich begrenzen zu können. Es kam anders: Was wogen schon Reuters Worte im Vergleich zu seiner Tat. Es ist überhaupt sehr unwahrscheinlich, und wie man an dem Brief Trothas sieht, ganz einfach falsch, daß Reuter außer veralteten Pressemeldungen keinerlei Informationen und Anweisungen aus Deutschland bekommen haben will. Sicher ist, daß die Transportschiffe durchaus für Mitteilungen benutzt wurden, die nicht durch die Zensur gehen sollten, und daß diese Mitteilungen beim Ausfahren der Lebensmittel ihren Adressaten im Internierungsverband fanden. Im übrigen wurden die Kontakte zu den Zivilisten auf den britischen Öl- und Wasserfahrzeugen auch deshalb gepflegt, weil sie ebenfalls eine wichtige Quelle für die neuesten Nachrichten waren.

Auch die deutsche Admiralität hat nur unzureichende Nachrichten über den Gang der Gespräche in Versailles, und erst recht weiß man im Internierungsverband nur wenig über die Diskussionen in Deutschland. Die Besatzungen der Transportschiffe, die Reuter immer wieder bittet, deutsche Zeitungen mitzubringen, haben regelmäßig nur das Exemplar vom Abfahrtstag dabei. Endlich bekommt er wenigstens die deutsche Fassung der Friedensbedingungen, woher, hat er nicht verraten. Aber daraus geht nicht hervor, ob es sich um den Entwurf für einen Präliminarfrieden oder den endgültig zu ratifizierenden Frieden handelt. Das ist insofern ein wichtiger Unterschied, als Reuter entschlossen ist, eine Besetzung der Schiffe, die sich nur auf den Präliminarfrieden und nicht auf einen ratifizierten Vertrag stützt, als widerrechtlich anzusehen und ebenfalls mit Versenkung zu beantworten, solange er von der deutschen Regierung keine anderen Anweisungen hat. Aus Gesprächen der Mannschaften mit den englischen Drifterbesatzungen erfährt Reuter schließlich, daß der englische Admiral die Besetzung für den Tag plane, an dem der Präliminarfrieden unterzeichnet wird.

Nach der Rede, die der Außenminister und Führer der Friedensdelegation, Graf Brockdorff-Rantzau, am 7. Mai, noch ohne die Bedingungen im einzelnen zu kennen, in Versailles hielt – im Sitzen, was von den Verbündeten sehr verärgert aufgenommen wurde –, ist die Nichtunterzeichnung wahrscheinlich. Brockdorff-Rantzau verwahrte sich gegen unerfüllbare Bedingungen: Sonst könne das Deutsche Reich seinen ehemaligen Gegnern nicht als verläßlicher Partner beim Wiederaufbau die Hand reichen. »Niemand«, so die beinahe prophetischen Worte des Außenministers, könne für die Ausführung dieses Friedens »die Gewähr, die in der Unterschrift liegen soll, übernehmen«.[77] Der Graf verwahrte sich insbesondere gegen den Kriegsschuldartikel und die Fortdauer der

Blockade über den 11. November 1918 hinaus, während er aber auch sagte: »Die öffentliche Meinung in allen Ländern unserer Gegner hallt wider von den Verbrechen, die Deutschland im Kriege begangen habe. Auch hier sind wir bereit, getanes Unrecht einzugestehen. Wir sind nicht hierhergekommen, um die Verantwortlichkeit der Männer, die den Krieg politisch und militärisch geführt haben, zu verkleinern und begangene Frevel wider das Völkerrecht abzuleugnen. Wir wiederholen die Erklärung, die bei Beginn des Krieges im Deutschen Reichstag abgegeben wurde: Belgien ist Unrecht geschehen, und wir wollen es wieder gut machen. Aber auch in der Art der Kriegführung hat nicht Deutschland allein gefehlt. Jede europäische Nation kennt Taten und Personen, deren sich die besten Volksgenossen ungern erinnern.«[78]

In Deutschland wird eine einwöchige Nationaltrauer ausgerufen. In Berlin ziehen Menschenmengen vor die Amerikanische Militärmission und fragen in Sprechchören, was mit den Vierzehn Punkten und was mit dem »Frieden der Gerechtigkeit« sei. Während sich die USPD für eine Annahme der Friedensbedingungen ausspricht, gibt der Vorstand der SPD am 9. Mai den Aufruf heraus: »Proletarier aller Länder! Vereinigt Eure Kraft um einen Gewaltfrieden zu verhindern, der Europa nicht zur Ruhe kommen lassen würde!«[79] Graf Brockdorff-Rantzau überreicht am 29. Mai schriftliche Gegenvorschläge, die den finanziellen und militärischen Forderungen weit entgegenkommen. Clemenceau will aber nicht verhandeln. Er drängt darauf, daß der Vertrag so angenommen wird, wie er vorgelegt wurde.

In Scapa Flow wird nun der »Versenkungsgedanke« energisch verfolgt. Besonders aufmerksam wird im Internierungsverband die von einem Postfahrzeug mitgebrachte Rede des Reichskanzlers Philipp Scheidemann vom 12. Mai zur Kenntnis genommen. An diesem Tag fand in der Aula der Berliner Universität eine Protestdemonstration der Nationalversammlung statt. Scheidemanns dort geführter Angriff auf die Entente enthielt auch den später berühmt gewordenen Satz: »Welche Hand müßte nicht verdorren, die sich und uns in diese Fesseln legt?«[80] Der Reichskanzler betonte, daß Deutschland den Frieden wolle, dieser Vertrag aber nach Auffassung der Reichsregierung unannehmbar sei. Die Besatzungen in Scapa Flow finden die zu erwartende Ablehnung nicht einmal besonders gefährlich, da die Alliierten schon so weitgehend demobilisiert zu haben scheinen, daß die Wiederaufnahme des Krieges ihnen einige Schwierigkeiten bereiten müßte. Die Rücktransporte des amerikanischen Marine-Expeditionskorps, die erst ein Jahr nach dem Waffenstillstand abgeschlossen sind, erreichen jedenfalls bald einen neuen Höhepunkt: Allein im Juni werden 340 000 Mann in die USA verschifft.

Die Skagerrakfeier

Das herausragende Ereignis vor der Versenkung ist in diesen letzten Wochen der dritte Jahrestag der Skagerrakschlacht am 31. Mai. Umstritten, wie ihr Ausgang nun einmal ist, wird sie als »Battle of Jutland« normalerweise auch von den Engländern gefeiert, allerdings einen Tag später, in Erinnerung an den »Glorious First of June«. Plötzlich scheint es, als planten die Engländer für diesen Tag die Übernahme der deutschen Schiffe, denn die Drifterbesatzungen erzählen, auf den englischen Kriegsschiffen seien bereits Vorkehrungen getroffen worden, um die deutschen Mannschaften aufzunehmen. Die Soldatenräte geben vorsorglich Anweisung, alle Papiere zu verbrennen, falls die Briten tatsächlich ihre Flagge auf den deutschen Schiffen hissen sollten. Reuter und sein Stab fürchten den Angriff nur als Reaktion auf allzu übermütige Gedenkfeiern, befehlen aber den Kommandanten insgeheim die Versenkung, falls es doch dazu kommen sollte. Zwei Tage zuvor hat Reuter außerdem die Schiffe angewiesen, »diesen Tag durch innere Feiern«, also nur unter Deck, »würdig zu begehen«. Sie sollen jedes Aufsehen vermeiden und keine Flaggen setzen. Es sind vor allem die Torpedoboote, die für den 31. Mai 1919 die vorletzte Demonstration patriotischer Gefühle in der ehemals Kaiserlichen Marine vorbereiten. Sie lassen es sich nicht nehmen, morgens um acht alles hinauszuhängen, was sie haben, verzichten aber darauf, die Flaggen ordentlich zu setzen oder gar über die Toppen zu flaggen. Der Kommandant des nahe gelegenen Wachzerstörers erscheint im Pyjama an Deck und schickt ein Boot aus, das sich erkundigt, was all der Schmuck zu bedeuten habe. Das Wort »Skagerrak« verstehen die Engländer nicht, aber bei »Battle of Jutland« bekommen sie rote Köpfe und verschwinden wieder. Der Wachzerstörer meldet den Vorfall zunächst seinem Flottillenchef. Dieser eilt mit seinem Führerboot herbei, als die Besatzungen gerade in ihren besten Uniformen an Deck stehen und das Lied singen: »Wir treten zum Beten vor Gott, den Gerechten.« Kapitänleutnant Menche hält eine kurze Ansprache, es ertönt ein zweites Lied, und da ist die Zeremonie auch schon wieder zu Ende. Ein englischer Offizier will Cordes auf *S 138* zur Rede stellen, wird aber in die Messe gebracht und muß erst mal eine Weile mitfeiern. Er überbringt die befristete Forderung des Flottillenchefs, Kriegsflagge und Signale niederzuholen, duldet aber, wie Cordes berichtete, »die Beibehaltung des ausgeschmückten Rednerstandes und des Flaggenschmucks an Reeling und Aufbauten bis zur Schornsteinhöhe«.[81]

Zwar hat die Skagerrakschlacht keinen eindeutigen Sieger hervorgebracht, vielmehr die taktischen Grenzen der Schlachtflottenrüstung offengelegt. Allerdings hatte sich die deutsche Flotte in den kritischen Situationen der englischen überlegen gezeigt, auch technisch auf vielen Gebieten als fortschrittlicher erwiesen, wie in der Treffsicherheit ihrer Artillerie und der Schwimmfähigkeit ihrer Schiffe. Taktisch, so das inzwischen einmütige Urteil, war die Schlacht ein Sieg für die Deutschen, strategisch für die Engländer. Aber das stärkste Symbol britischer Weltmacht hat hier den Nimbus seiner Unbesiegbarkeit verloren, und die deutsche Flotte war auf dem Höhepunkt ihrer Geschichte angelangt. Als Beatty 1917 vor dem Jahrestag der Schlacht von seinen Offizieren gefragt wurde, ob er diesen zu feiern beabsichtige, antwortete er sogar, dies sei einer der traurigsten Tage in seinem Leben gewesen, an dem er viele gute Freunde und treue Kameraden verloren habe und an dem die Royal Navy die Chance vertan habe, ihren größten und ruhmreichsten Sieg zu erringen.[82]

So ist es also nicht verwunderlich, daß trotz der Intervention der Bewacher dieses Ereignis in Scapa Flow von den Deutschen demonstrativ gefeiert wird und die Engländer entsprechend wütend sind. Reuter gibt mit einem Winkspruch Befehl, die Flaggen niederzuholen. Obwohl dabei auch jegliche »Illuminationen« verboten werden, leuchten rote Flaggen in der Abendsonne. Große Transparente aus elektrischen Birnen wie »Skagerrak« oder »Die Sieger vom Skagerrak«, schon vor Wochen angefertigt, werden aufgehängt und rote Signalkugeln abgefeuert, die die Briten nur für äußerste Notfälle ausgegeben hatten. In einem anonymen Bericht heißt es: »Erst bewaffnete englische Mannschaften konnten uns dazu bewegen, die Illumination abzustellen. Durch die stille

Frühlingsnacht hallten, gesungen von allen Booten zu gleicher Zeit, die schönen, alten patriotischen Lieder und donnernd brausten die Hurrarufe auf die erprobten Führer unserer alten Flotte im Kampf über das Wasser.«[83] Auf *Friedrich der Große* allerdings herrscht auch diesmal keine Einigkeit. Ein größerer Teil der Besatzung boykottiert den bunten Abend mit der Begründung, den Sieg, »der ja gegen die englische Arbeiterschaft erfochten sei«, nicht mitfeiern zu können. Cordes vermutet, daß die Engländer sich nach all diesen Ereignissen schämten, am nächsten Tag eine eigene Feier zu veranstalten, da sie die ihrerseits getroffenen Vorbereitungen zum Über-die-Toppen-Flaggen rückgängig gemacht haben.

Am 5. Juni verfügt ein von Konteradmiral Hugo Meurer gezeichneter »Ostseestationstagesbefehl der vorläufigen Reichsmarine« die Auflösung der Soldatenräte. Bis zur Neuwahl der Vertrauensleute können sie ihren Dienst noch ehrenamtlich versehen. Auf den Internierungsverband hat der Befehl keine Auswirkung mehr. Die Versorgungslage hat sich inzwischen etwas gebessert, gelegentlich gibt es Schokolade, Kekse und Kakao, auf den Torpedobooten eines Tages sogar eine Kiste Wein, die von Kameraden in der Heimat gestiftet wurde. Obst und Frischgemüse fehlen aber weiterhin, und ein Schwein, das für 70 Mann und drei Wochen reichen soll, ist offenbar kurz vor dem Verhungern notgeschlachtet worden. Obwohl das Wasser nur 10 Grad Celsius hat, baden einige außenbords, bis die Wachen es verbieten. Im übrigen bringen es die Männer zu einer »erstaunlichen Fähigkeit, Tag und Nacht zu schlafen«.[84]

In den ersten Junitagen erfährt Reuter, daß die Torpedoboote, über seine Absichten im unklaren, sich auf Cordes' Befehl schon seit dem 13. Mai auf die Versenkung vorbereiten. Wenn Cordes gewußt hätte, daß es sechs Wochen dauern sollte, bis es tatsächlich soweit ist, hätte er wohl noch gewartet. Aber Ruge ist überzeugt, daß keiner der rund 900 Torpedobootsleute die Briten »bewußt oder unbewußt« gewarnt hat,[85] obwohl die Arbeiten immerhin bis zu Reuter durchgedrungen sind. Vielleicht haben sich die Torpedobootsbesatzungen von dem Aufruf angesprochen gefühlt, mit dem sich Reichspräsident und Reichsregierung am 8. Mai gegen den Gewaltfrieden ausgesprochen hatten, oder von dem am folgenden Tage herausgegebenen Aufruf der SPD, denn die übliche Verspätung der Zeitungen würde dafür sprechen, daß dies die unmittelbaren Anlässe waren. Wenn aber diese Vorbereitungen sich noch weiter herumsprechen, ist die ganze Aktion gefährdet. Reuter bestellt Cordes auf die *Emden*, eröffnet ihm seine Pläne, und dieser sorgt dafür, daß seine Männer das Vorhaben für sich behalten.

Auf den anderen Schiffen facht das Bekanntwerden der Friedensbedingungen ein letztes Mal die Unruhen an, denn nun sehen die Männer erst recht keinen Sinn in ihrem eintönigen Dasein. Sie wollen nach Hause. Eines der Linienschiffe schickt ein Rundschreiben heraus, indem darauf hingewiesen wird, daß Streiks, die die Repatriierung erzwingen sollen, keinen Zweck hätten, wenn sie sich auf einzelne Schiffe beschränkten. Die deutsche Regierung könne nur dann zur Ablösung der Mannschaften gezwungen werden, wenn alle Schiffe die Arbeit niederlegten. Durch diesen Aufruf zum Generalstreik sieht Reuter ebenfalls vorzeitig das deutsche Besitzrecht gefährdet. Zwar gibt es keine Hoffnung mehr, daß die Schiffe jemals zurückkehren, aber wenn sie erfolgreich versenkt werden sollen, müssen die Mannschaften nicht nur loyal und verschwiegen sein. Reuter will auch sichergehen, daß sie sich im Ernstfall, unter gegnerischem Feuer, nicht einschüchtern lassen und die Versenkung aufgeben oder gar verhindern. Oldekop schlägt daher vor, die Überdrüssigen in großem Umfang nach Hause zu schicken. Die Bedenken, die Reuter bisher gegen eine zweite Reduzierung hatte: daß man damit etwaigen Verhandlungen der deutschen Regierung über eine Rückgabe in den Rücken fallen und die Entente denken könnte, der Verband habe die Hoffnung auf Rückkehr fahrenlassen – diese Bedenken läßt er jetzt fallen. Reuter stimmt zu und stellt am 25. Mai den entsprechenden Antrag. Für diesen Meinungsumschwung Reuters könnte seine große Enttäuschung an der heimischen Admiralität den Ausschlag gegeben haben. Am 10. Juni schreibt er Trotha einen siebzehnseitigen geheimen Brief, in dem er sich bitter darüber beklagt, daß der Internierungsverband von der Heimat verlassen und aufgegeben worden sei. Dieser Brief läßt, indem Reuter auf alle Rücksicht gegenüber seinem Vorgesetzten verzichtet, an Deutlichkeit nichts zu wünschen übrig, nicht nur was die Meutereien im Winter betrifft, sondern vor allem die Enttäuschung und Gereiztheit des Offizierskorps, das die »Phrasen« und »Gemeinplätze« der Verantwortlichen in der Heimat satt habe: »Sie verfangen nicht mehr. Den Offizier aber widern die Phrasen aus der Heimat an.« Der Internierungsverband sei bei den Neuregelungen der Kommandogewalt nicht einmal erwähnt worden. Und: »Welchen Zweck hat das weitere Ausharren noch?« Dieses Dokument liest sich, als habe Reuter die Flotte nicht aus Stolz gegenüber Großbritannien, sondern aus Wut auf die Heimat versenkt.[86]

Die Besatzungen begrüßen im allgemeinen die Reduzierung. Widerspruch regt sich diesmal nur auf den Torpedobooten, weil dort der Eindruck entstanden ist, Reuter bereite die Übergabe der Schiffe vor. Hier bieten die Besatzungen an, auf den großen Schiffen auszuhelfen, falls Not am Mann sein sollte. Auf einem der Schlachtkreuzer wird ein wütendes Schreiben verfaßt: wie der Admiral sich erdreisten könne, 4000 Mann einen Befehl zu erteilen. Schon nach wenigen Tagen wird die Reduzierung von der deutschen und von der englischen Admiralität genehmigt, und auch die Mannschaft des besagten Schlachtkreuzers tritt mehrheitlich die Heimreise an.

Damit wird die personelle Fahrtbereitschaft endgültig preisgegeben und die Stärke der Besatzungen erheblich vermindert: auf den Schlachtkreuzern von 200 auf 75, auf den Linienschiffen von 175 auf 50, auf den Kleinen Kreuzern von 80 auf 30 und auf den Torpedobooten von 20 auf acht Mann. Insgesamt beträgt die Zahl der Internierten jetzt 1700 Mann. Es bleiben nur noch so viele Leute an Bord, daß gekocht und der Notanker fallen gelassen und wieder gelichtet werden kann. Die Versorgungsprobleme sind damit weitgehend gelöst. Konservierungsarbeiten entfallen, Kohlen und Proviant gibt es mehr als genug, und das gelieferte Trink- und Kesselwasser reicht ebenfalls, so daß die Kessel zum Destillieren stillgelegt werden können. Die restlichen Mannschaften werden in Räumen untergebracht, in denen die inzwischen taghellen Nächte die Beleuchtung überflüssig machen. Die Verbandsleitung wählt ein Schiff als Depotschiff aus, um nur noch einen Kühlraum betreiben zu müssen. Vor allem die wenigen Rettungsboote bieten jetzt Platz für alle, wenn es soweit ist.

Nun hängt alles davon ab, ob die Transportschiffe für die Heimkehrer noch vor dem Ablauf des Waffenstillstands in Scapa Flow eintreffen. Endlich, am 15. und 17. Juni laufen die Dampfer *Badenia* und *Schleswig* ein und kehren umgehend mit 2700 Mann nach Deutschland zurück, drei Tage vor der Versenkung. Noch am selben Tag gibt Reuter den Befehl heraus, der die Versenkung für den Fall vorsieht, daß die Briten die Schiffe ohne Zustimmung der deutschen Regierung in Besitz zu nehmen versuchen oder der Kriegszustand wieder eintritt. Die Kommandanten werden angewiesen, ihre Schiffe zur Versenkung vorzubereiten und Rettungsboote einschließlich einer weißen Fahne bereitzuhalten, damit die Bewacher nicht schießen. Reuter nennt ein verschlüsseltes Ausführungssignal für die sofortige Versenkung und ein zweites, aus dem Datum und Uhrzeit hervorgehen, falls die Versenkung nicht sofort erfolgen soll. Soweit nicht der Arzt oder der Zahlmeister den Befehl auf die anderen Schiffe mitnehmen, wird er wie alle verbandsinterne Dienstpost mit dem englischen Verkehrsdrifter zugestellt, um die auffällige Benutzung des Chefboots zu vermeiden. Am 18. Juni sind die letzten Briefe hinausgegangen.

Zunächst werden nur die Offiziere eingeweiht, aber auf zwei Schiffen mißlingt von Anfang an der Versuch, die Vorbereitungen ohne Wissen der Mannschaften durchzuführen. Der Kommandant eines Schlachtkreuzers meldet am 20. Juni, er werde bei seinen Vorbereitungen mißtrauisch beobachtet und bei seinen Rundgängen auf Schritt und Tritt verfolgt. Reuter will das Schiff zunächst lieber von der Versenkung ausnehmen, als die Geheimhaltung aufgeben. Kurz darauf meldet der Kommandant eines Linienschiffs, vier seiner Unteroffiziere hätten die Absicht erraten, sie wollten mit der Versenkung nichts zu tun haben und hätten ihre Verschwiegenheit nur unter der Bedingung zugesichert, daß sie sofort nach Hause entlassen würden. Nun gibt Reuter die Geheimhaltung auf, damit die Mannschaften nicht hintenherum von der Versenkung erfahren und die Mitarbeit verweigern. Schon aufgrund dieser Beispiele, die vermuten lassen, daß der von Reuter angestrebte Zusammenhalt auch nach der letzten großen Reduzierung nicht überall gegeben war, ist es sehr unwahrscheinlich, daß die Briten nichts von den Versenkungsplänen gemerkt oder erfahren haben sollen, zumal deren geheime Besetzungspläne ebenfalls zu den Deutschen durchgedrungen sind.

Erhabene Gefühle

Insgesamt macht sich aber nach den langen Monaten der Internierung auf den Schiffen eine erregende Unruhe breit. Obwohl es schwer vorstellbar ist, sollen auf manchen Schiffen nur einige wenige eingeweiht gewesen sein, auf anderen wiederum wußte jeder, was bevorstand. Bei vielen der Männer haben die Vorbereitungen den alten Kampfgeist wiederbelebt, andere mögen sich auch einfach gefreut haben, nach der erzwungenen Untätigkeit endlich eine aufregende Tat vor sich zu haben. Offiziere, Maschinisten und Mannschaften werden auffallend aktiv, klettern hinab in schwer zugängliche Bereiche der Schiffe und kommen schmutzig und ölverschmiert wieder herauf. Mit schwerem Werkzeug durchstreifen sie die Schiffsbäuche, öffnen alle Luken, Schotten und Bullaugen. Das Hämmern und Sägen im Innern wird von dem Echo der spärlich bemannten Schiffe noch verstärkt. Man fragt sich, wie die Briten davon nichts gesehen oder gehört haben könnten. Kapitänleutnant Johann Heinemann, Kommandant der *Cöln*, läßt schon seit dem 16. Mai in dunkler Vorahnung Kutter und Ruderpinnass unauffällig »für eine längere Seefahrt« ausrüsten. Er schmiedet einen abenteuerlichen Plan: »Vielleicht würde sich, falls es zum Äußersten kommen sollte, eine Gelegenheit bieten, durch eine der Einfahrten, die weniger scharf bewacht wurden, zu entkommen. Bootsmaat Philippsen, den ich mit der Ausrüstung der Boote betraut hatte, war ganz Feuer und Flamme für diesen Gedanken und meinte, wir sollten, wenn es soweit käme und wir entschlüpfen könnten, einen Fischdampfer kapern und damit auf Umwegen in die Heimat zu kommen versuchen.«[87]

Die Geheimhaltung ist nicht die einzige Schwierigkeit in Sachen Versenkung. Eine andere ist die ausgesprochen hohe Schwimmfähigkeit der Schiffe. Viele Torpedoboote sind im Krieg sogar nach Minen- und Torpedotreffern noch gerettet worden. Die zwölf Schotten, die vom Schiffsboden bis zum Oberdeck durchgehen, berechtigen also zu keinen großen Hoffnungen. Außerdem sind die Schiffsböden, soweit man vom Deck aus die Bordwände hinabsehen kann, inzwischen so stark bewachsen, daß die Männer befürchten, es würde zuwenig Wasser eindringen. Sprengstoff ist nicht vorhanden, und wie sonst soll man dem Rumpf ausreichend große Löcher beibringen? So bleiben nur die Flutventile, die dazu da sind, notfalls Räume unter Wasser zu setzen, in denen ein Feuer ausgebrochen ist. Außerdem werden die mit vielen Schrauben befestigten Deckel der Kondensatoren gelöst, nur müssen sie jetzt vor jedem Dampfaufmachen wieder angezogen werden: »Das war lästig, aber es lohnte die Mühe.«[88] Außerdem gibt es Seewasser führende Rohre, für die nun Hämmer bereitliegen, mit denen sie jederzeit zerschlagen werden können, und einige Leute bohren auch noch die Schotten an. Schließlich werden die Verbindungen zu den Ventilen unterbrochen, so daß man sie nicht mehr von Deck aus bedienen kann. Die Wachmannschaften, die wie gewohnt auf die leeren Torpedoboote hinübergehen, nehmen außer Proviant und Decken Vorschlaghämmer und große Schraubenschlüssel mit. Die Männer schlafen fortan angezogen, an besonders kritischen Tagen sogar in den Maschinenräumen, um im Notfall sofort fluten zu können. Auf *Derfflinger* sind, wie der Versenkungsbericht mitteilt, »die, die sich zum Ausharren bis zuletzt treu um ihren Admiral geschart« haben, bereit, nach dem »Novembergeist von 1918« der »Wiederherstellung der Ehre der Marine ihr Bestes zu opfern«.[89] Und der Schiffsbericht von *Friedrich der Große* vermerkt angesichts des bevorstehenden Ereignisses ein »erhabenes Gefühl«.[90]

Die Briten scheinen bis zum Schluß nicht übereinzukommen, wann und wie sie auf das Ende des Waffenstillstands reagieren sollen. Die Uneinigkeit in Versailles hat die Planungen der Londoner Admiralität und des Wachgeschwaders in Scapa Flow offensichtlich sehr erschwert. Einigen sich die Verbündeten auf die Versenkung, dann müssen die deutschen Schiffe nur auf die hohe See hinausgebracht werden. Werden sie verteilt, wird sich vermutlich jede verbündete Macht ihren Anteil in Scapa Flow abholen, und die restlichen Schiffe müßten nach Süden in englische Häfen überführt werden. Werden die Schiffe Großbritannien zugesprochen, müssen zumindest Wachen an Bord postiert werden, um Plünderungen zu verhindern.

Wie auch immer das endgültige Schicksal der deutschen Schiffe ausfällt, sicher ist, daß ihre Besatzungen sie früher oder später räumen müssen. Die örtlichen Befehlshaber skizzieren daher von Anfang an in verschiedenen Memoranden den möglichen Ablauf dieser Übernahme. Die Möglichkeit einer Selbstversenkung schlägt sich in der Absicht nieder, die Schiffe möglichst gleichzeitig zu besetzen, auch wenn die Briten wissen, daß selbst ihre Wachen an Bord im Ernstfall nicht viel ausrichten können. Die Schiffe sind zu groß und in ihren Räumen zu unübersichtlich, und wenn sie erst einmal sinken, können sie allenfalls in flachem Wasser auf Grund gesetzt werden. Aber für 74 Schiffe gibt es in Scapa Flow nicht annähernd genügend Schlepper.

Weitere Schwierigkeiten kommen dazu. Die Stimmung an Bord der deutschen Schiffe gilt als völlig unkalkulierbar, und die Briten sind sich nicht sicher, ob der Internierungsverband nicht doch irgendwelche Kampfmittel an Bord hat. Sie spekulieren sogar darüber, ob in Fleischbüchsen nicht auch Sprengstoff versteckt sein könnte. Angesichts solcher Unwägbarkeiten soll die Besetzung in großem Maßstab und möglichst überraschend geschehen, damit alle Schiffe gleichzeitig unter Kontrolle gebracht werden. Es sollen auch ausreichend Transportschiffe zur Verfügung stehen, um die Mannschaften möglichst schnell von Bord zu holen, denn man weiß nicht recht, wie man auf Widerstands- und Sabotageaktionen reagieren soll. Die deutschen Besatzungen sind keine Kriegsgefangenen, was die möglichen Sanktionen erheblich einschränkt. Zudem werden die Briten wahrscheinlich auf die Hilfe deutscher Maschinisten angewiesen sein, um die Schiffe überhaupt fahrbereit machen zu können, andererseits sind gerade diese Leute durch ihr Wissen für Sabotageakte prädestiniert.

Ein besonderes Problem ist der Personalmangel. Das Schlachtgeschwader, dessen Besatzungen die deutschen Schiffe übernehmen müßten, wäre anschließend zur Bewegungslosigkeit verurteilt. Wird der Internierungsverband in andere Häfen überführt, werden mehrere Tausend Mann gebraucht. Wenn das Schicksal der Schiffe bei Friedensschluß noch nicht geklärt sein sollte und sie auf Monate in Scapa Flow bewacht und unterhalten werden müßten, würde sich die Demobilisierung der Royal Navy ebenfalls erheblich verzögern. Dann müßte man auf Besatzungen der Verbündeten zurückgreifen, um die eigenen zu entlasten, das würde aber wieder Probleme in der Verwaltung mit sich bringen, und die technischen Untersuchungen der Schiffe »könnten nicht mit derselben Unbefangenheit [›freedom‹] durchgeführt werden«.[91] Selbst wenn all diese Probleme schließlich gelöst wären, müßten die Schiffe bei den komplizierten Strömungsverhältnissen erst einmal heil aus der Bucht herausgebracht und nach Süden geschleppt werden, denn es ist unwahrscheinlich, daß sie in ihrem derzeitigen Zustand und ohne deutsche Besatzungen mit eigener Kraft fortbewegt werden können. Im Zuge der schwierigen Personalfragen denkt die britische Admiralität auch schon darüber nach, den Franzosen die Sorge um die zusätzlich von Deutschland auszuliefernden Schiffe zu überlassen und ihrerseits nur die 42 Torpedobootszerstörer oder die 50 Torpedoboote zu übernehmen. Die Pariser Admiralität antwortet am 8. Mai, sie sei bereit, acht Linienschiffe, acht Kleine Kreuzer und 42 Zerstörer zu übernehmen und die nötigen Mannschaften bereitzustellen. Gleichzeitig teilt sie mit, dann habe man aber kein Personal mehr für die in Scapa Flow internierten Schiffe zur Verfügung.[92]

Admiral Sir Henry Oliver, der um die Jahreswende 1918/19 bis zur Übernahme durch Admiral Arthur Leveson für die Bewachung verantwortlich war, wollte die deutschen Besatzungen bei Tagesanbruch von Bord holen und in ein ungenutztes Militärlager bei Nigg an der Nordküste des Cromarty Firth bringen, wie es nach der Versenkung dann auch geschah. Madden, der im April Beatty als Oberkommandierenden ablöste, befürwortete den Plan, aber je weiter die Friedensverhandlungen fortschritten, desto desinteressierter zeigte sich seltsamerweise die Londoner Admiralität. Leveson wollte die Schiffe ebenfalls rechtzeitig vor dem Friedensschluß übernehmen und die Besatzungen nach Nigg bringen. Die Londoner Admiralität reagierte wieder nicht, vielleicht, wie Arthur J. Marder vermutet, weil es niemanden gab, der für diese Frage Zeit hatte, denn Wemyss und Hope waren wegen der Friedensverhandlungen häufig in Paris. Das klingt dann doch sehr unwahrscheinlich, und in der Tat war gerade Wemyss, wie man aus einem Brief an Hope weiß, durchaus der Ansicht, daß die Schiffe umgehend besetzt werden sollten, falls die Deutschen den Friedensvertrag nicht unterschrieben, denn: »dieses ständige warten und nochmal warten wird ziemlich unerträglich.«[93]

Vizeadmiral Sir Sydney Fremantle, der am 18. Mai das Wachgeschwader übernimmt, sieht die Gefahr von Beschädigungen erstaunlicherweise nur zwischen Unterzeichnung des Friedensvertrags und der Repatriierung der deutschen Besatzungen, beziehungsweise zwischen Ablehnung des Vertrags und Besetzung der Schiffe durch die eigenen Einheiten. Er schreibt, bislang habe die Hoffnung, daß die Schiffe vielleicht doch noch unter deutscher Flagge zurückkehrten, die Besatzungen davon abgehalten, sie zu beschädigen. Fremantle hat großes Vertrauen in Reuters Bereitschaft, die Friedensbedingungen ebenso wie die des Waffenstillstands zu erfüllen, bezweifelt aber, daß er sich überall durchsetzen kann, vor allem bei den Torpedoeinheiten, die Fremantle als sehr englandfeindlich und nationalistisch einschätzt. Ihnen vor allem traut er zu, daß sie ihrem Ärger Luft machen, indem sie »den Wert unserer Prämie mindern«.[94] Die Versenkungsvorbereitungen scheinen Fremantle allerdings durchaus nicht entgangen zu sein: »An Bord der deutschen Schiffe wurden gewisse kleinere Ereignisse und Bewegungen beobachtet, die mich vermuten ließen, daß sie irgendeine bedeutende Aktion in Erwägung zogen. Mit Zustimmung der Admiralität hatte ich entsprechende Vorbereitungen getroffen, um am 21. Juni gegen Mitternacht an Bord der deutschen Schiffe zu gehen, sie alle in Besitz zu nehmen, die Offiziere und Mannschaften unter verschärften Arrest [›close confinement‹] zu stellen und so viele Streitkräfte einzusetzen wie nötig. Um die Maßnahmen durchzuführen, waren bereits geheime Befehle ausgegeben und die Vorbereitungen abgeschlossen worden.«[95]

Auch Fremantle ist erstaunt, keine Anweisungen aus London zu bekommen, und erarbeitet bis zum 16. Juni auf eigene Faust einen Plan für die Besetzung am 21. Juni um Mitternacht. Sein Szenario sieht so aus: Auf das Flaggensignal »MY« bricht für jedes der großen Schiffe ein bewaffnetes Kommando von 60 Mann auf, für jeden Kleinen Kreuzer 29 Mann. Die Männer gehen sofort unter Deck, um Sabotageaktionen zu verhindern. Die deutschen Besatzungen werden auf britische Schiffe gebracht oder auf Schiffen des Internierungsverbands konzentriert, bevor sie in die Kriegsgefangenschaft überführt werden – weil Fremantle zu dieser Zeit vom Wiederausbruch des Krieges ausgeht. Ein Fähnrich, vier Mann und ein Signalgast bleiben an Bord und melden mit einem Wimpel den Vollzug. Acht Zerstörer umkreisen gefechtsklar den Internierungsverband, und von Fremantles Flaggschiff *Revenge* wird ein Stabsoffizier mit Übersetzer auf die *Emden* geschickt, um Reuter abzuholen. Plündern, Stehlen und Andenkensammeln sind unter Androhung harter Strafen verboten. Madden, der unmittelbare Vorgesetzte von Fremantle, genehmigt den Plan am 19. Juni. Daß die Übernahme der deutschen Schiffe nach einem Beschluß des Viererrats in Paris aber nicht vor dem 23. Juni abends erfolgen darf, wird Fremantle von der Admiralität seltsamerweise nicht mitgeteilt. Er erfährt es nur aus der Zeitung, weiß aber nicht, wann er die Schiffe nun übernehmen soll: »A difficult situation«, heißt es in seinen Erinnerungen.[96] Es scheint, als seien beide, der deutsche und der britische Befehlshaber, in Scapa Flow in den kritischen Tagen ganz auf sich gestellt. Außerdem soll Fremantle, als ob es nun wirklich nichts Wichtigeres zu tun gäbe, als auf den Internierungsverband aufzupassen, ausgerechnet in diesen Tagen auf Maddens Befehl diverse Routineübungen auf See abhalten und bis zum 21. Juni abschließen.

Zu Beginn der Internierung standen für Scapa Flow drei englische Verbände zur Verfügung. Einer lag in der Bucht vor Anker, ein zweiter war mit Ausbilden und Exerzieren beschäftigt, und ein dritter pausierte im Heimathafen. Nach dem langen Krieg waren die Mannschaften mit diesem Zustand sehr unzufrieden, und so wurden im Frühjahr nur noch zwei Verbände abgestellt, die abwechselnd im Heimathafen und in Scapa Flow lagen. Übungen wurden nun dem Wachgeschwader aufgetragen, so daß der Verband seit März gelegentlich für einen halben oder ganzen Tag zum Artillerie- und Torpedoschießen auf See ging. Nach einem Memorandum vom 16. Juni war ein Torpedoübungsschießen für den 19. Juni geplant oder, falls das Wetter nicht mitspielen sollte, so bald wie möglich: »on the first suitable day after that date«. Als das Wetter tatsächlich schlecht war, schlug Fremantle Madden vor, die Übungen zu verschieben, »bis wir die Deutschen los sind«.[97] Darauf ließ Madden sich nicht ein und befahl, die Übungen am 21. Juni abzuhalten. Befehlsgemäß verließ Fremantle die Bucht für Torpedoübungen auf offener See. Am 23. Juni nachmittags gedachte er in die Bucht zurückzukehren und die Schiffe zu besetzen.

Madden, der Fremantles Bitte um Instruktionen zunächst ignoriert hatte, schrieb Details der Besetzungspläne nach der Versenkung seiner eigenen Intitiative zu und teilte Beatty mit, er sei seinerseits von der Admiralität über die politische Entwicklung im unklaren gelassen worden. Daraus schließt Marder, daß Madden an der Versenkung nicht schuld gewesen sei.[98] Er hatte die Admiralität darum gebeten, ab 17. Juni täglich über die politische Entwicklung informiert zu werden, um im Falle einer Ablehnung der Friedensbedingungen die Schiffe rechtzeitig besetzen zu können. Am 17. Juni erfuhr er denn auch telegrafisch, daß der Waffenstillstand bis zum 23. Juni verlängert worden war. »Brauchbare Informationen« darüber, ob die Deutschen den Friedensvertrag annehmen würden, bekam er bis zum Tag der Versenkung allerdings nicht, was angesichts der unberechenbaren politischen Lage in Deutschland für sich genommen nicht sonderlich überraschend war. Zwar bedauerte Madden später, Fremantle nicht über die Verlängerung des Waffenstillstands informiert zu haben, aber was hätte das geändert? Angesichts der strengen bürokratischen Disziplin, der sich die

Admiralität gewöhnlich befleißigte, ist es zumindest bemerkenswert, daß so wichtige Vorgänge wie die Verlängerung des Ultimatums und die Übernahme des Internierungsverbands derart vernachlässigt worden sein sollen und Fremantle sich einzig auf Zeitungsmeldungen verlassen haben will. Die Diskrepanz ist schon erstaunlich: Auf der einen Seite ist das Schicksal des Internierungsverbands einer der schwierigsten Verhandlungsgegenstände in Versailles, und auf der anderen Seite benehmen sich Madden und die Admiralität, als ob es gleichgültig wäre, was aus ihm wird.

Die Briten müssen gewußt haben, daß Reuter im Ernstfall genauso handeln würde wie sie in vergleichbarer Lage, und Reuter konnte davon ausgehen, daß sie das wußten. Aufgrund seiner Verläßlichkeit könnten sie gerade in Reuter auch jenen Offizier gesehen haben, der unter allen Umständen an seinem Ehrenkodex festhält und so handelt, wie auch sie an seiner Stelle handeln würden. Gerade diese Verläßlichkeit ist es aber auch, aus der die Briten den Eindruck eines berechenbaren, ja erfüllungsbereiten Partners gewinnen, den sie vielleicht nicht der Initiative einer so gründlich geplanten und von allen Schiffen gleichzeitig durchgeführten Aktion verdächtigen mochten. Es scheint, als hätten sie nach ihren Erfahrungen mit dem Internierungsverband willkürliche Beschädigungen von Schiffsmaterial eher jenen Kräften zugetraut, auf die Reuter nur bedingt Einfluß hatte: Meuterern und Kaisertreuen. Madden schreibt: »Ich hatte in diesen Wochen den Eindruck, daß es kein Mandat gab, um Wachen an Bord der internierten Schiffe zu postieren oder sie zu übernehmen, es sei denn, es hätte einen Grund gegeben, an der Ehre von Konteradmiral von Reuter zu zweifeln oder anzunehmen, er habe die Kontrolle über seine Schiffsbesatzungen verloren. Die Ereignisse bewiesen, daß er seine Männer voll im Griff hatte, und ich sah keinen Anlaß, an seinem guten Willen zu zweifeln.«[99] Dieses Vertrauen ist ein merkwürdiges Phänomen, jedenfalls in einer Lage, in der selbst die Deutschen ein großes Mißtrauen für ganz selbstverständlich gehalten haben.

Reuter hebt am 20. Juni die Geheimhaltung auf und überläßt es den Offizieren, ob sie die Mannschaften einweihen. Sie geben das Vorhaben auf den meisten Schiffen am Nachmittag dieses Tages bekannt. Andere, wie das Linienschiff *Kaiser*, der Kleine Kreuzer *Karlsruhe* oder die Mannschaft des Flaggschiffs *Emden*, wollen laut ihrer Versenkungsberichte am 21. Juni »im vollsten Maße überrascht« worden sein. Reuter überarbeitet den Versenkungsbefehl und händigt ihn erneut den britischen Postdampfern zur Verteilung aus. Cordes berichtet am 2. Juli 1919 bei einem Verhör im Kriegsgefangenenlager von einer dritten Ausfertigung des Versenkungsbefehls, die zwischen dem 17. und dem 20. Juni von einem Offizier in einem Drifter zugestellt worden sei. Den Briten, die nur die erste Ausfertigung sichergestellt haben, gelingt es nicht, Cordes den vollständigen Inhalt des zweiten und dritten Befehls zu entlocken.[100]

Nach getaner Arbeit liest Reuter in der *Times* vom 16. Juni, daß die deutsche Regierung alle Linienschiffe, also auch die des Internierungsverbands, am Tag zuvor zum Verkauf angeboten habe: »Under the proviso of a financial arrangement, Germany is prepared to surrender not only the surface warships demanded, but all ships of the line.«[101] Daß die Regierung die Flotte zum Verkauf anbieten würde – möglicherweise wurde aber auch ein Nachlaß bei den Reparationszahlungen angestrebt –, hat Reuter sehr verwundert, da man in Berlin doch wohl wußte, daß die Offiziere das niemals mitmachen würden. Reuter ist empört darüber, daß die Regierung den Internierungsverband in dem Glauben gelassen hat, sie würde auf der Heimkehr der Schiffe bestehen, und daß sie statt dessen noch mehr Schiffe anbietet als verlangt. Auch der Versenkungsbericht *Derfflinger* teilt mit, man habe »der Welt beweisen« wollen, »daß die deutsche Ehre nicht als Krämerartikel auf den Markt getragen und verschachert würde«.[102]

Reuter hat immer wieder versichert, für ihn sei zuletzt ein Artikel aus der *Times* vom 17. Juni maßgeblich gewesen, den er am Morgen des 21. Juni gelesen und der mit den Meldungen anderer englischer Zeitungen übereingestimmt habe. Offenbar handelte es sich dabei um den Bericht über die bekannte Alliierte Mantelnote vom 16. Juni 1919, in der noch einmal alle gegen das Deutsche Reich erhobenen Vorwürfe in einem äußerst scharfen Ton zusammengefaßt worden waren. Darin hatten die Verbündeten die deutschen Gegenvorschläge vom 29. Mai mit einem Ultimatum beantwortet. Friedrich Ruge zitiert die *Times* wie folgt: »In fünf Tagen von heute an gerechnet, wird Deutschland die Bedingungen angenommen haben, die ihm gestern [gemeint ist der 16. Juni] vorgelegt worden sind, oder die alliierten und assoziierten Mächte werden wieder den Krieg mit den Waffen beginnen. Sie haben ihr letztes Wort gesprochen, und sie haben die beiden Möglichkeiten klar dargelegt. Deutschland muß es unternehmen zu unterzeichnen, oder es muß die Konsequenzen hinnehmen. Der Waffenstillstand ist bereits unter bestimmten Bedingungen gekündigt. Er wird am Sonnabend ablaufen, wenn nicht unterzeichnet wird.«[103] In derselben Ausgabe der *Times* vom 17. Juni wird aber auch bereits unter einer fettgedruckten Überschrift über die Verlängerung des Ultimatums um zwei Tage berichtet: »Extension of the Armistice for Germany – Two Days More.«[104] Entweder hat Reuter diese Meldung übersehen, oder, was wahrscheinlicher ist, er wollte sie übersehen haben.

Ursprünglich sollte die Reichsregierung binnen fünf Tagen den alliierten und assoziierten Mächten mitteilen, ob sie bereit war, den Friedensvertrag in seiner derzeitigen Form zu unterzeichnen, die dreitägige Frist zur Kündigung des Waffenstillstands eingeschlossen. Bis auf weiteres war damit zu rechnen, daß am 21. Juni – wie üblich gegen Mittag – der Kriegszustand wieder eintritt. Walter Simons aber, in Versailles Generalkommissar der deutschen Friedensdelegation, bat Clemenceau, Lloyd George und Wilson am Abend des 16. Juni um eine Verlängerung des Ultimatums. Diesen Wunsch begründete er damit, daß die zugestandenen fünf Tage kaum für die Bahnreise von Versailles nach Weimar und wieder zurück reichen würden, von Gesprächen über die Friedensbedingungen ganz zu schweigen. Die Verlängerung wurde zugestanden und das neue Ultimatum auf den 23. Juni, sieben Uhr abends, festgesetzt.

Die Stimmung in Deutschland war mehrheitlich gegen eine Unterzeichnung gerichtet. Große Meinungsverschiedenheiten gab es allerdings in der Frage, ob das Reich in der Lage sei, sich gegen die Folgen einer Nichtunterzeichnung zu wehren. Der Zentrumspolitiker Matthias Erzberger fürchtete mit Recht – im Gegensatz zu dem optimistischeren Außenminister Graf Brockdorff-Rantzau – den Einmarsch alliierter Truppen und noch härtere Bedingungen. Den Ausschlag gab schließlich General Wilhelm Groener, der jeden Versuch eines militärischen Widerstands als »Wahnsinn« und »Torheit« verurteilte und also die Annahme des Vertrags nahelegte.[105] Zu dieser Zeit hatten die verbündeten Militärs unter Vorsitz von Marschall Foch Pläne für eine Besetzung Süd- und Westdeutschlands bis zur Weser ausgearbeitet und waren auch bereit, sie umzusetzen. Sie hatten beschlossen, separate Waffenstillstände mit den süddeutschen Staaten abzuschließen, so daß also auch getrennte Friedensverträge zu erwarten gewesen wären und damit die Auflösung des Reiches. Wieder entschied die Lage zu Land über das Schicksal der Flotte.

Daß am 20. Juni die nicht zeichnungsbereite Dreiparteienregierung unter Philipp Scheidemann zurücktrat – der Außenminister hatte den Anfang gemacht – und mit Gustav Bauer als Reichskanzler und Hermann Müller als Außenminister eine neue gebildet wurde, erfuhr der Internierungsverband wahrscheinlich erst nach der Versenkung. Der neuen, ohne Beteiligung der DDP von einer Koalition aus SPD und Zentrum getragenen Regierung unter Gustav Bauer sprach die Nationalversammlung am 22. Juni das Vertrauen aus und genehmigte mit 237 zu 138 Stimmen die Annahme des Friedensvertrags. Der bis dahin erklärte Vorbehalt, der die Artikel 227 bis 231 betraf – Anerkennung der deutschen Kriegsschuld und Auslieferung von Kriegsverbrechern –, wurde nicht mehr erwähnt. Unter die Auszuliefernden zählten die Alliierten etwa den Kaiser und Großadmiral von Tirpitz; allerdings wurden die Verfahren später deutschen Gerichten übertragen. Am 21. Juni 1919 hatte das Deutsche Reich formell keine Regierung, was für die spätere juristische Bewertung der Versenkung nicht unerheblich war.

Reuter hat stets behauptet, von der Verlängerung des Waffenstillstands bis zum 23. Juni nichts gewußt zu haben, während Admiral Fremantle versichert, er habe Reuter am Morgen des 21. Juni inoffiziell darüber informiert. Und wenn nicht – der Waffenstillstand war schon so oft verlängert worden, daß man es auch diesmal nicht ausschließen konnte. Außerdem hatten sich einzelne Schiffe aus Ersatzteilen eine von außen nicht zu erkennende Empfangsanlage zusammengebaut. Zwar konnten damit keine zuverlässigen Verbindungen zur Heimat hergestellt und Nachrichten nicht gerade regelmäßig empfangen werden, weil etwa der Empfang durch nähere Stationen oft gestört wurde. Aber zumindest an Bord des Kleinen Kreuzers *Cöln* hat der Kommandant, Kapitänleutnant Heinemann, mittels des selbstgebastelten Funkgeräts von der Verlängerung bis Montag, den 23. Juni, erfahren, und er vermutete, daß das Flaggschiff *Emden* auch ein solches Gerät gehabt hat und Bescheid wußte.[106] Reuter selbst hat sich, wie bereits erwähnt, mit den Worten verraten, daß die Briten den Funkempfang nicht etwa verhindert, sondern »unmöglich zu machen gesucht« hätten.[107] Sogar Friedrich Ruge auf seinem Torpedoboot ist durch einen englischen Offizier im Bilde, der, wie Ruge schreibt, »ausnahmsweise« auf einem Wasserdampfer mitfährt und ihm am Morgen des 21. Juni ähnliche Zeitungsüberschriften zeigt.[108]

Wenn Reuter über die Verlängerung des Waffentillstands informiert war, was man annehmen muß, dann hat er seine Unwissenheit vermutlich vorgeschützt, um die Versenkung zwei Tage früher durchzuführen, als von den Briten erwartet. Denn falls er realistischerweise davon ausgegangen ist, daß die Briten seine Versenkungspläne kannten, mußte er eigentlich damit rechnen, daß sie ihrerseits nicht den 23. Juni abwarten, sondern versuchen würden, den Deutschen zuvorzukommen. Dann mochte Reuter denken, daß das Auslaufen des Wachgeschwaders die Übernahme der internierten Flotte einleiten würde, indem Fremantle gleichzeitig durch die verschiedenen Eingänge in die Bucht einfahren würde, um die deutschen Schiffe möglichst gleichzeitig zu besetzen.

Der Grund für das Auslaufen des Wachgeschwaders war aber nicht die Übernahme der deutschen Schiffe. Vielleicht hat Madden mit seinem Befehl an Fremantle ein anderes Ziel verfolgt, als die verschobene Übung abhalten zu lassen. Vielleicht war seine Zurückhaltung gegenüber Fremantles Besetzungsplänen eine Folge der unentschiedenen »Seeschlacht von Paris«, die auch die Entschlossenheit der Admiralität in London untergraben mußte. Oder sollte diese Unentschlossenheit vielmehr Ausdruck eines entschiedenen Alleingangs in der Flottenfrage gewesen sein? Da bis zum Schluß nicht geklärt worden ist, welchen Verbündeten wie viele der deutschen Schiffe zugesprochen oder ob nicht alle einfach versenkt oder verschrottet werden, war das administrative Chaos der Briten in diesen Tagen vielleicht Ausdruck eines entschiedenen Alleingangs. Auszuschließen ist es nicht, daß sie sich am 21. Juni aus Scapa Flow zurückgezogen haben, auf daß sich das Problem von selbst erledige. Die entscheidende Frage bleibt in jedem Fall offen: wie nämlich eine Routineübung so wichtig sein konnte, daß man dafür die deutschen Schiffe, statt sie schleunigst zu besetzen, ausgerechnet in diesen Tagen bis auf wenige Dampfboote ohne Bewachung ließ. Friedrich Ruge berichtet, die Franzosen hätten ihre Verbündeten später beschuldigt, mindestens schlecht aufgepaßt zu haben: »Einige Blätter schrieben sogar ganz offen, die britische Marine habe absichtlich beide Augen zugedrückt, um zu verhindern, daß die deutschen Schiffe in die Hand anderer Mächte kämen.«[109]

Seinen Entschluß, die Flotte am Sonnabend, dem 21. Juni, zu versenken, hat Reuter offenbar am späten Freitag nachmittag getroffen, nach Absendung des überarbeiteten Befehls und Lektüre der *Times* vom 16. Juni. Daraus folgerte er, »daß am Sonnabend der Waffenstillstand ohne vorherige besondere Kündigung abgelaufen sei; ich vermute: Sonnabendmittag, weil es natürlich ist, einen Waffenstillstand mittags ablaufen zu lassen, um für den etwaigen Truppenvormarsch noch die Tagesstunden vor sich zu haben«.[110] An diesem Abend läßt Reuter noch einen Funkspruch aufsetzen, in welchem er, zugleich im Namen seiner Offiziere und höheren Beamten, energisch gegen den Verkauf der Schiffe protestiert und die Abberufung des Kommandos fordert, falls die Regierung bei ihrem Angebot in Richtung auf eine finanzielle Übereinkunft bleiben sollte. Angesichts seiner Pläne ist dieser Funkspruch eher unnötig. Vielleicht soll der Antrag die Briten beruhigen, denn ein Admiral, der die Abberufung beantragt, muß die Versenkung schon seinem Nachfolger überlassen. Oder ist der Funkspruch das Pendant zu dem Verhalten jenes britischen Offiziers, der Ruge die neuesten Schlagzeilen unter die Nase hält? Will Reuter Passivität vortäuschen und Fremantle den Deutschen sagen, daß er sie bis zum 23. Juni in Ruhe lassen wird? Reuters Antrag kann dem englischen Admiral erst am nächsten Morgen, mit dem ersten Postfahrzeug gegen neun Uhr, zur Weiterleitung zugestellt werden. Um diese Zeit hat Fremantle aber schon die Anker gelichtet und ist gerade dabei, mit seinem Geschwader die Bucht von Scapa Flow für die befohlene Torpedoübung zu verlassen. Seltsamerweise hat Reuter das Auslaufen der Engländer nur mit dürren Worten erwähnt und die unerhörte Lage keinerlei Kommentars gewürdigt. Fremantle schreibt dagegen, es habe ihn sehr beunruhigt, die deutsche Flotte allein zu lassen: »I was very uneasy before sailing.«[111]

Noch in der Nacht, um 23.50 Uhr, informiert Fremantle die Admiralität, daß die *Revenge* am nächsten Tag von 9. 30 Uhr bis 18 Uhr über die am Ankerplatz vorhandene Kabelverbindung nicht zu erreichen sein werde. Madden sollte sich wenige Tage nach der Versenkung in einem Brief an die Admiralität hinter Fremantle stellen. Er schrieb: »Ich denke nicht, daß der Funkspruch von Admiral von Reuter [...] für den Vizeadmiral des I. Schlachtgeschwaders ein Grund gewesen ist, Verdacht zu schöpfen oder die Übung abzubrechen.«[112]

Schiffe versenken

Nachdem es am Tag zuvor noch gestürmt hat, ist der 21. Juni 1919 ein strahlend sonniger Tag mit klarer Luft und Windstille. Zur Sommersonnenwende herrscht Kaiserwetter. Am Morgen stehen viele Kinder an der Mole von Stromness, dem kleinen Hafen am nordwestlichen Ausläufer der Bucht von Scapa Flow. Die Lehrer der örtlichen Schule haben – mit Genehmigung der Royal Navy – einen Ausflug rund um die internierte Flotte organisiert. Etwa 400 Kinder verschiedenen Alters gehen an Bord des Dampfers *Flying Kestrel*, ein Schiff der »White Star Line« aus Liverpool, das meist für die Wasserversorgung der britischen Flotte und gelegentlich auch als Rettungsschiff zur Verfügung steht. Das schöne Wetter verspricht eine ruhige Fahrt und gute Aussicht. Kurz nach neun Uhr sind auch die letzten Nachzügler an Bord, und um halb zehn legt der Dampfer ab. Unter dem erfahrenen Kapitän Edward Davies fährt die *Flying Kestrel* in gemütlichem Tempo Richtung Süden, parallel zum Ostufer der Insel Hoy. Schon kurz nach der Abfahrt passiert sie die Reihen der großen Schiffe, die die *Flying Kestrel* weit überragen. Die Kinder winken den deutschen Seeleuten zu, von denen einige Mundharmonika spielen und andere anläßlich der Sommersonnenwende weiße Uniformen angelegt haben; ein seltsamer Kontrast zu den mitgenommenen Schiffen, denn Tang und Algen hängen von den Ankerketten herab und wuchern wie lange Bärte am Rumpf unterhalb der Wasserlinie. Einige der Männer lachen den kleinen Dampfer aus, und ein Lehrer erklärt seinen Schützlingen, daß sie möglicherweise dasselbe täten, wenn sie Kriegsgefangene wären und von einer Horde Kinder fixiert würden. Wir sollten Mitleid haben mit diesen armen Menschen, sagt er, die genausowenig dafür können, daß sie Deutsche sind, wie wir dafür, daß wir »Orcadians« sind. Bald kommen die Torpedoboote in dem kleinen Kanal zwischen Hoy und Fara in Sicht, dann das Depotschiff *Cyclops*, zwei britische Basisschiffe und drei Zerstörer, denen die Kinder ebenfalls zuwinken. Es geht vorbei an der Marinebasis Lyness, dann umrundet die *Flying Kestrel* die südlichsten Päckchen der VI. Torpedobootsflottille und macht sich wieder auf den Rückweg.

Gegen neun Uhr lichtet das I. Schlachtgeschwader gerade die Anker, um zu seiner Torpedoübung aufzubrechen. *Ramillies*, *Resolution*, *Royal Oak* und *Royal Sovereign*, angeführt von Fremantles Flaggschiff *Revenge*, begleitet von zwei Leichten Kreuzern und neun Zerstörern, verlassen Scapa Flow Richtung Süden durch den Hoxa Sund. Zurück bleiben nur die Basisschiffe *Sandhurst* und *Victorious*, die mit drei Zerstörern – einer davon ist nicht fahrbereit – und ein paar Hilfsschiffen in Lyness liegen. Später liest Fremantle an Bord der *Revenge* die Übersetzung von Reuters Telegramm, in dem dieser gegen den Verkauf der Flotte protestiert und die Abberufung der Offiziere und höheren Beamten fordert. Dann beginnt der britische Admiral wie geplant mit seinen Übungen.

Friedrich Ruge überholt vor dem Frühstück seinen schon dreimal umgepackten »Gefechtskoffer« mit Wäsche und Büchern. Im Spind liegen die beste Uniform und ein »Stell« frischer Sachen bereit. Das Gepäck wird in der Messe gesammelt. Ruge macht sich eine Liste mit allem, was er im Ernstfall veranlassen muß, und klebt den Zettel an seinen Schreibtisch. Als er zum ersten Mal an Deck geht, kommt gerade der Wasserdampfer mit dem englischen Offizier längsseits, der ihm die neuen Zeitungen mit der Nachricht zeigt, daß der Waffenstillstand noch einmal um zwei Tage verlängert worden sei. Nach dieser ›Entwarnung‹ wird gefrühstückt, und nach dem Frühstück ist wie jeden Sonnabend Reinschiff am Oberdeck. Als die Männer mit Schlauch und Besen bei der Arbeit sind, fährt ganz dicht hinter dem Heck die *Flying Kestrel* mit den winkenden Schulkindern aus Stromness vorbei. Bis jetzt ist ihnen noch nichts Besonderes aufgefallen, nur ein paar Lieferfahrzeuge, die hier und da längsseits liegen, und ein, zwei Signalflaggen, die auf den Torpedobooten gehißt werden.

Derfflinger hat zwischen zehn und elf Uhr Besuch von einem Provianttrawler. Der Leergutdampfer *Nelly*, der längsseits *Kronprinz Wilhelm* liegt, wird mit dem Hinweis vertrieben, daß in der Maschine »etwas unklar« sei und das Schiff untergehen könne. Die englischen Seeleute kommen an Bord, sehen sich dieses und jenes an und benehmen sich fast schon wie die neuen Eigentümer des Schiffes. Erstaunlicherweise erzählen sie ganz freimütig, am Montag früh werde die deutsche Flotte von Trupps zu je 20 bis 30 Mann besetzt werden.[1]

»Paragraph elf bestätigen«

Wie gewöhnlich geht beim Flaggschiff *Emden* am Morgen Reuters englischer Stabsdrifter längsseits; an diesem Tag, um ein Kommando zur Entladung des Vorratsdampfers *Dollart* abzuholen, der am Vortag aus Deutschland angekommen ist. Dem englischen Offizier wird bei der Abfahrt Reuters Brief an Fremantle ausgehändigt. Danach fährt das Schiff zunächst zur *Baden*, um dort ein weiteres Arbeitskommando an Bord zu nehmen. Während das Boot zu *Dollart* unterwegs ist, verläßt das englische Schlachtschiffgeschwader gerade die Bucht: »Der eilige Brief erreichte deshalb das Flaggschiff nicht mehr«, heißt es zwar im Versenkungsbericht der *Emden*, auf irgendeinem Wege muß er ihm aber doch noch zugestellt worden sein.

In der Zwischenzeit hat Reuter in voller Uniform das Deck seines Flaggschiffs betreten. Geschmückt mit dem Eisernen Kreuz I. Klasse und weiteren Orden, geht er auf der Schanz hin und her und hält gelegentlich inne, um das eine oder andere Schiff durch das Teleskop zu betrachten, als ob er auf etwas warten würde. Gegen zehn Uhr meldet Oldekop, sein Chef des Stabes, daß der englische Admiral die Bucht seewärts verlassen habe. Das kann bedeuten, daß er sich draußen mit anderen Verbänden trifft, um dann mit vielen Schiffen gleichzeitig durch die verschiedenen Einfahrten hereinzukommen und möglichst schnell bei den deutschen Schiffen längsseits zu gehen und sie zu besetzen. Allerdings ist das Auslaufen des Wachgechwaders für Reuters Entscheidung und damit für das weitere Geschehen vollkommen unerheblich. Oldekop trägt Reuter die Pressemeldungen vom 17. Juni vor, wonach die Entente die deutschen Gegenvorschläge, damit auch eine finanzielle Einigung zwecks Rückgabe der Schiffe abgelehnt und ihre bedingungslose Auslieferung gefordert habe. Für die Zustimmung sei eine fünftägige Frist festgesetzt worden, vom 16. Juni an gerechnet. Am morgigen Sonntag, so Oldekop weiter, werde die Ankunft des Torpedobootes *B 98* erwartet, das möglicherweise neue Anweisungen mitbringt.

Kurz nach zehn Uhr läßt Reuter das internationale Signal »DG« hissen. Es ruft alle Schiffe dazu auf, weitere Signale abzuwarten. Da das Flaggschiff den Signalverkehr nicht gleichzeitig mit der ganzen Flotte bewältigen konnte, wurden die Schiffe nach dem Lageplan in drei große »Tortenstücke« aufgeteilt und jedem Abschnitt eine eigene Signalzeit zugewiesen. Seitdem müssen Mitteilungen außerhalb der Verkehrszeiten eigens angekündigt werden. Alle Schiffe besetzen die Brücke, hissen die Gegensignale und richten die Ferngläser auf das Flaggschiff. Wann genau Reuter das Signal zur Versenkung gegeben hat, ist nicht festzustellen. Nach den Angaben der Versenkungsberichte, die ebenfalls variieren, ist es etwa elf Uhr gewesen. *König* nimmt den Spruch jedenfalls schon gegen elf Uhr auf, und zehn Minuten nach elf erhält *Emden* die erste Bestätigung. *Markgraf* empfängt den Befehl erst um 11.30 Uhr, *Kaiser* zehn Minuten später. Reuters Befehl lautet völlig unverdächtig: »Paragraph elf bestätigen. Chef Internierungsverband.« Da bei weitem nicht alle Schiffe Sichtverbindung zueinander haben, dauert es jetzt wieder eine Weile, bis der Befehl zur sofortigen Versenkung den ganzen Verband durchlaufen hat. Auf Ruges Torpedoboot blicken alle zur *Seydlitz*, den nächstgelegenen Schlachtkreuzer, um den Winkspruch mit abzulesen. Dem eigenen Flaggschiff hat Reuter den Befehl noch verheimlicht, denn wie üblich liegen zwei englische Verkehrsdampfer längsseits, und sinnigerweise ist gerade ein Wasserlieferant dabei, die Tanks der *Emden* vollzupumpen, selbst dann noch, als Ventile und Unterwasserrohre schon geöffnet sind. Die Unruhe an Bord hätte die Absicht zu früh verraten, und so weiht der Kommandant, Kapitänleutnant Ehlers, auf Reuters Geheiß erst fünf Minuten vor zwölf die Mannschaft ein. Sie ist zu dieser Zeit noch zum Mittagessen unter Deck versammelt. In dem Versenkungsbericht der *Emden* heißt es später: »Zunächst lautlose Stille, dann aber durchbrauste ein Sturm der Begeisterung die Gefühle, und leuchtenden Auges eines solchen ehrenvollen Endes unserer Flotte ging es an die Lösung der Aufgabe.«[2]

Der Maler Bernard Gribble hat sich auf Seestücke spezialisiert. Eigentlich wollte er an diesem Morgen der Einladung Fremantles folgen und den Torpedoübungen zusehen, aber in letzter Minute hatte er es sich anders überlegt. Angeregt von dem schönen Wetter, begibt er sich auf die *Sochosin*, eines der Patrouillenboote, um die internierten Schiffe zu zeichnen. Viertel vor zwölf ist er gerade dabei, eine Skizze von *Fried-*

rich der Große anzufertigen, als er plötzlich sieht, daß – gegen die Internierungsbestimmungen – die Boote ins Wasser gelassen werden. Er macht einen britischen Offizier darauf aufmerksam. Sub-Lieutenant Leeth zögert – und schreit: »Ich hab's! Ich glaube, die versenken ihre Schiffe!« Es ist zwölf Uhr Mittag.

Friedrich der Große hat bereits Schlagseite, und seine Glocke, die alle Mann auffordert, das Schiff zu verlassen, tönt laut zur *Emden* hinüber. Die Boote legen ab, und *Friedrich der Große* neigt sich weit über. Durch die offenstehenden Seitenfenster ergießen sich Ströme von Wasser ins Innere. »Klar zum Sprung in die kühle Flut«, erscheint im Augenblick des Kenterns der letzte Mann an Deck, den die Mannschaft noch lange gesucht hat. »Das Schiff sinkt«, berichtet Reuter, »die aus den Schornsteinen austretende Luft wirft noch zwei große Wasserstrudel auf – dann ist alles still, einige Trümmer treiben auf dem verlassenen Liegeplatz. Die Uhr zeigt 16 Minuten nach 12.«[3] Zwei Stunden später wird der letzte Mann bewußtlos an einer Rettungsboje treibend von einem englischen Drifter aus dem acht Grad kalten Wasser gefischt. Reuter scheint es, als habe das ehemalige Flaggschiff seinen schlechten Ruf wettmachen wollen, indem es mit gutem Beispiel voranging. Aber eigentlich ist es zu schnell gesunken, denn dadurch sind die Bewacher früh gewarnt. Trotz weißer Flagge eröffnet ein englisches Fahrzeug das Feuer auf die Boote mit der Mannschaft und will sie zwingen, an Bord der *Bayern* zu gehen. Eine der Kugeln findet sich später in der Kleiderkiste eines Kameraden wieder. Gleichzeitig hat das Wachboot seine Dampfpfeife in Gang gesetzt. Reuter schreibt: »Ihre ängstlich klagenden Töne schreckten die Besatzungen der übrigen englischen Fahrzeuge aus ihrem Hindämmern auf, das an einem warmen Sommermorgen und bei Abwesenheit des englischen Admirals nur zu verständlich war.«[4]

Auch in die deutschen Schiffe ist Bewegung gekommen, als habe das Läuten der Schiffsglocke auf *Friedrich der Große* sie plötzlich geweckt: »Haha, jetzt beginnt der Tanz! 54 Mann und ein Gedanke«, heißt es im Versenkungsbericht *Derfflinger*,[5] und »nirgends verzagte Gesichter« vermerkt der Versenkungsbericht *Hindenburg*. Daß die Mannschaften einzelne Offiziere, die sich der Versenkung widersetzt hätten, an die Masten gebunden und mit den Schiffen versenkt hätten, wie einige Gerüchte später besagen, ist offenbar frei erfunden. Die Männer tun plötzlich etwas, was sie sieben Monate lang nicht getan haben: Sie rennen eilig übers Deck. Sie öffnen alles, was zu öffnen ist, Ventile und Torpedorohre, und zertrümmern die Schließmechanismen. Auch Kondensatorendeckel, Kammertüren und Bullaugen werden geöffnet. Die Männer setzen Kriegsflagge und Kommandantenwimpel, auf den Torpedobooten auch das Angriffssignal, den rotgezackten »Stander Z«. Die restlichen Kriegsflaggen werden zerschnitten, Heinemann verwahrt nur die Adler in seiner Mappe. Das Ankerspill wird unbrauchbar gemacht und das Werkzeug über Bord geworfen.

Sub-Lieutenant Leeth befiehlt seinen Leuten, die Waffen zu holen, und nimmt mit der *Sochosin* Kurs auf den Kleinen Kreuzer *Frankfurt.* Die Mannschaft sitzt in einem Kutter ohne Riemen, einer der Briten wirft welche hinüber und befiehlt, zum Schiff zurückzukehren. Als der deutsche Offizier sich weigert, läßt Leeth das Feuer eröffnen. Mehrere Männer werden verwundet. Die *Sochosin* nimmt den Kutter in Schlepp und bringt die Mannschaft wieder an Bord der *Frankfurt.* Die Männer schließen auf Befehl Luken und Seitenfenster, um das Sinken zu verlangsamen. Währenddessen nehmen die Engländer die Boote mit und lassen sie 300 Meter vom Schiff treiben. Eben werden Flöße und eine Hobelbank ausgesetzt, da richten zwei Zerstörer ihre Geschütze auf das Schiff. Schließlich springt die ganze Mannschaft zur Überraschung der Engländer gleichzeitig mit weißer Fahne aus der Deckung hervor, »kühn und keck vor geladene Kanonen und Gewehre«. Nun wird sie wieder von Bord geholt.[6]

»Aufs Pferd, Kameraden!«

Ruge zieht seine bereitgelegten Sachen an, Unterwäsche doppelt. Alles geht so schnell, daß keiner groß zum Nachdenken kommt. Die Torpedoboote neigen sich schon nach wenigen Minuten zur Seite. Die Männer bringen das Gepäck von Bord und treiben Nachzügler zur Eile an. Aus der Kombüse duften gebratene Frikadellen, denn gerade hatte es einmal frisches Fleisch gegeben, und im Vorbeigehen greift jeder noch schnell zu. Kapitänleutnant Menche hält eine kleine vaterländische Ansprache, gefolgt von drei Hurras der Mannschaft, und dann wird das schwer beladene Boot zur Insel Fara gerudert. Die Besatzungen haben Befehl, entweder an Land zu gehen oder längsseits eines englischen Schiffes.

Als das Boot *S 138* passiert, steigen auch dort gerade alle aus, der Stabsarzt mit seiner Trompete unterm Arm. Ruges Boot wird von dem englischen Drifter *Ramna* verfolgt und unter Feuer genommen, aber, so Ruge später, »glücklicherweise war der Blutdurst größer als die Schießkunst«. Niemand wird getroffen, doch es knallt und pfeift ganz ordentlich. Schließlich fühlt sich auch ein Küstenwächter auf Fara bedroht, so daß der Dampfer das Feuer einstellt: »Wir waren so nahe, daß deutlich zu sehen war, wie ein rundlicher Herr in Zivil, anscheinend der Leitende Maschinist, sein Schießeisen hochnahm und nach neuen Zielen suchte.«[7] Kapitän Cordes mit den drei leuchtenden Ärmelstreifen seiner besten Uniform, winkt nur lässig ab, als die Gewehre auf ihn gerichtet werden, während er gerade sein Torpedoboot verläßt – mit Erfolg. Ruge und seine Kameraden gehen seit sieben Monaten erstmals an Land und genießen voller Spannung die Aussicht. Noch schwimmen die meisten Schiffe.

Als *Friedrich der Große* gesunken ist, hat Fremantles Verband im Pentland Firth, der Meerenge zwischen den Orkneyinseln und dem schottischen Festland mit ihren starken Strömungen, gerade den ersten Torpedoangriff hinter sich, und die Zerstörer sind dabei, die Torpedos wieder einzufangen. In Scapa Flow beobachten die Männer auf der *Victorious*, daß die deutschen Schiffe die Kriegsflaggen und den roten »Stander Z« hissen. Kurz nach zwölf erhält Fremantle eine dringende Nachricht von der *Westcott*, dem einzigen der zurückgebliebenen Wachzerstörer, der mit Funk ausgerüstet ist: »Deutsches Kriegsschiff sinkt.« Wenig später folgt eine Nachricht vom Chef der Marinebasis: »Deutsche Schiffe sinken; einige schon gesunken.« Es ist 12.35 Uhr, als Fremantle die Übungen abbricht und mit voller Kraft nach Scapa Flow zurückkehrt. 20 Minuten später ist mit *König Albert* schon das zweite Schiff gesunken.

Bei fast allen großen Schiffen geht es sehr schnell. Als erster Schlachtkreuzer sinkt *Moltke* um 13.15 Uhr. Nach dem Kentern lag das Schiff noch lange auf der Seite, »gleich einem Fontänen speienden Walfisch«.[8] Ruge schreibt: »Welches Bild! Vor uns bäumte sich der *Große Kurfürst* steil in die Höhe. Klirrend brachen beide Ankerketten, schwer fiel er nach Backbord über und kenterte. Der rote Anstrich seines Bodens leuchtete weit über die blaue See.«[9] Auf *Prinzregent Luitpold* wurden gerade Speckerbsen vorbereitet, und man war im Begriff, das fette Bordschwein Max zu schlachten, aber nun kommt es in einen Sack und wird mitgenommen. Die Akten geben keine Auskunft über sein weiteres Schicksal, aber die Engländer werden es wohl am Abend beschlagnahmt haben.

Auf der *Seydlitz*, die zehn Minuten vor zwei untergeht, ertönt ein Hornruf nach dem alten Reiterlied: »Wohl auf Kameraden, aufs Pferd, aufs Pferd!« Die Männer besteigen Boote, Flöße und Jollen, als letzter verläßt der Kommandant das kampferprobte Schiff mit all seinen »Ehrennarben«. Man legt ab, abermals ertönt ein Hornsignal, die Mannschaft singt die Nationalhymne »Deutschland, Deutschland über alles!«, und drei Hurras, die als Echo von den Inselbergen zurückschallen, sind des »sterbenden Riesen letztes Geleit«.[10]

Auf vielen Schiffen arbeiten nach kurzer Zeit die Dieselmotoren nicht mehr, so daß es nicht gelingt, die großen Beiboote ins Wasser zu lassen. Als Ersatz dienen Kutter, Jollen und Flöße. Die Mannschaft von *Kaiserin* hat auch dafür keine Zeit mehr und muß vor dem Kentern des Schiffes über Bord springen. Da die Briten die zu Hilfe eilenden deutschen Boote immer wieder vertreiben, zieht sich die Bergung eine Weile hin, gelingt aber schließlich. Um 14.15 Uhr sinkt *Von der Tann*, das Schiff, das in der Skagerrakschlacht den Schlachtkreuzer *Indefatigable* versenkt hatte. Ihm folgen *Bremse* und *Bayern*, und kurz vor 15 Uhr *Derfflinger*. Der »Eiserne Hund« mit seinem über 200 Meter langen Oberdeck hatte in der Skagerrakschlacht 17 Treffer von schwerem und neun von mittlerem Kaliber erhalten und mit 157 Gefallenen und 26 Verwundeten die größten Verluste unter den nicht gesunkenen deutschen Schiffen.

Ein paar Minuten nach zwölf Uhr beginnt die *Flying Kestrel* mit voller Kraft auf Stromness zuzuhalten, um die Kinder abzusetzen und danach bei der Bergung sinkender Schiffe zu helfen. David Sutherland, ein Mitglied der Besatzung, berichtete, daß auf den Decks der Torpedoboote einige Seeleute gesungen, getanzt und Akkordeon gespielt hätten, eine fröhliche und heitere Szene, so Sutherland; aber sie klingt eher unwahrscheinlich. Die *Seydlitz* liegt schon tief im Wasser. Die arglosen Ausflügler erleben das Chaos einer maritimen Götterdämmerung, die längst zu einem vertrauten Bild gewordenen Schiffe verschwinden vor den Augen der Kinder wie bei einem plötzlichen Erdbeben. Viele bekommen Angst und werden unter Deck gebracht, andere glauben, dies sei ein Schauspiel, das man eigens für sie arrangiert habe, und in ihren Erinnerungen an diesen Tag berichten sie später immer wieder von einer ohrenbetäubenden Kakophonie aus dem Läuten der Schiffsglocken, berstendem Stahl, brodelndem Wasser, umherfahrenden Dampfbooten, singenden Seeleuten und schießenden Engländern: eine seltene Kreuzung von Lebensgeschichte und historischem Augenblick, die viele, die diesen Tag erlebten, zeit ihres Lebens nicht vergessen sollten. Auch die ängstlichen unter den Kindern haben ihren Teil zu der Geräuschkulisse beigetragen. »Das Schreien und Heulen von der *Flying Kestrel* wurde zu einer spontanen bizarren Totenklage am Grab der deutschen Flotte«, schreibt Dan van der Vat.[11] Len Sutherland, zu jener Zeit elf Jahre alt, erinnerte sich, daß er selbst nicht geweint hat, wohl aber seine Lehrerin. Der damals fünfzehnjährige James Taylor hat seine Erinnerungen 1940 in einer Zeitschrift veröffentlicht, unter dem Titel »Der seltsamste Schulausflug aller Zeiten«:

»Plötzlich, ohne jede Vorwarnung und beinahe gleichzeitig, bekamen diese riesigen Schiffe Schlagseite nach steuerbord oder backbord, manche tauchten kopfüber ein, ihr Heck hob an und wies himmelwärts, andere sanken ganz schnell und ließen nur noch ihre Masten und Schornsteine aus dem Wasser ragen, während Öl und Dampf und Luft unter fürchterlichem Tosen aus den Öffnungen schossen und riesige Dunstwolken von den Liegeplätzen der Schiffe aufstiegen. Ein dumpfes Grollen und das Reißen der Ankerketten verstärken den Lärm, während die großen Leiber sich in schwindelerregendem Tempo überlegen und unter grauenhaft saugenden und gluckernden Lauten untergehen. Mit einem langgezogenen Seufzer verschwinden die stolzen Schiffe.

Auf der Wasseroberfläche bleibt nur ein riesiger Strudel zurück, gesprenkelt mit dunklen Gegenständen, die herum und herum gewirbelt, in die Tiefe gezogen und dem Blick entrissen werden. Jetzt verwandelt sich die See in einen riesigen Ölfleck, der sich immer weiter ausdehnt, als ob das Blut eines tödlich verwundeten Seeungeheuers vom Meeresboden aufstiege. Wie wir uns schweigend und voller Ehrfurcht dieses Bild betrachteten, wurde das Wasser meilenweit übersät von Booten und Hängematten, Kisten und Rettungsringen, Kleinholz und Masten. Und dazwischen Hunderte von Männern, die um ihr Leben kämpfen … Plötzlich zerrissen die herzhaften Rufe von Seemännern die Luft, die sich in langen Reihen auf dem Deck eines der größten Schiffe aufgestellt hatten. Sie nahmen Abschied von einem Schwesterschiff, dessen Decks jetzt unter Wasser waren.«[12]

Das einstige Flaggschiff *Baden* liegt noch an seinem Ankerplatz, dem nordwestlichsten der internierten Flotte, als die *Flying Kestrel* auf Stromness zuhält. Ein Seemann in weißer Uniform tanzt ganz allein auf einem der Geschütztürme. Obwohl sie nicht weit von der *Emden* liegt, hat die *Baden* am längsten gebraucht, um die Versenkung einzuleiten, weil die Arbeitskraft der Männer fehlt, die bei der Entladung des Frachtdampfers *Dollart* helfen. Nachdem die *Flying Kestrel* die Kinder abgesetzt hat, nimmt Kapitän Edward Davies, der die Strömungen und Untiefen der Bucht gut kennt, mit seinem Schiff die *Baden* in Schlepp und setzt sie in flachem Wasser auf Grund.

Bergungsversuche

Die in der Bucht zurückgebliebenen Wachzerstörer *Vespa* und *Vega* sind wie die kleinen Wachdrifter natürlich vollkommen überfordert, was die englischen Besatzungen hier ebenfalls durch wildes Schießen mit Pistolen, Maschinengewehren und Bordkanonen verzweifelt auszugleichen versuchen. Auch sie wollen die von Bord gehenden Mannschaften zwingen, die Versenkungsmaßnahmen rückgängig zu machen. Auf einem der Torpedoboote schöpft einer der Männer mit einem Eimer willig das Wasser aus dem Boot, während er weiß, daß es durch die 40 Zentimeter großen Kondensatoröffnungen in viel größerer Menge nachströmt.

Auf der Insel Cava hindern einige mit Mistgabeln bewaffnete Frauen die Besatzung eines Rettungsbootes daran, an Land zu gehen. Auch vom Ufer aus wird geschossen, und so treiben ganze Geschwader von Rettungsbooten ziellos durch die Bucht, manche werden von den Engländern in Schlepp genommen und dann wieder losgelassen, bis die Mannschaften früher oder später an Bord von Fremantles Schlachtschiffen gelangen. Bis dahin nehmen auch Zivilisten auf den Driftern die seltene Gelegenheit zum Schießen wahr. Passiert ist dabei vergleichsweise wenig, vor allem, weil bald so viele Boote unterwegs waren, daß die Engländer in ihrer Panik wohl nicht wußten, welches sie zuerst verfolgen sollten.

Um nicht wieder an Bord geschickt werden zu können, befiehlt Bootsmaat Philippsen von der *Cöln* geistesgegenwärtig: »Mütze runter!«, damit »die drüben« den Schiffsnamen nicht erkennen. Kurz nach dem ersten Alarm steuern *Vespa* und *Vega* auf die zehn Torpedoboote der VI. Flottille zu, die über 2 Kilometer von den letzten Torpedobooten und 8 Kilometer vom Flaggschiff entfernt sehr einsam im Süden des Kanals zwischen Fara und Hoy liegen. Ohne Sichtkontakt zur *Emden* haben die Besatzungen dort als letzte den Versenkungsbefehl bekommen und die Schiffe gerade erst verlassen, als *Vespa* und *Vega* mit vier Driftern angefahren kommen. Mit Schüssen zwingen die Zerstörerbesatzungen die Deutschen auf ihre Boote zurück, damit sie sie vor dem Untergang bewahren. In einem Kutter, in dem 13 Männer von *V 126* sitzen, werden drei Mann erschossen: Torpedomaschinist Wilhelm Markgraf und die beiden Torpedo-Obermaschinistenmaaten Gustav Funkrath und Friedrich Beicke. Vier Mann werden verwundet. Dem Leutnant zur See Albrecht Lampe setzt ein Zivilist die Pistole an die Schläfe und drückt ab. Die Waffe rutscht weg, und Lampe kommt mit einem Streifschuß davon. Im Rettungsboot von *V 127* trifft Heizer Karl Funk ein Schuß in den Bauch. Die Engländer lassen den Kutter mit dem Verwundeten zunächst treiben, nachdem sie die übrigen Männer auf das Torpedoboot zurückgeschickt haben. Erst Stunden später, als dem Kommandanten der *Sandhurst* schwere Vorhaltungen gemacht worden sind, wird das Boot eingeholt, aber da ist es zu spät und Funk tot. Auf der VI. Flottille sind die Verbindungen zu den Flutventilen nicht zerstört worden, so daß die Briten es schaffen, drei Boote, darunter auch *V 126* und *V 127*, ans Ufer der Insel Hoy zu schleppen. Fünf weitere sinken in flachem Wasser und gehen nicht ganz unter.

Neben den Mannschaften der *Frankfurt* und einiger Torpedoboote werden auch die der *Bremse* gezwungen, wieder auf die sinkenden Schiffe zu gehen, und ihre Boote werden von den Engländern gekappt. Maschinistenmaat Clemens macht sich brav an den Ventilen zu schaffen, bis sein Kommandant droht, ihn über Bord zu werfen. Die Männer werden dann doch wieder heruntergeholt, und *Bremse* sinkt im Schlepp eines englischen Dampfers südlich der Insel Cava. Auf *Markgraf*, wo die Flutventile auf »langsames Versenken« eingestellt worden sind, werden Kapitänleutnant Walther Schumann, als er mit einer weißen Flagge an Deck kommt, und der Oberbootsmannmaat Herrmann

Dittmann mit Kopfschuß getötet. Auf dem Linienschiff *Kronprinz Wilhelm* wird der Heizer Karl Bauer bei wiederholter Beschießung durch zwei Drifter zuerst schwer, dann tödlich verwundet. Doormann, Oberstückmeistersmaat von *Markgraf*, muß die Leichen auf englischen Befehl in einem Motorboot zurücklassen. Als es später an *Ramillies* festgemacht wird, bleibt Schumanns Leiche zunächst in der Kajüte liegen, weil die Engländer mit vorgehaltener Pistole verhindern, daß seine Kameraden sie an Bord bringen. Über Nacht dreht sich das Boot und legt sich vor das Kabinenfenster des Leutnants Horne, der am Morgen, als er nach dem Wetter schauen will, direkt ins Gesicht des toten Offiziers guckt. Über die Beisetzung Schumanns wird die Mannschaft einige Wochen später im Gefangenenlager unterrichtet.

An Bord der *Emden* haben die Mannschaften fünf Minuten vor zwölf auf Befehl des Kommandanten – »Kleidersäcke packen, Schiff wird versenkt!«[13] – das Mittagessen abgebrochen und die wichtigsten Sachen zusammengerafft. Als die längsseits liegenden Drifter merken, daß *Friedrich der Große* untergeht, versuchen sie, von der *Emden* loszukommen. Aber Teile der Besatzung halten die Taue fest, während andere in die englischen Fahrzeuge klettern. Einer ihrer Offiziere soll ganz begeistert gewesen sein, Zigaretten angeboten und sich gefreut haben, nun endlich nach Hause zu dürfen: »German fleet sinking, allright, now I go home!«[14] Reuter und sein Stab nehmen den zweiten Drifter, der ihnen auch bisher immer zur Verfügung stand. Er will den Kommandierenden an Land aufsuchen, um das Feuer einstellen zu lassen. Reuter überredet die Besatzung des Verkehrsdampfers, ein Steinhaus an einer klippenreichen Bucht anzusteuern, in dem er die Dienstwohnung des Inselkommandanten vermutet. Als er landet, kommt gerade ein Auto angerast, aus dem ein junger Mann im Tennisanzug springt. Er ist viel zu aufgeregt, um Reuter zuzuhören, holt seinerseits eine Kamera und fährt mit einem Schnellboot in die Bucht hinaus. Reuter kommt er ohnehin reichlich jung vor. Später stellt sich heraus, daß er der Chef der Orkney-Marineflugstation auf der Insel Fara war. Der Gesuchte, Konteradmiral Prendergast, befindet sich in diesem Augenblick auf der *Victorious*, die Lyness verlassen hat, um sich der sinkenden Schiffe anzunehmen. Prendergast schickt gerade zwei Fotografen aus, die den gesamten Liegeplatz der deutschen Flotte abfahren. Ihnen ist die Mehrzahl der Fotografien von den sinkenden Schiffen zu verdanken.

Der britische Ausflugsdampfer *Flying Kestrel*, der am 21. Juni 1919 mit 400 Schulkindern an Bord die Liegeplätze der plötzlich sinkenden deutschen Schiffe abfuhr.

Während der Versenkung: Ein britisches Wachboot geht längsseits eines deutschen Torpedobootes, um ein Enterkommando überzusetzen.

21. Juni 1919: die gegen 14.30 Uhr sinkende *Bayern*.

Derfflinger, zur Hälfte im Wasser liegend, um 14.45 Uhr, vier Minuten vor dem Untergang.

Britischer Schlepper längsseits des sinkenden deutschen Torpedobootes *G 102*. Ein britischer Seemann holt die deutschen Flaggen ein.

Schlachtkreuzer *Hindenburg* nach der Versenkung auf ebenem Kiel. In diesem Zustand lag das Schiff bis 1930 in Scapa Flow.

21. Juni 1919, nachmittags: deutsche Offiziere an Bord eines britischen Schlachtschiffs, möglicherweise der *Revenge*, dem Flaggschiff Admiral Fremantles, kurz nach der Versenkung.

Deutsche Mannschaften auf einem britischen Schlachtschiff am Nachmittag des 21. Juni 1919 vor dem Abtransport in die Kriegsgefangenschaft.

Das auf Grund gesetzte Linienschiff *Baden* nach dem 21. Juni 1919. Britische Mannschaften versuchen, das Schiff zu lenzen, um es wieder schwimmfähig zu machen.

»Gedenkblatt unserer in Ehren versenkten Deutschen Flotte in Scapa Flow«. Postkarte mit Photographien der Linienschiffe, Schlachtkreuzer, Kleinen Kreuzer und Torpedoboote (um 1919). In der Mitte Konteradmiral Ludwig von Reuter.

Hebungsarbeiten in Scapa Flow. Die von Ernest Cox konstruierten Einstiegsschächte an einem noch auf Grund liegenden deutschen Schiff.

Ein gehobenes, kieloben liegendes deutsches Schiff mit den Einstiegsschächten für die Taucher und Arbeiter.

'ermutlich der 1927 mit großer Wucht aufgetauchte Schlachtkreuzer *Moltke*.

Mr. Ernest Cox im Schornstein des Schlachtkreuzers *Hindenburg* (um 1930).

Hindenburg nach der Hebung, noch tief im Wasser liegend.

Helmtaucher bei den Hebungsarbeiten in Scapa Flow.

Kleiner Kreuzer *Bremse* nach der Hebung.

Der Rumpf der *Hindenburg* wird leergepumpt.

Überführung eines gehobenen, kieloben liegenden deutschen Schiffes nach Rosyth. Gottesdienst an Bord.

Der erst nach über 40 Versuchen gehobene Schlachtkreuzer *Seydlitz*.

:in deutsches Großkampfschiff wird im Schwimmdock zum Abwracken transportiert.

n Bord eines gehobenen, kieloben liegenden deutschen Schiffes bei seiner Überführung nach
osyth. Die Begleitmannschaften treiben Sport vor ihren Unterkünften.

Bergungsarbeiter mit Geschirr aus der Offiziersmesse eines deutschen Schiffes.

Das Geschütz eines gehobenen deutschen Großkampfschiffs wird zerlegt.

Abwrackarbeiten: Zerschneiden von Panzerplatten.

31. Januar 1920: Heimkehr der deutschen Besatzungen nach 13 Monaten Internierung und Kriegsgefangenschaft. Im hellen Mantel Vizeadmiral Ludwig von Reuter bei der Begrüßung in Wilhelmshaven. Oben mit dem Chef der Admiralität, Vizeadmiral Adolf von Trotha (im Vordergrund), unten auf einem Rettungsboot stehend.

Reuter will zurück auf die *Emden*, läuft aber mit dem englischen Drifter auf Grund. Eine ganze Stunde, bis die Flut kommt, sitzt er »abseits von allem Weltgeschehen« fest. In der Ferne sieht er die Admiralsflagge seines Schiffes wehen, es will und will nicht untergehen. Um 13.30 Uhr kommt der Drifter wieder frei. Eine Stunde später ist das englische Geschwader wieder in Scapa Flow. Noch in See gibt Fremantle Anweisung, alles zu tun, um die Versenkungen zu verhindern. Aber als seine Zerstörer auf dem Schauplatz erscheinen, ist das Chaos längst perfekt. Auch sie feuern mit den Bordkanonen, treffen aber nicht. Ihr Chef, Captain Mac Lean, geht bei *S 132* längsseits und droht dem deutschen Flottillenchef, Kapitänleutnant Oskar Wehr, jeden Kommandanten, dessen Boot sinkt, auf der Stelle zu erschießen. Er läßt die Offiziere auf der Back antreten und stellt ihnen eine Gruppe Seesoldaten mit geladenen Gewehren gegenüber. Erst im letzten Augenblick unterbleibt aufgrund eines Winkspruchs von *Sandhurst* die Erschießung.

Als Fremantle wiederkommt, sind schon vier Kleine Kreuzer, drei Schlachtkreuzer und neun Linienschiffe gesunken. *Shakespeare*, einer der zurückgekehrten Zerstörer, legt sich gleich neben die *Emden*, versucht die Ankerketten zu sprengen und das Schiff an Land zu schleppen. Reuter, inzwischen auf dem Weg zum Flaggschiff, gibt seinen Kurs auf und hält auf die benachbarte *Bayern* zu, deren Männer zum Teil in Rettungsbojen im Wasser treiben und Gefahr laufen, in den Untergangsstrudel von *Kronprinz Wilhelm* gerissen zu werden. Kurz nachdem der Drifter die Schiffbrüchigen eingesammelt hat, legt sich die *Bayern* über und kentert. Eine Augenzeugin beobachtet, wie ein Drifter zwei oder drei Rettungsboote mit deutschen Soldaten in Schlepp nimmt. Als Signalmaat Hans Hesse versucht, mit dem Messer das Schleppseil zu kappen, wird er von einem britischen Marinesoldaten mit dem Gewehr erschossen. Nun trägt der schwache Wind die Schüsse bei den Torpedobooten bis zu Reuter herüber. Sie sind sein nächstes Ziel, aber da entdeckt er Fremantles Linienschiffe in der Bucht, die 38-cm-Geschütze klar zum Gefecht. Reuter will sofort den englischen Admiral aufsuchen, damit dieser das Feuer einstellen läßt.

Neun deutsche Marineangehörige werden an diesem Tag von den Briten erschossen, sehr viel mehr aber von Flößen und Bojen geborgen, so daß nicht ein einziger ertrinkt. Im Laufe des Nachmittags beruhigen sich die Bewacher allmählich, das planlose Schießen und Herumfahren hört auf, und sie konzentrieren sich darauf, hier und da Flaggen niederzuholen, statt dessen ihre eigenen zu setzen und die letzten Schiffe an Land zu schleppen. Gegen 15 Uhr fordert ein Drifter die am Ufer der Insel Fara sitzenden Männer von *B 110* auf, wieder die Boote zu besteigen, und schleppt sie in den Guttersund, wo sie an dem Begleitschiff Sandhurst festmachen. Inzwischen ist der Pegel gefallen und Wind aufgekommen. Unterwegs begutachten die Männer das Ergebnis ihrer Aktion: 32 Boote sind an der Boje gesunken; 16 weitere, die auf Grund gesetzt wurden, sind auch nicht mehr viel wert. Ruges Torpedoboot *B 110* ist auf ebenem Kiel gesunken. Schwimmend geborgen wurden nur *G 102* und *S 132*. Aber auf *S 132* sind die Kessel vollkommen ausgeglüht, und die Mannschaft hat durch die Sichtfenster Metallstücke in die Turbinen geworfen, so daß sie bei der geringsten Drehung unbrauchbar werden. Ruge war zufrieden: »Um die Zukunft machten wir uns vorläufig keine Sorgen, sondern beschäftigten uns mit dem Proviant, der in den Kuttern reichlich vorhanden war. Zuerst schlachteten wir eine 5-Kilo-Dose Corned Beef und legten so dicke Scheiben aufs Brot wie noch nie zuvor in Scapa Flow.«[15]

Nach einer Weile werden sie auf die *Sandhur*st geholt und gezählt. An Deck stehen schon über hundert Männer von allen Flottillen, und als erstes werden die Erlebnisse des Tages besprochen. Dann sollen alle Gefangenen auf das Wachgeschwader gebracht werden, und so geht es wieder in die Boote, wo die Mannschaft von *B 110* die nächste Fleischbüchse aufmacht. Diesmal fahren sie über die Liegeplätze der großen Schiffe, wo eine Schar von Zerstörern, Driftern und Schleppern noch versucht, die *Hindenburg* in flaches Wasser zu schleppen, nachdem die Ankerketten gesprengt wurden. Zwei Engländer holen die Flagge herunter. Hinter Cava kommen die Masten der immer noch schwimmenden *Emden* in Sicht, ein Beispiel dafür, daß die Kleinen Kreuzer ohne Sprengstoff kaum zu versenken sind. In der Skagerrakschlacht hatte sich die manövrierunfähig geschossene *Wiesbaden*, zwischen den Linien liegend, noch zwölf Stunden an der Oberfläche gehalten, während fast die ganze englische Flotte das Schiff unter Feuer nahm. Viele Männer trugen schlimmste Verletzungen durch rasierklingenscharfe Splitter davon, bevor das Schiff schließlich mitsamt dem niederdeutschen Dichter Johann Kinau, genannt Gorch Fock, sank und nur einen einzigen von 590 Mann, den Oberheizer Zenne, überleben ließ.

Um vier Uhr nachmittags sind von 24 großen Schiffen und Kleinen Kreuzern nur noch fünf Schiffe über Wasser. *Markgraf* sinkt um 16.45 Uhr, und als letztes der großen Schiffe eine Viertelstunde später die *Hindenburg.* Hier hat Korvettenkapitän Erich Heyden die Versenkung höchst sorgfältig vorbereitet, damit das Schiff auf ebenem Kiel sinkt und die Mannschaft beim Aussteigen nicht gefährdet wird. Zuletzt versuchen die Briten noch, das Sinken hinauszuzögern, indem sie an Bord alle Türen und Luken schließen, freilich vergebens. Ein ungenannter englischer Augenzeuge berichtete, er habe im letzten Augenblick ein Bild Hindenburgs mit dem Hammer zerschlagen.[16] Wenig später machen die Briten von dem Schiff los und flüchten nach allen Seiten. Mit einem deutlichen Ruck sackt *Hindenburg* ab, und der Rumpf ist schon unter Wasser, als sich das gewaltige Schiff wieder aufrichtet. Die Tiefe in Scapa Flow beträgt bis zu 53 Meter, aber an dieser Stelle ist es so flach, daß Schornsteine und Masten bis zur Hebung des Schiffes im Jahre 1930 aus dem Wasser ragen. *Baden*, *Emden* und *Frankfurt* werden in sinkendem Zustand an den Strand geschleppt, die *Nürnberg* treibt sogar von alleine an Land, nachdem ihre Ankerkette gesprengt worden ist. Daß das Flaggschiff nicht untergegangen ist und die Briten den Union Jack darauf hissen konnten, schmerzt die Deutschen besonders. Der Maler Bernard Gribble hat die Gelegenheit genutzt, die *Emden* zu inspizieren. Die vordere Kajüte soll mit Flaggen und Wimpeln bunt geschmückt gewesen sein und der Geruch von Tabak und Alkohol in der Luft gehangen haben, Anzeichen, daß man am Abend zuvor kräftig gefeiert hatte. Offenbar haben die Briten gleich weitergetrunken. Ein deutscher Seesoldat, der sich als Elektriker ausgibt, wird ein paar Tage nach der mißglückten Versenkung auf das Schiff gebracht, um Auskünfte über die elektrischen Anlagen zu geben, was er nicht kann. Er berichtet von ausgeraubten Kammern und englischen Seeleuten, die sich betrunken zwischen verstreuten Sachen tummelten. Aus dem Licht wurde nichts, und auch das Loch, mit dem das Vorschiff und drei Heizräume unter Wasser gesetzt worden waren, war nicht zu finden. Lukendeckel und Schottwände hatten die Briten mit Balken abgestützt, und das Boot, das den Elektriker zurück auf die *Royal Sovereign* brachte, war voll bepackt mit Büchsen grauer Lackfarbe von *Emden*, und aus den Zahlmeisterbüros deutscher Schiffe bargen die Engländer insgesamt fast 35 000 Mark Bargeld.

Alle, die von der Selbstversenkung der deutschen Schiffe Meldung machen wollen, kommen längsseits der *Revenge.* Reuter, nachdem sein Drifter sich durchgedrängelt hat, geht kurz nach 16 Uhr an Bord, um Admiral Fremantle aufzusuchen. Fremantle empfängt ihn ohne die üblichen Ehren, die einem fremden Admiral zustehen. »Do you come to surrender?« fragt er Reuter, erregt auf der Schanze auf und ab gehend. Dieser erklärt, er habe Befehl zur Versenkung gegeben, die unbewaffneten Besatzungen würden keinen Widerstand leisten und sich an Land oder bei den englischen Schiffen sammeln. Fremantle wirft Reuter vor, einen Verrat, einen »act of treachery« begangen zu haben, und erklärt ihn zum Kriegsgefangenen. Insgeheim aber empfindet Fremantle, wie er später schreibt, eine gewisse Sympathie für Reuter, »der trotz der höchst unerfreulichen und unangenehmen Lage, in die er gegen seinen Willen gebracht wurde, seine Würde bewahrt hatte«.[17] Reuter hebt sich seine Entgegnung zunächst auf und wird, von zwei Wachen begleitet, mit seinem Flaggleutnant, Oberleutnant zur See Werner Schilling, in die Räume Admiral Fremantles auf der Kommandobrücke gebracht, mit einem weiten Blick über die fast leere Bucht. Als die *Hindenburg* sinkt, hat er ihr gerade den Rücken zugekehrt.

400 Mann kommen auf der *Revenge* unter, die anderen werden auf die vier übrigen großen Schlachtschiffe der *Royal-Sovereign*-Klasse verteilt. Die Toten und Verwundeten kommen an Bord der *Ramillies.* Während der größte Teil der deutschen Mannschaften am Tag nach der Versenkung ins Gefangenenlager von Nigg bei Invergordon gebracht wird, bleiben einige Maschinisten der *Emden* und Männer von der *Frankfurt* an Bord der *Resolution* in Scapa Flow, um bei der Bergung der auf Grund gesetzten Schiffe zu helfen. Am 24. Juni werden sie auf die zurückgekehrte *Royal Sovereign* umgeschifft und nach ein paar Tagen wieder auf die *Resolution*, die sie am 30. Juni ebenfalls nach Invergordon bringt.

Ruge, der auch auf die *Resolution* gebracht wurde, schreibt: »Auch in unserer etwas fragwürdigen Lage entbehrte es nicht des Reizes, nun an Bord eines der neuesten und größten englischen Kriegsschiffe zu kommen, nachdem die Royal Navy so lange jeglichen Kontakt mit uns peinlichst vermieden hatte.«[18] An Deck, auf einer großen Tafel aus

Eichenholz, finden sich die Namen und Daten der Seeschlachten, in denen frühere Schiffe unter dem Namen *Resolution* gekämpft hatten. Ruge berichtet weiter: »Unser Empfang spielte sich ohne alle Förmlichkeiten ab, wie sie sonst auf Kriegsschiffen üblich sind, er war aber nicht unfreundlich. Man betrachtete uns neugierig, aber durchaus nicht feindselig. Wir müssen ein sehenswertes Bild geboten haben in den verschiedenartigsten Uniformen, sowohl nach Machart wie Erhaltungszustand, und mit merkwürdigem Gepäck beladen, mit jungen Hunden, Musikinstrumenten, Kleidersäcken und selbstgezimmerten Koffern. [...] Nach kurzer Zeit gab es sogar Tee und Weißbrot mit Marmelade für alle Mann.«[19] Da im Waffenstillstand keine Kriegsgefangenen gemacht werden, befinden sich die Männer in einer rechtlich unklaren Lage. Da sie aber doch als solche behandelt werden, dürften sie eigentlich nicht mit allem möglichen Privateigentum antreten.

Nicht überall geht es so friedlich zu. Ein britischer Kapitänleutnant empört sich, die deutschen Offiziere seien äußerst unverschämt »dahergelatscht« gekommen (»slouched along in a most insolent manner«), hätten eine höchst aufsässige Haltung an den Tag gelegt und demonstrativ die Hände in den Taschen vergraben. Er habe sie erst einmal zur Ordnung rufen müssen, bevor sie weitergehen durften.[20] Die Stimmung verschlechtert sich allgemein, nachdem Fremantle allen Schiffen eine Erklärung hat zukommen lassen, in der er den deutschen Besatzungen, wie schon dem Verbandschef von Reuter, ihr »verräterisches« Handeln zum Vorwurf macht, die Kontrolle ihres Gepäcks anordnet und befiehlt, sie nur mit einem Mindestmaß an Menschlichkeit zu behandeln. Offiziere und Mannschaften werden nun auf Waffen durchsucht, dabei werden ihnen Taschenmesser, Feuerzeuge, Streichhölzer, Schlüssel und Brieftaschen abgenommen und die Socken nach Schriftstücken abgetastet. Das Gepäck wird zu großen Haufen aufgeschichtet und zumeist fleißig geplündert, wobei auch Reuters Mantel abhanden kommt. Hier und da wird geschlagen und getreten, und ein Mann von *Kronprinz Wilhelm* verliert durch Fausthieb einen falschen Zahn, den er sich die ganze Internierung hindurch erhalten hat. Was sie nicht gebrauchen können, stopfen die Briten wieder in irgendwelche Säcke und Kisten oder werfen es, wie den deutschen Proviant, über Bord. Auf *Ramillies* müssen die Männer von *Seydlitz* anschließend das Deck aufräumen.

Um neun Uhr abends gibt es Weißbrot, Büchsenfleisch und Kaffee, zum Frühstück wird Kakao und Hartbrot gereicht. Für die Nacht gibt es keine Decken und am nächsten Morgen auch keine Gelegenheit, sich zu waschen. Die Mannschaften werden in enge Kasematten gepfercht, und auf der *Royal Oak* etwa verbringen 80 Mann die Nacht stehend, hockend und übereinanderliegend in einem 50 Quadratmeter großen Raum mit zwei Eimern für die Notdurft. Beim Austreten auf *Resolution* trifft Obermaschinistenmaat Schlicker eine Kartoffel am Kopf. In einigen Räumen wird eine Persenning gespannt. Wer in der Nacht keine Haltung bewahrt und das Tuch ausbeult, wird von der anderen Seite mit dem Bajonett gestochen. Einige Männer tragen ernste Verletzungen davon. Dem Ober-F. T.Gast Schopper von *Prinzregent Luitpold* wird beim Entleeren der Klosetteimer durch einen Faustschlag das Gebiß ruiniert, »trotzdem es aus deutschem Material war«.[21] Ebenfalls an Bord der *Resolution* wird Maschinenanwärter Kuno Evertsberg, vermutlich von dem angetrunkenen jungen Seemann James Wolley, am 24. Juni getötet. Evertsberg war mit einem Kameraden gerade auf dem Weg zum Oberdeck, um auszutreten, als Wolley, einer der bewaffneten Begleiter, ihm von hinten durch den Unterleib schoß. Sein Kamerad berichtet: »Ich schaffte meinen Kameraden mit größter Mühe, ohne Hilfe zu erhalten, ins Schiffslazarett. Hier mußte ich die Beobachtung machen, wie gleichgültig und langsam sich das Lazarett des Schwerverwundeten annahm. Mein Kamerad bat mich, sein Bargeld in Verwahrung zu nehmen, als er mir das Geld zureichte, faßte mich der Posten ins Genick und schob mich zur Tür hinaus. Einige Stunden später wurde der Schwerverletzte auf ein englisches Lazarettschiff geschafft.«[22] Bei der Gerichtsverhandlung in Edinburgh sagen Zeugen am 9. Februar 1920 aus, sie hätten gehört, daß sich der Täter an dem Deutschen rächen wollte, weil zwei seiner Brüder im Krieg gefallen seien. Er wird aus Mangel an Beweisen freigesprochen. Gemessen an der Zahl von annähernd 1800 Gefangenen des Internierungsverbands hat es sich bei den Gewalttaten der Briten insgesamt jedoch um Einzelfälle gehandelt.

Reuter, der auf der Kommandobrücke mit anhört, wie Fremantles Anweisung vom Signaldeck ausgerufen wird, läßt ihm durch einen Dolmetscher seine Antwort auf den Vorwurf des Verrats mitteilen. Reuter sagt, er sei vom Wiederausbruch des Krieges ausgegangen und die »Allerhöchste Willensmeinung der Versenkung der kampfunfähigen Schiffe« habe ihn zu seiner Tat »verpflichtet«. Er bittet darum, nicht die Besatzungen zur Rechenschaft zu ziehen. Fremantle antwortet, bis zum heutigen Tage sei ihr beider Verhältnis gut gewesen, nun aber müsse er den Verratsvorwurf aufrechterhalten, weil Reuter den um zwei Tage verlängerten Waffenstillstand gebrochen habe. Reuter entgegnet, davon habe er nichts gewußt, andernfalls würde er die Flotte nicht versenkt haben. Nach Ablehnung der deutschen Gegenvorschläge habe er annehmen müssen, daß der Kriegszustand wiedereingetreten sei, da der Waffenstillstand automatisch, ohne weitere Kündigung hätte ablaufen sollen. Fremantle beharrt seltsamerweise nicht darauf, Reuter über die Verlängerung unterrichtet zu haben, wie er dies in seinen 30 Jahre später verfaßten Memoiren getan hat. Auch die britische Regierung hat in ihren Noten dieses Detail nicht für jene eindeutige Schuldzuweisung benutzt, für die es sich angeboten hätte. Reuter spielt am Abend noch eine Partie Piquet mit seinem Flaggleutnant und geht sehr erleichtert ins Bett.

Auf der *Resolution* verwahrt sich Kapitänleutnant Menche sofort und auf englisch gegen die Erklärung Fremantles. Ruge berichtet, »der Engländer verschanzte sich leise lächelnd [!] dahinter, er habe Befehl, diesen Wortlaut bekanntzugeben. Groß und schlank, mit gut geschnittenen Gesichtern, in tadellosen Uniformen sahen sich die beiden Offiziere erstaunlich ähnlich, als sie sich so gegenüberstanden. Sie schienen vielmehr dazu bestimmt zu sein, miteinander zu gehen als sich zu bekämpfen.«[23] Einige der Offiziere von den Torpedobooten äußern die Ansicht, die Versenkung könne Anlaß für die deutsche Regierung sein, den Friedensvertrag nicht zu unterzeichnen. Freilich wird auch daraus nichts, weil die Marine für das Deutsche Reich keine existentielle Bedeutung mehr hat. Daß Scheidemanns Rücktritt das äußerste Maß an Protest bleiben und auch die neue Regierung keinerlei Verhandlungsspielraum haben wird, erfahren die hier Versammelten erst später. »Will they sign?« wird Kapitänleutnant Johann Heinemann, Kommandant der *Cöln*, an Bord der *Revenge* von einem englischen Unteroffizier gefragt. Er schreibt: »Ich zuckte mit der Schulter. Konnte ich das wissen? ›Of course they will sign‹, antwortete der Frager sich selbst, ›Erzberger has been paid by us.‹ Eine unwillige Geste meinerseits die stumme Antwort. Schamröte fühlte ich auf meinem Gesicht brennen. War solche Schurkerei denn möglich?«[24]

Reuter wird am nächsten Morgen von der Ankerkette der *Revenge* geweckt. Während die *Resolution* in Scapa Flow bleibt, um die Bergungsarbeiten an der *Baden* zu unterstützen und einen Teil der deutschen Gefangenen an die *Royal Oak* übergibt, fährt Fremantles übriges Geschwader zum Cromarty Firth. Unterwegs darf sich Reuter in Begleitung seines Flaggleutnants auf der Schanze ergehen, wird aber von Fotografen und neugierigen Besatzungsmitgliedern derart belästigt, daß er sich bald wieder zurückzieht. Im Hafen von Invergordon haben die englischen Schiffe über die Toppen geflaggt; zu Ehren des Untergangs der deutschen Flotte, wie Reuter seltsamerweise vermutet. Fremantle befiehlt sofort das Einholen der Flaggen. Am Nachmittag findet auf dem Achterdeck der *Revenge* eine Musterung der deutschen Offiziere statt. Bernard Gribble berichtet, wieder hätten die Gefangenen eigens aufgefordert werden müssen, Haltung anzunehmen. Hinter Reuter stehen in zwei Reihen die Offiziere und hinter ihnen Seesoldaten mit aufgepflanztem Seitengewehr und blitzenden Bajonetten. Fremantle hält eine Ansprache, ein Dolmetscher übersetzt. Fremantle wirft Reuter erneut vor, verräterisch, kriegerisch und allen Seefahrtstraditionen zuwider gehandelt zu haben. Er erklärt, es seien bereits die Briefe ausgefertigt gewesen, die Reuter über die Verlängerung des Waffenstillstands und die Reaktion seiner Regierung informiert hätten, was ebenfalls nicht zu Fremantles späterer Behauptung paßt, er habe Reuter vor dem Auslaufen inoffiziell über die Verlängerung informiert. Außerdem ist er der Ansicht, daß Reuter die Verlängerung des Waffenstillstands am Auslaufen des Wachgeschwaders hätte erkennen müssen. Und schließlich: Nachdem Deutschland den Krieg mit dem militärischen Verbrechen des Einfalls in Belgien begonnen habe, habe es ihn mit dem maritimen Verbrechen der Versenkung beendet.[25] Fremantle berichtet, daß die Deutschen mit reglosen Mienen zugehört hätten, und als die kurze Ansprache vorüber war, hätten sie die Hacken zusammengeschlagen und seien wortlos das Fallreep hinabgestiegen. Die englischen Seeleute sollen von der Veranstaltung sehr bewegt gewesen sein, während Reuter den Eindruck hatte, einem für den anwesenden *Times*-Journalisten veranstalteten »Theatercoup« beizuwohnen. Als Fremantle spricht, schüttelt er mehrmals den Kopf und antwortet nur: »Sagen Sie Ihrem Admiral, daß ich den Inhalt seiner Rede nicht anerkennen kann und meine Auffassung nicht mit der seinen übereinstimmt. Ich allein trage die Verantwortung. Ich bin überzeugt, daß jeder englische Seeoffizier in meiner Lage ebenso gehandelt hätte wie ich.«[26] Wie recht er hat. Der Lieblingsdichter des gebildeten englischen Publikums seiner Zeit, Alfred Lord Tennyson, hat in einem Gedicht die Geschichte eines früheren Linienschiffs mit dem Namen *Revenge* bewahrt: »Sink me the ship, Master Gunner – sink her, split her in twain!/Fall into the hands of God, not into the hands of Spain!«[27] Auf Reuters Widerspruch antwortet Fremantle nicht; und das angedrohte Kriegsgerichtsverfahren bleibt aus.

Auf der Fahrt zum Cromarty Firth wird auch jenes Gepäck geplündert, das bislang verschont geblieben ist. Kleidersäcke werden aufgeschlitzt, Kisten aufgebrochen, Knöpfe abgerissen und Abzeichen ausgeschnitten. Auch Offiziere beteiligen sich daran, treiben nach heftigen Protesten aber etwa ein Viertel der Sachen wieder auf. Ein Oberleutnant will einem deutschen Offizier für fünfzig Zigaretten seine goldene Uhr »abkaufen«, mit dem Argument, sie würde ihm ja doch weggenommen. Dann passiert etwas, was die deutschen Offiziere aus den Tagen der Meutereien gut kennen: Britische Matrosen rauchen demonstrativ an Oberdeck.

Im Cromarty Firth passiert die *Royal Oak* die *Revenge*, als Fremantle gerade seine Stellungnahme verliest. Kurz nach 15 Uhr gehen die Männer an Land. Das Gepäck wird unweit der Landungsbrücke zu einem großen Haufen aufgeschichtet. Nun plündern auch noch die Zivilisten, und als die deutschen Mannschaften von Bord kommen, nimmt jeder im Vorbeigehen irgendein Gepäckstück mit. Reuter wird von einer zehn- bis zwölfköpfigen Eskorte abgeführt und trifft nach einer halbstündigen Autofahrt im Lager von Nigg ein. Die Mannschaften fahren mit dem Zug, und auf dem Weg zum Bahnhof bewirft eine aufgebrachte Menschenmenge sie mit Steinen, Kohlen und Kartoffeln. »Ein schlagendes Beispiel goldener Volksverbrüderung«, schreibt Obersteuermannsmaat Julius Löwenberg im September in die Heimat.[28] Auf der Fahrt ins Lager werden die Männer von größtenteils freundlichen Hochländern des Seaforth-Regiments begleitet. Ein schottischer Sergeant freut sich sogar über die Tat der Deutschen: »Was, Ihr habt Eure Schiffe versenkt? Das ist ja wundervoll, daß Ihr den Engländern den Streich gespielt habt.«[29] Nur in einem der deutschen Berichte heißt es: »Frech waren sie, diese Röckchensoldaten.«[30]

Das große Kriegsgefangenenlager von Nigg liegt an einer Bucht, umgeben von hohen Bergen, mit schöner Aussicht auf das schottische Hochland. Reuter und sein Stab werden in einer besonders bewachten Baracke untergebracht, jenseits einer durch das Lager führenden Landstraße. Nach und nach treffen die Mannschaften und die übrigen Offiziere ein. Sie schlafen auf der anderen Seite, 75 Mann in einer Baracke, mit Wolldecken auf nacktem Fußboden; nur für Reuter treibt der schottische Lagerkommandant mit Mühe eine Bettstelle auf. Wieder gibt es Büchsenfleisch und Hartbrot.

Erst im Lager erfährt Reuter Einzelheiten von der Versenkung, von den nicht gesunkenen Schiffen und der schwierigen Bergung der Besatzung von *Kaiserin*, und er bedankt sich bei seinen Leuten. Am nächsten Abend ist Abmarsch zum Bahnhof. Die Mannschaften werden größtenteils in das Lager Henlle Park, Reuter und die Offiziere nach Oswestry gebracht. Beide Kriegsgefangenenlager sind nicht weit von Gobowen entfernt, einem kleinen Ort an der englischen Westküste südlich von Liverpool in der Grafschaft Shropshire. Ruges Hund Tommy muß bei einem Sergeanten in Nigg bleiben, weil er wegen der Tollwutgefahr nicht in eine andere Grafschaft reisen darf. Für die Mannschaften ist die langsame sechzehnstündige Bahnfahrt durch die nächtlichen schottischen Hochlande, entlang dem Caledonischen Kanal mit Loch Ness und quer durch England nach der monatelangen Einöde ein Erlebnis; nur für eine Stunde wird es dunkel. Um sie auf den Stationen vor aufgebrachten Zivilisten zu schützen, besorgen die schottischen Bewacher ihnen das Trinkwasser. Nach der gewohnten Verpflegung gibt es am nächsten Abend das erste warme Essen, eine gute Bohnensuppe, nur leider zuwenig. Der *Manchester Guardian* schreibt, nach der Ankunft in Gobowen hätten sich die deutschen Mannschaften auf dem Marsch ins Lager Henlle Park »nicht wie Kriegsgefangene, sondern wie Sieger« benommen.[31] Sie schlafen auf Strohsäcken in Zelten mit Holzböden,

Hauptnahrungsmittel sind Erbsen und Bohnen, Pferde- und Rindfleisch, und das schlechte Trinkwasser verursacht häufig Durchfall.

Reuter wird nach der Ankunft zur Bank gebracht, wo er sein Geld wechselt; eine erste Berührung mit dem schlechten Stand der deutschen Währung. Eine etwa tausendköpfige Menschenmenge überschüttet ihn mit Beschimpfungen, und ein Mann wirft ihm ein Stück Kohle ins Gesicht. Den anderen Offizieren werden im Lager für 100 Reichsmark rund 30 Schilling gezahlt, in Form von Blechmarken, als »Lagergeld«, das außerhalb des Zauns nichts wert ist. Der Besitz echten englischen Geldes ist verboten. Es wird dadurch aber nur um so wertvoller, und mit der Zeit kursiert natürlich dann doch welches.

In Oswestry befinden sich bereits mehrere tausend Unteroffiziere und Mannschaften, meist Heeresangehörige. Die Baracken sind sehr leicht gebaut, mit vielen Luftlöchern und Ritzen, und stellenweise regnet es durch. Gleich am ersten Abend werden Kriegserlebnisse ausgetauscht. Das Lagerleben ist wohl das übliche in der Kriegsgefangenschaft: Antreten, Essen, Unterricht, Spiele und Konzerte. Zum Zeitvertreib wird ein Sportplatz angelegt. Ein Leutnant aus der Reichshauptstadt mit großem Mundwerk lädt zu »Käses Rundfahrten durch Berlin« ein, unterhaltsamen Führungen des Ortskundigen, die in der Regel mit einer kleinen Prügelei enden. Zwei Männer verlieren irgendwann die Nerven. Einer versucht, sich das Leben zu nehmen, ein anderer geht eines Abends mit brennenden Kerzen durchs Lager und singt wirre Lieder.

Schuldfrage und Schadenersatz

Zwei Tage nach der Selbstversenkung der Hochseeflotte in Scapa Flow, am Vormittag des 23. Juni 1919, kurz nach zehn Uhr, wurden vor dem Reiterdenkmal Friedrichs des Großen in Berlin die im Zeughaus aufbewahrten, von der preußischen Armee im Kriege 1870/71 erbeuteten und gemäß Artikel 245 Versailler Vertrag an Frankreich zurückzugebenden Fahnen verbrannt. Die Aktion wurde von Angehörigen der Rw-Brigade 15, vormals Brigade Reinhard, und der Marinebrigade von Loewenfeld, besonders von Angehörigen ihres Sturmbataillons unter der Führung des Kapitänleutnant von Arnauld de la Perière, sowie von Kriminalbeamten und Studenten durchgeführt. Da das Zeughaus seit den Revolutionstagen geschlossen war und nur vorangemeldete Gruppen eingelassen wurden, hatten sich zwei Offiziere samt einiger Kameraden für eine Besichtigung der Fahnen telefonisch angekündigt. Kurz nachdem sie das Gebäude betreten hatten, kamen zehn Soldaten nach, die sich bei den Offizieren meldeten. Nachdem man festgestellt hatte, daß es sich bei den in der Bibliothek aufgestellten fünfzehn Fahnen um die gesuchten Feldzeichen handelte, übergossen die Soldaten sie kurzerhand mit Benzin und brachten sie hinaus auf die Straße Unter den Linden, wo eine große Menschenmenge wartete. Dr. Binder, Direktor des Hauses, berichtete dem *Berliner Tageblatt*, der Sekretär des Hauses und der Oberzeugmeister seien unter Drohungen am Eingreifen gehindert worden.[1] Ein wachhabender Unteroffizier vor der Neuen Wache, nichts Gutes ahnend, erstattete noch Meldung auf der Kommandantur, nachdem die seltsame Gruppe mit den Fahnen an ihm vorbeigekommen war. Aber es war zu spät, Passanten und Studenten der nahen Universität schlossen sich an, und als das Reiterdenkmal erreicht war, wurde eine kurze Ansprache gehalten und das Deutschlandlied gesungen. Kurz darauf waren nur noch die Fahnenstöcke übrig. Die *Frankfurter Zeitung*, nachdem sie am 24. Juni die Tat als »Dummerjungenstreich« bezeichnet hatte, berichtete am folgenden Tag, der französische Sozialist Marcel Sembat habe im Widerspruch zur allgemeinen französischen Empörung daran erinnert, daß auch bei der Übergabe von Metz an die Deutschen eine ganze Reihe französischer Regimenter ihre Fahnen verbrannt hätten, um sie nicht ausliefern zu müssen, und diese Männer habe man immer als Helden dargestellt.

Fahnenverbrennung und Flottenversenkung waren die einzigen unmittelbaren militärischen Widerstandshandlungen gegen den Versailler Vertrag. Beide Akte veranlaßten den zweiten Kronanwalt, Sir Ernest M. Pollock, die Entlassung der in Großbritannien befindlichen deutschen Kriegsgefangenen von der Auslieferung derjenigen Deutschen an die Entente abhängig zu machen, die beschuldigt wurden, Kriegsverbrechen begangen zu haben. Eine von den Franzosen vorgelegte Liste zählte zeitweise 1580 Namen, was Lloyd George mit Rücksicht auf die innere Lage Deutschlands für völlig unakzeptabel hielt, da er die junge Demokratie nicht gefährden wollte. Der Oberste Rat der Friedenskonferenz hielt Pollocks Junktim zunächst für erwägenswert, lehnte es dann aber plötzlich ab, nachdem sich Präsident Wilson und der italienische Außenminister Sonnino dagegen ausgesprochen hatten.

Der Viererrat hatte sich schon Ende April mit der Frage beschäftigt, ob kriegsgefangene Offiziere als Geiseln zurückbehalten werden sollten, bis Deutschland die Auslieferungsforderungen erfüllt haben würde. Dieser ebenfalls von der britischen Delegation ausgegangene Vorschlag wurde aber von Wilson, Lloyd George und Clemenceau abgelehnt. Clemenceau begründete seine Haltung damit, daß man nicht einen Menschen für die Tat eines anderen bestrafen könne, und wies darauf hin, daß der Friedensvertrag bereits Sanktionen vorsehe, falls Deutschland den Forderungen nicht nachkomme.[2] Statt die Auslieferung von Soldaten zu erzwingen, denen Kriegsverbrechen zur Last gelegt wurden, kamen Kriegsgefangene, und zwar vor allem die Scapa-Flow-Besatzungen, in dem folgenden halben Jahr als Druckmittel zum Einsatz, um Deutschland zur Leistung von Schadenersatz für die versenkte Flotte zu bewegen. Der materielle Verlust war schließlich beträchtlich. Gerechnet nach der Anzahl der Schiffe, waren 70 Prozent der internierten Flotte, nach der Verdrängung 95 Prozent des Schiffsmaterials nicht mehr zu retten: 52 Schiffe mit rund 400 000 Tonnen. Von den in Scapa Flow internierten Linienschiffen, Schlachtkreuzern und Kleinen Kreuzern ist kein einziges Schiff in den aktiven Dienst zurückgekehrt.

Neun deutsche Marineangehörige sind im Zusammenhang mit der Versenkung von den Engländern erschossen und 16 Mann verwundet worden. Die Toten von Scapa Flow waren die wohl letzten Opfer des Ersten Weltkriegs; ihre Kameraden jedenfalls die letzten, die in Kriegsgefangenschaft gingen. Da am 21. Juni 1919 niemand ertrank, war die Freude in der Heimat groß, daß fast alle Männer die Schiffe unversehrt verlassen hatten. Die Schießereien waren nach sieben angespannten Monaten der Bewachung als Reaktion auf die überraschende Selbstversenkung verständlich. Zugleich waren sie Kriegsverbrechen, für die keiner der Täter verurteilt wurde. Auf die deutschen Vorwürfe hinsichtlich der Erschießungen und Verletzungen antwortete die britische Regierung mit dem gleichen Argument, mit dem auch die deutsche Regierung zunächst Distanz zu Reuters Tat wahrte: Das seien individuelle Handlungen gewesen, die man nicht befohlen habe. Gemessen an der unerhörten Tat und den vielen Beteiligten ist der 21. Juni 1919 einigermaßen glimpflich verlaufen, aber man darf die Schatten des Landkriegs nicht vergessen. Die Bemerkung des britischen Feldmarschalls Wilson, daß die Armee die Flotte und die Flotte die Armee besiegt habe, bedeutet eben auch, daß die Toten in den Schützengräben von Nordfrankreich ihr Leben zugleich für das unblutige Ende des Seekriegs gelassen hatten.

Die Bewohner der Orkneyinseln begrüßten die Versenkung, sei es, weil sie als Schotten auf die Engländer nicht besonders gut zu sprechen waren, sei es, weil Reuter den endlosen Diskussionen über das Schicksal der Schiffe ein Ende gemacht hatte oder weil sie sofort erkannten, daß die Wracks den Inseln eine Menge Arbeitsplätze bescheren würden. Anders die Politiker. Die in Paris tagenden Verbündeten erreichte die Nachricht von der Versenkung während einer Sitzung des Viererrats in der Residenz Präsident Wilsons am Place des États Unis. Der Viererrat war ein Gremium, das nur aus den Regierungschefs der drei europäischen Hauptmächte, Präsident Wilson und einigen Dolmetschern bestand und besonders diskret und effektiv in den jeweiligen Privatquartieren arbeitete. Im Laufe von 148 Sitzungen hatten die »Großen Vier« die Hauptarbeit beim Abschluß des Vertragstextes geleistet. Nach kurzer Diskussion teilten die Anwesenden der deutschen

Delegation, mit der sie nur schriftlich verkehrten, in einem Brief mit, daß man die Versenkung für einen Bruch des Waffenstillstandsvertrags halte und das Deutsche Reich dafür verantwortlich machen werde.

Admiral Madden, der mit dem Internierungsverband so erstaunlich nachlässig umgegangen war, wurde nach der Versenkung plötzlich aktiv und teilte der Admiralität am 23. Juni telegraphisch mit, wie er sich die Konsequenzen vorstellte: Die Marinebedingungen des Versailler Vertrags seien noch zu verschärfen. Deutschland solle nur noch zwei Kleine Kreuzer, sechs Zerstörer und sechs Torpedoboote behalten dürfen; Reuter und die Besatzungen sollten so lange in Gefangenschaft bleiben, bis junge Deutsche die Bucht wieder aufgeräumt hätten; und falls Reuter auf Befehl seiner Regierung gehandelt haben sollte, sei die Insel Helgoland zu besetzen und Borkum vom Deutschen Reich an Holland abzutreten. An jenem Tag, an dem Madden diese Vorschläge machte, wurde der Vorfall auch vom Viererrat in Paris erneut diskutiert.

»Ungeheuer böser Wille«

Soeben hatte die deutsche Delegation um eine weitere Verlängerung des Waffenstillstands ersucht. Die Bitte wurde von den Regierungschefs mit der Begründung zurückgewiesen, die deutsche Regierung habe die Schiffe in niederer Absicht versenkt.[3] Wenn trotz der Veröffentlichung der Friedensbedingungen noch eine Aussicht bestanden haben sollte, mit den Alliierten zu verhandeln – was fraglich ist –, dann dürfte sie durch die Selbstversenkung zunichte gemacht worden sein. Nach diesem Ereignis hatten die gegnerischen Regierungschefs kaum noch die Möglichkeit, ohne erheblichen Ansehensverlust auf deutsche Gegenvorschläge einzugehen. Wilson, offenbar falsch informiert, behauptete während dieser Debatte, Reuter habe sich auf einen Befehl berufen, die Schiffe bei Ablauf des Waffenstillstands zu versenken. Lloyd George, wieder einmal der Gemäßigste in dieser Runde, äußerte die Ansicht, die deutsche Regierung sei so durcheinander, daß die Versenkung eher auf eine Initiative vor Ort als auf einen Befehl aus Berlin zurückzuführen sei. Der britische Außenminister Arthur Balfour wiederum mochte keinen Bruch des Waffenstillstands erkennen, weil der

Vertrag diese Möglichkeit gar nicht vorsehe. Reuter habe in der Annahme, daß der Waffenstillstand am 21. Juni ablaufen würde, durchaus wohlüberlegt gehandelt, und eher sei die Versenkung als ein Verstoß gegen das Militärstrafgesetz anzusehen. Clemenceau gab den Briten die Schuld und warf ihnen vor, die Schiffe nicht rechtzeitig übernommen zu haben. Dagegen protestierte wieder die britische Delegation, und so bat Clemenceau einen französischen Experten für internationales Recht um ein juristisches Gutachten zwecks Klärung der Frage, ob die Briten nicht sehr wohl das Recht gehabt hätten, die deutschen Besatzungen von den Schiffen zu entfernen. Zu Clemenceaus großer Enttäuschung fiel die Antwort des Juristen negativ aus.[4]

Der Sekretär des Alliierten Marinerats vertrat die Ansicht, man hätte die Möglichkeit einer Selbstversenkung eben von Anfang an ausschließen müssen. In seinem Bericht vom 23. Juni heißt es: »Man wird feststellen, daß die britischen und französischen Marinedelegierten nie von ihrer Meinung abgewichen sind, daß die deutschen Überwasserschiffe nicht interniert, sondern ausgeliefert hätten werden müssen, und daß sie die Internierung als eine Entscheidung der Regierungschefs erst nach wiederholtem Protest akzeptiert haben.«[5] Immer wieder wurden Vorwürfe gegen Großbritannien erhoben, und Lloyd George fragte schließlich seine Kollegen, was sie denn mit den deutschen Schiffen gemacht hätten, wenn sie in ihren Häfen interniert worden wären. Wilson wußte zu berichten, daß die in den USA internierten deutschen Handelsschiffe in der Regel ohne viel Federlesens von amerikanischen Wachen besetzt worden waren. Lloyd George wurde also das Problem nicht los.

Während sich die Gegner stritten, teilte die deutsche Delegation ihre Bereitschaft mit, den Friedensvertrag zu unterzeichnen, obwohl sich die Alliierten hinsichtlich etwaiger Ersatzforderungen noch nicht endgültig festgelegt hatten. Damit waren sie im Besitz eines Blankoschecks, der ihnen die Möglichkeit gab, mit der übrigen deutschen Flotte zu verfahren, wie es ihnen geboten schien. Cecil Hurst, Rechtsberater der britischen Delegation, erklärte, der internationale Brauch erlaube eine Bestrafung Deutschlands, weil die Regierung für die Taten ihrer Offiziere verantwortlich sei. Balfour stimmte dem zu, gab aber zu bedenken, daß allein die bereits geforderten Reparationen Deutschland mit Schulden belasteten, die es niemals bezahlen könne. Admiral

George P. Hope schlug daher vor, die dem Gegner nach dem Friedensvertrag verbleibenden Schiffe zu konfiszieren. Das stieß auf allgemeine Zustimmung, und Hope wurde gebeten, die Einzelheiten auszuarbeiten.

Am Nachmittag legten die alliierten Marineberater im französischen Marineministerium eine Liste der dem Deutschen Reich verbliebenen Schiffe vor. Mit Ausnahme von fünf modernen Kleinen Kreuzern, 14 der neuesten Zerstörer und acht Torpedobooten wurde ihr militärischer Nutzen allerdings als gering eingestuft. Somit blieben 170 veraltete Schiffe, deren Auslieferung die Admirale im Falle einer Bestrafung dennoch befürworteten. Sie wiesen aber sogleich darauf hin, daß diese Einheiten ein völlig inadäquater Ersatz für die versenkte Flotte seien, und nahmen sich vor, nach anderen Möglichkeiten für Ersatzforderungen zu suchen. Am nächsten Tag wurde der Ton schärfer. Die französischen und amerikanischen Admirale mochten sich nicht damit abfinden, daß die Schiffe nicht besetzt worden waren, und fachten den Zorn ihrer britischen Kameraden an, die den Vorwurf der Nachlässigkeit nicht auf sich sitzen lassen wollten. Zunehmend erregt über die Versenkung, gab auch Clemenceau einmal mehr den Briten die Schuld, vor allem aber der deutschen Regierung, weil sie den Waffenstillstand willentlich sabotiert habe, und er forderte umfangreiche Reparationen. Vergeblich bemühte sich Wilson, ihn zu beruhigen. Da gab Lloyd George den Schwarzen Peter an seine Verbündeten zurück, rekapitulierte den Verlauf der Waffenstillstandsverhandlungen und behauptete, daß Großbritannien von Anfang an die Auslieferung der Schiffe verlangt habe. Nur Admiral Benson und Marschall Foch hätten sich heftig dagegen gewehrt, um neue Kampfhandlungen zu vermeiden. Der Oberste Kriegsrat – Rat der Zehn –, bestehend aus den alliierten Regierungschefs und Oberst House, habe die französische und die britische Admiralität genötigt, sich mit der Internierung zufriedenzugeben. Freilich unterschlug Lloyd George die Tatsache, daß auch er seinerzeit für die Internierung zumindest eines Teils der deutschen Flotte plädiert hatte. Wilson suchte das drohende Zerwürfnis zu vermeiden und den Fall abzuschließen. Zu diesem Zweck schlug er vor, die in Scapa Flow geborgenen Schiffe aufzuteilen und auf weitere Forderungen zu verzichten. Damit mochte sich aber die französische Delegation nicht abfinden. Großbritannien geriet zunehmend in die

Defensive, und so verzichtete Lloyd George schließlich auf alle Schiffe, die Großbritannien ohne die Versenkung in Scapa Flow hätten zufallen sollen.[6] Das befriedende Zugeständnis kostete ihn nicht viel, denn es war die Gefahr gebannt, daß andere Mächte noch von den Schiffen profitieren konnten. Außerdem würde Großbritannien ohnedies seine Flotte eher verkleinern müssen.

Nun wurde die Versenkung der internierten Flotte und die Verbrennung der Beutefahnen auch offiziell scharf verurteilt. In dem von Clemenceau unterzeichneten Brief der Friedenskonferenz an die deutsche Delegation vom 25. Juni 1919 wurden beide Akte als Bruch des Waffenstillstandsvertrags gemäß der Artikel 23 und 31 bezeichnet und als Ausdruck »ungeheuer bösen Willens« (»gross bad faith«).[7] Die Siegermächte wiesen darauf hin, daß nach den Regeln des Völkerrechts eine Verletzung des Waffenstillstandsvertrags erlauben würde, ihn zu kündigen und die Kampfhandlungen wiederaufzunehmen. Sie behielten sich unter Berufung auf die Haager Landkriegsordnung Schadensersatzansprüche für die erlittenen Verluste vor und drohten, die Verantwortlichen vor ein Militärgericht zu stellen. Gemäß Artikel 429 Versailler Vertrag drohten sie schließlich mit einer verlängerten Besetzung deutschen Gebiets.

Die neue, zeichnungswillige deutsche Regierung wußte zu dieser Zeit noch sehr wenig über die näheren Umstände der Versenkung. Erst allmählich und auf inoffiziellen Wegen gelangten Details an die heimatliche Admiralität. In ihrer Antwort vom 28. Juni beschränkte sich die Regierung daher zunächst auf »einzelne Bemerkungen«, indem sie auf das eigenmächtige Handeln Reuters und seiner Untergebenen verwies: Die Versenkung, hieß es, sei »ohne Wissen und Willen irgendeiner behördlichen oder militärischen Stelle in Deutschland vorgenommen worden«.[8] Der Heimatstaat sei für Anordnungen eines praktisch kriegsgefangenen Militärbefehlshabers weder gegenüber dem Aufenthaltsstaat noch gegenüber Dritten verantwortlich. Am 3. September forderte die deutsche Regierung die Entlassung der Mannschaften und die Rückgabe des Torpedoboots *B 98*. Auf die eigentlichen Vorwürfe ging sie nicht ein. Da zugleich alle Vorstöße der deutschen Waffenstillstandskommission bei der »Panac«, der Ständigen Alliierten Marine-Waffenstillstandskommission, erfolglos blieben, intervenierte Adolf von Trotha als Chef der Admiralität bis in den Winter 1919/20 immer wieder gegen die vorsichtige diplomatische Linie des Auswärtigen Amtes und warnte davor, daß Clemenceau das Schweigen der deutschen Regierung als Zustimmung auslegen könnte. Er forderte, die Note Clemenceaus unter Berufung auf das Völkerrecht zurückzuweisen und die deutsche Position über die Friedensdelegation in Versailles geltend zu machen. »Eine sachliche Erwiderung ist absichtlich unterblieben«, hieß es dagegen in einem an Trotha gerichteten Schreiben der deutschen Friedensdelegation, um mit Rücksicht auf die gefangenen Besatzungen die Beziehungen zu den bisherigen Gegnern nicht unnötig zu verschärfen.[9]

Cui bono?

Die englische Presse, vor allem die konservative, war von der Versenkung nicht begeistert. In den ersten Wochen enthielten die Berichte jede Menge Gerüchte über Mannschaften, die ihre verhaßten Offiziere an die Masten gebunden und mitsamt den Schiffen versenkt hätten, oder über rote Fahnen als bolschewistische Abschiedsgrüße – in Wahrheit dürfte es sich dabei um die roten Doppelstander, das Angriffssignal der Torpedoboote, gehandelt haben. Der *Daily Express*, die *Pall Mall Gazette* und andere bezeichneten die Tat als gemein, verachtenswert oder unehrenhaft und stellten sie als einen Beweis für den feigen und niederträchtigen Charakter der Feinde hin. Daß die Londoner Admiralität den deutschen Mannschaften erlaubt hatte, bis zum Schluß an Bord ihrer Schiffe zu bleiben, wurde als »apparent laxity« auch von denen kritisiert, die vorrangig den Deutschen die Schuld gaben.[10] Die Zeitung *The Morning Post* sah die Schuld bei denen, die die Schiffe den deutschen Besatzungen belassen hatten. Strenge Bestrafung und Schadensersatz wurden gefordert. Unter dem Titel »The End of a Perfect ›Tag‹« brachte der *Punch* am 2. Juli eine Zeichnung der sinkenden Flotte, auf der das Flaggschiff signalisierte: »Deutschland erwartet, daß jeder Mann heute die Drecksarbeit macht.« Die angesehene Zeitschrift *The Saturday Review* sowie die Zeitungen *Daily Chronicle* und *Daily Herald* hielten die Versenkung dagegen für die einzige tapfere und gerechtfertigte Tat der Deutschen in dem zurückliegenden Kriege und fügten hinzu, die Engländer hätten genau das gleiche getan, wenn ihre Schiffe in deutschen Häfen interniert worden wären. Außerdem seien die Verantwortlichen mit ihrer Weisheit sowieso am Ende gewesen, weil man nicht gewußt habe, was man mit der Flotte anfangen sollte.[11] Die *Times* berichtete schon am 24. Juni 1919 über einen vielsagenden Kommentar der französische Zeitung *Temps*. Dieses Blatt sah danach die britische Unterstützung für die Ersatzforderungen in Höhe von 400 000 Tonnen Schiffs- und Hafenmaterial als eine Art Wiedergutmachung für die unterschiedliche Interessenlage bezüglich der Verteilung der deutschen Schiffe an – was immer das heißen sollte.

Die Ratlosigkeit der Siegermächte war besonders das Argument der liberalen Presse, aber auch andere Zeitungen argumentierten, die Versenkung sei ja von Anfang an erwogen worden und habe einen großen Zankapfel aus der Welt geschafft. Das sei schließlich auch die einzige Erklärung für die grobe Nachlässigkeit der Admiralität, schrieb der *Manchester Guardian* am 25. Juni 1919. Manche Publikationen ergingen sich in phantasievollen Berichten. Das *Berliner Tageblatt* brachte die ulkige Meldung der Nachrichtenagentur Reuter, wenn auch mit einem Fragezeichen versehen, das Hissen der roten Flagge um dreizehn Uhr sei für die Deutschen das Signal gewesen, »Löcher in die Schiffe zu bohren«.[12] Und Bernard Gribble behauptete, die deutschen Offiziere seien gut bewaffnet gewesen und hätten auf die eigenen Mannschaften geschossen. Offenbar ist aber nur eine einzige und unbenutzte Pistole im Gepäck eines deutschen Offiziers gefunden worden, freilich ein klarer Verstoß gegen die Internierungsbestimmungen, weshalb Reuter den betreffenden Kapitänleutnant »in bester Form« abkanzelte.[13]

Der Kaiser war nicht unzufrieden mit dem Ende seines Lebenswerks und ließ am 26. Juni aus dem holländischen Exil beim Reichsmarineamt nach Toten und Überlebenden der Versenkung fragen.[14] Die USPD sah es nun als erwiesen an, daß die Flotte auf jeden Fall hatte geopfert werden sollen, aber kritische Stimmen, wie vom Abgeordneten Conrad Haußmann, blieben im Reichstag die Minderheit. Angesichts der drohenden Ersatzforderungen wurde der Ehrenkodex der Marineoffiziere gelegentlich als Luxushaltung angeprangert, da das Reich schon genug zu bluten habe.[15] Die großen Tageszeitungen wie die *Vossische Zeitung*, das *Berliner Tageblatt* und die *Frankfurter Zeitung* beschäftigten sich am 23. Juni 1919 vor allem mit der Zeichnungsbereitschaft der Nationalversammlung – »Die Stunde ist gekommen«, titelte die *Kölnische Volkszeitung* – und brachten umfangreiche Auszüge aus den vorangegangenen Debatten, so daß die Ereignisse von Scapa Flow fast automatisch auf die dritte, vierte oder fünfte Seite rückten. Außerdem gab es zunächst nur Agenturmeldungen; Augenzeugenberichte, wie sie die englischen Zeitungen brachten, waren vorläufig nicht vefügbar. Die vom Reuterschen Büro erhaltene Nachricht über die Selbstversenkung in Scapa Flow überschrieb die *Vossische Zeitung* mit »Die letzte Heldentat der deutschen Marine«. In seinem beinahe ganzseitigen Nachruf auf die deutsche Flotte verzichtete Kapitänleutnant Gunther Plüschow am 24. Juni nicht auf eine kleine Übertreibung: »Hoch schlägt die See, als Letztes flattert rein und klar und sinkt dann ins Wellengrab das deutsche Banner, das Sinnbild des Geistes von Coronell, vom Skagerrak und – von Scapa Flow!« So wie der expressionistische Dichter Reinhard Goering die Versenkung kurzerhand in die Nacht verlegte, hat sich hier der Flottenfreund, der über die ruhigen Witterungsverhältnisse offenbar nicht informiert war, eine dramatische, nämlich hohe Wellen schlagende See herbeigeschrieben. Im ganzen reagierte die deutsche Presse mit allem, von überschwenglicher Zustimmung bis zur größten Beschimpfung und spiegelte insofern die allgemeine innere Zerrissenheit des Landes. Heinrich Stroebel in der *Weltbühne*, repräsentativ für die Kritik an der Selbstversenkung, schrieb unter dem Titel *Friedenssabotage* folgendes:

»Die Tat von Scapa Flow könnte von übelster Vorbedeutung werden. Sie war die Auflehnung des Militarismus gegen die Zivilgewalt der Republik. Die deutsche Presse hat diese militaristische Sabotage des Friedens eine ›heroische Tat deutscher Seeleute‹ genannt. Sollte es nicht heroischere Taten geben als das Versenken toten Schiffsmaterials? Aber wie dem immer sei: sind einmal Waffenstillstand und Friede geschlossen, so wird soldatischer Heroismus, der Verträge als Fetzen Papier zerreißt, zum Staatsverbrechen. Die Marinemannschaften selbst mochten das nicht wissen; der kommandierende Admiral mußte sich klar darüber sein, daß seine Tat die Insurrektion gegen die deutsche Regierung war. Und Konteradmiral von Reuter hat ja auch selbst erklärt, daß er die Schiffsversenkung als die Vollstreckung eines kaiserlichen Befehls betrachte!«[16]

Die Umstände der Versenkung waren in Wirklichkeit etwas komplizierter. Sowohl das Etikett »heroisch« wie auch Stroebels Heroismus-Kritik berühren das Geschehene nur an der Oberfläche. Ist eine Tat heroisch zu nennen, die mit hoher Wahrscheinlichkeit im Interesse des Gegners lag? Ist umgekehrt eine Tat, wenn auch in negativer Absicht, heroisch zu nennen, die so gewaltlos, ja nachgerade »zivil« durchgeführt wird? Die britischen Anteile an Reuters Erfolg sind im nachhinein offensichtlich. Gegen eine einmal eingeleitete Versenkung konnte man nicht viel machen, wie Wemyss und Madden in ihren Berichten anführten, um sich zu entlasten. Aber die Kehrseite dieses Arguments war natürlich, daß Reuters Tat also hätte verhindert werden können, wenn die Schiffe frühzeitig besetzt und die Mannschaften von Bord geholt worden wären. Wemyss teilte mit, die Besetzung sei für den Fall geplant gewesen, daß die deutsche Regierung die Unterzeichnung des Friedensvertrags verweigerte. »Wenn möglich«, habe man die Schiffe besetzen wollen, »bevor die deutschen Besatzungen von der Weigerung ihrer Regierung erfuhren«.[17] Aber das war ja im Prinzip schon Mitte Mai nach Scheidemanns Rede vor der Nationalversammlung geschehen; ohne daß man damals den Rücktritt seiner Regierung am 20. Juni vorhersehen konnte, der ja erst die Phase der Zeichnungsbereitschaft einleitete. So bleibt die Frage, warum die Briten nicht etwa die ständigen Unruhen und Meutereien im Internierungsverband als Vorwand benutzt haben, um die internierte Flotte zu übernehmen. Da sogar Reuter einen solchen Schritt ständig befürchtete, hätte man ihn wohl auch vor dem Rest der Welt begründen können, denn wer hätte später zu beweisen vermocht, daß die Verhältnisse an Bord der deutschen Schiffe eine solche Maßnahme *nicht* gerechtfertigt hatten? Das Londoner Unterhaus, das sich am 24. Juni in einer ersten Anhörung mit den Umständen der Versenkung beschäftigte, sah die Sache offenbar ähnlich. Allein die Mitteilung des Ersten Lords der Admiralität Walter Long, daß Reuter mit einer britischen Barkasse durch die Bucht von Scapa Flow chauffiert worden war, löste unter den Abgeordneten regelrechtes Gelächter aus.[18] Long argumentierte, unter dem Status der Internierung habe man nicht viel für die Sicherheit der Schiffe tun können. Andererseits zeigte das Niederholen der deutschen Flagge, wie der *Manchester Guardian* feststellte, daß Verstöße gegen internationales Recht durchaus möglich waren und die strenge Alternative von Auslieferung oder rücksichtsvoller Internierung für die Admiralität offenbar nicht immer bindend gewesen sei.[19] Im übrigen weigerte sich Long bezeichnenderweise, den Abgeordneten die Frage zu beantworten, ob eine Auslieferung der Flotte im Herbst 1918 am Widerstand Präsident Wilsons gescheitert sei.

England erleichtert

Aber die Aufregung legte sich bald wieder. Zwar sah Captain H. W. Richmond den Kreis des Krieges sich schließen und beklagte, man sei auf die Versenkung ebenso unvorbereitet gewesen wie von jeher auf die deutsche Bedrohung, aber solche Selbstbezichtigungen waren in diesen Tagen nicht opportun und dementsprechend selten. Der Untergang hatte die britische Regierung hauptsächlich in große Verlegenheit gebracht, denn wenn die deutsche Flotte tatsächlich ein Pfand gewesen war, wie sie gegenüber der deutschen Regierung behauptet hatte, dann hätte man auch besser auf sie aufpassen und die Rechte schützen müssen, die die Verbündeten daran hatten. Harold Nicolson, Berater der britischen Friedensdelegation, schreibt in seinem Buch »Peacemaking 1919«: »Dienstag, den 24. Juni 1919. Traf frühmorgens in Paris ein. Fand allgemeine Erleichterung, daß die Weimarer Versammlung die Ermächtigung zur Unterzeichnung gegeben hat, aber ziemliche Beschämung über die Versenkung der deutschen Flotte, die zur Folge hat, daß wir nun einigermaßen dumm dastehen, wenn nichts Schlimmeres. Man wird jetzt meinen, wir hätten es selbst getan. Die Marineleute sagen, die Politiker seien schuld, weil sie darauf bestanden hätten, daß die Schiffe nur interniert und nicht ausgeliefert wurden. In den Augen der Franzosen haben wir ein anvertrautes Pfand veruntreut. In der Tat, wir stehen da wie die Narren und Schelme.«[20]

Am Tag nach der Anhörung im Unterhaus wies Walter Long den in Paris weilenden Admiral Hope an, gegen die Unterstellungen Frankreichs vorzugehen. Ein stillschweigendes Einverständnis seitens der Admiralität bezeichnete Long als »unvorstellbar« (»inconceivable«) und »höchst unehrenhaft« (»most dishonourable«). Zwar habe man eine Versenkung der Flotte in tiefen Gewässern empfohlen, aber das bedeute doch nicht, daß man seinem eigenen Hafen freiwillig einen solch schweren Schaden zugefügt haben würde.[21] Auch Fremantle dementierte energisch die Behauptungen, daß Deutsche und Engländer bei der Versenkung gemeinsame Sache gemacht hätten, und die Londoner Admiralität erklärte solche Behauptungen darüber hinaus für »ungerecht« und »absurd«.[22]

Einer Untersuchung ihrer eigenen Rolle versuchte die Admiralität mit der einigermaßen unlogischen Begründung aus dem Weg zu gehen, daß man nur dann in eigener Sache ermitteln könne, wenn sich ein britischer Offizier eines Vergehens schuldig gemacht habe. Aus der Sicht Walter Longs war das nicht der Fall, und Madden rechtfertigte das Auslaufen des Wachgeschwaders damit, daß es keinen Anlaß gegeben habe, an Reuters Ehre zu zweifeln[23] – welch feine Ironie, wenn man bedenkt, daß Madden seine eigene Ehre in gleicher Lage ebenso geschützt hätte wie Reuter. Der Erste Lord gab sich überzeugt, »daß nichts, was wir hätten tun können, die Deutschen davon abgehalten hätte, ihre Schiffe zu versenken, sobald sie sich dazu entschlossen hatten«[24] – was für ein unmilitärisches Argument, denn wie viele britische Siege wären nie errungen worden, wenn die Befehlshaber allein nach realistischen Erfolgsaussichten gehandelt hätten. Aus militärischer Sicht hätte dem entschiedenen Willen, die Versenkung zu verhindern, eine ›realistische‹ Beurteilung der Lage wohl kaum im Wege gestanden, zumal das Risiko für Leib und Leben so überaus klein war. Admiral Jellicoe, von einem Journalisten befragt, bezeichnete den Untergang der deutschen Schiffe als »unfortunate«, als unglücklich, weigerte sich aber, weitere Auskünfte zu geben.[25] Die wahre Meinung der Royal Navy über Reuters Tat kam wohl eher in einer Bemerkung zum Ausdruck, die Admiral Wemyss in Paris gegenüber einem Kollegen tat: »Ich betrachte die Versenkung der deutschen Flotte als einen wahren Segen. Sie enthebt uns ein für allemal der haarigen Verteilungsfrage und erspart uns gewaltige Probleme.«[26] Wemyss hatte auch zu bedenken gegeben, in was für eine Verlegenheit man käme, würde Großbritannien einige dieser deutschen Schiffe übernehmen. Das einzige, was ihnen aus seiner Sicht für Großbritannien einen gewissen Wert verlieh, war die Tatsache, daß sie als Vehandlungsmasse zur Verfügung standen. Was also hätte näher gelegen, als die Versenkung von den Deutschen durchführen zu lassen, nachdem die Verhandlungen mit den anderen Siegermächten praktisch gescheitert waren? Admiral Geddes hatte schon am 2. November 1918 gegenüber dem amerikanischen Admiral Benson freimütig erklärt, daß die deutschen Schiffe nach dem Krieg keinem europäischen Rüstungszuwachs dienen und daher besser zerstört werden sollten, sobald man sie sich endgültig angeeinigt haben würde. Fremantle erntete für sein Verhalten weder Lob noch Tadel, sowohl Madden als auch die Admiralität enthielten sich eines offiziellen Urteils.[27] Allerdings wurde er in den folgenden Jahren regelmäßig befördert und diente weiterhin in verantwortlichen Positionen. Auch er selbst bezeichnete die Versenkung, wenn auch erst Jahre später, als einen »Akt des Friedens«.[28]

In einer vertraulichen Mitteilung aus der Kriegsgefangenschaft an die heimatliche Admiralität berichtete Reuter im November 1919: »Vernehmender Stabsoffizier der [Londoner] Admiralität hat gefragt, weshalb nicht alle Schiffe besser versenkt wurden. Der Engländer hätte gern die Verteidigung vermieden.« Die Berliner Admiralität ergänzte: »Im letzten Satz muß es offenbar statt ›Verteidigung‹ heißen ›Verteilung‹.«[29] Auch amerikanische Geheimagenten behaupteten, daß die britische Marine absichtlich beide Augen zugedrückt habe, um zu verhindern, daß die deutschen Schiffe anderen Mächten in die Hände kämen.[30] Ernsthaft wütend waren offenbar nur jene Alliierten, die um einen erheblichen Zuwachs ihrer Flotte gebracht worden waren. Zwar schimpfte die französische Presse durchaus auf das »wortbrüchige Piratenvolk« – gemeint waren die Deutschen –, aber wiederholt gab nicht nur Frankreich, sondern auch Italien Großbritannien öffentlich die Schuld an der Versenkung. Ruge äußerte sogar die Meinung, Clemenceau habe den Vorfall dazu ausnutzen wollen, die Herrschaft am Rhein zu verlängern, nachdem er die völlige Abtretung des linken Ufers nicht erreicht hatte.[31] Da in den deutschen Zeitungen regelmäßig über ausländische Pressestimmen berichtet wurde, war diese Verärgerung seitens Italiens und Frankreichs über das Verhalten der Engländer, ebenso wie der Verdacht, diese hätten die Deutschen zur Versenkung ermutigt, auch hierzulande kein Geheimnis.[32] Die Vereinigten Staaten schließlich betrachteten die Sache eher leidenschaftslos, und ihre Reaktionen zeigten durchweg Erleichterung, weil ein schier unlösbares Problem vom Tisch war. Admiral Benson hatte aus seiner Meinung nie ein Hehl gemacht: »Jede Entscheidung, außer, die Schiffe zu versenken, bedeutete einen Rüstungszuwachs.«[33]

Harakiri erwünscht

Daß es in der britischen Presse auch Stimmen gab, die die Versenkung positiv beurteilten, fand Reuter ganz plausibel: »War denn überhaupt irgend jemand mit der Versenkung wehgetan? Erfüllte sie doch, wie das selten vorkommt, eigentlich den Wunsch aller beteiligten Parteien: die Pazifisten mochten jubeln, daß wieder eine Anzahl entsetzlicher Kriegsmaschinen vernichtet waren; die Engländer mochten sich freuen, weil sie die Schiffe nicht mehr mit ihren Ententebrüdern zu teilen brauchten, und diese konnten die gleiche Freude empfinden, daß sich England die deutschen Schiffe nicht mehr allein aneignen konnte; und schließlich konnte Deutschland froh sein, daß die Ehre seiner Regierung und sogar seiner Marine gerettet war!«[34] Friedrich Ruge schrieb 1970 an den amerikanischen Historiker David Shepherd: Die Briten »legten alle Trümpfe in Reuters Hand, und er spielte sie aus«.[35] Der britische Kapitänleutnant Joseph Montague Kenworthy, im Ersten Weltkrieg Mitglied des Kriegsstabs der Admiralität und von 1919 bis 1931 Unterhausabgeordneter, behauptet in seiner 1933 erschienenen Autobiographie sogar, Großbritannien habe das Deutsche Reich zur Versenkung der internierten Flotte geradezu aufgefordert:

»Ich glaube nicht, ein Geheimnis zu verraten, wenn ich sage, daß besonders die Franzosen sehr wünschten, daß die deutschen Schiffe als Kriegsbeute verteilt wurden, um ihre eigene Flotte zu verstärken und um einen Stamm für die Flotten Polens und Serbiens, der Satelliten Frankreichs, damit zu bilden. Begründet wurde diese Forderung damit, daß die französische Marine gegenüber dem Heer in den Kriegsjahren zu kurz gekommen war. Der britischen Admiralität paßte das gar nicht. Wir wünschten nicht, daß irgend eine andere Marine verstärkt werden würde, auch nicht die unserer teuren Alliierten, und keinesfalls wollten wir die deutschen Schiffe selbst in Besitz nehmen. Die Deutschen wiederum hofften, sie zurückzubekommen. Als bekannt wurde, daß die Franzosen und Italiener darauf bestehen würden, einen Teil der deutschen Kriegsschiffe geschenkt zu bekommen (schließlich bekamen sie auch einige davon) und daß die Amerikaner dieses Verlangen stützen würden, um die maritime Überlegenheit Großbritanniens zu verringern und uns dadurch auch in diplomatischer Hinsicht zu schwächen, ließ die Admiralität bekanntermaßen das Marineministerium in Berlin und den deutschen Admiral, der nominell die Hochseeflotte in Scapa kommandierte, Einblick in die Sachlage nehmen. Man ließ sie verstehen, daß wir Sympathie fühlen würden mit einem tapferen Feind, der es vorziehen würde, ein maritimes Harakiri vorzunehmen, statt sich dadurch zu erniedrigen, daß seine Flotte an zwei romanische Seemächte ausgeliefert würde, die mit dieser Flotte niemals in Kampf gestanden hätten. Ganz zu schweigen davon, daß ausgerechnet die bislang vom Land eingeschlossenen Polen und Serben einige dieser kriegserprobten Schiffe erhalten sollten.«

Sogar Artgur J. Marder, der Kenworthys Buch als eine unzuverlässige Quelle bezeichnet, die entscheidende Stelle allerdings ausführlich zitiert, kommt zu dem Schluß, daß das stillschweigende Einverständnis der Admiralität zwar nicht zu beweisen, der Verdacht aber auch nicht ganz auszuräumen sei, wie ungerecht auch immer er sein möge.[36] Marders diplomatische Kunst, den Verdacht wie eine Art ernstzunehmende Lüge zu behandeln, erinnert sehr an die feine Ironie Admiral Maddens. Nun kann man gewiß der Ansicht sein, daß Kenworthy mit seiner bemerkenswerten Darstellung den sicheren Beweis schuldig geblieben sei; wie ein solcher Beweis aussehen müßte, ist allerdings schwer zu sagen.

Zu den vielen Merkwürdigkeiten, die wir bereits erwähnt haben, gehören schließlich auch die Bedingungen, unter denen die Versenkungsbefehle durch die englischen Postdrifter befördert wurden. Kurz nach seiner Rückkehr gab Reuter in der alten Berliner Admiralität dem englischen Reporter Segras von der *Daily Mail* ein Interview, das am 14. Februar 1920 veröffentlicht wurde. In diesem Gepräch, dessen Atmosphäre der Journalist als sehr offen beschreibt, weigerte sich Reuter, die Frage zu beantworten, ob er schon bei der Abfahrt der Flotte von Wilhelmshaven zur Versenkung entschlossen gewesen sei. Das bestätigt unsere Annahme, daß die Heimatbehörden sich zur Frage der Versenkung nur dann hätten äußern müssen, wenn sie die Absicht gehabt hätten, sie zu untersagen, und nicht, sie zu befehlen. Dann aber fragte der Journalist, wie man es geschafft habe, die Versenkungsvorbereitungen geheimzuhalten: »Admiral von Reuter lachte. ›Das ist unser Geheimnis‹, antwortete er. ›Ich kann den Schleier jetzt nicht gänzlich lüften, aber ich kann sagen, daß die vorbereitenden Befehle den verschiedenen Schiffen brieflich mit dem britischen Postboot zugestellt wurden. Es hatte eine gewisse Ironie, daß die Briten, recht ahnungslos, mitspielten. Natürlich wurden die Briefe zensiert, aber wann – das ist unser Geheimnis.‹«[37] Die Befehle sind zweimal zugestellt worden, am 17. und am 20. Juni, und es wäre in der Tat interessant gewesen, zu erfahren, wie Reuter die Zensur umgangen hat – wenn es sie wirklich gab. Weder in Reuters Buch noch in den internen Berichten des Internierungsverbands wird mitgeteilt, daß auch die *innerhalb* des Verbands verschickte Post zensiert worden sei, eine eigentlich unüberwindliche Hürde für die Versenkung, wenn dem so war, ist doch die Art und Weise ihrer Durchführung allen Schiffen schriftlich befohlen worden. Diese Auslassung fällt deshalb auf, weil das deutsche Kommando in allen anderen Fällen keine Gelegenheit versäumt hat, gegen Verletzungen des Internierungsstatus, wie Funkverbot und Postzensur, zu protestieren.

Noch am Tag der Versenkung leitete die Londoner Admiralität widerwillig und zögerlich eine interne Untersuchung des Vorfalls ein und forderte Admiral Madden auf, über die Ereignisse Bericht zu erstatten und die dem Wachgeschwader gegebenen Befehle vorzulegen. Das geschah am 27. Juni. Fremantle lieferte sogar schon am 24. Juni einen dreizehnseitigen Bericht über die Versenkung. Madden erklärte übereinstimmend mit Fremantle, man habe angenommen, daß ein Bruch der Waffenstillstandsbedingungen durch Admiral von Reuter nicht zu befürchten gewesen sei, und Fremantle wollte sogar mit Hilfe der an Bord der *Emden* gefundenen Versenkungsbefehle beweisen, daß an Reuters Führung »unter normalen Umständen« nichts auszusetzen gewesen sei. Madden erklärte, er bedaure es, Fremantle nicht über die Verlängerung des Waffenstillstands informiert zu haben. Über die Gründe schweigt er und fügt hinzu, an Reuter seien solche Nachrichten ohnedies grundsätzlich nicht weitergeleitet worden. Madden sah es als ausreichend an, das deutsche Kommando erst im Fall einer Übernahme der Schiffe zu informieren.[38] In den folgenden Monaten sammelte eine Kommission alle verfügbaren englischen und deutschen Informationen. Deutsche Offiziere und Mannschaften wurden zwar verhört, aber ein abschließender Bericht über die Umstände der Selbstversenkung der deutschen Schiffe ist nie vorgelegt worden.

Reuter schreibt nach der Ankunft in Oswestry einen Brief an die englische Admiralität, in dem er persönlich die Verantwortung für die Versenkung übernimmt. Er will die Mannschaften aus dem zu erwartenden Gerichtsverfahren heraushalten und bittet darum, sie wieder in den Status der Internierung zu versetzen, da der Kriegszustand entgegen seiner Annahme nicht wieder ausgebrochen sei und man folglich auch keine Kriegsgefangenen machen könne. Nach einer Woche, am 30. Juni, wird Reuter mit seinem Flaggleutnant bis zur Heimreise in das »Musterlager« Donington Hall verlegt, ein altes Schloß in Derbyshire, das die britische Regierung während des Krieges requiriert hatte. Es liegt westlich von Nottingham in einem großen Tal am Fluß Trent, im Park gibt es Damwild, Rotwild und alte Eichen. Reuter wird ein großes Zimmer zugewiesen, das meistens kalt ist. Um das Schloß herum stehen zwölf Wohnbaracken, ähnlich denen in Oswestry. Es gibt »derbe Hausmannskost«, und Reuter erleidet Anfang September einen Schwächeanfall. Die Gefangenschaft wird durch viel Post aus der Heimat erleichtert, und die englischen Lagerkommandanten und Offiziere behandeln Reuter zuvorkommend – im Rahmen der vorschriftsmäßig scharfen Bewachung. Reuters ausführlichen Bericht überbringt Leutnant der Reserve Lobsien der Admiralität in Berlin, der im Juli nach Hause geschickt wird, zur Abstimmung in Schleswig-Holstein, in deren Zuge Nordschleswig an Dänemark fällt. Lobsien muß alles auswendig lernen, denn ein Schriftstück könnte entdeckt werden. Auch in diesem Bericht behauptet Reuter, daß seine einzige Nachrichtenquelle die englischen Zeitungen gewesen seien, er vom Wiederausbruch des Krieges ausgegangen sei und erst am Abend des 21. Juni von der Verlängerung des Waffenstillstands durch Admiral Fremantle erfahren habe. In einem solchen Fall müsse der Seebefehlshaber im Ausland nach eigenem Ermessen handeln und dürfe die Schiffe »unter keinen Umständen« in Feindeshand fallen lassen. Das Auslaufen des Wachgeschwaders sei für die Versenkung unerheblich gewesen.

Reuter gerät offensichtlich in ebendiesen Widerspruch: Einerseits besteht er auf der alleinigen Verantwortung für seine Tat, andererseits schreibt er in seinem Buch: »Es handelt sich hier also nicht um eine Handlung aus eigener Initiative, wie in der Note des Herrn Ministerpräsidenten Clemenceau behauptet wurde, sondern lediglich um eine Handlung, zu der ich [...] als Offizier verpflichtet war. Die Versenkung stellt mithin meinerseits nur das Bestreben dar, so gut es ohne Nachrichten möglich war, meine Pflicht als Offizier meiner Regierung gegenüber zu erfüllen.«[39] Er bereitet sich intensiv auf eine Anklage vor, die nicht nur seitens der britischen, sondern auch der deutschen Regierung droht, denn es ist nicht völlig auszuschließen, daß man ihm die Zerstörung von Staatseigentum zur Last legt. Trotha vertritt gegenüber der Reichsregierung ohnehin die Ansicht, daß Reuter gemäß der Haager Landkriegsordnung, wenn er schon den Waffenstillstand gebrochen haben soll, auf Verlangen der Sieger nur in der Heimat bestraft werden könne. In England dürfe er allenfalls angeklagt, nicht aber verurteilt werden.[40] Die Alliierten berufen sich dagegen auf Artikel 228 des Friedensvertrags, der ihnen die Möglichkeit gibt, Kriegsverbrecher zu verurteilen. Mit einem Kriegsgerichtsverfahren, sei es vor einem internationalen, einem deutschen oder gar einem englischen Gericht, verbindet Reuter in jedem Fall die Hoffnung, das Deutsche Reich werde von einer Schuld an der Versenkung freigesprochen und ein solches Urteil den angekündigten Ersatzforderungen der Verbündeten die Grundlage entziehen.

Ihre besondere Aufmerksamkeit widmeten die Briten dem Kriegsgerichtsrat Loesch. Als sie ihm gegenüber auf ihre Befehlsgewalt verwiesen, erwiderte Loesch, dem Verband seien die Kommandozeichen belassen worden, die für die »Souveränität« maßgebend seien. Dem pflichtete ein englischer Seeoffizier bei, der zu dem vernehmenden Beamten sagte: »Sehen Sie, das habe ich Ihnen gleich gesagt.«[41] Daß die Entente die Internierung im nachhinein für einen Fehler hielt, erfuhr Reuter im Herbst aus den Zeitungen. Die Aufmerksamkeit, die diese Stimmen der deutschen Befehlshoheit über die internierte Flotte entgegenbrachten, war mit den vielfachen Forderungen nach einem Kriegsgerichtsverfahren gegen Reuter schwer zu vereinbaren, und es dürfte den deutschen Offizieren die Tatsache zu Hilfe gekommen sein, daß ausgerechnet die Verfechter harter Friedensbedingungen gegen das Deutsche Reich den Wert der Selbstversenkung für die Interessen Großbritanniens zu schätzen wußten! Aber nicht nur der Kriegsgerichtsrat der Flotte kam zu dem Schluß, daß man Reuter gar nicht anklagen könne. Ebenso wurden die Überlegungen der Admiralität, Reuter vor ein Zivilgericht zu bringen, von den Juristen der Behörde abgelehnt.[42] Auch die Kronjuristen Sir Reginald Acland, Sir Archibald Bodkin und Mr. Branson kamen zu dem Ergebnis, daß Reuter sich nach britischem Recht keines kriminellen Vergehens schuldig gemacht habe, vor allem deshalb, weil die Schiffe nach wie vor Eigentum des Deutschen Reiches gewesen seien.[43]

Diese Gutachten, basierend auf der Unterscheidung zwischen Auslieferung und Internierung, kamen dem deutschen Argument entgegen, der Waffenstillstandsvertrag enthalte keine Bestimmung über das endgültige Schicksal der deutschen Schiffe und könne insofern durch die Versenkung gar nicht verletzt worden sein. Eine paradoxe Situation, denn die Siegermächte wurden nun von ihrem eigenen Täuschungsmanöver eingeholt: Während sie die Internierung inoffiziell von Anfang an als eine Auslieferung betrachtet hatten, wurden sie nun, da der Versailler Vertrag im Begriff war, diese Strategie zu sanktionieren, auf ihre offizielle Sprachregelung vom 11. November 1918 zurückgeworfen, da sie laut Waffenstillstandsvertrag nur eine »Internierung« vorgesehen hatten. Sogar Fremantle hatte in einem internen Memorandum vom 16. Juni festgestellt, daß der Waffenstillstandsvertrag eine Beschädigung der Schiffe nicht verbiete.[44] Zwar hatte Artikel 31 die Zerstörung von Schiffen und Material »vor Räumung, Auslieferung oder Rückgabe« verboten, aber Trotha explizierte richtig, »Räumung« habe sich auf Schiffe in deutsch besetzten Gebieten, »Auslieferung« auf die U-Boote und »Rückgabe« auf Embargo- und Prisenschiffe in deutscher Hand bezogen.[45] Wie unsinnig wäre es auch gewesen, eine Zerstörung der Schiffe vor ihrer Rückgabe an das Deutsche Reich den Wachkommandos zu verbieten.

Nicht nur die einstigen Gegner, auch Reuters eigene Männer sprachen sich gegen ein Kriegsgericht aus. Im Mannschaftslager des Internierungsverbands erklärten sich allein bis zum 25. Juni über 1300 Mann namentlich und schriftlich bereit, gegen ein solches Gerichtsverfahren zu protestieren und Reuter eine eventuell verhängte Strafe auf ihre Kopfzahl verteilt abzunehmen.[46] Aber am 21. Juli wurde in Deutschland ein englischer Funkspruch aufgefangen, aus dem hervorging, daß die Versenkung kein gerichtliches Nachspiel haben würde, da nach »gerüchteweisen Verlautbarungen« Clemenceau und Balfour sich darauf geeinigt hätten, gegen den deutschen Admiral keine rechtlichen Schritte zu unternehmen.[47] Das mag dafür sprechen, daß es der britischen Regierung peinlich gewesen ist, in einer Sache Anklage zu erheben, an der die Royal Navy einen wesentlichen, sei es nun aktiven oder passiven Anteil hatte. Der Mangel an Beweisen und die Furcht vor diplomatischen Komplikationen mit den eigenen Verbündeten mögen ebenfalls eine Rolle gespielt haben, aber mehr noch vielleicht die Frage, was denn eine Verurteilung eigentlich gebracht hätte, zumal Schadenersatzforderungen mit Hilfe der Blockade und der deutschen Kriegsgefangenen bekräftigt werden konnten.

Ihre Rückkehr liegt auch ohne Kriegsgericht in den Sternen. Zwei Monate nach der Versenkung wird Reuter allmählich ungehalten, weil der deutschen Presse das Schicksal der Kriegsgefangenen gleichgültig zu sein scheint und auch die Regierung sich aus seiner Sicht nicht für sie interessiert. Sogar der englische Lagerkommandant teilt Reuter Mitte August mit, daß das Kriegsamt der Ansicht sei, die Kriegsgefangenen würden nur zurückgehalten werden, weil die deutsche Regierung sich nicht für sie einsetze; eigentlich würde man sie ganz gerne los sein. Reuter verfaßt ein Telegramm an die Regierung, das er gleichzeitig als Brief an deutsche Zeitungen schickt, und auch die übrigen Gefangenen bringen eine regelrechte Pressekampagne für ihre Freilassung in Gang. Anfang September werden Reuter aus englischen und französischen Zeitungen die geplanten Entschädigungsforderungen bekannt. Am 23. Oktober schickt er als ältester der Kriegsgefangenen in England über die schweizerische Gesandtschaft in London einen Appell an Premierminister Lloyd George, in dem er wiederum die Gründe für sein Handeln darlegt und die Freilassung seiner Männer verlangt.[48] Inzwischen ist auch der Druck der britischen Öffentlichkeit gewachsen, die nicht einsieht, daß in Zeiten allgemeiner Not England auch noch mehrere hunderttausend deutsche Kriegsgefangenen ernähren soll. Ende Oktober, als mit dem Ende eines Eisenbahnerstreiks das letzte Hindernis beseitigt ist, wird die Mehrzahl der Deutschen in die Heimat entlassen. Reuter und die Scapa-Flow-Besatzungen müssen jedoch bleiben. Lloyd George hat gegen ihre Repatriierung eigentlich nichts einzuwenden, aber die Franzosen sind dagegen.

Während die Mannschaften in Henlle Park bleiben, werden die Offiziere Anfang November von Oswestry nach Donington Hall verlegt. Nun sind die etwa 150 »Scapa-Offiziere« wieder vereint. Inzwischen wissen die Männer, daß sie als eine Art Geiseln zurückgehalten werden, mit denen die Siegermächte ihre Nachforderungen durchsetzen wollen, aber, schreibt Ruge gelassen, »es war für uns nichts Ungewöhnliches, daß die Zukunft unsicher erschien«.[49] Außerdem sind die Lebensbedingungen in Donington Hall deutlich besser als in Oswestry. Fast ganz unter sich und unter Reuters Führung entwickeln die Männer ein ausgeprägtes Gefühl der Verbundenheit. Sie sammeln alle verfügbaren Nachrichten aus dem In- und Ausland, um sich ein Bild von der Versenkung und ihren Folgen zu machen. Die Reste an Kleidung, die sie noch besitzen, werden durch »Khaki-Breeches«, englische Reithosen und Feldblusen ergänzt, so daß die Männer bald ein recht buntes Bild abgeben: »Der marineeigentümliche Hang zur Kavallerie war unverkennbar«, belustigte sich Ruge noch Jahrzehnte später.[50] Zur Silvesterfeier werden ein paar Sketche dargeboten: »Den Schluß der Vorstellung bildete ein Zukunftsbild aus dem Jahre 1960, das den letzten P. o. W. [d. h. Kriegsgefangenen] aus dem großen Kriege zeigte und Gelegenheit zu mancherlei Anspielungen bot. Als der Vorhang aufging, saß er weltentrückt auf seinem Schemelchen und flickte ein gänzlich zerschlissenes Unterbeinkleid.«[51]

Ersatzforderungen

Die Verbündeten ließen sich zunächst Zeit, ihre Verhandlungen über die Nachforderungen schleppten sich hin, und deutsche Vorstöße zur Freilassung der Besatzungen blieben unbeantwortet. Am 2. November 1919 schließlich präsentierte Marschall Foch der deutschen Waffenstillstandskommission offiziell die »Restforderungen« der Sieger. Danach waren innerhalb von 60 Tagen die letzten modernen Kleinen Kreuzer *Pillau*, *Königsberg*, *Graudenz*, *Regensburg* und *Straßburg* abzugeben, innerhalb von 90 Tagen Schwimmdocks, Kräne, Bagger und Schlepper in gutem Zustand, insgesamt 400 000 Tonnen. Nach Angaben der Reichsregierung waren das etwa 57 Prozent der verfügbaren Bestände von 707 000 Tonnen. Die Forderung entsprach offensichtlich der Verdrängung der in Scapa Flow versenkten Schiffe. Nach Auskunft des Auswärtigen Amtes besaß Deutschland zu dieser Zeit 96 Docks, 45 Schwimmkräne, 120 Bagger und 484 Schlepper, wobei die Docks mit

527 380 Tonnen den größten Anteil ausmachten.[52] Freilich wurde nach Abgabe aller Handelsschiffe über 1600 BRT und der Hälfte aller Schiffe unter 1600 BRT – also beinahe der ganzen Handelsflotte – ein großer Teil des Hafenmaterials zunächst nicht gebraucht. Gefordert wurden gemäß dem Trierer Abkommen zur Verlängerung des Waffenstillstandsvertrags vom Februar 1919 auch drei vollständige moderne U-Boot-Maschinensätze als Ersatz für auszuliefernde Unterseeboote, die auf der Fahrt nach England und vor der spanischen Küste zerstört worden waren. Die als Druckmittel dienenden deutschen Kriegsgefangenen sollten nicht in die Heimat zurückkehren, bevor nicht der Friedensvertrag, am 28. Juni in Versailles unterzeichnet, von mindestens drei Mächten ratifiziert worden war. Ruge und Reuter hatten den Eindruck, als ob die Alliierten das Hafenmaterial bei der Abfassung des Friedensvertrags nur vergessen hätten und nun die Gelegenheit zu Nachforderungen nutzten.

Führende Kreise der deutschen Wirtschaft, darunter die Bremer und Hamburger Reedervereine sowie die Bremer Handelskammer, erhoben in zahlreichen an die deutsche Regierung gerichteten Eingaben den »entschiedensten Widerspruch« gegen die Forderungen.[53] Der Bremer Bürgermeister Deichmann, ein früherer Tabakarbeiter und Mehrheitssozialist, sprach mit einer siebenköpfigen Abordnung bei Reichspräsident Ebert vor, damit dieser die Erfüllung der Forderungen verhindere.[54] Die Offiziere des Internierungsverbands schrieben an die Presse, daß sie lieber in der Gefangenschaft blieben, als daß die deutsche Regierung ihre Heimkehr mit der Annahme solcher »schmachvollen« Bedingungen erkaufte.[55] Reuter riet – wie üblich »auf vertraulichem Wege« – von der Erfüllung ab. Wenn sie aber unvermeidbar sei, solle man sie an die sofortige Heimkehr der Besatzungen knüpfen oder zumindest an die Zusicherung, daß »kein Offizier als criminal zurückgehalten« werde.[56]

Trotha, der ebenfalls die Regierung zur Ablehnung zu bewegen versuchte, vermochte nicht zu erkennen, worin eigentlich der Schaden für die Alliierten bestehe, wenn die deutsche Flotte denn nur ein Pfand gewesen war.[57] Er sah in den Forderungen eine Vernichtung der »notwendigsten Seeinteressen«, weil eine solche »Schmähung« das Reich unfähig mache, »seine Häfen, Kanäle und Flußmündungen in einem für den internationalen Verkehr brauchbaren und kulturfähigen Zustande zu erhalten«. Man müsse die Fischerei schützen, Schmuggler und Seeräuber bekämpfen und deutsche Handelsschiffe aus Chile und Argentinien nach Hause geleiten. Hinsichtlich der Sicherung seiner notwendigsten Hoheitsrechte werde das Deutsche Reich sogar hinter die Möglichkeiten seiner neutralen Nachbarstaaten zurückfallen. Die deutschen Interessen würden außerdem in der Ostsee durch die mächtige Sowjetflotte und den geplanten polnischen Flottenbau unter englischer Anleitung bedroht werden. Trotha plädierte dafür, die Ersatzforderungen »vom Gesichtspunkte der Erpressung aus zu beurteilen« und aus wirtschaftlichen Gründen »von unserem guten und starken Recht der Ablehnung Gebrauch zu machen, um durch Zerstörung der feindlichen Rechtsgrundlagen auch das Recht auf Strafzumessungen zu zerstören«.[58] Die deutsche Regierung machte sich seine Argumente weitgehend zu eigen, schreckte aber vor einer grundsätzlichen Ablehnung zunächst zurück. Das Auswärtige Amt griff das Argument auf, das auch Brockdorff-Rantzau angeführt hatte: Die Friedensbedingungen dürften sich nicht in der Weise gegenseitig blockieren, daß die verbleibenden Ressourcen es nicht mehr erlaubten, die Reparationsleistungen zu erbringen. Gerade in den Häfen, so das Auswärtige Amt, würde man die geforderten Hilfsmittel benötigen, um Reparationsleistungen wie die im Friedensvertrag festgelegten Schiffbauten zugunsten der Alliierten zu erbringen. Durch die Lahmlegung der Hafenbetriebe würde 200 000 Menschen der Lebensunterhalt genommen, »eine die innere Ruhe Deutschlands schwer bedrohende Gefahr«.[59]

Die deutsche Regierung bot den Alliierten am 20. Dezember an, sofort nach Ratifikation des Friedens 220 000 Tonnen Hafenmaterial (192 000 Tonnen zuzüglich Neubauten) auszuhändigen, weil sie den gesamten Bestand um 180 000 Tonnen zu hoch angesetzt hätten.[60] Der deutsche Marineattaché in Haag hatte indes bereits Mitte November gemeldet, daß die vorgesehenen harten Forderungen auf französische Initiative zurückgingen und demgegenüber die Vereinigten Staaten dafür eintreten würden, die Leistungsfähigkeit des Deutschen Reiches zu erhalten.[61] Am 27. November 1919 hatte die deutsche Regierung ihren offiziellen Standpunkt zur Selbstversenkung in Scapa Flow formuliert, um die Zusatzforderungen zurückzuweisen. Reuters Tat legte sie dem vertragswidrigen Verhalten der alliierten und assoziierten Regierungen zur Last: Die Flotte sei nicht wie vereinbart in einem neutralen, sondern alliierten Hafen interniert, die Mannschaften seien wie Kriegsgefangene behandelt, der Funkverkehr abgeschafft, die Post zensiert und ihr Transport verzögert worden. Mangels offizieller Informationen habe Konteradmiral von Reuter annehmen müssen, daß der Waffenstillstand am 21. Juni mittags ablief. Im übrigen könne der Staat nicht für die Handlungen eines Organs haften, das nicht seiner Befehlsgewalt unterworfen war.[62] Die deutsche Regierung erklärte übereinstimmend mit Reuter die Gegner für schuldig, den Waffenstillstand gebrochen zu haben, und schlug mit Zustimmung der Admiralität vor, die Sache dem Haager Schiedsgericht zu unterbreiten, um das Inkrafttreten des Friedensvertrags nicht zu verzögern. Sollte der Schiedshof der deutschen Regierung die Schuld geben, würde er, so hoffte man, auch gleich über die Höhe der Wiedergutmachung entscheiden.[63]

Ein eindeutiger Beweis für die Schuld der deutschen Regierung lag indes nicht vor, und nach sechs Monaten ergebnisloser Nachforschungen von Diplomaten und Geheimdienstagenten, sogar in den deutschen Marinestützpunkten Kiel und Wilhelmshaven, wurde der Weltöffentlichkeit schließlich ein Dokument präsentiert, das schon im Juli im Safe des Flaggschiffs *Emden* gefunden worden war. Über die Gründe für diese Verzögerung kann man nur spekulieren. Längst hatte sich Clemenceau zu Recht mehrfach darüber beschwert, daß die Briten mehr wußten, als sie zugaben. Es handelte sich um jenen Brief des Chefs der Admiralität, Konteradmiral von Trotha, vom 9. Mai 1919, der kein direkter Versenkungsbefehl gewesen sein mag, wie die Alliierten behauptet haben, der aber an Trothas eindeutiger Meinung, die ja in der Marine bekannt war, keinen Zweifel gelassen hatte. Commodore Hugh Sinclair, Chef des britischen Marinegeheimdienstes, präsentierte diesen Brief auf einer Pressekonferenz am 3. Dezember 1919. Sinclair wies darauf hin, daß der erste Versenkungsbefehl an dem Tag verteilt wurde, an dem zwei Vorratsdampfer in Scapa Flow eingetroffen waren, und er spekulierte darüber, ob das Dokument vielleicht in einer Konservenbüchse oder in einem Brot nach Scapa Flow geschmuggelt worden sei. Auch Madden hatte in seinem Bericht an die Admiralität die Vermutung geäußert, daß die Versenkung mit der Ankunft der deutschen Dampfer in einem direkten Zusammenhang stehe. Auf jeden Fall wurde in einer Note vom 8. Dezember die deutsche Regierung ausdrücklich beschuldigt, Reuter die Versenkung befohlen zu haben. Die

Veröffentlichung seines Briefes brachte aber auch Trotha selbst vorübergehend in Bedrängnis, hatte er doch einst gegenüber der Regierung Reuters Behauptung bestätigt, auf eigenen Entschluß hin gehandelt zu haben. Nach einer Meldung des *Manchester Guardian* gab Trotha an, in diesem Brief sei Reuter nur ganz allgemein versichert worden, daß dem Verband »kein unehrenhaftes Schicksal widerfahren werde«.[64] Die Forderung, daß der Verband in jedem Fall deutsch bleiben solle, habe sich auf die Friedensverhandlungen bezogen und sei keine Anweisung an Reuter gewesen. Die deutsche Regierung machte sich diese Interpretation offiziell zu eigen.

Neuer Streit um alte Schiffe

Vom 11. bis zum 13. Dezember 1919 trafen sich Clemenceau und Lloyd George in London zu Gesprächen über die Frage der Auslieferung von Kriegsverbrechern sowie über die Ersatzforderungen für die versenkte Flotte. Diese beiden Punkte waren die beiden einzigen im deutsch-alliierten Verhältnis, die noch einer baldigen Klärung bedurften. Der Oberste Kriegsrat reagierte auf die deutsche Note, indem er seine Forderungen bekräftigte. Die Friedenskonferenz ging in ihrer Antwort vom 12. Dezember 1919 auf die deutschen Argumente vom 27. November nicht ein, sondern behauptete ebenfalls unter Berufung auf Trothas Brief, die deutsche Regierung habe die Versenkung befohlen. Sie verlangte auf der Grundlage eindeutiger Drohungen die sofortige Unterzeichnung der Ratifikationsurkunde: »Wir erinnern zum letzten Male daran, daß bis zur Inkraftsetzung des Friedensvertrages die Kündigung des Waffenstillstandes genügt, um den alliierten Armeen jede Berechtigung zu militärischen Maßnahmen zu verleihen, die für nötig erachtet werden. In diesem Sinne erwarten wir die unverzügliche Unterzeichnung des Protokolls und die Niederlegung der Ratifikationsurkunde.«[65]

Im Dezember 1919 befanden sich noch 1774 Offiziere und Mannschaften in britischer Kriegsgefangenschaft.[66] Während sich die Fronten verhärteten, waren die zaghaften Maßnahmen der deutschen Regierung zwecks Repatriierung Reuters und der Scapa-Flow-Besatzungen am 9. Dezember auch Gegenstand einer unter anderem von Gustav Stresemann von der Deutschen Volkspartei unterzeichneten Anfrage in der Nationalversammlung geworden. So gedrängt bat die deutsche Regierung am 14. Dezember in einer offiziellen Note um die bedingungslose Freilassung der Scapa-Flow-Besatzungen. Darin lehnte sie die Auslieferung des Hafenmaterials ab, blieb aber gegenüber den fünf geforderten Kreuzern indifferent und bot die Auslieferung von Neubauten an. Wieder protestierte Trotha dagegen, daß die Regierung die alliierte Forderung nach Auslieferung der letzten modernen Kreuzer, die er in moralischer und militärischer Hinsicht für desaströs hielt, nicht zurückwies.[67]

Der von deutscher Seite vorgebrachte Hinweis, daß Deutschland nach Ablieferung der fünf Kleinen Kreuzer nicht mehr das im Versailler Vertrag zugestandene Recht ausüben könne, sechs Kreuzer in Dienst zu halten, die nicht älter als 20 Jahre zu sein brauchten, blieb ohne Wirkung.[68] Die Alliierten verlangten am 22. Dezember die vorzeitige Auslieferung der geforderten Kreuzer, gestanden allerdings einen Irrtum in der Berechnung der finanziellen Reparationen ein und reduzierten das geforderte Hafenmaterial von 400 000 auf 300 000 Tonnen. Gleichzeitig versprachen sie, die Selbstversenkung in Scapa Flow nicht juristisch zu verfolgen. Im Gegenzug verpflichtete sich Deutschland zu baldigen Zahlungen. Dafür sollte nur etwa ein Dutzend deutscher Soldaten wegen »Verbrechen gegen die Menschlichkeit« angeklagt werden.[69] Auf beiden Seiten hatte sich schließlich eine gewisse Kompromißbereitschaft durchgesetzt, um einen Wiederausbruch der Kampfhandlungen zu vermeiden. Mäßigend wirkte auch, daß der US-Senat sich weigerte, den Friedensvertrag zu ratifizieren, als Deutschland gegen die hohen Ersatzforderungen protestierte. Eine gewaltsame Eintreibung der Reparationen wäre auch in den Ländern der Sieger vor der Öffentlichkeit kaum noch zu rechtfertigen gewesen. Aber es ist natürlich müßig, zu fragen, ob deshalb der Spielraum der deutschen Regierung vielleicht größer war, als sie selbst ahnte. Als die Verhandlungen in Paris zum Abschluß kamen, versuchte sich Trotha jedenfalls noch einmal der Forderungen zu erwehren, diesmal mit dem Argument, er werde keine Freiwilligen finden, die die Schiffe heil dem Feind auslieferten, und so könne man sie allenfalls zur Abholung bereitstellen. Außerdem kündigte er erhebliche Kosten für die Reparatur der verbleibenden alten Kreuzer sowie für Neubauten an.

Der Friedensvertrag wurde schließlich am 10. Januar 1920 ratifiziert, nachdem die Deutschen sich bereit erklärt hatten, zusätzlich zu den angebotenen 192 000 Tonnen Hafenmaterial weitere 83 000 Tonnen auszuliefern. Der größte Teil kam nach Großbritannien und soll im Zweiten Weltkrieg gute Dienste geleistet haben.[70] Jetzt konnten jedenfalls die Kriegsgefangenen von Scapa Flow nach Deutschland zurückkehren, und die Regierung konnte Reuters Tat offiziell anerkennen. Durch Verfügung des Reichspräsidenten Friedrich Ebert wurde er am 28. Januar 1920, unmittelbar vor der Heimkehr nach Deutschland, mit Patent vom 29. Oktober 1919 zum Vizeadmiral befördert. Die Verhandlungen über die Kleinen Kreuzer zogen sich noch bis in den Februar hin, aber auch hier gab die Reichsregierung schließlich nach. Am 20. Februar wurden von den Alliierten die Bestimmungshäfen für die deutschen Einheiten benannt. Am gleichen Tag bewilligte die Reichsregierung die ersten 10 000 Tonnen Kohle, und nach einer Besichtigung durch die Alliierten wurden die Überwasserschiffe in kleinen Gruppen unter eigenem Dampf oder durch neutrale Schlepper unter anderem nach Brest sowie zum Firth of Forth überführt, um von dort aus weiter verteilt zu werden. Der Historiker Michael Salewski zeichnet ein Bild, das an die bereits geschilderten Ereignisse aus dem Waffenstillstand erinnert: »Die letzte Fahrt der Flottenkontingente war manchmal recht abenteuerlich und peinlich. Teilweise waren Besatzungen in Dienst zu nehmen, die jeder Disziplin ermangelten; die Offiziere sahen sich daher oft vor recht ungewöhnliche Probleme gestellt. So streikten auf dem Linienschiff *L* = ex-*Thüringen* plötzlich die Heizer und verlangten einen Stundenlohn von sechs Mark pro Stunde; andere wieder arbeiteten überhaupt nicht. [...] Teilweise kam es in den ausländischen Bestimmungshäfen zu Zwischenfällen, als die neuen Besitzer das gesamte Schiffsinventar und damit zum Teil auch Privatbesitz der Besatzungen beschlagnahmten. Bezeichnend war ein Vorfall in Cherbourg, wo das Überführungsinventar erst beschlagnahmt und daraufhin der Besatzung ›als Geschenk‹ zurückgegeben wurde. [...] Der Mangel an geeigneten Dampfern – die vor allem zum Rücktransport der Kriegsgefangenen benötigt wurden – brachte weitere Verschleppungen mit sich.«[71]

Mit den an Großbritannien fallenden und in den folgenden Jahren abgebrochenen Kleinen Kreuzern *R* = ex-*Danzig* und *T* = ex-*Stettin* – wie die Reparationsschiffe nach Streichung aus der Liste der Kriegsschiffe hießen – wurden am 15. September 1920 die letzten Schiffe abgeliefert. Mit den Restforderungen der Verbündeten wurde freilich auch die im Falle des Internierungsverbands durch seine Versenkung »glücklich erledigte Verteilungsfrage«[72] wieder aufgeworfen. Verrechnet wurden die 74 internierten Schiffe, dazu kamen die nach Artikel 185 Friedensvertrag auszuliefernden acht Linienschiffe, acht Kleinen Kreuzer, 42 modernen Zerstörer und 50 Torpedoboote, die fünf modernen Kleinen Kreuzer aus den Restforderungen sowie das einbehaltene Torpedoboot *B 98*. Insgesamt hatte das Deutsche Reich am Ende des Ersten Weltkriegs also 188 Überwasserkriegsschiffe eingebüßt.

Frankreich verlangte fünf große Schiffe, sechs Kleine Kreuzer und 32 Zerstörer, Italien den gleichen Anteil, und auch Japan meldete vorsorglich seine Ansprüche an. Lloyd George kam ihnen am 14. November mit dem erwähnten Vorschlag entgegen, den britischen Anteil um die in Scapa Flow versenkten Schiffe zu verringern, und so konnte Großbritannien die Kriegsverluste als Berechnungsgrundlage für die Verteilung endgültig durchsetzen. Obwohl der britische Vorteil nun viel geringer war als vor der Versenkung, paßte das den Amerikanern immer noch nicht, die alle Schiffe, sei es durch Versenken oder durch Verschrotten, zerstören wollten. Nach weiteren mühsamen Diskussionen hatte man sich am 9. Dezember 1919 auf einen ausgeklügelten Kompromiß geeinigt: 70 Prozent der geforderten Kriegsschiffe, abzüglich der versenkten Tonnage, erhielt danach Großbritannien, jeweils zehn Prozent gingen an Frankreich und Italien, acht an Japan und zwei an die Vereinigten Staaten. Das entsprach tatsächlich in etwa – mit einer Abweichung von maximal vier Prozent – den Anteilen an den Kriegsverlusten. Auch einige der übrigen kleinen Alliierten bekamen ein paar Torpedoboote ab. Hier ein Überblick über den Verbleib der Überwasserschiffe:

	Gesunken in Scapa Flow*	Groß-britannien	Frankreich	Italien	Japan	USA	Andere	Gesamt
Linienschiffe	10	5	1	-	2	1	-	19
Schlachtkreuzer	5	-	-	-	-	-	-	5
Kl. Kreuzer	5	6	5	3	1	1	-	21
Zerstörer und T-Boote	32	77**	12	3	4	3	12	143

*In allen anderen Spalten sind geborgene bzw. unversehrt ausgelieferte Schiffe enthalten
**Einschließlich *B 98*[73]

Auch Polen, Finnland und das neutrale Holland sicherten sich kleinere Einheiten. Die zugesprochene Tonnage mußte entweder versenkt oder binnen 18 Monaten unter Aufsicht der Interalliierten Marine-Kontrollkommission abgerüstet und binnen fünf Jahren vollständig verschrottet werden. Nur Frankreich und Italien durften über ein paar Kleine Kreuzer und Zerstörer frei verfügen. Frankreich behielt vier Kreuzer, neun Zerstörer und zehn Unterseeboote für mehrere Jahre in seiner Marine in Dienst. In der italienischen Marine fuhren drei frühere deutsche Kreuzer bis wenige Jahre vor Ausbruch des Zweiten Weltkriegs. Für die offenbar fehlende Ausrüstung der an Frankreich und Italien ausgelieferten Kleinen Kreuzer und Torpedoboote wurde noch Ende April 1924 »Kompensationsmaterial« abgegeben.[74]

An Frankreich gingen die Kleinen Kreuzer *Emden*, *Kolberg*, *Königsberg*, *Regensburg* und *Stralsund*. Die abgedichtete und leergepumpte *Emden* wurde zunächst nach Rosyth überführt und bei der Aufteilung der verbliebenen deutschen Schiffe am 11. März 1920 Frankreich zugesprochen. Das ehemalige Flaggschiff des Internierungsverbands kam wegen zu großer Schäden am Rumpf für den aktiven Dienst nicht mehr in Frage, wurde ab 1922 zu Sprengversuchen verwendet und 1926 in Caën abgewrackt. *Kolberg* blieb als *Colmar* bis 1927 in Dienst und wurde 1929 in Brest abgewrackt. *Königsberg* – jenes Schiff, das im November 1918 Konteradmiral Hugo Meurer zu dem Treffen mit Admiral Beatty im Firth of Forth gebracht hatte –, war als *Metz* bis 1934 in Dienst und wurde 1936 abgebrochen. *Regensburg* blieb unter dem Namen *Strasbourg* bis 1934 in Dienst, diente anschließend als Hulk und Wohnschiff in Lorient und wurde 1944 gesprengt. *Stralsund* blieb als *Mulhouse* bis 1935 in Dienst und wurde in Brest abgewrackt. *Graudenz*, *Pillau* und *Straßburg* fielen an Italien. *Graudenz* blieb als *Ancona* bis 1937 in Dienst und wurde dann abgebrochen. *Pillau* blieb als *Bari* in Dienst und sank 1943 in Livorno nach einem Luftangriff. *Straßburg* schließlich blieb als *Taranto* in Dienst und sank am 9. September 1943 in La Spezia.

Der in Scapa Flow ebenfalls auf Strand gesetzte Kleine Kreuzer *Frankfurt* wurde von den Amerikanern beansprucht und in die Vereinigten Staaten überführt. *Frankfurt* fand bei Bombenversuchen der amerikanischen Flotte vor Cape Henry, Virginia, Verwendung, bei denen auch das nach Artikel 185 Friedensvertrag ausgelieferte Linienschiff *Ostfries-*

land unterging. *Frankfurt* wurde am 18. Juli 1921 durch eine schwere Fliegerbombe versenkt. Der in Scapa Flow gestrandete Kleine Kreuzer *Nürnberg* schließlich fiel an Großbritannien und sank am 7. Juli 1922 bei Artillerieschießversuchen vor der Insel Wright. Das in der Swanbister Bay auf Grund gesetzte ehemalige Flaggschiff *Baden* war im Juli 1919 bereits abgedichtet, leergepumpt und wieder schwimmfähig gemacht worden. Dann studierten die Briten alle technischen Einzelheiten dieses Vertreters der neuesten und letzten Klasse kaiserlicher Schlachtschiffe und verwendeten die *Baden*, nachdem das Schiff ihnen endgültig zugesprochen worden war, als Zielschiff. Am 16. August 1921 wurde es südwestlich von Portsmouth bei Schießversuchen versenkt.

Heimkehr

In den frühen Morgenstunden des 29. Januar 1920 fahren Reuter und seine Begleiter in einem Sonderzug nach Hull. Noch am selben Abend sticht der deutsche Dampfer *Lisboa* mit Kurs auf Wilhelmshaven in See und steht bei Tagesanbruch vor der Jade; zu früh für den geplanten Empfang, und so wartet das Schiff ein paar Stunden auf Schillig Reede. Torpedoboote der »Eisernen Flottille« geleiten die *Lisboa* schließlich in den Hafen. Ein Jahr und zwei Monate sind seit der Ausfahrt des Überführungsverbands vergangen. Wenige Tage vor der Rückkehr, am 61. Geburtstag des Kaisers, ist im Neuen Theater in Frankfurt am Main Reinhard Goerings eingangs erwähntes Drama »Scapa Flow« uraufgeführt worden, ein pathetischer, expressionistischer Wortschwall, der die Selbstversenkung in die Nacht verlegte und in eine düstere Untergangsstimmung tauchte. Das Stück gerät schnell in Vergessenheit.

Den Männern wird die feierliche Begrüßung von Kriegshelden zuteil: »Das Gelände um die III. Einfahrt war schwarz von Menschen aus Wilhelmshaven und Rüstringen, Flaggen und wehende Tücher grüßten schon von weitem.«[75] Viele, die der Ansicht sind, daß die Marine durch Untätigkeit im Krieg, durch die Meutereien von 1917 und die Ereignisse vom November 1918 ihre Ehre verloren habe, sehen sie durch Reuters Tat wiederhergestellt; als könnte sich das Opfer der Marine nun doch noch neben dem des Heeres sehen lassen. Admiral Scheer findet angesichts der Versenkung, daß der Geist der Flotte noch lebt und den besten Traditionen der deutschen Marine treu geblieben ist. Gustav Stresemann hat bereits Monate zuvor an den Reichskanzler geschrieben, daß »Admiral von Reuter nichts anderes getan hat, als was ihm seemännisches Gesetz, Ehre und Pflicht gebot«.[76] Eine Ehrenformation der Marine ist in feldgrauer Uniform und mit Stahlhelmen angetreten, daneben Kriegervereine und viele Offiziere der Nordseestation. Anders als im Herbst 1918 sind Ordnung und Disziplin nicht zu übersehen. »Die deutsche Flotte besaß endlich ihr Heldenlied«, schreibt der Historiker Holger H. Herwig etwas überschwenglich, »das sich würdig neben den vielen Mythen des Heeres bis hin zum ›Opfergang von Langemarck‹ sehen lassen konnte, das kleine, ausgewählte Offizierkorps, von Trotha dazu bestimmt, die neue Reichsmarine in eine bessere, mächtigere Zukunft zu führen, hatte seine Märtyrer.«[77] Trotha, am 31. Oktober 1919 zum Vizeadmiral befördert, hält die Begrüßungsansprache und gibt später einen festlichen Empfang. Es ist das letzte Mal, daß die Scapa-Flow-Besatzungen beisammen sind. Sie gehen zurück nach Kiel oder bleiben in Wilhelmshaven, um ihre dienstlichen Angelegenheiten zu regeln. Dann treten sie ihren dreimonatigen bezahlten Urlaub an, der im März vom Kapp-Putsch jäh unterbrochen wird. Die meisten der Heimkehrer werden wegen der anstehenden Verkleinerung der Marine entlassen. Kapitänleutnant Menche versucht noch, eine »Scapa-Flow-Abteilung« aufzustellen, aber die Zeit der Freikorps und Brigaden geht allmählich zu Ende.

Reuter widmete sich der Ausarbeitung einer »Denkschrift über britische Völkerrechtsverletzungen begangen an den Besatzungen der in Scapa Flow versenkten deutschen Flotte« über die Erschießungen, die Plünderungen und einzelne Vorfälle in den Kriegsgefangenenlagern. Er stützte sich auf Vernehmungen in der Gefangenschaft[78] und auf Nachrichten, die zum Teil auf Toilettenpapier in die Heimat geschmuggelt worden waren. Der Bericht wurde am 24. Februar 1921 veröffentlicht. Nennenswerte Folgen hat er nicht gehabt.[79] Reichswehrminister Otto Geßler bat Reuter am 26. Juni 1920 trotz der Verdienste, seinen Abschied zu nehmen, da für den einundfünfzigjährigen Vizeadmiral in der verkleinerten Reichsmarine keine angemessene Position zur Verfügung stand.[80] Am 29. August schied Reuter aus dem Dienst aus. Er zog mit seiner Familie von Wilhelmshaven auf Schloß Gauerwitz bei Dresden und schrieb dort ein Buch über seine Erlebnisse in Scapa Flow.

1923 zog die Familie nach Potsdam, wo sich Reuter in den folgenden Jahren als Ratsherr kommunalpolitisch engagierte. Der Kaiser schickte ihm zum siebzigsten Geburtstag am 9. Februar 1939 aus Doorn ein Glückwunschtelegramm. Anläßlich des fünfundzwanzigsten Jahrestags der Schlacht von Tannenberg, am 19. August 1939, wurde Reuter zum charakterisierten Admiral befördert. Im September desselben Jahres, gleich zu Beginn des Polenfeldzugs, fiel sein jüngster Sohn Wolfgang. Den Verlust seines zweiten Sohnes Derfflinger, der noch in den letzten Kriegstagen bei Pillau fiel, erlebte der Vater nicht mehr. Derfflinger trug wie Reuters Sohn Yorck nach einer Marinetradition den Namen jenes Schiffes, auf dem der Vater zur Zeit der Geburt Dienst tat. Am 18. Dezember 1943 erlag Ludwig von Reuter auf dem Weg zu einer Ratssitzung einem Herzschlag. Er wurde auf dem Bornstedter Friedhof neben seinem Sohn Wolfgang beigesetzt. In dem im Marineverordnungsblatt veröffentlichten Nachruf von Großadmiral Dönitz, Oberbefehlshaber der Kriegsmarine, wurde Reuters Entschluß zur Selbstversenkung von Scapa Flow als eine »charaktervolle Tat« bezeichnet und als »ein leuchtendes Fanal deutschen Erwachens«.[81]

Die Bestimmungen des Versailler Vertrags wurden in den ersten Nachkriegsjahren von Kontrollkommissionen überwacht, von der französisch dominierten Interalliierten Militär-Kontrollkommission (IMKK) und von der britisch dominierten Interalliierten Marine-Kontrollkommission (NIACC). Da die Entwaffungs- und Entschädigungsverpflichtungen ebenso wie die Kriegsmarine auch die Handelsflotte schwer getroffen hatten, wurde die Kontrollkommission im April 1920 um Erlaubnis ersucht, auf Stapel liegende Torpedobootskörper zu Handelsschiffen weiterzubauen, die nicht mehr als »Notschiffe« sein konnten. Die verbündeten Mächte waren prinzipiell einverstanden, behielten sich aber vor, die Umbauten als Teil der auszuliefernden Handelstonnage zu beschlagnahmen. Erst aufgrund von deutschen Drohungen, mit den Bauten gar nicht erst anzufangen, wurde dieses nur in formaler Hinsicht nicht unberechtigte Ansinnen am 22. Dezember 1920 zurückgenommen.[82]

Auf die deutsche Marine hatten die Entwaffnungsbestimmungen einen derart niederschmetternden Eindruck gemacht, daß Stimmen laut wurden, unter diesen Umständen auf Seestreitkräfte ganz zu verzichten. Dieser Gedanke ist nach dem Kapp-Putsch, der den Zusammenhalt der Restmarine noch weiter erschütterte, sogar im Reichstag zur Sprache gekommen.[83] Der bereits erwähnte Oberheizer Alex Schiffer schrieb: »Die Philister haben den Stab über uns gebrochen, auf sie wirkt eine blaue Uniform wie ein rotes Tuch auf einen Stier, man weigert sich, frühere Marineangehörige in den Zivildienst einzustellen, ja eine Frau von Below geht so weit und richtet an alle deutschen Frauen die Aufforderung, die Kinder nicht mehr in Matrosenanzüge zu kleiden.«[84]

Michael Salewski schreibt: »Obwohl die drohende Gefahr der endgültigen Abschaffung der Marine nicht zuletzt dank des tatkräftigen Einsatzes Geßlers und [General Hans von] Seeckts gebannt werden konnte, standen weite Kreise der deutschen Öffentlichkeit auch in den folgenden Jahren der Reichsmarine skeptisch gegenüber.[85] Der Versailler Vertrag verpflichtete nach Artikel 186 zum Abbruch von Neubauten, berechtigte in höchst bescheidenem Maße aber auch zu Ersatzbauten, so daß von deutscher Seite in einem Fall darum gebeten wurde, einen halbfertigen Neubau als regulären Ersatz für einen veralteten Kreuzer fortsetzen zu dürfen, zumal die im Vertrag enthaltenen Möglichkeiten aufgrund von Geld- und Personalmangel insgesamt nicht ausgeschöpft werden konnten. Aber selbst diese Bitte wurde abgelehnt, und ein Londoner Ultimatum erzwang 1921 die restlose »Entmilitarisierung der in Bau befindlichen Kriegsschiffe«.[86] Auch der 1920 bewilligte Bau des Kreuzers *Emden* (III) durfte nicht dadurch beschleunigt werden, daß man vorhandene Schiffsturbinen und Kesselteile benutzte, was die Baukosten von 200 auf 120 Millionen Mark reduziert hätte. *Emden* konnte daher erst 1925 in Dienst gestellt werden. Während Frankreich Lagerungen von Kriegsgut verbot, verhinderte England Erleichterungen beim Kriegsschiffbau.

Insgesamt war die Marine auf ihre ursprüngliche Aufgabe des Küstenschutzes zurückgeworfen, obwohl auch hier durch die Friedensbestimmungen Einschränkungen hingenommen werden mußten. Allerdings gelang es, 119 Küstenbatterien zu retten, deren Existenz bereits in Frage stand. Anfängliche Versuche, die Marinebestimmungen in kleinem Umfang heimlich zu umgehen, flogen auf und schadeten dem Ansehen der Marine im In- und Ausland. Schwerwiegender waren geheime Abkommen mit Holland, Spanien und Finnland, die dem Zweck dienten, beim Bau von Unterseebooten nicht den Anschluß zu verlieren, die zwar nicht formal, aber dem Geist nach als eine Verletzung des Versailler Vertrags angesehen wurden. Andererseits war England nicht bekannt, daß im Rahmen der Entschädigungsleistungen auch U-Boot-Bauteile an Frankreich geliefert wurden, wofür Frankreich ein paar relativ unbedeutende deutsche Forderungen unterstützte, die sonst mit Sicherheit abgewiesen worden wären.

Ab Herbst 1921 gab es die ersten Anzeichen, daß England die Arbeit der Interalliierten Marine-Kontrollkommission einzustellen wünschte, um eine Politik der Vemittlung und Mäßigung einzuleiten. Als im Frühjahr 1923 bekannt wurde, daß die Marine-Kontrollkommission zurückgezogen werden sollte, sträubte sich Deutschland plötzlich dagegen und wollte die Marinekontrolleure nicht vor dem Rückzug der französisch dominierten Militär-Kommissionen gehen lassen, um, so die Friedensabteilung im Auswärtigen Amt, »das durch die NIACC repräsentierte englische Gegengewicht gegen die intransigenten französischen Tendenzen in den Überwachungsausschüssen solange wie irgendmöglich zu erhalten«. Ein deutschfreundliches Mitglied der NIACC, Captain Cullinam, bestätigte, daß der Abzug für Deutschland »nichts Verlockendes« habe.[87] Als am 30. September 1924 dennoch die letzten Mitglieder der Kommission ihre Heimreise antraten, waren die Fragen der Marineabrüstung geregelt, kleinere heimliche Umgehungen wurden von den Engländern nachgesehen, und der Abschied war herzlich. Der letzte Leiter der deutschen Marinefriedenskommission, Kapitän zur See Batsch, berichtete über den Abschiedsbesuch des englischen Vorsitzenden der NIACC, Kapitän zur See Drax: »Seine Schlußworte, mit denen er seinem Bedauern Ausdruck gab, daß auf den deutsch-englischen Beziehungen immer noch ein gewisser Druck des Mißtrauens laste, ein Druck, dessen baldigste restlose Beseitigung er erhoffe, schienen mir aus innerster Überzeugung zu kommen.«[88] Das verbesserte Verhältnis zwischen den zahlenmäßig überschaubaren deutschen und englischen Marineoffizieren war der viereinhalb Jahre währenden, intensiven Zusammenarbeit in technischen Abrüstungsfragen zu verdanken – man kannte sich einfach –, und auf englischer Seite wohl auch dem insgesamt erfolgreichen Abschluß der Arbeiten. Offiziell setzte für die deutsche Marine nun das Kontrollrecht des Völkerbunds nach Artikel 213 ein, von dem niemals Gebrauch gemacht wurde.

Schiffe heben

An dem Material der in Scapa Flow versenkten Schiffe zeigte die Londoner Admiralität nach der Bergung der in flachem Wasser gesunkenen oder auf Grund gesetzten Schiffe zunächst kein Interesse. Am 23. Juni 1919 wurde mitgeteilt, die Schiffe sollten dort, wo sie lagen, »rasten und rosten«.[89] Experten der Royal Navy kamen schon am Tag nach der Versenkung bei einer örtlichen Besichtigung zu dem erstaunlichen Schluß, die Wracks bildeten keine Gefahr für die Schiffahrt – nachdem am Tag zuvor der Wachdrifter *Ramna* auf der soeben gesunkenen *Moltke* aufgelaufen war. Auch andere Schiffe ragten bis dicht unter die Wasseroberfläche, und bei einem Tidenunterschied von 3 Metern geschah es, daß Fahrzeuge, die während der Flut strandeten, bei Ebbe vollkommen trocken über Wasser lagen – ebenso wie *Ramna.*

Zunächst vermochte sich wohl niemand recht vorzustellen, wie man die Wracks fortschaffen könnte. Mit Ausnahme des italienischen Großkampfschiffs *Leonardo da Vinci*, das österreichische Agenten während des Krieges im Hafen von Tarent versenkt hatten, waren Kriegsschiffe dieser Größenordnung noch nie gehoben worden. Außerdem hätten die deutschen Schiffe nur mit einem unverhältnismäßig hohen Kostenaufwand wieder verwendet werden können. Das Wasser hatte Kabel und technische Anlagen weitgehend unbrauchbar gemacht. Aus Geldmangel wrackten die Alliierten nach dem Krieg sogar im Bau befindliche Schiffe ab, und noch weniger gab es die Möglichkeit, geschweige denn die Notwendigkeit, gehobene wieder flott zu machen. Nicht einmal die acht älteren Großkampfschiffe, die Deutschland gemäß Friedensvertrag abgab, wurden wieder in Dienst gestellt. Auch Alteisen gab es nach Kriegsende genug. Immerhin kam die geringe Wassertiefe in der Bucht eventuellen Hebungen durchaus entgegen. Die meisten Wracks waren mit gewöhnlichen Taucheranzügen zu erreichen, statt mit den damals gebräuchlichen, gepanzerten Tiefseetauchapparaten.

Drei Jahre nach der Versenkung, als die Schrottpreise wieder stiegen, wurde aufgrund einer örtlichen Initiative ein in flachem Wasser liegendes Torpedoboot gehoben und in Stromness abgewrackt. Das war der Beginn umfassender Hebungsarbeiten, die bis zum Ausbruch des Zweiten Weltkriegs dauern sollten.[90] Nun entschloß sich die Admiralität, auch die übrige Flotte zu einem großen Teil heben zu lassen. 1923 überließ sie dem Unternehmer J. W. Robertson, Ratsvorsitzender der Shetlandinseln, weitere Boote für je 250 Pfund. Das war zuviel, um als ein symbolischer Preis durchzugehen, und doch betrug der Materialwert ein Vielfaches. Selbst die Linienschiffe, die Anfang der dreißiger Jahre an den Unternehmer Robert McCrone verkauft wurden, waren mit einem Stückpreis von 1000 Pfund ausgesprochen günstig.

Bald wurde ein Schrotthändler auf die Schiffe aufmerksam. Im Januar 1924, als Robertson gerade sein erstes Torpedoboot gehoben hatte, kam Mr. Ernest Cox auf die Orkneyinseln und gab bekannt, daß er von der Admiralität 250 000 Tonnen Schiffsraum, und zwar die Schlachtkreuzer *Hindenburg* und *Seydlitz*, sowie 25 Torpedoboote gekauft hatte und weitere Schiffe zu kaufen gedachte. Sie waren nun sein Eigentum, und wie und zu welchen Kosten er sie hob, war seine Sache. Allerdings durfte er die Ausrüstung der verlassenen Marinebasis in Lyness benutzen und dort seine Arbeiter unterbringen, die er mit Rundfunk und Kino bei Laune hielt. Es gelang ihm, sich auch bei den übrigen Wracks gegen interessierte Konkurrenten durchzusetzen. Als Cox am 29. August 1924 schon sein drittes Boot gehoben hatte, war es bei Robertson gerade das erste. Robertson beendete seine Arbeiten, nachdem er Ende 1924 seine vier Boote gehoben hatte, so daß Cox das Feld von nun an allein abgraste.

Der wohlhabende Unternehmer hatte sein Geld im Krieg mit Granatenhülsen verdient. Danach verlegte er sich auf das gewinnbringendere Abwracken von Kriegsschiffen und kaufte zu diesem Zweck von der Admiralität ein ehemals deutsches Schwimmdock, das aus den Reparationen für die versenkte Flotte stammte. Cox war noch ein klassischer Aufsteiger des viktorianischen Zeitalters, ein ehrgeiziger Selfmademan, ausgesprochen hartnäckig und direkt und der festen Überzeugung, nahezu alles zu Geld machen zu können. Er hatte kaum eine Ahnung, worauf er sich in Scapa Flow einließ, konnte diesen Mangel aber mit der Unternehmungslust eines leidenschaftlichen Spielers ausgleichen, wie er selbst sagte.[91] An Warnungen von Experten fehlte es nicht, aber »Cox and Danks Ltd.« investierten ungerührt 100 000 Pfund in Schlepper, Kräne, Pumpen und Taucherausrüstungen. Acht Jahre lang sollte sich Ernest Cox diesem Abenteuer widmen, und sein Name wurde bald zu einem Synonym für die spektakulären Hebungsarbeiten von Scapa Flow. Bei seinen Arbeitern soll er beliebt gewesen sein und sie »unter Tage« oft im Taucheranzug besucht haben.

Die Leitung vertraute Cox einem Taucher namens McKenzie an, den er im Urlaub kennengelernt hatte. Weitere Taucher und Facharbeiter suchte er auf den wirtschaftlich arg gebeutelten Orkneyinseln und in ganz Schottland zusammen. Auf dem Höhepunkt der Unternehmung wohnten 200 Arbeiter in den Baracken von Lyness. Der Stundenlohn betrug 11½ Pence bei einer 48-Stunden-Woche, der Jahreslohn demnach etwa soviel, wie Robertson für ein Torpedobootswrack bezahlt hatte. Als Cox im Frühling 1924 mit den Arbeiten begann, hatten die Inselbewohner sich nach alter Tradition bereits an den besser erreichbaren Wracks zu schaffen gemacht, waren nachts mit Fischerbooten ausgelaufen und hatten Teile der Aufbauten abmontiert. Fortan lies Cox seine »Stahlmine« gut bewachen.

Als erstes nahm er sich das Torpedoboot *V 70* vor, das in ziemlich flachem Wasser eine halbe Meile vor Lyness lag. Das Schwimmdock wurde der Länge nach in zwei Hälften zerlegt, die Cox mit Winden und Kränen zu Hebepontons umrüstete. Die ersten Versuche mit Stahlleinen und Ankerketten abgewrackter Linienschiffe scheiterten unter hohen Kosten. Erst als die Stahlleinen unter dem Rumpf durchgezogen und ihr gleichmäßiger Zug mit Hammerschlägen ständig überprüft wurde, gelang die Hebung von *V 70* und der weiteren 24 Boote, ohne daß dabei eine einzige Stahlleine riß.

Nach 20 Monaten waren die Arbeiten an den Torpedobooten abgeschlossen. Für die Hebung von *S 65* hatte Cox sogar nur vier Tage gebraucht. Die Boote wurden auf den Orkneyinseln und in Rosyth am Firth of Forth abgewrackt. Damit sie dorthin geschleppt werden konnten, wurden sie in ein ehemals deutsches 40 000-Tonnen-Schwimmdock gehoben und abgedichtet. Glühbirnen, die zehn Jahre unter Wasser gelegen hatten, brannten noch, und Kesselrohre wurden zu Tausenden als Gardinenstangen verkauft. Die 23 000 Tonnen Schrott brachten Cox 50 000 Pfund ein, aber damit war vermutlich weniger als die Hälfte der Arbeitslöhne aus dieser Zeit gedeckt.

Die Hebungen der großen Schiffe gestalteten sich weitaus schwieriger. Die meisten von ihnen waren auf die Seite gefallen oder ganz gekentert und lagen in verschiedenen Winkeln mit dem Oberdeck auf dem

Grund der Bucht. Hier war, schon wegen des enormen Gewichts, mit Stahlleinen und Pontons nichts auszurichten. Als erstes bot sich der auf ebenem Kiel gesunkene Schlachtkreuzer *Hindenburg* an, das größte, wenn auch nicht das schwerste Schiffe der internierten Flotte, dessen Schornsteine und Masten nun schon seit Jahren aus dem Wasser ragten und in der Bucht zu einem gewohnten Anblick geworden waren. Mit ihren 26 000 Tonnen ohne Ausrüstung hatte die *Hindenburg* eine größere Verdrängung als die 25 Torpedoboote zusammen. Um sie zu heben, sollten alle Öffnungen abgedichtet und Preßluft in den Rumpf gepumpt werden. Zum Glück wurde bei einem der ersten Tauchgänge ein leserlicher Plan des Schiffes gefunden.

Cox zerlegte auch das zweite Dock in zwei Hälften, um mit Hilfe der insgesamt vier Pontons das gehobene Schiff später auf Grund setzen zu können. Nun waren etwa 800 verschieden große Löcher zu schließen, darunter auch der halbverrostete achtere Schornstein, für den an Land ein 12 Tonnen schwerer Holzdeckel gebaut wurde. Als Dichtungsmasse kam teilweise Talg zum Einsatz, den aber die vielen kleinen Fische anknabberten, so daß er später gegen Zement ausgetauscht werden mußte. Als endlich das Wasser abgepumpt werden konnte und sich das Heck des Schiffes anhob, bekam *Hindenburg* zuviel Schlagseite. Auch zwei Drahtseile, die den Dreibeinmast mit einem auf Grund liegenden Zerstörer verbanden, vermochten daran nichts zu ändern; sie rissen mit einem ohrenbetäubenden Knall, der an den Schuß einer großen Schiffskanone erinnerte. In einem zweiten Versuch gelang es am 2. September 1926 unter dem Jubel der Arbeiter, das Schiff auf ebenem Kiel zum Schwimmen zu bringen; aber dann fielen die Pumpen aus, ein Sturm kam auf, und *Hindenburg* mußte wieder versenkt werden. Die größte Schwierigkeit bestand darin, daß das Schiff nicht wie viele andere im Schlamm, sondern auf nacktem Felsen lag. Wenn sich das Heck hob, hatte der Rumpf nur noch auf einem kleinen Stück des vorderen Kiels Halt. In diesem unsicheren Gleichgewichtszustand schwappten die restlichen Wassermassen, immer noch Tausende von Tonnen, im Bug hin und her und brachten das halbwegs schwimmende Wrack in eine gefährlich instabile Lage.

Die vergeblichen Hebungsversuche hatten inzwischen ein Vermögen verschlungen. Cox ließ von der *Hindenburg* ab und hob zunächst andere Schiffe. Erst knapp vier Jahre Jahre später, Anfang 1930, wandte er sich wieder der *Hindenburg* zu. Von den 800 Öffnungen waren etwa 500 noch gut verschlossen, der Rest mußte erneut abgedichtet werden. Um die Schlagseite zu verhindern, stabilisierte Cox das Wrack mit einem Betonklotz, für den er einen ganzen Abschnitt eines gehobenen Torpedoboots verwendete. Nun legte sich *Hindenburg* auf die andere Seite, so daß eine zweite Stütze versenkt werden mußte. Am 23. Juli 1930 schwamm die *Hindenburg* endlich und wurde wie andere zuvor in der Mill Bay nördlich von Lyness auf Grund gesetzt. Während der Abbrucharbeiten soll Mrs. McKenzie, die Gemahlin des leitenden Tauchers, die verständliche, wenn auch etwas exzentrische Angewohnheit entwickelt haben, sich strickend oder lesend ins Krähennest zu setzen, bis ihr das eines Tages zu gefährlich wurde, nachdem der Ausleger eines Krans den Mast gestreift hatte. Am 23. August wurde die *Hindenburg* nach Rosyth geschleppt und dort in den Jahren 1931 und ’32 abgewrackt. 30 000 Pfund hatte Cox die Bergung gekostet. Mit dem größten bis dahin gehobenen Schiff verschwand elf Jahre nach ihrer Versenkung der letzte sichtbare Rest der deutschen Flotte aus Scapa Flow. Die geborgene Schiffsglocke von *Hindenburg* übergab der Leichte Kreuzer *Neptune* im Auftrag der britischen Admiralität am 17. August 1936 feierlich der Kriegsmarine. Sie wurde an Bord des Panzerschiffs *Deutschland* aufgehängt. 1940 wurde die Pinnaß von *Hindenburg,* wie fast alles, was schwamm – vom Rettungsboot über den Ausflugsdampfer bis hin zu der berühmten Segelyacht *Endeavour* –, bei der Evakuierung von 340 000 Mann aus dem von der Einnahme durch deutsche Truppen bedrohten Dünkirchen eingesetzt.

Nachdem Cox 1926 die Arbeiten an der *Hindenburg* vorläufig abgebrochen hatte, konzentrierte er sich auf den Schlachtkreuzer *Moltke.* Hier zog Cox italienische Ingenieure hinzu, die schon bei der Hebung von *Leonardo da Vinci* Erfahrungen gesammelt hatten. *Moltke* lag kieloben in etwa 25 Meter Tiefe und war inzwischen von einer fast 2 Meter dicken Schicht Seetang überzogen, durch die die Taucher sich hindurchkämpfen mußten. Da das Schiff ebenfalls mit Preßluft gehoben wurde, brauchten die Öffnungen im Oberdeck nicht verschlossen zu werden. Auf dem nach oben weisenden Schiffsboden von *Moltke* wurden zwei schornsteinartige Einstiegsschächte montiert, die als Luftschleusen dienten und als Dekompressionskammern für aufsteigende Taucher. Sie ragten über die Wasseroberfläche hinaus und sahen nach dem Auftauchen aus wie zu dick geratene Segelschiffmasten. In mühsamer Kleinarbeit wurde unter Druckluft eine Abteilung nach der anderen im Innern des Schiffs abgedichtet und mit eigener Preßluftpumpe versehen.

Beim ersten Hebungsversuch bekam das Schiff zuviel Schlagseite und mußte wieder versenkt werden. Nicht einmal ein versenkter Zerstörer, der als Gewicht an die Seite gehängt worden war, hatte einen Ausgleich gebracht. Eine weitere Öffnung wurde in den Schiffsboden geschnitten und ein dritter Schacht montiert, um einen Seitenmaschinenraum leerzupumpen. So konnte man dafür sorgen, daß der Rumpf sich einigermaßen gleichmäßig hob. Nach neunmonatiger Arbeit kam *Moltke* im Mai 1927 an die Oberfläche, und der Auftrieb nahm kurz vor dem Auftauchen so sehr zu, daß der Rumpf regelrecht aus dem Wasser sprang, wie man das von vergleichbaren Experimenten mit Badeenten kennt. Die Einstiegsschächte schwankten wie wild hin und her, und seitlich des Rumpfes platzte die überschüssige Druckluft hervor.

Kieloben schwimmend sollte das Schiff zum Abwracken nach Rosyth geschleppt werden, wo sich das nächste ausreichend große Dock befand. Dazu mußten die Einstiegsschächte wieder entfernt werden. Auch der Kommandostand, mit dem das Schiff zuviel Tiefgang hatte, behinderte den Transport. Er war aber so stark gepanzert, daß er nicht gesprengt werden konnte: *Moltke* wurde noch einmal über felsigem Grund versenkt, um den Aufbau in den Schiffsrumpf hineinzudrücken. Als es im Juni endlich losging, verhakte sich das Schiff mit seinen Geschützen im Meeresboden. Taucher sprengten den Geschützturm ab, das Schiff wurde an der Küste auf Grund gesetzt und alles bewegliche Eisen herausgeholt, 3000 Tonnen insgesamt, die mittels eines eigens verlängerten Gleisanschlusses abtransportiert wurden. Als es dann im Mai 1928 wieder einmal soweit war und die merkwürdige Reise des kieloben im Wasser liegenden Schlachtschiffs beginnen konnte, wurden ausgerechnet aus Deutschland, von der Hamburger »Bugsier-, Reederei und Bergungs AG«, Hochseeschlepper gemietet. Später war den Nationalsozialisten die Tatsache ein Dorn im Auge, daß deutsche Fahrzeuge dabei mitwirkten, die Wracks der Kaiserlichen Marine aus Scapa Flow herauszuschleppen, und kurz nach der Machtergreifung sorgten sie dafür, daß die Hamburger Reederei ihren Dienst beendete. Ein Schlepper aus Rotterdam sprang ein.

Auf dem Schiffsboden von *Moltke* wurden zwei Wellblechhütten errichtet, die eine für die Preßluftpumpe, um den Luftdruck zu halten, und die andere, mit Kombüse und Kojen, für die immerhin vierzehnköpfige Besatzung. Am 18. Mai 1928 begann die allerletzte Reise von *Moltke*, und beinahe hätte ein Sturm das Schiff unterwegs ein weiteres Mal versenkt. Nachdem der Schleppzug glücklich im Firth of Forth eingelaufen war, geriet er in eine ausgesprochen heikle Lage. Es begann damit, daß kurz nacheinander zwei Lotsen den führenden Schlepper bestiegen, ein Zivilist und ein Beauftragter der Admiralität. Offensichtlich handelte es sich dabei um zwei »bürokratische Primadonnas«,[92] die sich nicht darüber einigen konnten, wer von ihnen wohl für den zivilen Transport eines Kriegsschiffs verantwortlich sei. Statt auf *Moltke* aufzupassen, fingen sie an, sich zu streiten. Die hereinkommende Flut beschleunigte den Schiffsrumpf so sehr, daß die Schleppseile nachgaben. *Moltke* wurde von der Strömung seitlich abgetrieben, während sich der Schleppzug der kleinen Insel Inchcolm näherte. Als Schlepper und *Moltke* im Begriff waren, die Insel auf verschiedenen Seiten zu passieren, blieb der panischen Schlepperbesatzung nichts anderes übrig, als im letzten Augenblick die Schlepptrosse zu kappen. Jetzt trieb das immer noch 20 000 Tonnen schwere Wrack unaufhaltsam auf die Pfeiler der großen Forth-Brücke zu, einer ingenieurtechnischen Meisterleistung des viktorianischen Zeitalters. Hilflos sahen die Männer eine gewaltige Katastrophe auf sich zukommen, allen voran vermutlich der anwesende Ernest Cox, dessen Versicherung nur zwei Drittel der zu befürchtenden Schäden übernommen hätte. Aber das Schiff trieb wie durch ein Wunder zwischen zwei Pfeilern hindurch, ohne sie zu berühren, und es gelang den Schleppern, *Moltke* auf der anderen Seite wieder einzufangen. Nach einigen weiteren Umständen wurde das Schiff schließlich kieloben ins Trockendock gebracht.

Abschied von Walhall

In Scapa Flow erwarteten Cox noch viele kostspielige Rückschläge. Zum Beispiel die Hebung des Schlachtkreuzers *Seydlitz* wurde für ihn – ähnlich wie bei dem 1929 gehobenen Kleinen Kreuzer *Bremse* – zu einem Kampf gegen Windmühlenflügel. Einzig die gefüllten Kohlenbunker waren eine freudige Überraschung, nachdem ein Generalstreik im Sommer 1926 dazu geführt hatte, daß der Preis für Kohlen, von denen Cox wöchentlich 200 Tonnen brauchte, auf ein Vierfaches gestiegen war. Die Backbordseite der *Seydlitz* ragte etwa 8 Meter aus dem Wasser, wurde oft für eine Insel gehalten und zog immer wieder Schaulustige an. Der Geldmangel bewegte Cox dazu, erst einmal 2000 Tonnen Panzerplatten von der oberen Seite des Schiffes zu entfernen. Die fehlende Balance ließ den ersten Hebungsversuch scheitern, die Schottwände gingen zu Bruch, und neun Monate Arbeit waren so gut wie umsonst. Auch der zweite Versuch, das Schiff wie *Moltke* kieloben zu heben, scheiterte. Die zähe, einst bei Blohm & Voss gebaute *Seydlitz* widerstand insgesamt 40 Hebungsversuchen, indem sie beim Auftauchen regelmäßig zuviel Schlagseite bekam. Für die finanziellen Verluste entschädigte sich Cox mit öffentlicher Aufmerksamkeit, indem er die Hebung per Beschluß für den 1. November 1929 ansetzte und Presse und Wochenschauen nach Scapa Flow einlud. Bis dahin reiste er zum Urlaub in die Schweiz. Während seiner Abwesenheit gelang die Hebung plötzlich, als die Arbeiter versehentlich zuviel Luft in das Schiff pumpten. Cox ordnete in einem Telegramm die neuerliche Versenkung der *Seydlitz* an. Das war natürlich sehr riskant, denn keineswegs war es sicher, daß die Hebung ein zweites Mal gelingen würde, aber der Spieler hatte Glück. *Seydlitz* tat ihm den Gefallen, zur geplanten Stunde aufzutauchen. Sie wurde teilweise in Lyness abgewrackt und Ende Mai 1930 ebenfalls nach Rosyth geschleppt, nicht ohne in einem Sturm noch einmal beinahe zu sinken, nachdem sie sich losgerissen hatte. Dann blieb sie, wie schon *Moltke*, mit den Geschützen im Meeresboden hängen und mußte bei Flut von den Hamburger Schleppern befreit werden. Die Reise zum Firth of Forth dauerte eine Woche, doppelt so lang wie bei den übrigen Schiffen.

Die völlig reibungslose, beim ersten Versuch gelungene Hebung von *Kaiser* mag Cox ein wenig getröstet haben. Die Geschütztürme wurden unter Wasser weggesprengt, der Kommandoturm auf die bewährte Weise eingedrückt und der Rumpf ohne weitere Schwierigkeiten bei schönem Wetter nach Rosyth überführt. Nichtsdestotrotz waren die Bedingungen, unter denen die Schiffe geborgen wurden, ausgesprochen hart und gefährlich, »schlimmer als in einem Kohlebergwerk«, wie van der Vat schreibt.[93] Das Wasser war so trübe, daß die Taucher oft auf

Verdacht arbeiten mußten. In den Wracks gab es Öldämpfe, Kohlenstaub und Gase verfaulender Wasserpflanzen. Im Juni 1925 war es zu dem ersten schweren Unfall gekommen – ein Arbeiter wurde von einem umstürzenden Kran erschlagen. Auf *Prinzregent Luitpold* wurde ein Zimmermann bei einer Explosion getötet. Bei den Unterwasserarbeiten in dem Schlachtkreuzer *Von der Tann* wären beinahe drei Männer umgekommen, als ihre Schneidbrenner eine Explosion verursachten. Dank energischer Anstrengungen wurden sie gerade noch gerettet, als ihnen das Wasser schon bis zum Kinn stand und der Luftvorrat fast verbraucht war.

Die Hebung des Linienschiffs *Prinzregent Luitpold* verlief ausgesprochen glatt, aber dafür wurde die Überführung nach Rosyth im Mai 1932 um so schwieriger. Das Schiff wollte ständig um 45 Grad vom Schleppkurs abweichen, wahrscheinlich hatte es noch zuviel Wasser im Bauch, und die Schleppgeschwindigkeit betrug nur zweieinhalb Knoten. *Prinzregent Luitpold* war das letzte von Cox gehobene Schiff; insgesamt hatte er 25 Torpedoboote, einen Kleinen Kreuzer, vier Schlachtkreuzer und zwei Linienschiffe aus dem Wasser geholt. Um seine Firma nicht zu ruinieren, verlies er Scapa Flow, als die Verluste 10 000 Pfund erreichten. Zudem war sein Arbeitsmaterial inzwischen veraltet und verbraucht. Gewiß hatte er ein riskantes Geschäft betrieben, aber er hatte auch viel Pech gehabt, bei den Hebungsarbeiten und mit den Schrottpreisen, die in den entscheidenden Jahren wieder gefallen waren. Er starb 1959 im Alter von 76 Jahren und ohne den Adelsstand, den er sich verdient zu haben fest überzeugt war.

Sein Abschied leitete die technisch verbesserte Phase der Hebungsarbeiten ein. Cox' Nachfolger wurde einer seiner Kunden, Robert McCrone. Dessen Unternehmen, das er zusammen mit dem Buchhalter Stephen Hardie führte, hatte bereits die von Cox nach Rosyth überführten Schiffe abgewrackt. McCrone war ein ähnlich entschlossener Mann wie Cox, aber weniger risikobereit und als ehemaliger Technischer Offizier der Royal Navy besser ausgebildet als sein Vorgänger. Außerdem hatte er mehr Glück: Kurz nach der Übernahme stiegen die Preise für Schrottstahl auf das Doppelte. 1932 gründeten McCrone und Hardie gemeinsam mit dem Sanitätsoffizier Dr. Donald Pollock, der seit dem Krieg gute Kontakte zur Admiralität unterhielt, die Firma »Metal Industries Ltd.«. Sie führte alle Arbeitsgänge vom Heben der

Wracks bis zum Verkauf des Schrotts selbst durch. McCrone übernahm Cox' Arbeiter und einen Großteil seiner Ausrüstung, beschaffte neue Geräte sowie Hebeschiffe und produzierte vor Ort flüssigen Sauerstoff. Der Überschuß wurde verkauft. Ein Chemiker überwachte fortan während der Arbeiten die Luft auf die Entstehung explosiver Methangase. Durch straffe Reorganisation und Einstellung zusätzlicher Kräfte – zu Spitzenzeiten beschäftigte »Metal Industries« 300 Mann in Scapa Flow – gelang es, mit jedem gehobenen Schiff einen durchschnittlichen Gewinn von 50 000 Pfund zu erzielen.

Mit professioneller Präzision stiegen innerhalb kürzester Zeit die Linienschiffe *König Albert* und *Kaiserin* ohne jeden Zwischenfall an die Oberfläche. Freilich ging es nicht immer so glatt. Infolge einer geplatzten Leitung, die das Schiff mit zuviel Luft füllte, absolvierte die *Bayern*, mit 28 000 Tonnen Verdrängung das schwerste Schiff, im Juni 1933 eine Art Fehlstart, bei dem sie die Geschütztürme verlor. Nach einer halben Stunde sank sie wieder und wurde erst am 1. September planmäßig gehoben. Den Aufstieg des einst zuerst gesunkenen ehemaligen Flaggschiffs *Friedrich der Große* Ende April 1937 begleiteten die Schiffe in der Bucht mit einem Sirenenkonzert. Der letzte Triumph von »Metal Industries« war die Hebung des Schlachtkreuzers *Derfflinger* aus einer Rekordtiefe von 45 Metern im Jahre 1939, immer noch unter der Leitung McKenzies. Da die Royal Navy mit Ausbruch des Zweiten Weltkriegs die Docks wieder für den eigenen Bedarf in Anspruch nahm, blieb *Derfflinger* bis 1946 zwischen Hoy und der kleinen Insel Rysa vor Anker liegen, gleich neben der *Iron Duke*, dem Flaggschiff von der Skagerrakschlacht, das inzwischen als Schulschiff diente. Gelegentlich mußten nur die Kompressoren in Gang gesetzt werden, um die Luftmenge in *Derfflingers* Rumpf konstant zu halten. Nach einem deutschen Fliegerangriff auf die *Iron Duke* zu Beginn des Krieges gelang es dem erfahrenen McKenzie und seinen Männern, die schwer getroffene *Derfflinger* notdürftig zu flicken und auf Grund zu setzen. McKenzie ging denn auch mit einer stattlichen Anzahl Orden aus dem Zweiten Weltkrieg hervor. *Derfflinger*, das letzte in Scapa Flow gehobene deutsche Schiff, wurde 1946 in einem Schwimmdock nach Faslane an der Westküste Schottlands geschleppt und dort in fünfzehnmonatiger Arbeit in 20 000 Tonnen Schrott zerlegt. Während der dreißiger Jahre kehrte durch Pollocks geschickte Verhandlungstaktik ein nicht unerheblicher

Teil des gewonnenen Stahls nach Deutschland zurück und diente dem Aufbau der Kriegsmarine des Dritten Reiches – zu einer Zeit, da bei der Royal Navy ein Mangel an Panzerplatten herrschte. Vermutlich sind im Rahmen dieses Recyclingverfahrens Teile der Kaiserlichen Marine zweimal untergegangen, da der Stahl beim Bau des Panzerschiffs *Admiral Graf Spee* sowie von *Tirpitz*, dem letzten und größten Schlachtschiff in der deutschen Marinegeschichte, verwendet wurde.

Die Schiffsglocken von *Derfflinger* und *Friedrich der Große* wurden am 30. August 1965 als Geschenk englischer Privatleute, die damit die deutsch-englische Freundschaft bekräftigen wollten, dem deutschen Marineattaché in Großbritannien, Kapitän zur See Kray, in Faslane übergeben; ein Ereignis, zu dem sogar das britische Fernsehen erschien. Bei dieser Feier trat plötzlich ein britischer Taucher vor, griff in seine Tasche und zog das Dienstsiegel des *Derfflinger* aus der Tasche, das er einst bei den Bergungsarbeiten gefunden hatte, und legte es zu den Glocken. Diese »letzten Traditionszeichen der ehemaligen kaiserlichen Flotte«[94] wurden von der Schulfregatte *Scheer* nach Deutschland gebracht, um in Wilhelmshaven am 3. September 1965 dem Befehlshaber der Seestreitkräfte Nordsee, Flottenadmiral Heinrich Erdmann, feierlich übergeben zu werden.

Die letzten Schiffe in Scapa Flow lagen zu tief, als daß man sich bei »Metal Industries« von ihrer Bergung irgendeinen Gewinn hätte versprechen können. Das Unternehmen stellte 1947 seine Arbeit ein und verkaufte die verbliebenen Wracks 1956 an Arthur Nundy, der seine Männer vierzehn Jahre lang wie Perlentaucher hinabschickte, um einzelne Stahlteile heraufzuholen. Aus den Chrom-Nickel-Stahlplatten von *König* und *Kronprinz Wilhelm* fertigten Schmiedewerke in Sheffield Rasierklingen und Küchenmesser. Nundy machte gute Gewinne, denn allein bis Anfang der sechziger Jahre stiegen die Preise der Edelmetalle, auf die seine Taucher sich konzentrierten, um das Doppelte. Einer von Nundys Kunden war einst am Bau der Schiffe maßgeblich beteiligt und hatte auch Dr. Pollock in den dreißiger Jahren schon große Mengen des gehobenen Stahls abgekauft: die Firma Krupp in Essen. Weiter soll, was sich nicht mehr nachprüfen läßt, auf verschlungenen Wegen auch die NASA gewisse Mengen an Stahl wegen seiner ausgesprochen geringen radioaktiven Strahlung übernommen haben. 1970 verkaufte Nundy die verbliebenen Vorräte an zwei andere Geschäftsleute, die die Ausbeute durch Sprengungen an den Rümpfen in der Nähe der Heiz- und Maschinenräume erhöhten. Später gehörten die Wracks zeitweise der Inselverwaltung. Ab 1981 durfte eine Firma von den Shetlandinseln die Ausbeute vorantreiben.

Heute liegen noch sieben Wracks der deutschen Flotte auf dem Grund von Scapa Flow: Die Kleinen Kreuzer *Brummer*, *Dresden*, *Karlsruhe* und *Cöln* sowie die Linienschiffe *König*, *Kronprinz Wilhelm* und *Markgraf*.[95] Sie erfreuen sich großer Beliebtheit unter marinebegeisterten Sporttauchern. Rod Macdonald, Rechtsanwalt in Edinburgh, preist in seinem Buch über das Tauchen in Scapa Flow die Wracks in den höchsten Tönen. »Man kann sich«, schreibt er, »eine volle Woche mit einem einzigen Schlachtschiff beschäftigen, bis man es gründlich erkundet hat.«[96]

Schluß

Die Geschichte der Selbstversenkung von Scapa Flow ist im engeren Sinne mit der Heimkehr der Besatzungen und der Hebung der Schiffe zu Ende. Aber unsere einleitende Frage nach den Hintergründen dieses dramatischen Ereignisses verlangt nach weitergehenden Betrachtungen. Es hat sich gezeigt, daß das Ende der wilhelminischen Flotte nicht in jeder Hinsicht als ein symbolisches Ereignis aufzufassen ist, auch wenn dem, was in der schottischen Bucht geschah, zweifellos eine weltpolitische Bedeutung zukommt. Selbst aus dem 20. Jahrhundert, das keinen Mangel an Katastrophen leidet und auch als das »vergebliche« Jahrhundert bezeichnet wird, lassen sich gelegentlich positive Schlüsse ziehen, aber eben nur dann, wenn man sich nicht dazu verführen läßt – nur um der übergreifenden Interpretation willen –, einen Untergang bis in alle letzten Einzelheiten auch als einen solchen zu deuten. Eine Flottenversenkung macht noch keine Geschichtsphilosophie, zumindest keine apokalyptische.

Die Selbstversenkung von Scapa Flow hat – anders als der Untergang der *Titanic* – nicht einmal in Kunst oder Literatur nennenswerte Spuren hinterlassen. Auch auf die Ereignisgeschichte der folgenden Jahrzehnte hat sie keine nachhaltige Wirkung ausgeübt, wenn man von den Ersatzforderungen der gegnerischen Verbündeten und dem Angriff des U-Boot-Kommandanten Günther Prien auf die schottische Bucht 1939 einmal absieht. Mit der Geschichtsschreibung und dem kollektiven Gedächtnis verhält es sich ähnlich, aber zumindest hierfür könnte der 21. Juni 1919 durchaus ein zentrales Datum sein, gerade weil sich die Entwicklungen, die in das Ereignis dieses Tages münden, einer eindimensionalen Interpretation offensichtlich sperren und dazu anregen, viele Aspekte des Ersten Weltkriegs neu zu überdenken.

Auch wenn die Selbstversenkung von Scapa Flow eher als eine versöhnliche Tat anzusehen ist – soweit das unter den gegebenen Umständen möglich war –, gehört sie gewiß einer Zeit an, die von Zusammenbrüchen und kollektiven Enttäuschungen gekennzeichnet ist. Aber eine aus der Distanz erkennbare allgemeine Tendenz muß eben nicht jeden Winkel einer Epoche erfaßt haben. Umgekehrt muß eine Ausnahme kein Anlaß sein, gleich den Gesamteindruck zu revidieren. Wie oft aber haben selbst Niederlagen tröstliche Nebenwirkungen und Erfolge bedenkliche Schattenseiten.

Das Jahr 1919 gehört einer Epoche an, die für die meisten Nationen, zumal für Deutschland und England, von Zweideutigkeiten geprägt war. Dies gilt weniger für die Vereinigten Staaten, aber selbst der weltpolitische Bedeutungszuwachs dieses erfolgreichen Landes barg neue Probleme und Ungewißheiten. Auch Deutschland ging mit der Niederlage von 1918 zweifellos einer schweren Zeit entgegen. Wichtiger als die Flottenfrage waren in Versailles für die Vertreter der Reichsregierung die geplanten territorialen Neuordnungen Europas, die Forderung nach Reparationen, die Kriegsschuld- und die Lebensmittelfrage – hierauf konzentrierten sich 1918/19 die Bemühungen der Außenpolitiker. Das Reich sollte alle Kolonien verlieren, es besaß keine U-Boote mehr, kaum noch Überwasserschiffe und war zu einer drittrangigen Seemacht mit einer ungewissen Zukunft geworden. Auf Helgoland und an den Zufahrten zum Kaiser-Wilhelm-Kanal mußten alle militärischen Befestigungen entfernt werden. Die deutsche Hochseeflotte bezahlte mit ihrer Existenz für die Niederlage des Heeres. Von der großen Hoffnung, mit der man die stolzen Schiffe einst gebaut hatte, war am Ende des Ersten Weltkriegs nicht mehr viel übrig.

Und doch war die Niederlage der wilhelminischen Flotte eine andere als etwa die des russischen Geschwaders in der Schlacht von Tsushima, welche 1905 die Niederlage Rußlands im Krieg gegen Japan besiegelte. Auch wenn die Lage, in der sich Konteradmiral Ludwig von Reuter 1918/19 im schottischen Scapa Flow befand, an die des russischen Vizeadmirals Zinovi Petrovič Rojéstwenski erinnert, wobei dieser eine ungleich schwerere, eher an Hannibals Zug über die Alpen erinnernde Aufgabe zu erfüllen hatte. Der Chef des aus der baltischen Flotte zusammengeschusterten II. Pazifischen Geschwaders führte seine müden und veralteten Schiffe ohne eigene Stützpunkte auf einer siebenmonatigen Reise von der Ostsee aus ums Kap der Guten Hoffnung über Madagaskar durch den Indischen Ozean bis nach Japan: ein schier übermenschliches Unternehmen, ein Dantesches Purgatorium. Die Männer geschwächt von Depressionen, Hunger und tropischen Krankheiten, von Schlamperei und Sabotage, euphorisiert, aber auch verstört von der aufkommenden Revolution, behindert von einer intrigenzerfressenen russischen Regierung und schließlich der weitgehenden außenpolitischen Isolation des Zarenreichs – das alles wurde erduldet, um sich in der Straße von Tsushima von dem japanischen Admiral Heihachiro Togo vernichtend schlagen zu lassen. Fern der Heimat konnte sich kaum eines der übrig gebliebenen Schiffe in Sicherheit bringen, denn Port Arthur war schon gefallen. Auch dies war, in gewisser Weise, der Selbstmord einer Flotte, hat sich doch Rojéstwenski nie irgendwelchen Illusionen hinsichtlich seiner Unterlegenheit hingegeben. Das Schicksal der russischen Flotte war das der Perser bei Salamis und das der Spanischen Armada, wie der Historiker Ludwig Dehio bemerkt, und auch Scapa Flow könnte man noch in diese Reihe stellen: »von weither anmarschierende Geschwader riesiger Kontinentalmächte gingen jedesmal in den Heimatgewässern kleiner seemächtiger Gegner auf den Grund«.[1]

Für die russische Geschichte hat die Niederlage von 1905 allerdings eine andere Bedeutung als die Selbstversenkung von 1919 für die deutsche Geschichte. Mit der Schlacht von Tsushima war der Krieg verloren, während für den entwaffneten Internierungsverband in Scapa Flow die Niederlage schon besiegelt war. Für die deutschen Besatzungen war die Versenkung ein Weg, das unvermeidliche Schicksal in eine eigene Tat zu verwandeln, und insofern gibt es tatsächlich eine Analogie zum Selbstmord. Offiziere und Mannschaften fügten sich der ausweglosen Lage und gaben eine unhaltbare Stellung auf, aber dies auf eine geradezu fröhliche Weise (»Aufs Pferd Kameraden!«), die zugleich besagte: Wir geben nicht auf. Von den vielen Motiven, die es für einen Selbstmord gibt, scheidet das der Verzweiflung damit aus. Abgesehen davon, daß die Besatzungen sich selbst keineswegs umgebracht haben, handelte es sich bei der Vernichtung der Schiffe um eine politische Demonstration. Dieser subjektiv positive Charakter ist ganz unabhängig davon, ob man den zur Versenkung führenden Ehrenkodex, kein Schiff in feindliche Hand fallen zu lassen, als sinnvoll erachtet oder nicht. Eine konstruktive Funktion hat er von Anfang an erfüllt, denn ganz gleich, wann der Gedanke zur Selbstversenkung erstmals aufkam – er war die

Bedingung der Möglichkeit, den Waffenstillstandsvertrag, der das endgültige Schicksal der Schiffe nicht geregelt und die weitere Entwicklung offen gelassen hatte, zu erfüllen; er war die Reserve, die es möglich machte, dem Gegner die Hand zu reichen. Mit diesem Schritt hatte die Hochseeflotte dem militärischen Widerstand zwar unwiderruflich entsagt, aber die Möglichkeit einer Selbstversenkung blieb der Vorbehalt, unter dem man nach Schottland fuhr und sich in die Internierung begab. Später stellte sich heraus, daß die ›Internierung‹ von Anfang an eine Auslieferung war, und daß Reuters Befürchtung, die Überführung diene in Wahrheit einem anderen Zweck als dem offiziell angegebenen, durchaus berechtigt war. Die Versenkung hat es den Besatzungen leichter gemacht, eine Niederlage zu akzeptieren, ohne besiegt worden zu sein, während die Royal Navy Wege gefunden hat, einen Triumph zu feiern, ohne gesiegt zu haben. Letztlich hat sogar die Parade vom 21. November 1918 im Firth of Forth ihren Anteil an der Selbstversenkung, denn an diesem Tag wurde für Admiral Beatty der Seekrieg erfolgreich beendet, und ohne diese »sichtbare Demonstration«, ohne das größte Flottenaufgebot der Geschichte, wäre der deutschen Flotte die letzte Selbstbehauptung wohl nicht so ohne weiteres gestattet worden.

Wenngleich es naheliegt, die Überfahrt der Flotte im November 1918 als einen großen Trauerzug zu empfinden und ihren späteren Untergang als einen ›Selbstmord‹, so muß man doch beachten, daß die Versenkung auf keiner Seite eine nennenswerte Trauerstimmung hervorgerufen hat. Auch muß man zugeben, daß sie eigentlich kein Ereignis ist, das durch große emotionale oder neue Tatsachen schaffende Wirkung aufgefallen wäre. Zumal die Idee des »Stirb und Werde«, mit der die Offiziere Ende Oktober 1918 noch zur letzten Schlacht auslaufen wollten, durch Scapa Flow in höchst bescheidenem Maße Auftrieb erhalten hat, denn die Kriegsmarine des Dritten Reiches, die das Andenken an Scapa Flow zwar bewahrte, gehört in eine andere Zeit. Sie ließ – wie überhaupt der Zweite Weltkrieg – jene ungebrochene, rückblickend fast naiv wirkende Aufbruchstimmung weitgehend vermissen, welche den Flottenbau der Kaiserzeit noch begleitet hatte. So war auch die Wiederbelebung dieses Geistes, für die Scapa Flow sich angeboten hätte, nur von partiellem Wert. Schon die Verknüpfung von Flottenrüstung und Hohenzollerndynastie dürfte den Nationalsozialisten ein Dorn im Auge gewesen sein, da sie in der Monarchie und in den mit ihr verbundenen Erinnerungen eher eine Konkurrenz für ihre eigene Macht als deren Ursprung gesehen haben. Zudem fällt auf, daß Scapa Flow schon in den Memoiren kaiserlicher Offiziere meist nur am Rande erwähnt wird.

Viel leidenschaftlicher wurde die Erinnerung an die Skagerrakschlacht wachgehalten. Vizeadmiral von Trotha, der nach der Beteiligung am Kapp-Putsch 1920 seinen Abschied hatte nehmen müssen, war ab 1934 Leiter des »Reichsbundes Deutscher Seegeltung« und ab 1935 Ehrenführer der »Marine-Hitler-Jugend«. In einer Ansprache im Haus der Reichsjugendführung der NSDAP im Februar 1935 zum Beispiel sah er das zukunftsweisende Vorbild in der Begegnung von Grand Fleet und deutscher Hochseeflotte, und nicht in der Selbstversenkung in Scapa Flow. »Verpflichtend« stehe vor ihm, sagte er damals, »das Heldentum des Weltkrieges und das Vermächtnis all derer, die im heiligen Glauben an eine freie deutsche Zukunft auf allen Meeren ihr Leben hergegeben haben.«[2]

Man kann heute, nach 1945, nicht behaupten, daß Deutschland eine solche Zukunft verwehrt geblieben sei, auch wenn das Kaiserreich vergeblich versucht hat, der damals vorherrschenden Seemacht ihre alleinige Hegemonialstellung streitig zu machen und nicht als erste Kontinentalmacht dabei gescheitert ist. Die Gründe für dieses Scheitern der deutschen Flottenpolitik liegen aber offenbar tiefer als die im nachhinein hervorstechenden Fehler Tirpitzscher Kalkulationen oder die Mängel seines politischen und strategischen Denkens ahnen lassen. Zwar ist die Kriegführung der Marine nicht ausreichend mit der Obersten Heeresleitung abgestimmt worden, und die Aufsplitterung in der Marineleitung – jeder Inhaber einer sogenannten Immediatstelle besaß unmittelbares Vortragsrecht beim häufig zögernden und unentschiedenen Kaiser – hat über die längste Zeit des Krieges zu persönlichen Differenzen und widerstreitenden strategischen Empfehlungen geführt. Aber darüber hinaus war das Deutsche Reich keine Seemacht und hätte wohl auch unter äußersten Anstrengungen keine werden können, weil die entsprechenden geographischen Voraussetzungen gefehlt haben.

Und doch hat die Qualität der deutschen Schiffe und die Seekriegstaktik ihrer Admirale die Engländer nicht unbeeindruckt gelassen. Es hatte natürlich seine propagandistischen Gründe, wenn die Deutschen ihre Niederlagen zur See in glänzendes Licht rückten. Wenn sie meinten, angesichts der überwältigenden britischen Überlegenheit mit ihren Teilerfolgen gar nicht so schlecht dazustehen, war das kein ganz unberechtigter Eindruck, jedenfalls wurde er von den Engländern durchaus geteilt. Über den U-Boot-Krieg sagte Lloyd George 1920, daß die Deutschen seine Wirkung eine geraume Weile gar nicht gekannt hätten: »Hierfür wollen wir Gott danken.« Allein die Verstärkung ihrer Flotte vor dem Krieg in den Heimatgewässern deutet darauf hin, daß die Engländer die deutsche Bedrohung ernst nahmen, auch in dem Triumphzug vom 21. November 1918 kam dies noch zum Ausdruck. Insofern ist die mit dem Flottenbau verbundene Rechnung teilweise aufgegangen und das erzielt worden, was man den deutschen »Achtungserfolg« genannt hat, zumal den Engländern ihrerseits grobe taktische und organisatorische Fehler unterliefen, deren Vermeidung ihnen sehr viel größere Erfolge hätte bescheren können.

Die Tatsache, daß Großbritannien die Vernichtung deutscher Seemacht mit der eigenen Vormachtstellung zur See bezahlen mußte, verleiht der Selbstversenkung von Scapa Flow dies doppelte Gesicht: Einerseits kommt in ihr die Stärke der Siegermacht zum Ausdruck, andererseits aber auch ihre Schwäche, weil das Ende der deutschen Schiffe zugleich die begrenzte Verfügungsgewalt der Briten demonstriert und damit die Schwierigkeit aller Koalitionskriege, die Einigkeit der Sieger zu bewahren oder überhaupt erst herzustellen. Die deutsche Hochseeflotte war als Machtfaktor ausgeschaltet, aber über die Interessen seiner Verbündeten hatte England sich nicht ohne weiteres hinwegsetzen können.

Die treffende Zusammenfassung des englischen Feldmarschalls Sir Henry Wilson in seinem Glückwunsch an Admiral Beatty vom 21. November 1918, daß die Flotte die Armee und die Armee die Flotte besiegt habe, ließe sich unter umgekehrten Vorzeichen auch auf die deutsche Seite übertragen: War nicht das Heer in Nordfrankreich den Auswirkungen der britischen Fernblockade und war nicht die Hochseeflotte dieser von ihr nicht verhinderten Entwicklung des Landkriegs erlegen? Nach den nicht eben zahlreichen und wenig entscheidenden Gefechten und Schlachten des Seekriegs könnte man in Anlehnung an Beattys Wort vom »passiven Sieg« der Royal Navy von einer »passiven Niederlage« der Kaiserlichen Marine sprechen. So treffend diese Charakterisierung einerseits bis heute ist, so hat sich Beatty andererseits ihrer bedient, um dem Sieg einen Glanz zu verleihen, den er unter den Bedingungen eines modernen, die Volksmassen mobilisierenden Krieges nicht mehr hatte, eines Krieges, der mit täglich 6000 Toten statt durch die große Schlacht durch schier endlose Zermürbung entschieden worden war. Das Verdienst des einzelnen Generals, aber auch Admirals, kam weniger in der kriegsentscheidenden Wende an einem bestimmten Tag oder Ort zum Ausdruck, sondern war das Ergebnis einer jahrelangen Aufbietung und Koordinierung aller verfügbaren Kräfte. Vielleicht hat Beatty deshalb mit seiner wirkungsvollen und historisch einmaligen Inszenierung des Empfangs der deutschen Flotte im Firth of Forth versucht, den abstrakten Sieg in eine konkrete Vorstellung zu verwandeln: um einen Mythos zu erneuern, der die weltgeschichtlichen Kräfte in einer einzigen Seeschlacht und in einem einzigen Admiral bündelte.

Innerhalb jener Gedankenwelt, deren mythischer Anker der unvergessene Ruhm Admiral Nelsons war, hätte man auf englischer Seite in Analogie zur Dolchstoßlegende ohne weiteres den deutschen Soldatenräten die »Schuld« dafür geben können, daß es zu einer entscheidenden Schlacht nicht mehr gekommen war. Als die deutsche Flottenoffensive abgesagt wurde, rief Hipper die Kommandanten rebellischer Mannschaften zu Gegenmaßnahmen auf und äußerte die Ansicht, daß die Royal Navy keinen Frieden mit Deutschland schließen werde, bevor dieses nicht geschlagen sei. Die deutsche Flotte müsse auf einen Angriff vorbereitet sein und die Engländer entweder durch energische Verteidigung oder einen starken Gegenangriff von den deutschen Küsten fernhalten. So sinnlos das Auslaufen zur letzten Schlacht auch gewesen wäre: Hippers Versuch, die Flottenrebellion mit dem Hinweis auf die anhaltende englische Bedrohung zu zügeln, entsprach nicht den tatsächlichen Operationsplänen der Grand Fleet, aber dem Geist der Zeit.

Im ganzen betrachtet ist während des Krieges nicht nur das deutsche Schlachtflottenkonzept gescheitert; auch Großbritannien hat letztlich keine offensive Antwort auf die Herausforderung durch die Kaiserliche Marine gegeben. In den Jahrzehnten vor dem Krieg mit ihrem gewaltigen technischen Fortschritt sind die organisatorischen, logistischen und strategischen Probleme weder in Deutschland noch in Großbritannien angemessen gelöst worden.[3] Die Stellung in der Nordsee wurde englischerseits zwar gehalten; die insgesamt defensive Kriegführung der Royal Navy hat aber nicht ausgereicht, um das internationale Machtgefüge und damit die britische Hegemonie unbeschadet aus dem 19. ins 20. Jahrhundert hinüberzuretten. Zwar erklärte Churchilll noch am 26. November 1918, an jenem Tag, an dem die letzten Schiffe der deutschen Hochseeflotte den Firth of Forth in Richtung Scapa Flow verließen: »Ich bin ein hoffnungsvoller und ernster Fürsprecher des Völkerbunds. [...] Aber ein Völkerbund ist kein Ersatz für die Vorherrschaft der britischen Flotte.«[4] Und auch Lloyd George blieb weiterhin der Ansicht, daß nicht Amerika, sondern England mit seinen weltweiten Besitzungen die stärkste Flotte überhaupt benötige.

Aber die tatsächliche Entwicklung Großbritanniens mit der zwischen den Weltkriegen zusammenbrechenden Wirtschaft und der wachsenden Exportschwäche sprach eindeutig dagegen. Nicht annähernd sollte sich die Stärke der Royal Navy bei Kriegsende von 438000 Mann, 58 Großkampfschiffen, 103 Kreuzern, zwölf Flugzeugträgern bzw. Flugzeugmutterschiffen, 456 Zerstörern und 122 Unterseebooten erhalten lassen.[5] Im Schiffbau sank die Produktion bis 1933 auf 7 Prozent der Vorkriegsleistung, und 62 Prozent der Belegschaften wurden arbeitslos. Zwischen 1914 und 1938 fiel der Anteil an der Welthandelsschiffahrt von 41 auf 26 Prozent. Außerdem verlor auch in Großbritannien die Aristokratie zusehends an Einfluß. Das Drängen nach Massenwohlstand war propagandistisch mit dem Erhalt einer am 19. Jahrhundert orientierten Seeherrschaft, mit einem aggressiv verteidigten nationalen Interesse nicht mehr vereinbar: Arbeiterklasse und Kleinbürgertum forderten »Butter statt Kanonen«, also soziale Absicherung und Verbesserungen im Gesundheitswesen, zumal es eine äußere Bedrohung vorläufig nicht mehr zu geben schien. Die Stimmung war: »Nie wieder Krieg!«, denn den Krieg zur Beendigung aller Kriege meinte man entgegen der Ansicht eines Henry Wilson gerade hinter sich zu haben, und die Außenpolitik hoffte man an den Völkerbund deligieren zu können. 1919 wurden der Marine vom Schatzamt 199 Millionen Pfund bewillligt; 1923 waren es nur noch 52 Millionen. Nachdem die anglo-amerikanische Flottenrivalität schon das Leitmotiv der Friedensverhandlungen, der »Seeschlacht von Paris«, gewesen war, machte 1919 die Versenkung der deutschen Flotte in Scapa Flow zusammen mit dem »stillschweigenden ›Waffenstillstand‹« (Kennedy) zwischen den Vereinigten Staaten und Großbritannien umfangreiche Aufrüstungspläne der Roal Navy in der Höhe eines ganzen damaligen Jahresbudgets zunichte. Die Aussicht auf einen englisch-amerikanischen Krieg, eine Konfrontation »mit den größten Ressourcen der Welt«, wie Lloyd George sich ausdrückte, fand das ganze Kabinett »gräßlich«, »schrecklich« und »undenkbar«.[6] Lieber riskierte man angesichts der Forderung Amerikas, die Kriegsschulden zu begleichen, den finanziellen Ruin. Für Großbritannien ging das Kriegsende mit dem herben Verlust seiner Seemacht einher – so sehr sich die Menschen auch freuten, überlebt zu haben und endlich aufatmen zu können. Die Waffenstillstands- und Friedensbedingungen, soweit sie die deutsche Marine betrafen, wurden von der traditionellen Kontinentalmacht leichter verkraftet, als der »passive Sieg« von den Engländern, der die für ein ganzes Jahrhundert unangefochtene Seemacht in eine ungewisse Zukunft entließ.

Heute wartet der englische Historiker Niall Ferguson mit der These auf, daß im Falle einer britischen Neutralität der Erste Weltkrieg schneller und weniger schmerzvoll hätte beendet werden können – mit einem deutschen Sieg und einem europäischen Wirtschaftsbund im Sinne der heutigen Europäischen Union. England hätte dabei weniger Verluste davon getragen, so sein Gedanke, vorausgesetzt allerdings, es hätte die Überlegenheit zur See behalten. Den Kriegsbeitritt Großbritanniens sieht Ferguson nicht als Konsequenz aus deutsch-englischen Konflikten, sondern als eine rein innenpolitische, mit der Verletzung der belgischen Neutralität bloß moralisch begründete Entscheidung an, denn wenn nicht das Deutsche Reich Belgien in seine Strategie einbezogen hätte, dann hätte dies ganz gewiß Großbritannien getan. Fergusons Analyse eröffnet zahlreiche Perspektiven, die in Deutschland in den letzten Jahrzehnten sicher übersehen wurden. Aber es ist sehr fraglich, ob die schon vor dem Ersten Weltkrieg erkennbaren weltpolitischen Veränderungen, also der Übergang der führenden Rolle Europas an die aufsteigenden Kontinentalstaaten, durch eine Enthaltsamkeit Großbritanniens während des Ersten Weltkriegs spürbar gebremst worden wäre. Die britische Seeherrschaft ist nicht durch den Krieg in Europa zugrunde gegangen, sondern infolge globaler Veränderungen, die sich in jedem Fall über kurz oder lang auch auf das britische Empire ausgewirkt hätten – wie es schon vor dem Krieg der Fall war.[7]

Während England vergeblich hoffte, trotz der neuen Dimensionen dieses Krieges seine alte Stellung in der Welt erhalten zu können, entsprach auch in Deutschland die allgemeine Sicht der Dinge nicht der späteren Entwicklung: Die Vorstellung, das Deutsche Reich brauche den Aufstieg Preußens zu einer europäischen Großmacht nur im Weltmaßstab nachzuahmen, entsprang gleichfalls einer überlebten Konstellation. Hierher gehören sowohl die Fixierung von Großindustrie und Flottenverein auf die britische Konkurrenz, als auch die seltsam naive, aber sicher nicht böswillige Vision Kaiser Wilhelms II., der sich gern als weltbeherrschender Friedensstifter gesehen hätte, Hand in Hand mit dem gehaßt-geliebten britischen Empire. Das Modell, das Ludwig Dehio bei Leopold von Ranke entliehen hatte, um die deutsche Weltmachtpolitik als eine Neuauflage der europäischen Hegemonialkämpfe zu interpretieren, ging davon aus, daß die Ursache der deutsch-englischen Spannungen in einer völligen Verschiebung des kontinentalen Mächtegleichgewichts zugunsten des Deutschen Reiches zu suchen sei. Die zentrale Frage ist aber dann, ob die späte Nationwerdung überhaupt eine andere Chance bot, als in letzter Sekunde auf den Zug der Geschichte aufzuspringen und den Anschluß an jene Entwicklungen zu suchen, die alle führenden Industrienationen am Übergang vom 19. zum 20. Jahrhundert durchgemacht haben. Man kann der deutschen Politik schlecht zum Vorwurf machen, daß sie sich ebenfalls für einen solchen, von einem ›Sonderweg‹ weit entfernten Aufstieg entschieden hat, zumal sie sich dabei – gerade auch in der Flottenrüstung – an der modernen Entwicklung der westlichen Nationalstaaten orientierte.

Im Zusammenhang dieser Orientierung kam das deutsche Waffenstillstandsangebot im Oktober 1918 an den amerikanischen Präsidenten Wilson vielleicht weniger überraschend, als es den Anschein hat. Es traf den Nerv der Zeit und schien dazu angetan, die Gleichzeitigkeit des Ungleichzeitigen doch noch zu überwinden. Schließlich verfolgten die Vereinigten Staaten im Grunde jene Weltpolitik, die das Kaiserreich gern selbst betrieben hätte! Nur war Wilson zum Nachteil Deutschlands über die Maßen mit seinem eigenen, allzu idealistischen Friedensprogramm der Vierzehn Punkte beschäftigt, statt mit konkreten Waffenstillstands- und Friedensbedingungen. Während Berlin und Washington im Oktober 1918 in einen schwerfälligen und bald ernüchternden Notenwechsel eintraten, verabredeten England, Frankreich und Italien unter sich die Waffenstillstandsbedingungen, die den Mittelmächten auferlegt werden sollten. Als der Abgesandte Präsident Wilsons, Oberst House, am 26. Oktober nach Paris kam, war schon alles gelaufen. House stritt sich kurz mit Lloyd George über die »Freiheit der Meere« und ließ sich – wie die deutsche Regierung – von der Entente mit dem Hinweis beruhigen, alles weitere werde sich bei den Friedensverhandlungen finden.

Man könnte meinen, es sei auf beinahe allen Seiten die Lage am Ende dieses Krieges von Zweideutigkeiten verschiedenster Art geprägt worden. Insofern hatte für die junge Weimarer Republik auch Scapa Flow eine doppelte, durchaus symbolische Bedeutung: Die Selbstversenkung war Niederlage und Neuanfang in einem, den Neuanfang begleitete die entscheidende Frage, wie die Niederlage verwaltet werden konnte, ohne die Republik mit in den Abgrund zu ziehen. Obwohl vom Deutschen Reich weit entfernt und spärlich mit Nachrichten versorgt, verfolgte Reuter in der schottischen Bucht eine solche mittlere Linie, indem er den Engländern auf Augenhöhe zu begegnen versuchte: Ihm lag weder die Anbiederung einzelner Revolutionäre, noch der sinnlose Stolz mancher Monarchisten, und er verwarf beides als nicht zeitgemäß. Jene später von Hitler verfolgte romantische Selbstvernichtungspolitik, oder der Militarismus, den die *Weltbühne* Reuter vorwarf, lagen ihm völlig fern. Eine Unterscheidung, wie sie zum Beispiel der Theologe Martin Dibelius 1946 vornahm, ist eine der wichtigsten Voraussetzungen für das Verständnis der neueren deutschen Geschichte: die Unterscheidung nämlich zwischen dem Geist der alten, von dem preußischen Kriegsminister Albrecht von Roon im 19. Jahrhundert geschaffenen Armee und dem nationalsozialistischen Militarismus.[8] Erst in Hitlers totalitärer Gedankenwelt, die er 1933 am »Tag von Potsdam« durch Traditionsbewußtsein zu kaschieren versuchte, wurden die Forderungen der preußischen Vergangenheit gegen die Ohnmacht der Republik ausgespielt. Alles andere hieße, Hitlers Inszenierung noch einmal für bare Münze zu nehmen.

Nur durch eine Vermittlung von Vergangenheit und Gegenwart ist es Reuter am Ende gelungen, eine allseits befriedigende Lösung herbeizuführen, um den geringen Preis, daß er untaugliche Mannschaften und Offiziere in die Heimat schickte. Die Regierung wußte sein Handeln zu schätzen, und zwar nicht, weil sie letztlich eine Restauration des Kaiserreichs im Sinn gehabt hätte – auch wenn einzelne Politiker darauf hinaus wollten –, sondern weil auch eine Republik Augenmaß, Verläßlichkeit, Pragmatismus und Entschlossenheit braucht, um das Wohlergehen eines Landes zu sichern, das von außen und von innen zugleich erschüttert wurde und kaum noch Kraft für die dringendsten Aufgaben hatte. In dieser Zeit zu regieren, hieß eben nicht nur, Schäden abzuwickeln und Nachlässe zu ordnen, sondern verantwortlich eine Zukunft zu gestalten, die auf dem aufgebaut werden mußte, was vorhanden war. Daher galt es zu prüfen, was noch zu gebrauchen war und was nicht. Mit romantischem Nihilismus, wie er vielleicht für den expressionistischen Dramatiker Reinhard Goering in der Selbstversenkung zum Ausdruck kam, konnte man auch damals nicht regieren.

Eine solche Perspektive auf das Ende der Kaiserzeit ist bis heute nicht selbstverständlich, weil gerade aus dem historischen Rückblick oft der Eindruck entsteht, man würde zwischen Vergangenem und Zukünftigem, zwischen Reaktion und Revolution eindeutig getrennt haben können, wäre nur der entschiedene Wille dazu vorhanden gewesen. Die Vieldeutigkeit dieser Epoche war indes nicht nur innenpolitisch ein verwirrender Zustand. Sie kam wesentlich dadurch zustande, daß die alten, auf Europa beschränkten hegemonialpolitischen Deutungsmuster, die von hier aus in die Welt hinauswirkten, nicht mehr griffen. Plötzlich wirkte mit den Vereinigten Staaten eine überseeische Macht zurück auf Europa, eine grundsätzliche Umkehrung, die sich zum ersten Mal mit dem Sieg Japans über Rußland im Jahre 1905 auf beunruhigende Weise angekündigt hatte. Dennoch spielte diese Entwicklung in den Vorkriegsszenarien noch keine allzu große Rolle. Die Folgen des Aufstiegs der Vereinigten Staaten für das europäische Kräfteverhältnis hat letztlich keine der alten Mächte abschätzen können, und selbst wenn – was hätten sie dagegen tun sollen? Nach den langen Jahrhunderten europäischer Hegemonialkämpfe war es vor allem überraschend, daß der Anwärter auf die Weltmachtrolle sein Ziel dadurch verwirklichte, daß er sich mit ihrem derzeitigen Inhaber verbündete, statt ihn niederzuringen. Die lang geübte Praxis, nach der England mit Hilfe seiner überseeischen Kapazitäten europäische Konkurrenten gegeneinander ausspielte, ging dem Ende entgegen. Großbritannien sollte an der Seite der USA seinen eigenen Niedergang vorantreiben, denn seine Seemacht hat in diesem Krieg in solchem Maß an Stärke verloren, wie sie auf die Hilfe der Verbündeten angewiesen war, um erfolgreich zu sein.

Als die Londoner Admiralität, in der Aussicht, bald nur noch über die drittstärkste Flotte der Welt zu verfügen, gerade dabei war, ein neues Bauprogramm durchzusetzen, lud 1921 der amerikanische Präsident Harding nach Washington zu einer »Konferenz über Rüstungsbegrenzung und Regelung der Pazifik- und Fernost-Angelegenheiten« ein. Deren zwischen den USA, Großbritannien, Japan, Frankreich und Italien erzieltes Ergebnis im Februar 1922 war, daß an Großkampfschiffen England und die USA nur je 525 000 Tonnen, Japan 315 000 Tonnen und Frankreich und Italien je 175 000 Tonnen besitzen sollten. Ähnliche Tonnage-Relationen galten auch für Flugzeugträger. Ersatzbauten waren erst nach einer Frist von zehn Jahren erlaubt, was sich auf Technik, Ausbildung und die Stimmung in der Royal Navy sehr nachteilig auswirken mußte. Ein solches Gleichgewicht, also die Preisgabe der maritimen Vorherrschaft, wäre für das Empire im 19. Jahrundert völlig undenkbar gewesen. Im Zuge des Washingtoner Flottenabkommens wurde außerdem das englisch-japanische Bündnis gelöst. Darauf hatten es die Amerikaner vor allem abgesehen, um den Gegner ihrer Politik der »offenen Tür« in Ostasien zu schwächen und – schon zu dieser Zeit – für einen möglichen Krieg gegen Japan gewappnet zu sein. Statt durch berechenbare Bündnisse gesichert, fand sich England nun in einem System wieder, das weitgehend von den Stimmungsschwankungen der amerikanischen Demokratie beherrscht wurde. Darüber hinaus verhinderte Frankreich zu Englands großem Ärger Begrenzungen beim Bau von Unterseeboten. Wie hatte Churchill am Ende des Krieges geschrieben: Der Frieden war »so teuer erkauft, daß er sich von einer Niederlage nicht mehr unterscheiden ließ«.[9]

Die USA gingen aus der Uneinigkeit Europas trotz eines neuerlichen, vorübergehenden Rückzugs in die Isolation als lachender Dritter hervor. England mochte zunächst ganz zufrieden sein, da es die amerikanischen Forderungen nach einer Freiheit der Meere und einer internationalen Völkerbundflotte erst einmal abgewehrt hatte. Aber auch dieser Erfolg war schon vom amerikanischen Willen bestimmt. Zwar versuchten die Amerikaner, die europäischen Verhältnisse so zu gestalten, daß ihre eigenen Interessen gewahrt wurden; nur konnte ihr Engagement auch bedeuten, daß sie zum eigenen Nachteil in europäische Konflikte hineingezogen wurden – dies befürchtete vor allem der spätere Präsident Hoover –, so daß man zum Erhalt der eigenen Macht von vornherein beide Wege beschritt: Isolation und Intervention. Dementsprechend hat die große Debatte um die künftige amerikanische Außenpolitik, um die militärischen Konsequenzen einer völkerrechtlichen Bindung Amerikas vor allem an Europa, 1919 auf der Pariser Friedenskonferenz begonnen. Der amerikanische General Bliss, der Marschall Fochs Pläne für ein aggressives Vorgehen gegen das bolschewistische Rußland ablehnte und sein Land nicht in der Rolle einer Schutzmacht für das unruhige Europa sehen wollte, schrieb am 4. März 1919 in einem Privatbrief: »Wir haben jetzt Österreich-Ungarn zerschlagen, und ich fürchte, bevor wir alles hinter uns haben, werden wir auch Deutschland zerschlagen haben; der kleine Streifen lateinischer und angelsächsischer Kultur an den westlichen Küsten Europas wird dann zu seinem Schrekken feststellen, daß keine Macht existiert, die zwischen ihm und den riesigen Menschenhorden liegt, die wenig mehr zivilisiert sind als in den Tagen Alarichs und Attilas. [...] Wir sollten uns unserer Fähigkeit vergewissern, den Funken unserer Kultur lebendig zu erhalten, wenn diese hier aussterben sollte.«[10] Auch wenn Wilsons Lebenswerk scheiterte und Amerika dem Völkerbund wie auch einem Bündnis mit den beiden europäischen Westmächten fernblieb, erreichte die machtpolitische Isolierung ihren Höhepunkt erst in den dreißiger Jahren, bevor sie im Zweiten Weltkrieg wieder zurückgenommen werden mußte.[11]

Als Teil einer Weltmachtsstrategie widerspricht die Isolation nicht der Intervention. Insofern widersprachen die maritimen Rüstungsanstrengungen Amerikas auch nicht dem vorübergehenden Rückzug aus Europa. In einem Memorandum über das Marinebauprogramm der Vereinigten Staaten nannte die Londoner Admiralität ausgerechnet am 11. November 1918, am Tag des Waffenstillstands, zwei Motive: erstens den Schutz amerikanischer Interessen gegen japanische Aggression und zweitens den Wunsch nach einer starken Position in der Weltpolitik: »... es wird allgemein angenommen, daß ein praktikabler Plan für einen Völkerbund und die Verwerfung des Krieges [›abolition of war‹] einer supranationalen Streitmacht bedürfen, die aus Armeen und Marinen der Vertragsmächte besteht. Der Wunsch, innerhalb einer solchen Liga eine ihrer Größe und ihrem Reichtum entsprechende Stimme zu besitzen, wird der Grund für die Verstärkung der amerikanischen Flotte sein.«[12] Insgesamt bestätigte diese Entwicklung aber weniger die Theorie Mahans, daß Weltgeltung der Seegeltung bedürfe, sondern, wie Paul Kennedy dargelegt hat, die Voraussagen von Sir John Seeley und später von Sir Halford Mackinder, daß Industrialisierung und Eisenbahn den kontinentalen Superstaaten wie Rußland und den Vereinigten Staaten das Übergewicht der Landmacht über die Seemacht zurückgeben würden, das vor 300 Jahren verlorengegangen war, nachdem das Segelschiff die Weltpolitik revolutioniert hatte. Angesichts der Tatsache, daß die Seemacht zu allen Zeiten auch auf Landmacht angewiesen war, ist diese Entwicklung allerdings weniger revolutionär als jene Erklärungsmodelle oberflächlich betrachtet nahelegen.

Die Kaiserliche Marine ist durch die Einwirkung der Amerikaner auf Waffenstillstands- und Friedensverhandlungen möglicherweise zunächst etwas glimpflicher davongekommen, als es der Fall gewesen wäre, wenn die britischen Admirale allein über ihr weiteres Schicksal verfügt hätten. Freilich zieht dieser Konjunktiv weitere nach sich: Ohne die Amerikaner wäre ein Waffenstillstandsersuchen an die Entente gerichtet worden und hätte die Verhandlungen automatisch auf eine andere Grundlage gestellt, so daß möglicherweise die moderate Politik von Lloyd George einen größeren Spielraum bekommen hätte. So wäre die verständliche Verärgerung der Alliierten ausgeblieben, die – nach vier Jahren Krieg von den Deutschen diplomatisch übergangen – diese um so leichter von ihren Verhandlungen ausschließen konnten. Möglicherweise hätte Deutschland ohne das amerikanische Engagement den Krieg gewonnen, und dann wäre Adolf Hitler, wie Niall Ferguson feststellt, wahrscheinlich ein unbekannter Postkartenmaler geblieben. Wenn aber doch eine Auslieferungsforderung an die Hochseeflotte ergangen wäre, hätte sie diese vermutlich nicht befolgt. Da es nach Beginn der Flottenunruhen kaum noch zu einer Schlacht hätte kommen können, wäre ein Nichtbefolgen möglicherweise mit den englischerseits angedrohten Besetzungen Helgolands, der Kriegshäfen und des Kaiser-Wilhelm-Kanals sowie der Übernahme der deutschen Schiffe beantwortet worden …

Noch ungewisser ist es, ob sich für das Deutsche Reich der Einfluß der Vereinigten Staaten auf die Versailler Verhandlungen im Unterschied zur Zeit nach 1945 insgesamt zum Vorteil ausgewirkt hat. Schon vor dem Kriegseintritt der Vereinigten Staaten im Jahre 1917 waren alle Vermittlungsversuche Woodrow Wilsons zwischen den Mittelmächten und der Entente gescheitert. Nun erlebte der Präsident, daß der Kriegseintritt zu jenem Friedensdiktat der Sieger beitrug, das er gerade vermeiden wollte; hatte er doch noch im Dezember 1918 auf einer sofortigen Teilnahme Deutschlands an den Friedensverhandlungen bestanden.[13] Es zeigte sich, daß die Kriegsteilnahme im Rahmen einer Weltfriedensmission, im Geist der machtpolitischen Neutralität, des ethischen Rigorismus und eines geradezu göttlichen Heilsplans eine um so schärfere Feindschaft zur Folge hatte: »Es war die Tragik dieses ›Pazifisten nach dem Herzen‹, wie er sich noch im Kriege nannte, – und überhaupt das Dilemma des liberalen Weltkriegsverständnisses –«, urteilt der Historiker Klaus Schwabe, »daß eine solche Sublimierung der Kriegsgründe diese zugleich verabsolutierte und eine Verständigung stärker erschwerte, als dies materielle Kriegsziele vermocht hätten, die von sich aus an keine Prinzipien rührten.«[14] Immer wieder zeigte sich während der Friedensverhandlungen Wilsons Neigung, die Weimarer Republik hinsichtlich der Kriegsschuldfrage mit dem alten Kaiserreich zu identifizieren, und im April 1919 rief er sogar aus: »Ich möchte vermeiden, den Historikern irgendwelches Mitgefühl für Deutschland zu lassen. Ich will Deutschland dem Abscheu der Geschichte überantworten ...«[15] Die Ambivalenz der amerikanischen Politik kam auch in pauschalen Forderungen wie dem Selbstbestimmungsrecht der Völker zum Ausdruck. Besonders diese allzu pauschale Absolution für alle möglichen sinnigen und unsinnigen Nationalismen hat in vielen Regionen der Welt bis heute unlösbare Probleme hervorgebracht, mit der Folge, daß inzwischen die österreichisch-ungarische Monarchie wieder in einem etwas milderen Licht gesehen wird. Das Selbstbestimmungsrecht war Wasser auf die Mühlen auch der neun Millionen Deutschen, die nach dem Ersten Weltkrieg außerhalb der Grenzen des Deutschen Reiches lebten – etwa 13 Prozent der deutsch sprechenden Bevölkerung Europas –, so daß Hitlers Gebietsforderungen ohne weiteres in die Sprache von Versailles gekleidet werden konnten.

Nachdem allgemeines Wahlrecht und allgemeine Wehrpflicht zunächst in Europa den breiten Massen einmal das Feld der Politik eröffnet hatten, war auch eine amerikanische Regierung auf die Unterstützung der öffentlichen Meinung angewiesen, im doppelten Sinn dieses Genitivs: Sie mußte den Haß auf den Feind öffentlich anfachen, wenn sie zwei Millionen Soldaten mobilisieren wollte, aber sie konnte durch diesen einmal entfachten Haß Forderungen ausgesetzt werden, die jede Milde gegenüber den Besiegten verboten. Bereits konkrete Pläne der amerikanischen Regierung, das Deutsche Reich mit Lebensmittellieferungen zu versorgen, wurden mit Rücksicht auf die feindliche öffentliche Meinung in den USA im November 1918 wieder fallen gelassen. Auch die Entente weigerte sich, in der Frage der Lebensmittelversorgung nachzugeben, weil sie diese noch im Dezember 1918 als eine wichtige Waffe zur Durchsetzung ihrer Kriegsziele gegenüber Deutschland ansah. Die Kriegspropaganda zeigte sich auch hier von ihrer schwer zu zähmenden Kehrseite. Nur gegen Goldlieferungen aus Deutschland konnte Amerika die Lebensmittelversorgung schließlich durchführen. Am 25. März 1919 lief das erste amerikanische Lebensmittelschiff, die *West Carnifex*, mit hochwertigen Gütern in Hamburg ein. Der Kapitän hatte Anweisung, die Ladung nur dann löschen zu lassen, wenn sich in der Stadt keine bolschewistischen Umtriebe zeigten.[16] Die innenpolitischen Unruhen hatten zu dieser Zeit gerade wieder einmal Wilsons Unversöhnlichkeit provoziert und ihn in seinem »Quarantänegedanken« (Klaus Schwabe) bestärkt. Die Welt habe »ein moralisches Recht«, ließ er den Obersten Kriegsrat am 12. Februar 1919 wissen, »Deutschland zu entwaffnen und es eine Generation lang in sich gehen zu lassen«.[17] Der amerikanische General Bliss drängte dagegen auf ein europäisches Mächtegleichgewicht unter Einbeziehung Deutschlands und schlug im Obersten Rat, als er damit nicht durchdrang, eine deutsche Neutralität nach belgischem Vorbild vor, wo seine Idee mit Gelächter und ärgerlichen Protesten quittiert wurde.

Als die Waffenstillstands- und ein halbes Jahr später die Friedensbedingungen bekannt wurden, konnte ohne Kenntnis der Geheimverhandlungen der Eindruck entstehen, als ob die Amerikaner die Deutschen an die Entente verraten hätten. Dennoch hat von heute aus betrachtet das von Ludendorff geforderte deutsche Waffenstillstandsangebot an die Vereinigten Staaten, obwohl das nicht die Absicht des Generalquartiermeisters war, die weltweite Liberalisierung ein Stück vorangebracht. Durch die deutsche Initiative sind die USA mit dem Vierzehn-Punkte-Programm, das den Einflüssen der Oktoberrevolution vorbeugen sollte, in den Mittelpunkt der Weltkriegsdiplomatie gerückt. Schon im Frühjahr 1918 waren die Vereinigten Staaten bestrebt gewesen, die durch inoffizielle Kontakte zum liberalen Deutschland geförderten Reformbewegungen nicht in bolschewistische Bahnen geraten zu lassen, eine Tendenz, auf die Lenin mit der Rede vom deutsch-amerikanischen Komplott gegen den Bolschewismus geantwortet hat.

Als aber die Ergebnisse der Friedensverhandlungen einen mäßigenden amerikanischen Einfluß nicht mehr erkennen ließen, stand ein Mann wie Tirpitz mit seiner einst warnenden Stimme beinahe wie ein Prophet da. Bereits die kapitulationsähnlichen Waffenstillstandsbedingungen hatten den Wilson-Skeptikern Auftrieb verschafft; die entgegenkommende Haltung der Amerikaner in der Lebensmittelfrage und manche deutschlandfreundliche Äußerung amerikanischer Militärs hatten viele aber auch wieder beruhigt. Merkwürdig ist jedenfalls, daß Wilson selbst die »Tragödie der Enttäuschung« schon im Dezember 1918 hatte kommen sehen. Nicht nur Militärs wie Tirpitz, auch die Pazifisten Ludwig Quidde und Graf Max Montgelas protestierten gegen die Friedensbedingungen, denn: »Alle, die gehofft hatten, Amerika würde der Welt ein neues Evangelium der Brüderlichkeit schenken, sind grausam enttäuscht worden.«[18] Und Friedrich Eberts Protest gegen die amerikanische Unterschrift unter dem Versailler Vertrag, seine Versicherung, das deutsche Volk werde sich nicht zu einem Volk von »weißen Negern« degradieren lassen, war, wie sich später zeigen sollte, zu Recht von der Sorge um das Ansehen der Republik diktiert. Die junge deutsche Demokratie wurde die Enttäuschung an der amerikanischen Demokratie nicht mehr los; schon vor dem Friedensschluß beklagte ein so umsichtiger Mann wie Ernst Troeltsch, daß die stimmungmachende revolutionäre Linke in jeder Form von Ordnung bürgerliche Reaktion wittere und die Rechte auf Rache, Restauration und Rechthabenwollen zu verzichten leider nicht bereit sei. Beide Kräfte, wie wir gesehen haben, hatten nicht ganz zufällig wesentliche und sich gegenseitig bedingende Impulse von Männern der Marine erhalten: »Es leidet das Meer, dieß bewegliche Element, keine Stagnation«, wie es 1848 hieß. Von einem Sturz der Regierung aber, so Troeltsch damals, könne man sich keine Besserung der Lage erwarten, und es mangele an der nüchternen Einsicht, daß praktische Mitarbeit, Stärkung der Mitte, unbedingt nötig sei.[19] Daß unter dem Eindruck von Versailles Schwarz-Rot-

Gold keine allgemeine Anerkennung fand, lag aber auch daran, daß die Opfer, die unter der schwarzweißroten Reichskriegsflagge erbracht worden waren, nun ihren Sinn zu verlieren schienen, und deshalb war es ein verhängnisvoll geschickter Zug der Nationalsozialisten, diese Farben als nationales Symbol wiederzubeleben, wozu es nach nur 14 Jahren Republik keiner großen Mühe bedurfte.

Wie die Regierung war auch die Marine der Weimarer Republik weitgehend mit Kriegsfolgen beschäftigt, und sie war wie die Reichswehr von dem Mangel einer Zusammenarbeit zwischen politischer und militärischer Führung gekennzeichnet, der auf Dauer die Integration in die parlamentarische Demokratie verhinderte. Die Gewalt der Freikorps, der man sich in Ermangelung einer wirksamen Staatsgewalt bedient hatte, richtete sich ihrerseits gegen den Staat. Als sich die Wirren der unmittelbaren Nachkriegszeit in den frühen zwanziger Jahren legten, wurde für die Freikorps und ihre Nachfolgeorganisationen die sich stabilisierende bürgerliche Gesellschaft und ihre »Erfüllungspolitik« zum eigentlichen Feind ihres Aktivismus. Nicht die Revolution von 1918, sondern die bestehenden Verhältnisse, die wie die Reichsmarine den Freikorps die Eingliederung verweigerten, meinten sie bekämpfen, und: revolutionieren zu müssen. Ein romantischer Geist suchte die flüchtige militärische Aktion in einen dauerhaften Zustand zu überführen.

Die mangelnde Loyalität gegenüber der Republik machte auch vor der Marineführung nicht halt und erreichte im März 1920 beim Kapp-Putsch ihren Höhepunkt. Sie bewirkte eine schwere Existenzkrise und führte zu Trothas Entlassung als Chef der Admiralität, da dieser den Putsch anfangs zumindest geduldet und sich dann den Putschisten zur Verfügung gestellt hatte. Weiter hatten die geheimen Rüstungsaktivitäten und der geplante Panzerschiffbau 1927/28 heftige innenpolitische Kontroversen zur Folge, die nur durch den energischen Einsatz von Reichswehrminister Groener einigermaßen aufgefangen wurden. Dieses Panzerschiff, eine raffinierte Konstruktion im Rahmen der Beschränkungen des Versailler Vertrags, entsprach ausgerechnet den einstigen vom Reichsmarineamt für unrealisierbar erklärten »Idealschiff«-Plänen des Kaisers: Es war schneller als die stärkeren Großkampfschiffe, deren Ära mit dem Zweiten Weltkrieg ohnedies zu Ende ging, und es war stärker als die schnelleren Schweren Kreuzer der französischen

Marine, die von den Militärs als potentieller Gegner angesehen wurde. All diese nationalen und internationalen Zusammenhänge zeigen, wie schwer es in jener Zeit war, allgemein gültige Richtlinien für ein eindeutig richtiges und konstruktives Handeln zu finden, zumal man die ab 1933 einsetzende Entwicklung nicht vorhersehen konnte.

Nicht nur deutsche Militärs, auch ein Admiral Beatty war, wie viele andere in dieser Zeit, ein Mensch am Übergang, in dessen Verhalten die moderne Kriegspropaganda ihre Spuren hinterließ. An die geretteten Offiziere des am 28. August 1914 bei dem Seegefecht vor Helgoland untergegangenen Kleinen Kreuzers *Mainz* hatte er noch das Signal gerichtet: »Ich bin stolz, so tapfere Männer an Bord meines Geschwaders zu begrüßen.« Im November 1918, vor der Begegnung mit den deutschen Schiffen im Firth of Forth, ließ er seine Besatzungen vernehmen: »Vergeßt nie, daß der Feind ein verächtliches Biest [despicable beast] ist.«[20]

Dieses Signal haben die einstigen Gegner Beatty bis zu seinem Tode nicht verziehen. Als er Ende 1935 den Wunsch äußerte, bei seiner Beisetzung möge die deutsche Marine – wie kurz zuvor bei den Beisetzungsfeierlichkeiten für Admiral Jellicoe – durch ihren Flottenchef vertreten sein, ging der Oberbefehlshaber der Kriegsmarine, Generaladmiral Dr. h. c. Erich Raeder, nicht auf die Bitte ein, sondern entschied, daß die Kriegsmarine bei den Trauerfeierlichkeiten für Beatty durch den Marineattaché repräsentiert werden solle, wie es im März 1936 mit Kapitän zur See Waßner auch geschah. Intern begründete Raeder seine Entscheidung ausdrücklich mit dem aus seiner Sicht wenig ehrenhaften Signal Beattys beim Empfang der deutschen Flotte im November 1918.[21]

Auch bei der Beerdigung Präsident Wilsons wurde mit dem Trauergedächtnis eine unverzichtbare Gemeinsamkeit aufgrund der politischen Differenzen preisgegeben. Als der amerikanische Präsident, der von der deutschen Rechten besonders für den Untergang der Monarchie verantwortlich gemacht wurde, am 3. Februar 1924 starb, instruierte das deutsche Außenministerium unter Gustav Stresemann, der zugleich Reichskanzler war, den Botschafter in Washington, nicht an der Staatstrauer teilzunehmen und von jeglichen Trauerveranstaltungen fernzubleiben. Die Botschaft weigerte sich sogar, die Flagge auf Halbmast wehen zu lassen. Erst nachdem sich Stresemann auch noch öffentlich vom »Geist Wilsons« losgesagt und die Restauration der Monarchie als sein politisches Ziel bezeichnet hatte, bot der deutsche Botschafter in den Vereinigten Staaten – der diese Linie offensichtlich kaum noch vermitteln konnte – seinen Rücktritt an. Daraufhin hielt Stresemann sich zurück.[22] Angesichts dieser bedauerlichen Vorfälle bleibt es tröstlich, daß es nicht überall und zu allen Zeiten so haßerfüllt zugeht. Vor dem Hintergrund des 20. Jahrhunderts wirken die für sich genommen nicht sehr folgenreichen Ereignisse von Scapa Flow beinahe friedlich. Die Abgeschiedenheit der Inseln und ihre karge Landschaft mögen ihren Anteil daran gehabt haben, wenn man bedenkt, wie auf den Inseln mit den Toten der Weltkriege umgegangen wird.

Noch heute stehen die kleinen grauen, aus Natursteinen erbauten Häuser von Stromness in zwei langen Schlangen an der engen, mit großen Steinen gepflasterten Straße. An einem kleinen Platz liegt das örtliche Museum, das seit 1974 auch Bilder und Preziosen der deutschen Flotte zeigt. Die Erbauer der Häuser haben der Bucht noch keinen ästhetischen Reiz abgewinnen können, denn die am Wasser gelegene Seite des Städtchens wendet ihm den Rücken zu, und eine Uferpromenade gibt es nicht. Mit dieser Bauweise hat es auf den Inseln seine besondere Bewandtnis. In der Dorfhalle von St. Mary's auf der Insel Holm, deren Eingänge sich ebenfalls nicht zum Meer, sondern zum Land öffnen, waren in der Nacht vom 13. auf den 14. Oktober 1939, sechs Wochen nach Ausbruch des Zweiten Weltkriegs, die Bewohner der Gegend zum Tanz versammelt, und so konnte Günther Prien mit seinem Boot *U 47* unbemerkt durch den flachen Holm Sund in die Bucht eindringen. Vier Torpedos trafen das Schlachtschiff *Royal Oak*, mit Baujahr 1916 eines der ersten der Royal Navy, das mit Ölfeuerung ausgerüstet worden war. Das Kriegsschiff, das 1919 nach der Versenkung der deutschen Flotte Teile der Mannschaften ins Gefangenenlager gebracht hatte, sank binnen 13 Minuten, und von 1400 Mann Besatzung starben 833. Sie ertranken, verbrannten an Bord oder erstickten an dem aus den Tanks ausgetretenen Öl. Der »Stier von Scapa Flow«, wie Prien im Marinejargon hieß, blieb 1941 im Atlantik, als *U 47* von dem britischen Zerstörer *Wolverine* vernichtet wurde. Das Wrack der *Royal Oak* liegt heute noch in 30 Meter Tiefe, und an manchen Tagen ist es gut sichtbar. Wie am Unglücksort des Schlachtschiffs *Vanguard*, das im Juli 1917 nach einer

Explosion in den Waffenkammern 800 Mann in die Tiefe gerissen hatte, wurde das Tauchen an dem von einer Boje gekennzeichneten Grab der *Royal Oak* verboten. Eine Ausnahme ist offenbar nur an einigen Jahrestagen des Angriffs von *U 47* gemacht worden, als Taucher im Rahmen einer feierlichen Zeremonie – über Wasser spielt eine Militärkapelle – unter Wasser auf dem Wrack des Schiffes den Union Jack hißten, und die Flagge vom letzten Mal heraufbrachten, um sie einer vaterländischen Institution zu übergeben.

In Lyness auf der Insel Hoy, wo sich die Öltanks des 1956 geschlossenen Marinestützpunktes befanden und die alte Ölpumpstation heute ein Besucherzentrum beherbergt, wird ebenfalls der Vergangenheit gedacht, und nicht nur der englischen. Die niedrigen, enggedrängten Häuser wirken fast wie eine verlassene Stadt; als werde das Leben auf dieser Insel von jener Traurigkeit bestimmt, die in manchen schottischen Liedern in Erinnerung an die große Zeit der Grand Fleet besungen wird. Am Hang oberhalb der Siedlung liegt der auffallend gepflegte Marinefriedhof mit weitem Blick über die Bucht, frischgeschorenem Gras und einer großzügigen Abteilung für die deutschen Gefallenen beider Weltkriege. Die ursprünglichen Grabsteine für die Toten des Internierungsverbands waren in der Art keltischer Hochkreuze geformt und sind nach 1945 durch schlichte Quader ersetzt worden, wie man sie nun auf allen Gräbern des Friedhofs findet. Die Ruhestätten der Deutschen befinden sich in gemessenem Abstand zu den Gräbern ihrer einstigen Gegner, aber innerhalb derselben Mauer.

Anmerkungen

Einleitung

1 Theodor Eschenburg: Also hören Sie mal zu ... Geschichte und Geschichten 1904 bis 1933, Berlin 1995, S. 60
2 Zit. nach: Holger H. Herwig: Das Elitekorps des Kaisers. Die Marineoffiziere im Wilhelminischen Deutschland, Hamburg 1977 [Orig. Oxford 1973] (Hamburger Beiträge zur Sozial- und Zeitgeschichte Bd. 13), S. 4
3 Friedrich Naumann: Demokratie und Kaisertum. Ein Handbuch für innere Politik, Berlin [3]1904 [1900], S. 217
4 Zur Flottenfrage. Darlegungen der *Norddeutschen Allgemeinen Zeitung*, Berlin 1899, S. 28
5 Zit. nach Paul Heinsius: »Anfänge der Deutschen Marine«, in: Walter Hubatsch: Die erste deutsche Flotte 1848–1853, hrsg. von der Deutschen Marine-Akademie und dem Deutschen Marine Institut, Herford und Bonn 1981 (Schriftenreihe Bd. 1), S. 13–27, hier S. 14
6 Zit. nach Hans Wilderotter: »›Unsere Zukunft liegt auf dem Wasser‹. Das Schiff als Metapher und die Flotte als Symbol der Politik des wilhelminischen Kaiserreichs«, in: Der letzte Kaiser. Wilhelm II. im Exil, hrsg. im Auftrage des Deutschen Historischen Museums von Hans Wilderotter und Klaus-D. Pohl, München 1991 (Katalog zur gleichnamigen Ausstellung), S. 55–78, hier S. 71
7 Zit. nach Lüder Arenhold: Die deutsche Reichsflotte 1848–1852, neu hrsg. von Uwe Greve, Berlin 1995 [1906], S. 39
8 Vgl. Friedrich Harkort: Die Preußische Marine und die deutsche Flotte, Berlin 1861
9 Die Literatur zu Bundesflotte und Kaiserlicher Marine ist unübersehbar. Zur Einführung vgl. Hans Wilderotter: »›Unsere Zukunft liegt auf dem Wasser‹ ...« (S. oben Fußn. 6)
10 Vgl. Paul Heinsius: »Die erste Deutsche Marine in Überlieferung und Wirklichkeit«, in: Walter Hubatsch: Die erste deutsche Flotte, S. 73–77, hier S. 73
11 Ludwig von Reuter: Scapa Flow. Das Grab der deutschen Flotte, Leipzig 1921. Friedrich Ruge: Scapa Flow 1919. Das Ende der deutschen Flotte, Oldenburg und Hamburg 1969. Dan van der Vat: The Grand Scuttle. The

sinking of the German Fleet at Scapa Flow 1919, Staplehurst 1994 [1982]. Vgl. auch David N. Shepherd: Death of a Fleet. Responsibility for the Scuttling of the German High Seas Fleet at Scapa Flow, Diss. Texas 1974 sowie Holger H. Herwig: Das Elitekorps des Kaisers. Die Marineoffiziere im Wilhelminischen Deutschland, Hamburg 1977 [Oxford 1973] (Hamburger Beiträge zur Sozial- und Zeitgeschichte Bd. 13), S. 205–207

12 Zit. nach Theo Dorn: »Admiral Adolf von Trotha zum Gedenken«, in: Bendix von Bargen (Hrsg.): Adolf von Trothas jugenderzieherisches Wirken in den Jahren 1921 bis 1933, (Privatdruck) München o. J. [1968], S. 9

13 Vgl. Avner Offer: The First World War. An Agrarian Interpretation, Oxford 1989, S. 34

14 Paul M. Kennedy: Aufstieg und Verfall der britischen Seemacht, hrsg. vom Deutschen Marine Institut, Herford und Bonn 1978 [London 1978], S. 264

15 Hans Herzfeld: Der Erste Weltkrieg, München 1968 (dtv-Weltgeschichte des 20. Jahrhunderts, Bd. 1), S. 10

16 Ernst von Weizsäcker: Erinnerungen, hrsg. von Richard von Weizsäcker, München, Leipzig, Freiburg 1950, S. 17 (Hervorh. von mir, A. K.)

17 Ernst Jünger: »Über die Gefahr«, in: Der gefährliche Augenblick. Eine Sammlung von Bildern und Berichten, hrsg. von Ferdinand Bucholtz, Berlin 1931, S. 11–16, hier S. 14

18 Lagevorträge des Oberbefehlshabers der Kriegsmarine vor Hitler 1939–1945, im Auftrag des Arbeitskreises für Wehrforschung herausgegeben von Gerhard Wagner, München 1972, S. 453

19 *Die Weltbühne*, 3. 7. 1919, 4. Jg., Nr. 28

20 Vgl. German Werth: Der Krimkrieg. Geburtsstunde der Weltmacht Rußland, Erlangen 1989, S. 150 und 170 sowie Wilhelm Treue: Der Krimkrieg und seine Bedeutung für die Entstehung der modernen Flotten, hrsg. von der Deutschen Marine-Akademie, Bd. 2, Herford 1980, S. 61 ff.

21 Vgl. Hannsjörg Kowark: Das Ende der französischen Flotte im Zweiten Weltkrieg. Toulon 1940–1944, Hamburg, Berlin, Bonn 1998

22 Vgl. Carl Schmitt: Glossarium. Aufzeichnungen der Jahre 1947–1951, hrsg. von Eberhard Freiherr von Medem, Berlin 1991, S. 304 f. (7. 6. 1950)

Wächter und Partisanen:
Der Krieg zur See 1914–1918

1 Charles Carlisle Taylor: The Life of Admiral Mahan, London 1920, S. 209

2 Ludwig Dehio: Gleichgewicht oder Hegemonie. Betrachtungen über ein Grundproblem der neueren Staatengeschichte, hrsg. von Klaus Hildebrand, Zürich 1996 [Krefeld 1948], S. 226 f.

3 Erich Ludendorff: Der totale Krieg, München 1935, S. 182. Vgl. auch Ernst

Jünger: »Die totale Mobilmachung«, in: Krieg und Krieger, hrsg. von Ernst Jünger, Berlin 1930, S. 9 ff.

4 Zit. nach Colin Simpson: Die Lusitania. Amerikas Eintritt in den Ersten Weltkrieg, Frankfurt a. M. 1987 [Orig. 1972], S. 143

5 Zit. nach Simpson: Lusitania, S. 143 f.

6 Zit. nach Paul M. Kennedy: Aufstieg und Verfall der britischen Seemacht, hrsg. vom Deutschen Marine Institut, Herford 1978 [Orig. London 1978], S. 247

7 Ebd., S. 248

8 Schiffsnamen erscheinen grundsätzlich ohne den zugehörigen Vorsatz HMS (= His Majesty Ship) bzw. SMS (= Seiner Majestät Schiff)

9 Kennedy: Britische Seemacht, S. 239

10 Vgl. die Empfehlungen der deutsch-englischen Historikertagung von 1955, die sich gegenseitiger Schuldzuweisungen weitgehend enthalten: Deutschland und England 1904–1914 (Sonderdruck aus dem Internationalen Jahrbuch für Geschichtsunterricht 1955), Braunschweig 1955

11 Kennedy: Britische Seemacht, S. 240

12 Ebd., S. 252

13 Ebd., S. 251

14 Zit. nach: ebd., S. 230

15 Zit. nach: ebd., S. 272

16 Lord Fisher in einem Brief an König Edward VII. vom 4.10.1907. Zit. nach Uwe Dirks: Julian S. Corbett und die britische Seekriegführung 1914–18, in: *Militärgeschichtliche Mitteilungen* 1/1985, S. 35–50, hier S. 36

17 Zit. nach Kurt Assmann: Deutsche Seestrategie in zwei Weltkriegen, Heidelberg 1957, S. 30

18 Zit. nach: Admiral von Trotha. Persönliches, Briefe, Reden und Aufzeichnungen 1920–1937, hrsg. von Bendix von Bargen, Berlin 1938, S. 161

19 Nach Angaben von Werner Rahn unter Benutzung folgender Quellen: Die Überwasserstreitkräfte und ihre Technik, bearb. von Paul Köppen, Berlin 1930 (= Der Krieg zur See, hrsg. vom Marine Archiv), S. 36 sowie Der Krieg in der Nordsee, 7 Bde., hier Bd.1, bearb. von Otto Groos, [2]Berlin 1922 (= Der Krieg zur See 1914–1918, hrsg. vom Marine Archiv), S. 45

20 Werner Rahn: »Strategische Probleme der deutschen Seekriegführung 1914– 1918«, in: Der Erste Weltkrieg. Wirkung, Wahrnehmung, Analyse, hrsg. von Wolfgang Michalka, München 1994, S. 341–365, hier S. 352

21 Alfred von Tirpitz: Erinnerungen, Leipzig 1919, S. 134

22 Zit. nach Rahn: Strategische Probleme, S. 342

23 Alfred von Tirpitz: Der Aufbau der deutschen Weltmacht. Politische Dokumente, Stuttgart und Berlin 1924, S. 346

24 Tirpitz: Erinnerungen, S. 24

25 Zit. nach Assmann: Seestrategie, S. 19

26 Rahn: Strategische Probleme, S. 350
27 Ebd., S. 347
28 Zit. nach: Regierte der Kaiser? Kriegstagebücher, Aufzeichnungen und Briefe des Chefs des Marine-Kabinetts Admiral Georg Alexander von Müller 1914–1918, hrsg. von Walter Görlitz, Göttingen 1959, S. 189
29 Zit. nach Kennedy: Britische Seemacht, S. 271
30 Correlli Barnett: Anatomie eines Krieges. Eine Studie über Hintergründe und entscheidende Phasen im Ersten Weltkrieg, München, Esslingen 1966, S. 44
31 Jürgen von Alten: Weltgeschichte der Ostsee, Berlin 1996, S. 23
32 Zit. nach Rahn: Strategische Probleme, S. 351. Vgl.: Der Krieg in der Nordsee, Bd. 4: Von Anfang Februar bis Ende Dezember 1915, bearb. von Otto Groos, Berlin 1924, S. 57
33 Valeriu Marcu: »Karl Helfferich oder Das Ende einer Eisenbahn und eines Kaiserreichs«, in: ders.: Schatten der Geschichte. Fünfzehn europäische Profile, Berlin, Hamburg 1926, S. 55–61, hier S. 58
34 Barbara Tuchmann: Bibel und Schwert. Palästina und der Westen. Vom Frühen Mittelalter bis zur Balfour-Deklaration 1917, Frankfurt a. M. 1983 [Orig. New York 1956], S. 163
35 William Manchester: Winston Churchill. Der Traum vom Ruhm, 1874–1932, München 1989 [Orig. Boston/USA, 1983], S. 594
36 Die *Goeben* wurde nach Sultan Selim I. (1467–1520) benannt, der den Beinamen Yavuz, d. h. der Strenge, trug. *Midilli* ist der türkische Name der Ägäis-Insel Mytilene. Vgl. die Artikel »Goeben» und »Breslau» in: Die deutschen Kriegsschiffe. Biographien – ein Spiegel der Marinegeschichte von 1815 bis zur Gegenwart, hrsg. von Hans H. Hildebrand, Albert Röhr und Hans-Otto Steinmetz, 7 Bde., Ratingen 1979 ff.
37 Vgl.: Die deutschen Kriegsschiffe, Bd. 3, S. 11
38 Zit. nach Manchester: Churchill, S. 26
39 Hermann Kirchhoff und Friedrich Sanders-Bremen: Der Weltkrieg zur See, Berlin o. J. [1917], S. 17
40 Vgl. Carl Schmitt: Der Nomos der Erde im Völkerrecht des Jus Publicum Europaeum, ^{4}Berlin 1997 [1950], S. 291
41 Müller: Regierte der Kaiser?, S. 74
42 Zit. nach Hellmuth von Mücke: Emden, Berlin 1915, S. 97 (Gedicht von Maria Weinand)
43 Mücke: Emden, S. 33
44 Winston S. Churchill: Weltkrisis 1911–1914, Leipzig 1924 [Orig. New York 1923], S. 221
45 Hans Herzfeld: Der Erste Weltkrieg, München ^{3}1974 [1968] (= dtv-Weltgeschichte des 20. Jahrhunderts, hrsg. von Martin Broszat und Helmut Heiber, Bd. 1), S. 169

46 Michael Stürmer: Das ruhelose Reich. Deutschland 1866–1918, Berlin 1994 (Siedler Deutsche Geschichte), S. 387
47 Zit. nach Assmann: Seestrategie, S. 17
48 Vgl. Carl Schmitt: Theorie des Partisanen. Zwischenbemerkung zum Begriff des Politischen, Berlin 1995 [1963], S. 72–74 passim sowie ders.: Nomos der Erde, S. 291f. passim
49 Zit. nach Assmann: Seestrategie, S. 30
50 John Arbuthnot Fisher: Records, London, New York, Toronto 1919, S. 180
51 Zit. nach Kennedy: Britische Seemacht, S. 270
52 Fisher: Records, S. 184
53 Simpson: Lusitania, S. 16
54 Nach Angaben von Werner Rahn. Vgl. Robert M. Grant: U-Boats Destroyed. The Effect of Anti-Submarine Warfare 1914–1918, London 1964 sowie ders.: U-Boat Intelligence, London 1969
55 Zit. nach Ludovic Kennedy: War Crimes of the Ocean, in: *Telegraph Magazine*, Juni 1991
56 Marion C. Siney: The Allied Blockade of Germany 1914–1916, Ann Arbor 1957, S. 11, zit. nach Herzfeld: Der Erste Weltkrieg, S. 181
57 Schmitt: Nomos der Erde, S. 291
58 Zit. nach Arno Spindler: Der Handelskrieg mit U-Booten, 5 Bde., hier Bd. 3, Oktober 1915 bis Januar 1917, Berlin 1934, S. 139–140, hier S. 140
59 Zit. nach Spindler, Handelskrieg, Bd. 3, S. 146–149, hier S. 148
60 Zit. nach Simpson: Lusitania, S. 223
61 Verhandlungen des Reichstages. Stenographische Berichte, Bd. 306, S. 670
62 Kennedy: Britische Seemacht, S. 273
63 Dehio: Gleichgewicht oder Hegemonie, S. 32
64 Vgl. Hans Rothfels: Bismarck, der Osten und das Reich, Darmstadt 1960 [Leipzig 1934/35]
65 Hans Rothfels: »Zur Krise des Nationalstaats«, in: Zeitgeschichtliche Betrachtungen. Vorträge und Aufsätze, Göttingen 1959, S. 124–145, hier S. 130
66 Seemacht. Eine Seekriegsgeschichte von der Antike bis zur Gegenwart, hrsg. von Elmar B. Potter und Chester W. Nimitz. Deutsche Fassung hrsg. von Jürgen Rohwer, München 1982 [Orig. USA 1960], S. 435
67 Zit. nach Arthur J. Marder: From Dreadnought to Scapa Flow, 5 Bde., hier Bd. 5: Victory and Aftermath, London 1970, S. 127
68 Kennedy: Britische Seemacht, S. 284
69 Zit. nach Harry R. Rudin: Armistice 1918, New Haven 1944, S. 19, Fn. 31. Vgl.: Ursachen und Folgen. Dokumentensammlung zur Zeitgeschichte, hrsg. von H. Michaelis und E. Schraepler, Berlin 1958, 3 Bde., hier Bd. 2, S. 215–219
70 Alfred Niemann: Revolution von oben – Umsturz von unten. Entwicklung

und Verlauf der Staatsumwälzung in Deutschland 1914–1918, Berlin 1927, S. 401
71 Weizsäcker: Erinnerungen, S. 48
72 Zit. nach Rudin, S. 101
73 Zit. nach Rudin, S. 41
74 Zit. nach Stephan Speicher: Ort der deutschen Geschichte. Der Reichstag in Berlin, Berlin 1995, S. 93
75 Klaus Schwabe: Deutsche Revolution und Wilson-Frieden. Die amerikanische und deutsche Friedensstrategie zwischen Ideologie und Machtpolitik 1918/19, Düsseldorf 1971, S. 103
76 Zit. nach Richard M. Watt: Der Kaiser geht ... Deutschland zwischen Revolution und Versailles, Frankfurt a. M. 1971 [Orig. New York 1968], S. 122
77 Zit. nach: Quellen zum Friedensschluß von Versailles, hrsg. von Klaus Schwabe, Darmstadt 1997 (Ausgewählte Quellen zur deutschen Geschichte der Neuzeit – Freiherr vom Stein-Gedächtnisausgabe, Bd. 30), S. 54 (Dok. Nr. 7)
78 Zit. nach Rudin, S. 85
79 Ruge: Scapa Flow , S. 43
80 Zit. nach Marder: Dreadnought, Bd. 5, S. 121
81 Zit. nach Rudin, S. 91

Waffenstillstand

1 Zit. nach Rudin: Armistice, S. 89 f.
2 Zit. nach Wilhelm Deist: »Die Politik der Seekriegsleitung und die Rebellion der Flotte Ende Oktober 1918«, in: ders.: Militär, Staat und Gesellschaft. Studien zur preußisch-deutschen Militärgeschichte, München 1991, S. 185–210, hier S. 193
3 Vgl.: ebd., S. 196
4 Vgl.: ebd., S. 193 und Fn. 21
5 Marder, Bd. 5, S. 176
6 Zit. nach Alexander Meurer: Seekriegsgeschichte in Umrissen, Leipzig 1943, S. 358
7 Rudin: Armistice, S. 94
8 Ebd., S. 125 f.
9 Ebd., S. 124
10 Vgl.: ebd., S. 105
11 Robert Lansing an Wilhelm Solf, Note vom 14. 10. 1918, in: Quellen zum Friedensschluß, S. 57 (Dok. Nr. 10)
12 *Vossische Zeitung*, 18. 10. 1918.
13 Wilhelm Solf an Robert Lansing, Note vom 20. 10. 1918, in: Quellen zum Friedensschluß, S. 58 (Dok. Nr. 11)

14 Ebd., S. 59
15 Rudin: Armistice, S. 174
16 Zit. nach: ebd., S. 177
17 Schwabe: Deutsche Revolution, S. 144
18 Fisher: Records, S. 244
19 Zit. nach Marder: Dreadnought, Bd. 5, S. 177 f.
20 Vgl. W.S. Chalmers: The Life and Letters of David, Earl Beatty, London 1951, S. 337
21 Vgl. Marder: Dreadnought, Bd. 5, S. 178
22 Ebd., S. 179
23 Zit. nach Werner Rahn: Reichsmarine und Landesverteidigung 1919–1928. Konzeption und Führung der Marine in der Weimarer Republik, München 1976, S. 21
24 Fisher: Records, S. 246
25 Zit. nach Marder: Dreadnought, Bd. 5, S. 179
26 Zit. nach Schwabe: Deutsche Revolution, S. 197
27 Vgl. Rudin: Armistice, S. 204
28 Zit. nach Marder: Dreadnought, Bd. 5, S. 180
29 Zit. nach: ebd., S. 181
30 Schwabe: Deutsche Revolution, S. 176
31 Zit. nach: ebd., S. 180
32 Zit. nach Rudin: Armistice, S. 302
33 Ebd., S. 303
34 Vgl. Müller: Regierte der Kaiser?, S. 440 f.
35 Vgl. Schwabe: Deutsche Revolution, S. 176–181
36 Vgl. Marder: Dreadnought, Bd. 5, S. 182
37 Rudin: Armistice, S. 191
38 Marder: Dreadnought, Bd.5, S. 184
39 Ernst Troeltsch: Die Fehlgeburt einer Republik. Spektator in Berlin 1918 bis 1922, hrsg. von Johann Hinrich Claussen, Frankfurt a. M. 1994, S. 13
40 Commodore Paris an Admiralität, 7. 11. 1918, Public Record Office (= PRO), ADM 116/1825
41 Reuter: Scapa Flow, S. 9 f.
42 Vgl. dazu die Explikation Adolf von Trothas im Kapitel »Schuldfrage und Schadenersatz«, S. 336
43 Zit. nach Rudin: Armistice, S. 342
44 Marder: Dreadnought, Bd. 5, S. 184
45 Rudin: Armistice, S. 370
46 Shepherd: Death of a Fleet, S. 60
47 Chalmers: Beatty, S. 337
48 Ebd., S. 339
49 Ebd., S. 338

50 Rudin: Armistice, S. 383
51 Ebd., S. 384
52 Ebd., S. 388
53 Ebd., S. 387
54 Ebd., S. 385
55 Commander-in-Chief (David Beatty), 21.11.1918, PRO, ADM 116/1825, 21.11.1918. Vgl. *The Times*, 22.11.1918
56 Rudin: Armistice, S. 386
57 Zit. nach Marder: Dreadnought, Bd. 5, S. 187 f.

Flottenunruhen und letzte Fahrt

1 Zit. nach Deist: Politik der Seekriegsleitung, S. 196
2 Zit. nach: ebd., S. 198
3 Ebd., S. 196
4 Der Krieg in der Nordsee, Bd. 7: Vom Sommer 1917 bis zum Kriegsende 1918, bearb. von Walter Gladisch, Frankfurt a. M. 1964, S. 336
5 Hans Kutscher: Admiralsrebellion oder Matrosenrevolte? Der Flotteneinsatz in den letzten Tagen des Weltkriegs, Stuttgart 1933
6 Vgl. Deist: Politik der Seekriegsleitung, S. 200
7 François Furet: Das Ende der Illusion. Der Kommunismus im 20. Jahrhundert, München 1996 [Orig. Paris 1995], S. 57
8 Alfred Thayer Mahan: Der Einfluß der Seemacht auf die Geschichte, 2 Bde., Berlin 1896/99 [Orig. 1890/92], hier Bd. 1, S. 150
9 Jost Dülffer: Weimar, Hitler und die Marine. Reichspolitik und Flottenbau 1920–1939, Düsseldorf 1973, S. 28
10 Vgl. Sigurd von Ilsemann: Der Kaiser in Holland. Aufzeichnungen aus den Jahren 1924–1941, Monarchie und Nationalsozialismus, hrsg. von Harald von Koenigswald, München 1968, S. 132
11 Walter H. Kaufmann: Monarchism in the Weimar Republic, New York 1973 [1953], S. 210 ff.
12 Vgl. Ernst Kantorowicz: The King's Two Bodies. A Study in Medieval Theology, Princeton 1957
13 Nicolaus Sombart: Wilhelm II. Sündenbock und Herr der Mitte, Berlin 1996
14 Zit. nach Siegfried A. Kaehler: »Das Problem des Königstodes«, in: ders.: Studien zur deutschen Geschichte des 19. und 20. Jahrhunderts. Aufsätze und Vorträge, hrsg. von Walter Bußmann, Göttingen 1961, S. 280–295, hier S. 282
15 *Kreuzzeitung*, 2.2.1919. Zit. nach Kaehler: Königstod, S. 281
16 Vgl. z. B. Hans Joachim Schoeps: Politische Parteienschicksale in Deutsch-

land, in: Konservative Erneuerung. Ideen zur deutschen Politik, Stuttgart 1958, S. 9–24, hier S. 10

17 Müller: Regierte der Kaiser?, S. 200

18 Vgl. Ilsemann: Der Kaiser, 1924–1941, passim

19 Harry Graf Kessler: Tagebücher. 1918–1937, hrsg. von Wolfgang Pfeiffer-Belli, Frankfurt am Main 1982 [1961], S. 17

20 Deist: Politik der Seekriegsleitung, S. 187

21 Gerhard Paul Groß: Die Seekriegführung der Kaiserlichen Marine im Jahre 1918, Frankfurt a. M., Bern 1989 (= Europäische Hochschulschriften, Bd. III/387), S. 407. Vgl. auch Deist: Politik der Seekriegsleitung, passim

22 Schwabe: Deutsche Revolution, S. 148

23 A Biographical Dictionnary of World War I, hrsg. von Holger H. Herwig und Neil M. Heyman, Westport/USA und London/Engl. 1982, S. 42

24 Die deutsche Revolution 1918–1919 – Dokumente, hrsg. von Gerhard A. Ritter und Susanne Miller, Frankfurt a. M. 1968, S. 39

25 Walther Rathenau: Was wird werden?, Berlin 1920, S. 22. Zit. nach Jürgen von Alten: Die ganz normale Anarchie. Jetzt erst beginnt die Nachkriegszeit, Berlin 1994, S. 14

26 Gustav Noske: Von Kiel bis Kapp, Berlin 1920, S. 37

27 Vgl. Deist: Politik der Seekriegsleitung, S. 191

28 Kessler: Tagebücher, S. 12

29 Heinrich August Winkler: Weimar 1918–1933. Die Geschichte der ersten deutschen Demokratie, München 1998 [1993], S. 28

30 Zit. nach Holger H. Herwig: Das Elitekorps des Kaisers. Die Marineoffiziere im Wilhelminischen Deutschland, Hamburg 1977 [Orig. Oxford 1973], S. 201

31 Zit. nach: ebd., S. 201f.

32 Zit. nach Hannah Arendt: Über die Revolution, München 1963, S. 339. Vgl. Max Adler: Demokratie und Rätesystem, Wien 1919.

33 Zit. nach Epkenhans: »Die kaiserliche Marine im Ersten Weltkrieg: Weltmacht oder Untergang?«, in: Der Erste Weltkrieg, S. 319–340, hier S. 320

34 Zit. nach Winkler: Weimar, S. 30

35 Zit. nach: ebd., S. 29

36 Troeltsch: Fehlgeburt, S. 13 f.

37 Bundesarchiv-Militärarchiv Freiburg i. Brsg. (= BA-MA), RM 44/18, Oberster Soldatenrat und Soldatenräte, Forderungen vom 9. 11. 1918

38 Troeltsch: Fehlgeburt, S. 9

39 *Frankfurter Zeitung* vom 11.11.1918. Zit. nach Gerd Krumeich: Nach dem Waffenstillstand der Krieg. Mit dem Ende des Ersten Weltkriegs wanderten die Kampffronten ins Innere der Länder, in: *Frankfurter Allgemeine Zeitung* vom 14.11.1998 (Beilage »Bilder und Zeiten«)

40 Kaehler: Königstod, S. 283
41 Sigurd von Ilsemann: Der Kaiser in Holland. Aufzeichnungen des letzten Flügeladjutanten Kaiser Wilhelms II. aus Amerongen und Doorn 1918–1923, hrsg. von Harald von Koenigswald, München 1967, S. 39
42 Herwig: Elitekorps, S. 202
43 PRO, ADM 116/1825, Allied Navel Council, Sitzung vom 13. 11. 1918.
44 Ebd., Allied Naval Council, Sitzung vom 11. 11. 1918
45 BA-MA, N 162/9, Nachlaß Admiral Franz von Hipper, Tagebuch über die Kriegsereignisse zur See 1914–1918, Teil IX, 6. 10. 18–22. 3. 19
46 Ebd.
47 Chalmers: Beatty, S. 344
48 Zit. nach van der Vat: Grand Scuttle, S. 106.
49 Churchill: Weltkrisis, S. 72
50 Zit. nach van der Vat: Grand Scuttle, S. 106
51 Churchill: Weltkrisis, S. 73
52 Ebd., S. 72
53 Fisher: Records, S. VIII
54 Chalmers: Beatty, S. 342
55 Ebd., S. 341
56 Die deutschen Kriegsschiffe, Bd. 4, S. 99 f.
57 Chalmers: Beatty, S. 345
58 BA-MA, RM 44/7, Bericht des Führers der Torpedoboote H. Cordes, S. 3
59 Zit. nach Ruge: Scapa Flow 1919, S. 58
60 Ebd., S. 59
61 Ebd., S. 61
62 Herwig: Elitekorps, S. 260 f., Fn. 33
63 BA-MA, N 162/9, Nachlaß Admiral Franz von Hipper, Tagebuch über die Kriegsereignisse zur See 1914–1918, Teil IX, 6. 10. 18–22. 3. 19
64 Reuter: Scapa Flow, S. 12 f.
65 Hans Joachim Schoeps: »Preußentum und Gegenwart«, in: Konservative Erneuerung. Ideen zur deutschen Politik, Stuttgart 1958, S. 83–117, hier S. 99. Vgl. auch Harald von Koenigswald (Hrsg.): Preussisches Lesebuch. Zeugnisse aus drei Jahrhunderten, München 1966
66 Marder: Dreadnought, Bd. 5, S. 273
67 Vgl. van der Vat: Grand Scuttle, S. 112
68 Ruge: Scapa Flow 1919, S. 65
69 Werner Rahn in einer Mitteilung an den Autor
70 Ruge: Scapa Flow, S. 66
71 PRO, ADM 137/3891, Friedrich Grattenauer, Brief vom 29.11.18
72 Reuter: Scapa Flow, S. 21
73 Ebd., S. 20
74 Ebd.

75 Marder: Dreadnought, Bd. 5, S. 192
76 PRO, ADM 137/3816, Admiralty, 23.6.1919
77 Reuter: Scapa Flow, S. 14
78 Ebd., S. 20
79 BA-MA, RM 44/v3, Disposition für den Bericht »Die Internierung der deutschen Flotte in Scapa Flow«, S. 5. Vgl. Ruge: Scapa Flow 1919, S. 57
80 Ebd., S. 4
81 Reuter: Scapa Flow, S. 11
82 Noske: Von Kiel bis Kapp, S. 37
83 Geflügelte Worte. Der Zitatenschatz des deutschen Volkes, hrsg. von Georg Büchmann, [22]Berlin 1905, S. 671 f.
84 Noske: Von Kiel bis Kapp, S. 39
85 Reuter: Scapa Flow, S. 12
86 Ruge: Scapa Flow 1919, S. 60
87 BA-MA, RM 44/v3, Disposition, S. 9
88 Noske, Von Kiel bis Kapp, S. 39
89 BA-MA, RM 44/7, Bericht Cordes, S. 5
90 Vgl. Elmer Luehr: The German Republic. The Reich in Transition, S. 173. Noske: Von Kiel bis Kapp, S. 38
91 Seemacht, S. 447
92 Zit. nach Reuter: Scapa Flow, S. 23
93 BA-MA, RM 44/v3, Disposition, S. 12
94 Zit. nach Herwig: Elitekorps, S. 205
95 BA-MA, RM 44/3, Abschrift vom Zeitungsausschnitt (ohne Angaben)
96 Reuter: Scapa Flow, S. 24
97 BA-MA, RM 8/1311, Kriegstagebuch Überführungsverband, 20.11.1918
98 Ebd., 21.11.1918
99 Zit. nach Marder: Dreadnought, Bd. 5, S. 191
100 Chalmers: Beatty, S. 347
101 Zit. nach Marder: Dreadnought, Bd. 5, S. 191
102 Chalmers: Beatty, S. 348
103 PRO, ADM 116/1825, »Operation ZZ«, Memorandum vom 20.11.1918, S. 3
104 BA-MA, RM 44/7, Bericht Cordes, S. 9 – Hier irrt Cordes; der König war nicht an Bord.
105 BA-MA, RM 44/v3, Disposition, S. 18
106 Ruge: Scapa Flow 1919, S. 68
107 Ebd., S. 71
108 Reuter: Scapa Flow, S. 25
109 Chalmers: Beatty, S. 348
110 Ebd.
111 Zit. nach Marder: Dreadnought, Bd. 5, S. 191

112 Reuter: Scapa Flow, S. 25
113 Ebd., S. 26
114 BA-MA, RM 44/v3, Disposition, S. 11
115 Zit. nach Marder, Bd. 5, S. 165
116 Seymour an seine Schwester Margaret Walker, 30.11.1918. Zit. nach Marder: Dreadnought, Bd. 5, S. 193
117 Chalmers: Beatty, S. 348
118 BA-MA, RM 44/7, Bericht Cordes, S. 10
119 Reuter: Scapa Flow, S. 27
120 Ebd., S. 31
121 BA-MA, RM 44/7, Bericht Cordes, S. 15
122 PRO, ADM 116/1825, Commodore Michael H. Hodges an Admiral Madden, 21.11.1918
123 Vgl. van der Vat: Grand Scuttle, S. 124
124 Zit. nach Marder: Dreadnought, Bd. 5, S. 192 f.
125 Zit. nach: ebd., S. 193
126 Zit. nach: ebd., S. 194
127 Zit. nach Shepherd: Death of a Fleet, S. 80
128 Reuter: Scapa Flow, S. 31
129 BA-MA, RM 44/3, Abschrift vom Zeitungsausschnitt (ohne Angaben)
130 Ruge: Scapa Flow 1919, S. 70 f.
131 *The Orkney Herald*, 27.11.1918

Scapa Flow: Das Leben vor Anker

1 Ludwig Freiwald: Die verratene Flotte, München 1937, S. 277
2 *The Orkney Herald*, 11.12.1918
3 *Die Fackel*, Nr. 437, S. 44
4 Ruge: Scapa Flow 1919, S. 140
5 BA-MA, RM 44/v5, Bericht »Wechsel des Flaggschiffs«
6 BA-MA, RM 44/v3, Disposition, S. 38
7 Ebd., S. 40
8 Zit. nach Gabriele Krüger: Die Brigade Ehrhardt, Hamburg 1971 (Hamburger Beiträge zur Zeitgeschichte Bd. VII), S. 25
9 Ebd.
10 Winkler: Weimar, S. 119
11 von der Vat: Grand Scuttle, S. 135 f.
12 Ruge: Scapa Flow 1919, S. 125
13 Ebd., S. 124
14 Ebd., S. 88
15 Ebd., S. 118

16 BA-MA, RM 92/3946, Bericht Kleiner Kreuzer *Bremse*, S. 6
17 Zit. nach: *The Orcadian*, 23.1.1919
18 Reuter: Scapa Flow, S. 38
19 Ruge: Scapa Flow 1919, S. 84
20 van der Vat: Grand Scuttle, S. 142
21 BA-MA, RM 8/1311, Chef der Admiralität, Bericht an die Deutsche Reichsregierung vom 15.7.1919, Bl. 17
22 Zit. nach Ruge: Scapa Flow 1919, S. 104
23 Reuter: Scapa Flow, S. 68 (Hervorh. von mir, A. K.)
24 Ebd., S. 42
25 BA-MA, RM 44/v5, Bericht »Kohle-Wasser-Öl«
26 BA-MA, RM 8/1311, Preise kleiner Gebrauchssachen, die im Dezember 1918 mit der *Königsberg* in Scapa Flow eintreffen, Bl. 412
27 BA-MA, RM 44/v5, Bericht »Geldverhältnisse«
28 BA-MA, RM 44/7, Bericht Cordes, S. 19
29 Ruge: Scapa Flow 1919, S. 112
30 Ebd., S. 117
31 BA-MA, RM 44/10, Funkverkehr Kommando Internierungsverband – Wilhelmshaven. Vgl. auch RM 44/v5, Bericht »Sanitäre Verhältnisse, Ärztliche Versorgung«
32 In der Literatur tauchen drei verschiedene Schreibweisen auf: Esterwand, Estevant und Estevand.
33 BA-MA, RM 44/v5, Bericht »Sanitäre Verhältnisse – Ärztliche Versorgung«
34 BA-MA, RM 8/1311, Bl. 481
35 BA-MA, RM 3/3518, Brief des Führers der Torpedoboote auf *S 138* vom 28.4.1919
36 Ebd., Zusatz Reuter vom 4.5.1919
37 Zit. nach Marder: Dreadnought, Bd. 5, S. 271
38 Reuter: Scapa Flow, S. 48
39 BA-MA, RM 44/3, Abschrift vom Zeitungsausschnitt (ohne Angaben)
40 BA-MA, RM 44/v3, Disposition, S. 60
41 van der Vat: Grand Scuttle, S. 150
42 Marder: Dreadnought, Bd. 5, S. 271 f.
43 Reuter: Scapa Flow, S. 64
44 Zit. nach Marder: Dreadnought, Bd. 5, S. 271
45 van der Vat: Grand Scuttle, S. 145
46 BA-MA, RM 44/v5, Bericht »Gericht Internierungsverband«
47 Ebd.
48 Ebd.
49 Reuter: Scapa Flow, S. 49
50 BA-MA, RM 44/v5, Bericht »Soldatenräte«
51 Reuter: Scapa Flow, S. 51

52 BA-MA, RM 44/v5, Bericht »Verkehr mit den Engländern«
53 BA-MA, RM 3/3518, Reuter an Reichsmarineamt, 28.2.1919
54 Reuter: Scapa Flow, S. 45
55 Ebd., S. 47
56 Zit. nach Marder: Dreadnought, Bd. 5, S. 273

Flaggschiffwechsel und Versenkungsgedanken

1 Shepherd: Death of a Fleet, S. 88
2 Ruge: Scapa Flow 1919, S. 101
3 Reuter: Scapa Flow, S. 55
4 BA-MA, RM 44/v5, Bericht »Gebührnisse«
5 Ebd.
6 Vgl. Ernst Rudolf Huber: Deutsche Verfassungsgeschichte seit 1789, Bd. 5: Weltkrieg, Revolution und Reichserneuerung 1914–1919, Stuttgart, Berlin, Köln, Mainz 1978, S. 934 ff.
7 Reuter: Scapa Flow, S. 69
8 BA-MA, RM 3/3518, Oberster Soldatenrat an Zentralrat der Marine, 1.3.1919
9 van der Vat: Grand Scuttle, S. 151
10 BA-MA, RM 92/3946, Bericht Kleiner Kreuzer *Bremse*, S. 11
11 BA-MA, RM 44/3, Bericht Reuter, S. 59
12 BA-MA, RM 92/3946, Bericht Kleiner Kreuzer *Bremse*, S. 10
13 BA-MA, RM 3/3518, Kommando Internierungsverband an Reichsmarineamt, 17.2.1919
14 Ebd.
15 BA-MA, RM 44/20, Bericht Heinemann, Kleiner Kreuzer *Cöln*, 100 ff.
16 BA-MA, RM 44/v5, Bericht »Verkehr mit den Engländern«
17 BA-MA, RM 3/3518, Kommando Internierungsverband an Reichsmarineamt, 17.2.1919
18 BA-MA, RM 3/3518, Stellungnahme Schiffssoldatenrat, 17.3.1919
19 Ebd.
20 BA-MA, RM 44/7, Bericht Cordes, S. 16
21 Vgl. Max Adler: Klassenkampf gegen Völkerkampf! Marxistische Betrachtungen zum Weltkriege, München 1919
22 BA-MA, RM 3/3518, Reichswehrminister und Chef der Admiralität, Entscheidung zum Bericht der Besatzung (Soldatenrat) *Friedrich der Große*, 10.4.1919
23 BA-MA, RM 3/3518, Bericht Oberster Soldatenrat, 1.3.1919
24 BA-MA, RM 8/1311, Soldatenrat Grahlmann, 10.3.1919
25 BA-MA, RM 3/3518, Bericht Oberster Soldatenrat, 1.3.1919

26 Reuter: Scapa Flow, S. 69f.
27 BA-MA, RM 3/3518, Bericht Oberster Soldatenrat, 1.3.1919
28 Reuter: Scapa Flow, S. 72
29 Ebd., S. 74
30 BA-MA, RM 44/17, Bericht Kapitänleutnant Stapenhorst über die Unterredung am 18.4.1919
31 BA-MA, RM 44/3, Brief eines Unteroffiziers von *Emden* in: *Münchener Neueste Nachrichten* (ohne Angaben)
32 BA-MA, RM 8/1311, Kommando Internierungsverband, 10.6.1919, Blatt 481 f.
33 BA-MA, RM 44/v5, Bericht »Wechsel des Flaggschiffs«
34 Ebd., Bericht »Wechsel des Flaggschiffs«
35 PRO, ADM 116/1825, Bericht Madden, 27.3.1919
36 BA-MA, RM 44/v5, Bericht »Wechsel des Flaggschiffs«
37 Ebd., Bericht »Verkehr mit den Engländern«
38 Ebd.
39 Ebd., Bericht »Wechsel des Flaggschiffs«
40 Reuter: Scapa Flow, S. 77
41 BA-MA, RM 44/v5, Bericht »Ablösung von Personal«. Vgl. Reuter: Scapa Flow, S. 77
42 Ruge: Scapa Flow 1919, S. 108
43 BA-MA, RM 44/v3, Anonymer Bericht
44 Quellen zum Friedensschluß, S. 11 (Einleitung)
45 Ruge: Scapa Flow 1919, S. 95
46 BA-MA, N 173/25, Nachlaß Behncke, Bd. 1, Publizistische Tätigkeit, Unterhaltungsbeilage der *Täglichen Rundschau*, Nr. 44 vom 27.2.1919
47 van der Vat: Grand Scuttle, S. 99
48 Siehe Fn. 46
49 PRO, ADM 116/2024, First Sea Lord, Naval Conditions for Peace with Germany, 28.2.1919
50 Ebd., S. 3
51 PRO, ADM 116/2017, M.P.A. Hankey (British Delegation Paris) an Admiral Sir R. Wemyss, 7.3.1919
52 PRO, ADM 116/2017, Admiral Hope, Disposal of the German Fleet, 21.3.1919. Claims of Minor Powers to a Share in any Distribution Made of Enemy Warships, 12.5.1919
53 *The Orkney Herald*, 19.3.1919. PRO, ADM 116/2017, C.F. an Captain Colvin, 8.3.1919, handschriftliches Postscriptum
54 Vgl. *The Times*, 24.3.1919
55 PRO, ADM 116/2017, Madden an Secretary of Admiralty, 28. 3. 1919
56 Ebd.
57 Ebd., Beatty an Admiralty, 4.4.1919

58 Ebd., Hope an Hankey, 16.5.1919
59 Marder: Dreadnought, Bd. 5, S. 440. Vgl. Kennedy: Britische Seemacht, S. 288 ff.
60 PRO, ADM 116/2040, Moers an First Lord, 21.5.1919
61 BA-MA, RM 44/v5, Bericht »Verkehr mit den Engländern«
62 Ruge: Scapa Flow 1919, S. 130 f.
63 Reuter: Scapa Flow, S. 85
64 PRO, ADM 1/8562/172, Madden, Memorandum vom 20.4.1919
65 Ruge: Scapa Flow 1919, S. 131
66 Reuter: Scapa Flow, S. 87
67 Ebd., S. 88
68 Ebd., S. 90
69 Herwig: Elitekorps, S. 206
70 Ebd., S. 262, Fn. 47
71 BA-MA, RM 8/1311, Kommando Internierungsverband an Chef der Admiralität, 10.6.1919
72 PRO, ADM 116/2074, Reports on the sinking of the German Fleet at Scapa Flow, Trotha an Reuter, 9. Mai 1919 (Hervorh. von mir, A. K.)
73 Erich Raeder: Mein Leben, Bd.1: Bis zum Flottenabkommen mit England 1935, Tübingen 1956, S. 168
74 BA-MA, RM 8/1311, Bericht Reuter, S. 11
75 Erlaß Kaiser Wilhelms I. an die Kommandanten der Auslandsschiffe vom 17.3.1885, übernommen von Kaiser Wilhelm II. bei Regierungsantritt 1888, in: Der Krieg zur See, Bd. 1, S. 33 ff. Vgl.: BA-MA, RM 7/1750, Allgemeines
76 Reuter: Scapa Flow, S. 86
77 Graf-Brockdorff-Rantzau: Dokumente, Berlin 1922, S. 118
78 Ebd., S. 114
79 Zit. nach: Die Weimarer Republik. Eine Tageschronik der Politik, Wirtschaft, Kultur, hrsg. von Manfred Overesch und Friedrich Wilhelm Saal, Düsseldorf 1982, S. 48
80 Zit. nach: Tageschronik, S. 49
81 BA-MA RM 44/7, Bericht Cordes, S. 27
82 Chalmers: Beatty, S. 316
83 BA-MA, RM 44/3, Abschrift vom Zeitungsausschnitt (ohne Angaben)
84 Ruge: Scapa Flow 1919, S. 137
85 Ebd., S. 134
86 BA-MA, RM 8/1311, Kommando Internierungsverband an Chef der Admiralität, 10.6.1919
87 BA-MA, RM 44/20, Bericht Heinemann, S. 120
88 Ruge: Scapa Flow, S. 134
89 BA-MA, RM 44/v5, Versenkungsbericht *Derfflinger*
90 BA-MA, RM 44/v5, Versenkungsbericht *Friedrich der Große*

91 PRO, ADM 1/8562/172, Memorandum vom 22.4.19
92 Vgl. PRO, ADM 1/8562/172
93 Wemyss an Hope, 6.6.1919, zit. nach Marder: Dreadnought, Bd. 5, S. 275, Fn. 5
94 PRO, ADM 116/2074, Transfer of Interned German Ships, Fremantle an Madden, 16.6.1919
95 Zit. nach W.S. Hewison: This Great Harbour, Orkney 1985, S. 143. Anweisungen für die Bewachung und Übernahme der deutschen Schiffe in: PRO, ADM 116/2074, Reports on the sinking of the German Fleet at Scapa Flow
96 Zit. nach Hewison: Harbour, S. 142
97 Ebd., S. 143
98 Marder: Dreadnought, Bd. 5, S. 275, Fn. 5
99 Madden an Admiralität, 27.6.1919, zit. nach Marder: Dreadnought, Bd. 5, S. 281
100 PRO, ADM 116/2074, Reports on the sinking of the German Fleet at Scapa Flow
101 Zit. nach Reuter, S. 103
102 BA-MA, RM 44/v5, Versenkungsbericht *Derfflinger*
103 Zit. nach Ruge: Scapa Flow 1919, S. 144. Wortlaut der Mantelnote in: Quellen zum Friedensschluß, Georges Clemenceau an Ulrich Brockdorff-Rantzau, 16.6.1919, Nr. 130, S. 357–369
104 Zit. nach Shepherd: Death of a Fleet, S. 127 und S. 162. Vgl. *The Times* vom 17.6.1919
105 Vgl.: Quellen zum Friedensschluß, S. 29 (Einleitung) sowie Wilhelm Groener, Vortrag in der Obersten Heeresleitung, 23.6.1919, Nr. 136, S. 390
106 BA-MA, RM 44/20, Bericht Heinemann, S. 124
107 Reuter: Scapa Flow, S. 68
108 Ruge: Scapa Flow 1919, S. 145
109 Ebd., S. 185
110 Reuter: Scapa Flow, S. 105
111 Zit. nach Hewison: Harbour, S. 143
112 Madden an Admiralität, 27.6.1919, zit. nach Marder: Dreadnought, Bd. 5, S. 281

Schiffe versenken

1 BA-MA, RM 44/v5, Versenkungsbericht *Derfflinger*
2 BA-MA, RM 44/v5, Versenkungsbericht *Emden*
3 Reuter: Scapa Flow, S. 106
4 Ebd., S. 107

5 BA-MA, RM 44/v5, Versenkungsbericht *Derfflinger*
6 BA-MA, RM 44/v5, Versenkungsbericht *Frankfurt*
7 Ruge: Scapa Flow 1919, S. 149
8 BA-MA, RM 44/v5, Versenkungsbericht *Moltke*
9 BA-MA, RM 44/20, Bericht Heinemann, S. 109
10 BA-MA, RM 44/v5, Versenkungsbericht *Seydlitz*
11 van der Vat: Grand Scuttle, S. 173
12 Zit. nach: ebd.
13 BA-MA, RM 44/v5, Versenkungsbericht *Emden*
14 Zit. nach: ebd.
15 Ruge: Scapa Flow 1919, S. 153
16 *The Orcadian*, 17.7.1919
17 Zit. nach Marder: Dreadnought, Bd. 5, S. 283
18 Ruge: Scapa Flow 1919, S. 157
19 Ebd., S. 158
20 Zit. nach Marder: Dreadnought, Bd. 5, S. 282
21 BA-MA, RM 44/v5, Versenkungsbericht *Prinzregent Luitpold*
22 BA-MA, RM 44/v5, Versenkungsbericht *Frankfurt*
23 Ruge: Scapa Flow, S. 159
24 BA-MA, RM 44/20, Bericht Heinemann, S. 134
25 Reuter: Scapa Flow, S. 117. Vgl. auch van der Vat: Grand Scuttle, S. 180f. (leicht abweichend)
26 Reuter: Scapa Flow, S. 118
27 van der Vat: Grand Scuttle, S. 182
28 BA-MA, RM 44/v5, Versenkungsbericht *Friedrich der Große*
29 BA-MA, RM 44/20, Bericht Heinemann, S. 140
30 BA-MA, RM 44/v5, Versenkungsbericht *König*
31 BA-MA, RM 44/v5, Versenkungsbericht *Kronprinz Wilhelm*

Schuldfrage und Schadenersatz

1 Vgl. *Berliner Tageblatt* vom 23. 6. 1919
2 Vgl. Walter Schwengler: Völkerrecht, Versailler Vertrag und Auslieferungsfrage. Die Strafverfolgung wegen Kriegsverbrechen als Problem des Friedensschlusses 1919/20, Stuttgart 1982 (Beiträge zur Militär- und Kriegsgeschichte, Bd. 24), S. 322 f.
3 Shepherd: Death of a Fleet, S. 146. Vgl.: Die Weimarer Republik 1919–1933, hrsg. von Johannes Hohlfeld (Dokumente der deutschen Politik und Geschichte von 1848 bis zur Gegenwart, Bd. 2), Berlin 1955, Note vom 22. 6. 19, S. 32–34
4 Shepherd: Death of a Fleet, S. 147

5 Zit. nach van der Vat: Grand Scuttle, S. 184
6 Shepherd: Death of a Fleet, S. 150
7 PRO, ADM 116/2014, Allied und Associated Powers an German Delegation, 25. 6. 1919
8 Zit. nach BA-MA, RM 8/1311, Chef der Admiralität, Bericht an die Reichsregierung, 15. 7. 1919
9 BA-MA, RM 8/1311, Memorandum über die Beschlüsse der Friedenskommission, 20. 10. 1919, an Chef der Admiralität, Bl. 76
10 Vgl. *The Orkney Herald*, 25. 6. 1919
11 Vgl. Marder: Dreadnought, Bd. 5, S. 287
12 *Berliner Tageblatt* vom 23. 6. 1919
13 Ruge: Scapa Flow 1919, S. 165
14 van der Vat, S. 189
15 Vgl. Shepherd: Death of a Fleet, S. 184
16 *Die Weltbühne*, 15. Jg., Nr. 28
17 PRO, ADM 137/3816, Internment of German Surface Ships, Wemyss an Admiralty, 23. 6. 1919
18 Shepherd: Death of a Fleet, S. 151
19 *Manchester Guardian*, 25. 6. 1919, in: BA-MA, RM 20/542
20 Zit. nach Ruge: Scapa Flow 1919, S. 185
21 PRO, ADM 116/2014, Long an Hope, Telegramm, 25. 6. 1919
22 Shepherd: Death of a Fleet, S. 152
23 Ebd., S. 151
24 Long an Lloyd George, 1. 7. 1919, zit. nach Marder: Dreadnought, Bd. 5, S. 286
25 Ruge: Scapa Flow 1919, S. 185
26 Wemyss an Hope, 22. 6. 1919, zit. nach Marder: Dreadnought, Bd. 5, S. 291
27 Vgl.: ebd., S. 286
28 Ebd., S. 291, Fn. 25
29 BA-MA, RM 8/1311, »Admiral Reuter berichtet auf vertraulichem Wege«, 20. 11. 1919
30 Ruge: Scapa Flow 1919, S. 185
31 Ebd., S. 187
32 Vgl. etwa die *Frankfurter Zeitung* vom 23. 6. 1919
33 Zit. nach Marder: Dreadnought, Bd. 5, S. 268
34 Reuter: Scapa Flow, S. 120 f.
35 Zit. nach Shepherd: Death of a Fleet, S. 163
36 Marder: Dreadnought, Bd. 5, S. 293
37 BA-MA, RM 8/1311, Interview mit Reuter, *Daily Mail*, 14. 2. 1920, Bl. 334 f.
38 PRO, Cab 24/83, Commander-in-Chief an Secretary of the Admiralty, 27. 6. 1919, 290 ff. sowie Senior Naval Officer Afloat, Scapa, an Secretary of the Admiralty und Commander-in-Chief, 24. 6. 1919, 294 ff.

39 Reuter: Scapa Flow, S. 127
40 BA-MA, RM 8/1311, Chef der Admiralität an Reichsregierung, 16. 7. 1919
41 Reuter: Scapa Flow, S. 130
42 Marder: Dreadnought, Bd. 5, S. 284
43 PRO, ADM 116/1876, Gutachten der Kronanwälte Sir Reginald Acland, Sir Archibald Bodkin und Mr. Branson
44 PRO, ADM 116/2074, Fremantle an Commander-in-Chief, 16. 6. 1919
45 BA-MA, RM 8/1311, Chef der Admiralität, Stellungnahme zur Note der Alliierten vom 3. 11. 1919, 9. 11. 1919, Bl. 125
46 BA-MA, RM 20/542, Versenkung der deutschen Schiffe in Scapa Flow; Cordes an Reuter, 25. 6. 1919
47 Zit. nach BA-MA, RM 8/1311, Chef der Admiralität an Reichswehrminister u. a., 8. 8. 1919
48 Vgl. Reuter: Scapa Flow, S. 134–137
49 Ruge: Scapa Flow 1919, S. 178
50 Ebd., S. 193
51 Ebd., S. 194
52 BA-MA, RM 8/1311, Denkschrift der Friedensabteilung im Auswärtigen Amt, 20. 12. 1919
53 BA-MA, RM 8/1311, Brieftelegramme, 6. 11. und 8. 11. 1919
54 BA-MA, RM 8/1311, Korvettenkapitän Lohmann an Admiralität, 21. 11. 1919, Bl. 169 f.
55 Ruge: Scapa Flow 1919, S. 188
56 BA-MA, RM 8/1311, »Admiral Reuter berichtet auf vertraulichem Wege«, 20. 11. 1919, Bl. 168
57 BA-MA, RM 8/1311, Chef der Admiralität an Auswärtiges Amt, undatiertes Memorandum (November 1919), Bl. 164 f.
58 Ebd., Bl. 107 ff.
59 BA-MA, RM 8/1311, Denkschrift der Friedensabteilung im Auswärtigen Amt, 20. 12. 1919, Bl. 243–245
60 Ebd.
61 BA-MA, RM 8/1311, Marineattaché an Auswärtiges Amt, 17. 11. 1919, Bl. 144
62 Ruge: Scapa Flow 1919, S. 189
63 BA-MA, RM 8/1311, Chef der Admiralität, Bericht an Reichsregierung, 15. 7. 1919
64 *Manchester Guardian*, 20. 12. 1919, zit. nach Shepherd: Death of a Fleet, S. 165
65 Zit. nach Ruge: Scapa Flow 1919, S. 190
66 BA-MA, RM 8/1311, Antwort Auswärtiges Amt auf die Reichstagsanfrage von Stresemann u. a., 16. 1. 1919
67 BA-MA, RM 8/1311, Chef der Admiralität an Reichswehrminister und Auswärtiges Amt, 27. 12. 1919, Bl. 277–279

68 Vgl. Michael Salewski: Entwaffnung und Militärkontrolle in Deutschland, München 1966 (Schriftenreihe des Forschungsinstituts der deutschen Gesellschaft für auswärtige Politik e. V., Bd. 24), S. 202
69 Shepherd: Death of a Fleet, S. 169. Vgl. Schwengler: Völkerrecht
70 Shepherd: Death of a Fleet, S. 171
71 Salewski: Entwaffnung, S. 203 unter Einbeziehung von Fußnotentexten
72 Reuter: Scapa Flow, S. 137 f.
73 Basierend auf Marder: Dreadnought, Bd. 5, S. 295
74 Vgl. Salewski: Entwaffnung, S. 208
75 Ruge: Scapa Flow 1919, S. 195
76 Zit. nach Herwig: Elitekorps, S. 207
77 Herwig, Offizierskorps, S. 207
78 BA-MA, RM 44/v5, Anhang zu den Versenkungsberichten
79 Gedruckte Fassung in: BA-MA, RM 20/678
80 van der Vat: Grand Scuttle, S. 195
81 Marineverordnungsblatt, hrsg. von Oberkommando der Kriegsmarine, 74. Jg., 24. 12. 1943, S. 845
82 Salewski: Entwaffnung, S. 204
83 Vgl.: ebd., S. 201
84 BA-MA, RM 44/3, Brief von Oberheizer Alex Schiffer vom O. S. R. der internierten Flotte, Abschrift vom Zeitungsausschnitt (ohne Angaben)
85 Salewski: Entwaffnung, S. 201
86 Ebd., S. 205
87 Zit. nach: ebd., S. 209
88 Zit. nach: ebd., S. 211
89 Zit. nach van der Vat: Grand Scuttle, S. 199
90 Über die aufwendigen Hebungen der Wracks berichten anschaulich: Gerald Bowman: The Man who Bought a Navy, London 1964; S. C. George: Jutland to Junkyard, Cambridge 1973; Peter L. Smith: The Naval Wrecks of Scapa Flow, Orkney 1989; Ruge: Scapa Flow 1919, S. 198 ff.
91 Ruge: Scapa Flow 1919, S. 199
92 van der Vat: Grand Scuttle, S. 205
93 Ebd., S. 208
94 *Wilhelmshavener Zeitung* vom 4. September 1965
95 Interessierten Tauchern sei das Buch von Rod Macdonald empfohlen, das sowohl die allgemeinen Richtlinien der Inselverwaltung enthält wie auch genaue Beschreibungen der einzelnen Wracks: Dive Scapa Flow, Edinburgh 1990, Neu aufgelegt 1995
96 Macdonald: Dive Scapa Flow, S. 53 f.

Schluß

1 Dehio: Gleichgewicht oder Hegemonie, S. 78. Vgl. Frank Thiess: Tsushima. Der Roman eines Seekrieges, Hamburg 1951 [Berlin, Wien 1936]
2 Zit. nach Bendix von Bargen (Hrsg.): Admiral von Trotha. Persönliches, Briefe, Reden und Aufzeichnungen, Berlin 1938, S. 150
3 Potter, Nimitz, Rohwer: Seemacht, S. 343
4 Zit. nach Marder: Dreadnought, Bd. 5, S. 221
5 Zahlen nach Kennedy: Britische Seemacht, S. 294
6 Kennedy: Britische Seemacht, S. 305
7 Vgl. Niall Ferguson: Der falsche Krieg. Der Erste Weltkrieg und das 20. Jahrhundert, Stuttgart 1999. Ders.: Der falsche Krieg?, in: *Die Welt* vom 10. 4. 1999 (Beilage »Die literarische Welt«)
8 Martin Dibelius: Selbstbesinnung des Deutschen, hrsg. von Friedrich Wilhelm Graf, Tübingen 1997 [geschrieben 1946], S. 11 ff.
9 Manchester: Churchill, S. 811
10 Zit. nach Schwabe: Deutsche Revolution, S. 379
11 Vgl. Klaus Schwabe: Der amerikanische Isolationismus im 20. Jahrhundert. Legende und Wirklichkeit, Wiesbaden 1975 (Frankfurter historische Vorträge, Heft 1)
12 Zit. nach Marder: Dreadnought, Bd. 5, S. 229
13 Schwabe: Deutsche Revolution, S. 313
14 Ebd., S. 36
15 Ebd., S. 439
16 Ebd., S. 376
17 Ebd., S. 389
18 Ebd., S. 323 und 573
19 Vgl. Troeltsch: Fehlgeburt, S. 47 passim
20 Tirpitz: Erinnerungen, S. 391
21 Werner Rahn in einer Mitteilung an den Autor
22 Martin Kohlrausch in einer Mitteilung an den Autor

Literatur

Quellen

Benutzt wurden die Aktenbestände des ehemaligen Reichsmarineamtes im Bundesarchiv-Militärarchiv Freiburg i. Brsg. Die genauen Siglen (BA-MA, RM ...) finden sich in den Anmerkungen. Im Public Record Office in Kew bei London wurden die Aktenbestände der Admiralität (PRO, ADM ...), des Kriegskabinetts (PRO, CAB ...) und des Außenministeriums benutzt (PRO, FO ...). Auch hier finden sich die genauen Nachweise in den Anmerkungen.

Gedruckte Quellensammlungen

Amtliche Urkunden zur Vorgeschichte des Waffenstillstandes 1918. Aufgrund der Akten der Reichskanzlei, des Auswärtigen Amtes und des Reichsarchivs, hrsg. vom Auswärtigen Amt und vom Reichsministerium des Innern, Berlin ^{2}1924

Die deutsche Revolution 1918–1919, hrsg. von Gerhard A. Ritter und Susanne Miller, Hamburg 1968

Quellen zum Friedensschluß von Versailles, eingel. und hrsg. von Klaus Schwabe, Darmstadt 1997 (Ausgewählte Quellen zur deutschen Geschichte der Neuzeit, Freiherr vom Stein-Gedächtnisausgabe, Bd. 30)

Ursachen und Folgen. Vom deutschen Zusammenbruch 1918 und 1945 bis zur staatlichen Neuordnung Deutschlands in der Gegenwart. Eine Urkunden- und Dokumentensammlung zur Zeitgeschichte, hrsg. v. H. Michaelis und E. Schraepler, Bd. 2–3, Berlin 1958

Memoiren, Tagebücher und sonstige Literatur

Afflerbach, Holger: Falkenhayn. Politisches Denken und Handeln im Kaiserreich, München 1994 (Beiträge zur Militärgeschichte, Bd. 42)

Allen, Ann: Orkney's Maritime Heritage, o. O., o. J.

Alten, Jürgen von: Weltgeschichte der Ostsee, Berlin 1996

Arenhold, Lüder: Die deutsche Reichsflotte 1848–1852, neu hrsg. von Uwe Greve, Berlin 1995 [1906]

Assmann, Kurt: Deutsche Seestrategie in zwei Weltkriegen, Heidelberg 1957
Barnett, Correlli: Anatomie eines Krieges. Eine Studie über Hintergründe und entscheidende Phasen im Ersten Weltkrieg, München, Esslingen 1966
Chalmers, W. S.: The Life and Letters of David, Earl Beatty, Admiral of the Fleet, London 1951
Beesley, Patrick: Room 40. British Naval Intelligence 1914–1918, Oxford, New York, 1984
Bennett, Geoffrey: Die Skagerrakschlacht. Die größte Seeschlacht der Geschichte, München 1976
– ders.: Die Seeschlachten von Coronel und Falkland und der Untergang des deutschen Kreuzergeschwaders unter Admiral Graf Spee, München 1980
Berghahn, Volker R.: Zu den Zielen des deutschen Flottenbaus unter Wilhelm II., in: *Historische Zeitschrift* 210 (1970), S. 34–100
– ders.: Der Tirpitz-Plan. Genesis und Verfall einer innenpolitischen Krisenstrategie unter Wilhelm II., Düsseldorf 1971
Bidlingmaier, G.: Seegeltung in der deutschen Geschichte, Darmstadt 1967
Bieber, Hans-Joachim: Bürgertum in der Revolution. Bürgerräte und Bürgerstreiks in Deutschland 1918–1920, Hamburg 1992
Biographical Dictionnary of World War I, hrsg. von Holger H. Herwig und Neil M. Heyman, Westport/USA, London, 1982
Bird, Keith W.: German Naval History. A Guide to the Literature, New York, London 1985
Bowman, Gerald: The Man who Bought a Navy, London 1964
Breyer, Siegfried: Schlachtschiffe und Schlachtkreuzer 1905–1970. Die geschichtliche Entwicklung des Großkampfschiffes, Erlangen 1993 [München 1970]
Brockdorff-Rantzau, Ulrich Carl Christian Graf von: Dokumente, Berlin ^{2}1922
Brown, Malcolm und Meehan, Patricia: Scapa Flow, The Penguin Press 1968
Bruch, Rüdiger vom: Deutschland und England. Heeres- oder Flottenverstärkung? Politische Publizistik deutscher Hochschullehrer 1911/12, in: *Militärgeschichtliche Mitteilungen* 29 (1981), S. 7–35
Buchner, Rudolf: Deutsche Geschichte im europäischen Rahmen. Darstellungen und Betrachtungen, Darmstadt 1975
Churchill, Winston S.: Weltkrisis 1911–1914, Leipzig 1924 [London 1923]
Cousins, Geoffrey: The Story of Scapa Flow, London 1965
Creutz, Martin: Die Pressepolitik der kaiserlichen Regierung während des Ersten Weltkriegs, Frankfurt a. M., Berlin, Bern, 1996 (Europäische Hochschulschriften, Reihe III: Geschichte und ihre Hilfswissenschaften, Bd. 704)
Czisnik, Ulrich: Gustav Noske. Ein sozialdemokratischer Staatsmann, Göttingen, Zürich, Frankfurt 1969 (Persönlichkeit und Geschichte, Bd. 53)
Dänhardt, Dirk: Revolution in Kiel. Der Übergang vom Kaiserreich zur Weimarer Republik 1918/1919, Neumünster 1978
Dehio, Ludwig: Gleichgewicht oder Hegemonie. Betrachtungen über ein Grund-

problem der neueren Staatengeschichte, hrsg. von Klaus Hildebrand, Zürich 1997 [Krefeld 1948]
– ders.: Deutschland und die Weltpolitik im 20. Jahrhundert, München 1955
Deist, Wilhelm: Flottenpolitik und Flottenpropaganda. Das Nachrichtenbureau des Reichsmarineamtes 1897–1914, Stuttgart 1976
– ders.: Die Politik der Seekriegsleitung und die Rebellion der Flotte Ende Oktober 1918, in: ders.: Militär, Staat und Gesellschaft. Studien zur preußisch-deutschen Militärgeschichte, München 1991, S. 185–210
Die deutsche Flotte im Spannungsfeld der Politik 1848–1985. Vorträge und Diskussionen der 25. Historisch-Taktischen Tagung der Flotte 1985, hrsg. von Deutschen Marine Institut und vom Militärgeschichtlichen Forschungsamt unter der Redaktion von Werner Rahn, Herford 1985
Die deutschen Kriegsschiffe. Biographien – ein Spiegel der Marinegeschichte von 1815 bis zur Gegenwart, hrsg. von Hans H. Hildebrand, Albert Röhr und Hans-Otto Steinmetz, 7 Bde., Herford 1979–1983
Diercks, Wulf: Der Einfluß der Personalsteuerung auf die deutsche Seekriegführung 1914–18, in: Militärgeschichtliches Beiheft zur Europäischen Wehrkunde, Nr. 1/1988, S. 1–24
Dirks, Uwe: Julian S. Corbett und die britische Seekriegführung 1914–18. In: *Militärgeschichtliche Mitteilungen*, 35 (1985), S. 35–50
Dülffer, Jost: Weimar, Hitler und die Marine. Reichspolitik und Flottenbau 1920–1939, mit einem Anhang von Jürgen Rohwer, Düsseldorf 1973
– ders.: Die Reichs-und Kriegsmarine 1918–1939, in: Handbuch zur deutschen Militärgeschichte 1648–1939, hrsg. vom Militärgeschichtlichen Forschungsamt, 7. Lieferung, VIII, Deutsche Marinegeschichte der Neuzeit, München 1977
Ehrenrangliste der Kaiserlichen Deutschen Marine 1914–1918, bearb. von Konteradmiral a. D. Stoelzel, Berlin 1930
Epkenhans, Michael: Die wilhelminische Flottenrüstung 1908–1914. Weltmachtstreben, industrieller Fortschritt, soziale Integration, München 1991 (Beiträge zur Militärgeschichte, Bd. 32)
– ders.: Seemacht = Weltmacht. Alfred Thayer Mahan und sein Einfluß auf die Seestrategie des 19. und 20. Jahrhunderts, in: Kiel, die Deutschen und die See, hrsg. von Jürgen Elvert, Jürgen Jensen und Michael Salewski, Stuttgart 1992, S. 35–47
Der Erste Weltkrieg. Wirkung, Wahrnehmung, Analyse, hrsg. im Auftrag des Militärgeschichtlichen Forschungsamtes von Wolfgang Michalka, München, Zürich, 1994
Eschenburg, Theodor: Also hören Sie mal zu. Geschichte und Geschichten, Berlin 1995
Fehrenbach, Elisabeth: Wandlungen des deutschen Kaisergedankens 1871–1918, München 1969 (Studien zur Geschichte des neunzehnten Jahrhunderts, Bd. 1)

Ferguson, Niall: Der falsche Krieg. Der Erste Weltkrieg und das 20. Jahrhundert, Stuttgart 1999
Fesser, Gerd: Der Traum vom Platz an der Sonne. Deutsche »Weltpolitik« 1897–1914, Bremen 1996
Fischer, Fritz: Griff nach der Weltmacht. Die Kriegszielpolitik des kaiserlichen Deutschland 1914/18, Düsseldorf 1964
Fisher, Sir John Arbuthnot: Records, London, New York, Toronto, 1919
Zur Flottenfrage. Darlegungen der *Norddeutschen Allgemeinen Zeitung*, Berlin 1899
Freiwald, Ludwig: Die verratene Flotte, München 1937
Frey, Marc: Der Erste Weltkrieg und die Niederlande. Ein neutrales Land im politischen und wirtschaftlichen Kalkül der Kriegsgegner, Berlin 1998
Furet, François: Das Ende der Illusion. Der Kommunismus im 20. Jahrhundert, München 1996 [Paris 1995]
Furth, Peter: Phänomenologie der Enttäuschungen. Ideologiekritik nachtotalitär, Frankfurt a. M. 1991
– ders.: Troja hört nicht auf zu brennen, in: *Düsseldorfer Debatte* (1986), Nr. 2, S. 6–25
George, S. C.: Jutland to Junkyard, Cambridge 1973
Goering, Reinhard: Scapa Flow, in: Werkausgabe, München 1960 [1920]
Grant, Robert: U-Boats Destroyed. The Effect of Anti-Submarine Warfare 1914–1918, London 1964
– ders.: U-Boat Intelligence, London 1969
Groß, Gerhard Paul: Die Seekriegführung der Kaiserlichen Marine im Jahre 1918, Frankfurt a. M., Bern 1989 (Europäische Hochschulschriften, Bd. 3/387)
Günther, Wolfgang: Die Revolution von 1918/19 in Oldenburg, Oldenburg 1979
Guth, Ekkehart P.: Der Loyalitätskonflikt des deutschen Offizierskorps in der Revolution1918–20, Frankfurt a. M. 1983
Haffner, Sebastian: Der Verrat. Deutschland 1918/1919, München 1995 [München 1979, unter dem Titel: »Die deutsche Revolution 1918/1919«]
Halpern, Paul G.: A Naval History of World War I, Annapolis, Md. 1994
Harkort, Friedrich: Die Preußische Marine und die deutsche Flotte, Berlin 1861
Herwig, Holger H.: Politics of Frustration. The United States in German Naval Planning 1889–1941, Boston/Toronto 1976
– ders.: Das Elitekorps des Kaisers. Die Marineoffiziere im Wilhelminischen Deutschland, Hamburg 1977
– ders.: »Luxury« Fleet: The Imperial German Navy 1888–1918, London 1980
– ders.: The Failure of German Sea Power, 1914–1945: Mahan, Tirpitz, and Raeder Reconsidered, in: *The International History Review*, Bd. X, 1/Februar 1988, S. 68–105
Herzfeld, Hans: Der Erste Weltkrieg, München 1974 [1968] (dtv-Weltgeschichte des 20. Jahrhunderts, Bd. 1)

Hewison, W. S.: This Great Harbour, The Orkney Press 1985
Hintze, Paul von: Marineoffizier, Diplomat, Staatssekretär. Dokumente einer Karriere zwischen Militär und Politik, eingel. und hrsg. von Johannes Hürter, München 1998 (Deutsche Geschichtsquellen des 19. und 20. Jahrhunderts, Bd. 60)
Hough, Richard: The Great War at Sea 1914–1918, Oxford, New York 1983
Hubatsch, Walther: Der Admiralstab und die obersten Marinebehörden in Deutschland 1848–1945, Frankfurt a. M. 1958
– ders.: Die erste deutsche Flotte 1848–1853. Mit Beiträgen von Hanswilly Bernartz u. a., Herford und Bonn 1981
Ilsemann, Sigurd von: Der Kaiser in Holland. Amerongen und Doorn 1918–1923, hrsg. von Harald von Koenigswald, München 1967
– ders.: Der Kaiser in Holland. Monarchie und Nationalsozialismus 1924–1941, hrsg. von Harald von Koenigswald, München 1968
Kaehler, Siegfried A.: Studien zur deutschen Geschichte des 19. und 20. Jahrhunderts. Aufsätze und Vorträge, hrsg. von Walter Bußmann, Göttingen 1961
Kennedy, Paul: Aufstieg und Verfall der britischen Seemacht, Herford [London] 1978
– ders.: Aufstieg und Fall der großen Mächte. Ökonomischer Wandel und militärischer Konflikt, Frankfurt a. M. 1989 [New York 1987]
– ders.: Maritime Strategieprobleme der deutsch-englischen Flottenrivalität, in: Marine und Marinepolitik (s. dort), S. 178–210
Kenworthy, J. M.: Sailors, Statesmen – and Others. An Autobiography, London 1933
Kessel, Eberhard: Ludendorffs Waffenstillstandsforderung vom 29. September 1918, in: *Militärgeschichtliche Mitteilungen*, 4 (1968), S. 65–86
Kessler, Harry Graf: Tagebücher. 1918–1937, hrsg. Wolfgang Pfeiffer-Belli, Frankfurt am Main 1982 [1961]
Kesting, Hanno: Geschichtsphilosophie und Weltbürgerkrieg. Deutungen der Geschichte von der Französischen Revolution bis zum Ost-West-Konflikt, Heidelberg 1959
Kielmannsegg, Peter Graf: Deutschland und der Erste Weltkrieg, Stuttgart ²1980
Kirchhoff, Hermann und Sanders-Bremen, Friedrich: Der Weltkrieg zur See, Berlin o. J. [1917]
Kluge, Ulrich: Soldatenräte und Revolution. Studien zur Militärpolitik in Deutschland 1918/19, Göttingen 1975
Koenigswald, Harald von: Preußisches Lesebuch. Zeugnisse aus drei Jahrhunderten, München 1966
König, Paul: Die Fahrt der Deutschland, Berlin 1916
Köppen, Paul (Bearb.): Die Überwasserstreitkräfte und ihre Technik, Berlin 1930 (Der Krieg zur See 1914–1918, hrsg. vom Marine-Archiv)

Kohlrausch, Martin: The Deserting Warlord. Fashioning Wilhelm II's Flight in Germany after the First World War, unveröff. Manuskript [M. A., University of Sussex, 1997]

Kowark, Hannsjörg: Das Ende der französischen Flotte im Zweiten Weltkrieg. Toulon 1940–1944, Hamburg, Berlin, Bonn 1998

Krause, Andreas: Die Geschichte von der gefangenen Flotte, in: Konturen des Gemeinsinns. Festschrift für Peter Furth, hrsg. von Stephan Lahrem und Olaf Weißbach, Berlin 1995, S. 77–95

– ders.: Letzte Fahrt nach Scapa Flow. Das Trafalgar des zwanzigsten Jahrhunderts – vor achtzig Jahren wurde die deutsche Kriegsflotte interniert, in: *Berliner Zeitung* vom 21. 11. 1998 (Beilage »Magazin«)

Der Krieg in der Nordsee, bearb. von Otto Groos, Bd. 1–5, Berlin 1921–1925 (Der Krieg zur See 1914–1918, hrsg. vom Marine-Archiv)

Der Krieg in der Nordsee, bearb. von Walter Gladisch, Bd. 6 und 7, Berlin 1937 und Frankfurt a. M. 1964

Der Krieg in der Ostsee, bearb. von Rudolph Firle, Bd. 1: Von Kriegsbeginn bis Mitte März 1915, Berlin 1921 (Der Krieg zur See 1914–1918, hrsg. vom Marine-Archiv)

Krüger, Gabriele: Die Brigade Ehrhardt, Hamburg 1971 (Hamburger Beiträge zur Zeitgeschichte, Bd. 7)

Kutscher, Hans: Admiralsrebellion oder Matrosenrevolte? Der Flotteneinsatz in den letzten Tagen des Weltkriegs, Stuttgart 1933

Legahn, Ernst: Meuterei in der Kaiserlichen Marine 1917/18. Ursachen und Folgen, Herford 1970

Lochner, R. K.: Die Kaperfahrten des Kleinen Kreuzers Emden. Tatsachenbericht, München 1979

– ders.: Kampf im Rufiji-Delta. Das Ende des Kleinen Kreuzers Königsberg. Die deutsche Marine und Schutztruppe im Ersten Weltkrieg in Ostafrika, München 1987

Ludendorff, Erich: Der totale Krieg, München 1935

Lusar, Rudolf: Riesengeschütze und schwere Brummer einst und jetzt, München 1971

Macdonald, Rod: Dive Scapa Flow, Edinburgh 1995 [1990]

Mahan, Alfred Thayer: Der Einfluß der Seemacht auf die Geschichte, 2 Bde., Berlin 1896/1899 [1890]

Mai, Gunther: Das Ende des Kaiserreichs. Politik und Kriegführung im Ersten Weltkrieg, München 1987 (dtv-Geschichte der neuesten Zeit)

Manchester, William: Winston Churchill. Der Traum vom Ruhm. 1874–1932, München 1989 [Boston/USA 1983]

Marcu, Valeriu: Schatten der Geschichte. Fünfzehn europäische Profile, Berlin, Hamburg, 1926

– ders.: Männer und Mächte der Gegenwart, Berlin 1930

Marder, Arthur J.: From Dreadnought to Scapa Flow, Bd. 5: Victory and Aftermath, London 1970
Marine und Marinepolitik 1871–1914, hrsg. vom Militärgeschichtlichen Forschungsamt durch Herbert Schottelius und Wilhelm Deist, Düsseldorf 1972
Marine-Enzyklopädie, hrsg. von Jürgen Gebauer und Egon Krenz, Berlin [2]1998
Marine-Verordnungsblatt, Jg. 50 und 51 (1919/20)
Marschall, Birgit: Reisen und Regieren. Die Nordlandfahrten Kaiser Wilhelms II., Bremerhaven und Hamburg 1991 (Schriften des Deutschen Schiffahrtsmuseums, Bd. 27)
Massie, Robert K.: Die Schalen des Zorns. Großbritannien, Deutschland und das Heraufziehen des Ersten Weltkrieges, Frankfurt a. M. 1993 [New York 1991]
Meinecke, Friedrich: Politische Schriften und Reden. Hrsg. von Georg Kotowski, Werke Bd. 2, Darmstadt 1979
Meurer, Alexander: Seekriegsgeschichte in Umrissen, Leipzig 1943
Militär und Innenpolitik im Weltkrieg 1914–1918, bearb. von Wilhelm Deist, 2 Bde., Düsseldorf 1970 (Quellen zur Geschichte des Parlamentarismus und der politischen Parteien, 2. Reihe, Bd. 1.2)
Mücke, Hellmuth von: Ayesha, Berlin 1915
– ders.: Emden, Berlin 1915
Mühleisen, Horst: Kurt Freiherr v. Lersner. Diplomat im Umbruch der Zeiten 1918–1920. Eine Biographie, Göttingen, Zürich 1988
Müller, Georg Alexander von: Regierte der Kaiser? Kriegstagebücher, Aufzeichnungen und Briefe 1914–1918, Göttingen, Berlin, Frankfurt 1959
Niemann, Alfred: Revolution von oben – Umsturz von unten. Entwicklung und Verlauf der Staatsumwälzung in Deutschland 1914–1918, Berlin 1927
Niemöller, Martin: Vom U-Boot zur Kanzel, Berlin 1934
Nolte, Ernst: Die Deutschen und ihre Vergangenheiten. Erinnerung und Vergessen von der Reichsgründung Bismarcks bis heute, Berlin/Frankfurt am Main 1995
Noske, Gustav: Von Kiel bis Kapp. Zur Geschichte der deutschen Revolution, Berlin 1920
– ders.: Erlebtes aus Aufstieg und Niedergang einer Demokratie, Offenbach a. M., Zürich 1947
Philbin, Tobias R.: Reflections on the Strategy of a Continental Commander: Admiral Franz von Hipper on Naval Warfare, in: *Naval War College Review*, Herbst 1977, S. 76–87
Plessner, Helmuth: Die verspätete Nation. Über die politische Verführbarkeit bürgerlichen Geistes, Frankfurt a. M. 1992 [1935/1959]
Prien, Günther: Mein Weg nach Scapa Flow, Berlin 1940
Radkau, Joachim: Das Zeitalter der Nervosität. Deutschland zwischen Bismarck und Hitler, München, Wien 1998

Raeder, Erich: Der Kreuzerkrieg in den ausländischen Gewässern, Bd. 1 und 2, Berlin 1927
– ders.: Mein Leben. Bis zum Flottenabkommen mit England 1935, Tübingen 1956
Rahn, Werner: Reichsmarine und Landesverteidigung 1919–1928. Konzepte und Führung der Marine in der Weimarer Republik, München 1976
– ders.: Führungsprobleme und Zusammenbruch der Kaiserlichen Marine 1917/18, in: Die deutsche Marine. Historisches Selbstverständnis und Standortbestimmung, hrsg. vom Deutschen Marine Institut, Herford, Bonn 1983, S. 171–189
– ders.: Kriegführung, Politik und Krisen – Die Marine des Deutschen Reiches 1914– 1933, in: Die deutsche Flotte im Spannungsfeld der Politik 1848–1985 (s. dort)
– ders.: Strategische Wechselwirkung zwischen Nord- und Ostseekriegführung im 19. und 20. Jahrhundert, in: Kiel, die Deutschen und die See, hrsg. von Jürgen Elvert, Jürgen Jensen und Michael Salewski, Stuttgart 1992, S. 89–101
– ders.: Strategische Probleme der deutschen Seekriegführung 1914–1918, in: Der Erste Weltkrieg (s. dort), S. 341–365
– ders.: Seestrategisches Denken in der deutschen Marine 1914–1945, in: Politischer Wandel, organisierte Gewalt und nationale Sicherheit. Beiträge zur neueren Geschichte Deutschlands und Frankreichs, Festschrift für Klaus-Jürgen Müller, München 1995 (Beiträge zur Militärgeschichte, hrsg. vom Militärgeschichtlichen Forschungsamt, Bd. 50), S. 143–160
– ders.: German Naval Power in the First and Second World War, in: Naval Power in the Twentieth Century, hrsg. von N. A. M. Rodger, London 1996, S. 88–100
– ders.: The German Naval War 1914–1918: Strategy and Experience, in: Facing Armageddon. The First World War Experienced, hrsg. von Hugh Cecil und Peter H. Liddle, London 1996, S. 121–133
Rang- und Quartierliste der Kaiserlichen Marine für das Jahr 1902 (nach dem Stande vom 1. Mai 1902), redigiert im Marine-Kabinett, Berlin 1902
Rangliste der Kaiserlich Deutschen Marine, Herbst 1913, redigiert im Marine-Kabinett, Berlin 1913
Reuter, Ludwig von: Scapa Flow. Das Grab der deutschen Flotte, Leipzig 1921
Ritter, Gerhard: Staatskunst und Kriegshandwerk. Das Problem des »Militarismus« in Deutschland, Bd. 3: Die Tragödie der Staatskunst. Bethmann Hollweg als Kriegskanzler (1914–1917), München 1964
– ders.: Staatskunst und Kriegshandwerk. Das Problem des »Militarismus« in Deutschland, Bd. 4: Die Herrschaft des deutschen Militarismus und die Katastrophe von 1918, München 1968
Röhl, John C. G.: Wilhelm II. Die Jugend des Kaisers 1859–1888, München 1993

– ders.: Kaiser, Hof und Staat. Wilhelm II. und die deutsche Politik, München 1995
Rothfels, Hans: Zeitgeschichtliche Betrachtungen. Vorträge und Aufsätze, Göttingen 1959
Rudin, Harry R.: Armistice 1918, New Haven 1944
Ruge, Friedrich: Scapa Flow 1919. Das Ende der deutschen Flotte, Oldenburg und Hamburg 1969
– ders.: In vier Marinen. Lebenserinnerungen als Beitrag zur Zeitgeschichte, München 1979
Salewski, Michael: Entwaffnung und Militärkontrolle in Deutschland 1919–1927, München 1966 (Schriftenreihe des Forschungsinstituts der deutschen Gesellschaft für auswärtige Politik e. V., Bd. 24)
The Salvage of the German Fleet, hrsg. vom Stromness Museum, Stromness/Orkney o. J.
Scheck, Raffael: Der Kampf des Tirpitz-Kreises für den uneingeschränkten U-Boot-Krieg, in: *Militärgeschichtliche Mitteilungen* 55 (1996), S. 69–91
Scheerer, Thomas: Die Marineoffiziere der Kaiserlichen Marine. Sozialisation und Konflikte, Diss. Hamburg 1993
Scheuner, Ulrich: Das europäische Gleichgewicht und die britische Seeherrschaft, Hamburg 1943
Schmädecke, Jürgen: Militärische Kommandogewalt und parlamentarische Demokratie. Zum Problem der Verantwortlichkeit des Reichswehrministers in der Weimarer Republik, Lübeck und Hamburg 1966 (Historische Studien, Heft 398)
Schmitt, Carl: Der Nomos der Erde im Völkerrecht des Jus Publicum Europaeum, Berlin 1988 [1950]
– ders.: Land und Meer. Eine weltgeschichtliche Betrachtung, Stuttgart 1993 [1954]
Schöllgen, Gregor: Die Großmacht als Weltmacht. Idee, Wirklichkeit und Perzeption deutscher »Weltpolitik« im Zeitalter des Imperialismus, in: *Historische Zeitschrift* 248 (1989), S. 79–100
Schoeps, Hans Joachim: Konservative Erneuerung. Ideen zur deutschen Politik, Stuttgart 1958
Schreiber, Matthias: Martin Niemöller, Hamburg 1997 (Rowohlts Monographien)
Schubert, Paul und Gibson, Langhorne: Death of a Fleet 1917–1919, London o. J.
Schulze, Hagen: Weimar. Deutschland 1917–1933, Berlin 1994 (Siedler Deutsche Geschichte)
Schwabe, Klaus: Deutsche Revolution und Wilson-Frieden. Die amerikanische und deutsche Friedensstrategie zwischen Ideologie und Machtpolitik 1918/19, Düsseldorf 1971

– ders.: Woodrow Wilson. Ein Staatsmann zwischen Puritanertum und Liberalismus, Göttingen, Zürich, Frankfurt 1971 (Persönlichkeit und Geschichte, Bd. 62)
– ders.: Der amerikanische Isolationismus im 20. Jahrhundert. Legende und Wirklichkeit, Wiesbaden 1975
Schwengler, Walter: Völkerrecht, Versailler Vertrag und Auslieferungsfrage. Die Strafverfolgung wegen Kriegsverbrechen als Problem des Friedensschlusses 1919/20, Stuttgart 1982 (Beiträge zur Militär- und Kriegsgeschichte, hrsg. vom Militärgeschichtlichen Forschungsamt, Bd. 24)
Seemacht. Eine Seekriegsgeschichte von der Antike bis zur Gegenwart, hrsg. von Elmar B. Potter und Chester W. Nimitz, Deutsche Fassung hrsg. von Jürgen Rohwer, Herrsching 1982 [München 1974, New Jersey/USA 1960]
Shepherd, David N.: Death of a Fleet. Responsibility for the Scuttling of the German High Seas Fleet at Scapa Flow, June 21, 1919, Diss. Texas 1974
Simpson, Colin: Die Lusitania. Amerikas Eintritt in den Ersten Weltkrieg, Frankfurt am Main 1987 [1972]
Smith, Peter L.: The Naval Wrecks of Scapa Flow, Kirkwall/Orkney 1989
Snyder, Gerald: Husarenstück in Scapa Flow. Die Versenkung der *Royal Oak* durch Günther Prien, München 1981 [1976]
Sombart, Nicolaus: Wilhelm II. Sündenbock und Herr der Mitte, Berlin 1996
Spindler, Arno: Der Meinungsstreit in der Marine über den U-Bootskrieg 1914–1918, in: *Marine-Rundschau*, 55. Jg. (1958), S. 235–245
– ders.: Wie es zu dem Entschluß zum uneingeschränkten U-Bootskrieg 1917 gekommen ist, Göttingen o. J. (Historisch-politische Hefte der Ranke-Gesellschaft, Nr. 2)
– ders.: Der Handelskrieg mit U-Booten, Bd. 1–5, Frankfurt a. M. 1964 und 1966 [Berlin 1932–1941]
Stahl, Friedrich-Christian: Armee und Marine im kaiserlichen Deutschland, in: Die Entwicklung des Flottenkommandos, Vorträge der 7. Historisch-Taktischen Tagung der Flotte am 5. und 6. 12. 1963, Darmstadt 1964 (Beiträge zur Wehrforschung, Bd. 4), S. 31–47
Stegemann, Bernd: Zur Problematik des uneingeschränkten U-Boot-Krieges 1917, in: *Marine-Rundschau*, 65. Jg. (1968), S. 157–166
– ders.: Der U-Boot-Krieg im Jahre 1918, in: *Marine-Rundschau*, 65. Jg. (1968), S. 333–345
– ders.: Die deutsche Marinepolitik 1916–1918, Berlin 1970
Stürmer, Michael: Das ruhelose Reich. Deutschland 1866–1918, Berlin 1994 (Siedler Deutsche Geschichte)
Tarrant, V. E.: The U-Boat Offensive 1914–1945, Annapolis, Md. 1989
Taylor, Charles Carlisle: The Life of Admiral Mahan, London 1920
Terraine, John: The U-Boat Wars 1916–1945, New York 1990
Thiess, Frank: Tsushima. Der Roman eines Seekrieges, Hamburg 1951 [1936]

Tirpitz, Alfred von: Erinnerungen, Leipzig 1919
– ders.: Der Aufbau der deutschen Weltmacht. Politische Dokumente, Stuttgart und Berlin 1924
Treue, Wilhelm: Der Krimkrieg und seine Bedeutung für die Entstehung der modernen Flotten, hrsg. von der Deutschen Marine-Akademie, Bd. 2, Herford 1980
– ders.: Die Geschichte der französischen Marine. Mit Beiträgen von Hanswilly Bernartz u. a., hrsg. von der Deutschen Marine-Akademie und dem Deutschen Marine Institut, Herford 1982 (Schriftenreihe Bd. 3)
Troeltsch, Ernst: Die Fehlgeburt einer Republik. Spektator in Berlin 1918 bis 1922, zusammengestellt und mit einem Nachwort versehen von Johann Hinrich Claussen, Frankfurt am Main, 1994 (Die Andere Bibliothek)
Trotha, Admiral Adolf von: Persönliches, Briefe, Reden und Aufzeichnungen 1920– 1937, hrsg. von Bendix von Bargen, Berlin 1938
Trumpener, U.: Germany and the Ottoman Empire 1914–1918, Princeton 1968
Tuchmann, Barbara: Die Zimmermann-Depesche, Bergisch-Gladbach 1982
– dies.: Bibel und Schwert. Palästina und der Westen. Vom Frühen Mittelalter bis zur Balfour-Deklaration 1917, Frankfurt a. M. 1983 [New York 1956]
Übersee. Seefahrt und Seemacht im deutschen Kaiserrreich, hrsg. von Volker Plagemann, München 1988
Uhle-Wettler, Franz: Alfred von Tirpitz in seiner Zeit, Hamburg, Berlin, Bonn 1998
Ullrich, Volker: Die nervöse Großmacht. Aufstieg und Untergang des deutschen Kaiserreichs 1871–1918, Frankfurt a. M. 1997
Vat, Dan van der: The Grand Scuttle. The sinking of the German Fleet at Scapa Flow in 1919, Padstone/Cornwall 1994 [1982]
Victoria & Albert, Vicky & The Kaiser. Ein Kapitel deutsch-englischer Familiengeschichte, Ausstellungskatalog des Deutschen Historischen Museums, hrsg. von Wilfried Rogasch, Berlin 1997
Vietsch, Eberhard von: Bethmann Hollweg. Staatsmann zwischen Macht und Ethos, Boppard am Rhein 1969
Volkmann, E. O.: Revolution über Deutschland, Oldenburg 1930
Watt, Richard M.: Der Kaiser geht ... Deutschland zwischen Revolution und Versailles, Frankfurt am Main 1971 [New York 1968]
Wegener, Edward: Die Tirpitzsche Seestrategie, in: Marine und Marinepolitik (s. dort), S. 236–262
Wegener, Wolfgang: Die Seestrategie des Weltkrieges, Berlin [1]1929 und [2]1941
Die Weimarer Republik. Eine Tageschronik der Politik, Wirtschaft, Kultur, hrsg. von Manfred Overesch und Friedrich Wilhelm Saal, Augsburg 1992 [Düsseldorf 1982]

Weizsäcker, Ernst von: Erinnerungen, hrsg. von Richard von Weizsäcker, München, Leipzig, Freiburg i. Br. 1950
Die Weizsäcker-Papiere 1900–1932, hrsg. von Leonidas E. Hill, Berlin, Frankfurt, Wien, 1982
Werth, German: Der Krimkrieg. Geburtsstunde der Weltmacht Rußland, Erlangen 1989
– ders.: 1916. Schlachtfeld Verdun. Europas Trauma, Berlin 1994
Westarp, Kuno Graf von: Das Ende der Monarchie am 9. November 1918. Abschließender Bericht nach den Aussagen der Beteiligten. Mit einem Nachwort hrsg. von Werner Conze, Stollhamm, Berlin 1952
Wette, Wolfram: Gustav Noske. Eine politische Biographie, Düsseldorf 1997
Wilderotter, Hans: »Unsere Zukunft liegt auf dem Wasser«. Das Schiff als Metapher und die Flotte als Symbol der Politik des wilhelminischen Kaiserreichs, in: Der letzte Kaiser (s. dort), S. 55–78
Wilhelm II.: Ereignisse und Gestalten aus den Jahren 1878–1918, Leipzig und Berlin 1922
– ders.: Aus meinem Leben 1859–1888, Berlin und Leipzig 1927
Der letzte Kaiser. Wilhelm II. im Exil. Ausstellungskatalog im Auftrag des Deutschen Historischen Museums, hrsg. von Hans Wilderotter und Klaus-D. Pohl, Gütersloh/München/Berlin 1991
Der Ort Kaiser Wilhelms II. in der deutschen Geschichte, hrsg. von John C. G. Röhl unter Mitarb. von Elisabeth Müller-Luckner, München 1991 (Schriften des Historischen Kollegs, hrsg. von der Stiftung Historisches Kolleg, Kolloquien 17)
Winkelhagen, J.: Das Geheimnis von Scapa Flow. Eine militärisch-politisch-wirtschaftliche Betrachtung, Selbstverlag o. J.
Winkler, Heinrich August: Weimar 1918–1933. Die Geschichte der ersten deutschen Demokratie, München 1998 [1993]
Witthöft, Hans Jürgen: Lexikon zur deutschen Marinegeschichte, 2 Bde., Herford 1977 und 1978

Personenregister

Das Stichwort »Ludwig von Reuter« wurde nicht aufgenommen.

Schiffsregister

Bildnachweis

Archiv für Kunst und Geschichte 1, 2, 3, 8,
Bibliothek für Zeitgeschichte 33, 34, 35, 36, 47
Bildarchiv Preußischer Kulturbesitz 10, 12
Deutsches Historisches Museum 9
Imperial War Museum, London 14, 15, 18, 20, 23, 24, 26, 27, 44
Orkney Library, Kirkwall 21, 30, 31, 32, 38, 39, 40, 41, 42, 43, 45, 46, 48, 49, 50, 51, 52
Orkney Museums Service, Kirkwall 28, 29
Rod Macdonald 19
Stadtarchiv Wilhelmshaven 13, 54
Ullstein 4, 6, 22, 25, 53

Vorsatz: Gerhard Stalling Verlag, Oldenburg und Hamburg

Alle anderen Vorlagen stellte der Autor zur Verfügung.

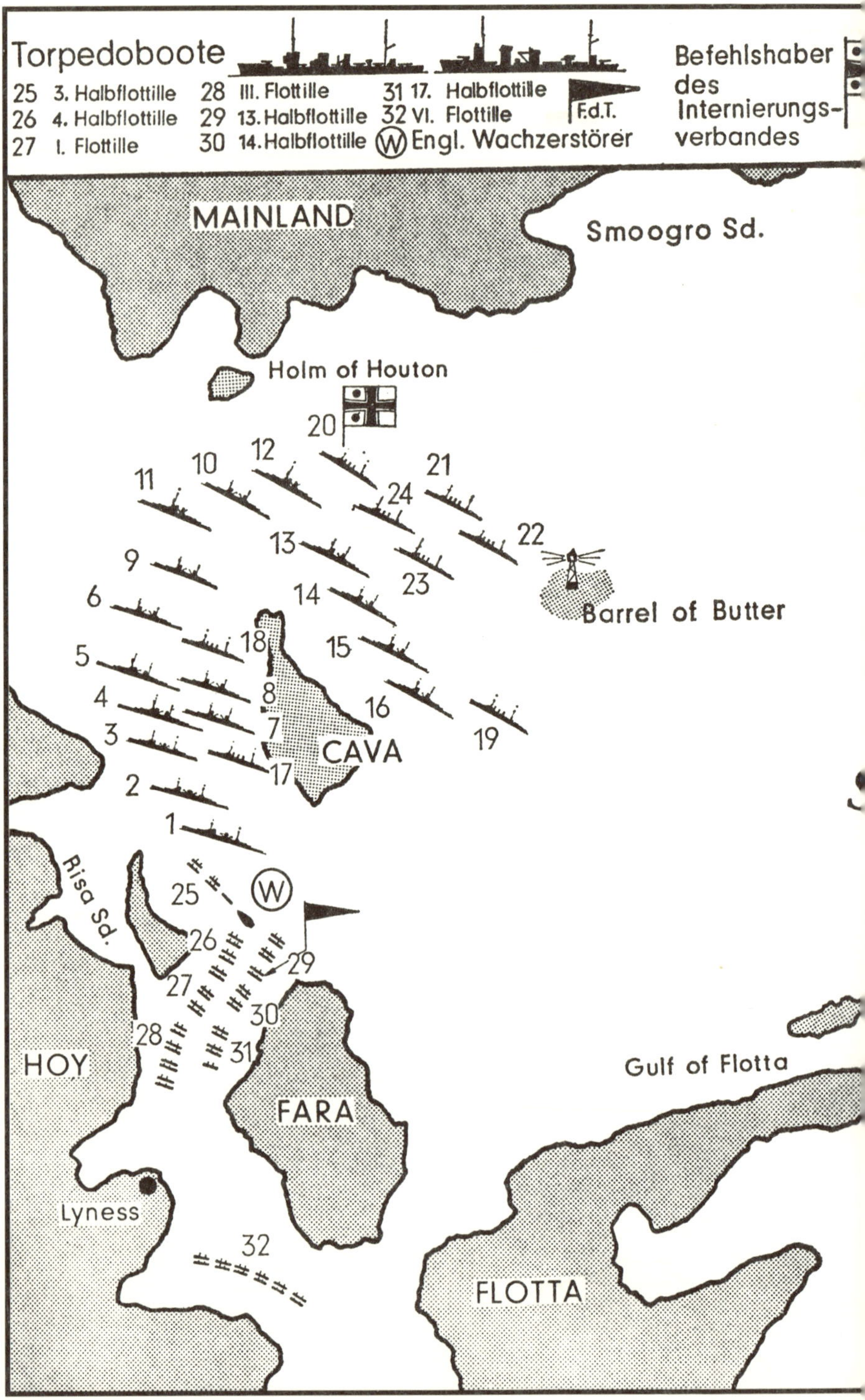
Torpedoboote
25 3. Halbflottille
26 4. Halbflottille
27 I. Flottille
28 III. Flottille
29 13. Halbflottille
30 14. Halbflottille
31 17. Halbflottille
32 VI. Flottille
F.d.T.
W Engl. Wachzerstörer
Befehlshaber des Internierungsverbandes
MAINLAND
Smoogro Sd.
Holm of Houton
Barrel of Butter
CAVA
Risa Sd.
HOY
FARA
Lyness
Gulf of Flotta
FLOTTA
1
2
3
4
5
6
7
8
9
10
11
12
13
14
15
16
17
18
19
20
21
22
23
24
25
26
27
28
29
30
31
32